2024

신광은&정태정
경찰실무종합
실전동형모의고사

신광은&정태정 공편

풍부한 해설과 체계적 문제 구성

23년 주요 채용/간부 기출문제 수록

21년 이후 출제경향에 맞춘 유형 & 수준(난이도)

개정사항 반영(수사준칙, 경찰청 직제, 경찰장비관리규칙 등)

동영상강의 **미래인재경찰학원**
www.miraeij.com

Q&A 정태정 **경찰연구**
cafe.naver.com/jtjknp112

멘토링

실무종합 「실전동형모의고사」을 내며...

「실전동형모의고사」는 우선 개정사항(국가공무원법, 수사준칙, 경찰청 직제, 집회·시위에 관한 법률 등)을 반영한 문제를 새롭게 구성하였고, 여기에 출제가능성이 높은 실무종합 기출문제, 신광은&정태정 「기출&예상문제집」의 예상문제, 그리고 23년도 채용 기출문제와 경찰간부 기출문제 등으로 구성하였다.

또한, 최근 출제유형이나 출제경향에 맞게 구성하였다. 출제유형은 단순 4지선다형, 박스문제, 이론문제, 사례문제, 판례문제, 법령문제 등을 적절하게 배분하였고, 난이도 역시 최근 경향에 맞춰 대체로 어려운 문제부터 기본적인 문제까지 적절한 비율로 구성했지만, 단계적으로 준비를 하지 않은 분들은 어렵게 느껴질 수 있는 정도의 수준이다. 실제 채용수험생(수험기간 1~2년 정도)에 미리 치러본 결과 평균 80점 정도가 대부분이었다.

문제의 구성은 6:4 정도의 비율로 2~3문제 정도 총론 부분이 많다(총론 부분이 이론이라 조금은 어렵기도 하고 내용적으로도 알아야 되는 내용이 많아 출제가능한 부분에 초점을 두다보니, 총론 부분이 많아졌는데, 실제 시험에서는 거의 비슷하게 5:5 비율로 출제됨).

본 교재의 올바른 사용 방법

이론 & 문제풀이 과정 이후 풀어보시는 게 효율적입니다.
가능한 마지막 실력점검/테스트용으로 활용하시기 바랍니다.
각 회 시험은 35분 이내로 풀어보고 실력점검을 하시기 바랍니다.
난이도 차이로 매회 성적은 상대적이라는 것을 전제하시고 평가 바랍니다.

「실전동형모의고사」는 실력점검&Test 및 실전감각을 익히기 위해서 나온 교재이므로, 이에 맞춰 나름대로 잘 활용할 것으로 기대합니다.

盡人事待天命 이란 말이 있듯이 얼마남지 않은 시험, 끝까지 최선을 다하시고 행운이 깃들길 기원하겠습니다! Good Luck~^^

끝으로 이 책이 나오기까지 많은 도움을 주신 멘토링 출판 정대열·금병희 대표님과 미래인재경찰학원 여러분들께 깊은 감사의 말씀을 드립니다.

신광은 & 정태정 올림

PART 01 문제편

제 1 회 실전동형모의고사 • 8

제 2 회 실전동형모의고사 • 25

제 3 회 실전동형모의고사 • 43

제 4 회 실전동형모의고사 • 62

제 5 회 실전동형모의고사 • 81

제 6 회 실전동형모의고사 • 99

제 7 회 실전동형모의고사 • 117

제 8 회 실전동형모의고사 • 135

제 9 회 실전동형모의고사 • 153

제10회 실전동형모의고사 • 171

PART 02 해설편

제 1 회 정답및해설 • 192

제 2 회 정답및해설 • 220

제 3 회 정답및해설 • 242

제 4 회 정답및해설 • 264

제 5 회 정답및해설 • 285

제 6 회 정답및해설 • 302

제 7 회 정답및해설 • 322

제 8 회 정답및해설 • 343

제 9 회 정답및해설 • 364

제10회 정답및해설 • 389

신광은&정태정

경찰실무종합

실전동형모의고사

PART 01
문제편

제1회~제10회 실전동형모의고사

제01회 실전동형모의고사

01

실질적 의미의 경찰과 형식적 의미의 경찰에 대한 설명으로 적절한 것은 모두 몇 개인가?

> ㉠ 실질적 의미의 경찰은 프랑스 행정법학에서 유래한다.
> ㉡ 형식적 의미의 경찰과 실질적 의미의 경찰은 일치한다.
> ㉢ 사무를 기준으로 하였을 때 우리나라 자치경찰은 형식적 의미의 경찰과 실질적 의미의 경찰 모두에 해당한다.
> ㉣ 공물경찰은 실질적 의미의 경찰에 해당한다.
> ㉤ 사법경찰은 실질적 의미의 경찰에 해당한다.

① 1개 ② 2개
③ 3개 ④ 4개

02

다음은 「국가경찰과 자치경찰의 조직 및 운영에 관한 법률」상 국가경찰사무와 자치경찰사무에 대한 내용이다. 이에 대한 설명으로 가장 적절하지 않은 것은?

① 자치경찰사무에는 지역 내 주민의 생활안전 활동에 관한 사무, 지역 내 교통활동에 관한 사무, 지역 내 다중운집 행사 관련 혼잡 교통 및 안전관리 등이 해당한다.
② 학교폭력 등 소년범죄, 가정폭력·아동학대 범죄, 교통사고 및 교통 관련 범죄에 해당하는 수사사무 등도 자치경찰사무에 해당한다.
③ 「형법」제245조에 따른 공연음란 및 「성폭력범죄의 처벌 등에 관한 특례법」 제12조에 따른 성적 목적을 위한 다중이용장소 침입행위에 관한 범죄에 관한 수사사무는 자치경찰사무에 포함되나, 업무상 위력에 의한 추행·공중밀집장소에서의 추행·통신매체이용음란·카메라이용촬영 등은 제외된다.
④ 교통사고 및 교통 관련 범죄와 관련하여, 「도로교통법」제2조 제3호의 고속도로에서 발생한 교통사고 및 교통 관련 범죄는 제외되나 「특정범죄 가중처벌 등에 관한 법률」제5조의3(뺑소니)이 적용되는 죄를 범한 경우는 자치경찰사무에 포함된다.

03

다음은 경찰과 국회와의 관계에 관한 내용이다. <보기> 중에서 적절하지 않은 것은 모두 몇 개인가?

> ㉠ 국회의 경호를 위하여 국회에 경위(警衛)를 둔다.
> ㉡ 의장은 국회의 경호를 위하여 필요할 때에는 국회운영위원회의 동의를 받아 일정한 기간을 정하여 정부에 경찰공무원의 파견을 요구할 수 있다.
> ㉢ 경호업무는 의장의 지휘를 받아 수행하되, 경위는 회의장 건물 안팎에서, 경찰공무원은 회의장 건물 안팎에서 경호한다.
> ㉣ 경위나 경찰공무원은 국회 안에 현행범인이 있을 때에는 체포한 후 의장의 지시를 받아야 한다. 다만, 회의장 안에서는 의장의 명령 없이 의원을 체포할 수 없다.

① 1개 ② 2개
③ 3개 ④ 4개

04

다음은 한국경찰의 근현대사 중 임시정부시대의 경찰역사에 관한 내용이다. 이에 대한 설명으로 가장 적절하지 않은 것은?

① 임시정부 경찰은 우리 역사상 최초 민주공화제 경찰로 그 의의가 크다. 이 당시 정규경찰로서 경찰의 예산은 정식예산이 편성되었고 소정의 월급도 지급되었다.
② 상해임시정부는 1919년 4월 「대한민국 임시관제」를 제정하였으며, 내무부에 경무국을 두고 초대 경무국장으로 김구를 임명한다.
③ 임시정부에 의해 공인된 상해 교민단(임시 거류민단체) 산하에 의경대(의경대 조례를 통한 자치경찰대)를 설치하여 교민단의 치안을 보전하고 밀정의 색출·호구조사·민단세 징수 등 역할을 수행하였으며, 이때 상해임시정부는 연통제를 실시하여 도(道)에 경찰의 장으로 독판을 두었다.
④ 중경시기 임시정부는 자체적으로 정부를 수호할 수 있도록 1941년 내무부 직속으로 경위대를 설치(경위대 규정에 의한 경찰조직)하였다.

05

「국가경찰과 자치경찰의 조직 및 운영에 관한 법률」상 경찰청장에 관한 다음 <보기> 중 적절하지 않은 것은 모두 몇 개인가?

> ㉠ 경찰청장은 국가경찰위원회의 동의를 받아 국무총리의 제청으로 대통령이 임명한다. 이 경우 국회의 인사청문을 거쳐야 한다.
> ㉡ 경찰청장은 국가경찰에 관한 사무를 총괄하고 경찰청 업무를 관장하며 소속 공무원 및 각급 국가경찰기관의 장을 지휘·감독한다.
> ㉢ 경찰청장이 직무를 집행하면서 대통령의 지시를 위배하였을 때에는 국회는 탄핵 소추를 의결할 수 있다.
> ㉣ 경찰청장의 임기는 2년으로 하고, 중임할 수 없다.
> ㉤ 경찰청장은 경찰의 수사에 관한 사무의 경우에는 개별 사건의 수사에 대하여 구체적으로 지휘·감독할 수 없다.

① 1개 ② 2개
③ 3개 ④ 4개

06

「국가경찰과 자치경찰의 조직 및 운영에 관한 법률」상 시·도자치경찰위원회 위원은 시·도지사가 임명한다. ( ) 인원수가 적절하게 연결된 것은?

> ㉠ 시·도의회가 추천하는 ( )명
> ㉡ 국가경찰위원회가 추천하는 ( )명
> ㉢ 해당 시·도 교육감이 추천하는 ( )명
> ㉣ 시·도자치경찰위원회 위원추천위원회가 추천하는 ( )명
> ㉤ 시·도지사가 지명하는 ( )명

① ㉠2 ㉡1 ㉢1 ㉣1 ㉤2
② ㉠2 ㉡1 ㉢1 ㉣2 ㉤1
③ ㉠1 ㉡2 ㉢1 ㉣1 ㉤2
④ ㉠1 ㉡1 ㉢1 ㉣2 ㉤2

07

「행정안전부장관의 소속청장 지휘에 관한 규칙」(행정안전부령)상 경찰청장이 미리 행정안전부장관에게 보고해야 할 사항으로 가장 적절한 것은?

① 국무회의에 상정할 사항
② 법령 제정·개정이 필요한 경찰 분야 기본계획의 수립과 그 변경에 관한 사항
③ 감사원의 감사 결과 및 처분 요구사항 중 중요 정책과 관련된 사항
④ 기획재정부에 제출하는 예산 관련 자료 중 중요 사항

08

「수사경찰 인사운영규칙」(훈령)상 수사경과의 운영에 대한 내용으로 가장 적절하지 않은 것은?

① 수사경과 유효기간은 수사경과를 부여일 또는 갱신일로부터 5년으로 한다.
② 3년간 연속으로 제3조제1항(수사경찰 근무부서) 외의 부서에서 근무하는 경우에는 수사경과를 해제해야 한다.
③ 직무와 관련한 청렴의무위반·인권침해 또는 부정청탁에 따른 직무수행으로 징계처분을 받은 경우에는 수사경과를 해제해야 한다.
④ 수사업무 수행을 위한 업무역량, 전문성 등을 고려하여 경정 이하의 경찰공무원을 대상으로 수사경과자를 선발한다.

09

「경찰공무원법」상 경찰공무원의 임용권자에 대한 설명으로 가장 적절하지 않은 것은?

① 총경 이상 경찰공무원은 경찰청장의 추천을 받아 행정안전부장관의 제청으로 국무총리를 거쳐 대통령이 임용한다. 다만, 총경의 전보, 휴직, 직위해제, 강등, 정직 및 복직은 경찰청장이 한다.
② 경정 이하의 경찰공무원은 경찰청장이 임용한다. 다만, 경정으로의 신규채용, 승진임용 및 면직은 경찰청장의 추천으로 국무총리를 거쳐 대통령이 한다.
③ 경찰청장은 대통령령으로 정하는 바에 따라 경찰공무원의 임용에 관한 권한의 일부를 특별시장·광역시장·도지사·특별자치시장 또는 특별자치도지사(시·도지사), 국가수사본부장, 소속 기관의 장, 시·도경찰청장에게 위임할 수 있다.
④ ③에 따라 위임된 경우 시·도지사는 위임받은 권한의 일부를 대통령령으로 정하는 바에 따라 「국가경찰과 자치경찰의 조직 및 운영에 관한 법률」 제18조에 따른 시·도자치경찰위원회, 시·도경찰청장에게 다시 위임할 수 있다.

10

다음은 「경찰공무원법」상 경찰승진에 관한 내용이다. 그 설명이 가장 적절하지 않은 것은?

① 경찰공무원은 바로 아래 하위계급에 있는 경찰공무원 중에서 근무성적평정, 경력평정, 그 밖의 능력을 실증(實證)하여 승진임용한다. 다만, 해양경찰청장을 보하는 경우 치안감을 치안총감으로 승진임용할 수 있다.

② 경무관 이하 계급으로의 승진은 승진심사에 의하여 한다. 다만, 경정 이하 계급으로의 승진은 대통령령으로 정하는 비율에 따라 승진시험과 승진심사를 병행할 수 있다.

③ 총경 이하의 경찰공무원에 대해서는 대통령령으로 정하는 바에 따라 계급별로 승진대상자 명부를 작성하여야 한다.

④ 승진후보자 명부에 등재된 사람이 승진임용 전에 전사하거나 순직한 경우에는 그 사망일 다음날을 승진일로 하여 승진 예정 계급으로 승진한 것으로 본다.

11

「양성평등기본법」상 성희롱 예방교육 등 방지조치에 대한 설명으로 가장 적절하지 않은 것은?

① 국가기관등의 장과 사용자는 성희롱을 방지하기 위하여 대통령령으로 정하는 바에 따라 해당 국가기관등과 사업장 등에 소속된 사람(해당 국가기관등의 장과 사용자를 포함)을 대상으로 성희롱 예방교육의 실시, 자체 예방지침의 마련, 성희롱 사건이 발생한 경우 재발방지대책의 수립·시행 등 필요한 조치를 하여야 하고, 국가기관등의 장은 그 조치 결과를 여성가족부장관 및 주무부처의 장에게 제출하여야 한다.

② 여성가족부장관은 ①에 따른 국가기관등의 성희롱 방지조치에 대한 점검을 대통령령으로 정하는 바에 따라 매년 실시하여야 한다.

③ 국가기관등의 장은 해당 기관에서 성희롱 사건이 발생한 사실을 알게 된 경우(국가기관등의 장이 해당 성희롱 사건의 행위자인 경우를 포함) 피해자의 명시적인 반대의견이 없으면 지체 없이 그 사실을 여성가족부장관에게 통보하고, 해당 사실을 안 날부터 2개월 이내에 ①에 따른 재발방지대책을 여성가족부장관에게 제출하여야 한다.

④ 여성가족부장관은 ③에 따라 통보받은 사건이 중대하다고 판단되거나 재발방지대책의 점검 등을 위하여 필요한 경우 해당 기관에 대한 현장점검을 실시할 수 있으며, 점검 결과 시정이나 보완이 필요하다고 인정하는 경우에는 국가기관등의 장에게 시정이나 보완을 요구할 수 있다.

12

「국가공무원법」상 소청심사의 절차에 대한 설명으로 가장 적절하지 않은 것은?

① 소청심사위원회는 이 법에 따른 소청을 접수하면 지체 없이 심사하여야 한다.
② 소청심사위원회는 필요하다고 인정하면 소속 직원에게 사실조사를 하게 하거나 특별한 학식·경험이 있는 자에게 검증이나 감정을 의뢰할 수 있다.
③ 징계처분 등, 그 밖에 본인의 의사에 반한 불리한 처분이나 부작위(不作爲)에 관한 행정소송은 소청심사위원회의 심사·결정을 거치지 아니하여도 제기할 수 있다.
④ ③에 따른 행정소송을 제기할 때에는 대통령의 처분 또는 부작위의 경우에는 소속 장관(대통령령으로 정하는 기관의 장을 포함한다)을, 중앙선거관리위원회위원장의 처분 또는 부작위의 경우에는 중앙선거관리위원회사무총장을 각각 피고로 한다.

13

다음 <보기>는 비례원칙에 대한 설명이다. 적절하지 않은 것은 모두 몇 개인가?

> ㉠ 비례원칙이란 일반적으로 행정작용에 있어 목적 실현을 위한 수단과 당해 목적 사이에 합리적인 비례관계가 있어야 한다는 것을 말한다.
> ㉡ 비례원칙의 내용으로는 적합성의 원칙, 필요성의 원칙, 상당성의 원칙이 있다.
> ㉢ 경찰작용은 적합성, 필요성, 상당성의 원칙 중 적어도 하나는 충족해야 한다.
> ㉣ 실정법적인 근거로는 「헌법」제37조 제2항과 「경찰관직무집행법」제1조 제2항, 「행정기본법」제10조 등이 있다.
> ㉤ 비례원칙에 위반한 국가작용에 대해서는 국가손해배상책임이 성립되지 않는다.

① 1개   ② 2개
③ 3개   ④ 4개

14

「행정기본법」상 <보기>에 해당하는 행정강제에 대한 설명으로 가장 적절한 것은?

> 의무자가 행정상 의무(법령등에서 직접 부과하거나 행정청이 법령등에 따라 부과한 의무를 말한다)로서 타인이 대신하여 행할 수 있는 의무를 이행하지 아니하는 경우 법률로 정하는 다른 수단으로는 그 이행을 확보하기 곤란하고 그 불이행을 방치하면 공익을 크게 해칠 것으로 인정될 때에 행정청이 의무자가 하여야 할 행위를 스스로 하거나 제3자에게 하게 하고 그 비용을 의무자로부터 징수하는 것

① 직접강제   ② 행정대집행
③ 강제징수   ④ 즉시강제

15

다음 <보기>는 경찰공무원의 직무집행과 관련된 손해배상에 관한 사례이다. 적절하지 않은 것은 모두 몇 개인가? (다툼이 있는 사항은 판례에 의함)

⊙ 국가배상책임은 공무원의 직무집행이 법령에 위반한 것임을 요건으로 하는 것으로서, 공무원의 직무집행이 법령이 정한 요건과 절차에 따라 이루어진 것이라면 특별한 사정이 없는 한 이는 법령에 적합한 것이고 그 과정에서 개인의 권리가 침해되는 일이 생긴다고 하여 그 법령적합성이 곧바로 부정되는 것은 아니다.

ⓒ 경찰관이 교통법규 등을 위반하고 도주하는 차량을 순찰차로 추적하는 직무를 집행하는 중에 그 도주차량의 주행에 의하여 제3자가 손해를 입었다고 하더라도 그 추적이 당해 직무 목적을 수행하는 데에 불필요하다거나 또는 도주차량의 도주의 태양 및 도로교통상황 등으로부터 예측되는 피해발생의 구체적 위험성의 유무 및 내용에 비추어 추적의 개시·계속 혹은 추적의 방법이 상당하지 않다는 등의 특별한 사정이 없는 한 그 추적행위를 위법하다고 할 수는 없다.

ⓒ 경찰관이 농민들의 시위를 진압하고 시위과정에 도로상에 방치된 트랙터 1대에 대하여 이를 도로 밖으로 옮기거나 후방에 안전표지판을 설치하는 것과 같은 위험발생방지조치를 취하지 아니한 채 그대로 방치하고 철수하여 버린 결과, 야간에 그 도로를 진행하던 운전자가 위 방치된 트랙터를 피하려다가 다른 트랙터에 부딪혀 상해를 입은 경우에도 위법성이 없어 국가배상책임은 인정되지 않는다.

ⓔ 공무원이 직무를 집행하면서 고의 또는 과실로 법령을 위반하면 국가에 배상책임이 생긴다(국가배상법 제2조 제1항). 공무원이 형식적 의미의 법령을 위반한 경우뿐만 아니라, 인권존중·권력남용금지·신의성실처럼 마땅히 지켜야 할 규범을 어겼을 때를 비롯하여 널리 그 행위가 객관적인 정당성을 잃었다면 국가배상책임이 성립할 수 있다.

ⓜ 경찰관은 눈앞에서 형사처벌 대상인 행위가 막 이루어지려 하고 그대로 내버려두면 사람의 생명·신체나 중대한 재산상 손해가 생길 수 있어서 직접 막는 것 외에는 다른 방법이 없는 급박한 상황일 때에만 「경찰관 직무집행법」 제6조에 따라 적법하게 그 행위를 제지할 수 있다.

① 1개 ② 2개
③ 3개 ④ 없음

16

「범죄피해자 보호법」상 사용되는 용어의 뜻을 나열한 것이다. <보기> 중 가장 적절한 것은?

① "범죄피해자"란 타인의 범죄행위로 피해를 당한 사람과 그 배우자(사실상의 혼인관계를 제외한다), 직계친족 및 형제자매를 말한다.
② "범죄피해자 보호·지원"이란 범죄피해자의 손실 복구, 정당한 권리 행사에 기여하는 행위를 말한다(복지 증진에 기여하는 행위는 제외). 다만, 수사·변호 또는 재판에 부당한 영향을 미치는 행위는 포함되지 아니한다.
③ "중상해"란 범죄행위로 입은 부상이나 질병이 치료(그 증상이 고정된 때를 포함)된 후에 남은 신체의 장해로서 대통령령으로 정하는 경우를 말하고, "장해"란 범죄행위로 인하여 신체나 그 생리적 기능에 손상을 입은 것으로서 대통령령으로 정하는 경우를 말한다.
④ "구조대상 범죄피해"란 대한민국의 영역 안에서 또는 대한민국의 영역 밖에 있는 대한민국의 선박이나 항공기 안에서 행하여진 사람의 생명 또는 신체를 해치는 죄에 해당하는 행위로 인하여 사망하거나 장해 또는 중상해를 입은 것을 말한다. 여기서 「형법」 제9조(형사미성년자), 제10조제1항(심신장애인), 제12조(강요된 행위), 제22조제1항(긴급피난)에 따라 처벌되지 아니하는 행위를 포함하며, 같은 법 제20조(정당행위) 또는 제21조제1항(정당방위)에 따라 처벌되지 아니하는 행위 및 과실에 의한 행위는 제외한다.

17

막스 베버(Max Weber)가 주장한 이상적인 관료제의 구조적 특성으로 적절하지 않은 것은 모두 몇 개인가?

> ㉠ 직무조직은 계층제적 구조로 되어 진다.
> ㉡ 관료는 시험 또는 자격 등에 의해 공개적으로 채용된다.
> ㉢ 직무수행은 주로 서류에 의해 이루어지며 기록은 단기간 보존된다.
> ㉣ 관료의 권한과 직무범위는 법규와 관례에 따라 규정된다.
> ㉤ 관료는 직무수행의 대가로 직업적 보상으로 급료를 받으며, 직무수행과정에서 개인적 감정에 따라 임무를 수행한다.

① 1개 ② 2개
③ 3개 ④ 4개

18

경찰예산을 일반회계와 특별회계로 구분할 때, 현재 경찰의 특별회계로 운영되고 있는 것은 모두 몇 개인가?

> ㉠ 사법시설회계
> ㉡ 국유재산관리회계
> ㉢ 경찰병원의 책임운영기관회계
> ㉣ 제주자치경찰인력지원의 국가균형발전회계
> ㉤ 자동차교통관리개선회계
> ㉥ 운전면허시험관리단회계

① 1개 ② 2개
③ 3개 ④ 4개

19

「행정업무의 운영 및 혁신에 관한 규정」상 규정상 문서의 성립 및 효력 발생에 관한 내용이다. ( )의 용어가 적절하게 연결된 것은?

> ㉠ 문서는 결재권자가 해당 문서에 서명의 방식으로 ( )함으로써 성립한다.
> ㉡ 문서는 수신자에게 ( )됨으로써 효력을 발생한다. 다만, 전자문서의 경우는 수신자가 관리하거나 지정한 전자적 시스템 등에 입력되는 것을 말한다.
> ㉢ ㉡에도 불구하고 공고문서는 그 문서에서 효력발생 시기를 구체적으로 밝히고 있지 않으면 그 고시 또는 공고 등이 있은 날부터 ( )일이 경과한 때에 효력이 발생한다.

① ㉠ 결재 ㉡ 도달 ㉢ 7일
② ㉠ 작성 ㉡ 발신 ㉢ 7일
③ ㉠ 결재 ㉡ 도달 ㉢ 5일
④ ㉠ 작성 ㉡ 발신 ㉢ 5일

20

경찰통제와 관련하여 「행정심판법」상 행정심판의 대상에 대한 설명으로 가장 적절하지 않은 것은?

① 현행 「행정심판법」은 열기주의를 채택하여 국민의 권익구제 가능성을 넓히고 있다.
② 경찰청장, 시도경찰청장, 경찰서장이 행한 처분에 대해서는 일률적으로 중앙행정심판위원회에서 행한다.
③ 대통령의 처분 또는 부작위에 대하여는 다른 법률에서 행정심판을 청구할 수 있도록 정한 경우 외에는 행정심판을 청구할 수 없다.
④ 동법상 행정심판의 대상으로 처분은 행정청이 행하는 구체적 사실에 관한 법집행으로서의 공권력의 행사 또는 그 거부와 그 밖에 이에 준하는 행정작용을 말한다.

21

「경찰청 공무원 행동강령」상 공무원은 자신의 직무권한을 행사하거나 지위·직책 등에서 유래되는 사실상 영향력을 행사하여 부당한 행위를 하여서는 아니 된다. 이에 대한 설명으로 가장 적절하지 않은 것은?

① 인가·허가 등을 담당하는 공무원이 그 신청인에게 이익 또는 불이익을 주거나 제3자에게 이익 또는 불이익을 주기 위하여 부당하게 그 신청의 접수를 지연하거나 거부하는 행위
② 직무관련공무원에게 직무와 관련이 없거나 직무의 범위를 벗어나 부당한 지시·요구를 하는 행위
③ 공무원 자신이 소속된 기관이 체결하는 물품·용역·공사 등 계약에 관하여 직무관련자에게 자신이 소속된 기관의 의무 또는 부담의 이행을 부당하게 전가하거나 자신이 소속된 기관이 집행해야 할 업무를 부당하게 지연하는 행위
④ 그 밖에 직무관련자, 직무관련공무원, 공무원 자신이 소속된 기관의 소속 기관 또는 산하 기관의 권리·권한을 부당하게 제한하거나 의무가 없는 일을 부당하게 요구하는 행위

22

다음 <보기>는 「부정청탁 및 금품등 수수의 금지에 관한 법률」(청탁금지법)과 「공직자의 이해충돌방지법」상 위반행위에 대한 주요 처벌규정이다. 적절하지 않은 것은 모두 몇 개인가?

> ㉠ 「부정청탁 및 금품등 수수의 금지에 관한 법률」상 공직자 등은 직무 관련 여부 및 기부·후원·증여 등 그 명목에 관계없이 동일인으로부터 1회에 100만원 또는 매 회계연도에 300만원을 초과하는 금품 등을 받거나 요구 또는 약속해서는 아니 된다. 이에 해당하는 자는 3년 이하의 징역 또는 3천만원 이하의 벌금에 처한다.
> ㉡ 「부정청탁 및 금품등 수수의 금지에 관한 법률」상 공직자등은 직무와 관련하여 대가성 여부를 불문하고 제1항에서 정한 금액 이하의 금품등을 받거나 요구 또는 약속해서는 아니 된다. 이를 위반하면 그 위반행위와 관련된 금품 등 가액의 2배 이상 5배 이하에 상당하는 금액의 과태료를 부과한다.
> ㉢ 「공직자의 이해충돌방지법」에 의하면 직무수행 중 알게 된 비밀 또는 소속 공공기관의 미공개정보를 이용하여 재물 또는 재산상의 이익을 취득하거나 제3자로 하여금 재물 또는 재산상의 이익을 취득하게 한 공직자는 7년 이하의 징역 또는 7천만원 이하의 벌금에 처한다.
> ㉣ 「공직자의 이해충돌방지법」상 공직자로부터 직무상 비밀 또는 소속 공공기관의 미공개정보임을 알면서도 제공받거나 부정한 방법으로 취득하고 이를 이용하여 재물 또는 재산상의 이익을 취득한 자는 5년 이하의 징역 또는 5천만원 이하의 벌금에 처한다.
> ㉤ 「공직자의 이해충돌방지법」에 따르면 직무수행 중 알게 된 비밀 또는 소속 공공기관의 미공개정보를 사적 이익을 위하여 이용하거나 제3자로 하여금 이용하도록 한 공직자는 3년 이하의 징역 또는 3천만원 이하의 벌금에 처한다. 다만 재물 또는 재산상 이익의 취득이 없는 경우에는 그러하지 아니하다.

① 없음　　② 1개
③ 2개　　④ 3개

23

경찰의 적극행정에 관한 내용 중 가장 적절하지 않은 것은?

① 「경찰청 적극행정 면책제도 운영규정」상 자체감사를 받는 사람은 적극행정 면책요건에 해당된다 하더라도 자의적인 법 해석 및 집행으로 법령의 본질적인 사항을 위반한 경우 면책대상에서 제외된다.
② 「공공감사에 관한 법률」상 자체감사를 받는 사람이 불합리한 규제의 개선 등 공공의 이익을 위하여 업무를 적극적으로 처리한 결과에 대하여 그의 행위에 고의나 중대한 과실이 없는 경우에는 징계 요구 또는 문책 요구 등 책임을 묻지 아니한다.
③ 「공무원 징계령 시행규칙」상 징계위원회는 징계등 혐의자와 비위 관련 직무 사이에 사적인 이해관계가 없었고 대상 업무를 처리하면서 중대한 절차상 하자가 없었을 경우 해당 비위가 고의 또는 중과실에 의하지 않은 것으로 추정한다.
④ 「적극행정 운영규정」상 "적극행정"이란, 공무원이 불합리한 규제를 개선하는 등 공공의 이익을 위해 창의성과 신속성을 바탕으로 적극적으로 업무를 처리하는 행위를 말한다.

24

다음 <보기> 중 「경찰청과 그 소속기관 직제」상 범죄예방대응국의 소관 사무에 해당하는 것은 모두 몇 개인가?

> ㉠ 경비업에 관한 연구·지도
> ㉡ 치안상황실 운영에 관한 사항
> ㉢ 지구대·파출소의 외근활동 기획 및 운영
> ㉣ 총포·도검·화약류 등의 지도·단속
> ㉤ 성폭력 및 가정폭력 예방 및 피해자 보호에 관한 업무
> ㉥ 풍속 및 성매매(아동·청소년 대상 성매매는 제외한다) 사범에 대한 지도·단속

① 3개　　② 4개
③ 5개　　④ 6개

25

범죄원인이론에 대한 설명으로 가장 적절하지 않은 것은?

① 뒤르껭(Durkeim)은 범죄는 정상적인 것이며 불가피한 사회적 행위라는 입장에서 사회 규범의 붕괴로 인해 범죄가 발생한다고 보았다.
② 사이크스(Sykes)의 '중화기술이론'은 청소년은 비행의 과정에서 합법적, 전통적 관습, 규범, 가치관 등을 중화시킨다고 한다.
③ 동조성전념이론은 좋은 자아관념이 주변의 범죄적 환경에도 불구하고 비행행위에 가담하지 않도록 하는 중요한 요소라고 한다.
④ 사회해체론과 아노미이론은 범죄의 원인을 사회적 구조의 특성에서 찾는 사회적 수준의 범죄원인이론이다.

26

「지역경찰의 조직 및 운영에 관한 규칙」상 경찰서장이 정하는 사항으로 적절한 것은 모두 몇 개인가?

> ㉠ 치안센터 관할구역의 크기
> ㉡ 순찰팀의 수
> ㉢ 치안센터 전담근무자의 근무형태 및 근무시간
> ㉣ 관리팀 및 순찰팀의 인원

① 1개　　② 2개
③ 3개　　④ 4개

27

「아동학대범죄의 처벌 등에 관한 특례법」상 사법경찰관의 긴급임시조치로 가장 적절하지 않은 것은?

① 피해아동등 또는 가정구성원의 주거로부터 퇴거 등 격리
② 경찰관서의 유치장 또는 구치소에의 유치
③ 피해아동등 또는 가정구성원의 주거, 학교 또는 보호시설 등에서 100미터 이내의 접근 금지
④ 피해아동등 또는 가정구성원에 대한 「전기통신기본법」제2조 제1호의 전기통신을 이용한 접근 금지

28

「스토킹범죄의 처벌 등에 관한 법률」상 잠정조치로 적절한 것은 모두 몇 개인가?

> ㉠ 국가경찰관서의 유치장 또는 구치소에의 유치
> ㉡ 스토킹행위자와 피해자 등의 분리 및 범죄수사
> ㉢ 피해자 또는 그의 동거인, 가족이나 그 주거 등으로부터 100미터 이내의 접근 금지
> ㉣ 스토킹 피해 관련 상담소 또는 보호시설로의 피해자 등 인도(피해자 등이 동의한 경우만 해당한다)
> ㉤ 피해자 또는 그의 동거인, 가족에 대한 「전기통신기본법」 제2조 제1호의 전기통신을 이용한 접근 금지

① 1개　　② 2개
③ 3개　　④ 4개

29

「검사와 사법경찰관의 상호협력과 일반적 수사준칙에 관한 규정」상 사법경찰관의 결정에 관한 설명으로 가장 적절하지 않은 것은?

① 사법경찰관은 사건을 수사한 경우에는 법원송치, 검찰송치, 불송치, 수사중지, 이송 등의 구분에 따라 결정한다.

② 죄가안됨 또는 공소권없음에 해당하는 사건이 「형법」 제10조 제1항(심신장애인)에 따라 벌할 수 없는 경우 또는 기소되어 사실심 계속 중인 사건과 포괄일죄를 구성하는 관계에 있거나 「형법」 제40조에 따른 상상적 경합 관계에 있는 경우에는 해당 사건을 검사에게 이송할 수 있다.

③ 사법경찰관은 ①에 따른 수사중지 결정을 한 경우 7일 이내에 사건기록을 검사에게 송부해야 한다. 이 경우 검사는 사건기록을 송부받은 날부터 30일 이내에 반환해야 하며, 그 기간 내에 법 제197조의3에 따라 시정조치요구를 할 수 있다.

④ 사법경찰관은 ③ 전단에 따라 검사에게 사건기록을 송부한 후 피의자 등의 소재를 발견한 경우에는 소재 발견 및 수사 재개 사실을 검사에게 통보해야 한다. 이 경우 통보를 받은 검사는 지체 없이 사법경찰관에게 사건기록을 반환해야 한다.

30

「집회 등 채증활동규칙」(경찰청 훈령)상 채증자료의 관리에 대한 설명으로 가장 적절하지 않은 것은?

① 범죄혐의자의 인적사항이 확인되어 범죄수사의 필요성이 있는 채증자료는 지체 없이 수사부서에 송부하여야 한다.
② 범죄수사 필요성이 없는 채증자료는 해당 집회 등의 상황 종료 후 삭제·폐기할 수 있다.
③ 주관부서의 장은 채증판독프로그램을 주관부서에서만 설치·이용할 수 있도록 관리하여야 한다.
④ 범죄수사 외의 목적으로 촬영한 자료는 자료의 촬영이 법률상 허용되는 경우라도, 그 자료를 집회등 참가자를 특정하기 위하여 활용하여서는 아니 된다.

31

「재난 및 안전관리 기본법」에 대한 설명으로 가장 적절한 것은?

① 재난관리란 재난이나 그 밖의 각종 사고로부터 사람의 생명·신체 및 재산의 안전을 확보하기 위하여 하는 모든 활동을 말한다.
② 시장·군수·구청장과 지역통제단장(대통령령으로 정하는 권한을 행사하는 경우에만 해당한다)은 재난이 발생하거나 발생할 우려가 있는 경우에 사람의 생명 또는 신체나 재산에 대한 위해를 방지하기 위하여 필요하면 해당 지역 주민이나 그 지역 안에 있는 사람에게 대피하도록 명하거나 선박·자동차 등을 그 소유자·관리자 또는 점유자에게 대피시킬 것을 명할 수 있다. 이 경우 미리 대피장소를 지정할 수 있다.
③ 긴급구조기관이란 경찰청, 시·도경찰청 및 경찰서를 말한다. 다만, 해양에서 발생한 재난의 경우에는 해양경찰청·지방해양경찰청 및 해양경찰서를 말한다.
④ 국무총리는 대통령령으로 정하는 재난이 발생하거나 발생할 우려가 있는 경우 사람의 생명·신체 및 재산에 미치는 중대한 영향이나 피해를 줄이기 위하여 긴급한 조치가 필요하다고 인정하면 중앙안전관리위원회의 심의를 거쳐 재난사태를 선포할 수 있다. 다만, 국무총리는 재난상황이 긴급하여 중앙안전 관리위원회의 심의를 거칠 시간적 여유가 없다고 인정하는 경우에는 중앙안전관리위원회의 심의를 거치지 아니하고 재난사태를 선포할 수 있다.

32

「경찰 비상업무 규칙」에 대한 설명으로 가장 적절한 것은?

① 필수요원이라 함은 전 경찰공무원 및 일반직공무원 중 경찰기관의 장이 지정한 자로 비상소집 시 2시간 이내에 응소하여야 할 자를 말한다.
② 비상근무는 비상상황의 유형에 따라 경비소관의 경비, 작전비상, 수사소관의 수사비상, 안보소관의 안보비상, 치안상황소관의 교통, 재난비상으로 구분하여 발령한다.
③ 경계강화 발령시 별도의 경력동원 없이 특정분야의 근무를 강화하며 지휘관과 참모는 정위치 근무를 원칙으로 한다.
④ 비상근무의 발령권자는 비상상황이 발생하여 비상근무를 실시하고자 할 경우에는 비상근무의 목적, 지역, 기간 및 동원대상 등을 특정하여 별지 제1호 서식의 비상근무발령서에 의하여 비상근무를 발령한다.

33

「도로교통법」에 관한 설명으로 가장 적절하지 않은 것은? (다툼이 있는 경우 판례에 의함)

① 모든 차의 운전자는 예외 없이 터널 안에 차를 주차해서는 아니 된다.
② 긴급자동차에 대하여는 동법 제23조에 따른 끼어들기의 금지를 적용하지 아니한다.
③ 정차란 운전자가 5분을 초과하지 아니하고 차를 정지시키는 것으로서 주차 외의 정지상태를 말한다.
④ 물로 입 안을 헹굴 기회를 달라는 피고인의 요구를 무시한 채 호흡측정기로 측정한 혈중알코올 농도 수치가 0.05%로 나타난 사안에서, 피고인이 당시 혈중알코올 농도 0.05% 이상의 술에 취한 상태에서 운전하였다고 단정할 수 없다.

34

「도로교통법」상 자전거와 관련된 <보기> 중 가장 적절하지 않은 것은?

① 자전거의 운전자는 자전거에 어린이를 태우고 운전할 때에는 그 어린이에게 행정안전부령으로 정하는 인명보호 장구를 착용하도록 하여야 한다.
② 자전거의 운전자는 안전표지로 통행이 허용된 경우를 제외하고는 2대 이상이 나란히 차도를 통행하여서는 아니 된다.
③ 자전거의 운전자는 약물의 영향과 그 밖의 사유로 정상적으로 운전하지 못할 우려가 있는 상태에서 자전거를 운전하여서는 아니 된다.
④ 자전거의 운전자가 횡단보도를 이용하여 도로를 횡단할 때에는 보행자의 통행에 방해가 되지 않도록 서행하여야 한다.

35

「경찰관의 정보수집 및 처리 등에 관한 규정」상 정보활동의 기본원칙에 대한 설명으로 가장 적절하지 않은 것은?

① 정보활동은 공공안녕에 대한 위험의 예방과 진압을 위한 정보의 수집·작성·배포와 이에 수반되는 사실의 확인을 위해 경찰관이 수행하는 활동을 말한다.
② 정보활동은 국민의 자유와 권리를 보호하는 것을 목적으로 해야 하며, 필요 최소한의 범위에 그쳐야 한다.
③ 법령의 직무 범위를 벗어나 개인의 동향 등을 파악하기 위해 사생활에 관한 정보를 수집·작성·배포하는 행위를 하여서는 아니 된다.
④ 경찰청장은 정보활동이 적법하게 이루어지도록 현장점검·교육 강화 방안 등을 수립·시행해야 한다.

36

「집회 및 시위에 관한 법률」(및 시행령)상 확성기 등의 소음기준에 관한 설명으로 가장 적절하지 않은 것은?

① 소음 측정 장소는 피해자가 위치한 건물의 외벽에서 소음원 방향으로 1~3.5m 떨어진 지점으로 하되, 소음도가 높을 것으로 예상되는 지점의 지면 위 1.2~1.5m 높이에서 측정한다.
② 확성기등의 대상소음이 있을 때 측정한 소음도를 측정소음도로 하고, 같은 장소에서 확성기등의 대상소음이 없을 때 5분간 측정한 소음도를 배경소음도로 한다.
③ 주거지역, 학교, 종합병원, 공공도서관의 등가소음도는 10분간(소음 발생 시간이 10분 이내인 경우에는 그 발생 시간 동안을 말한다) 측정한다.
④ 최고소음도는 확성기등의 대상소음에 대해 매 측정 시 발생된 소음도 중 가장 높은 소음도를 측정하며, 동일한 집회·시위에서 측정된 최고소음도가 1시간 내에 3회 이상 위 표의 최고소음도 기준을 초과한 경우 소음기준을 위반한 것으로 본다.

37

「보안관찰법」상 <보기> 중 적절하지 않은 것은 모두 몇 개인가?

> ㉠ '보안관찰처분대상자'라 함은 보안관찰해당범죄 또는 이와 경합된 범죄로 금고 이상의 형의 선고를 받고 그 형기합계가 3년 이상인 자로서 형의 전부 또는 일부의 집행을 받은 사실이 있는 자를 말한다.
> ㉡ 보안관찰처분의 기간은 2년으로 한다. 법무부장관은 검사의 청구가 있는 때에는 보안관찰처분심의위원회의 의결을 거쳐 그 기간을 갱신할 수 있다.
> ㉢ 보안관찰처분대상자는 대통령령이 정하는 바에 따라 그 형의 집행을 받고 있는 교도소등에서 출소 전에 거주예정지 기타 대통령령으로 정하는 사항을 교도소 등의 장을 경유하여 거주예정지 관할경찰서장에게 신고하고, 출소 후 7일 이내에 그 거주예정지 관할경찰서장에게 출소사실을 신고하여야 한다.
> ㉣ 검사가 처분청구서를 제출할 때에는 청구의 원인이 되는 사실을 증명할 수 있는 자료와 의견서를 첨부하여야 한다.
> ㉤ 검사는 보안관찰처분청구를 한 때에는 지체 없이 처분청구서 등본을 피청구자에게 송달하여야 한다. 이 경우 송달에 관하여는 민사소송법 중 송달에 관한 규정을 준용한다.

① 1개 ② 2개
③ 3개 ④ 없음

38

「국가보안법」에 대한 설명으로 적절하지 않은 것은 모두 몇 개인가?

> ㉠ 반국가단체라 함은 정부를 참칭하거나 국가를 변란할 것을 목적으로 하는 국내외의 결사 또는 집단으로서 지휘통솔체제를 갖춘 단체를 말한다.
> ㉡ 반국가단체의 구성·가입죄 및 가입권유죄는 미수뿐만 아니라 예비 음모도 처벌한다.
> ㉢ 범죄수사 또는 정보의 직무에 종사하는 공무원이 이 법의 죄를 범한 자라는 정을 알면서 그 직무를 유기한 때에는 10년 이하의 징역에 처한다. 다만, 본범과 친족관계가 있는 때 에는 그 형을 감경 또는 견제한다.
> ㉣ 반국가단체나 그 구성원의 지령을 받거나 받기 위하여 또는 그 목적수행을 협의하거나 협의하기 위하여 잠입하거나 탈출한 자는 10년 이하의 징역에 처한다.

① 1개 ② 2개
③ 3개 ④ 4개

39

「경찰수사규칙」과 「범죄수사규칙」이 규정하고 있는 외국인에 대한 조사 및 수사에 관한 내용으로 가장 적절하지 않은 것은?

① 경찰관은 대한민국의 영해에 있는 외국 선박 내에서 발생한 범죄로서 대한민국 육상이나 항내의 안전을 해할 때, 승무원 이외의 사람이나 대한민국의 국민에 관계가 있을 때 또는 중대한 범죄가 행하여졌을 때는 수사를 하여야 한다.

② 사법경찰관리는 외국인을 조사하는 경우에는 조사를 받는 외국인이 이해할 수 있는 언어로 통역해 주어야 한다.

③ 사법경찰관은 주한 미합중국 군대의 구성원·외국인군무원 및 그 가족이나 초청계약자의 범죄 관련 사건을 인지하거나 고소·고발 등을 수리한 때에는 7일 이내에 한미행정협정사건 통보서를 미군 당국에게 통보해야 한다.

④ 경찰관은 외국군함에 속하는 군인이나 군속이 그 군함을 떠나 대한민국의 영해 또는 영토 내에서 죄를 범한 경우에는 신속히 국가수사본부장에게 보고하여 그 지시를 받아야 한다. 다만, 현행범 그 밖의 급속을 요하는 때에는 체포 그 밖의 수사상 필요한 조치를 한 후 신속히 국가수사본부장에게 보고하여 그 지시를 받아야 한다.

40

다음 <보기>는 「여행경보제도 운영지침」상 단계별 여행경보가 발령된 경우 행동요령에 대한 설명이다. 적절하지 않은 것은 모두 몇 개인가?

> ㉠ 1단계(남색경보) : 여행예정자와 체류자는 주의가 요구되는 신변안전 위험 요인을 숙지하여 이에 대비한다(여행유의).
> ㉡ 2단계(황색경보) : 여행예정자는 불필요한 여행을 자제하고, 체류자는 신변안전에 특별히 유의한다(여행자제).
> ㉢ 3단계(적색경보) : 여행예정자는 여행을 취소·연기하고, 체류자는 긴요한 용무가 아닌 한 출국한다(출국권고).
> ㉣ 4단계(흑색경보) : 여행예정자는 여행금지를 준수하고, 체류자는 즉시 대피·철수한다(여행금지). 다만, 「여권법」 제17조에 따라 외교부장관이 여권의 사용과 방문·체류를 허가하는 경우에는 그러하지 아니하다.
> ㉤ 특별여행주의보 발령에 따른 여행예정자 또는 체류자의 행동요령은 여행경보 3단계 이상 4단계 이하에 준하며, 그 구체 내용은 특별여행주의보 발령의 사유가 된 위험과 관련한 제반 사항을 고려하여 결정한다.

① 1개 ② 2개
③ 3개 ④ 없음

01

경찰개념에 관한 설명으로 가장 적절하지 않은 것은?

① 경찰개념은 역사적으로 발전되고 형성된 개념이므로, 근대국가에서의 일반적인 경찰개념을 공공의 안녕과 질서유지를 위한 '권력작용'이라고 할 경우, 이는 각국의 실정법상 경찰개념과 반드시 일치한다고는 할 수 없다.
② 실질적 의미의 경찰을 보안경찰과 협의의 행정경찰로 구분하는 것이 일반적 견해라고 할 때, 보안경찰은 독립적인 경찰기관이 관할하지만, 협의의 행정경찰은 각종의 일반 행정기관이 함께 그것을 관장하는 경우가 많다.
③ 18~19세기에 등장한 법치국가는 절대주의적 경찰국가에 대항하는 의미에서 자유주의적 법치국가의 성격을 띠었고, 이와 같은 법치국가적 경찰개념이 처음으로 법제화된 경우로는 1794년의 '프로이센 일반란트법'을 들 수 있다.
④ 경찰의 개념을 형식적 의미의 경찰과 실질적 의미의 경찰로 구분할 때, 사법경찰(수사경찰)은 실질적 의미의 경찰에 포함된다.

02

경찰의 위험방지 임무에서 말하는 '위험'에 관한 설명으로 가장 적절하지 않은 것은?

① 경찰개입의 대상이 되는 위험은 행위책임에 기인한 것일 수도 있고 상태책임에 기인한 것일 수도 있다.
② 외관상 위험이 존재할 때의 경찰개입이 적법하더라도 원칙적으로 국가의 손해배상책임을 발생시킨다.
③ 경찰의 범죄예방 및 위험방지 행위의 준비는 추상적 위험이 존재하는 경우에도 가능하다.
④ 위험혐의의 존재는 위험조사차원의 경찰개입을 정당화시킨다.

03

다음은 「국가경찰과 자치경찰의 조직 및 운영에 관한 법률」상 국가경찰사무와 자치경찰사무에 대한 내용이다. 이에 대한 설명으로 가장 적절하지 않은 것은?

① 자치경찰사무에는 지역 내 주민의 생활안전 활동에 관한 사무, 지역 내 교통활동에 관한 사무, 지역 내 다중운집 행사 관련 혼잡 교통 및 안전관리 등이 해당한다.
② 학교폭력 등 소년범죄, 가정폭력·아동학대 범죄, 교통사고 및 교통 관련 범죄에 해당하는 수사사무 등도 자치경찰사무에 해당한다.
③ 「형법」제245조에 따른 공연음란 및 「성폭력범죄의 처벌 등에 관한 특례법」제12조에 따른 성적 목적을 위한 다중이용장소 침입행위에 관한 범죄, 업무상 위력에 의한 추행·공중밀집장소에서의 추행·통신매체이용음란·카메라이용촬영죄는 자치경찰 수사사무에 해당한다.
④ 교통사고 및 교통 관련 범죄와 관련하여, 「도로교통법」제2조 제3호의 고속도로에서 발생한 교통사고 및 교통 관련 범죄 및 「특정범죄 가중처벌 등에 관한 법률」제5조의3(뺑소니)이 적용되는 죄를 범한 경우는 자치경찰사무에서 제외된다.

04

다음은 한국경찰의 근현대사 중 임시정부시대 및 미군정 시대의 경찰역사에 관한 내용이다. 이에 대한 설명으로 가장 적절하지 않은 것은?

① 중경시기 임시정부는 자체적으로 정부를 수호할 수 있도록 1941년 내무부 직속으로 경위대를 설치(경위대 규정에 의한 경찰조직)하였다.
② 주요 임무로 임시정부 청사 경비, 요인경호를 수행하였고(군사조직이 아닌 경찰조직으로 조직), 통상 경위대장은 경무과장이 겸직하였다. 광복(1945) 후 김구 주석 등 귀환시 임시정부 요인들의 경호업무를 수행하기도 하였다.
③ 미군정 당시 경무국을 둔 1945년 10월 21일을 경찰창설일로 기념하고 있으나, 미군정의 경찰에 대한 개혁은 전체적으로 민주적 개혁의 실패라고 평가되어 진다.
④ 미군정 당시 경찰의 구성원은 전적으로 일제 강점기 친일 경찰로 채워졌고 독립운동가 출신들은 철저히 배제하여 인적 청산이 전혀 이루어지지 않았다.

05

「공직자윤리법」(및 시행령)상 경찰공무원의 재산등록의무에 대한 설명으로 가장 적절하지 않은 것은?

① 「공직자윤리법」(및 시행령)에서는 경사 이상의 경찰공무원을 재산등록 대상자로 규정하고 있다.
② 등록의무자가 등록할 재산은 본인, 배우자(사실상의 혼인관계에 있는 사람을 제외), 본인의 직계존속·직계비속(다만, 혼인한 직계비속인 여성과 외증조부모, 외조부모, 외손자녀 및 외증손자녀는 제외)에 해당하는 사람의 재산(소유 명의와 관계없이 사실상 소유하는 재산, 비영리법인에 출연한 재산과 외국에 있는 재산을 제외)으로 한다.
③ 공직자는 등록의무자가 된 날부터 2개월이 되는 날이 속하는 달의 말일까지 등록의무자가 된 날 현재의 재산을 등록기관에 등록하여야 한다.
④ 다만, 등록의무자가 된 날부터 2개월이 되는 날이 속하는 달의 말일까지 등록의무를 면제받은 경우에는 그러하지 아니하며, 전보(轉補)·강임(降任)·강등(降等) 또는 퇴직 등으로 인하여 등록의무를 면제받은 사람이 3년(퇴직한 경우에는 1년) 이내에 다시 등록의무자가 된 경우에는 전보·강임·강등 또는 퇴직 등을 한 날 이후 또는 제11조제1항에 따른 재산변동사항 신고 이후의 변동사항을 신고함으로써 등록을 갈음할 수 있다.

06

「행정기본법」에 관한 설명으로 가장 적절한 것은?

① 행정에 관한 나이는 다른 법령등에 특별한 규정이 있는 경우에도 출생일을 산입하지 않고 만(滿) 나이로 계산하고, 연수(年數)로 표시하되, 1세에 이르지 아니한 경우에는 월수(月數)로 표시할 수 있다.
② 행정작용은 그 행정작용이 의도하는 공익이 행정작용으로 인한 국민의 이익 침해보다 크지 않아야 한다.
③ 행정청은 법률로 정하는 바에 따라 완전히 자동화된 시스템(인공지능 기술을 적용한 시스템을 포함)으로 처분을 할 수 있으나, 처분에 재량이 있는 경우는 그러하지 아니하다.
④ 공익 또는 제3자의 이익을 현저히 해칠 우려가 있는 경우에도 행정청은 권한 행사의 기회가 있음에도 불구하고 장기간 권한을 행사하지 아니하여 국민이 그 권한이 행사되지 아니할 것으로 믿을 만한 정당한 사유가 있는 경우에는 그 권한을 행사해서는 아니 된다.

07

「행정권한의 위임 및 위탁에 관한 규정」에 관한 설명으로 가장 적절하지 않은 것은? (다툼이 있는 경우 판례에 의함)

① "위임"이란 법률에 규정된 행정기관의 장의 권한 중 일부를 다른 행정기관의 장에게 맡겨 그의 권한과 책임 아래 행사하도록 하는 것을 말한다.
② 위임 및 위탁기관은 수임 및 수탁기관의 수임 및 수탁사무 처리에 대하여 지휘·감독하고, 그 처리가 위법하거나 부당하다고 인정될 때에는 이를 취소하거나 정지시킬 수 있다.
③ 행정기관의 장은 행정권한을 위임 및 위탁할 때에는 위임 및 위탁하기 전에 단순한 사무인 경우를 제외하고는 수임 및 수탁기관에 대하여 수임 및 수탁사무 처리에 필요한 교육을 하여야 하며, 수임 및 수탁사무의 처리지침을 통보하여야 한다.
④ 수임 및 수탁사무의 처리가 부당한지 여부의 판단은 위법성 판단과 달리 합목적적·정책적 고려도 포함되므로, 위임 및 위탁기관이 그 사무처리에 관하여 일반적인 지휘·감독을 하는 경우는 물론이고 나아가 수임 및 수탁사무의 처리가 부당하다는 이유로 그 사무처리를 취소하는 경우에도 광범위한 재량이 허용된다고 보아야 한다.

08

「국가공무원법」과 「공무원보수규정」 및 「공무원수당 등에 관한 규정」상 경찰공무원의 보수에 대한 설명으로 가장 적절하지 않은 것은?

① 「국가공무원법」(제47조)에 따라 공무원의 보수에 관한 사항은 대통령령으로 정한다.
② 「공무원보수규정」상 통상 보수란 봉급과 그 밖의 각종 수당을 합산한 금액을 말하고, 봉급이란 직무의 곤란성과 책임의 정도에 따라 직책별로 지급되는 기본급여 또는 직무의 곤란성과 책임의 정도 및 재직기간 등에 따라 계급별, 호봉별로 지급되는 기본급여를 말하며, 수당이란 직무여건 및 생활여건 등에 따라 지급되는 부가급여를 말한다.
③ 「국가공무원법」(제47조)에 따르면 보수를 거짓이나 그 밖의 부정한 방법으로 수령한 경우에는 수령한 금액의 3배의 범위에서 가산하여 징수할 수 있다.
④ 「국가공무원법」 제47조 제3항에 따라 각급 행정기관의 장은 소속 공무원이 제1항에 따른 성과상여금을 거짓이나 그 밖의 부정한 방법으로 지급(지급받은 성과상여금을 다시 배분하는 행위를 포함)받은 때에는 그 지급받은 성과상여금에 해당하는 금액을 징수하고, 1년의 범위에서 성과상여금을 지급하지 아니한다.

09

「경찰공무원 징계령」에 대한 설명으로 적절하지 않은 것은 모두 몇 개인가?

> ㉠ 중징계란 파면·해임·강등을 말하며, 경징계란 정직·감봉 및 견책을 말한다.
> ㉡ 경찰공무원 보통징계위원회는 해당 징계위원회가 설치된 경찰기관 소속 경정 이하 경찰공무원에 대한 징계 등 사건을 심의·의결한다.
> ㉢ 경찰공무원 중앙징계위원회는 위원장 1명을 포함하여 11명 이상 51명 이하의 공무원위원과 민간위원으로 구성한다.
> ㉣ 징계위원회의 의결은 위원장을 포함한 위원 과반수의 출석과 출석위원 2/3의 찬성으로 의결한다.
> ㉤ 소속이 다른 2명 이상의 경찰공무원이 관련된 징계 등 사건으로서 관할 징계위원회가 서로 다른 경우에는 모두를 관할하는 바로 위 상급 경찰기관에 설치된 징계위원회에서 심의·의결한다.

① 1개
② 2개
③ 3개
④ 4개

10

징계와 관련하여 「국가공무원법」에 대한 설명으로 가장 적절한 것은?

① 강등은 1계급 아래로 직급을 내리고 공무원 신분은 보유하나 1개월 이상 3개월 이하의 기간 동안 직무에 종사하지 못하며 그 기간 중 보수의 3분의 2를 감한다.
② 정직은 1개월 이상 3개월 이하의 기간으로 하고, 정직처분을 받은 자는 그 기간 중 공무원의 신분은 보유하나 직무에 종사하지 못하며 보수의 3분의 2를 감한다.
③ 견책은 전과에 대하여 훈계하고 회개하게 하는 처분으로 승진에는 제한이 없다.
④ 감사원과 검찰·경찰, 그 밖의 수사기관은 조사나 수사를 시작한 때와 이를 마친 때에는 10일 이내에 소속기관의 장에게 그 사실을 통보하여야 한다.

11

「국가공무원법」상 공무원의 권익보장제도에 대한 설명으로 가장 적절하지 않은 것은?

① 공무원에 대하여 징계처분등을 할 때나 강임·휴직·직위해제 또는 면직처분을 할 때에는 그 처분권자 또는 처분제청권자는 처분사유를 적은 설명서를 교부(交付)하여야 한다. 다만, 본인의 원(願)에 따른 강임·휴직 또는 면직처분은 그러하지 아니하다.
② 처분권자는 피해자가 요청과 관계없이 「성폭력범죄의 처벌 등에 관한 특례법」 제2조에 따른 성폭력범죄, 「양성평등기본법」 제3조제2호에 따른 성희롱, 직장에서의 지위나 관계 등의 우위를 이용하여 업무상 적정범위를 넘어 다른 공무원 등에게 부당한 행위를 하거나 신체적·정신적 고통을 주는 등의 행위로서 대통령령등으로 정하는 행위에 해당하는 사유로 처분사유설명서를 교부할 때에는 그 징계처분결과를 피해자에게 함께 통보해야 한다.
③ 공무원은 인사·조직·처우 등 각종 직무조건과 그 밖에 신상 문제와 관련한 고충에 대하여 상담을 신청하거나 심사를 청구할 수 있으며, 누구나 기관 내 성폭력 범죄 또는 성희롱 발생 사실을 알게 된 경우 이를 신고할 수 있다.
④ 사회보장과 관련하여 공무원이 질병·부상·장해·퇴직·사망 또는 재해를 입으면 본인이나 유족에게 법률로 정하는 바에 따라 적절한 급여를 지급한다.

12

경찰공무원에 대한 직위해제의 효력에 대한 설명으로 가장 적절하지 않은 것은?

① 직위가 해제되면 담당 직무가 없음은 물론이고, 직무수행을 전제로 한 출근의무도 없다.
② 「경찰공무원법」상 임용권자는 국가공무원법 제73조의3 제3항에 따라 대기명령을 받은 자가 그 기간에 능력 또는 근무성적의 향상을 기대하기 어렵다고 인정된 때에 해당될 때에는 직권으로 면직시킬 수 있다.
③ 「공무원보수규정」상 「국가공무원법」 제73조의3 제1항 제2호의 '직무수행 능력이 부족하거나 근무성적이 극히 나쁜 자'에 해당하여 직위해제된 사람에게는 봉급의 70퍼센트를 지급한다.
④ 「경찰공무원 승진임용 규정」상 파면·해임·강등 또는 정직에 해당하는 징계 의결이 요구 중인 자가 직위해제된 경우로서 그 징계 의결 요구에 대하여 관할 징계위원회가 징계하지 아니하기로 의결한 경우에는 그 직위해제 기간은 승진소요 최저근무연수에 포함된다.

13

다음 <보기> 중에서 「경찰공무원법」상 규정된 의무를 고르면 모두 몇 개인가?

> ㉠ 성실의 의무
> ㉡ 직무전념의 의무
> ㉢ 정치관여금지의무
> ㉣ 민사분쟁에의 부당개입금지
> ㉤ 부패신고의무
> ㉥ 재산등록 및 공개의무
> ㉦ 거짓보고통보금지의무
> ㉧ 직무유기금지의무

① 2개　　② 3개
③ 4개　　④ 5개

14

「국가공무원 복무규정」상 공무원의 휴가에 대한 설명으로 가장 적절하지 않은 것은?

① 공무원의 휴가는 연가(年暇), 병가, 공가(公暇) 및 특별휴가로 구분한다.
② 행정기관의 장은 소속 공무원이 질병 또는 부상으로 인하여 직무를 수행할 수 없을 때, 감염병에 걸려 그 공무원의 출근이 다른 공무원의 건강에 영향을 미칠 우려가 있을 때에 해당할 경우에는 연 60일의 범위에서 병가를 승인할 수 있다.
③ 행정기관의 장은 소속 공무원이 승진시험에 응시하는 등 공가사유에 해당하는 경우에는 이에 직접 필요한 기간 또는 시간을 공가로 승인할 수 있다.
④ 행정기관의 장은 소속 공무원이 결혼하거나 그 밖의 경조사가 있는 경우에는 해당 공무원의 신청에 따라 기준에 따른 경조사휴가를 주어야 한다.

15

다음은 「국가공무원법」상 징계의 효력에 관한 내용이다. 그 설명이 가장 적절하지 않은 것은?

① 강등은 1계급 아래로 직급을 내리고 공무원 신분은 보유하나 3개월간 직무에 종사하지 못하며 그 기간 중 보수는 전액을 감한다.
② 정직은 1개월 이상 3개월 이하의 기간으로 하고, 정직 처분을 받은 자는 그 기간 중 공무원의 신분은 보유하나 직무에 종사하지 못하며 보수는 전액을 감한다.
③ 강등(3개월간 직무에 종사하지 못하는 효력 및 그 기간 중 보수는 전액을 감하는 효력으로 한정한다), 정직 및 감봉의 징계처분은 휴직기간 중에는 그 집행을 정지할 수 있다.
④ 공무원(특수경력직공무원 및 지방공무원을 포함한다)이었던 사람이 다시 공무원이 된 경우에는 재임용 전에 적용된 법령에 따라 받은 징계처분은 그 처분일부터 이 법에 따른 징계처분을 받은 것으로 본다.

16

경찰권의 한계에 대한 설명이다. 가장 적절하지 않은 것은?

① 경찰법규는 원칙적으로 법률, 예외적으로 법규명령의 형식으로 존재한다. 따라서 경찰권의 근거인 경찰법규는 다른 한편으로는 경찰권의 한계가 된다. 이 점에서 법규상의 한계는 경찰권의 발동에 대한 제1단계적 제약을 의미한다.

② 경찰권 행사의 법규상의 한계는 경찰법규가 경찰권 발동의 요건을 불확정 개념으로 규정하고 있기 때문에 그 요건이 충족된 경우에도 경찰권의 행사와 관련해서는 행정편의주의가 적용되어 법규에 의한 제약이 형식적인 것에 불과한 경우가 많게 된다. 따라서 경찰권 발동에 대한 제2단계적 제약으로 조리상의 한계는 매우 중요하다.

③ 경찰비례의 원칙은 경찰권 발동의 조건과 정도에 관한 원칙, 경찰공공의 원칙은 사생활자유의 관한 원칙, 경찰책임의 원칙은 경찰권 발동의 대상에 관한 원칙이라고 다르게 표현할 수 있다. 특히, 경찰비례의 원칙은 일반조항에 근거하여 경찰권을 발동하는 경우에만 적용되어야 하고 개별적 수권조항에 근거하여 경찰권을 발동하는 경우에는 적용하여서는 안된다.

④ 보충성의 원칙상 사법상문제에 대해서는 법적 보호가 적시에 이루어지지 않고, 경찰의 원조없이는 법을 실현시키는 것이 무효화되거나 사실상 어려워질 경우에만 경찰이 개입할 수 있고, 경찰무기의 사용에 있어서 다른 수단으로는 경찰목적을 달성할 수 없어야 하고, 대집행에 있어서 다른 수단으로는 그 이행확보가 곤란할 것을 요하고, 경비경찰의 법집행은 공공의 안녕과 질서유지를 목적으로 하는 공권력에 의한 활동이므로, 다른 사회의 일반적인 방법으로 통제 불가능할 때 최후수단으로 개입해야 한다.

17

「경찰관직무집행법」상 다음 <보기> 중 가장 적절하지 않은 것은?

① 경찰관서의 장은 대간첩작전수행 또는 소요사태의 진압을 위하여 필요하다고 인정되는 상당한 이유가 있을 때에는 대간첩작전지역 또는 경찰관서·무기고 등 국가중요시설에 대한 접근 또는 통행을 제한하거나 금지할 수 있다.

② 경찰관은 범죄행위가 목전에 행하여지려고 하고 있다고 인정될 때에는 이를 예방하기 위하여 관계인에게 필요한 경고를 발하고, 그 행위로 인하여 생명·신체에 위해를 미치거나 재산에 중대한 손해를 끼칠 우려가 있어 긴급을 요하는 경우에는 그 행위를 제지할 수 있다.

③ 경찰관은 직무수행에 필요하다고 인정되는 상당한 이유가 있을 때에는 국가기관 또는 공사단체 등에 대하여 직무수행에 관련된 사실을 조회할 수 있다. 다만, 긴급을 요할 때에는 사실을 확인 후 당해 기관 또는 단체의 장에게 추후 통보를 하여야 한다.

④ 경찰관은 미아를 인수할 보호자의 여부, 유실물을 인수할 권리자의 여부 또는 사고로 인한 사상자를 확인하기 위하거나 행정처분을 위한 교통사고조사상의 사실을 확인하기 위하여 필요한 때에는 관계인에게 출석을 요하는 사유·일시 및 장소를 명확히 한 출석요구서에 의하여 경찰관서에 출석할 것을 요구할 수 있다.

18

예산제도에 관한 설명으로 가장 적절하지 않은 것은?

① 영기준 예산제도는 전년도 예산을 기준으로 하여 점증적으로 예산액을 결정하는 데서 생기는 폐단을 시정하려고 개발한 것이다.
② 품목별 예산제도는 일반 국민들이 정부사업에 대한 이해를 용이하게 하지만 인건비 등 경직성 경비적용에 어려움이 있다.
③ 계획예산의 핵심은 프로그램 예산형식을 따르는 것으로서, 기획(planning), 사업구조화(programming), 예산(budgeting)을 연계시킨 시스템적 예산제도이다.
④ 준예산은 새로운 회계연도가 개시될 때까지 국회에서 예산안이 의결되지 못한 경우 예산안이 의결될 때까지 전년도 예산에 준하여 지출하는 예산이다.

19

「보안업무규정 시행 세부규칙」상 비밀취급인가에 대한 설명으로 가장 적절하지 않은 것은?

① 경찰청장은 Ⅱ급 및 Ⅲ급 비밀취급 인가권자이다.
② 시·도경찰청장은 규정 제7조제2항제5호에 따라 경찰서장, 기동대장에게, Ⅱ급 및 Ⅲ급 비밀취급인가권을 위임한다.
③ ③의 경우 경정 이상의 경찰공무원을 장으로 하는 경찰기관의 장에게도 Ⅱ급 및 Ⅲ급 비밀취급인가권을 위임할 수 있다.
④ ② 및 ③의 규정에 따라 Ⅱ급 및 Ⅲ급 비밀취급인가권을 위임받은 기관의 장은 이를 다시 위임할 수 있다.

20

경찰 통제에 대한 설명으로 그 성격이 다른 것은?

① 법원에 의한 통제
② 감사원에 의한 통제
③ 국민권익위원회에 의한 통제
④ 국가경찰위원회에 의한 통제

21

「공직자의 이해충돌방지법」상 위반행위 신고의 처리절차에 관한 내용으로 가장 적절하지 않은 것은?

① 누구든지 이 법의 위반행위가 발생하였거나 발생하고 있다는 사실을 알게 된 경우에는 해당하는 기관에 신고할 수 있다.
② 조사기관은 신고를 받거나 국민권익위원회로부터 신고를 이첩받은 경우에는 그 내용에 관하여 필요한 조사·감사 또는 수사를 하여야 한다.
③ 조사기관은 조사·감사 또는 수사를 마친 날부터 10일 이내에 그 결과를 신고자와 국민권익위원회에 통보(국민권익위원회로부터 이첩받은 경우만 해당한다)하고, 조사·감사 또는 수사 결과에 따라 공소제기, 과태료 부과 대상 위반행위의 통보, 징계처분 등 필요한 조치를 하여야 한다.
④ 국민권익위원회는 조사기관의 조사·감사 또는 수사 결과가 충분하지 아니하다고 인정되는 경우에는 조사·감사 또는 수사 결과를 통보받은 날부터 30일 이내에 새로운 증거자료의 제출 등 합리적인 이유를 들어 조사기관에 재조사를 요구하여야 한다.

22

「적극행정 운영규정」 및 「경찰청 적극행정 면책제도 운영 규정」에 관한 설명으로 가장 적절하지 않은 것은?

① 「적극행정 운영규정」상 공무원이 적극행정을 추진한 결과에 대해 그의 행위에 고의 또는 중대한 과실이 없는 경우에는 징계 관련 법령에 따라 징계의결 또는 징계부가금 부과의결을 하지 않는다.
② 「경찰청 적극행정 면책제도 운영규정」에 의한 면책은 경찰청 및 그 소속기관의 공무원 또는 산하단체의 임·직원 등에게 적용된다.
③ 「경찰청 적극행정 면책제도 운영규정」 제5조 제1항 제3호의 요건을 적용하는 경우 자체감사를 받는 사람이 '대상 업무를 처리하면서 중대한 절차상 하자가 없었을 것'과 '자체감사를 받는 사람과 대상 업무 사이에 사적인 이해관계가 없을 것'이라는 요건을 모두 갖추어 업무를 처리한 것으로 인정되는 경우에는 그 행위에 고의나 중대한 과실이 없는 경우에 해당하는 것으로 추정한다.
④ 「적극행정 운영규정」 제18조의3은 "누구든지 공무원의 소극행정을 국가인권위원회가 운영하는 소극행정 신고센터에 신고할 수 있다."고 규정하고 있다.

23

다음 <보기> 중 「경찰청과 그 소속기관 직제」상 범죄예방대응국의 소관 사무에 해당하는 것은 모두 몇 개인가?

> ㉠ 경비업에 관한 연구·지도
> ㉡ 치안상황실 운영에 관한 사항
> ㉢ 지구대·파출소의 외근활동 기획 및 운영
> ㉣ 총포·도검·화약류 등의 지도·단속
> ㉤ 성폭력 및 가정폭력 예방 및 피해자 보호에 관한 업무
> ㉥ 풍속 및 성매매(아동·청소년 대상 성매매는 제외한다) 사범에 대한 지도·단속

① 3개　　② 4개
③ 5개　　④ 6개

24

「지역경찰의 조직 및 운영에 관한 규칙」에 관한 <보기> 중 옳은 것은 모두 몇 개인가?

> ⊙ 시·도경찰청장은 인구, 면적, 행정구역, 교통·지리적 여건, 각종 사건사고 발생 등을 고려하여 경찰서의 관할구역을 나누어 지역경찰관서를 설치한다.
> ⓒ 관리팀원 및 순찰팀원에 대한 일일근무 지정 및 지휘·감독과 관내 중요 사건 발생시 현장 지휘는 순찰팀장의 직무이다.
> ⓒ 직주일체형 치안센터에 배치된 근무자는 근무 종료 후(휴무일 포함)에도 관할구역 내에 위치하며 지역경찰관서와 연락체계를 유지하여야 한다.
> ② 지역경찰관서장은 관내 치안상황의 분석 및 대책을 수립하고 소속 지역경찰의 근무와 관련된 제반사항에 대해 지휘 및 감독한다.
> ⓒ 상황근무를 지정받은 지역경찰은 지역경찰관서 및 치안센터 내에서 방문민원 및 각종 신고사건의 접수 및 처리를 수행한다.

① 5개 ② 4개
③ 3개 ④ 2개

25

「112종합상황실 운영 및 신고처리 규칙」에 관한 내용 중 가장 적절하지 않은 것은?

① 경찰 출동요소에 의한 현장조치 필요성이 없는 경우는 112신고의 분류 중 code 3 신고로 분류한다.
② 현장 출동 경찰관은 접수자가 112신고의 대응코드를 분류한 경우라도 추가 사실을 확인하여 코드를 변경할 수 있다.
③ 112요원은 사건이 해결된 경우라면 타 부서의 계속적 조치가 필요하더라도 별도의 인계없이 112신고처리를 종결할 수 있다.
④ 112신고의 처리와 관련하여 출동요소는 현장 상황이 급박하여 신속한 현장 조치가 필요한 경우 우선 조치 후 보고할 수 있다.

26

「실종아동등 및 가출인 업무처리 규칙」에 대한 설명으로 가장 적절한 것은?

① 경찰청 여성청소년과장은 「실종아동등의 보호 및 지원에 관한 법률」에 따른 정보시스템으로 실종아동등 프로파일링시스템 및 실종아동찾기센터 홈페이지(인터넷 안전드림)를 운영한다.
② 프로파일링시스템에 등록되어 있는 발견된 가출인의 자료는 수배 해제 후로부터 5년간 보관하며 발견된 18세 미만 아동, 지적·자폐성·정신장애인 등 및 치매환자는 수배 해제 후로부터 10년간 보관한다.
③ 실종아동등 또는 가출인에 대한 신고를 접수하거나, 프로파일링시스템에 신고 내용이 입력되어 있는 것을 확인한 경찰관은 보호자가 요청하는 경우에는 신고접수증을 발급해야 한다.
④ 경찰관서장은 찾는실종아동등을 발견하거나, 보호실종아동등 또는 보호시설 무연고자의 보호자를 확인하거나, 본인 또는 보호자가 공개된 자료의 삭제를 요청하는 때는 지체 없이 인터넷안전드림에 공개된 자료를 삭제해야 한다.

27

수사실행의 5대 원칙에 대한 설명이다. 바르게 짝지어진 것은?

> ㉠ 여러 가지 추측 중에서 과연 어떤 추측이 정당한 것인가를 가리기 위해서는 그들 추측 하나하나를 모든 각도에서 검토해야 한다.
> ㉡ 문제해결의 관건이 되는 자료를 누락한다든지, 없어지는 일이 없도록 전력을 다하여 자료를 수집하여야 한다.
> ㉢ 수사에 의해 획득한 확신있는 판단은 모두에게 그 판단이 진실이라는 것을 객관적으로 증명해야 한다.
> ㉣ 수사는 단순한 수사관의 상식적 검토나 판단에만 그칠 것이 아니라 감식과학이나 과학적 지식 또는 그 시설장비를 유용하게 이용해야 한다.
> ㉤ 추측을 할 때에 수집된 자료를 기초로 합리적인 판단을 하여야 한다.

> ⓐ 수사자료 완전수집의 원칙
> ⓑ 수사자료 감식·검토의 원칙
> ⓒ 적절한 추리의 원칙
> ⓓ 검증적 수사의 원칙
> ⓔ 사실판단 증명의 원칙

① ㉠ – ⓑ, ㉡ – ⓐ, ㉢ – ⓔ, ㉣ – ⓒ, ㉤ – ⓓ
② ㉠ – ⓓ, ㉡ – ⓐ, ㉢ – ⓔ, ㉣ – ⓑ, ㉤ – ⓒ
③ ㉠ – ⓒ, ㉡ – ⓐ, ㉢ – ⓔ, ㉣ – ⓑ, ㉤ – ⓓ
④ ㉠ – ⓐ, ㉡ – ⓑ, ㉢ – ⓒ, ㉣ – ⓓ, ㉤ – ⓔ

28

「가정폭력범죄의 처벌 등에 관한 특례법」 제5조(가정폭력범죄에 대한 응급조치) 상 진행 중인 가정폭력범죄에 대하여 신고를 받은 사법경찰관리가 즉시 현장에 나가서 취해야 하는 응급조치로 거리가 먼 것을 모두 고른 것은?

> ㄱ. 피해자 또는 가정구성원의 주거 또는 점유하는 방실(房室)로 부터의 퇴거 등 격리
> ㄴ. 피해자 또는 가정구성원의 주거, 직장 등에서 100미터 이내의 접근 금지
> ㄷ. 피해자 또는 가정구성원에 대한 전기 통신을 이용한 접근 금지
> ㄹ. 폭력행위의 제지, 가정폭력행위자·피해자의 분리 및 범죄수사
> ㅁ. 피해자를 가정폭력 관련 상담소 또는 보호시설로 인도(피해자가 동의한 경우만 해당)
> ㅂ. 긴급치료가 필요한 피해자를 의료기관으로 인도

① ㄱㄴㄷ
② ㄱㄴㅁ
③ ㄴㄷㄹ
④ ㄷㄹㅂ

29

「스토킹범죄의 처벌 등에 관한 법률」(스토킹처벌법)상 사법경찰관리는 진행 중인 스토킹행위에 대하여 신고를 받은 경우 즉시 현장에 나가 조치를 하여야 한다. 스토킹행위 신고 등에 대한 응급조치가 아닌 것은?

① 스토킹행위자와 피해자등의 분리 및 범죄수사
② 피해자등에 대한 긴급응급조치 및 잠정조치 요청의 절차 등 안내
③ 스토킹행위의 상대방 등이나 그 주거등으로부터 100미터 이내의 접근 금지
④ 스토킹 피해 관련 상담소 또는 보호시설로의 피해자등 인도(피해자등이 동의한 경우만 해당)

30

「검사와 사법경찰관의 상호협력과 일반적 수사준칙에 관한 규정」에 관한 설명으로 가장 적절하지 않은 것은?

① 검사와 사법경찰관은 공소제기 전후의 형사사건에 관한 내용을 공개해서는 안 된다.
② 검사와 사법경찰관은 상호 존중해야 하며, 수사, 공소제기 및 공소유지와 관련하여 협력해야 한다.
③ 검사와 사법경찰관은 공소시효가 임박한 사건 등에 해당하는 사건(중요사건)의 경우에는 송치 전에 수사할 사항, 증거 수집의 대상, 법령의 적용, 범죄수익 환수를 위한 조치 등에 관하여 상호 의견을 제시·교환할 것을 요청할 수 있다. 이 경우 검사와 사법경찰관은 특별한 사정이 없으면 상대방의 요청에 응해야 한다.
④ 검사와 사법경찰관은 수사와 사건의 송치, 송부 등에 관한 이견의 조정이나 협력 등이 필요한 경우 서로 협의를 요청할 수 있다. 이 경우 특별한 사정이 없으면 상대방의 협의 요청에 응해야 한다.

31

「집회 등 채증활동규칙」(경찰청 훈령)상 채증활동에 대한 설명으로 가장 적절하지 않은 것은?

① 채증은 범죄혐의에 대한 증거자료를 확보할 필요성이 있는 경우에 한하며, 상당한 방법에 따라 필요한 최소한도에 그쳐야 한다.
② 집회등 현장에서 채증을 할 때에는 사전에 채증 대상자에게 범죄사실의 요지, 채증요원의 소속, 채증 개시사실을 직접 고지하거나 방송 등으로 알려야 한다.
③ 30분 이상 채증을 계속하는 경우에는 30분이 경과할 때마다 채증 중임을 고지하거나 알려야 한다.
④ 채증은 폭력 등 범죄행위가 행하여지고 있거나 행하여진 직후에 하여야 하나, 범죄행위로 인하여 타인의 생명·신체 또는 재산에 대한 위해가 임박한 때에 범죄에 이르게 된 경위나 그 전후 사정에 관하여 긴급히 증거를 확보하여야 할 필요가 있는 경우에는 범죄행위가 행하여지기 이전이라도 채증을 할 수 있다.

32

「통합방위법」상 다음의 내용이 설명하는 것과 적절하게 연결된 것은?

> ㉠ 적의 침투·도발 위협이 예상되거나 소규모의 적이 침투하였을 때에 시도경찰청장, 지역군사령관 또는 함대 사령관의 지휘·통제 하에 통합방위작전을 수행하여 단기간 내에 치안이 회복될 수 있는 사태를 말한다.
> ㉡ 일정한 조직체계를 갖춘 적의 대규모 병력 침투 또는 대량살상무기(大量殺傷武器) 공격 등의 도발로 발생한 비상사태로서 통합방위본부장 또는 지역군사령관의 지휘·통제 하에 통합방위작전을 수행하여야 할 사태를 말한다.

① ㉠-갑종사태, ㉡-을종사태
② ㉠-병종사태, ㉡-갑종사태
③ ㉠-을종사태, ㉡-갑종사태
④ ㉠-갑종사태, ㉡-병종사태

33

운전면허에 관한 설명으로 가장 적절하지 않은 것은?

① 운전면허는 크게 제1종 운전면허와 제2종 운전면허로 구분된다.
② 1종면허는 대형면허, 보통면허, 소형면허, 특수면허로 구분된다.
③ 1종 대형과 특수면허는 20세 이상으로 자동차(이륜자동차 제외)의 운전경험이 1년 이상인 사람만이 취득할 수 있고, 1종 보통과 소형면허는 18세 이상, 원동기장치자전거 면허는 16세 이상의 사람이 취득할 수 있다.
④ 연습운전면허는 장내 기능검정 합격자에 대해 교부되는 제1종 보통연습면허와 제2종 보통연습면허가 있고, 면허를 받은 날로부터 1년간의 효력을 가진다.

34

다음은 교통업무와 관련하여 지역경찰 직원들의 질문에 대해 교통사고 조사계 직원들이 답변한 내용이다. 이 중 관련 판례와 다른 입장을 취하고 있는 설명은?

① 술에 취해 자동차 안에서 잠을 자다가 추위를 느껴 히터를 가동시키기 위하여 시동을 걸었고, 실수로 자동차의 제동장치 등을 건드렸거나 처음 주차할 때 안전조치를 제대로 취하지 아니한 탓으로 원동기의 추진력에 의하여 자동차가 약간 경사진 길을 따라 앞으로 움직여 피해자의 차량 옆면을 충격한 사실이 있다고 하더라도 이를 두고 자동차를 운전하였다고 할 수는 없습니다.

② 호흡측정기에 의한 음주측정 요구를 하기 전에 사용되는 음주감지기 시험에서 음주반응이 나왔다고 할지라도 그것만으로 바로 혈중알콜농도 0.05% 이상(현 0.03% 이상)의 술에 취한 상태에 있다고 인정할만한 상당한 이유가 있다고 볼 수 없습니다.

③ 물로 입 안을 헹굴 기회를 달라는 피고인의 요구를 무시한 채 호흡측정기로 측정한 혈중알콜농도 수치가 0.05%(현 0.03%)로 나타났더라도 0.05%(현 0.03%) 이상의 술에 취한 상태에서 운전하였다고 단정할 수는 없습니다.

④ 약물 등의 영향으로 정상적으로 운전하지 못할 우려가 있는 상태에서 자동차 등을 운전하였다고 인정하려면 약물 등의 영향으로 인해 현실적으로 정상적인 운전을 하지 못할 상태에 이르러야만 합니다.

35

「경찰관 직무집행법」제8조의2에 따라 경찰관이 수집·작성·배포할 수 있는 공공안녕에 대한 위험의 예방과 대응을 위한 정보의 구체적인 범위와 처리 기준, 정보의 수집·작성·배포에 수반되는 사실의 확인 절차 및 한계에 관하여 규정함을 목적으로 「경찰관의 정보수집 및 처리 등에 관한 규정」을 두고 있다. 이에 대한 설명으로 가장 적절하지 않은 것은?

① 경찰관은 정보를 수집하거나 정보의 수집·작성·배포에 수반되는 사실을 확인하려는 경우에는 반드시 상대방에게 자신의 신분을 밝혀야 한다.

② 정보수집 또는 사실 확인의 목적을 설명해야 하고, 이 경우 강제적인 방법을 사용해서는 안 된다.

③ 경찰관은 정보를 제공하거나 사실을 확인해 준 자가 신분이나 처우와 관련하여 불이익을 받지 않도록 비밀유지 등 필요한 조치를 해야 한다.

④ 경찰관은 수집한 정보를 작성할 때 객관적 사실에 기초해 중립적으로 작성해야 하며, 정치에 관여하는 등 특정한 목적을 가지고 그 내용을 왜곡해서는 안 된다.

36

「집회 및 시위에 관한 법률」(및 시행령)상 확성기 등의 소음기준에 관한 설명으로 가장 적절하지 않은 것은?

① 소음 측정 장소는 피해자가 위치한 건물의 외벽에서 소음원 방향으로 1~3.5m 떨어진 지점으로 하되, 소음도가 높을 것으로 예상되는 지점의 지면 위 1.2~1.5m 높이에서 측정한다.
② 다만, 주된 건물의 경비 등을 위하여 사용되는 부속 건물, 광장·공원이나 도로상의 영업시설물, 공원의 관리사무소 등은 소음 측정 장소에서 제외한다.
③ ②의 장소에서 확성기등의 대상소음이 있을 때 측정한 소음도를 측정소음도로 하고, 같은 장소에서 확성기등의 대상소음이 없을 때 10분간 측정한 소음도를 배경소음도로 한다.
④ 「국경일에 관한 법률」 제2조에 따른 국경일의 행사(중앙행정기관이 개최하는 행사만 해당한다)의 진행에 영향을 미치는 소음에 대해서는 그 행사의 개최시간에 한정하여 주거지역의 소음기준을 적용한다.

37

정보기관이 어떠한 목적 하에 주어진 목표에 대하여 계획적으로 수행하는 비밀활동의 요소에 대한 설명으로 적절하지 않은 것은?

㉠ 주관자는 공작의 책임자이다.
㉡ 공작목표는 계획단계부터 세부적이어야 한다.
㉢ 비밀공작의 4대 요소는 주관자, 목표, 공작원, 공작금이다.
㉣ 통상 주공작원의 지휘와 조종을 받으며, 공작에 필요한 기술과 물자 등을 제공하는 공작원은 지원공작원이다.
㉤ 공작목표에 대하여 실제로 첩보수집 기타 공작임무를 직접 수행하는 공작원은 주공작원이다.

① 4개 ② 3개
③ 2개 ④ 1개

38

<보기> 중 「국가보안법」상 예비·음모를 처벌하는 범죄와 불고지죄의 대상이 되는 범죄로 공통된 것은?

㉠ 반국가단체구성죄(제3조)
㉡ 잠입·탈출죄(제6조)
㉢ 자진지원죄(제5조 제1항)
㉣ 회합·통신죄(제8조)

① ㉠ - ㉢ ② ㉡ - ㉣
③ ㉢ - ㉣ ④ ㉠ - ㉡

39

「방첩업무규정」(대통령령)상 방첩이란 국가안보와 국익에 반하는 북한, 외국 및 외국인·외국단체·초국가행위자 또는 이와 연계된 내국인(외국 등)의 정보활동을 찾아내고 그 정보활동을 확인·견제·차단하기 위하여 하는 정보의 수집·작성 및 배포 등을 포함한 모든 대응활동을 말한다. 동 규정상 열거된 방첩에 관한 업무를 수행하는 방첩기관에 해당하지 않은 기관은 모두 몇 개인가?

㉠ 국가정보원	㉡ 법무부
㉢ 관세청	㉣ 경찰청
㉤ 해양경찰청	㉥ 국군방첩사령부
㉦ 외교부	

① 1개 ② 2개
③ 3개 ④ 없음

40

외국인 피의자에 대한 일반적 수사요령으로 가장 적절하지 않은 것은?

① 우리나라와 영사관계가 없는 국가의 외국인 피의자에 대해서는 통보할 필요가 없다.
② 강력범죄의 피의자로 외국으로 도주할 우려가 있는 자에 대해서는 담당 검사에게 출국정지를 요청한다.
③ 대한민국 당국은 SOFA협정 대상자를 체포하였을 때에는 미군당국에 통보하여야 한다.
④ 피의자가 명시적으로 영사와의 접견을 희망하지 않을 경우에도 영사가 접견을 희망하는 경우에는 접견을 허락하여야 한다.

제03회 실전동형모의고사

01

「형식적 의미의 경찰개념」과 관련하여 「경찰관 직무집행법」상 직무범위(제2조)에 관한 내용이다. <보기> 중에서 적절하지 않은 것은 모두 몇 개인가?

> ㉠ 국민의 생명·신체 및 재산의 보호
> ㉡ 범죄의 예방·진압 및 수사
> ㉢ 범죄피의자 보호
> ㉣ 경치, 주요 인사(人士) 경호 및 대간첩·대테러 작전 수행
> ㉤ 공공안녕에 대한 위험의 예방과 진압을 위한 정보의 수집·작성 및 배포
> ㉥ 교통 단속과 교통 위해(危害)의 방지
> ㉦ 외국 정부기관 및 국제기구와의 국제협력
> ㉧ 그 밖에 공공의 안녕과 질서유지

① 1개 ② 2개
③ 3개 ④ 4개

02

「경찰의 관할」과 관련하여, 「외교관계에 관한 비엔나협약」및 「영사관계에 관한 비엔나협약」에 관한 내용이다. 가장 적절하지 않은 것은?

① 「외교관계에 관한 비엔나협약」상 공관지역은 불가침이므로 접수국의 관헌은 공관장의 동의없이는 공관지역에 들어가지 못한다.
② 「외교관계에 관한 비엔나협약」상 외교관과 외교신서사는 신체의 불가침을 향유하며, 어떠한 형태의 체포나 구금도 당하지 아니한다.
③ 「영사관계에 관한 비엔나협약」상 영사관과 영사신서사는 어떠한 형태의 체포 또는 구금도 당하지 아니한다.
④ 「영사관계에 관한 비엔나협약」상 접수국의 당국은 영사기관장 또는 그가 지정한 자 또는 파견국의 외교공관장의 동의를 받는 경우를 제외하고, 전적으로 영사기관의 활동을 위하여 사용되는 영사관사의 부분에 들어가서는 아니된다. 다만, 화재 또는 신속한 보호조치를 필요로 하는 기타 재난의 경우에는 영사기관장의 동의가 있은 것으로 추정될 수 있다.

03

6·25전쟁과 구국경찰의 역할에서, 다음 <보기>의 구국경찰의 활동과 가장 관계가 깊은 전투는?

> 1950년 8월 국군은 낙동강 중부 전선 및 영천·안강 일대의 방어에 집중해 있어 이 지역에는 미군 및 경찰 외에는 방어 병력이 없는 상황이었다. 상주에서 마산 방면으로 이동한 미 제25사단 및 전북·전남·경남경찰국 소속 경찰관 6,800여명이 서북산 일대와 대산 및 법수면 등에서 1950년 8월 초에서 9월 중순까지 북한군과 맞서 이 지역을 수호한 전투이다. 최근 전국 최초로 경찰승전기념관을 이 지역에 건립하였으며, 전투 당시 경남경찰국을 이끈 최천 경무관은 독립운동가 출신으로 경남경찰(3,400여명)과 함께 이 전투에서 방어선을 지켜냈다.

① 내평전투 ② 다부동전투
③ 장진호전투 ④ 함안전투

04

「경찰법」(국가경찰과 자치경찰의 조직 및 운영에 관한 법률)에 대한 설명으로 가장 적절하지 않은 것은?

① 이 법은 경찰의 민주적인 관리·운영과 효율적인 임무수행을 위하여 경찰의 기본조직 및 직무 범위와 그 밖에 필요한 사항을 규정함을 목적으로 한다.
② 치안에 관한 사무를 관장하게 하기 위하여 행정안전부장관 소속으로 경찰청을 둔다.
③ 경찰청의 사무를 지역적으로 분담하여 수행하게 하기 위하여 특별시장·광역시장 및 도지사소속으로 시도경찰청을 두고, 시도경찰청장 소속으로 경찰서를 둔다.
④ 경찰청장은 국가경찰위원회의 동의를 받아 행정안전부장관의 제청으로 국무총리를 거쳐 대통령이 임명한다. 이 경우 국회의 인사청문을 거쳐야 한다.

05

「행정안전부장관의 소속청장 지휘에 관한 규칙」(행정안전부령)상 경찰청장이 미리 행정안전부장관의 승인을 받아야 할 사항으로 가장 적절한 것은?

① 국무회의에 상정할 사항
② 법령 제정·개정이 필요한 경찰 분야 기본계획의 수립과 그 변경에 관한 사항
③ 감사원의 감사 결과 및 처분 요구사항 중 중요 정책과 관련된 사항
④ 기획재정부에 제출하는 예산 관련 자료 중 중요사항

06

다음 <보기> 중 「직무대리규정」(대통령령)에 대한 설명으로 가장 적절하지 않은 것은?

① 직무대리를 할 때 한 사람은 하나의 직위에 대해서만 직무대리를 할 수 있는 것은 아니다.
② 직무대리자는 사고가 발생한 공무원의 모든 권한을 가지며, 그 권한에 상응하는 책임을 진다.
③ "직무대리"란 기관장, 부기관장이나 그 밖의 공무원에게 사고가 발생한 경우에 직무상 공백이 생기지 아니하도록 해당 공무원의 직무를 대신 수행하는 것을 말한다.
④ "사고"란 전보, 퇴직, 해임 또는 임기 만료 등으로 후임자가 임명될 때까지 해당 직위가 공석인 경우 또는 휴가, 출장 또는 결원보충이 없는 휴직 등으로 일시적으로 직무를 수행할 수 없는 경우를 말한다.

07

「경찰공무원 임용령 시행규칙」상 경찰공무원의 경과제도에 대한 설명으로 가장 적절하지 않은 것은?

① 신규채용된 경찰공무원에게는 일반경과를 부여한다. 다만, 수사, 보안, 항공, 정보통신분야로 채용된 경찰공무원에게는 임용예정 직위의 업무와 관련된 경과를 부여한다.
② 전과는 일반경과에서 수사경과·보안경과 또는 특수경과로의 전과만 인정한다. 다만, 정원감축 등 경찰청장이 정하는 사유가 있는 경우 보안경과·수사경과 또는 정보통신경과에서 일반경과로의 전과를 인정할 수 있다.
③ 전과는 현재 경과보다 다른 경과에서 더욱 발전할 수 있다고 인정되는 사람, 정원감축·직제개편 등 부득이한 사유로 기존 경과를 유지하기 어려워진 사람 등에 해당하는 사람에 대해서만 인정한다.
④ ③에도 불구하고 현재 경과를 부여받고 3년이 지나지 아니한 사람, 특정한 직무분야에 근무할 것을 조건으로 채용된 경찰공무원으로서 채용 후 3년이 지나지 아니한 사람은 전과를 할 수 없다.

08

경찰공무원의 신규임용에 있어서 채용후보자명부 및 채용후보자등록에 관한 <보기> 중 적절하지 않은 것은 모두 몇 개인가?

> ㉠ 채용후보자명부의 유효기간은 1년의 범위 안에서 대통령령으로 정하나, 경찰청장은 필요에 따라 1년의 범위 안에서 그 기간을 연장할 수 있으므로 최장 유효기간은 2년이다.
> ㉡ 경찰청장은 신규채용시험에 합격한 자를 대통령령이 정하는 바에 의하여 성적순위에 따라 채용후보자명부에 등재하여야 한다.
> ㉢ 경찰공무원의 신규채용은 채용후보자명부의 등재순위에 의한다. 다만, 채용후보자가 경찰교육기관에서 신임교육을 받은 때에는 그 교육성적순위에 의한다.
> ㉣ 채용후보자등록을 하지 아니한 자는 경찰공무원으로 임용될 의사가 없는 것으로 본다.

① 1개 ② 2개
③ 3개 ④ 4개

09

「공무원연금법」및「공무원재해보상법」상 급여를 받을 권리에 대한 설명으로 가장 적절하지 않은 것은?

① 「공무원연금법」상 급여에 관한 결정, 기여금의 징수, 그 밖에 이 법에 따른 급여에 관하여 이의가 있는 사람은 대통령령으로 정하는 바에 따라 「공무원 재해보상법」제52조에 따른 공무원재해보상연금위원회에 심사를 청구할 수 있고, 이의 심사 청구는 급여에 관한 결정 등이 있었던 날부터 180일, 그 사실을 안 날부터 90일 이내에 하여야 한다.
② 「공무원연금법」에 따른 급여를 받을 권리는 급여의 사유가 발생한 날부터 5년간 행사하지 아니하면 시효로 인하여 소멸한다.
③ 「공무원재해보상법」상 요양급여 등을 받으려는 사람은 인사혁신처장에게 급여를 청구하여야 하고, 이에 따라 인사혁신처장은 급여의 요건을 확인한 후 급여의 결정과 지급을 공단에 위탁한다.
④ 「공무원재해보상법」에 따른 급여를 받을 권리는 그 급여의 사유가 발생한 날부터 요양급여·재활급여·간병급여·부조급여는 3년간, 그 밖의 급여는 5년간 행사하지 아니하면 시효로 인하여 소멸한다.

10

「경찰공무원징계령」(및 세부시행규칙)상 징계의결절차에 대한 설명으로 가장 적절하지 않은 것은?

① 「경찰공무원징계령」상 징계위원회는 그 요구서를 받은 날부터 30일 이내에 징계등에 관한 의결을 하여야 한다. 다만, 부득이한 사유가 있을 때에는 해당 징계등 의결을 요구한 경찰기관의 장의 승인을 받아 30일 이내의 범위에서 그 기한을 연기할 수 있다.
② 「경찰공무원징계령 세부시행규칙」상 징계등 심의 대상자는 변호사를 변호인으로 선임하여 징계등 사건에 대한 보충진술과 증거제출을 하게 할 수 있다. 다만, 징계위원회의 허가를 받은 경우에는 변호사가 아닌 사람을 특별변호인으로 선임할 수 있다.
③ 「경찰공무원징계령 세부시행규칙」상 징계등 심의 대상자는 진술하지 아니하거나 개개의 질문에 대하여 진술을 거부할 수 있으며, 징계위원회의 위원장은 징계등 심의대상자에게 위와 같은 진술을 거부할 수 있음을 고지할 수 있다.
④ 「경찰공무원징계령」상 징계등 심의 대상자는 증인의 심문을 신청할 수 있다. 이 경우 징계위원회는 의결로써 그 채택 여부를 결정하여야 한다.

11

「국가공무원법」상 공무원의 권익보장제도에 대한 설명으로 가장 적절하지 않은 것은?

① 처분사유 설명서를 받은 공무원이 그 처분에 불복할 때에는 그 설명서를 받은 날부터, 공무원이 제75조에서 정한 처분(징계처분, 강임, 직위해제, 휴직, 면직처분 등) 외에 본인의 의사에 반한 불리한 처분을 받았을 때에는 그 처분이 있은 것을 안 날부터 각각 30일 이내에 소청심사위원회에 이에 대한 심사를 청구할 수 있다.
② 본인의 의사에 반하여 파면 또는 해임이나 제70조제1항제5호(직무수행 능력이 부족하거나 근무성적이 극히 나쁜 자의 3개월 범위 내 대기명령을 받은 자가 그 기간에 능력 또는 근무성적의 향상을 기대하기 어렵다고 인정된 때)에 따른 면직처분을 하면 그 처분을 한 날부터 40일 이내에는 후임자의 보충발령을 하지 못한다.
③ 소청심사위원회는 제3항에 따른 임시결정을 한 경우 외에는 소청심사청구를 접수한 날부터 60일 이내에 이에 대한 결정을 하여야 한다. 다만, 불가피하다고 인정되면 소청심사위원회의 의결로 30일을 연장할 수 있다.
④ 중앙인사관장기관의 장, 임용권자 또는 임용제청권자는 기관 내 성폭력 범죄 또는 성희롱 발생 사실의 신고를 받은 경우에는 지체 없이 사실 확인을 위한 조사를 하고 그에 따라 필요한 조치를 할 수 있다.

12

다음 <보기>는 「경찰공무원법」상 경찰공무원과 관련된 사례이다. 적절하지 않은 것은 모두 몇 개인가? (다툼이 있는 사항은 판례에 의함)

> ㉠ 경찰공무원의 근무성적 평정점이 일정기준 이상이면 특별한 제한사유가 없는 한 근속승진임용을 하여야 한다.
> ㉡ 처분 등의 효과가 기간의 경과, 처분 등의 집행, 그 밖의 사유로 인하여 소멸된 뒤에도 그 처분 등의 취소로 인하여 회복되는 법률상 이익이 있는 경우에는 소의 이익이 있다.
> ㉢ 근무성적 평정점의 계산착오 또는 승진임용심사과정에서의 위법한 행위로 인하여 승진임용을 하지 아니한 처분에 대하여 지방경찰청장이 스스로 위법한 처분을 시정하거나 법원이 승진임용제외처분의 취소를 명한 경우, 경찰공무원임용령 제6조의 규정에도 불구하고 소급임용이 가능하다.
> ㉣ 경찰공무원시험승진후보자명부에 등재된 자가 승진임용되기 전에 감봉(현재는 정직) 이상의 징계처분을 받은 경우, 임용권자가 당해인을 시험승진후보자명부에서 삭제한 행위는 행정처분은 아니다.
> ㉤ 경찰공무원에게 인정된 징계사유가 상훈감경 제외사유에 해당하지 아니함에도 징계위원회 심의과정에서 비위행위가 상훈감경 제외사유에 해당한다는 이유로 공적사항을 징계양정에 전혀 고려하지 아니한 징계처분은 위법하다.
> ㉥ 경찰공무원법의 규정 취지는 경찰공무원이 직무수행을 위하여 필요하다고 인정되는 경우에 한하여 무기를 휴대할 수 있다는 것뿐이지, 경찰관이라 하여 허가 없이 개인적으로 총포 등을 구입하여 소지하는 것을 허용하는 것은 아니다.

① 1개 ② 2개
③ 3개 ④ 없음

13

「행정기본법」은 행정의 원칙과 기본사항을 규정하여 행정의 민주성과 적법성을 확보하고 적정성과 효율성을 향상시킴으로써 국민의 권익 보호에 이바지함을 목적으로 제정되었다. 이 법에서 규정하고 있는 용어의 뜻이 가장 적절하지 않은 것은?

① "처분"이란 행정청이 구체적 사실에 관하여 행하는 법 집행으로서 공권력의 행사 또는 그 거부와 그 밖에 이에 준하는 행정작용을 말한다.
② "제재처분"이란 법령등에 따른 의무를 위반하거나 이행하지 아니하였음을 이유로 당사자에게 의무를 부과하거나 권익을 제한하는 처분을 말한다. 다만, 제30조제1항 각호에 따른 행정상 강제를 포함한다.
③ "행정청"이란 행정에 관한 의사를 결정하여 표시하는 국가 또는 지방자치단체의 기관, 그 밖에 법령등에 따라 행정에 관한 의사를 결정하여 표시하는 권한을 가지고 있거나 그 권한을 위임 또는 위탁받은 공공단체 또는 그 기관이나 사인(私人)을 말한다.
④ 이 법에서 법령은 법률 및 대통령령·총리령·부령, 국회규칙·대법원규칙·헌법재판소규칙·중앙선거관리위원회규칙 및 감사원규칙, 그리고 법률 및 대통령령 등의 위임을 받아 중앙행정기관의 장이 정한 훈령·예규 및 고시 등 행정규칙 등이 포함된다.

14

「경찰하명」에 대한 설명으로 적절한 것은 모두 몇 개인가?

> ⊙ 「경찰관 직무집행법」 제4조의 강제보호 조치 대상자에 대한 응급을 요하는 구호조치에 따른 수인의무는 하명이 아니다.
> ⓒ 대간첩 지역이나 국가중요시설에 대한 접근제한명령이나 통행제한명령은 수인의무를 명하는 행위로서 하명의 성질이 아니다.
> ⓒ 「경찰관직무집행법」 제5조 제1항 제3호의 관계인에게 '필요한 조치를 하게 하는 것'은 상대방이 필요한 조치를 하도록 명하는 행위이더라도 하명의 성질은 아니다.
> ⓔ 「도로교통법」 위반에 의한 과태료납부의무는 하명이 아니다.

① 없음 ② 1개
③ 2개 ④ 3개

15

다음은 「경찰관직무집행법」상 규정된 경찰권의 행사에 관련된 내용이다. 가장 적절하지 않은 것은?

① 이 법에 규정된 경찰관의 직권은 그 직무수행에 필요한 최소한도에서 행사되어야 하며 남용되어서는 아니 된다.
② 이 법에 규정된 경찰관의 의무를 위반하거나 직권을 남용하여 다른 사람에게 해를 끼친 사람은 1년 이하의 징역에 처한다.
③ 살수차, 분사기, 최루탄 또는 무기를 사용하는 경우 그 책임자는 사용 일시·장소·대상, 현장책임자, 종류, 수량 등을 기록하여 보관하여야 한다.
④ 경찰청장은 경찰관이 직무의 수행으로 인하여 민·형사상 책임과 관련된 소송을 수행할 경우 변호인선임 등 소송 수행에 필요한 지원을 할 수 있다.

16

다음은 「경찰관직무집행법」상 불가피한 상황에서의 직무수행으로 인한 형의 면제요건에 관한 내용이다. 가장 적절한 것은?

① 범죄가 행하여지려고 하거나 행하여지고 있어 타인의 생명·신체 및 재산에 대한 위해 발생의 우려가 명백하고 긴급한 상황이어야 한다.
② 경찰관이 그 위해를 예방하거나 진압하기 위한 행위 또는 범인의 검거 과정에서 경찰관을 향한 직·간접적인 유형력 행사에 대응하는 행위를 하여 그로 인하여 타인에게 피해가 발생한 경우가 해당된다.
③ 그 경찰관의 직무수행이 불가피한 것이고 필요한 최소한의 범위 내에서 이루어졌어야 한다.
④ 해당 경찰관에게 고의 또는 중대한 과실이 없는 때에는 그 정상을 참작하여 형을 감경하거나 면제한다.

17

다음은 「범죄피해자 보호법」상 구조대상 범죄피해에 대한 설명이다. <보기>의 구조대상 범죄피해의 원인행위에 포함되지 아니하는 것은?

> 구조대상 범죄피해란 대한민국의 영역 안에서 또는 대한민국의 영역 밖에 있는 대한민국의 선박이나 항공기 안에서 행하여진 사람의 생명 또는 신체를 해치는 죄에 해당하는 행위로 인하여 사망하거나 장해 또는 중상해를 입은 것을 말한다.

① 14세가 되지 아니한 자의 행위
② 심신장애로 인하여 사물을 변별할 능력이 없거나 의사를 결정할 능력이 없는 자의 행위
③ 저항할 수 없는 폭력이나 자기 또는 친족의 생명, 신체에 대한 위해를 방어할 방법이 없는 협박에 의하여 강요된 행위
④ 법령에 의한 행위 또는 업무로 인한 행위 기타 사회상규에 위배되지 아니하는 행위

18

「경찰공무원 승진임용 규정」(및 시행규칙)상 경찰공무원의 근무성적평정에 대한 설명으로 가장 적절하지 않은 것은?

① 근무성적 평정 및 경력 평정은 연 1회 실시한다.
② 근무성적 평정은 10월 31일을 기준으로 하고, 경력 평정은 12월 31일을 기준으로 한다. 다만, 총경과 경정의 경력 평정은 10월 31일을 기준으로 한다.
③ 총경 이하의 경찰공무원에 대해서는 매년 근무성적을 평정하여야 하며, 근무성적 평정의 결과는 승진 등 인사관리에 반영할 수 있다.
④ 근무성적 평정 결과는 공개하지 아니한다. 다만, 경찰청장은 근무성적 평정이 완료되면 평정 대상 경찰공무원에게 해당 근무성적 평정 결과를 통보할 수 있다.

19

「경찰장비관리규칙」상 차량관리에 대한 설명으로 가장 적절하지 않은 것은?

① 경찰차량은 용도별로 전용·지휘용·업무용·순찰용·특수용 차량으로 구분한다.
② 차량교체를 위한 불용 대상차량은 부속기관 및 시·도경찰청에 배정되는 수량의 범위 내에서 내용연수 경과 여부 등 차량 주행거리를 최우선적으로 고려하여 선정한다.
③ 차량의 관리책임은 차량운행시 책임자는 1차 운전자, 2차 선임탑승자(사용자), 3차 경찰기관의 장으로 한다.
④ 의구전투경찰순경(의경)의 신임운전요원은 4주 이상 운전교육을 실시한 후에 운행하도록 하여야 한다.

20

시위진압을 위하여 출동한 김경장은 기동대버스를 주차할 곳이 없어 언덕 위에 사이드 브레이크를 사용해 안전주차 하였음에도 불구하고 버스가 뒤로 밀리면서 주민 甲의 주차된 승용차를 파손하고 행인 乙에게 전치 3주의 부상을 입혔다. 이에 대한 설명으로 가장 올바른 것은?

① 국가는 김경장의 과실이 있는 경우에만 배상할 책임이 있다.
② 국가는 김경장의 고의 또는 중과실이 있는 경우에만 피해자에게 배상할 책임을 진다.
③ 국가는 무과실책임으로서 배상책임이 있으며, 만일 김경장의 고의 또는 중과실이 있다면 구상권을 행사할 수 있다.
④ 운전자 김경장과 피해자들의 책임의 경중을 가려 배상하되 물적 피해에 대해서는 신중한 합의가 필요하다.

21

「공공기관의 정보공개에 관한 법률」에 대한 다음 <보기> 중 옳은 것은 모두 몇 개인가?

> ㉠ 모든 국민은 정보의 공개를 청구할 권리를 가지며, 외국인의 정보공개 청구에 관하여는 대통령령으로 정한다.
> ㉡ 공공기관은 정보공개의 청구가 있는 때에는 청구를 받은 날로부터 10일 이내에 공개 여부를 결정하여야 하고, 10일 이내의 범위에서 공개여부 결정기간을 연장할 수 있으며, 정보공개를 청구한 날부터 20일 이내에 공공기관이 공개여부를 결정하지 아니한 때에는 공개의 결정이 있는 것으로 본다.
> ㉢ 정보의 공개 및 우송 등의 소요되는 비용은 공공기관의 비용으로 부담한다.
> ㉣ 정보공개위원회는 위원장 1인과 부위원장 2인을 포함한 9인의 위원으로 구성한다.
> ㉤ 정보공개위원회의 위원(공무원 위원 제외)의 임기는 2년으로 하되, 연임할 수 없다.

① 1개 ② 2개
③ 3개 ④ 없음

22

경찰관이 언론사를 상대로 정정보도를 청구하려고 한다. 법률과 판례에 따를 때 옳지 않은 것은?

① 사실적 주장에 관한 언론보도가 진실하지 아니함으로 피해를 입은 경우 해당 언론보도가 있음을 안 날부터 3개월 이내에 해당 언론사 대표에게 서면으로 그 언론보도 내용에 관한 정정보도를 청구할 수 있다.
② 사실적 주장이란 의견표명에 대치되는 개념으로서 사실적 주장과 의견표명이 혼재할 경우 양자를 구별할 때에는 해당 언론보도의 객관적인 내용과 아울러 해당 언론보도가 게재한 문맥의 보다 넓은 의미나 배경이 되는 사회적 흐름 및 시청자에게 주는 전체적인 인상도 함께 고려하여야 한다.
③ 복잡한 사실관계를 알기 쉽게 단순하게 만드는 과정에서 일부 특정한 사실관계를 압축, 강조하거나 대중의 흥미를 끌기 위해 실제 사실관계에 장식을 가하는 과정에서 다소의 수사적 과장이 있더라도 전체적인 맥락에서 보아 보도내용의 중요 부분이 진실에 합치한다면 그 보도의 진실성은 인정된다.
④ 정정보도를 청구하는 경우에 그 언론사의 고의·과실이나 위법성을 필요로 하는 것은 아니며 그 언론사는 언론보도가 진실하다는 것에 대한 증명책임을 부담한다.

23

「경찰 인권보호 규칙」상 인권교육계획과 인권영향평가에 대한 설명으로 가장 적절하지 않은 것은?

① 경찰청장은 경찰관등(경찰공무원으로 신규 임용될 사람을 포함한다)이 근무하는 동안 지속적·체계적으로 교육을 받을 수 있도록 3년 단위로 경찰 인권교육의 기본방향과 추진목표 등 그 밖에 경찰관등의 인권 보호와 향상을 위하여 필요한 사항을 포함한 인권교육종합계획을 수립하여 시행해야 한다.
② 경찰관서의 장은 ①의 내용을 반영하여 매년 인권교육 계획을 수립하여 시행하여야 한다.
③ 경찰청장은 제·개정하려는 법령 및 행정규칙에 대하여 해당 안건을 국가경찰위원회에 상정하기 60일 이전까지 인권영향평가를 실시하여야 한다.
④ 인권보호담당관은 분기 1회 이상 인권영향평가의 이행 여부를 점검하고, 이를 경찰청 인권위원회에 제출하여야 한다.

24

다음은 「공직자의 이해충돌방지법」상 신고 기간에 관한 내용이다. ( ) 기간을 모두 더하면?

> 1) 법 제5조(사적이해관계자의 신고 및 회피·기피 신청)
> ① 다음 각호의 어느 하나에 해당하는 직무를 수행하는 공직자는 직무관련자(직무관련자의 대리인을 포함)가 사적이해관계자임을 안 경우 안 날부터 ( )일 이내에 소속기관장에게 그 사실을 서면(전자문서를 포함)으로 신고하고 회피를 신청하여야 한다.
> 2) 법 제6조(공공기관 직무 관련 부동산 보유·매수 신고)
> ① 부동산을 직접적으로 취급하는 대통령령으로 정하는 공공기관의 공직자는 다음 각호의 어느 하나에 해당하는 사람이 소속 공공기관의 업무와 관련된 부동산을 보유하고 있거나 매수하는 경우 소속 기관장에게 그 사실을 서면으로 신고하여야 한다.
>   1. 공직자 자신, 배우자
>   2. 공직자와 생계를 같이하는 직계존속·비속(배우자의 직계존속·비속으로 생계를 같이하는 경우를 포함)
> ② 제1항에 따른 공공기관 외의 공공기관의 공직자는 소속 공공기관이 택지개발, 지구 지정 등 대통령령으로 정하는 부동산 개발 업무를 하는 경우 제1항 각호의 어느 하나에 해당하는 사람이 그 부동산을 보유하고 있거나 매수하는 경우 소속 기관장에게 그 사실을 서면으로 신고하여야 한다.
> ③ 제1항 및 제2항에 따른 신고는 부동산을 보유한 사실을 알게 된 날부터 ( )일 이내, 매수 후 등기를 완료한 날부터 ( )일 이내에 하여야 한다.

① 21 ② 30
③ 42 ④ 45

25

다음의 <보기> 중 범죄통제이론에 대한 설명으로 가장 적절하지 않은 것은?

① '억제이론'은 강력하고 확실한 처벌을 통하여 범죄를 억제할 수 있다고 보며, 범죄의 동기나 원인, 사회적 환경에는 관심이 없다.
② '일상활동이론'은 지역사회 구성원들이 범죄문제를 해결하기 위해 적극적으로 참여하는 것이 중요한 범죄예방의 열쇠라고 한다.
③ '합리적 선택이론'은 인간이 자유의지를 가지고 있다고 가정하고 합리적인 인간관을 전제로 하므로 비결정론적 인간관에 바탕을 두고 있다.
④ '치료 및 갱생이론'은 비용이 많이 들고 범죄자를 대상으로 하므로 일반 예방효과에 한계가 있다는 비판이 존재한다.

26

환경설계를 통한 범죄예방(CPTED)에 대한 설명으로 가장 적절하지 않은 것은?

① 자연적 감시 – 건축물이나 시설물의 설계 시 가시권을 최대 확보, 외부침입에 대한 감시기능을 확대하여 범죄행위의 발견 가능성을 증가시키고, 범죄기회를 감소시킬 수 있다는 원리이다.
② 자연적 접근통제 – 사적 공간에 대한 경계를 표시하여 주민들의 책임의식과 소유의식을 증대함으로써 사적 공간에 대한 관리권과 권리를 강화시키고, 외부인들에게는 침입에 대한 불법사실을 인식시켜 범죄기회를 차단하는 원리이다.
③ 활동의 활성화 – 지역사회의 설계 시 주민들이 모여서 상호의견을 교환하고 유대감을 증대 할 수 있는 공공장소를 설치하고 이용하도록 함으로써 '거리의 눈'을 활용한 자연적 감시와 접근통제의 기능을 확대하는 원리이다.
④ 유지관리 – 처음 설계된 대로 혹은 개선한 의도대로 기능을 지속적으로 유지하도록 관리함으로써 범죄예방을 위한 환경설계의 장기적이고 지속적인 효과를 유지하는 원리이다.

27

지역사회경찰활동(Community Policing)에 관한 설명으로 가장 적절하지 않은 것은?

① 범죄가 자주 발생하는 지점에 경찰력을 집중적으로 배치하여 범죄예방효과를 극대화하는 데 중점을 둔다.
② 경찰활동의 목적과 우선순위를 결정할 때 시민의 참여가 중요하다.
③ 사후적 대응보다 사전적 예방 중심의 경찰활동 전개에 주력한다.
④ 경찰은 지역사회 내 지방자치단체, 학교 등 공적 주체들은 물론 시민단체 등 사적 주체들과도 파트너십을 형성할 필요가 있다.

28

「아동·청소년의 성보호에 관한 법률」에 관한 설명으로 가장 적절하지 않은 것은?

① "아동·청소년"이란 19세 미만의 자를 말한다. 다만, 19세에 도달하는 연도의 1월 1일을 맞이한 자는 제외한다.
② 위계(僞計) 또는 위력으로써 아동·청소년을 추행한 자에 대한 미수범 처벌규정을 두고 있다.
③ 사법경찰관리는 19세 이상의 사람이 성적 착취를 목적으로 정보 통신망을 통하여 아동·청소년에게 성적 욕망이나 수치심 또는 혐오감을 유발할 수 있는 대화를 지속적 또는 반복적으로 하거나 그러한 대화에 지속적 또는 반복적으로 참여시키는 행위를 한 범죄에 대하여 신분을 비공개하고 범인으로 추정되는 자들에게 접근하여 범죄행위의 증거 및 자료 등을 수집할 수 있다.
④ 사법경찰관리가 디지털 성범죄에 대한 신분위장수사를 할 때 신분을 위장하기 위한 문서, 도화 및 전자기록 등의 작성, 변경 또는 행사는 가능하지만, 아동·청소년성착취물을 소지, 판매 또는 광고할 수 없다.

29

「경찰수사규칙」상「입건전 조사」사건의 종결 및 처리에 관한 사항이다. 올바른 것은 모두 몇 개인가?

㉠	입건전 조사 종결	혐의없음, 죄가안됨, 공소권 없음에 해당하여 수사 개시의 필요가 없는 경우
㉡	입건전 조사 중지	피혐의자 또는 참고인 등의 소재불명으로 입건전 조사를 계속할 수 없는 경우
㉢	입건전 조사 이송	관할이 없거나 범죄특성 및 병합처리 등을 고려하여 다른 경찰관서 또는 기관(해당 기관과 협의된 경우로 한정)에서 입건전 조사를 할 필요가 있는 경우
㉣	공람 후 종결	같은 내용으로 3회 이상 반복하여 접수되고 2회 이상 그 처리결과를 통지한 신고와 같은 내용인 경우

① 1개 ② 2개
③ 3개 ④ 모두

30

「검사와 사법경찰관의 상호협력과 일반적 수사준칙에 관한 규정」에 관한 설명으로 가장 적절하지 않은 것은?

① 검사와 사법경찰관은 공소제기 전의 형사사건에 관한 내용을 공개해서는 안 된다.
② 검사와 사법경찰관은 상호 존중해야 하며, 수사, 공소제기 및 공소유지와 관련하여 협력할 수 있다.
③ 검사 또는 사법경찰관이 피의자신문조서의 작성에 착수한 때에는 수사를 개시한 것으로 본다. 이 경우 검사 또는 사법경찰관은 해당 사건을 즉시 입건해야 한다.
④ 검사 또는 사법경찰관은 고소 또는 고발에 따라 범죄를 수사하는 경우에는 고소 또는 고발을 수리한 날부터 3개월 이내에 수사를 마쳐야 한다.

31

다음은 「경찰수사규칙」상 지명수배와 지명통보의 대상을 나열한 것이다. 「경찰수사규칙」에서 명시적으로 규정하고 있는 지명통보의 대상은 모두 몇 개인가?

> ㉠ 법정형이 사형, 무기 또는 장기 3년 이상의 징역이나 금고에 해당하는 죄를 범했다고 의심할 만한 상당한 이유가 있어 체포영장 또는 구속영장이 발부된 사람
> ㉡ 법정형이 장기 3년 미만의 징역 또는 금고, 벌금에 해당하는 죄를 범했다고 의심할 만한 상당한 이유가 있고, 출석요구에 응하지 않은 사람
> ㉢ 법정형이 장기 3년 이상의 징역이나 금고에 해당하는 죄를 범했다고 의심되더라도 사안이 경미하고, 출석요구에 응하지 않은 사람
> ㉣ 사기, 횡령, 배임죄 및 부정수표단속법 제2조에 정한 죄의 혐의를 받는 자로서 초범이고 그 피해액이 500만원 이하에 해당하는 사람

① 1개   ② 2개
③ 3개   ④ 4개

32

「경찰청과 그 소속기관 직제」상 경비국의 분장사무에 해당하지 않은 것은 모두 몇 개인가?

> ㉠ 경비업에 관한 연구 및 지도
> ㉡ 경비에 관한 계획의 수립 및 지도
> ㉢ 경찰부대의 운영·지도 및 감독
> ㉣ 청원경찰의 운영 및 지도
> ㉤ 민방위업무의 협조에 관한 사항
> ㉥ 경찰작전·경찰전시훈련 및 비상계획에 관한 계획의 수립·지도

① 1개   ② 2개
③ 3개   ④ 없음

33

「경찰비상업무규칙」에 대한 <보기> 중 옳은 것은 모두 몇 개인가?

> ㉠ "비상상황"이라 함은 대간첩·테러, 대규모 재난 등의 긴급 상황이 발생하거나 발생할 우려가 있는 경우 또는 다수의 경력을 동원해야 할 치안수요가 발생하여 치안활동을 강화 할 필요가 있는 때를 말한다.
> ㉡ "지휘선상 위치 근무"라 함은 비상연락체계를 유지하며 유사시 2시간 이내에 현장지휘 및 현장근무가 가능한 장소에 위치하는 것을 말한다.
> ㉢ "정위치 근무"라 함은 감독순시·현장근무 및 사무실 대기 등 관할구역 내에 위치하는 것을 말한다.
> ㉣ 비상근무 갑호가 발령된 때에는 연가를 중지하고 가용경력 100%까지 동원할 수 있고, 지휘관(지구대장, 파출소장은 지휘관에 준한다)과 참모는 정착 근무를 원칙으로 한다.
> ㉤ 비상근무 을호가 발령된 때에는 연가를 중지하고 가용경력 30%까지 동원할 수 있고, 지휘관과 참모는 정위치 근무를 원칙으로 한다.
> ㉥ 경찰지휘본부는 당해 지휘본부장이 필요하다고 인정할 때에 설치하며 경찰청 및 시도경찰청은 치안상황실에 설치함을 원칙으로 하고, 각종 상황발생시 상황의 효율적인 관리를 위해 필요한 경우 현장 인근에 현장지휘본부를 설치할 수 있다.

① 3개 ② 4개
③ 5개 ④ 6개

34

다음의 <보기> 중 「도로교통법」상 운전면허 행정처분결과에 따른 운전면허 발급제한기간이 3년인 경우는 모두 몇 개인가?

> ㉠ 무면허운전, 음주운전, 약물·과로운전, 공동위험행위 외의 사유로 사람을 사상한 후 구호조치 및 신고 없이 도주한 경우(취소된 날부터)
> ㉡ 2회 이상 음주운전(음주측정거부 포함)으로 운전면허가 취소된 경우(취소된 날부터)
> ㉢ 제1종 운전면허를 받은 사람이 적성검사에 불합격되어 다시 제2종 운전면허를 받으려는 경우
> ㉣ 2회 이상의 공동위험행위로 운전면허가 취소된 경우(취소된 날부터)

① 1개 ② 2개
③ 3개 ④ 없음

35

「도로교통법」상 음주운전에 관한 설명으로 가장 적절하지 않은 것은?

① 누구든지 술에 취한 상태에서 자동차 등을 운전하여서는 아니 된다.
② 경찰공무원은 교통의 안전과 위험방지를 위하여 필요하다고 인정하거나 음주규정을 위반하여 술에 취한 상태에서 자동차등을 운전하였다고 인정할 만한 상당한 이유가 있는 경우에는 운전자가 술에 취하였는지를 호흡조사로 측정할 수 있고, 이 경우 운전자는 경찰공무원의 측정에 응할 수 있다.
③ 측정 결과에 불복하는 운전자에 대하여는 그 운전자의 동의를 받아 혈액 채취 등의 방법으로 다시 측정할 수 있다.
④ 운전이 금지되는 술에 취한 상태의 기준은 운전자의 혈중알코올농도가 0.03퍼센트 이상인 경우로 한다.

36

「집회 및 시위에 관한 법률」에 관한 설명으로 옳은 것을 모두 고른 것은? (다툼이 있는 경우 판례에 의함)

㉠ "질서유지인"이란 관할 경찰서장이 집회 또는 시위의 질서를 유지하게 할 목적으로 임명한 자를 말한다.
㉡ 집회의 자유가 가지는 헌법적 가치와 기능, 집회에 대한 허가 금지를 선언한 헌법정신, 신고제도의 취지 등을 종합하여 보면, 신고는 행정관청에 집회에 관한 구체적인 정보를 제공함으로써 공공질서의 유지에 협력하도록 하는 데 의의가 있는 것으로 집회의 허가를 구하는 신청으로 변질되어서는 아니 되므로, 신고를 하지 아니하였다는 이유만으로 옥외 집회 또는 시위를 헌법의 보호 범위를 벗어나 개최가 허용되지 않는 집회 내지 시위라고 단정할 수 없다.
㉢ 관할경찰관서장은 옥외집회 및 시위에 관한 신고서의 기재 사항에 미비한 점을 발견하면 접수증을 교부한 때부터 24시간 이내에 주최자에게 48시간을 기한으로 그 기재 사항을 보완할 것을 통고할 수 있다.
㉣ 「집회 및 시위에 관한 법률」에 따른 신고 없이 이루어진 집회에 참석한 참가자들이 차로 위를 행진하는 등 도로교통을 방해함으로써 통행을 불가능하게 하거나 현저하게 곤란하게 하는 경우라도 참가자 모두에게 당연히 일반교통방해죄가 성립하는 것은 아니다.

① ㉠㉡   ② ㉡㉢
③ ㉡㉣   ④ ㉢㉣

37

「보안업무규정」상 신원조사에 대한 <보기> 중 가장 적절한 것은?

① 국가보안을 위하여 국가에 대한 충성심·성실성 및 신뢰성을 조사하기 위하여 신원조사를 행한다.
② 각 조사기관의 장은 신원조사의 결과 국가안전보장상 유해로운 정보가 있음이 확인된 자에 대하여는 관계기관의 장에게 그 사실을 통보하여야 한다.
③ 공공단체의 직원과 임원의 임명에 있어서 정부의 승인이나 동의를 요하는 법인의 임원 및 직원은 신원조사의 대상이 된다.
④ 해외여행을 하고자 하는 자(입국하는 교포를 제외한다)는 신원조사의 대상이 된다.

38

보안관찰처분에 관한 다음 <보기> 중 적절한 것은 모두 몇 개인가?

> ㉠ 보안관찰처분대상자는 보안관찰해당범죄 또는 이와 경합된 범죄로 금고 이상의 형의 선고를 받고 그 형기합계가 3년 이상인 자로서 형의 전부 또는 일부의 집행을 받은 사실이 있는 자이다.
> ㉡ 법무부장관은 준법정신이 확립되어 있는 자, 일정한 주거와 생업이 있는 자, 대통령령으로 정한 신원보증(2인 이상 신원보증인의 신원보증)이 있는 자에 대하여 보안관찰처분 면제결정을 하여야 한다.
> ㉢ 보안관찰처분에 관한 사안을 심의·의결하기 위하여 법무부에 보안관찰처분심의위원회를 두고, 그 위원회의 위원장은 법무부장관이고 위원장 1인과 6인의 위원으로 구성한다.
> ㉣ 보안관찰처분의 결정을 받은 자가 그 결정에 이의가 있을 때에는 그 결정이 집행된 날부터 60일 이내에 서울고등법원에 소를 제기할 수 있다.
> ㉤ 보안관찰처분대상자는 출소 후 7일 이내에 거주예정지 관할 경찰서장에게 출소사실을 신고하여야 한다.

① 1개　　② 2개
③ 3개　　④ 4개

39

「방첩업무규정」(대통령령)에 대한 설명으로 가장 적절하지 않은 것은?

① 방첩이란 국가안보와 국익에 반하는 북한, 외국 및 외국인·외국단체·초국가행위자 또는 이와 연계된 내국인(외국등)의 정보활동을 찾아내고 그 정보활동을 확인·견제·차단하기 위하여 하는 정보의 수집·작성 및 배포 등을 포함한 모든 대응활동을 말한다.
② 외국등의 정보활동이란 외국등의 정보 수집 활동과 그 밖의 활동으로서 대한민국의 국가안보와 국익에 영향을 미칠 수 있는 모든 활동을 말한다.
③ 방첩기관 간, 방첩기관과 관계기관 간 방첩 관련 정보의 원활한 공유와 방첩업무의 효율적인 수행을 위하여 국가정보원장 소속으로 방첩정보공유센터를 둔다.
④ 방첩기관등의 구성원이 법령에 따른 직무수행 외의 목적으로 외국 정보기관(특정국가에서 다른 국가에 대한 정보수집을 주된 목적으로 설치된 그 국가의 기관을 말한다)의 구성원을 접촉하려는 경우 그 내용을 국가정보원장에게 통보하여야 한다.

40

다음의 <보기> 중 「출입국관리법」의 규정을 적용하여 외국인에게만 취할 수 있는 조치는 모두 몇 개인가?

㉠ 출국정지	㉡ 출국금지
㉢ 통고처분	㉣ 보호조치
㉤ 출국권고	㉥ 입국금지
㉦ 강제퇴거	㉧ 고발

① 2개 ② 3개
③ 4개 ④ 5개

제 04 회 실전동형모의고사

01

형식적 의미의 경찰개념과 실질적 의미의 경찰개념에 관한 설명으로 적절하지 않은 것은?

> ㉠ 정보경찰은 권력적 작용이므로 실질적 의미의 경찰이다.
> ㉡ 실질적 의미의 경찰은 국가의 일반통치권에 근거하여 국민에게 명령·강제하는 권력적 작용으로 독일의 전통적 행정법학에서 정립된 학문상 개념이다.
> ㉢ 형식적 의미의 경찰은 실정법상 보통경찰기관에 분배된 임무를 달성하기 위하여 행해지는 경찰활동으로 그 범위는 나라마다 차이가 있을 수 있다.
> ㉣ 실질적 의미의 경찰은 형식적 의미의 경찰을 모두 포괄한다.

① ㉠㉡
② ㉠㉣
③ ㉠㉡㉢
④ ㉡㉢㉣

02

우리나라 경찰의 표상이 되는 인물과 활동에 대한 설명이다. 아래 ㉠부터 ㉣까지의 설명 중 옳고 그름의 표시(O, X)가 바르게 된 것은?

> ㉠ 차일혁 경무관 – 일제 강점기에 항일투쟁을 하였고 6·25 전쟁 기간 제18전투경찰대장으로 부임하여 빨치산토벌작전에서 탁월한 전공을 세웠으며, 1954년 충주경찰서장으로서 충주직업청소년학교를 설립하여 전쟁고아들에게 학교공부와 직업교육의 기회를 주었다.
> ㉡ 안종삼 총경 – 1950년 7월 24일 구례경찰서 서장으로서 경찰서에 구금 중이던 480명의 국민보도연맹원들을 사살하라는 상부의 명령을 받았으나, 이를 거부하고 전원 석방함으로써 국가범죄의 비극적 살육을 막아냈다.
> ㉢ 박재표 경위 – 1956년 8월 13일 제2대 지방의원 선거 당시 정읍 소성지서에서 순경으로 근무하던 중 투표함을 바꿔치기 하는 부정선거를 목격하고 이를 기자회견을 통해 세상에 알리는 양심적 행동을 하였다.
> ㉣ 이준규 총경 – 1980년 5·18민주화운동 당시 목포 경찰서장으로서 시민과의 유혈충돌을 방지하기 위해 보유 중인 총기들을 목포 인근에 위치한 섬으로 이동시켰고 신군부의 강경한 시위진압에 거부하는 등 시민을 보호하였다.

① ㉠(O), ㉡(O), ㉢(O), ㉣(O)
② ㉠(O), ㉡(O), ㉢(O), ㉣(X)
③ ㉠(X), ㉡(O), ㉢(O), ㉣(X)
④ ㉠(X), ㉡(X), ㉢(O), ㉣(X)

03

「경찰법」(국가경찰과 자치경찰의 조직 및 운영에 관한 법률)상 시도경찰청에 관한 설명으로 적절하지 않은 것은?

① 경찰의 사무를 지역적으로 분담하여 수행하게 하기 위하여 특별시·광역시·특별자치시·도·특별자치도에 시·도경찰청을 두고, 시·도경찰청장 소속으로 경찰서를 둔다.
② 「경찰공무원법」 제7조에도 불구하고 시·도경찰청장은 경찰청장이 시·도자치경찰위원회와 협의하여 추천한 사람 중에서 행정안전부장관의 제청으로 국무총리를 거쳐 대통령이 임용한다.
③ 시·도경찰청장은 국가경찰사무에 대해서는 경찰청장의 지휘·감독을, 자치경찰사무에 대해서는 시·도자치경찰위원회의 지휘·감독을 받아 관할구역의 소관 사무를 관장하고 소속 공무원 및 소속 경찰기관의 장을 지휘·감독한다. 다만, 수사에 관한 사무에 대해서는 국가수사본부장의 지휘·감독을 받아 관할구역의 소관 사무를 관장하고 소속 공무원 및 소속 경찰기관의 장을 지휘·감독한다.
④ ③의 경우 시·도자치경찰위원회는 자치경찰사무에 대해 심의·의결을 통하여 시·도경찰청장을 지휘·감독한다. 다만, 시·도자치경찰위원회가 심의·의결할 시간적 여유가 없거나 심의·의결이 곤란한 경우 대통령령으로 정하는 바에 따라 시·도자치경찰위원회의 지휘·감독권을 경찰청장에게 위임한 것으로 본다.

04

다음 <보기> 중 「정부조직법」상 권한의 위임 또는 위탁에 관한 내용으로 가장 적절한 것은?

① 행정기관은 법령으로 정하는 바에 따라 그 소관사무의 전부를 보조기관 또는 하급행정기관에 위임하거나 다른 행정기관·지방자치단체 또는 그 기관에 위탁 또는 위임할 수 있다.
② ①의 경우 위임 또는 위탁을 받은 기관은 특히 필요한 경우에는 법령으로 정하는 바에 따라 위임 또는 위탁을 받은 사무의 전부를 보조기관 또는 하급행정기관에 재위임할 수 있다.
③ 보조기관은 ①에 따라 위임받은 사항에 대하여는 그 범위에서 행정기관으로서 그 사무를 수행한다.
④ 행정기관은 법령으로 정하는 바에 따라 그 소관사무 중 조사·검사·검정·관리 업무 등 국민의 권리·의무와 직접 관계되지 아니하는 사무를 지방자치단체가 아닌 법인·단체 또는 그 기관에게 위임할 수 있으나 개인에게 위탁할 수 없다.

05

「경찰공무원법」,「경찰공무원 승진임용 규정」상 경찰공무원의 승진에 대한 설명으로 가장 적절한 것은?

① 「경찰공무원 승진임용 규정」상 경력평정은 기본경력과 초과경력으로 구분하여 실시하되, 경위·경사계급의 기본경력에 포함되는 기간은 평정기준일부터 최근 3년간이다.
② 「경찰공무원법」상 총경 이하 계급으로의 승진은 승진심사에 의하여 한다. 다만, 경정 이하 계급으로의 승진은 대통령령으로 정하는 비율에 따라 승진시험과 승진심사를 병행할 수 있다.
③ 「경찰공무원법」상 경무관 이하의 경찰공무원에 대하여는 대통령령으로 정하는 바에 따라 계급별로 승진대상자 명부를 작성하여야 한다.
④ 「경찰공무원법」상 경감 이하의 경찰공무원으로서 모든 경찰공무원의 귀감이 되는 공을 세우고 전사하거나 순직한 사람에 대하여는 2계급 특별승진시킬 수 있다.

06

「경찰공무원법」상 경찰공무원의 정치관여금지에 대한 설명으로 가장 적절하지 않은 것은?

① 경찰공무원은 정당이나 정치단체에 가입하거나 정치활동에 관여하는 행위를 하여서는 아니 된다.
② 그 직위를 이용하여 특정 정당이나 특정 정치인에 대하여 지지 또는 반대 의견을 유포하거나, 그러한 여론을 조성할 목적으로 특정 정당이나 특정 정치인에 대하여 찬양하거나 비방하는 내용의 의견 또는 사실을 유포하는 행위는 정치활동에 관여하는 행위에 해당한다.
③ 특정 정당이나 특정 정치인을 위하여 기부금 모집을 지원하거나 방해하는 행위 또는 국가·지방자치단체 및 「공공기관의 운영에 관한 법률」에 따른 공공기관의 자금을 이용하거나 이용하게 하는 행위는 정치활동에 관여하는 행위에 해당한다.
④ 정당이나 정치단체에 가입하거나 정치활동에 관여하는 행위를 한 경찰공무원은 3년 이하의 징역과 3년 이하의 자격정지에 처하고, 그 죄에 대한 공소시효의 기간은 「형사소송법」 제249조 제1항에도 불구하고 10년으로 한다.

07

「경찰공무원 징계령」상 징계절차 중 심문과 진술권에 대한 설명으로 가장 적절하지 않은 것은?

① 징계위원회는 출석한 징계등 심의 대상자에게 징계사유에 해당하는 사실에 관한 심문을 하고 심사를 위하여 필요하다고 인정될 때에는 관계인을 출석하게 하여 심문할 수 있다.
② 징계위원회는 징계등 심의 대상자에게 진술할 수 있는 기회를 충분히 주어야 하며, 징계등 심의 대상자는 의견서 또는 말로 자기에게 이익이 되는 사실을 진술하거나 증거를 제출할 수 있다.
③ 징계등 심의 대상자는 증인의 심문을 신청할 수 있다. 이 경우 징계위원회는 의결로써 그 채택 여부를 결정하여야 한다.
④ 징계등 의결을 요구한 자 또는 징계등 의결의 요구를 신청한 자는 징계위원회에 출석하여 의견을 진술하거나 서면으로 의견을 진술해야 한다.

08

「양성평등기본법」상 이 법에서 사용되는 용어의 정의를 설명한 것으로 가장 적절하지 않은 것은?

① 양성평등이란 성별에 따른 차별, 편견, 비하 및 폭력 없이 인권을 동등하게 보장받는 것을 말하고, 모든 영역에 동등하게 참여하고 대우받는 것을 말하는 것은 아니다.
② 성희롱이란 업무, 고용, 그 밖의 관계에서 국가기관·지방자치단체 또는 대통령령으로 정하는 공공단체(국가기관등)의 종사자, 사용자 또는 근로자가 지위를 이용하거나 업무 등과 관련하여 성적 언동 또는 성적 요구 등으로 상대방에게 성적 굴욕감이나 혐오감을 느끼게 하는 행위를 하는 경우를 말한다.
③ 성희롱이란 업무, 고용, 그 밖의 관계에서 국가기관·지방자치단체 또는 대통령령으로 정하는 공공단체(국가기관등)의 종사자, 사용자 또는 근로자가 상대방이 성적 언동 또는 성적 요구에 따르지 아니한다는 이유로 불이익을 주거나 그에 따르는 것을 조건으로 이익 공여의 의사표시를 하는 행위를 하는 경우를 말한다.
④ 사용자란 사업주 또는 사업경영담당자, 그 밖에 사업주를 위하여 근로자에 관한 사항에 대한 업무를 수행하는 자를 말한다.

09

경찰행정법의 일반원칙에 대한 설명으로 올바른 것은? (다툼이 있는 경우 판례에 의함)

> ㉠ 비례원칙의 실정법적 근거는 「헌법」 제37조 제2항과 「경찰관직무집행법」 제1조 제2항을 들 수 있으며, 경찰작용이 비례원칙에 위배되지 않기 위해서는 세부원칙인 적합성, 필요성, 상당성의 원칙 가운데 적어도 하나는 충족해야 한다.
> ㉡ 신뢰보호원칙이란 행정기관의 일정한 언동의 정당성 또는 존속성에 대한 개인의 보호가치 있는 신뢰는 보호해주어야 한다는 것으로서, 현행 「공공기관의 정보공개에 관한 법률」이 일반법적 근거가 될 수 있다.
> ㉢ 일반적인 견해는 신뢰보호의 원칙상 행정의 자기구속의 원칙은 구속의 근거가 되는 행정관행이 적법은 물론이고 위법한 경우에도 적용되어야 한다고 한다.
> ㉣ 대법원은 운전면허 취소사유에 해당하는 음주운전을 적발한 경찰관의 소속경찰서장이 사무착오로 위반자에게 운전면허정지처분을 한 상태에서 위반자의 주소지 관할 지방경찰청장이 위반자에게 운전면허취소처분을 한 것은 신뢰보호원칙에 위배된다고 판시하였다.

① 1개 ② 2개
③ 3개 ④ 4개

10

「행정기본법」상 "처분"이란 행정청이 구체적 사실에 관하여 행하는 법 집행으로서 공권력의 행사 또는 그 거부와 그 밖에 이에 준하는 행정작용을 말한다. 처분과 관련된 설명으로 가장 적절하지 않은 것은?

① 새로운 법령 등은 법령 등에 특별한 규정이 있는 경우를 제외하고는 그 법령 등의 효력 발생 전에 완성되거나 종결된 사실관계 또는 법률관계에 대해서는 적용되지 아니한다.
② 당사자의 신청에 따른 처분은 법령 등에 특별한 규정이 있거나 신청 당시의 법령 등을 적용하기 곤란한 특별한 사정이 있는 경우를 제외하고는 신청 당시의 법령 등에 따른다.
③ 법령 등을 위반한 행위의 성립과 이에 대한 제재처분은 법령 등에 특별한 규정이 있는 경우를 제외하고는 법령 등을 위반한 행위 당시의 법령 등에 따른다.
④ 처분은 권한이 있는 기관이 취소 또는 철회하거나 기간의 경과 등으로 소멸되기 전까지는 유효한 것으로 통용된다. 다만, 무효인 처분은 처음부터 그 효력이 발생하지 아니한다.

11

다음 <보기>의 사례에서 적절하지 않은 것을 모두 고르면 몇 개인가?

> ⊙ 경찰관이 교차로에서 차량소통을 원활히 하기 위하여 신호에 관계없이 수신호 하는 것의 법적 성질은 경찰지도이다.
> ⓒ 시도경찰청장이 도로에서의 위험방지 등을 위하여 주차금지구역을 지정하는 행위의 법적 성질은 대물적 하명이다.
> ⓒ 시도경찰청장으로부터 운전면허를 받지 아니하거나 운전면허 효력정지 기간 중에는 자동차를 운전하여서는 안된다는 것은 부작위하명이다.

① 1개
② 2개
③ 3개
④ 없음

12

「경찰관 직무집행법」상 불심검문에 대한 설명으로 가장 적절하지 않은 것은? (다툼이 있는 경우 판례에 의함)

① 미리 입수된 용의자에 대한 인상착의와 일부 일치되지 않는 부분이 있다고 하더라도 그것만으로 경찰관이 불심검문 대상자로 삼은 조치가 위법하다고 볼 수 없다.

② 경찰관은 불심검문 대상자에게 질문을 하기 위하여 범행의 경중, 범행과의 관련성, 상황의 긴박성, 혐의의 정도, 질문의 필요성 등에 비추어 목적 달성에 필요한 최소한의 범위내에서 사회통념상 용인될 수 있는 상당한 방법으로 대상자를 정지시킬 수 있고 질문에 수반하여 흉기의 소지 여부도 조사할 수 있다.

③ 경찰관이 신분증을 제시하지 않고 불심검문을 하였으나, 검문하는 사람이 경찰관이고 검문하는 이유가 범죄행위에 관한 것임을 피고인이 알고 있었던 경우, 그 불심검문이 위법한 공무 집행이라고 할 수 없다.

④ 경찰관이 불심검문 대상자 해당 여부를 판단할 때에는 불심검문 당시의 구체적 상황은 물론 사건에 얻은 정보나 전문적 지식 등에 기초하여 불심검문 대상자인지를 객관적·합리적인 기준에 따라 판단하여야 하며, 불심검문 대상자에게 「형사소송법」에 의한 체포나 구속에 이를 정도의 혐의가 있을 것을 요한다.

13

「경찰관 직무집행법」상 긴급한 상황에서의 직무수행으로 인한 형의 감면요건에 대한 설명으로 가장 적절하지 않은 것은?

① 살인이나 강도 등 범죄가 행하여지려고 하거나 행하여지고 있어 타인의 생명·신체에 대한 위해 발생의 우려가 명백하고 긴급한 상황에서의 직무수행을 말한다.
② 경찰관이 그 위해를 예방하거나 진압하기 위한 행위 또는 범인의 검거 과정에서 경찰관을 향한 직접적인 유형력 행사에 대응하는 행위를 하여 그로 인하여 타인에게 피해가 발생한 경우를 말한다.
③ 그 경찰관의 직무수행이 불가피한 것이고 필요한 최소한의 범위에서 이루어졌으며 해당 경찰관에게 고의 또는 중대한 과실이 없는 때에는 그 정상을 참작하여 형을 감경하거나 면제한다.
④ 여기서 말하는 범죄는 살인의 죄, 상해 및 폭행의 죄, 강간, 강도, 가정폭력범죄, 아동학대범죄 등이 해당한다.

14

「범죄피해자 보호법」상 용어의 정의에 대한 설명으로 가장 적절한 것은?

① 범죄피해자란 타인의 범죄행위로 피해를 당한 사람과 그 배우자(사실상의 혼인관계는 제외한다), 직계친족 및 형제자매를 말한다.
② 범죄피해자 보호·지원이란 범죄피해자의 손실 복구, 정당한 권리 행사 및 복지 증진에 기여하는 행위를 말한다(다만, 수사·변호 또는 재판에 부당한 영향을 미치는 행위를 포함한다).
③ 범죄피해자 지원법인이란 범죄피해자 보호·지원을 주된 목적으로 설립된 비영리법인을 말한다.
④ 장해란 범죄행위로 입은 부상이나 질병이 치료(그 증상이 고정된 때는 제외한다)된 후에 남은 신체의 장해로서 대통령령으로 정하는 경우를 말하며, 중상해란 범죄행위로 인하여 신체나 그 생리적 기능에 손상을 입은 것으로서 대통령령으로 정하는 경우를 말한다.

15

경찰조직편성의 원리에 관한 설명으로 가장 적절하지 않은 것은?

① 분업의 원리 – 가급적 한 사람에게 동일한 업무를 분담시킴으로써 특정 분야에 대한 업무의 전문화 확보를 가능하게 한다.
② 계층제의 원리 – 권한과 책임의 정도에 따라 직무를 계층화함으로써 상·하 계층 간에 직무상 지휘·감독 관계에 있도록 한다.
③ 조정과 통합의 원리 – 구성원의 노력과 행동을 질서있게 배열하고 통일시키는 작용을 함으로써 경찰행정의 목표를 효율적으로 달성할 수 있게 한다.
④ 통솔범위의 원리 – 1인의 상관 또는 감독자가 직접 통솔할 수 있는 부하직원의 수를 의미하며, 무니(Mooney)는 이러한 통솔범위의 원리를 조직편성 제1의 원리라고 하였다.

16

다음 학자와 그가 주장하는 이론에 대한 설명으로 적절한 것은 모두 몇 개인가?

> ⊙ 맥클리랜드(McClelland) – 개인마다 욕구의 계층은 차이가 있다고 보았으며 인간의 욕구를 성취욕구, 자아실현 욕구, 권력욕구로 구분하였다.
> ⓒ 허즈버그(Herzberg) – 주어진 일에 대한 성취감, 주변의 인정, 승진 가능성 등은 동기(만족)요인으로, 열악한 근무 환경, 낮은 보수 등은 위생요인으로 구분하였으며 두 요인은 상호 독립되어 있다고 보았다.
> ⓒ 맥그리거(McGregor) – 인간의 욕구는 5단계의 계층으로 이루어지며 하위 욕구부터 상위 욕구로 발달한다고 보았다.
> ② 앨더퍼(Alderfer) – 인간의 욕구를 계층화하여 생존(Existence) 욕구, 존경(Respect) 욕구, 성장(Growth) 욕구의 3단계로 구분하였다.

① 1개 ② 2개
③ 3개 ④ 4개

17

경찰예산 편성과 집행에 관한 다음 <보기> 중 적절하지 않은 것은 모두 몇 개인가?

> ㉠ 경찰청장은 매년 1월 31일까지 다음 회계연도부터 5회계연도 이상의 기간 동안의 신규사업 및 기획재정부장관이 정하는 주요 계속사업에 대한 중기사업계획서를 기획재정부장관에게 제출하여야 한다.
> ㉡ 기획재정부장관은 국회의 심의를 거쳐 대통령의 승인을 얻은 다음 연도의 예산안편성지침을 매년 3월 31일까지 경찰청장에게 통보하여야 한다.
> ㉢ 경찰청장은 예산안편성지침에 따라 그 소관에 속하는 다음 연도의 예산요구서를 작성하여 매년 5월 31일까지 기획재정부장관에게 제출하여야 한다.
> ㉣ 경찰청장은 예산요구서에 따라 예산안을 편성하여 국무회의 심의와 대통령의 승인을 얻은 후 회계연도 개시 120일 전까지 국회에 제출하여야 한다.

① 1개 ② 2개
③ 3개 ④ 4개

18

「보안업무규정 시행 세부규칙」상 비밀취급의 특별인가에 대한 설명으로 가장 적절하지 않은 것은?

① 모든 경찰공무원(전투경찰순경을 포함한다)은 임용과 동시 Ⅲ급 비밀취급권을 가진다.
② 특수경과를 가진 경찰공무원 등은 그 보직 발령과 동시에 Ⅱ급 비밀취급권을 인가받은 것으로 한다.
③ ① 및 ②에 따라 비밀의 취급인가를 받은 자에 대하여는 별도로 비밀취급인가증을 발급하지 않는다. 다만, 업무상 필요한 경우에는 발급할 수 있다.
④ 각 경찰기관의 장은 ②의 부서에 근무하는 경찰공무원 중 신원특이자에 대하여는 각 경찰기관의 장은 Ⅱ급 비밀취급의 인가여부를 심의하고, 비밀취급이 불가능하다고 의결된 자에 대하여는 즉시 인사조치한다.

19

다음은 「공공기관의 정보공개에 관한 법률」상 이의신청에 대한 설명이다. ㉠부터 ㉤까지에 들어갈 숫자를 모두 합한 값은?

1) 청구인이 정보공개와 관련한 공공기관의 비공개 결정 또는 부분 공개 결정에 대하여 불복이 있거나 정보공개 청구 후 (㉠)일이 경과 하도록 정보공개결정이 없는 때에는 공공기관으로부터 정보공개 여부의 결정 통지를 받은 날 또는 정보공개 청구 후 (㉡)일이 경과한 날부터 (㉢)일 이내에 해당 공공기관에 문서로 이의신청을 할 수 있다.
2) 공공기관은 이의신청을 받은 날부터 (㉣)일 이내에 그 이의신청에 대하여 결정하고 그 결과를 청구인에게 지체 없이 문서로 통지하여야 한다. 다만, 부득이한 사유로 정하여진 기간 이내에 결정할 수 없을 때에는 그 기간이 끝나는 날의 다음 날부터 기산하여 (㉤)일의 범위에서 연장할 수 있으며, 연장사유를 청구인에게 통지하여야 한다.

① 84 ② 90
③ 94 ④ 100

20

「경찰인권보호규칙」에 대한 설명으로 가장 적절하지 않은 것은?

① 인권침해란 경찰관(의경과 계약직을 제외)이 직무수행(수사를 포함)과 관련하여 모든 사람에게 보장된 인권을 침해하는 것을 말한다.
② 경찰 활동 전반에 걸친 민주적 통제를 구현하여 경찰력 오·남용을 예방하고, 경찰행정의 인권지향성을 높여 인권을 존중하는 경찰 활동을 정립하기 위해 경찰청장 및 시도경찰청장의 자문기구로서 각각 경찰청 인권위원회, 시도경찰청 인권위원회를 설치하여 운영한다.
③ 위원회는 위원장 1명을 포함하여 7명 이상 13명 이하의 위원으로 구성하고, 이때, 특정 성별이 전체 위원 수의 10분의 6을 초과하지 아니해야 한다.
④ 위원장은 위원회에서 호선(互選)하며, 위원은 당연직 위원과 위촉 위원으로 구분하고, 당연직 위원은 경찰청은 감사관, 시도경찰청은 청문감사인권담당관으로 한다.

21

경찰의 바람직한 역할 모델에 대한 설명으로 가장 적절하지 않은 것은?

① 범죄와 맞서 싸우는 자 모델, 위급시 조치자 모델, 사회의 강제자 모델, 사회의 평화유지자 모델, 치안서비스 제공자 모델 등이 논의되어 진다.
② 범죄와 맞서 싸우는 자 모델은 경찰역할에 대한 분명하고 명확한 인식을 주고, 경찰직의 전문화 확보를 위한 긍정적인 기능을 한다.
③ 범죄와 맞서 싸우는 자 모델은 지역사회 경찰활동과도 일맥상통한다고 볼 수 있다.
④ 치안서비스 제공자 모델과 관계있는 대역적 권위에 의한 경찰활동은 일시적이고 임시방편이라 볼 수 있으므로, 법적 근거를 가진 사회봉사활동기관의 활동을 넘어서서 행해질 수는 없다.

22

「경찰청 적극행정 면책제도 운영규정」에 대한 설명으로 가장 적절하지 않은 것은?

① 적극행정이란 경찰청 및 그 소속기관의 공무원 또는 산하단체의 임·직원이 국가 또는 공공의 이익을 증진하기 위해 성실하고 능동적으로 업무를 처리하는 행위를 말한다.
② 면책이란 적극행정 과정에서 발생한 부분적인 절차상 하자 또는 비효율, 손실 등과 관련하여 그 업무를 처리한 경찰청 소속 공무원 등에 대하여 「경찰청 감사규칙」 제10조 제1호부터 제3호까지 및 제6호와 「경찰공무원 징계령」에 따른 징계 및 징계부가금의 어느 하나에 해당하는 책임을 묻지 않거나 감면하는 것을 말한다.
③ 법령·행정규칙 등의 해석에 대한 이견 등으로 인하여 능동적인 업무처리가 곤란한 경우와 행정심판, 수사 중인 사안 등은 사전컨설팅감사의 대상이다.
④ 사전컨설팅 감사란 불합리한 제도 등으로 인해 적극적인 업무수행이 어려운 경우, 해당 업무의 수행에 앞서 업무처리 방향 등에 대하여 미리 감사의 의견을 듣고 이를 업무처리에 반영하여 적극행정을 추진하는 것을 말한다.

23

「경찰청 공무원 행동강령」상 금품 등의 수수행위의 제한에 대한 설명으로 가장 적절하지 않은 것은?

① 공무원은 직무 관련 여부 및 기부·후원·증여 등 그 명목에 관계없이 동일인으로부터 1회에 100만원 또는 매 회계연도에 300만원을 초과하는 금품 등을 받거나 요구 또는 약속해서는 아니 된다.

② 공무원은 직무와 관련하여 대가성 여부를 불문하고 ①에서 정한 금액 이하의 금품 등을 받거나 요구 또는 약속해서는 아니 된다.

③ 사적 거래(증여는 제외한다)로 인한 채무의 이행 등 정당한 권원(權原)에 의하여 제공되는 금품등은 여기에 해당하지 아니한다.

④ 그 밖에 사회상규(社會常規)에 따라 허용되는 금품 등은 수수를 금지하는 금품 등에 해당하지 아니한다(외부강의 등에 관한 사례금 제외).

24

다음은 「공직자의 이해충돌방지법」상 직무상 비밀 등 이용 금지에 관한 규정을 위반한 경우 벌칙 등에 관한 내용이다. 적절하지 않은 것은 모두 몇 개인가?

> ㉠ 직무수행 중 알게 된 비밀 또는 소속 공공기관의 미공개정보를 이용하여 재물 또는 재산상의 이익을 취득하거나 제3자로 하여금 재물 또는 재산상의 이익을 취득하게 한 공직자는 7년 이하의 징역 또는 7천만원 이하의 벌금에 처한다.
> ㉡ 공직자로부터 직무상 비밀 또는 소속 공공기관의 미공개정보임을 알면서도 제공받거나 부정한 방법으로 취득하고 이를 이용하여 재물 또는 재산상의 이익을 취득한 자는 5년 이하의 징역 또는 5천만원 이하의 벌금에 처한다.
> ㉢ 직무수행 중 알게 된 비밀 또는 소속 공공기관의 미공개정보를 사적 이익을 위하여 이용하거나 제3자로 하여금 이용하도록 한 공직자는 3년 이하의 징역 또는 3천만원 이하의 벌금에 처한다. 다만, 재물 또는 재산상 이익의 취득이 없으면 벌하지 않는다.
> ㉣ ㉠ 및 ㉡ 경우 징역과 벌금은 병과(倂科)할 수 있고, 죄를 범한 자(㉠경우 그 정을 아는 제3자를 포함)가 취득한 재물 또는 재산상의 이익은 몰수한다. 다만, 이를 몰수할 수 없을 때에는 그 가액을 추징한다.
> ㉤ 여기서 비밀은 법령에 의해 형식적으로 비밀로 규정된 사항뿐만 아니라, 실질적으로 비밀로서 보호할 만한 가치가 있는 모든 정보가 그 대상이다.

① 1개　　② 2개
③ 3개　　④ 없음

25

범죄원인론에 대한 설명으로 가장 적절하지 않은 것은?

① 고전주의 범죄학에 따르면 범죄는 인간의 자유의지에 의한 것이 아니고, 외적요소에 의해 강요되는 것이다.
② 마짜(Matza)와 싸이크스(Sykes)는 청소년은 비행의 과정에서 합법적·전통적 관습·규범·가치관 등을 중화시킨다고 주장하였다.
③ 허쉬(Hirshi)는 범죄의 원인은 사회적인 유대가 약화되어 통제되지 않기 때문이라고 주장하였다.
④ 글레이저(Glaser)는 청소년들이 영화의 주인공을 모방하고 자신과 동일시하면서 범죄를 학습한다고 주장하였다.

26

「경비업법」상 경비업에 대한 설명이다. 다음 <보기> 중 옳은 것을 모두 고른 것은?

> ㉠ 경비업의 업무에는 시설경비, 호송경비, 신변보호, 기계경비, 특수경비가 있다.
> ㉡ 신변보호업무는 사람의 생명이나 신체에 대한 위해의 발생을 방지하고 그 신변을 보호하는 업무이다.
> ㉢ 시설경비업무는 공항(항공기를 포함) 등 대통령령이 정하는 국가중요시설의 경비 및 도난·화재 그 밖의 위험발생을 방지하는 업무이다.
> ㉣ 기계경비업무는 경비대상시설에 설치한 기기에 의하여 감지·송신된 정보를 그 경비대상 시설 내의 장소에 설치한 관제시설의 기기로 수신하여 도난·화재 등 위험발생을 방지하는 업무이다.

① 없음
② ㉠㉡
③ ㉠㉡㉢
④ ㉠㉡㉢㉣

27

「풍속영업의 규제에 관한 법률」 제3조는 풍속영업자의 범위 및 풍속영업자의 준수사항에 관하여 규정하고 있다. 다음 중 이와 관련된 판례의 태도와 부합하는 것은?

① 숙박업소에서 위성방송수신기를 이용하여 수신한 외국의 음란한 위성방송프로그램에 대해 일정한 잠금장치를 설치하여 관람을 원하는 성인만을 상대로 방송을 시청하게 한 경우, 그 시청 대상자가 관람을 원하는 성인에 한정되므로, 풍속영업의 규제에 관한 법률 위반으로 처벌할 수 없다.
② 풍속영업자가 지켜야 할 준수사항은 실제로 하고 있는 영업형태에 따라 정하여지는 것이 아니라 그 자가 받은 영업허가 등에 의하여 정하여지는 것이므로, 유흥주점 영업허가를 받고 실제로는 노래연습장 영업을 하고 있다 하더라도 유흥주점 영업에 따른 영업자 준수사항을 지켜야 할 의무가 있다.
③ 풍속영업자가 자신이 운영하는 여관에서 친구들과 일시 오락 정도에 불과한 도박을 한 경우, 형법상 도박죄는 성립되지 않는다 할지라도 형법과 그 제정목적이 다른 풍속영업의 규제에 관한 법률 제3조 제4호의 '도박이나 그 밖의 사행행위를 하게 하는 행위'에는 해당되고 위법성도 조각되지 않으므로 이를 처벌할 수 있다.
④ 유흥주점 여종업원들이 웃옷을 벗고 브래지어만 착용하거나 치마를 허벅지가 다 드러나도록 걷어 올리고 가슴이 보일 정도로 어깨끈을 밑으로 내린 채 손님을 접대하였다는 정황만으로는 위 종업원들의 행위와 노출 정도가 형사법상 규제의 대상으로 삼을 만큼 사회적으로 유해한 영향을 끼칠 위험

성이 있다고 평가할 수 있을 정도로 노골적인 방법에 의하여 성적 부위를 노출하거나 성적 행위를 표현한 것이라고 단정하기에 부족하므로 「풍속영업의 규제에 관한 법률」 제3조에 정한 '음란행위'에 해당한다고 판단하기 어렵다.

28

「지역경찰의 조직 및 운영에 관한 규칙」에 관한 설명으로 가장 적절한 것은?

① 경찰청장은 인구, 면적, 행정구역, 교통 · 지리적 여건, 각종 사건사고 발생 등을 고려하여 경찰서의 관할구역을 나누어 지역경찰관서를 설치한다.
② 순찰팀은 범죄예방 순찰, 각종 사건사고에 대한 초동조치 등 현장 치안활동을 담당한다.
③ 지역경찰관서장은 지역경찰관서의 운영에 관하여 총괄 지휘 · 감독한다.
④ 「지역경찰의 조직 및 운영에 관한 규칙」 제23조는 "행정근무를 지정받은 지역경찰은 지역경찰관서 및 치안센터 내에서 방문 민원 및 각종 신고사건의 접수 및 처리업무를 수행한다."라고 규정하고 있다.

29

「스토킹범죄의 처벌 등에 관한 법률」(스토킹처벌법)상 스토킹행위 신고에 대한 응급조치로 가장 적절하지 않은 것은?

① 스토킹행위의 제지, 향후 스토킹행위의 중단 통보 및 스토킹행위를 지속적 또는 반복적으로 할 경우 처벌 경고
② 스토킹행위자와 피해자등의 분리 및 범죄수사
③ 피해자등에 대한 긴급응급조치 및 잠정조치 요청의 절차 등 안내
④ 스토킹 피해 관련 상담소 또는 보호시설로의 피해자등 인도(피해자등이 동의한 경우만 해당한다)

30

「검사와 사법경찰관의 상호협력과 일반적 수사준칙에 관한 규정」에 관한 설명으로 가장 적절하지 않은 것은?

① 검사 또는 사법경찰관은 고소 또는 고발을 받은 경우에는 이를 수리해야 한다.
② 검사 또는 사법경찰관은 고소 또는 고발에 따라 범죄를 수사하는 경우에는 고소 또는 고발을 수리한 날부터 3개월 이내에 수사를 마쳐야 한다.
③ 사법경찰관은 변사자 또는 변사한 것으로 의심되는 사체가 있으면 변사사건 발생사실을 검사에게 보고해야 한다.
④ 검사는 「검찰청법」 제4조제1항제1호 각 목(부패범죄, 경제범죄 등 대통령령으로 정하는 중요 범죄, 경찰공무원 및 고위공직자범죄수사처 소속 공무원이 범한 범죄 등)에 해당되지 않는 범죄에 대한 고소 · 고발 · 진정 등이 접수된 때에는 사건을 검찰청 외의 수사기관에 이송해야 한다.

31

다음 <보기>는 수사실행의 5대 원칙에 대한 설명이다. 적절하게 연결된 것은?

> ㉠ 여러 가지 추측 중에서 과연 어떤 추측이 정당한 것인가를 가리기 위해서는 그들 추측 하나하나를 모든 각도에서 검토해야 한다.
> ㉡ 문제해결의 관건이 되는 자료를 누락한다든지, 없어지는 일이 없도록 전력을 다하여 자료를 수집하여야 한다.
> ㉢ 수사에 의해 획득한 확신있는 판단은 모두에게 그 판단이 진실이라는 것을 객관적으로 증명해야 한다.
> ㉣ 수사는 단순한 수사관의 상식적 검토나 판단에만 그칠 것이 아니라 감식과학이나 과학적 지식 또는 그 시설장비를 유용하게 이용해야 한다.
> ㉤ 추측을 할 때에 수집된 자료를 기초로 합리적인 판단을 하여야 한다.

> ⓐ 수사자료 완전수집의 원칙
> ⓑ 수사자료 감식·검토의 원칙
> ⓒ 적절한 추리의 원칙
> ⓓ 검증적 수사의 원칙
> ⓔ 사실판단 증명의 원칙

① ㉠ - ⓑ, ㉡ - ⓐ, ㉢ - ⓔ, ㉣ - ⓒ, ㉤ - ⓓ
② ㉠ - ⓓ, ㉡ - ⓐ, ㉢ - ⓔ, ㉣ - ⓑ, ㉤ - ⓒ
③ ㉠ - ⓒ, ㉡ - ⓐ, ㉢ - ⓔ, ㉣ - ⓑ, ㉤ - ⓓ
④ ㉠ - ⓐ, ㉡ - ⓑ, ㉢ - ⓒ, ㉣ - ⓓ, ㉤ - ⓔ

32

「경찰수사규칙」상 고소·고발사건처리, 심야조사 및 장시간 조사 등에 대한 내용이다. 가장 적절하지 않은 것은?

① 사법경찰관리는 고소·고발을 수리한 날부터 3개월 이내에 수사를 마쳐야 한다.
② 사법경찰관리는 ①의 기간 내에 수사를 완료하지 못한 경우에는 그 이유를 소속 수사부서장에게 보고하고 수사기간 연장을 승인받아야 한다.
③ 사법경찰관은 「수사준칙」에 따라 심야조사(자정부터 오전 6시까지)를 하려는 경우에는 심야조사의 내용 및 심야조사가 필요한 사유를 소속 경찰관서에서 인권보호 업무를 담당하는 부서의 장에게 보고하고 허가를 받아야 한다.
④ 사법경찰관리는 피의자나 사건관계인으로부터 「수사준칙」에 따라 조서 열람을 위한 조사연장을 요청받은 경우에는 조사연장 요청서를 제출받아야 한다.

33

「국민보호와 공공안전을 위한 테러방지법」에 관한 설명으로 가장 적절한 것은?

① 「여권법」제17조 제1항 단서에 따른 외교부장관의 허가를 받지 아니하고 방문 및 체류가 금지된 국가 또는 지역을 방문·체류한 사람이 테러로 인해 생명의 피해를 입은 경우, 그 사람의 유족에 대해 특별위로금을 지급할 수 있다.
② 「국민보호와 공공안전을 위한 테러방지법」에서 말하는 "테러 단체"란 국제형사경찰기구(ICPO)가 지정한 테러단체를 말한다.
③ 대테러활동을 수행하는 국가기관, 지방자치단체, 그 밖에 대통령령으로 정하는 기관의 대테러활동으로 인한 국민의 기본권 침해 방지를 위하여 국가테러대책위원회 소속으로 대테러 인권보호관 1명을 둔다.
④ 테러로 인하여 신체·재산·명예의 피해를 입은 국민은 관계기관에 즉시 신고하여야 한다. 다만, 인질 등 부득이한 사유로 신고할 수 없을 때에는 법률관계 또는 계약관계에 의하여 보호 의무가 있는 사람이 이를 알게 된 때에 즉시 신고하여야 한다.

34

「도로교통법」상 국제운전면허에 대한 설명으로 적절하지 않은 것은?

① 외국의 권한 있는 기관에서 국제운전면허 협약, 협정 또는 약정에 따른 운전면허증을 발급받은 사람은 국내에 입국한 날부터 1년 동안만 그 국제운전면허증으로 자동차등을 운전할 수 있다.
② 국제운전면허증을 외국에서 발급받은 사람은 「여객자동차 운수사업법」 또는 「화물자동차 운수사업법」에 따른 사업용 자동차를 운전할 수 없다. 다만, 「여객자동차 운수사업법」에 따른 대여사업용 자동차를 임차(賃借)하여 운전하는 경우에는 그러하지 아니하다.
③ 국제운전면허증을 가지고 국내에서 자동차등을 운전하는 사람이 운전 중 고의 또는 과실로 교통사고를 일으킨 경우에는 그 사람의 주소지를 관할하는 지방경찰청장은 행정안전부령으로 정한 기준에 따라 1년을 넘지 아니하는 범위에서 국제운전면허증에 의한 자동차등의 운전을 금지하거나 취소할 수 있다.
④ 운전면허를 받은 사람이 국외에서 운전을 하기 위하여 「도로교통에 관한 협약」에 따른 국제운전면허증을 발급받으려면 지방경찰청장에게 신청하여야 하고, 국제운전면허증의 유효기간은 발급받은 날부터 1년으로 한다.

35

「도로교통법」상 음주운전 처벌기준에 대한 설명으로 가장 적절하지 않은 것은?(10년 이내로 한다)

① 2차례 제44조제1항(음주운전금지)을 위반한 사람 중 혈중알코올농도가 0.2퍼센트 이상인 사람은 2년 이상 6년 이하의 징역이나 1천만원 이상 3천만원 이하의 벌금에 처한다.

② 2차례 제44조제1항(음주운전금지)을 위반한 사람 중 혈중알코올농도가 0.03퍼센트 이상 0.2퍼센트 미만인 사람은 1년 이상 5년 이하의 징역이나 500만원 이상 2천만원 이하의 벌금에 처한다.

③ 최초 위반으로 혈중알코올농도가 0.2퍼센트 이상인 사람은 2년 이상 5년 이하의 징역이나 1천만원 이상 2천만원 이하의 벌금에 처한다.

④ 측정 결과에 불복하는 운전자에 대하여는 그 운전자의 동의를 받아 혈액 채취 등의 방법으로 다시 측정할 수 있고, 운전이 금지되는 술에 취한 상태의 기준은 운전자의 혈중알코올농도가 0.05퍼센트 이상인 경우로 한다.

36

정보의 배포란 정보를 필요로 하는 개인이나 기관에게 적합한 형태와 내용을 갖추어서 적당한 시기에 제공하는 과정이다. 아무리 중요하고 정확한 정보를 생산했다 하더라도 그 정보가 필요한 사람에게 적절히 전달되지 않는다면 정보의 가치는 상실되고 만다. 다음은 정보배포의 원칙에 대한 <보기> 중 옳지 않은 것은 모두 몇 개인가?

> ㉠ 필요성 – 정확하고 완전한 정보라 할지라도 배포과정에서 지연되어 사용시기를 놓치거나 너무 일찍 전달되면 정보의 가치는 상실된다.
> ㉡ 적시성 – 배포기관은 누가 어떤 정보를 언제, 어떻게 사용할 것인가를 파악하고 있어야 한다.
> ㉢ 적당성 – 정보는 사용자의 능력과 상황에 맞추어서 적당한 양을 조절하여 필요한 만큼만 적절한 전파수단을 통해 전달되어야 한다.
> ㉣ 보안성 – 완성된 정보연구 및 판단이 누설되면 정보로서의 가치를 상실할 수 있다.
> ㉤ 계속성 – 배포된 정보와 관련성을 가진 새로운 정보를 조직적이고 계속적으로 배포해야 한다.

① 1개 ② 2개
③ 3개 ④ 4개

37

「집회시위에 관한 법률」(및 시행령)상 확성기 등의 소음기준[단위: dB(A)]에 대한 내용이다. ( ) 알맞은 것은?

대상소음도		주간	야간	심야
등가 소음도 (Leq)	주거지역, 학교, 종합병원	65 이하	60 이하	( )이하
	공공도서관	65 이하	60 이하	
	그 밖의 지역	75 이하	65 이하	
최고 소음도 (Lmax)	주거지역, 학교, 종합병원	85 이하	80 이하	75 이하
	공공도서관	85 이하	80 이하	
	그 밖의 지역	( )이하		

① 50dB(A) − 85dB(A)
② 55dB(A) − 85dB(A)
③ 55dB(A) − 90dB(A)
④ 55dB(A) − 95dB(A)

38

「심리전」이란 비무력적인 선전·선동·모략 등의 수단에 의해 직접 상대국(적국)의 국민 또는 군대에 정신적 자극을 주어 사상의 혼란과 국론의 분열을 유발시킴으로써 자국의 의도대로 유도하는 비무력 전술이다. 이에 대한 설명으로 가장 적절하지 않은 것은?

① 심리전에 있어서 기술의 3대 원칙은 단순·단일성과 반복성 그리고 권위성이다.
② 심리전은 운용에 따른 구분으로 전략심리전과 전술심리전으로 구분할 수 있다.
③ 목적에 따른 구분으로 선무심리전, 공격적 심리전, 방어적 심리전으로 구분한다.
④ 수복지역 주민들의 협조를 얻고 질서를 유지하는 심리전을 방어적 심리전이라고 한다.

39

「방첩업무규정」상 방첩정보공유센터 및 지역방첩협의회 등에 대한 설명으로 가장 적절하지 않은 것은?

① 방첩기관 간, 방첩기관과 관계기관 간 방첩 관련 정보의 원활한 공유와 제3조(방첩업무의 범위)에 따른 방첩업무의 효율적인 수행을 위하여 국가정보원장 소속으로 방첩정보공유센터를 둔다.
② 국가방첩전략의 수립 등 국가 방첩업무에 관한 중요 사항을 심의하기 위하여 국가정보원장 소속으로 국가방첩전략회의(전략회의)를 둔다.
③ 국가정보원장은 필요한 경우 방첩기관의 장과 협의하여 특별시·광역시·특별자치시·도 또는 특별자치도별로 방첩업무를 협의하기 위한 지역방첩협의회를 구성·운영한다.
④ ③에 따른 지역방첩협의회의 운영 등에 필요한 사항은 국가정보원장이 지역방첩협의회의 심의·의결을 거쳐 정한다.

40

「주한미군지위협정」(SOFA), 「대한민국과 중화인민공화국 간의 영사협정」에 대한 설명으로 가장 적절하지 않은 것은?

① 중국인 피의자 체포 구속 시, 체포 구속된 피의자의 요청이 없는 경우에도 7일 이내 해당 사실을 영사기관에 통보해야 한다.
② 미군의 공무집행중의 작위 또는 부작위에 의한 범죄에 대하여 미군 당국이 1차적 재판권을 가지며, 공무집행의 범위에는 공무집행으로 인한 범죄뿐만 아니라 공무집행에 부수하여 발생한 범죄도 포함된다.
③ 미국 군대의 구성원, 군속, 배우자 및 21세 미만의 자녀, 부모 및 21세 이상의 자녀 또는 기타 친척으로서 그 생계비의 반액 이상을 미국 군대의 구성원에 의존하는 자는 주한미군지위협정의 적용을 받는다.
④ 주한미군의 공무 중 사건으로 인한 피해가 전적으로 미군 측의 책임으로 밝혀진 경우 미군 측이 75%, 한국 측이 25%를 부담하여 배상한다.

01

경찰의 기본적 임무인 '위험의 방지'에 대한 설명으로 적절하지 않은 것은 모두 몇 개인가?

> ㉠ 경찰개입을 위해서는 구체적 위험이 존재해야 하지만, 범죄예방 및 위험방지 행위의 준비는 추상적 위험 상황에서도 가능하다.
> ㉡ 오상위험이란 경찰이 상황을 합리적으로 사려 깊게 판단하여 위험이 존재한다고 인식하여 개입하였으나 실제로는 위험이 없던 경우를 말하며 이 경우 국가의 손실보상책임이 발생할 수 있다.
> ㉢ 위험혐의란 경찰이 의무에 합당한 사려 깊은 상황 판단을 할 때, 위험의 발생 가능성은 예측되지만, 위험의 실제 발생 여부가 불확실한 경우를 의미한다.
> ㉣ 손해란 보호법익에 대한 현저한 침해행위를 의미하고 정상적 상태의 객관적 감소이어야 하므로, 단순한 성가심이나 불편함은 경찰개입의 대상이 아니다.

① 1개
② 2개
③ 3개
④ 4개

02

갑오개혁 이후부터 일제강점기까지 시행된 법령 등에 대한 아래 ㉠부터 ㉣까지 설명 중 옳고 그름의 표시 (O, X)가 바르게 된 것은?

> ㉠ 「행정경찰장정」은 최초의 경찰작용법으로서 행정경찰의 업무와 목적, 과잉단속 엄금, 순검 채용과 징계 등의 내용으로 구성되어 있다.
> ㉡ 「순검직무세칙」에는 순검이 근무 중 다치거나 순직했을 때 치료비와 장례비의 지급규정을 명시하고 있다.
> ㉢ 범죄즉결례는 일상생활과 관련된 97개의 행위를 처벌하는 조항으로 이루어져 있다.
> ㉣ 「치안유지법」은 반정부·반체제운동을 막기 위해 1925년에 제정되었다.

① ㉠(×), ㉡(O), ㉢(O), ㉣(×)
② ㉠(×), ㉡(O), ㉢(×), ㉣(×)
③ ㉠(O), ㉡(×), ㉢(O), ㉣(O)
④ ㉠(O), ㉡(×), ㉢(×), ㉣(O)

03

「국가경찰과 자치경찰의 조직 및 운영에 관한 법률」상 경찰청과 시도경찰청에 대한 설명으로 가장 적절하지 않은 것은?

① 치안에 관한 사무를 관장하게 하기 위하여 행정안전부장관 소속으로 경찰청을 둔다.
② 경찰사무의 지역적 분장기관으로 시도지사 소속으로 시도경찰청을 두고, 시도경찰청장 소속으로 경찰서를 둔다.
③ 경찰청장은 국가경찰위원회의 동의를 받아 행정안전부장관의 제청으로 국무총리를 거쳐 대통령이 임명한다. 이 경우 국회의 인사청문을 거쳐야 한다.
④ 경찰청장은 경찰의 수사에 관한 사무의 경우에는 개별 사건의 수사에 대하여 구체적으로 지휘·감독할 수 없다.

04

「국가경찰과 자치경찰의 조직 및 운영에 관한 법률」제14조 제6항 단서에 따른 긴급하고 중요한 해당 사건과 가장 관계가 없는 것은?

① 전시·사변 또는 이에 준하는 국가 비상사태가 발생하거나 발생이 임박하여 전국적인 치안유지가 필요한 사건
② 재난, 테러 등이 발생하여 공공의 안전에 대한 위해(危害)나 범죄로 인한 피해의 확산을 방지하기 위해 조치가 필요한 사건
③ 국가중요시설의 파괴·기능마비, 대규모 집단의 폭행·협박·손괴·방화 등에 대하여 경찰의 자원을 대규모로 동원할 필요가 있는 사건
④ 전국 또는 일부 지역에서 연쇄적·동시다발적으로 발생하거나 광역화된 범죄에 대하여 경찰력의 집중적인 배치, 경찰 각 기능의 종합적 대응 또는 국가기관·지방자치단체·공공기관과의 공조가 필요한 사건

05

경찰공무원이란 경찰기관을 구성하는 공무원으로서, 국민의 자유·권리의 보호 및 사회 공공의 안녕·질서의 유지를 목적으로 하는 특정직 국가공무원을 말한다. 이에 대한 설명으로 가장 적절하지 않은 것은?

① 경찰공무원은 국가와 특별권력관계, 특히 공법상의 근무관계를 맺고 공무를 담당하는 기관의 구성자를 말하는데, 전체 국민의 봉사자로서 일반 국민과 동일한 지위를 가진다.
② 현재는 전통적 의미의 특별권력관계라고는 할 수 없고, 법치주의가 적용되는 특별행정법관계라고 볼 수 있으므로 법률의 근거없이 기본권을 제한할 수 없다.
③ 순경에서 치안총감에 이르는 계급을 가진 공무원이 이에 해당하고, 조직상 경찰기관에 근무하는 일반직 공무원은 경찰공무원에 해당하지 않는다.
④ 경찰공무원에 대해서는 '임용·교육훈련·신분보장·복무규율' 등에 있어 경찰공무원법의 적용을 받는다. 단, 경찰공무원법의 규정이 없는 사항에 대해서는 국가공무원법의 적용을 받는다.

06

「경찰공무원법」과 「경찰공무원 임용령」상 경찰공무원의 경과에 대한 설명으로 가장 적절하지 않은 것은?

① 경찰공무원은 그 직무의 종류에 따라 경과(警科)에 의하여 구분하고, 경과의 구분에 필요한 사항은 대통령령으로 정한다.
② 임용권자(임용권의 위임을 받은 자를 포함) 또는 임용제청권자는 경찰공무원을 신규채용한 후 1년이 지난 때 경과를 부여해야 한다.
③ 경찰청장은 전시·사변 또는 이에 준하는 비상사태가 발생한 경우에는 경과의 일부를 폐지 또는 병합하거나 신설할 수 있다.
④ 경과별 직무의 종류 및 전과 등에 관하여 필요한 사항은 행정안전부령으로 정한다.

07

다음은 「경찰공무원법」상 경찰공무원의 계급정년에 관한 내용이다. 다음 각 (　)에 해당하는 숫자의 합은?

> ㉠ 계급정년은 치안감 4년, 총경 (　)년이다.
> ㉡ 수사, 정보, 외사, 보안, 자치경찰사무 등 특수 부문에 근무하는 경찰공무원으로서 대통령령으로 정하는 바에 따라 지정을 받은 사람은 총경 및 경정의 경우에는 (　)년의 범위에서 대통령령으로 정하는 바에 따라 계급정년을 연장할 수 있다.
> ㉢ 경찰청장은 전시, 사변이나 그 밖에 이에 준하는 비상사태에서는 (　)년의 범위에서 계급정년을 연장할 수 있다. 이 경우 경무관 이상의 경찰공무원에 대해서는 행정안전부장관과 국무총리를 거쳐 대통령의 승인을 받아야 하고, 총경ㆍ경정의 경찰공무원에 대해서는 국무총리를 거쳐 대통령의 승인을 받아야 한다.

① 11
② 15
③ 16
④ 17

08

「경찰공무원법」상 경찰공무원의 당연퇴직사유에 대한 설명으로 가장 적절하지 않은 것은?

① 「국적법」제11조의2 제1항에 따른 복수국적자
② 「성폭력범죄의 처벌 등에 관한 특례법」제2조에 규정된 죄를 범한 사람으로서 300만원 이상의 벌금형을 선고받고 그 형이 확정된 후 3년이 지나지 아니한 사람
③ 파산선고를 받고 복권되지 아니한 사람(파산선고를 받은 사람으로서「채무자 회생 및 파산에 관한 법률」에 따라 신청기한 내에 면책신청을 하지 아니하였거나 면책불허가 결정 또는 면책 취소가 확정된 경우만 해당)
④ 「형법」제129조부터 제132조까지(뇌물관련범죄),「성폭력범죄의 처벌 등에 관한 특례법」제2조(성폭력관련범죄),「아동ㆍ청소년의 성보호에 관한 법률」제2조제2호(아동청소년 대상 성범죄) 및 직무와 관련하여「형법」제355조 또는 제356조(횡령 및 배임 관련범죄)에 규정된 죄를 범한 사람으로서 자격정지 이상의 형의 선고유예를 받은 경우

09

「국가공무원법」상 소청심사위원회에 관한 다음 <보기> 중 적절하지 않은 것은 모두 몇 개인가?

> ㉠ 행정기관 소속 공무원과 국회, 법원, 헌법재판소 및 선거관리위원회 소속 공무원의 소청에 관한 사항을 심사·결정하기 위해 행정안전부에 소청심사위원회를 둔다.
> ㉡ 소청심사위원회 위원은 자격정지 이상의 형벌이나 장기의 심신쇠약으로 직무를 수행할 수 없게 된 경우 외에는 본인의 의사에 반하여 면직되지 아니한다.
> ㉢ 소청사건의 결정은 재적위원 3분의2 이상의 출석과 출석위원 과반수의 합의에 따르되, 의견이 나뉠 경우에는 출석위원 과반수에 이를 때까지 소청인에게 가장 불리한 의견에 차례로 유리한 의견을 더하여 그 중 가장 유리한 의견을 합의된 의견으로 본다.
> ㉣ 소청심사위원회의 상임위원은 다른 직무를 겸할 수 없다.

① 1개 ② 2개
③ 3개 ④ 4개

10

「행정기본법」과 경찰에 대한 사전통제의 기본법으로「행정절차법」을 비교한 것이다. 다음 <보기> 중「행정기본법」에 그 명시적 근거를 두고 있는 것을 모두 고르면?

> ㉠ 행정의 법 원칙
> ㉡ 행정작용(처분)
> ㉢ 행정상 강제
> ㉣ 과징금
> ㉤ 공법상 계약
> ㉥ 행정상 조사
> ㉦ 행정계획
> ㉧ 위반사실의 공표

① 3개 ② 4개
③ 5개 ④ 6개

11

경찰하명과 경찰허가에 대한 <보기> 중 적절하지 않은 것을 모두 고르면 몇 개인가?

> ㉠ 경찰하명은 경찰목적을 위하여 일정한 작위, 부작위, 수인, 급부를 명하는 행위로 준법률적 행정 행위에 해당한다.
> ㉡ 청소년 관람불가 판정을 받은 영화를 상영하고 있는 극장에 경찰관이 내부확인을 위하여 출입할 때, 상대방이 받게 되는 하명은 수인하명에 해당한다.
> ㉢ 경찰하명의 효과는 원칙적으로 그 수명자에게만 발생하는 것이나, 대물적 하명의 경우에는 그 대상인 물건에 대한 법적 지위를 승계한 자에게도 그 효과가 미친다.
> ㉣ 경찰허가는 특정행위를 사실상 적법하게 할 수 있도록 하는 것으로 적법요건이자 유효요건이다.
> ㉤ 경찰허가는 상대방의 출원에 의하여 행하여지는 것이 보통이지만 출원에 의하지 아니하는 경우도 있다.
> ㉥ 건축허가를 하면서 2월 이내에 공사에 착수하지 않으면 효력은 상실한다는 부관은 해제조건이다.
> ㉦ 의사면허, 운전면허와 같이 사람의 경력·기능·건강 기타 신청인의 개인적 사정을 심사하여 행하여지는 허가는 대인적 허가이다.

① 5개 ② 4개
③ 3개 ④ 2개

12

「행정기본법」상 부관에 대한 설명으로 가장 적절하지 않은 것은?

① 행정청은 처분에 재량이 있는 경우에는 부관(조건, 기한, 부담, 철회권의 유보 등을 말한다)을 붙일 수 있다.
② 행정청은 처분에 재량이 없는 경우에는 법률에 근거가 있는 경우에 부관을 붙일 수 있다.
③ 행정청은 부관을 붙일 수 있는 처분이 당사자의 동의가 있는 경우나 사정이 변경되어 부관을 새로 붙이거나 종전의 부관을 변경하지 아니하면 해당 처분의 목적을 달성할 수 없다고 인정되는 경우 등에는 그 처분을 한 후에도 부관을 새로 붙이거나 종전의 부관을 변경할 수 있다.
④ 부관은 해당 처분의 목적에 위배되지 않고, 해당 처분과 실질적인 관련성이 있어야 하고, 해당 처분의 목적을 달성하기 위한 필요 최대한의 범위일 것을 요한다.

13

경찰의 처분에 대하여 하자를 이유로 행정소송을 제기할 경우 경찰처분의 효력은 어떻게 되는가?

① 집행이 정지된다.
② 구속력이 없다.
③ 공정력이 없다.
④ 원칙적으로 집행이 정지되지 않는다.

14

경찰조직 편성의 원리에 관한 다음 설명 중 가장 적절하지 않은 것은?

① 계층제의 원리는 조직구성을 각자가 맡은 임무의 기능 및 성질상의 차이로 구분하여 보수를 달리하는 통제체계의 수립을 위한 것이다.
② 일반적으로 조직의 규모가 클수록 통솔의 범위는 좁아지는데 반하여 조직의 규모가 작을수록 통솔의 범위는 넓어진다.
③ 분업의 원리는 다수가 일을 함에 있어서 각자의 임무를 나누어서 분명하게 부과하고 협력을 하도록 하는 것으로, 인간능력의 한계를 극복하고 업무를 효율적으로 수행하기 위한 것이다.
④ 둘 이상의 사람으로부터 지시나 명령을 받는 경우 서로 모순되는 지시가 나오고, 이로 인해 집행하는 사람은 혼란을 겪게 되기 때문에 업무수행의 혼선과 그로 인한 비능률을 막기 위해서 명령통일의 원칙이 요구된다.

15

「경찰장비관리규칙」상 무기 및 탄약관리에 관한 설명으로 가장 적절하지 않은 것은?

① 간이무기고란 경찰인력 및 경찰기관별 무기 책정기준에 따라 배정된 개인화기와 공용화기를 집중보관·관리하기 위하여 각 경찰기관에 설치된 시설을 말한다.
② 무기·탄약을 대여 받은 자는 그 무기를 휴대하고 근무하는 경우를 제외하고는 무기고에 보관하여야 하며, 근무 종료시에는 감독자 입회아래 무기탄약 입출고부에 기재한 뒤 즉시 입고하여야 한다.
③ 경찰기관의 장은 무기를 휴대한 자가 형사사건의 수사 대상이 된 때에는 심의위원회의 심의를 거쳐 대여한 무기·탄약을 회수할 수 있다.
④ 경찰기관의 장은 무기를 휴대한 자가 상사의 사무실을 출입할 경우 대여한 무기·탄약을 무기고에 보관하도록 하여야 한다.

16

「보안업무규정」상 비밀보호에 관한 설명으로 가장 적절하지 않은 것은?

① 각급기관의 장은 비밀의 작성·분류·접수·발송 및 취급 등에 필요한 모든 관리사항을 기록하기 위하여 비밀관리기록부를 작성하여 갖추어 두어야 한다. 다만, 1급 이상 비밀관리기록부는 따로 작성하여 갖추어 두어야 한다.
② 각급기관의 장은 비밀문서의 접수·발송·복제·열람 및 반출 등의 통제에 필요한 규정을 따로 작성·운영할 수 있다.
③ 각급기관의 장은 연 2회 비밀 소유 현황을 조사하여 국가정보원장에게 통보하여야 한다.
④ 중앙행정기관등의 장은 국가안전보장을 위하여 국민에게 긴급히 알려야 할 필요가 있다고 판단될 때에는 그가 생산한 비밀을「보안업무규정」제3조의3에 따른 보안심사위원회의 심의를 거쳐 공개할 수 있다. 다만, 1급비밀의 공개에 관하여는 국가정보원장과 미리 협의해야 한다.

17

경찰통제에 관한 다음 설명 중 가장 적절하지 않은 것은?

① 국회는 경찰 관련 법률제정, 예산심의, 국정조사 등 다양한 장치들을 통해 경찰을 통제할 수 있다.
② 법원은 법적 쟁송사건에 대한 재판권을 통해 경찰활동을 통제하는 바, 법원의 판례법이 법의 근간을 이루는 영미법계에서 대륙법계보다 강력한 통제장치로 작용한다.
③ 경찰에 대한 사전통제를 규정하고 있는 기본법은「행정절차법」이라 할 수 있고, 사전통제제도에는 청문, 행정상 입법예고, 상급기관의 하급기관에 대한 감사권 등이 있다.
④ 상급기관이 하급기관에 대하여 지시권이나 감독권 등의 훈령권을 행사함으로써 하급기관의 위법이나 재량권 행사의 오류를 시정하는 등 통제를 가할 수 있다.

18

「경찰감찰규칙」에 대한 <보기> 중 가장 적절하지 않은 것은?

① 감찰관은 심야(자정부터 오전 6시까지를 말한다)에 조사를 하여서는 아니 된다. 다만, 조사대상자 또는 그 변호인의 심야조사 요청이 있는 경우에는 예외적으로 심야조사를 할 수 있다. 이 경우 심야조사의 사유를 조서에 명확히 기재하여야 한다.
② 감찰관은 다른 경찰기관 또는 검찰, 감사원 등 다른 행정기관으로부터 통보받은 소속 공무원의 의무위반행위에 대해서는 통보받은 날로부터 2개월 이내에 신속히 처리하여야 한다.
③ 감찰관은 검찰, 경찰 그 밖의 수사기관으로부터 수사개시통보를 받은 경우에는 징계의결요구권자의 결재를 받아 해당 기관으로부터 수사결과의 통보를 받을 때까지 감찰조사, 징계의결요구 등의 절차를 진행하지 아니 할 수 있다.
④ 감찰결과는 원칙적으로 공개하지 아니한다. 다만, 유사한 비위의 재발을 방지하기 위하여 중대한 비위행위, 언론 등 사회적 관심이 집중되어 사생활 보호의 이익보다 국민의 알권리 충족 등 공공의 이익이 현저하게 크다고 판단되는 사안의 경우에는 감찰결과 요지를 공개할 수 있다.

19

「개인정보 보호법」에 관한 설명으로 가장 적절하지 않은 것은?

① 살아 있는 개인에 관한 정보로서 성명, 주민등록번호 및 영상 등을 통하여 개인을 알아볼 수 있는 정보는 "개인정보"에 해당한다.
② "개인정보처리자"란 업무를 목적으로 개인정보파일을 운용하기 위하여 스스로 또는 다른 사람을 통하여 개인정보를 처리하는 공공기관, 법인, 단체 및 개인 등을 말한다.
③ 정보주체는 자신의 개인정보 처리와 관련하여 개인정보의 처리 정지, 정정·삭제 및 파기를 요구할 권리를 가진다.
④ "익명처리"란 개인정보의 전부를 삭제하거나 일부를 대체하는 등의 방법으로 추가 정보가 없이는 특정 개인을 알아볼 수 없도록 처리하는 것을 말한다.

20

「행정심판법」에 관한 설명으로 가장 적절한 것은?

① 대통령의 처분 또는 부작위에 대하여는 다른 법률에서 행정심판을 청구할 수 있도록 정한 경우 외에는 행정심판을 청구할 수 없다.
② 취소심판은 당사자의 신청에 대한 행정청의 위법 또는 부당한 거부처분이나 부작위에 대하여 일정한 처분을 하도록 하는 행정심판이다.
③ 처분 또는 부작위에 대한 행정심판 청구서를 제출하거나 말로써 청구할 수 있다.
④ 행정심판위원회는 심판청구가 이유가 있다고 인정하는 경우에도 이를 인용하는 것이 공공복리에 크게 위배된다고 인정하면 그 심판청구를 기각하는 재결을 하여야 한다.

21

경찰이 전문직업화되어 저학력자 등 경제적, 사회적 약자에게 경찰직업에의 진입을 차단할 경우 발생할 수 있는 윤리적 문제점으로 가장 적절한 것은?

① 권위주의　　② 소외
③ 부권주의　　④ 차별

22

「경찰청 공무원 행동강령」상 외부강의 등의 사례금 수수 제한에 대한 설명으로 가장 적절하지 않은 것은?

① 공무원은 자신의 직무와 관련되거나 그 지위·직책 등에서 유래되는 사실상의 영향력을 통하여 요청받은 교육·홍보·토론회·세미나·공청회 또는 그 밖의 회의 등에서 한 강의·강연·기고 등(외부강의등)의 대가로서 금액을 초과하는 사례금을 받아서는 아니 된다.
② 공무원은 사례금을 받는 외부강의등을 할 때에는 외부강의등의 요청 명세 등을 서식의 외부강의등 신고서에 따라 소속 기관의 장에게 그 외부강의등을 마친 날부터 10일 이내에 신고하여야 한다. 다만, 외부강의등을 요청한 자가 국가나 지방자치단체인 경우에는 그러하지 아니하다.
③ 공무원은 ①에 따른 금액을 초과하는 사례금(초과사례금)을 받은 경우에는 그 사실을 안 날로부터 2일 이내에 서식으로 소속기관의 장에게 신고하여야 하며, 제공자에게 그 초과금액을 지체 없이 반환하여야 한다.
④ ③에 따른 신고를 받은 소속 기관의 장은 초과사례금을 반환하지 아니한 공무원에 대하여 신고사항을 확인한 후 5일 이내에 반환하여야 할 초과사례금의 액수를 산정하여 해당 공무원에게 통지하여야 한다.

23

일명 김영란법인「부정청탁 및 금품등 수수의 금지에 관한 법률」(청탁금지법)과「공직자의 이해충돌방지법」에 대한 설명이다. 가장 적절하지 않은 것은?

①「부정청탁 및 금품등 수수의 금지에 관한 법률」상 공직자 등에는 각급 사립학교의 장과 교직원 및 학교법인의 임직원,「언론중재 및 피해구제 등에 관한 법률」제2조 제12호에 따른 언론사의 대표자와 그 임직원이 포함되나,「공직자의 이해충돌방지법」에는 포함되지 않는다.
②「공직자의 이해충돌 방지법」상 "이해충돌"이란 공직자가 직무를 수행할 때에 자신의 사적 이해관계가 관련되어 공정하고 청렴한 직무수행이 저해되거나 저해될 우려가 있는 상황을 말한다.
③「공직자의 이해충돌 방지법」상 "고위공직자"에 치안감 이상의 경찰공무원 및 특별시·광역시·특별자치시·도·특별자치도의 시·도경찰청장이 포함된다.
④「부정청탁 및 금품등 수수의 금지에 관한 법률」과「공직자의 이해충돌방지법」모두 배우자의 정의(범위)에 사실상의 혼인 관계에 있는 사람이 포함된다.

24

Joseph F. Sheley가 주장한 범죄유발의 4요소로 가장 적절하지 않은 것은?

① 범행의 동기 (Motivation)
② 이동의 용이성 (Inertia)
③ 범행의 기술 (Skill)
④ 범행의 기회 (Opportunity)

25

다음은 관할지역 내 범죄문제 해결을 위해 경찰서별로 실시하고 있는 활동들이다. 각 활동들의 근거가 되는 범죄원인론을 가장 적절하게 연결한 것은?

> ㉠ A경찰서는 관내에서 음주소란과 폭행 등으로 적발된 청소년 들을 형사입건하는 대신 지역사회 축제에서 실시되는 행사에 보안요원으로 봉사할 수 있는 기회를 제공하였다.
> ㉡ B경찰서는 지역사회에 만연해 있는 경미한 주취소란에 대해서도 예외 없이 엄격한 법집행을 실시하였다.
> ㉢ C경찰서는 관내 자전거 절도사건이 증가하자 관내 자전거 소유자들을 대상으로 자전거에 일련번호를 각인해 주는 서비스를 제공하였다.
> ㉣ D경찰서는 관내 청소년 비행 문제가 증가하자 청소년들을 대상으로 폭력 영상물의 폐해에 관한 교육을 실시하고, 해당 유형의 영상물에 대한 접촉을 삼가도록 계도하였다.

① ㉠ - 낙인이론　　㉡ - 깨진 유리창 이론
　㉢ - 상황적 범죄예방 이론
　㉣ - 차별적 동일시 이론
② ㉠ - 낙인이론　　㉡ - 깨진 유리창 이론
　㉢ - 상황적 범죄예방 이론
　㉣ - 차별적 접촉 이론
③ ㉠ - 상황적 범죄예방 이론
　㉡ - 깨진 유리창 이론
　㉢ - 낙인이론　　㉣ - 차별적 접촉 이론
④ ㉠ - 상황적 범죄예방 이론
　㉡ - 낙인이론　　㉢ - 깨진 유리창 이론
　㉣ - 차별적 동일시 이론

26

지역사회 경찰활동(Community Policing)에 대한 설명으로 가장 적절하지 않은 것은?

① 지역중심적 경찰활동(Community Oriented Policing) – 경찰과 지역사회가 협력하여 길거리 범죄, 물리적 무질서 등을 확인하고 해결함으로써 주민들의 삶의 질을 개선하고자 노력한다.
② 문제지향적 경찰활동(Problem Oriented Policing) – 경찰과 지역사회가 전통적인 경찰업무로 해결할 수 없거나 그것의 해결을 위하여 특별히 관심을 필요로 하는 사안들에 있어서 그 상황에 맞는 대안을 개발하기 위해 노력하는 활동에 주력한다.
③ 이웃지향적 경찰활동(Neighborhood Oriented Policing) – 경찰과 주민의 의사소통을 활성화하고 주민들에 의한 순찰을 실시하는 등 지역사회에 기초를 둔 범죄예방 활동 등을 위해 노력한다.
④ 관용중심적 경찰활동(Tolerance Oriented Policing) – 소규모 지역공동체 모임의 활성화를 통해 상호감시를 증대하고 단속 중심의 경찰활동을 전개함으로써 범죄에 대응하는 전략을 추진한다.

27

「아동학대범죄의 처벌 등에 관한 특례법」에 대한 설명으로 가장 적절한 것은?

① 피해아동에게 고소할 법정대리인이나 친족이 없는 경우에 이해관계인이 신청하면 검사는 20일 이내에 고소할 수 있는 사람을 지정하여야 한다.
② 아동학대범죄 신고를 접수한 사법경찰관리는 아동학대범죄가 행하여지고 있는 것으로 신고된 현장 또는 피해아동을 보호하기 위하여 필요한 장소에 출입하여 아동 또는 아동학대행위자 등 관계인에 대하여 조사를 하거나 질문을 할 수 있다. 이 경우 사법경찰관리는 피해아동의 보호 및 「아동복지법」 제22조의4의 사례관리계획에 따른 사례관리를 위한 범위에서만 아동 학대행위자 등 관계인에 대하여 조사해야 한다.
③ 법원은 아동학대행위자에 대하여 유죄판결(선고유예를 포함한다)을 선고하면서 200시간의 범위에서 재범예방에 필요한 수강명령 또는 아동학대 치료프로그램의 이수명령을 병과할 수 있다.
④ 사법경찰관은 아동학대행위자에 대한 긴급임시조치를 한 경우에는 즉시 긴급임시조치결정서를 작성하여야 하고, 그 내용을 시·도지사 또는 시장·군수·구청장에게 지체 없이 통지하여야 한다.

28

「검사와 사법경찰관의 상호협력과 일반적 수사준칙에 관한 규정」상 검사의 보완수사요구의 대상과 범위에 관한 설명으로 가장 적절하지 않은 것은?

① 검사는 사법경찰관으로부터 송치받은 사건에 대해 보완수사가 필요하다고 인정하는 경우에 특별한 경우를 제외하고는 사법경찰관에게 보완수사를 요구하여야 한다.
② 송치사건의 공소제기 여부 결정에 필요한 경우로서 사건을 수리한 후 1개월이 경과한 경우에는 특별히 사법경찰관에게 보완수사를 요구할 필요가 있다고 인정되는 경우를 제외하고는 검사가 직접 보완수사를 하는 것을 원칙으로 한다.
③ 검사는 법 제197조의2제1항에 따른 보완수사요구 여부를 판단하는 경우 필요한 보완수사의 정도, 수사 진행 기간, 구체적 사건의 성격에 따른 수사 주체의 적합성 및 검사와 사법경찰관의 상호 존중과 협력의 취지 등을 종합적으로 고려한다.
④ 검사는 사법경찰관이 신청한 영장(「통신비밀보호법」 제6조 및 제8조에 따른 통신제한조치허가서 및 같은 법 제13조에 따른 통신사실 확인자료 제공 요청 허가서를 포함한다)의 청구 여부를 결정하기 위해 필요한 경우 법 제197조의2제1항제2호(사법경찰관이 신청한 영장의 청구 여부 결정에 관하여 필요한 경우)에 따라 사법경찰관에게 보완수사를 요구할 수 있다.

29

「장물수배서」의 종류에는 특별중요장물수배서, 중요장물수배서, 보통장물수배서의 3가지 종류가 있고 각각 그 용지 색깔이 다르다. <보기>의 사례에서 관계가 있는 것끼리 올바르게 묶인 것은?

> ㉠ A경찰서는 강도사건이 발생하여 수사본부를 설치하고 장물을 신속히 발견하기 위하여 장물수배서를 발부하였다. 여기에 해당하는 장물수배서 용지의 색깔
> ㉡ 해인사에서 중요문화재 도난사건이 발생하였을 때 발부하는 장물수배서

① ㉠ 청색 - ㉡ 중요장물수배서
② ㉠ 홍색 - ㉡ 특별장물수배서
③ ㉠ 홍색 - ㉡ 중요장물수배서
④ ㉠ 청색 - ㉡ 특별장물수배서

30

「경찰수사규칙」및「범죄수사규칙」상 지명수배된 사람을 발견하였을 때 적절한 조치가 아닌 것은?

① 경찰관은 지명수배자를 체포 또는 구속하고, 지명수배한 경찰관서(수배관서)에 인계해야 한다.
② 도서지역에서 지명수배자가 발견된 경우에는 지명수배자 등이 발견된 관할 경찰관서(발견관서)의 경찰관은 즉시 지명수배자를 체포하여야 한다.
③ 지명수배자를 검거한 경찰관은 구속영장 청구에 대비하여 피의자가 도망 또는 증거를 인멸할 염려에 대한 소명자료 확보를 위하여 필요하다고 판단되는 경우에는 체포의 과정과 상황 등을 지명수배자 검거보고서에 작성하고 이를 수배관서에 인계하여 수사기록에 편철하도록 해야 한다.
④ 검거된 지명수배자를 인수한 수배관서의 경찰관은 24시간 내에 「형사소송법」 및 「수사준칙」에 따라 체포 또는 구속의 통지를 해야 한다.

31

음주운전 관련 판례에 관한 설명 중 가장 적절하지 않은 것은? (다툼이 있는 경우 판례에 의함)

① 경찰관이 술에 취한 상태에서 자동차를 운전한 것으로 보이는 피고인을 「경찰관 직무집행법」에 따른 보호조치 대상자로 보아 경찰관서로 데려온 직후 음주측정을 요구하였는데 피고인이 불응하여 음주측정불응죄로 기소된 사안에서, 위법한 보호조치 상태를 이용하여 음주측정 요구가 이루어졌다는 등의 특별한 사정이 없는 한 피고인의 행위는 음주측정불응죄에 해당한다.
② 술에 취해 자동차 안에서 잠을 자다가 추위를 느껴 히터를 가동시키기 위하여 시동을 걸었고, 실수로 자동차의 제동장치 등을 건드렸거나 처음 주차할 때 안전조치를 제대로 취하지 아니한 탓으로 원동기의 추진력에 의하여 자동차가 약간 경사진 길을 따라 앞으로 움직여 피해자의 차량 옆면을 충격하게 된 경우는 자동차의 운전에 해당한다.
③ 음주측정 요구 당시 운전자가 술에 취한 상태에서 자동차를 운전하였다고 인정할 만한 상당한 이유가 있었으며, 음주운전 종료 후 별도의 음주 사실이 없었음이 증명된 경우, 경찰관이 음주 및 음주운전 종료로부터 약 5시간 후 집에서 자고 있는 피고인을 연행하여 음주측정을 요구한 데 대하여 피고인이 불응하였다면, 「도로교통법」 상의 음주측정불응죄가 성립한다.
④ 특별한 이유 없이 호흡측정기에 의한 측정에 불응하는 운전자에게 경찰공무원이 혈액채취에 의한 측정방법이 있음을 고지하고 그 선택 여부를 물어야 할 의무는 없다.

32

「교통사고처리 특례법」 제3조 제2항 단서 '처벌특례 항목'들에 대한 <보기> 중 옳은 것들로 묶인 것은? (판례에 의함)

> ㉠ 교차로 진입 직전에 백색실선이 설치되어 있으면, 교차로에서의 진로변경을 금지하는 내용의 안전표지가 개별적으로 설치되어 있지 않다고 하더라도 자동차 운전자가 교차로에서 진로변경을 시도하다가 교통사고를 내었다면 이는 특례법상 '통행금지를 내용으로 하는 안전표지가 표시하는 지시를 위반하여 운전한 경우'에 해당한다.
> ㉡ 중앙선이 설치된 도로의 어느 구역에서 좌회전이나 유턴이 허용되어 중앙선이 백색 점선으로 표시되어 있는 경우, 그 지점에서 안전표지에 따라 좌회전이나 유턴을 하기 위하여 중앙선을 넘어 운행하다가 반대편 차로를 운행하는 차량과 충돌하는 교통사고를 내었더라도 이를 특례법에서 규정한 중앙선 침범 사고라고 할 것은 아니다.
> ㉢ 연습운전면허를 받은 사람은 운전을 함에 있어 '주행연습 외의 목적으로 운전하여서는 아니된다'는 사항을 준수해야 하며 이에 위반하여 운전한 경우 그 운전은 특례법에서 규정한 무면허 운전으로 보아 처벌할 수 있다.
> ㉣ 화물차 적재함에서 작업하던 피해자가 차에서 내린 것을 확인하지 않은 채 출발함으로써 피해자가 추락하여 상해를 입게 된 경우, 특례법 소정의 '승객의 추락방지 의무'를 위반하여 운전한 경우에 해당하지 않는다.

① ㉠, ㉡ ② ㉠, ㉢
③ ㉡, ㉢ ④ ㉡, ㉣

33

다음 <보기> 중 「경찰청과 그 소속기관 직제」상 경비국의 소관 사무에 해당하는 것은 모두 몇 개인가?

> ㉠ 경비업에 관한 연구·지도
> ㉡ 예비군의 무기 및 탄약 관리의 지도
> ㉢ 민방위업무의 협조에 관한 사항
> ㉣ 경찰항공기의 관리·운영 및 항공요원의 교육훈련
> ㉤ 안전관리·재난상황 및 위기상황 관리기관과의 연계체계 구축·운영
> ㉥ 치안 상황의 접수·상황판단, 전파 및 초동조치 등에 관한 사항

① 3개 ② 4개
③ 5개 ④ 6개

34

다중범죄 및 그 진압에 관한 설명으로 옳은 것은?

① 다중범죄는 확신적 행동성, 조직성 결여, 부화뇌동적 파급성, 비이성적 단순성의 특징을 갖는다.
② 진압의 3대 원칙은 신속한 해산, 재집결 방지, 주모자 체포이다.
③ 불만집단에 반대하는 여론을 크게 부각시켜 불만집단이 위압되어 스스로 분산 또는 해산되도록 하는 정책적 치료법은 전이법이다.
④ 군중이 목적지에 집결하기 전에 중간에서 차단하여 집합을 못하게 하는 것은 봉쇄·방어이다.

35

집회 및 시위에 대한 판례의 태도로 가장 적절하지 않은 것은?

① 장례에 관한 옥외집회 도중 노제를 하면서 망인에 대한 추모 수준을 넘어서는 내용의 현수막과 피켓을 들고 행진을 한 것은 「집회 및 시위에 관한 법률」상 '시위'에 해당한다.
② 시위자들이 죄수복 형태의 옷을 집단적으로 착용하고 포승으로 신체를 결박한 채 행진하려는 것은 시위의 방법과 관련되는 사항으로 사전신고의 대상이 된다.
③ 서울광장을 경찰버스로 둘러싸면서 일반 시민들이 통행할 수 있는 통로를 내지 않았다 하더라도 서울광장 인근에서 일부 시민들이 폭력 행위를 저질렀다면 대규모의 불법·폭력 집회나 시위를 막아 시민들의 생명·신체와 재산을 보호한다는 공익 목적에 따른 것으로 불가피한 조치이다.
④ 인터넷카페 회원 10여 명과 함께 불특정 다수의 시민들이 지나는 명동 한복판에서 퍼포먼스 형태의 플래시몹(flash mob) 방식으로 노조설립신고를 노동부가 반려한 데 대한 규탄 모임을 진행한 경우 「집회 및 시위에 관한 법률」상 '옥외집회'에 해당한다.

36

「집회 및 시위에 관한 법률」(시행령)상 확성기등의 소음기준[단위: dB(A)]에 대한 내용이다. ( ) 들어갈 숫자를 모두 더하면?

대상소음도		주간	야간	심야
	대상지역	(㉠)- 해지기 전	해진 후 - 24:00	00:00- (㉡)
등가소음도 (Leq)	주거지역, 학교, 종합병원	65 이하	60 이하	(㉢)이하
	공공도서관	65 이하	60 이하	
	그 밖의 지역	75 이하	65 이하	
최고소음도 (Lmax)	주거지역, 학교, 종합병원	85 이하	80 이하	75 이하
	공공도서관	85 이하	80 이하	
	그 밖의 지역	(㉣)이하		

① 160　　② 161
③ 163　　④ 164

37

「보안관찰법」상 보안관찰과 관련한 다음 <보기> 중 가장 적절한 것은?

① 검사는 보안관찰처분청구를 한 때에는 지체 없이 처분청구서 사본을 피청구자에게 송달하여야 한다.
② 검사는 피보안관찰자가 도주하거나 15일 이상 그 소재가 불명한 때에는 보안관찰처분의 집행중지결정을 하여야 한다.
③ 보안관찰처분심의위원회의 위원장은 법무부장관이다.
④ 보안관찰처분심의위원회는 보안관찰처분 또는 그 기각의 결정, 면제 또는 그 취소결정, 보안관찰처분의 취소 또는 기간의 갱신결정을 심의·의결한다.

38

「방첩업무규정」상 외국인 접촉 시 특이사항의 신고 등에 관한 설명으로 가장 적절하지 않은 것은?

① 방첩기관등의 구성원(방첩기관등에 소속된 위원회의 민간위원을 포함한다)이 외국인을 접촉한 경우 그 외국인이 국가기밀등이나 그 밖의 국가안보 및 국익 관련 정보를 탐지·수집하려고 하는 경우에 해당한다고 의심할 만한 상당한 이유가 있을 경우에는 지체 없이 그 사실을 소속 방첩기관등의 장에게 신고해야 한다.
② ① 이외에도 접촉한 외국인이 방첩기관등의 구성원을 정보활동에 이용하려고 하는 경우, 접촉한 외국인이 그 밖의 국가안보 또는 국익을 침해하는 활동을 하는 사람인 경우에도 또한 같다.
③ ①②에 따라 그 사실을 신고받은 해당 방첩기관등의 장은 그 신고 내용을 국가정보원장에게 통보하여야 한다.
④ 국가정보원장은 위에 따른 신고 내용이 국가안보와 방첩업무에 이바지하였다고 인정되는 경우에는 신고자에 대하여 「정부 표창 규정」 등에 따라 포상하거나 국가정보원장이 정하는 바에 따라 포상금을 지급해야 한다.

39

외국인 관련 사건처리에 대한 설명 중 가장 적절하지 않은 것은?

① 「범죄인 인도법」상 법원은 범죄인이 인도구속영장에 의하여 구속 중인 경우에 구속된 날부터 2개월 이내에 인도심사에 관한 결정을 하여야 한다.
② 주한미군지위협정(SOFA)상 주한미군의 공무집행 중 작위 또는 부작위에 의한 범죄는 합중국 군 당국의 전속적 재판권 범위에 포함된다.
③ 「국제형사사법 공조법」상 행정안전부장관은 국제형사경찰기구로부터 외국의 형사사건 수사에 대하여 협력을 요청받거나 국제형사경찰기구에 협력을 요청하는 경우에는 국제범죄의 정보 및 자료교환 등의 조치를 취할 수 있다.
④ 「대한민국과 러시아연방간의 영사협약」상 파견국 국민이 영사관할 구역안에서 구속된 경우, 접수국의 권한있는 당국은 지체없이 파견국의 영사기관에 통보한다.

40

국제형사경찰기구(ICPO, The International Criminal Police Organization)에 대한 설명이다. 가장 적절한 것은?

① 우리나라의 경우 국가중앙사무국(NCB)의 업무는 현재 국가수사본부에서 수행한다.
② 우범자 정보제공 등을 목적으로 녹색수배서가 발부되고, 범죄수법 정보제공 등을 목적으로 보라색수배서가 발부되는 등 인터폴 수배서는 발부목적에 따라 9가지 종류가 발부되고 있다.
③ 인터폴 총회는 인터폴의 주요 정책 및 규정을 결정하는 최고 의결기관으로서, 매년 하반기 전 회원국의 참여하에 개최된다.
④ 법무부장관은 국제형사경찰기구로부터 외국의 형사사건 수사에 대하여 협력을 요청받거나 국제형사경찰기구에 협력을 요청하는 경우 국제범죄의 정보 및 자료교환, 국제범죄의 동일증명 및 전과조회를 취할 수 있다.

제 06 회 실전동형모의고사

01

형식적 의미의 경찰과 실질적 의미의 경찰에 관한 설명으로 적절하지 않은 것은 모두 몇 개인가?

> ㉠ 형식적 의미의 경찰은 실정법상 개념으로 보통경찰기관에 분배되어 있는 임무를 달성하기 위하여 행하여지는 일체의 경찰작용이다.
> ㉡ 형식적 의미의 경찰은 모두 실질적 의미의 경찰에 포함된다.
> ㉢ 실질적 의미의 경찰은 독일의 행정법학에서 정립된 학문상 개념이다.
> ㉣ 실질적 의미의 경찰은 사회공공의 안녕, 질서유지와 같은 소극적 목적을 위한 작용이다.
> ㉤ 다른 행정기관에서 형식적 의미의 경찰작용을 하는 경우는 없다.

① 1개 ② 2개
③ 3개 ④ 없음

02

한국경찰의 역사적 사실을 과거에서부터 현재 순으로 바르게 나열한 것은?

> ㉠ 경찰청 사이버테러대응센터 신설
> ㉡ 경찰서비스헌장 제정
> ㉢ 국가수사본부 신설
> ㉣ 「경찰법」 제정
> ㉤ 제주특별자치도 자치경찰단 설치

① ㉣-㉡-㉠-㉤-㉢
② ㉡-㉣-㉤-㉠-㉢
③ ㉡-㉣-㉠-㉢-㉤
④ ㉣-㉠-㉡-㉤-㉢

03

「국가경찰과 자치경찰의 조직 및 운영에 관한 법률」상 시도 자치경찰위원회에 관한 설명으로 가장 적절한 것은?

① 동법 제18조 제1항 단서에 따라 2개의 시·도자치경찰위원회를 두는 경우 해당 시·도자치경찰위원회의 명칭, 관할구역, 사무분장, 그 밖에 필요한 사항은 행정안전부령으로 정한다.
② 시·도자치경찰위원회 비상임 위원은 특정 성(性)이 10분의 6 초과하지 아니해야 한다.
③ 시·도자치경찰위원회 위원장과 위원의 임기는 3년으로 하되, 위원만 한 차례 연임할 수 있다.
④ 시·도자치경찰위원회의 회의는 정기적으로 개최하여야 한다. 다만 위원장이 필요하다고 인정하는 경우, 위원 2명 이상이 요구하는 경우 및 시·도지사가 필요하다고 인정하는 경우에는 임시회의를 개최할 수 있다.

04

「국가경찰과 자치경찰의 조직 및 운영에 관한 법률」상 국가수사본부장에 대한 설명으로 가장 적절하지 않은 것은?

① 경찰청에 국가수사본부를 두며, 국가수사본부장은 치안정감으로 보한다.
② 국가수사본부장은 「형사소송법」에 따른 경찰의 수사에 관하여 각 시·도경찰청장과 경찰서장 및 수사부서 소속 공무원을 지휘·감독한다.
③ 국가수사본부장의 임기는 2년으로 하며, 연임할 수 없다. 국가수사본부장은 임기가 끝나면 당연히 퇴직한다.
④ 국가수사본부장이 직무를 집행하면서 헌법이나 법률을 위배하였을 때에는 국회는 탄핵 소추를 의결할 수 있다.

05

「경찰청 직무대리 운영규칙」(훈령)상 직무대리에 관한 설명으로 가장 적절하지 않은 것은?

① 직무대리자는 직무대리하여야 할 업무를 다른 공무원에게 다시 직무대리하게 할 수 있다.
② 직무대리자는 사고가 발생한 공무원의 모든 권한을 가지며, 그 권한에 상응하는 책임을 진다.
③ 공무원에게 사고가 발생하였거나 규정된 직무대리가 적절치 않다고 인정되는 경우에는 직무대리지정권자가 해당 공무원의 직근 하위 계급자 중에서 직무의 비중, 능력, 경력 또는 책임도 등을 고려하여 직무대리자를 지정한다.
④ ③에도 불구하고 직무대리지정권자는 대리하게 할 업무가 특수하거나 그 밖의 부득이한 사유가 있는 경우, 사고가 발생한 공무원과 동일한 계급자를 직무대리자로 지정할 수 있다.

06

경찰공무원의 근무관계에 대한 설명으로 가장 적절하지 않은 것은? (다툼이 있는 경우 판례에 의함)

① 공무원은 국가 또는 공공단체와 특별권력관계(공법상의 근무관계)를 맺고 공무를 담당하는 기관 구성원을 말한다.
② 「국가공무원법」에 따라 공무원을 구분할 때 경찰공무원은 특수경력직 공무원 중 특정직 공무원에 해당한다.
③ 경찰공무원의 근무관계에 적용되는 「국가공무원법」과 「경찰공무원법」은 일반법과 특별법의 관계에 있다.
④ 공무원 관련 법률에 특별한 규정이 없는 한, 고용관계에서 양성평등을 규정한 「남녀고용평등과 일·가정 양립 지원에 관한 법률」 제11조 제1항과 「근로기준법」 제6조는 국가기관과 공무원 간의 공법상 근무관계에도 적용된다.

07

「경찰공무원 임용령」상 경찰공무원 임용권의 위임에 대한 설명으로 가장 적절하지 않은 것은?

① 경찰청장은 수사부서에서 경정을 보직하는 경우에는 국가수사본부장의 추천을 받아야 한다.
② 시·도자치경찰위원회는 임용권을 행사하는 경우에는 시·도경찰청장의 추천을 받아야 한다.
③ 시·도경찰청장 및 경찰서장은 지구대장 및 파출소장을 보직하는 경우에는 시·도자치경찰위원회의 의견을 사전에 들어야 한다.
④ 소속기관등의 장은 경감 또는 경위를 신규채용하거나 경위 또는 경사를 승진시키려면 미리 경찰청장의 승인을 받아야 한다.

08

무기사용권 등 경찰공무원의 특수한 권리에 대한 설명으로 가장 적절하지 않은 것은?

① 경찰공무원은 직무수행을 위하여 필요한 때에는 무기를 휴대할 수 있다.
② 경찰공무원은 필요하다고 인정되는 상당한 이유가 있을 때에는 필요한 한도 내에서 무기를 사용할 수 있다.
③ 무기휴대는 「경찰공무원법」, 무기의 사용은 「경찰관직무집행법」에 현재 그 근거를 두고 있다.
④ 제복착용은 경찰공무원의 권리이자 의무로서, 경찰공무원의 복제에 관해서는 대통령령으로 규정하고 있다.

09

다음 <보기> 중 인사혁신처 소속의 '소청심사위원회'를 설명한 것으로 적절하지 않은 것은 모두 몇 개인가?

> ㉠ 대학에서 행정학·정치학 또는 법률학을 담당한 부교수 이상의 직에 5년 이상 근무한 자는 위원이 될 수 있다.
> ㉡ 위원장 1명을 포함한 5명 이상 7명 이내의 상임위원과 상임위원 수의 2분의 1 이상인 비상임위원으로 구성하되, 위원장은 정무직으로 보한다.
> ㉢ 소청 사건의 결정은 재적위원 3분의 2 이상의 출석과 재적위원 과반수의 합의에 따르되, 의견이 나뉠 경우에는 출석위원 과반수에 이를 때까지 소청인에게 가장 불리한 의견에 차례로 유리한 의견을 더하여 그 중 가장 유리한 의견을 합의된 의견으로 본다.
> ㉣ 상임위원의 임기는 3년으로 하며, 연임할 수 없다.
> ㉤ 상임위원은 다른 직무를 겸할 수 없다.

① 1개   ② 2개
③ 3개   ④ 4개

10

「행정기본법」상 이행강제금의 부과에 대한 설명으로 가장 적절하지 않은 것은?

① 「행정기본법」상 행정청은 이행강제금을 부과하기 전에 미리 의무자에게 적절한 이행기간을 정하여 그 기한까지 행정상 의무를 이행하지 아니하면 이행강제금을 부과한다는 뜻을 문서로 계고(戒告)하여야 한다.
② 「행정기본법」상 행정청은 의무자가 ①에 따른 계고에서 정한 기한까지 행정상 의무를 이행하지 아니한 경우 이행강제금의 부과 금액·사유·시기를 문서로 명확하게 적어 의무자에게 통지하여야 한다.
③ 「행정기본법」상 이행강제금은 집행벌로서 행정청은 의무자가 행정상 의무를 이행할 때까지 이행강제금을 반복하여 부과할 수 없다.
④ 행정청은 이행강제금을 부과받은 자가 납부기한까지 이행강제금을 내지 아니하면 국세강제징수의 예 또는 「지방행정제재·부과금의 징수 등에 관한 법률」에 따라 징수한다.

11

행정행위의 부관은 (   )인 경우를 제외하고는 독립하여 행정소송의 대상이 될 수 없다. 빈칸에 들어갈 말로 가장 적절한 것은? (다툼이 있는 경우 판례에 의함)

① 부담   ② 조건
③ 기한   ④ 기간

12

행정상 의무이행 확보수단에 관한 설명으로 가장 적절하지 않은 것은? (다툼이 있는 경우 판례에 의함)

① 질서위반행위에 대하여 과태료 부과의 근거 법률이 개정되어 행위 시의 법률에 의하면 과태료 부과대상이었지만 재판 시의 법률에 의하면 과태료 부과대상이 아니게 된 때에는 개정 법률의 부칙에서 종전 법률 시행 당시에 행해진 질서위반행위에 대해서는 행위 시의 법률을 적용하도록 특별한 규정을 두지 않은 이상 재판 시의 법률을 적용하여야 하므로 과태료를 부과할 수 없다.
② 경찰서장이 범칙행위에 대하여 통고처분을 한 이상 통고처분에서 정한 범칙금 납부기간까지는 원칙적으로 경찰서장은 즉결심판을 청구할 수 없다.
③ 피고인이 즉결심판에 대하여 제출한 정식재판청구서에 피고인의 자필로 보이는 이름이 기재되어 있고 그 옆에 서명이 되어 있어 위 서류가 작성자 본인인 피고인의 진정한 의사에 따라 작성되었다는 것을 명백하게 확인할 수 있더라도 피고인의 인장이나 지장이 찍혀 있지 않다면 정식재판청구는 부적법하다고 보아야 한다.
④ 「질서위반행위규제법」에 따르면 고의 또는 과실이 없는 질서 위반행위는 과태료를 부과하지 아니한다.

13

「경찰관 직무집행법」에 관한 설명으로 가장 적절한 것은?

① 「경찰관직무집행법」에 따르면 경찰관은 유실물을 인수할 권리자 확인의 직무를 수행하기 위하여 필요하면 관계인에게 출석하여야 하는 사유·일시 및 장소를 명확히 적은 출석 요구서를 보내 경찰관서에 출석할 것을 요구할 수 있다.
② 「경찰관 직무집행법」에 따르면 위해성 경찰장비의 종류 및 그 사용기준, 안전교육·안전검사의 기준 등은 행정안전부령으로 정한다.
③ 「경찰관직무집행법」 제11조의2 제1항에 따른 손실보상을 청구할 수 있는 권리는 손실이 있음을 안 날부터 3년, 손실보상이 확정된 때부터 5년간 행사하지 아니하면 시효의 완성으로 소멸한다.
④ 「경찰관직무집행법」 제2조 직무의 범위에 테러경보 발령·대테러 작전 수행을 명시하고 있다.

14

경찰관의 직무수행 및 경찰장비의 사용과 관련한 재량의 범위 및 한계에 대한 설명으로 가장 적절하게 나열한 것은? (다툼이 있는 경우 판례에 의함)

> 불법적인 농성을 진압하는 방법 및 그 과정에서 어떤 경찰장비를 사용할 것인지는 (㉠)인 상황과 예측되는 피해 발생의 (㉡) 위험성의 내용 등에 비추어 경찰관이 그 재량의 범위 내에서 정할 수 있다. 그러나 그 직무수행 중 특정한 경찰장비를 필요한 최소한의 범위를 넘어 관계 법령에서 정한 통상의 용법과 달리 사용함으로써 타인의 생명·신체에 위해를 가하였다면, 불법적인 농성의 진압을 위하여 그러한 방법으로라도 해당 경찰장비를 사용할 필요가 있고 그로 인하여 발생 할 우려가 있는 타인의 생명·신체에 대한 위해의 정도가 (㉢)으로 예견되는 범위 내에 있다는 등의 특별한 사정이 없는 한 그 직무수행은 위법하다고 보아야 한다. 나아가 경찰관이 농성 진압과정에서 경찰장비를 위법하게 사용함으로써 그 직무수행이 적법한 범위를 벗어난 것으로 볼 수밖에 없다면, 상대방이 그로 인한 생명·신체에 대한 위해를 면하기 위하여 (㉣)으로 대항하는 과정에서 그 경찰장비를 손상시켰더라도 이는 위법한 공무집행으로 인한 신체에 대한 현재의 부당한 침해에서 벗어나기 위한 행위로서 정당방위에 해당한다.

	㉠	㉡	㉢	㉣
①	구체적	추상적	특수적	간접적
②	추상적	구체적	통상적	직접적
③	구체적	추상적	통상적	직접적
④	구체적	구체적	통상적	직접적

15

경찰조직의 편성원리에 대한 설명으로 가장 적절하지 않은 것은?

① 계층제의 원리 – 권한 및 책임 한계가 명확하며 경찰행정의 능률성과 조직의 안정성을 확보할 수 있다.
② 분업의 원리 – 업무의 전문화를 통해 업무 습득에 걸리는 시간을 단축할 수 있지만 분업의 정도가 높아질수록 조직할거주의가 초래될 수 있다.
③ 명령통일의 원리 – 업무수행의 혼선을 방지하여 신속한 의사 결정을 하도록 한다.
④ 통솔범위의 원리 – 업무의 종류가 단순할수록 통솔범위는 좁아지며 계층의 수가 많을수록 통솔범위는 넓어진다.

16

직업공무원제도에 대한 설명이다. 아래 ㉠부터 ㉣까지 <보기> 중 옳고 그름의 표시(O, X)가 바르게 된 것은?

> ㉠ 직업공무원제도는 신분보장, 정치적 중립, 자격이나 능력 중시, 개방형 인력충원 방식의 선호라는 점에서 실적주의와 공통점을 가진다.
> ㉡ 직업공무원제도의 성공적 정착을 위해서는 공직에 대한 사회의 높은 평가가 필요하며 퇴직 후의 불안해소와 생계보장을 위해 적절한 연금제도가 확립되어야 한다.
> ㉢ 직업공무원제도는 장기적인 발전가능성을 선발기준으로 삼고 있으며 직위분류제가 계급제보다 직업공무원제도의 정착에 더 유리하다.
> ㉣ 직업공무원제도는 행정의 안정성과 독립성 확보에 용이하며 외부환경 변화에 신속하게 대응한다는 장점이 있다.

① ㉠(O), ㉡(O), ㉢(O), ㉣(×)
② ㉠(×), ㉡(O), ㉢(×), ㉣(×)
③ ㉠(O), ㉡(O), ㉢(×), ㉣(O)
④ ㉠(×), ㉡(O), ㉢(O), ㉣(×)

17

「공공기관의 정보공개에 관한 법률」에 관한 설명으로 가장 적절하지 않은 것은?

① 청구인은 이의신청 절차를 거치지 아니하고 행정심판을 청구할 수 없다.
② "정보"란 공공기관이 직무상 작성 또는 취득하여 관리하고 있는 문서(전자문서를 포함한다) 및 전자매체를 비롯한 모든 형태의 매체 등에 기록된 사항을 말한다.
③ 공공기관은 부득이한 사유로 법 제11조 제1항에 따른 기간 이내에 공개 여부를 결정할 수 없을 때에는 그 기간이 끝나는 날의 다음 날부터 기산(起算)하여 10일의 범위에서 공개 여부 결정 기간을 연장할 수 있다. 이 경우 공공기관은 연장된 사실과 연장 사유를 청구인에게 지체 없이 문서로 통지하여야 한다.
④ 공공기관은 청구인이 사본 또는 복제물의 교부를 원하는 경우에는 이를 교부하여야 한다.

18

「행정절차법」상 행정청이 처분을 할 때 청문을 하여야 하는 경우가 아닌 것은?

① 다른 법령 등에서 청문을 하도록 규정하고 있는 경우
② 해당 처분의 영향이 광범위하여 널리 의견을 수렴할 필요가 있다고 행정청이 인정하는 경우
③ 인허가 등의 취소의 처분을 하는 경우
④ 법인이나 조합 등의 설립허가의 취소의 처분을 하는 경우

19

경찰조직의 냉소주의에 관한 설명으로 가장 적절한 것은?

① 니더호퍼(Niederhoffer)는 사회체계에 대한 기존의 신념체계가 붕괴된 후 새로운 신념체계에 의해 급하게 대체될 때 냉소주의가 나타날 수 있다고 하였다.
② 조직 내 팽배한 냉소주의는 경찰의 전문직업화를 저해하는 기제로 작동할 수 있다.
③ 회의주의와 비교할 때, 냉소주의는 조직 내 특정한 대상을 합리적 의심을 통해 신뢰하지 않는 것과 관련이 있다.
④ 냉소주의 극복을 위한 가장 효과적인 조직관리방안은 인간을 본래 게으르고 생리적 욕구 또는 안전의 욕구에 자극을 주는 금전적 보상이나 제재 등 외재적 유인에 반응한다고 상정하여 조직이 권위적으로 관리할 필요가 있다는 맥그리거(McGregor)의 인간모형에 기초한다.

20

코헨(Cohen)과 펠드버그(Feldberg)가 사회계약설로부터 도출한 경찰활동의 기준과 그 내용의 연결이 가장 적절하지 않은 것은?

① 생명과 재산의 안전보호 – 경찰활동은 시민의 생명과 재산의 보호가 궁극적인 목적이며 법집행 자체가 목적은 아니다.
② 냉정하고 객관적인 자세 – 과거 아버지의 가정폭력을 경험한 甲경찰관이 가정폭력 사건을 처리하면서 모든 문제는 남편에게 있다고 단정지어 생각하는 경우는 이 기준에 어긋난다.
③ 공공의 신뢰 – 경찰관이 공명심이 앞서서 상부에 보고도 없이 탈주범을 혼자서 검거하려다 실패하였다면 이 기준에 어긋난다.
④ 공정한 접근 보장 – 경찰의 법집행 과정에서 발생하는 차별과 편들기는 이 기준에 어긋난다.

21

「경찰 인권보호 규칙」상 경찰청 인권위원회에 대한 설명으로 가장 적절하지 않은 것은?

① 위원회는 위원장 1명을 포함하여 7명 이상 13명 이하의 위원으로 구성한다. 이때, 특정 성별이 전체 위원 수의 10분의 6을 초과하지 아니해야 한다.
② 위원은 경찰의 직에 있거나 그 직에서 퇴직한 날부터 3년이 지나지 아니한 사람이어야 한다.
③ 위원장과 위촉 위원의 임기는 위촉된 날로부터 2년으로 하며 위원장의 직은 연임할 수 없고, 위촉 위원은 두 차례만 연임할 수 있다.
④ 입건 전 조사·수사 중인 사건에 청탁 또는 경찰 인사에 관여하는 행위를 하거나 기타 직무 관련 비위사실이 있는 경우 청장은 위원회의 의견을 들어 위원을 해촉할 수 있다.

22

다음은 「공직자의 이해충돌방지법」상 용어의 정의에 대한 설명이다. 가장 적절하지 않은 것은?

① 동법에 따르면, 경찰공무원의 경우 고위공직자에는 치안감 이상의 경찰공무원 및 특별시·광역시·특별자치시·도·특별자치도의 시·도경찰청장이 해당한다.
② "이해충돌"이란 공직자가 직무를 수행할 때에 자신의 사적 이해관계가 관련되어 공정하고 청렴한 직무수행이 저해되거나 저해될 우려가 있는 상황을 말한다.
③ "직무관련자"란 공직자가 법령(조례·규칙을 포함) 등에·기준(공공기관의 규정·사규 및 기준 등을 포함)에 따라 수행하는 직무와 관련되는 자로서 공직자의 직무수행과 관련하여 이익 또는 불이익을 직접적으로 받는 개인이나 법인 또는 단체 등을 말한다.
④ 동법상 "사적이해관계자"란 공직자 가족(「민법」 제779조에 따른 가족을 말한다) 등을 말하고, 공직자 자신은 제외된다.

23

범죄원인론에 대한 설명으로 가장 적절하게 연결되지 않은 것은?

① 쇼와 맥케이(Shaw & Mckay)의 사회해체이론 – 빈민(slum)지역에서 범죄발생률이 높은 것은 도시의 산업화·공업화 과정에서 지역사회의 제도나 규범 등이 극도로 해체되기 때문으로, 이 지역에서는 비행적 전통과 가치관이 사회통제를 약화시켜서 일탈이 야기되며 이러한 지역은 구성원이 바뀌더라도 비행발생률은 감소하지 않는다.
② 레클리스(Reckless)의 견제(봉쇄)이론 – 고전주의 범죄학 이론에 기반을 둔 것으로, 인간은 범죄로부터 얻을 수 있는 이익보다 더 큰 고통을 받게 되면, 범죄를 저지르지 않을 것이라는 전제를 하고 있다. 범죄통제를 위해서는 처벌의 엄격성, 신속성, 확실성이 요구되며 이 중 처벌의 확실성이 가장 중요하다.
③ 버제스와 에이커스(Burgess & Akers)의 차별적 강화이론 – 범죄행위의 결과로서 보상이 취득되고 처벌이 회피될 때 그 행위는 강화되는 반면, 보상이 상실되고 처벌이 강화되면 그 행위는 약화된다.
④ 머튼(Merton)의 긴장(아노미)이론 – 목표와 그 목표를 이루기 위한 수단과의 간극이 커지면서 아노미 조건이 유발되어 분노와 좌절이라는 긴장이 초래되고, 그 목적을 달성하기 위한 수단으로서 범죄를 선택한다.

24

다음은 환경설계를 통한 범죄예방(CPTED)에 대한 설명이다. <보기 1>과 <보기 2>의 내용이 가장 적절하게 연결된 것은?

〈보기 1〉

(가) 사적공간에 대한 경계를 표시하여 주민들의 책임의식과 소유의식을 증대함으로써 사적공간에 대한 관리권과 권리를 강화시키고, 외부인들에게는 침입에 대한 불법사실을 인식시켜 범죄기회를 차단하는 원리

(나) 건축물이나 시설물 설계 시 가시권을 최대한 확보, 외부침입에 대한 감시기능을 확대함으로써 범죄행위의 발견가능성을 증가시키고 범죄기회를 감소시킬 수 있다는 원리

(다) 일정한 지역에 접근하는 사람들을 정해진 공간으로 유도하거나 외부인의 출입을 통제하도록 설계함으로써 접근에 대한 심리적 부담을 증대시켜 범죄를 예방하는 원리

(라) 지역사회 설계 시 주민들이 모여서 상호 의견을 교환하고 유대감을 증대할 수 있는 공공장소를 설치하고 이용하도록 함으로써 '거리의 눈'을 활용한 자연적 감시와 접근통제의 기능을 확대하는 원리

〈보기 2〉

㉠ 조명, 조경, 가시권 확대를 위한 건물의 배치
㉡ 체육시설의 접근성과 이용의 증대, 벤치·정자의 위치 및 활용성에 대한 설계
㉢ 울타리·펜스의 설치, 사적·공적 공간의 구분
㉣ 잠금장치, 통행로의 설계, 출입구의 최소화

	(가)	(나)	(다)	(라)
①	㉢	㉡	㉣	㉠
②	㉣	㉠	㉢	㉡
③	㉢	㉠	㉣	㉡
④	㉣	㉡	㉢	㉠

25

다음 <보기> 중 「지역경찰의 조직 및 운영에 관한 규칙」상 지역경찰의 근무종류와 그 업무가 올바르게 연결된 것은?

㉠ 시설 및 장비의 작동 여부 확인
㉡ 방문민원 및 각종 신고사건의 접수 및 처리
㉢ 주민여론 및 범죄첩보 수집
㉣ 비상 및 작전사태 등 발생 시 차량, 선박 등의 통행 통제

① ㉠ - 순찰근무   ㉡ - 행정근무
   ㉢ - 상황근무   ㉣ - 순찰근무
② ㉠ - 상황근무   ㉡ - 상황근무
   ㉢ - 순찰근무   ㉣ - 경계근무
③ ㉠ - 상황근무   ㉡ - 행정근무
   ㉢ - 상황근무   ㉣ - 순찰근무
④ ㉠ - 순찰근무   ㉡ - 상황근무
   ㉢ - 순찰근무   ㉣ - 경계근무

26

「성폭력범죄의 처벌 등에 관한 특례법」(성폭력처벌법)에 대한 설명으로 가장 적절하지 않은 것은?

① 13세 미만의 사람 및 신체적인 또는 정신적인 장애가 있는 사람에 대하여 강간죄를 범한 경우에는 공소시효를 적용하지 아니한다.
② 검사 또는 사법경찰관은 19세 미만인 피해자나 신체적인 또는 정신적인 장애로 사물을 변별하거나 의사를 결정할 능력이 미약한 피해자의 진술 내용과 조사 과정을 영상녹화장치로 녹화(녹음이 포함된 것을 말하며, 영상녹화)하고, 그 영상녹화물을 보존하여야 한다.
③ ②에 따라 촬영한 영상물에 수록된 피해자의 진술은 공판준비기일 또는 공판기일에 피해자나 조사과정에 동석하였던 신뢰관계에 있는 사람 또는 진술조력인의 진술에 의하여 그 성립의 진정함이 인정된 경우에 증거로 할 수 있다.
④ 신상정보 등록대상자가 6개월 이상 국외에 체류하기 위하여 출국하는 경우에는 미리 관할경찰관서의 장에게 체류국가 및 체류기간 등을 신고하여야 한다.

27

다음은 리드(REID) 테크닉을 활용한 신문기법의 순서이다. A부터 D까지 각 단계에 대한 설명으로 가장 적절하지 않은 것은?

> 직접적 대면 → 신문화제의 전개 → (A) → 반대논리 격파 → (B) → (C) → 양자택일적 질문하기 → (D) → 구두자백의 서면화

① A단계는 용의자가 수사관의 신문화제 전개를 방해하는 혐의를 부인하는 진술을 하지 못하게 억지한다.
② B단계는 전(前)단계가 효과적이라면 피의자가 수사관을 회피하기 쉬우므로 시선을 맞추고 화제를 계속 반복하는 동시에 피의자의 긍정적 측면을 부각한다.
③ C단계는 동정과 이해를 표시하고, 끝까지 피의자를 추궁하여 자백할 것을 촉구한다.
④ D단계는 용의자가 수사관의 질문에 선택적으로 답하는 단계를 지나 적극적으로 범행에 대하여 진술하도록 한다.

28

「검사와 사법경찰관의 상호협력과 일반적 수사준칙에 관한 규정」상 검사의 보완수사요구의 방법과 절차에 관한 설명으로 가장 적절하지 않은 것은?

① 검사는 보완수사를 요구할 때에는 그 이유와 내용 등을 구체적으로 적은 서면과 관계 서류 및 증거물을 사법경찰관에게 함께 송부하여야 한다. 다만, 보완수사 대상의 성질, 사안의 긴급성 등을 고려하여 관계 서류와 증거물을 송부할 필요가 없거나 송부하는 것이 적절하지 않다고 판단하는 경우에는 해당 관계 서류와 증거물을 송부하지 않을 수 있다.
② 보완수사를 요구받은 사법경찰관은 ① 단서에 따라 송부받지 못한 관계 서류와 증거물이 보완수사를 위해 필요하다고 판단하면 해당 서류와 증거물을 대출하거나 그 전부 또는 일부의 등사를 요청할 수 있다.
③ 사법경찰관은 법 제197조의2제1항에 따른 보완수사요구가 접수된 날부터 3개월 이내에 보완수사를 마쳐야 한다.
④ 사법경찰관은 법 제197조의2제2항(사법경찰관은 제1항의 요구가 있는 때에는 정당한 이유가 없는 한 지체 없이 이를 이행하고, 그 결과를 검사에게 통보하여야 한다)에 따라 보완수사를 이행한 경우에는 그 이행 결과를 검사에게 서면으로 통보해야 한다.

29

다음 <보기> 중 여러 건의 지명수배의 경우 검거된 지명수배자 인계순서가 바르게 연결된 것은?

> ⑦ 검거관서와 동일한 지방검찰청 또는 지청의 관할구역에 있는 수배관서
> ⓒ 법정형이 중한 죄명으로 지명수배한 수배관서
> ⓒ 공소시효 만료 3개월 이내이거나 공범에 대한 수사 또는 재판이 진행중인 수배관서
> ② 검거관서와 거리상 또는 교통상 가장 인접한 수배관서

① ⓒ-⑦-ⓒ-② ② ⓒ-⑦-ⓒ-②
③ ⓒ-ⓒ-⑦-② ④ ⓒ-ⓒ-⑦-②

30

「통합방위법」상 국가중요시설에 대한 설명으로 가장 적절하지 않은 것은?

① 국가중요시설의 관리자는 경비·보안 및 방호책임을 지며, 통합방위사태에 대비하여 자체방호계획을 수립하여야 한다. 이 경우 국가중요시설의 관리자는 자체방호계획을 수립하기 위하여 시도경찰청장 또는 지역군사령관에게 협조를 요청하여야 한다.
② 시도경찰청장 또는 지역군사령관은 통합방위사태에 대비하여 국가중요시설에 대한 방호지원계획을 수립·시행하여야 한다.
③ 국가중요시설의 평시 경비·보안활동에 대한 지도·감독은 관계 행정기관의 장과 국가정보원장이 수행한다.
④ 국가중요시설은 국방부장관이 관계 행정기관의 장 및 국가정보원장과 협의하여 지정한다.

31

「통합방위법」에 관한 설명 중 가장 적절하지 않은 것은?

① "갑종사태"란 일정한 조직체계를 갖춘 적의 대규모 병력 침투 또는 대량살상무기 공격 등의 도발로 발생한 비상사태로서 통합방위본부장 또는 지역군사령관의 지휘·통제하에 통합방위작전을 수행하여야 할 사태를 말한다.
② "을종사태"란 적의 침투·도발 위협이 예상되거나 소규모의 적이 침투하였을 때에 시도경찰청장, 지역군사령관 또는 함대사령관의 지휘·통제 하에 통합방위작전을 수행하여 단기간 내에 치안이 회복될 수 있는 사태를 말한다.
③ 국무총리 소속으로 중앙 통합방위협의회를 둔다.
④ 국가중요시설은 국방부장관이 관계 행정기관의 장 및 국가정보원장과 협의하여 지정한다.

32

다음 설명 중 가장 적절하지 않은 것은? (단, 다툼이 있으면 판례에 의함)

① 교차로 직전의 횡단보도에 따로 차량보조등이 설치되어 있지 아니한 경우, 교차로 차량신호등이 적색이고 횡단보도 보행등이 녹색인 상태에서 횡단보도를 지나 우회전하다가 사람을 다치게 한 경우 「교통사고처리특례법」상 특례조항인 신호위반에 해당한다.
② 신호위반으로 교통사고를 야기한 자가 신호위반의 범칙금을 납부하였다면, 「교통사고처리특례법」상 신호위반으로 인한 업무상 과실치상죄의 죄책을 물을 수 없다.
③ 부득이한 사정으로 중앙선을 침범하여 교통사고를 야기한 경우 중앙선침범에 해당되지 않는다.
④ 횡단보도의 신호가 적색인 상태에서 반대차선에 정지 중인 차량 뒤에서 보행자가 건너올 것까지 예상하여 주의의무를 다하여야 한다고 할 수 없다.

33

다음 중 「특정범죄가중처벌 등에 관한 법률」 위반(도주차량)에 해당하는 것은 몇 개인가? (판례에 의함)

> ㉠ 사고를 야기한 후 자신의 범행을 은폐하기 위해 목격자라고 경찰에 허위신고한 경우
> ㉡ 사고 후 자신의 명함을 주고 택시에게 피해자 이송의뢰를 하였으나 피해자가 경찰이 도착하기 전에는 병원에 가지 않겠다고 하여 이송을 못하고 있는 사이 현장을 이탈한 경우
> ㉢ 교회 주차장에서 교통사고를 야기하여 사람을 다치게 하고도 구호조치 없이 도주한 경우
> ㉣ 교통사고를 야기한 운전자가 피해자를 병원에 후송한 후 신원을 밝히지 아니한 채 도주한 경우

① 1개 ② 2개
③ 3개 ④ 4개

34

「경찰관 직무집행법」(제8조의2) 및 「경찰관의 정보수집 및 처리 등에 관한 규정」에 따른 정보의 작성, 수집·작성한 정보의 처리에 대한 설명으로 가장 적절하지 않은 것은?

① 경찰관은 수집·작성한 정보를 그 목적 외의 용도로 사용해서는 안 된다.
② 경찰관은 공공안녕에 대한 위험의 예방과 대응을 위해 필요한 경우에는 수집·작성한 정보를 관계 기관 등에 통보할 수 있다.
③ 경찰관은 수집·작성한 정보가 그 목적이 달성되어 불필요하게 되었을 때에는 그 정보를 폐기할 수 있다.
④ 경찰관은 수집한 정보를 작성할 때 객관적 사실에 기초해 중립적으로 작성해야 하며, 정치에 관여하는 등 특정한 목적을 가지고 그 내용을 왜곡해서는 안 된다.

35

「집회 및 시위에 관한 법률」에 관한 다음 설명 중 가장 적절하지 않은 것은? (다툼이 있는 경우 판례에 의함)

① 집회의 신고가 경합할 경우, 먼저 신고된 집회의 목적, 장소 및 시간, 참여예정인원, 집회 신고인이 기존에 신고한 집회건수와 실제로 집회를 개최한 비율 등 먼저 신고된 집회의 실제 개최 가능성 여부와 양 집회의 상반 또는 방해가능성 등 제반 사정을 확인하여 먼저 신고된 집회가 다른 집회의 개최를 봉쇄하기 위한 허위 또는 가장 집회신고에 해당함이 객관적으로 분명해 보이는 경우라도 관할 경찰관서장이 뒤에 신고된 집회에 대하여 금지통고를 했다면, 이러한 금지통고에 위반하여 집회를 개최한 행위는 「집회 및 시위에 관한 법률」에 위배된다.
② 질서유지선이 집회 및 시위의 보호와 공공의 질서유지를 위하여 필요하다고 인정되는 최소한의 범위를 정하여 설정되고 「집회 및 시위에 관한 법률 시행령」 관련 조항에서 정한 사유에 해당한다면, 집회 또는 시위가 이루어지는 장소 외곽의 경계지역뿐 아니라 집회 또는 시위의 장소 안에도 설정할 수 있다.
③ 경찰관들이 옥외집회 또는 시위 장소에서 줄지어 서는 등의 방법으로 소위 '사실상 질서유지선'의 역할을 수행한다고 하더라도 이를 가리켜 「집회 및 시위에 관한 법률」에서 정한 질서유지선이라고 할 수는 없다.
④ 집회ㆍ시위 참가자들이 관할 경찰관서에 신고하지 않고 집회를 개최한 경우, 그 옥외집회 또는 시위로 인하여 타인의 법익이나 공공의 안녕질서에 대한 직접적인 위험이 명백하게 초래되지 않은 상황에서 경찰이 '미신고집회'라는 사유로 자진 해산 요청을 한 후, '불법적인 행진시도', '불법 도로점거로 인한 도로교통법 제68조 제3항 제2호 위반'이라는 사유로 3회에 걸쳐 해산명령을 하였더라도 정당한 해산명령에 해당하지 않는다.

36

「보안관찰법」에 관한 설명으로 가장 적절하지 않은 것은?

① "보안관찰처분대상자"라 함은 보안관찰해당범죄 또는 이와 경합된 범죄로 금고 이상의 형의 선고를 받고 그 형기 합계가 3년 이상인 자로서 형의 전부 또는 일부의 집행을 받은 사실이 있는 자를 말한다.
② 보안관찰처분청구는 검사가 행한다.
③ 보안관찰처분을 받은 자는 이 법이 정하는 바에 따라 소정의 사항을 주거지 관할 경찰서장에게 신고하고, 재범방지에 필요한 범위 안에서 그 지시에 따라 보안관찰을 받아야 한다.
④ 보안관찰처분의 기간은 3년으로 한다.

37

「범죄수사규칙」상 외국인 등 관련 범죄에 관한 특칙에 대한 설명으로 가장 적절하지 않은 것은?

① 경찰관은 외국인인 피의자 및 그 밖의 관계자가 한국어에 능통하지 않는 경우에는 통역인으로 하여금 통역하게 하여 한국어로 피의자신문조서나 진술조서를 작성하여야 하며, 특히 필요한 때에는 한국어의 진술서를 작성하게 하거나 한국어의 진술서를 제출하게 하여야 한다.
② 외국인에 대하여 구속영장 그 밖의 영장을 집행하는 경우에는 번역문을 첨부하여야 한다.
③ 외국인으로부터 압수한 물건에 관하여 압수목록교부서를 교부하는 경우에는 번역문을 첨부하여야 한다.
④ 경찰관은 피의자가 외교 특권을 가진 사람인지 여부가 의심스러운 경우에는 신속히 국가수사본부장에게 보고하여 그 지시를 받아야 한다.

38

「출입국관리법」상 여권 등의 휴대 및 제시의무에 대한 설명으로 가장 적절하지 않은 것은?

① 대한민국에 체류하는 외국인은 항상 여권·선원신분증명서·외국인입국허가서·외국인등록증·모바일외국인등록증 또는 상륙허가서(여권등)를 지니고 있어야 한다.
② 다만, 19세 미만인 외국인의 경우에는 그러하지 아니하다.
③ ①의 외국인은 출입국관리공무원이나 권한 있는 공무원이 그 직무수행과 관련하여 여권등의 제시를 요구하면 여권등을 제시하여야 한다.
④ 여권등의 휴대 또는 제시 의무를 위반한 사람은 100만원 이하의 벌금에 처한다.

39

「범죄인 인도법」상 범죄인인도에 대한 설명 중 가장 적절하지 않은 것은?

① 「범죄인 인도법」 제6조에 의하면 대한민국과 청구국의 법률에 따라 인도범죄가 사형, 무기징역, 무기금고, 장기 1년 이상의 징역 또는 금고에 해당하는 경우에만 범죄인을 인도할 수 있다.
② 「범죄인 인도법」 제9조에 의하면 임의적 거절사유로 자국민 불인도, 군사범 불인도 등을 규정하고 있다.
③ 「범죄인 인도법」 제8조에 의하면 정치범일지라도 국가원수, 정부수반 또는 그 가족의 생명·신체를 침해하거나 위협하는 범죄를 행한 경우에는 인도의 대상이 된다.
④ 「범죄인 인도법」 제3조에 의하면 범죄인의 인도심사 및 그 청구와 관련된 사건은 서울고등법원과 서울고등검찰청의 전속관할로 한다.

40

다음은 인터폴(INTERPOL)을 통한 공조절차이다. ( )안에 들어갈 관계 기관은?

> 지구대/파출소 → 일선 경찰서 → 시도경찰청 외사과 → 경찰청 국제협력관 인터폴 국제공조담당관 → ( ) → 상대국 일선 경찰관서

① 한국 인터폴
② 상대국 인터폴
③ 주한 상대국대사관
④ 상대국 주재 한국대사관

제07회 실전동형모의고사

01

형식적 의미의 경찰개념과 실질적 의미의 경찰 개념에 대한 설명으로 적절하지 않은 것은 모두 몇 개인가?

> ㉠ 형식적 의미의 경찰은 실정법에 의한 경찰권의 확대를 뜻한다고 할 수 있다.
> ㉡ 형식적 의미의 경찰은 실정법상 개념으로 보통경찰기관에서 행하는 일체의 경찰작용을 의미한다.
> ㉢ 형식적 의미의 경찰이 언제나 실질적 의미의 경찰이 되는 것은 아니며, 실질적 의미의 경찰이 모두 형식적 의미의 경찰이 되는 것도 아니다.
> ㉣ 경찰이 아닌 다른 일반 행정기관 또한 경찰과 마찬가지로 실질적 의미의 경찰에 해당하는 활동을 할 수 있다.
> ㉤ 형식적 의미의 경찰은 사회목적적 작용을 의미하며 작용을 중심으로 파악된 개념이고, 실질적 의미의 경찰은 조직을 기준으로 파악된 개념이다.

① 1개 ② 2개
③ 3개 ④ 4개

02

「국가경찰과 자치경찰의 조직 및 운영에 관한 법률」(경찰법)상 국가경찰위원회에 대한 설명으로 가장 적절한 것은?

① 국가경찰위원회는 경찰의 민주성과 정치적 중립성을 보장하기 위하여 경찰청에 설치한 독립적 심의·의결 기구이다.
② 국가경찰위원회는 위원장 1명을 포함한 7명의 위원으로 구성되며 위원장 및 1명의 위원은 상임으로 하고, 5명의 위원은 비상임으로 한다.
③ 국가경찰의 부패 방지와 청렴도 향상에 관한 주요 정책사항은 국가경찰위원회의 심의·의결을 거쳐야 한다.
④ 국가경찰위원회의 회의는 재적위원 과반수의 출석과 재적위원 과반수의 찬성으로 의결한다.

03

「국가경찰과 자치경찰의 조직 및 운영에 관한 법률」상 국가수사본부장에 관한 설명으로 가장 적절하지 않은 것은?

① 국가수사본부장은 치안정감으로 보한다.
② 국가수사본부장을 경찰청 외부를 대상으로 모집하여 임용하는 경우 정당의 당원이거나 당적을 이탈한 날부터 3년이 지나지 아니한 사람은 국가수사본부장이 될 수 없다.
③ 국가수사본부장이 직무를 집행하면서 헌법이나 법률을 위배하였을 때에는 국회는 대통령에게 해임을 건의할 수 있다.
④ 국가수사본부장의 임기는 2년으로 하며, 중임할 수 없다.

04

다음은 최근 제정 또는 개정된 「국가공무원법」의 내용이다. 그 설명이 가장 적절하지 않은 것은?

① 누구든지 공무원이 「공익신고자 보호법」 제2조제3호에 따른 공익신고 등이나 「공직자의 이해충돌 방지법」 제18조에 따른 위반행위의 신고를 하지 못하도록 방해하거나 신고를 취소하도록 강요하여서는 아니 된다.
② 누구든지 신고자에게 신고나 이와 관련한 진술, 그 밖에 자료 제출 등을 이유로 불이익조치를 하여서는 아니 된다.
③ 누구든지 신고를 한 공무원의 인적 사항이나 그가 신고자임을 미루어 알 수 있는 사실을 본인의 동의 없이 다른 사람에게 알리거나 공개하여서는 아니 된다.
④ 처분권자는 피해자의 요청과는 관계없이 「성폭력범죄의 처벌 등에 관한 특례법」 제2조에 따른 성폭력범죄에 해당하는 사유로 처분사유 설명서를 교부할 때에는 그 징계처분결과를 피해자에게 함께 통보하여야 한다.

05

「공직자윤리법」(및 시행령)상 경찰공무원의 재산공개에 대한 설명으로 가장 적절하지 않은 것은?

① 공직자윤리위원회는 관할 등록의무자 중 치안감 이상(및 시도경찰청장) 경찰공무원 본인과 배우자 및 본인의 직계존속·직계비속의 재산에 관한 등록사항과 변동사항 신고내용을 등록기간 또는 신고기간 만료 후 2개월 이내에 관보 또는 공보에 게재하여 공개해야 한다.
② 등록의무자가 재산등록 후 승진·전보 등으로 인하여 ①에 따른 공개대상자가 된 경우에는 공개대상자가 된 날부터 2개월이 되는 날이 속하는 달의 말일까지 공개대상자가 된 날 현재의 재산을 제5조 제1항 본문에 따라 다시 등록기관에 등록하여야 하며, 공직자윤리위원회는 ①에 따라 이를 공개하여야 한다.
③ 다만, 공개대상자가 공개대상이 아닌 직위로 전보되었다가 3년 이내에 다시 공개대상자가 된 경우에는 최종 공개 이후에 변동된 사항만을 공개한다.
④ 위에 해당하는 경우가 아니면 누구든지 공직자윤리위원회 또는 등록기관의 장의 허가를 받지 아니하고는 등록의무자의 재산에 관한 등록사항을 열람·복사하거나 이를 하게 하여서는 아니 된다.

06

경찰공무원의 징계에 관한 설명으로 가장 적절하지 않은 것은? (다툼이 있는 경우 판례에 의함)

① 공무원인 피징계자에게 징계사유가 있어서 징계처분을 하는 경우 어떠한 처분을 할 것인가는 징계권자의 재량에 맡겨진 것이고, 다만 징계권자가 재량권의 행사로서 한 징계처분이 사회통념상 현저하게 타당성을 잃어 징계권자에게 맡겨진 재량권을 남용한 것이라고 인정되는 경우에 한하여 그 처분을 위법하다고 할 수 있다.
② 동료 경찰관에 대한 성희롱을 이유로 징계에 의하여 해임처분을 받은 경찰관은 해임처분을 받은 때부터 3년이 지나면 경찰공무원으로 임용될 수 있다.
③ 징계의결 요구를 받은 징계위원회는 그 요구서를 받은 날부터 30일 이내에 징계등에 관한 의결을 하여야 하나, 부득이한 사유가 있을 때에는 해당 징계등 의결을 요구한 경찰기관의 장의 승인을 받아 30일 이내의 범위에서 그 기한을 연기할 수 있다.
④ 징계위원회는 징계등 의결을 하였을 때에는 지체 없이 징계등 의결을 요구한 자에게 의결서 정본(正本)을 보내어 통지하여야 한다.

07

「공무원고충처리규정」상 성폭력범죄·성희롱 신고 및 조사에 대한 설명으로 가장 적절하지 않은 것은?

① 「국가공무원법」제76조의2(고충처리) 제1항에 따라 누구나 기관 내 성폭력범죄 또는 성희롱 발생 사실을 알게 된 경우 이를 인사혁신처장 및 임용권자등에게 신고할 수 있다.
② 인사혁신처장은 ①에 따른 신고를 받은 경우 지체 없이 신고 내용을 확인하고 해당 임용권자등이 「성희롱·성폭력 근절을 위한 공무원 인사관리규정」 제4조에 따른 조사를 실시했는지 여부를 확인하여 조사를 실시하지 않은 경우에는 조사 실시 및 그 결과 제출을 요구할 수 있다.
③ 인사혁신처장은 조사 기간 동안 피해자등이 요청하는 경우로서 피해자등을 보호하기 위해 필요하다고 인정하는 경우 그 피해자등이나 피신고자에 대하여 근무 장소의 변경, 휴가 사용권고 등의 조치를 하도록 임용권자등에게 요청할 수 있다.
④ 인사혁신처장은 신고의 원인이 된 사실이 범죄행위에 해당한다고 믿을만한 상당한 이유가 있는 경우 검찰 또는 수사기관에 수사를 의뢰하여야 한다.

08

경찰권의 발동과 한계에 대한 설명으로 가장 적절하지 않은 것은? (다툼이 있는 경우 판례에 의함)

① 「경찰관직무집행법」 제1조 제2항은 경찰비례의 원칙을 명시적으로 선언하고 있는 것이며, 이는 공공의 안녕과 질서유지라는 공익목적과 이를 실현하기 위하여 개인의 권리나 재산을 침해하는 수단 사이에는 합리적인 비례관계가 있어야 한다는 의미를 갖는다.
② 「경찰관 직무집행법」상 경찰장비 규정은 경찰관의 직무수행 중 경찰장비의 사용 여부, 용도, 방법 및 범위에 관하여 재량의 한계를 정한 것이라 할 수 있고, 특히 위해성 경찰장비는 그 사용의 위험성과 기본권 보호 필요성에 비추어 볼 때 본래의 사용방법에 따라 지정된 용도로 사용되어야 하며 다른 용도나 방법으로 사용하기 위해서는 반드시 법령에 근거가 있어야 한다.
③ 형법상 공무집행방해죄는 공무원의 직무집행이 적법한 경우에 한하여 성립하며, 이때 적법한 공무집행은 그 행위가 공무원의 추상적 권한이 아니라 구체적 직무집행에 관한 법률상 요건과 방식을 갖춘 경우를 가리키므로, 경찰관이 적법절차를 준수하지 않은 채 실력으로 현행범인을 연행하려 하였다면 적법한 공무집행이라고 할 수 없다.
④ 위법이나 비난의 정도가 미약한 사안을 포함한 모든 경우에 부정 취득하지 않은 운전면허까지 필요적으로 취소하고 이로 인해 2년 동안 해당 운전면허 역시 받을 수 없게 하는 것은, 공익의 중대성을 감안하더라도 지나치게 기본권을 제한한 것으로 비례의 원칙에 위배된다.

09

행정상 의무이행확보수단에 관한 설명으로 가장 적절하지 않은 것은? (다툼이 있는 경우 판례에 의함)

① 과징금은 원칙적으로 행정법상의 의무를 위반한 자에 대하여 당해 위반행위로 얻게 된 경제적 이익을 박탈하기 위한 목적으로 부과하는 금전적인 제재이다.
② 「경찰관 직무집행법」 제6조 "경찰관은 범죄행위가 목전에 행하여지려고 하고 있다고 인정될 때에는 이를 예방하기 위하여 관계인에게 필요한 경고를 하고, 그 행위로 인하여 사람의 생명·신체에 위해를 끼치거나 재산에 중대한 손해를 끼칠 우려가 있는 긴급한 경우에는 그 행위를 제지할 수 있다' 규정은 행정상 즉시강제에 해당한다.
③ 「경찰관 직무집행법」 제4조 제1항 제1호에서 규정하는 술에 취한 상태로 인하여 자기 또는 타인의 생명·신체와 재산에 위해를 미칠 우려가 있는 피구호자에 대한 보호조치는 행정상 강제집행에 해당한다.
④ 가산세는 개별 세법이 과세의 적정을 기하기 위하여 정한 의무의 이행을 확보할 목적으로 그 의무 위반에 대하여 세금의 형태로 가하는 행정상 제재이다.

10

「질서위반행위규제법」상 행정청의 과태료 부과 및 징수에 관한 설명으로 가장 적절하지 않은 것은?

① 행정청은 법 제16조 제2항에 따라 당사자가 제출한 의견에 상당한 이유가 있는 경우에는 과태료를 부과하지 아니하거나 통지한 내용을 변경할 수 있다.
② 법 제20조 제1항에 따른 이의제기가 있는 경우에는 행정청의 과태료 부과처분은 그 효력을 상실하지 않는다.
③ 당사자가 법 제18조 제1항에 따라 감경된 과태료를 납부한 경우에는 해당 질서위반행위에 대한 과태료 부과 및 징수절차는 종료한다.
④ 행정청은 당사자가 납부기한까지 과태료를 납부하지 아니한 때에는 납부기한을 경과한 날부터 체납된 과태료에 대하여 100분의 3에 상당하는 가산금을 징수한다.

11

「경찰관 직무집행법」에 관한 설명으로 가장 적절한 것은?

① 경찰병력이 행정대집행 직후 "A자동차 희생자 추모와 해고자 복직을 위한 범국민대책위원회"(이하 'A차 대책위'라 함)가 또다시 같은 장소를 점거하고 물건을 다시 비치하는 것을 막기 위해 당해 사건 장소를 미리 둘러싼 뒤 'A차 대책위'가 같은 장소에서 기자회견 명목의 집회를 개최하려는 것을 불허하면서 소극적으로 제지한 것은 범죄행위 예방을 위한 경찰 행정상 즉시강제로서 적법한 공무집행에 해당한다.
② 아동학대범죄의 처벌 등에 관한 특례법에 따른 아동학대범죄가 행하여지려고 하거나 행하여지고 있어 타인의 생명·신체에 대한 위해 발생의 우려가 명백하고 긴급한 상황에서 경찰관이 그 위해를 예방하거나 진압하기 위한 행위 또는 범인의 검거 과정에서 경찰관을 향한 직접적인 유형력 행사에 대응하는 행위를 하여 그로 인하여 타인에게 피해가 발생한 경우, 그 경찰관의 직무수행이 불가피한 것이고 필요한 최소한의 범위에서 이루어졌으며 해당 경찰관에게 고의 또는 중대한 과실이 없는 때에는 형을 감경하거나 면제한다.
③ 경찰관은 형사처벌의 대상이 되는 행위가 눈앞에서 막 이루어지려고 하는 것이 주관적으로 인정될 수 있는 상황이고 그 행위를 당장 제지하지 않으면 곧 인명·신체에 중대한 위해를 미치거나 재산에 손해를 끼칠 우려가 있는 상황이어서, 직접 제지하는 방법 외에는 위와 같은 결과를 막을 수 없는 급박한 상태일 때에만 「경찰관 직무집행법」 제6조에 의하여 적법하게 그 행위를 제지할 수 있다.
④ 「경찰관직무집행법」은 제1조 제2항에서 "경찰관의 직권은 그 직무수행에 필요한 최소한도에서 행사되어야 하며 남용되어서는 아니 된다."라고 선언하여 경찰비례의 원칙을 명시적으로 규정하고 있는데, 이는 경찰행정 영역에서의 헌법상 과소보호 금지원칙을 표현한 것이다.

12

「경찰관 직무집행법」상 보호조치 등에 관한 설명으로 가장 적절한 것은?

① 긴급구호를 요청받은 공공보건의료기관이나 공공구호기관은 정당한 이유 없이 긴급구호를 거절할 수 있다.
② 경찰관은 보호조치를 하는 경우에 구호대상자가 휴대하고 있는 무기 흉기 등 위험을 일으킬 수 있는 것으로 인정되는 물건을 공공보건의료기관이나 공공구호기관에 임시로 영치하여 놓을 수 있다.
③ 경찰관은 보호조치를 하였을 때에는 지체 없이 구호대상자의 가족, 친지 또는 그 밖의 연고자에게 그 사실을 알려야 하며, 연고자가 발견되지 아니할 때에는 구호대상자를 적당한 공공 보건의료기관이나 공공구호기관에 즉시 인계하여야 한다.
④ 구호대상자를 경찰관서에서 보호하는 기간은 48시간을 초과할 수 없고, 물건을 공공보건의료기관이나. 공공구호기관에 임시로 영치하는 기간은 10일을 초과할 수 없다.

13

「경찰 물리력 행사의 기준과 방법에 관한 규칙」상 경찰 물리력 수준에 관한 설명으로 가장 적절하지 않은 것은?

① 협조적 통제는 '순응' 이상의 상태인 대상자에 대해 사용할 수 있는 물리력 수준으로서, 대상자의 협조를 유도하거나 협조에 따른 물리력을 말한다.
② 접촉 통제는 '소극적 저항' 이상의 상태인 대상자에 대해 사용할 수 있는 물리력 수준으로서, 대상자 신체 접촉을 통해 경찰목적 달성을 강제하지만 신체적 부상을 야기할 가능성은 극히 낮은 물리력을 말한다.
③ 저위험 물리력은 '적극적 저항' 이상의 상태인 대상자에 대해 사용할 수 있는 물리력 수준으로서, 대상자가 통증을 느낄 수 있으나 신체적 부상을 당할 가능성은 낮은 물리력을 말한다.
④ 중위험 물리력은 '치명적 공격' 상태의 대상자로 인해 경찰관 또는 제3자의 생명·신체에 급박하고 중대한 위해가 초래될 가능성이 있는 경우 최후의 수단으로 사용할 수 있는 물리력 수준으로서, 대상자의 사망 또는 심각한 부상을 초래할 수 있는 물리력을 말한다.

14

「범죄피해자 보호법」상 구조금의 지급과 지급요건에 대한 설명으로 가장 적절하지 않은 것은?

① 구조금은 유족구조금·장해구조금 및 중상해구조금으로 구분하며, 일시금으로 지급한다.
② 이 법은 외국인이 구조피해자이거나 유족인 경우에는 해당 국가의 상호보증이 있는 경우에만 적용한다.
③ 구조피해자가 해당 범죄행위를 교사 또는 방조하는 행위에 해당하는 행위를 한 때에는 구조금을 지급하지 아니할 수 있다.
④ 국가는 구조피해자나 유족이 해당 구조대상 범죄피해를 원인으로 하여 손해배상을 받았으면 그 범위에서 구조금을 지급하지 아니한다.

15

「스토킹 방지 및 피해자보호 등에 관한 법률」상 경찰관서의 협조 및 사법경찰관의 협조요청에 대한 설명으로 가장 적절하지 않은 것은?

① 지원시설의 장은 스토킹행위자로부터 피해자등을 긴급히 구조할 필요가 있을 때에는 경찰관서(지구대·파출소 및 출장소를 포함한다)의 장에게 그 소속 직원의 동행을 요청할 수 있다. 이에 따른 요청을 받은 경찰관서의 장은 특별한 사유가 없으면 그 요청에 따라야 한다.
② 사법경찰관리는 스토킹의 신고가 접수된 때에는 지체 없이 신고된 현장에 출동하여야 한다. 이에 따라 출동한 사법경찰관리는 신고된 현장 또는 사건조사를 위한 관련 장소에 출입하여 관계인에 대하여 조사를 하거나 질문을 할 수 있다.
③ ②에 따라 조사 또는 질문을 하는 사법경찰관리는 피해자·신고자·목격자 등이 자유롭게 진술할 수 있도록 스토킹행위자로부터 분리된 곳에서 조사하는 등 필요한 조치를 할 수 있다.
④ 누구든지 정당한 사유 없이 ②에 따른 사법경찰관리의 현장조사를 거부하는 등 그 업무 수행을 방해하는 행위를 하여서는 아니 된다.

16

경찰조직편성의 원리에 관한 설명으로 가장 적절하지 않은 것은?

① 할거주의는 조정과 통합의 원리를 실현시키는 필수적 요소이다.
② 계층제는 조직의 경직화를 초래하여 환경변화에 대한 조직의 신축적 대응을 어렵게 한다.
③ 명령통일의 원리는 부하직원이 한 사람의 상관으로부터만 명령을 받고, 보고도 그 상관에게만 하도록 하는 것을 의미한다.
④ 통솔의 범위는 한 사람의 상관이 효과적으로 감독할 수 있는 최대한의 부하의 수를 의미한다.

17

계급제와 직위분류제에 관한 설명으로 가장 적절하지 않은 것은?

① 직위분류제는 사람 중심 분류로서 계급제보다 인사배치의 신축성 측면에서 유리하다.
② 우리나라의 공직분류는 계급제 위주에 직위분류제적 요소를 가미한 혼합 형태라고 할 수 있다.
③ 직위분류제는 미국에서 실시된 후 다른 나라로 전파되었다.
④ 직위분류제는 계급제에 비해서 보수결정의 합리적인 기준을 제시하는 것이 장점이다.

18

다음 <보기>의 ( )에 들어갈 말이 적절하게 연결된 것은? (다툼이 있는 경우 판례에 따름)

> 광역시인 A시의 구역 내에 A시장이 교통신호기를 설치하였는데, 그 관리 권한은 도로교통법 관련규정에 의하여 A시 관할 시도경찰청장에게 기관위임되어 있다. A시 관할 시도경찰청 소속 공무원이 교통종합관제센터에서 그 관리업무를 담당하던 중 위 신호기가 고장난 채 방치되어 교통사고가 발생하였다. 이 경우 배상책임은 사무귀속주체로서 (㉠)에게, 비용부담자로서 (㉡)에게 귀속된다.
>
> **도/로/교/통/법**
> 제3조(신호기 등의 설치 및 관리) ① 특별시장·광역시장·제주특별자치도지사 또는 시장·군수(광역시의 군수는 제외)는 도로에서의 위험을 방지하고 교통의 안전과 원활한 소통을 확보하기 위하여 필요하다고 인정하는 경우에는 신호기 및 안전표지(교통안전시설)를 설치·관리하여야 한다.
> 제147조(위임 및 위탁 등) ① 시장 등은 이 법에 따른 권한 또는 사무의 일부를 대통령령으로 정하는 바에 따라 시도경찰청장이나 경찰서장에게 위임 또는 위탁할 수 있다.

① ㉠ : A시   ㉡ : 국가
② ㉠ : 시도경찰청   ㉡ : A시
③ ㉠ : 국가   ㉡ : A시
④ ㉠ : 시도경찰청   ㉡ : 국가
⑤ ㉠ : A시   ㉡ : 시도경찰청

19

다음은 甲총경과 친족의 재산 현황이다. 「공직자윤리법」을 기준으로 甲총경이 등록해야 하는 재산의 총액으로 가장 적절한 것은? (단, 제시한 자료 이외의 친족 및 재산은 없음)

> ㉠ 甲총경이 소유한 미국에 있는 5천만원 상당의 아파트
> ㉡ 甲총경의 성년아들이 소유한 합계액 500만원의 예금
> ㉢ 甲총경의 배우자가 소유한 합계액 2천만원의 채권
> ㉣ 甲총경의 부친이 소유한 합계액 500만원의 현금
> ㉤ 甲의 외조모가 소유한 합계액 3천만원의 주식
> ㉥ 甲총경의 혼인한 딸이 소유한 합계액 5천만원의 현금

① 7천만원
② 7천 500만원
③ 8천만원
④ 8천 500만원

20

「경찰청 공무원 행동강령」에 대한 설명으로 가장 적절한 것은?

① 공무원은 어떠한 경우에도 자신의 직무권한을 행사하여 직무 관련자로부터 사적 노무를 제공받거나 요구해서는 안된다.
② 공무원은 정치인이나 정당 등으로부터 부당한 직무수행을 강요받거나 청탁을 받은 경우에는 별지 제9호 서식 또는 전자우편 등의 방법으로 소속기관장에게 보고하거나 행동강령책임관과 상담할 수 있다.
③ 경찰유관단체원이 경찰 업무와 관련하여 경찰관에게 금품을 제공한 경우 행동강령책임관은 해당 경찰유관단체 운영 부서장과 협의하여 소속기관장에게 경찰유관단체원의 해촉 등 필요한 조치를 건의하여야 하며, 보고를 받은 소속기관장은 적절한 조치를 취해야 한다.
④ 공무원은 사례금을 받는 외부강의(외부강의 등을 요청한 자가 국가나 지방자치단체를 포함함)를 할 때에는 외부강의의 요청 명세 등을 외부강의 등 신고서에 따라 소속 기관의 장에게 그 외부강의 등을 마친 날부터 10일 이내에 신고하여야 한다.

21

「공직자의 이해충돌 방지법」에 대한 설명으로 가장 적절한 것은?

① 공직자가 소속된 공공기관과 계약을 체결하거나 체결하려는 것이 명백한 개인이나 법인 또는 단체는 직무관련자에 해당한다.
② 고위공직자는 그 직위에 임용되거나 임기를 개시하기 전 3년 이내에 민간 부문에서 업무활동을 한 경우, 그 활동 내역을 그 직위에 임용되거나 임기를 개시한 다음 날부터 30일 이내에 소속기관장에게 제출하여야 한다.
③ 직무와 관련된 다른 직위에 취임한 공직자는 3천만원 이하의 과태료를 부과한다.
④ 공직자로 채용·임용되기 전 3년 이내에 공직자 자신이 대리하거나 고문·자문 등을 제공했던 개인이나 법인 또는 단체는 사적이해관계자에 해당한다.

22

사회적 수준의 범죄원인론 중 '사회과정원인'에 해당하지 않는 것은?

① Sutherland의 차별적 접촉이론에 따르면, 범죄는 범죄적 전통을 가진 사회에서 많이 발생하며, 이러한 사회에서 개인은 범죄에 접촉·동조하면서 학습한다.
② Cohen은 하류계층의 청소년들이 목표달성의 어려움을 극복하기 위해 자신들만의 하위문화를 만들고, 범죄는 이러한 하위문화에 의해 저질러진다고 주장하였다.
③ Matza & Sykes에 따르면, 청소년은 비행과정에서 '책임의 회피', '피해자의 부정', '피해 발생의 부인', '비난자에 대한 비난', '충성심에의 호소' 등 5가지 중화기술을 통해 규범, 가치관 등을 중화시킨다.
④ Hirshi에 따르면, 범죄는 사회적인 유대가 약화되어 통제되지 않기 때문에 발생하고, 사회적 결속은 애착, 참여, 전념, 신념의 4가지 요소에 영향을 받는다.

23

「지역경찰의 조직 및 운영에 관한 규칙」상 순찰팀장의 직무 범위에 해당하는 것을 모두 고른 것은?

㉠ 관내 치안상황의 분석 및 대책 수립
㉡ 근무교대시 주요 취급사항 및 장비 등의 인수인계 확인
㉢ 관리팀원 및 순찰팀원에 대한 일일근무 지정 및 지휘·감독
㉣ 시설 및 장비의 관리

① ㉠㉡ ② ㉡㉢
③ ㉠㉢ ④ ㉡㉣

24

에크와 스펠만(Eck & Spelman)은 경찰관서에서 문제지향 경찰활동을 지역문제의 해결에 보다 쉽게 적용할 수 있도록 4단계의 문제해결과정(이른바 SARA 모델)을 제시하였다. 개별 단계에 관한 설명으로 가장 적절하지 않은 것은?

① 조사단계(scanning)는 일반적으로 지역사회에서 일회적으로 발생하지만 대중의 이목을 집중시키는 심각한 중대범죄 사건을 우선적으로 조사대상화하는 데에서 출발한다.
② 분석단계(analysis)에서는 각종 통계자료 등 수집된 자료를 활용하여 심층적인 분석을 실시하며, 당면 문제의 성격을 정확하게 파악하기 위해 문제분석 삼각모형(problem analysis triangle)을 유용한 분석도구로 활용할 수 있다.
③ 대응단계(response)에서는 경찰이 보유한 자원과 역량만으로는 한계가 있으므로 지역사회 내의 여러 다른 기관들과의 협력을 통한 대응방안을 추구하며, 상황적 범죄예방에서 제시하는 25가지 범죄예방기술을 적용해 볼 수도 있다.
④ 평가단계(assessment)는 과정평가와 효과평가의 두 단계로 구성되며, 이전 문제해결과정에의 환류를 통해 각 단계가 지속적인 순환 과정으로 작동할 수 있도록 한다는 점에서 중요한 의미를 가진다.

25

「경범죄 처벌법」상 다음 ( ) 안에 들어갈 숫자로 알맞은 것은?

> ㉠ 출판물의 부당게재 등 – 올바르지 아니한 이익을 얻을 목적으로 다른 사람 또는 단체의 사업이나 사사로운 일에 관하여 신문, 잡지, 그 밖의 출판물에 어떤 사항을 싣거나 싣지 아니할 것을 약속하고 돈이나 물건을 받은 사람은 (가)만원 이하의 벌금, 구류 또는 과료의 형으로 처벌한다.
> ㉡ 거짓 광고 – 여러 사람에게 물품을 팔거나 나누어 주거나 일을 해주면서 다른 사람을 속이거나 잘못 알게 할 만한 사실을 들어 광고한 사람은 (나)만원 이하의 벌금, 구류 또는 과료의 형으로 처벌한다.
> ㉢ 업무방해 – 못된 장난 등으로 다른 사람, 단체 또는 공무 수행 중인 자의 업무를 방해한 사람은 (다)만원 이하의 벌금, 구류 또는 과료의 형으로 처벌한다.
> ㉣ 암표매매 – 흥행장, 경기장, 역, 나루터, 정류장, 그 밖에 정하여진 요금을 받고 입장시키거나 승차 또는 승선시키는 곳에서 웃돈을 받고 입장권·승차권 또는 승선권을 다른 사람에게 되판 사람은 (라)만원 이하의 벌금, 구류 또는 과료의 형으로 처벌한다.

	(가)	(나)	(다)	(라)
①	10	20	60	20
②	20	20	20	20
③	20	10	60	20
④	20	60	20	10

26

다음의 <보기> 중 「식품위생법」과 관련된 판례의 입장으로 적절하지 않은 것은 모두 몇 개인가?

> ㉠ 식품위생법령상 유흥시설을 설치한 유흥주점은 주로 주류를 조리·판매하는 곳으로 춤을 출 수 있도록 무도장을 설치한 장소를 가리키고 총리령으로 정한 시설기준에 맞는 시설을 갖추고 있어야 하므로 설치장소가 제한된다 볼 것이다. 따라서 실외에 설치된 것은 유흥주점에 포함되지 않는다.
> ㉡ 유흥접객원이란 적어도 하나의 직업으로 특정업소에서 손님과 함께 술을 마시거나 노래 또는 춤으로 손님의 유흥을 돋우어 주고 주인으로부터 보수를 받거나 손님으로부터 팁을 받는 부녀자를 가리킨다.
> ㉢ 음식을 나르기 위하여 고용된 종업원이 손님의 거듭되는 요구에 못이겨 할 수 없이 손님과 합석하여 술을 마시게 된 경우 유흥접객원에 포함되지 아니한다.
> ㉣ 단순히 놀러오거나 손님으로 왔다가 다른 남자손님과 합석하여 술을 마신 부녀자는 유흥종사자에 포함되지 아니한다.
> ㉤ 시중원(바텐더)으로 일하면서 일시적으로 손님들이 권하는 술을 받아 마신 경우라도 특별한 사정이 없는 한 이를 유흥접객원으로 볼 수 있다.
> ㉥ 특정다방에 대기하는 이른바 '티켓걸'이 노래연습장에 티켓영업을 나가 시간당 정해진 보수를 받고 그 손님과 함께 춤을 추고 노래를 불러 유흥을 돋우게 한 경우, 손님이 직접 전화로 티켓걸을 부르고 그 티켓비를 손님이 직접 지급하였다고 한다면 비록 업소 주인이 이러한 사정을 알고서 이를 용인하였다고 하더라도 유흥종사자를 둔 경우에 해당한다고 할 수 없다.

① 1개 ② 2개
③ 3개 ④ 4개

27

다음의 <보기> 중 「공연법」(및 시행령)에 대한 설명으로 가장 적절하지 않은 것은?

① 공연장운영자는 화재 등 재해나 그 밖의 위급한 상황의 발생 시 관람자가 안전하게 피난할 수 있도록 공연장에 피난계단·피난통로, 피난설비 등이 표시되어 있는 피난 안내도를 갖추어 두거나 피난 절차, 노약자·장애인 등 거동이 불편한 관람자의 피난 방법, 공연의 특수상황, 그 밖에 비상시에 대비하기 위하여 관람자가 알고 있어야 할 사항을 공연 시작 전 관람자에게 주지시켜야 한다.
② ①을 위반하여 피난안내도를 갖추어 두거나 피난안내에 관한 사항을 주지시키는 것 중에 어느 하나를 하지 아니한 자에게는 300만원 이하의 과태료를 부과한다.
③ 공연장운영자는 공연법 제11조 제1항에 따라 다음 연도의 재해대처계획을 수립하여 매년 12월 31일까지 관할 특별자치시장·특별자치도지사·시장·군수·구청장에게 신고하여야 하며, 신고한 재해대처계획을 변경하려는 경우에는 그 계획을 적용하기 전 음료에 변경신고를 하여야 한다(다만, 공연장운영자가 공연장을 등록하는 경우에는 공연장 등록 신청과 함께 해당 연도의 재해대처계획을 신고하여야 한다).
④ 공연장 외의 시설이나 장소에서 1천명 이상의 관람이 예상되는 공연을 하려는 자는 해당 시설이나 장소 운영자와 공동으로 공연 개시 14일 전까지 안전관리인력의 확보·배치계획 및 공연계획서 등이 포함된 재해대처계획을 관할 특별자치시장·특별자치도지사·시장·군수 또는 구청장에게 신고하여야 하며, 신고한 사항을 변경하려는 경우에는 해당 공연 14일 전까지 변경신고를 하여야 한다.

28

아동·청소년대상 디지털 성범죄에 대한 신분비공개수사 또는 신분위장수사로 수집한 증거 및 자료 등의 사용제한 및 통제에 대한 설명으로 가장 적절하지 않은 것은?

① 아동·청소년대상 디지털 성범죄에 대한 신분비공개수사 또는 신분위장수사로 수집한 증거 및 자료는 규정하고 있는 경우 외에는 사용할 수 없다.
② 신분비공개수사 또는 신분위장수사의 목적이 된 디지털 성범죄나 이와 관련되는 범죄를 수사·소추하거나 그 범죄를 예방하기 위하여 사용하는 경우에는 신분비공개수사 또는 신분위장수사로 수집한 증거 및 자료를 사용할 수 있다.
③ 「국가경찰과 자치경찰의 조직 및 운영에 관한 법률」에 따른 국가수사본부장은 신분비공개수사가 종료된 즉시 대통령령으로 정하는 바에 따라 같은 법 제7조제1항에 따른 국가경찰위원회에 수사 관련 자료를 보고하여야 한다.
④ 국가수사본부장은 대통령령으로 정하는 바에 따라 국회 소관 상임위원회에 신분비공개수사 관련 자료를 분기별로 보고하여야 한다.

29

다음 <보기> 중 「경찰청과 그 소속기관 직제」상 형사국의 소관 사무에 해당하는 것은 모두 몇 개인가?

> ㉠ 과학수사의 기획 및 지도
> ㉡ 범죄기록 및 주민등록지문의 수집·관리
> ㉢ 외국인 관련 범죄에 대한 통계 및 수사자료 분석
> ㉣ 스토킹·성매매 예방 및 피해자 보호에 관한 업무
> ㉤ 성폭력 및 가정폭력 예방 및 피해자 보호에 관한 업무
> ㉥ 성폭력범죄, 아동·청소년 대상 성매매, 가정폭력, 아동학대, 학교폭력 및 실종사건에 관한 수사 지휘·감독 및 아동·청소년 대상 성매매 단속

① 2개 ② 3개
③ 4개 ④ 5개

30

「검사와 사법경찰관의 상호협력과 일반적 수사준칙에 관한 규정」 및 「범죄수사규칙」상 조사 등의 장소와 시간에 대한 설명으로 가장 적절하지 않은 것은?

① 「범죄수사규칙」상 경찰관은 조사를 할 때에는 경찰관서 사무실 또는 조사실에서 하여야 하며 부득이한 사유로 그 이외의 장소에서 하는 경우에는 소속 경찰관서장 사전 승인을 받아야 한다. 형사소송법 제264조의3에 따른 진술거부권의 고지는 조사를 상당 시간 중단하거나 회차를 달리하거나 담당 경찰관이 교체된 경우에도 다시 하여야 한다.

② 「수사준칙」상 사법경찰관은 조사, 신문, 면담 등 그 명칭을 불문하고 피의자나 사건관계인에 대해 오후 9시부터 오전 6시까지 사이에 조사(심야조사)를 해서는 안 된다. 다만, 이미 작성된 조서의 열람을 위한 절차는 자정 이전까지 진행할 수 있다.

③ 「수사준칙」상 ②에도 불구하고 피의자를 체포한 후 48시간 이내에 구속영장 청구 또는 신청 여부를 판단하기 위해 불가피한 경우에는 심야조사를 할 수 있다. 이 경우 심야조사의 사유를 조서에 명확하게 적어야 한다.

④ 「수사준칙」상 사법경찰관은 특별한 사정이 없으면 총조사시간 중 식사시간, 휴식시간 및 조서의 열람시간 등을 제외한 실제 조사시간이 10시간을 초과하지 않도록 해야 한다.

31

「검사와 사법경찰관의 상호협력과 일반적 수사준칙에 관한 규정」상 검사의 재수사요청의 절차 등에 관한 설명으로 가장 적절하지 않은 것은?

① 검사는 사법경찰관에게 재수사를 요청하려는 경우에는 관계 서류와 증거물을 송부받은 날부터 90일 이내에 해야 한다.

② 검사는 ①에 따라 재수사를 요청할 때에는 그 내용과 이유를 구체적으로 적은 서면으로 해야 한다. 이 경우 송부받은 관계 서류와 증거물을 사법경찰관에게 반환해야 한다.

③ 검사는 법 제245조의8에 따라 재수사를 요청한 경우 그 사실을 고소인 등에게 통지해야 한다.

④ 사법경찰관은 법 제245조의8 제1항에 따른 재수사의 요청이 접수된 날부터 2개월 이내에 재수사를 마쳐야 한다.

32

「국민보호와 공공안전을 위한 테러방지법」에서 규정하는 내용 중 적절하지 않은 것은 모두 몇 개인가?

> ㉠ 테러위험인물이란 테러를 실행·계획·준비하거나 테러에 참가할 목적으로 국적국이 아닌 국가의 테러단체에 가입하거나 가입하기 위하여 이동 또는 이동을 시도하는 내국인·외국인을 말한다.
> ㉡ 대테러활동에 관한 정책의 중요사항을 심의·의결하기 위하여 국가테러대책위원회를 두고 위원장은 국가정보원장으로 한다.
> ㉢ 관계기관의 장은 테러의 계획 또는 실행에 관한 사실을 관계기관에 신고하여 테러를 사전에 예방할 수 있게 하였거나, 테러에 가담 또는 지원한 사람을 신고하거나 체포한 사람에 대하여 대통령령으로 정하는 바에 따라 포상금을 지급하여야 한다.
> ㉣ 국가정보원장은 대테러활동에 필요한 정보나 자료를 수집하기 위하여 대테러조사 및 테러위험인물에 대한 추적을 할 수 있다. 이 경우 사전 또는 사후에 대책위원회 위원장에게 보고하여야 한다.

① 1개 ② 2개
③ 3개 ④ 4개

33

다음의 <보기> 중 「국민보호와 공공안전을 위한 테러방지법」(및 시행령)에 대한 설명으로 가장 적절하지 않은 것은?

① 경찰청장은 국가테러대책위원회의 구성원이고, 대책위원회에는 대책위원회의 사무를 처리하기 위하여 간사를 두는데, 간사는 법 제6조에 따른 대테러센터의 장이 된다.
② 경찰청장은 테러가 발생하거나 발생할 우려가 현저한 경우에는 국내 일반 테러사건 대책본부를 설치·운영하여야 한다.
③ 대테러센터장은 테러 위험 징후를 포착한 경우 테러경보 발령의 필요성, 발령 단계, 발령 범위 및 기간 등에 관하여 실무위원회의 심의를 거쳐 테러경보를 발령한다. 다만, 긴급한 경우 경계 이하의 테러경보 발령 시에는 실무위원회의 심의 절차를 생략할 수 있다.
④ 국내 일반테러사건의 경우에는 대책본부가 설치되기 전까지 테러사건 발생 지역 관할 경찰관서의 장이 사건 현장의 통제·보존 및 경비 강화 등 초동조치를 하여야 하고, 대책본부의 장은 테러사건에 대한 대응을 위하여 필요한 경우 현장지휘본부를 설치하여 상황 전파 및 대응 체계를 유지하고, 조치사항을 체계적으로 시행한다.

34

운전면허와 운전면허 행정처분에 관한 다음 <보기> 중 적절하지 않은 것은 모두 몇 개인가?

> ㉠ 긴급자동차는 반드시 제1종 면허가 있어야 운전이 가능하다.
> ㉡ 19세미만(원동기장치자전거의 경우 16세미만)인 사람은 운전면허 결격사유에 해당한다.
> ㉢ 연습운전면허를 받은 사람이 연습운전면허를 받은 날부터 1년 이전이라도 제1종 보통면허 또는 제2종 보통면허를 받은 경우에는 연습운전면허의 효력을 잃는다.
> ㉣ 면허 있는 자가 약물·과로운전 중에 사람을 사상한 후 구호조치 및 신고 없이 도주한 경우, 운전면허시험 응시제한 기간은 취소된 날부터 5년이다.
> ㉤ 면허 있는 자가 음주운전으로 3회 이상 교통사고를 야기한 경우, 운전면허시험 응시제한 기간은 취소된 날부터 4년이다.

① 2개 ② 3개
③ 4개 ④ 5개

35

「도로교통법」(및 시행규칙)에 따른 술에 취한 상태의 측정 방법 등에 관한 설명으로 가장 적절하지 않은 것은?

① 호흡조사는 호흡을 채취하여 술에 취한 정도를 객관적으로 환산하는 측정 방법이고, 혈액 채취는 혈액을 채취하여 술에 취한 정도를 객관적으로 환산하는 측정 방법을 말한다.
② 호흡조사는 경찰공무원이 교통의 안전과 위험방지를 위하여 필요하다고 인정하는 경우나 운전자의 외관, 언행, 태도, 운전 행태 등 객관적 사정을 종합하여 운전자가 술에 취한 상태에서 운전한 것으로 의심되는 경우에 실시한다.
③ 호흡조사를 실시하는 경우에는 입 안의 잔류 알코올을 헹궈낼 수 있도록 운전자에게 음용수를 제공하거나 20분 경과 후 실시할 수 있다.
④ 운전자가 처음부터 혈액 채취로 측정을 요구하거나 호흡조사로 측정한 결과에 불복하면서 혈액 채취로의 측정에 동의하는 경우 또는 운전자가 의식이 없는 등 호흡조사로 측정이 불가능한 경우에는 혈액 채취의 방법에 따라 실시한다.

36

「경찰관 직무집행법」제8조의2에 따라 경찰관이 수집·작성·배포할 수 있는 공공안녕에 대한 위험의 예방과 대응을 위한 정보의 구체적인 범위와 처리 기준, 정보의 수집·작성·배포에 수반되는 사실의 확인 절차 및 한계에 관하여 규정함을 목적으로 「경찰관의 정보수집 및 처리 등에 관한 규정」을 두고 있다. 이에 대한 설명으로 가장 적절하지 않은 것은?

① 경찰관은 정보를 수집하거나 정보의 수집·작성·배포에 수반되는 사실을 확인하려는 경우에는 반드시 상대방에게 자신의 신분을 밝혀야 한다.
② 정보수집 또는 사실 확인의 목적을 설명해야 하고, 이 경우 강제적인 방법을 사용해서는 안 된다.
③ 경찰관은 정보를 제공하거나 사실을 확인해 준 자가 신분이나 처우와 관련하여 불이익을 받지 않도록 비밀유지 등 필요한 조치를 해야 한다.
④ 경찰관은 수집한 정보를 작성할 때 객관적 사실에 기초해 중립적으로 작성해야 하며, 정치에 관여하는 등 특정한 목적을 가지고 그 내용을 왜곡해서는 안 된다.

37

다음은 집회 및 시위에서 확성기 등의 대상 소음이 있을 때 소음의 측정과 관련된 내용이다. ( ) 안에 들어갈 숫자의 총합은? (등가소음도 기준)

> ⊙ 주거지역, 학교, 종합병원, 공공도서관의 소음기준은 주간 ( )dB 이하, 야간 ( )dB 이하이다.
> ⓒ 그 밖의 지역의 소음기준은 주간 ( )dB, 야간 ( )dB 이하이다.
> ⓒ 확성기 등의 대상소음이 있을 때 측정한 소음도를 측정소음도로 하고, 같은 장소에서 확성기 등의 대상소음이 없을 때 ( )분간 측정한 소음도를 배경소음도로 한다.
> ⓔ 측정소음도가 배경소음도보다 ( )dB 이상 크면 배경소음의 보정 없이 측정소음도를 대상소음도로 한다.

① 280 ② 290
③ 300 ④ 310

38

다음 <보기>에서 간첩의 분류에 대한 설명으로 가장 적절하지 않은 것은?

① 공행간첩의 특징은 대상국가에 입국할 때 합법적인 신분을 보장받는 데 있다.
② 일반간첩은 일반적 정보를 수집하거나 전복공작 등을 전개하는 간첩으로 우리나라에 잠입한 대다수의 간첩이다.
③ 대량형간첩은 주로 평시에 파견되어 대상의 지목없이 광범위한 분야에서 정보를 수집하는 간첩으로 지명형 간첩에 대(對)한 개념이다.
④ 보급간첩은 공작활동에 필요한 금품, 장비 등 물적 지원의 임무를 갖고 남파되는 간첩이다.

39

외교사절과 영사와 관련된 「경찰의 관할」에 대한 설명으로 가장 적절하지 않은 것은?

① 「외교관계에 관한 비엔나협약」상 공관지역은 불가침이므로 접수국의 관헌은 공관장의 동의없이는 공관지역에 들어가지 못한다.
② 「외교관계에 관한 비엔나협약」상 외교관과 외교신서사는 신체의 불가침을 향유하며 어떠한 형태의 체포나 구금도 당하지 아니한다.
③ 「영사관계에 관한 비엔나협약」상 영사관과 영사신서사은 어떠한 형태의 체포 또는 구금도 당하지 아니한다.
④ 「영사관계에 관한 비엔나협약」상 접수국의 당국은 영사기관장 또는 그가 지정한 자 또는 파견국의 외교공관장의 동의를 받는 경우를 제외하고, 전적으로 영사기관의 활동을 위하여 사용되는 영사관사의 부분에 들어가서는 아니된다. 다만, 화재 또는 신속한 보호조치를 필요로 하는 기타 재난의 경우에는 영사기관장의 동의가 있은 것으로 추정될 수 있다.

40

「출입국관리법」상 외국인 입국금지사유에 해당하는 것은 모두 몇 개인가?

> ㉠ 감염병환자로 공중위생상 위해를 미칠 염려가 있다고 인정되는 자
> ㉡ 「총포·도검·화약류 등의 안전관리에 할 법률」에서 정하는 총포를 위법하게 가지고 입국하려는 자
> ㉢ 법무부장관이 정한 거소 또는 활동범위의 제한을 위반한 자
> ㉣ 상륙허가를 받지 아니하고 상륙한 자
> ㉤ 대한민국의 이익이나 공공의 안정을 해하는 행동을 할 염려가 있다고 인정할 만한 상당한 이유가 있는 자
> ㉥ 경제질서 또는 사회질서를 해하거나 선량한 풍속을 해하는 행동을 할 염려가 있다고 인정할 만한 이유가 있는 자
> ㉦ 국내체류비용을 부담할 능력이 없는 자

① 4개　　② 5개
③ 6개　　④ 7개

01

경찰권 행사에 대한 설명으로 가장 적절하지 않은 것은?

① 공공의 안녕은 법질서의 불가침성, 국가존립과 기능성의 불가침성, 개인의 권리와 법익의 보호로 구성되며, 경찰은 사회공공과 관련하여 국가의 존립과 기능을 보호할 의무가 있다.
② 위험은 경찰개입의 전제요건이므로 보호를 받게 되는 법익에 구체적으로 존재해야만 하고 경찰책임자가 누구인지는 불문한다.
③ 범죄수사에 있어서 범죄피해자를 위한 사법경찰권의 적극적인 개입을 인정하는 입법례가 증가하는 추세이다.
④ 공공질서와 관련하여 경찰이 개입할 것인가의 여부는 경찰의 결정에 맡겨져 있더라도 헌법상 과잉금지원칙이 준수되어야 한다.

02

다음의 <보기> 중 우리나라 경찰의 표상(表象)과 관련하여 그 설명이 적절한 것을 고르면 모두 몇 개인가?

> ㉠ 「김석」은 의경대원으로 활약, 1932년 4월 상해 홍구 공원에서 열린 일왕의 생일 축하 기념식장 폭탄 투하시 윤봉길 의사를 배후에서 지원한 것으로 알려졌다.
> ㉡ 「김철」 또한 의경대 출신으로, 항주 시기 임시정부를 이끌었고, 1932년 일제경찰에 체포된 후 감금, 고문 후유증으로 생애를 마감한 것으로 알려졌다.
> ㉢ 경찰의 표상(表象) 중 차일혁 경무관을 호국경찰, 인본경찰, 문화경찰로 통칭한다.
> ㉣ 1968년 '무장공비 침투사건(1·21 사태)' 당시 종로경찰서 자하문검문소에서 무장공비를 온몸으로 막아내고 순국한 최규식 경무관과 정종수 경사는 호국경찰의 표상이다.

① 1개 ② 2개
③ 3개 ④ 4개

03

경찰행정법의 법원(法)에 대한 설명으로 가장 적절하지 않은 것은?

① 헌법에 의하여 체결·공포된 조약과 일반적으로 승인된 국제법규도 경찰행정법의 법원으로 볼 수 있다.
② 헌법재판소의 위헌결정은 국가경찰 및 자치경찰을 기속하므로 법원성이 인정된다.
③ 경찰행정법의 일반원칙인 평등의 원칙, 비례의 원칙, 권한남용 금지의 원칙, 신뢰보호의 원칙은 「행정기본법」에는 규정되어 있지 않다.
④ 신의성실의 원칙은 「민법」뿐만 아니라 경찰행정법을 포함한 모든 법의 일반원칙이며 법원으로 인정된다.

04

행정상 법률관계에 관한 설명으로 가장 적절하지 않은 것은? (다툼이 있는 경우 판례에 의함)

① 국유재산의 관리청이 그 무단점유자에 대하여 하는 변상금부과 처분은 순전히 사경제주체로서 행하는 사법상의 법률행위이다.
② 국가나 지방자치단체에 근무하는 청원경찰은 「국가공무원법」이나 「지방공무원법」상의 공무원은 아니지만 그 근무관계를 사법상의 고용계약관계로 보기는 어렵다.
③ 원천징수의무자가 비록 과세관청과 같은 행정청이라 하더라도 그의 원천징수행위는 법령에서 규정된 징수 및 납부의무를 이행하기 위한 것에 불과한 것이지, 공권력의 행사로서의 행정 처분을 한 경우에 해당되지 아니한다.
④ 국립 교육대학 학생에 대한 퇴학처분은 행정처분이다.

05

「국가경찰과 자치경찰의 조직 및 운영에 관한 법률」에 따른 국가경찰위원회에 대한 설명이다. 가장 적절하지 않은 것은?

① 국가경찰행정에 관하여 제10조제1항 각호의 사항을 심의·의결하기 위하여 행정안전부에 국가경찰위원회를 둔다.
② 국가경찰위원회는 위원장 1명을 포함한 7명의 위원으로 구성하되, 위원장 및 5명의 위원은 비상임(非常任)으로 하고, 1명의 위원은 상임(常任)으로 한다.
③ 위원 중 2명은 법관의 자격이 있는 사람이어야 하고, 위원은 특정 성(性)이 10분의 5을 초과하지 아니하도록 노력하여야 한다.
④ 민주적 통제기관으로 국가경찰위원회는 행정안전부에 두지만, 효율성을 위해 직무수행은 경찰청에서 수행하고 있다.

06

「국가경찰과 자치경찰의 조직 및 운영에 관한 법률」상 시도자치경찰위원회의 운영에 관한 내용으로 가장 적절하지 않은 것은?

① 시·도자치경찰위원회의 회의는 재적위원 과반수의 출석과 출석위원 과반수의 찬성으로 의결한다. 이 경우 시·도지사는 시·도자치경찰위원회의 의결이 적정하지 아니하다고 판단할 때에는 재의를 요구할 수 있다.
② 위원회의 의결이 법령에 위반되거나 공익을 현저히 해친다고 판단되면 행정안전부장관은 미리 경찰청장의 의견을 들어 국가경찰위원회를 거쳐 시·도지사에게 재의를 요구하게 할 수 있고, 경찰청장은 국가경찰위원회와 행정안전부장관을 거쳐 시·도지사에게 재의를 요구하게 할 수 있다.
③ 시·도자치경찰위원회의 위원장은 재의요구를 받은 날부터 10일 이내에 회의를 소집하여 재의결할 수 있다.
④ 시·도자치경찰위원회의 회의는 정기적(매월 1회 이상)으로 개최하여야 한다. 다만 위원장이 필요하다고 인정하는 경우, 위원 2명 이상이 요구하는 경우 및 시·도지사가 필요하다고 인정하는 경우에는 임시회의를 개최할 수 있다.

07

「경찰공무원법」 및 「경찰공무원 임용령」상 경찰공무원 임용권의 위임에 대한 설명으로 가장 적절하지 않은 것은?

> 경찰청장은 법 제7조제3항 전단에 따라 특별시장·광역시장·특별자치시장·도지사 또는 특별자치도지사(시·도지사)에게 해당 특별시·광역시·특별자치시·도 또는 특별자치도(시·도)의 자치경찰사무를 담당하는 경찰공무원 중 경정의 전보·파견·휴직·직위해제 및 복직에 관한 권한과 경감 이하의 임용권(신규채용 및 면직에 관한 권한은 제외)을 위임한다(임용령 제4조 제1항).

① 위에 따라 임용권을 위임받은 시·도지사는 법 제7조제3항 후단에 따라 경감 또는 경위로의 승진임용에 관한 권한을 제외한 임용권을 시·도자치경찰위원회에 다시 위임한다.
② ①에 따라 임용권을 위임받은 시·도자치경찰위원회는 시·도지사와 시·도경찰청장의 의견을 들어 그 권한의 일부를 시·도경찰청장에게 다시 위임할 수 있다.
③ ②에 따라 임용권을 위임받은 시·도경찰청장은 소속 경감 이하 경찰공무원에 대한 해당 경찰서 안에서의 전보권을 경찰서장에게 다시 위임할 수 있다.
④ 위에 따라 위임된 임용권은 경찰청장이 경찰공무원의 정원 조정, 승진임용, 인사교류 또는 파견을 위하여 필요한 경우에도 임용권을 다시 행사할 수는 없다.

08

「경찰공무원 임용령」상 경찰공무원의 전보에 대한 설명으로 가장 적절하지 않은 것은?

① 임용권자 또는 임용제청권자는 장기근무 또는 잦은 전보로 인한 업무 능률 저하를 방지하기 위하여 특별한 사정이 없으면 정기적으로 전보를 실시하여야 한다.
② 임용권자 또는 임용제청권자는 소속 경찰공무원이 해당 직위에 임용된 날부터 1년 이내(감사업무를 담당하는 경찰공무원의 경우에는 3년 이내)에 다른 직위에 전보할 수 없다.
③ 경정 이하의 경찰공무원을 배우자 또는 직계존속이 거주하는 시·군·자치구 지역의 경찰기관으로 전보하는 경우에는 예외로 한다.
④ 교육훈련기관의 교수요원으로 임용된 사람은 그 임용일부터 1년 이상 3년 이하의 범위에서 경찰청장이 정하는 기간 안에는 다른 직위에 전보할 수 없다.

09

「공직자윤리법」(및 시행령)상 경찰공무원의 선물신고 및 취업제한에 대한 설명으로 가장 적절하지 않은 것은?

① 공무원(지방의회의원을 포함) 또는 공직유관단체의 임직원은 외국으로부터 선물(대가 없이 제공되는 물품 및 그 밖에 이에 준하는 것을 말하되, 현금은 제외)을 받거나 그 직무와 관련하여 외국인(외국단체를 포함)에게 선물을 받으면 지체없이 소속 기관·단체의 장에게 신고하고 그 선물을 인도하여야 한다.
② ①에 따라 신고하여야 할 선물은 그 선물 수령 당시 증정한 국가 또는 외국인이 속한 국가의 시가로 미국화폐 100달러 이상이거나 국내 시가로 10만원 이상인 선물로 한다.
③ 취업심사대상자는 퇴직일부터 5년간 취업심사대상기관에 취업할 수 없다. 다만, 관할 공직자윤리위원회로부터 취업심사대상자가 퇴직 전 5년 동안 소속하였던 부서 또는 기관의 업무와 취업심사대상기관 간에 밀접한 관련성이 없다는 확인을 받거나 취업승인을 받은 때에는 취업할 수 있다.
④ 국가경찰공무원 중 경정, 경감, 경위, 경사와 자치경찰공무원 중 자치경정, 자치경감, 자치경위, 자치경사의 경우에도 취업심사대상자의 범위에 포함된다.

10

「경찰공무원 징계령」상 징계절차 중 징계의결에 대한 설명으로 가장 적절하지 않은 것은?

① 징계위원회의 의결 내용은 공개하지 아니한다.
② 의결은 징계 또는 징계부가금 의결서로 한다. 이 경우 의결서의 이유란에는 징계등의 원인이 된 사실을 구체적으로 적어야 한다.
③ 징계위원회는 징계등 사건의 관할 이송에 관한 사항이나 징계등 의결의 기한 연기에 관한 사항은 서면으로 의결할 수 있다.
④ 징계위원회의 의결은 위원장을 제외한 위원 과반수의 출석과 출석위원 과반수의 찬성으로 의결하되, 의견이 나뉘어 출석위원 과반수의 찬성을 얻지 못한 경우에는 출석위원 과반수가 될 때까지 징계등 심의 대상자에게 가장 불리한 의견을 제시한 위원의 수를 그 다음으로 불리한 의견을 제시한 위원의 수에 차례로 더하여 그 의견을 합의된 의견으로 본다.

11

「경찰청 성희롱·성폭력 예방 및 2차 피해 방지와 그 처리에 관한 규칙」상 이 규칙에서 사용되는 용어의 정의가 가장 적절하지 않은 것은?

① 성희롱이란 「양성평등기본법」 제3조제2호 각 목의 행위를 하는 경우를 말하고, 성폭력이란 「성폭력범죄의 처벌 등에 관한 특례법」 제2조제1항에 규정된 죄에 해당하는 행위를 말한다.
② 2차 피해란 성희롱·성폭력 피해자가 「여성폭력방지기본법」 제3조제3호 각 목의 어느 하나에 해당하는 피해를 입거나, 성희롱·성폭력 사건 내용 유포 및 축소·은폐, 그 밖에 피해자의 의사에 반하는 불리한 처우 등으로 피해를 입는 것을 말한다.
③ 이 규칙은 경찰청 및 그 소속기관(경찰기관) 소속 직원(공무원 및 고용관계에 있는 사람을 포함한다)과 교육생(경찰대학, 중앙경찰학교 교육생을 말한다)에게 적용된다.
④ 이 규칙의 피해자 보호는 피해자(피해를 입었다고 주장하는 사람을 제외한다)뿐 아니라 신고자·조력자·대리인에게도 적용된다.

12

「행정기본법」상 법 적용의 기준과 처분의 효력에 대한 설명으로 가장 적절하지 않은 것은?

① 새로운 법령등은 법령등에 특별한 규정이 있는 경우를 제외하고는 그 법령등의 효력 발생 전에 완성되거나 종결된 사실관계 또는 법률관계에 대해서는 적용되지 아니한다.
② 당사자의 신청에 따른 처분은 법령등에 특별한 규정이 있거나 처분 당시의 법령등을 적용하기 곤란한 특별한 사정이 있는 경우를 제외하고는 처분 당시의 법령등에 따른다.
③ 법령등을 위반한 행위의 성립과 이에 대한 제재처분은 법령등에 특별한 규정이 있는 경우를 제외하고는 법령등을 위반한 행위 당시의 법령등에 따른다. 다만, 법령등을 위반한 행위 후 법령등의 변경에 의하여 그 행위가 법령등을 위반한 행위에 해당하지 아니하거나 제재처분 기준이 가벼워진 경우로서 해당 법령등에 특별한 규정이 없는 경우에는 변경된 법령등을 적용한다.
④ 처분은 권한이 있는 기관이 취소 또는 철회(무효인 처분을 포함)하거나 기간의 경과 등으로 소멸되기 전까지는 유효한 것으로 통용된다.

13

「행정절차법」상 비권력적 사실행위인 행정지도에 대한 설명으로 가장 적절하지 않은 것은?

① 행정지도는 그 목적 달성에 필요한 최소한도에 그쳐야 한다는 과잉금지원칙을 명문화하고 있다.
② 행정기관은 행정지도의 상대방이 행정지도에 따르지 아니하였다는 것을 이유로 불이익한 조치를 하여서는 아니 된다.
③ 행정지도가 말로 이루어지는 경우에 상대방이 그 행정지도의 취지 및 내용을 적은 서면의 교부를 요구하면 그 행정지도를 하는 자는 직무수행에 특별한 지장이 없으면 이를 교부하여야 한다.
④ 행정지도의 상대방이 해당 행정지도의 방식·내용 등에 관하여 행정기관에 의견제출을 할 수 있는 것은 아니다.

14

다음 <보기> 중 직접강제와 즉시강제에 대한 설명으로 가장 적절하지 않은 것은?

① 「행정기본법」상 직접강제는 행정대집행이나 과징금 부과의 방법으로는 행정상 의무이행을 확보할 수 없거나 그 실현이 불가능한 경우에 보충적으로 실시해야 한다.
② 「행정기본법」상 즉시강제는 보충성의 원칙상 다른 수단으로는 행정목적을 달성할 수 없는 경우에만 허용되며, 이 경우에도 최소한으로만 실시하여야 한다.
③ 「행정기본법」상 직접강제와 즉시강제를 실시하기 위하여 현장에 파견되는 집행책임자는 그가 집행책임자임을 표시하는 증표를 보여주어야 한다.
④ 「집회 및 시위에 관한 법률 시행령」상 직접해산・「출입국관리법」상 외국인의 강제퇴거・「식품위생법」상 무허가 영업소에 대한 폐쇄 등은 직접강제에 해당하고, 「감염병의 예방 및 관리에 관한 법률」상 강제격리 등은 즉시강제에 해당한다.

15

다음 <보기>의 내용은 경찰조직편성의 원리 중 무엇에 관한 설명인가?

> 한 사람의 감독자가 직접 감독할 수 있는 부하의 수는 일정한 한도로 제한해 줄 필요가 있다. 한 사람이 직접적으로 감독할 수 있는 부하의 수는 업무의 성질, 고용기술, 작업성과 기준에 달려 있으며, 모든 조직은 일반적으로 상관보다 부하가 더 많다. 이러한 이유 때문에 경찰 조직은 사다리 모양보다는 피라미드 모양을 취하고 있다.

① 통솔범위의 원리
② 전문화의 원리
③ 계층제의 원리
④ 명령통일의 원리

16

「경찰장비관리규칙」에 대한 <보기> 중 적절한 것은 모두 몇 개인가?

> ㉠ "간이무기고"란 경찰기관의 각 기능별 운용부서에서 효율적 사용을 위하여 집중무기고로부터 무기·탄약의 일부를 대여받아 별도로 보관·관리하는 시설을 말한다.
> ㉡ 무기고와 탄약고의 환기통 등에는 손이 들어가지 않도록 쇠창살 시설을 하고, 출입문은 2중으로 하여 각 1개소 이상씩 자물쇠를 설치하여야 한다.
> ㉢ 경찰기관의 장은 무기를 휴대한 자 중에서 직무상의 비위 등으로 인하여 중징계 의결 요구된 자가 발생한 때에는 즉시 대여한 무기·탄약을 회수하여야 한다.
> ㉣ 경찰기관의 장은 무기를 휴대한 자 중에서 경찰공무원 직무적성검사 결과 고위험군에 해당되는 자나 정신건강상 문제가 우려되어 치료가 필요한 자 등에 대해서는 심의위원회의 심의를 거쳐 회수할 수 있다.
> ㉤ 경찰기관의 장은 무기를 휴대한 자 중에서 술자리 또는 연회장소에 출입할 경우에는 대여한 무기·탄약을 무기고에 보관하도록 하여야 한다.

① 2개 ② 3개
③ 4개 ④ 5개

17

다음 빈칸에 들어갈 말로 가장 적절한 것은? (다툼이 있는 경우 판례에 의함)

> 명예퇴직한 법관이 미지급 명예퇴직수당액에 대하여 가지는 권리는 명예퇴직수당 지급대상자 결정 절차를 거쳐 명예퇴직 수당규칙에 의하여 확정된 공법상 법률관계에 관한 권리로서, 그 지급을 구하는 소송은 「행정소송법」의 (   )에 해당하며, 그 법률관계의 당사자인 국가를 상대로 제기하여야 한다.

① 취소소송 ② 부작위법확인소송
③ 기관소송 ④ 당사자소송

18

「범죄피해자 보호법」상 구조금의 지급신청과 결정 등에 대한 설명으로 가장 적절하지 않은 것은?

① 구조금을 받으려는 사람은 법무부령으로 정하는 바에 따라 그 주소지, 거주지 또는 범죄 발생지를 관할하는 지구심의회에 신청하여야 한다.
② ①에 따른 신청은 해당 구조대상 범죄피해의 발생을 안 날부터 3년이 지나거나 해당 구조대상 범죄피해가 발생한 날부터 10년이 지나면 할 수 없다.
③ 지구심의회는 ①에 따른 신청을 받았을 때 구조피해자의 장해 또는 중상해 정도가 명확하지 아니하거나 그 밖의 사유로 인하여 신속하게 결정을 할 수 없는 사정이 있으면 신청 또는 직권으로 대통령령으로 정하는 금액의 범위에서 긴급구조금을 지급하는 결정을 할 수 있다.
④ 구조금을 받을 권리는 그 구조결정이 해당 신청인에게 송달된 날부터 3년간 행사하지 아니하면 시효로 인하여 소멸된다.

19

「부정청탁 및 금품등 수수의 금지에 관한 법률」(및 시행령)에 관한 설명으로 가장 적절하지 않은 것은?

① 공직자들은 직무 관련 여부 및 기부·후원·증여 등 그 명목에 관계없이 동일인으로부터 1회에 100만 원 또는 매 회계연도에 300만 원을 초과하는 금품 등을 받거나 요구 또는 약속해서는 아니 된다.

② 경찰청에서 근무하는 甲총경은 A전자회사의 요청으로 시간당 30만 원의 사례금을 약속받고 A전자회사의 직원을 대상으로 자신의 직무와 관련된 3시간짜리 강의를 월 1회, 총 3개월간 진행하였다. 이 경우 甲총경이 지급받을 수 있는 최대사례금 총액은 270만 원이다.

③ B자동차회사의 요청으로 자신의 직무와 관련된 외부강의를 마치고 소정의 사례금을 약속받은 乙경무관은 대통령령으로 정하는 바에 따라 외부강의의 요청 명세 등을 소속기관장에게 그 외부강의를 마친 날부터 10일 이내에 서면으로 신고하여야 한다.

④ 사단법인 C학회가 주관 및 개최한 토론회에 참석하여 자신의 직무와 관련된 토론을 한 丙경감이 상한액을 초과하는 사례금을 받은 경우 초과사례금을 받은 사실을 안 날부터 2일 이내에 동법 시행령이 정한 사항을 적은 서면으로 소속기관장에게 신고하여야 한다.

20

존 클라이니히(J. Kleinig)가 주장한 경찰윤리 교육의 목적에 대한 설명으로 가장 적절하지 않은 것은?

① 도덕적 결의의 강화 – 경찰이 업무를 수행하면서 내부 및 외부로부터의 여러 압력과 유혹에도 굴복하지 않고 자신의 소신과 직업의식에 따라 일을 처리하는 것이다.

② 도덕적 감수성의 배양 – 경찰이 다양한 계층의 사람들을 모두 인간으로서 존중하고 공평하게 봉사하는 것이다.

③ 도덕적 연대책임 향상 – 경찰윤리 교육의 가장 중요한 목적은 경찰의 조직적 연대책임을 강화하도록 하는 것이다.

④ 도덕적 전문능력 함양 – 경찰이 비판적·반성적 사고방식을 배양하여 조직 내에 관습적으로 내려오는 관행을 비판적으로 검토하여 수행하는 것이다.

21

「경찰청 공무원 행동강령」상 감독기관의 부당한 요구 금지에 대한 설명으로 가장 적절하지 않은 것은?

① 감독기관에 소속된 공무원은 자신이 소속된 기관의 출장·행사·연수 등과 관련하여 감독·감사·조사·평가를 받는 기관(피감기관)에 부당한 요구를 해서는 안 된다.

② ①에 따른 부당한 요구를 받은 피감기관 소속 공직자는 그 이행을 거부해야 하며, 거부했음에도 불구하고 감독기관 소속 공무원으로부터 같은 요구를 다시 받은 때에는 그 사실을 서식에 따라 피감기관의 행동강령책임관에게 알려야 한다.

③ ②의 경우 행동강령책임관은 그 요구가 부당한 요구에 해당하는 경우에는 지체 없이 감독기관의 장에게 보고해야 한다.

④ 그 사실을 통지받은 감독기관의 장은 해당 요구를 한 소속 공무원에 대하여 징계 등 필요한 조치를 해야 한다.

22

경찰윤리와 관련하여 부정부패에 관한 설명으로 가장 적절하지 않은 것은?

① 작은 호의를 제공받은 경찰관이 도덕적 부채를 느껴 이를 보충하기 위해 결과적으로 선한 후속행위를 하는 상황은 미끄러운 경사(slippery slope) 가설의 맥락에서 이해할 수 있다.

② 대의명분 있는 부패(noble cause corruption)와 Dirty Harry 문제는 부패의 개념적 징표를 개인적 이익 추구를 넘어 조직 혹은 사회적 차원의 이익 추구로 확대하고자 하는 시도라고 볼 수 있다.

③ 고객이 위험을 감수하고서라도 원하는 이익을 확실히 취하기 위해 높은 가격의 뇌물을 지불하는 상황을 부패로 이해한다면, 이는 하이덴하이머(Heidenheimer)가 제시한 세 가지 유형의 부정부패 정의 중 시장중심적 정의와 가장 관련이 크다.

④ 공직자가 직무와 관련하여 그 지위 또는 권한을 남용하거나 법령을 위반하여 자기 또는 제3자의 이익을 도모하는 행위는 「부패방지 및 국민권익위원회의 설치와 운영에 관한 법률」상 부패행위에 해당한다.

23

다음은 경찰이 수행하는 범죄예방활동 사례와 톤리오·패링턴(Tonry & Farrington)의 구분에 따른 범죄예방 전략 유형이다. <보기 1>과 <보기 2>의 내용이 가장 적절하게 연결된 것은?

- (가) 경찰서의 여성청소년 담당부서에서 운영하고 있는 학교전담 경찰관(SPO)은 학교에 배치되어 학교 폭력예방교육 등 학교 폭력 관련 예방과 가해학생 선도 등 사후관리 역할을 담당하고, 학대예방 경찰관(APO)은 미취학 혹은 장기결석 아동에 대해 점검하고 학대피해 우려가 높은 아동에 대해 지속적으로 모니터링을 실시함으로써 아동학대의 위험성을 감소시키고 아동의 안전 등을 확인하는 역할을 담당하고 있다.
- (나) 여성 1인 가구 밀집지역에 대한 경찰순찰을 확대함으로써 공식적 감시기능을 강화하거나 혹은 아파트 입구 현관문에 반사경을 부착함으로써 출입자의 익명성을 감소시켜 범행에 수반되는 발각 위험을 증대하기 위한 조치를 취하고 있다.
- (다) 위법행위에 대한 단속을 강화하는 무관용 경찰활동을 지향함으로써 처벌의 확실성을 높여 범죄를 억제하고자 노력하고 있다.

- ㉠ 상황적 범죄예방
- ㉡ 지역사회 기반 범죄예방
- ㉢ 발달적 범죄예방
- ㉣ 법집행을 통한 범죄억제

	(가)	(나)	(다)
①	㉡	㉣	㉠
②	㉢	㉡	㉣
③	㉡	㉢	㉠
④	㉢	㉠	㉣

24

「경비업법」상 경비업무에 관한 설명으로 가장 적절하지 않은 것은?

① 시설경비업무 – 경비를 필요로 하는 시설 및 장소에서의 도난·화재 그 밖의 혼잡 등으로 인한 위험발생을 방지하는 업무
② 신변보호업무 – 사람의 생명이나 신체에 대한 위해의 발생을 방지하고 그 신변을 보호하는 업무
③ 호송경비업무 – 운반 중에 있는 현금·유가증권·귀금속·상품 그 밖의 물건에 대하여 도난·화재 등 위험발생을 방지하는 업무
④ 기계경비업무 – 공항(항공기를 포함) 등 대통령령이 정하는 국가중요시설의 경비 및 도난·화재 그 밖의 위험발생을 방지하는 업무

25

풍속사범에 대한 단속과 관련한 <보기> 중 적절한 것은 모두 몇 개인가? (판례에 의함)

> ㉠ 풍속업소인 숙박업소에서 음란한 외국의 위성방송프로그램을 수신하여 투숙객 등으로 하여금 시청하게 하는 행위는 구 풍속영업의 규제에 관한 법률에서 규정된 '음란한 물건'을 관람하게 하는 행위에 해당하지 않는다.
> ㉡ 유흥주점영업허가를 받았다고 하더라도 실제로는 노래연습장영업을 하고 있다면 유흥주점영업에 따른 영업자 준수사항을 지켜야 할 의무가 있다고 할 수 없다.
> ㉢ 일반음식점 허가를 받은 사람이 주로 주류를 조리·판매하는 형태의 주점영업을 하였다면, 손님이 노래를 부를 수 있는 여건이 갖추어지지 않았다고 하더라도 구 「식품위생법」상 단란주점영업에 해당한다.
> ㉣ 18세 미만의 청소년에게 술을 판매함에 있어서 가사 그의 민법상 법정대리인의 동의를 받았다고 하더라도 그러한 사정만으로 위 행위가 정당화될 수는 없다.
> ㉤ 청소년이 이른바 '티켓걸'로서 노래연습장 또는 유흥주점에서 손님들의 흥을 돋우어 주고 시간당 보수를 받은 경우라고 하더라도 업소주인이 청소년을 시간제 접대부로 고용한 것으로 보기는 어려우므로 업소주인을 청소년보호법위반죄로 처벌할 수 없다.
> ㉥ 모텔에 동영상 파일 재생장치인 디빅 플레이어를 설치하고 투숙객에게 그 비밀번호를 가르쳐 주어 저장된 음란동영상을 관람하게 한 경우, 이는 풍속영업의 규제에 관한 법률에서 금지하고 있는 음란한 비디오물을 풍속영업소에서 관람하게 한 행위에 해당한다.

① 1개　　② 2개
③ 3개　　④ 4개

26

「아동·청소년의 성보호에 관한 법률」에 관한 설명 중 가장 적절하지 않은 것은?

① 사법경찰관리는 「아동·청소년의 성보호에 관한 법률」 제11조 및 제15조의2의 죄, 아동·청소년에 대한 「성폭력범죄의 처벌 등에 관한 특례법」 제14조 제2항 및 제3항의 죄에 해당하는 '디지털성범죄'에 대하여 신분을 비공개하고 범죄현장(정보통신망 포함) 또는 범인으로 추정되는 자들에게 접근하여 범죄행위의 증거 및 자료 등을 수집할 수 있다.
② 사법경찰관리가 신분비공개수사를 진행하고자 할 때에는 사전에 상급 경찰관서 수사부서의 장의 승인을 받아야 한다. 이 경우 그 수사기간은 1개월을 초과할 수 없다.
③ 사법경찰관리는 신분위장수사를 하려는 경우에는 검사에게 신분위장수사에 대한 허가를 신청하고, 검사는 법원에 그 허가를 청구한다. 다만 신분위장수사 절차를 거칠 수 없는 긴급을 요하는 때에는 동법 제25조의2 제2항의 요건을 구비하고 법원의 허가 없이 신분위장수사를 할 수 있다. 이 경우, 사법경찰관리는 신분위장수사 개시 후 지체 없이 검사에게 허가를 신청하여야 하고, 48시간 이내에 법원의 허가를 받지 못한 때에는 즉시 신분위장수사를 중지하여야 한다.
④ 국가수사본부장은 신분비공개수사가 종료된 즉시 대통령령으로 정하는 바에 따라 국가경찰위원회에 수사 관련 자료를 보고하여야 하며, 국가수사본부장은 대통령령으로 정하는 바에 따라 국회 소관 상임위원회에 신분비공개수사 관련 자료를 반기별로 보고하여야 한다.

27

「스토킹범죄의 처벌 등에 관한 법률」(스토킹처벌법)상 사법경찰관은 스토킹행위 신고와 관련하여 스토킹행위가 지속적 또는 반복적으로 행하여질 우려가 있고 스토킹범죄의 예방을 위하여 긴급을 요하는 경우 스토킹행위자에게 직권으로 또는 스토킹행위의 상대방이나 그 법정대리인 또는 스토킹행위를 신고한 사람의 요청에 의하여 긴급응급조치를 할 수 있다. 이에 대한 설명으로 적절하지 않은 것은?

① 사법경찰관은 스토킹행위의 상대방 등이나 그 주거등으로부터 100미터 이내의 접근금지 또는 스토킹행위의 상대방 등에 대한 「전기통신기본법」 제2조제1호의 전기통신을 이용한 접근 금지조치를 할 수 있다.

② 사법경찰관은 ①에 따른 조치(긴급응급조치)를 하였을 때에는 즉시 스토킹행위의 요지, 긴급응급조치가 필요한 사유, 긴급응급조치의 내용 등이 포함된 긴급응급조치결정서를 작성하여야 한다.

③ 사법경찰관은 긴급응급조치를 하였을 때에는 지체없이 검사에게 해당 긴급응급조치에 대한 사후승인을 지방법원 판사에게 청구하여 줄 것을 신청하여야 한다.

④ ①의 신청을 받은 검사는 긴급응급조치가 있었던 때부터 24시간 이내에 지방법원 판사에게 해당 긴급응급조치에 대한 사후승인을 청구한다. 이 경우 작성된 긴급응급조치결정서를 첨부하여야 한다.

28

「입건전 조사」(내사)에 대한 설명으로 적절하지 않은 것은 모두 몇 개인가?

> ㉠ 경찰관은 첩보사건의 입건전조사에 착수하고자 할 때에는 형사사법정보시스템을 통하여 입건전조사 착수보고서를 작성하여 소속 수사부서의 장에게 보고하고 지휘를 받아야 한다.
> ㉡ 경찰관은 입건전조사 과정에서 구체적인 사실에 근거를 둔 범죄의 혐의를 인식한 때에는 지체 없이 범죄인지서를 작성하여 소속 수사부서의 장의 지휘를 받아 수사를 개시해야 한다.
> ㉢ 수사부서의 장은 입건전조사에 착수한 날부터 6개월 이내에 수사절차로 전환하지 않은 사건에 대하여 불입건 결정 지휘를 해야 한다.
> ㉣ 내사(「입건전 조사」) 과정에서는 압수·수색·검증 등 대물적 강제조치를 할 수 없다.
> ㉤ 민사소송 또는 행정소송에 관한 진정·탄원 내사는 공람 후 종결할 수 있다.

① 1개 ② 2개
③ 3개 ④ 4개

29

「경찰수사규칙」상 사법경찰관의 수사중지 중 피의자 중지사유에 해당하지 않은 것은 모두 몇 개인가?

> ㉠ 피의자가 소재불명인 경우
> ㉡ 1개월 이상 해외체류, 중병 등의 사유로 상당한 기간 동안 피의자나 참고인에 대한 조사가 불가능하여 수사를 종결할 수 없는 경우
> ㉢ 의료사고·교통사고·특허침해 등 사건의 수사종결을 위해 전문가의 감정이 필요하나 그 감정에 상당한 시일이 소요되는 경우
> ㉣ 다른 기관의 결정이나 법원의 재판 결과가 수사의 종결을 위해 필요하나 그 결정이나 재판에 상당한 시일이 소요되는 경우
> ㉤ 수사의 종결을 위해 필요한 중요 증거자료가 외국에 소재하고 있어 이를 확보하는 데 상당한 시일이 소요되는 경우
> ㉥ 참고인·고소인·고발인·피해자 또는 같은 사건 피의자의 소재불명으로 수사를 종결할 수 없는 경우

① 1개 ② 2개
③ 3개 ④ 4개

30

「범죄수사규칙」상 경찰관이 지명통보 대상자를 발견하였을 때 적절한 조치가 아닌 것은?

① 경찰관은 지명통보자를 발견한 때에는 지명통보자에게 지명통보된 사실 등을 고지한 뒤 지명통보사실 통지서를 교부하고, 지명통보자 소재발견 보고서를 작성한 후 사건이송서와 함께 지명통보를 한 관서에 인계해야 한다.
② 다만, 지명통보 된 사실 등을 고지받은 지명통보자가 지명통보사실통지서를 교부받기 거부하는 경우에는 그 취지를 설명하고 즉시 체포해야 한다.
③ 지명통보자 소재발견 보고서를 송부받은 통보관서의 사건담당 경찰관은 즉시 지명통보된 피의자에게 피의자가 출석하기로 확인한 일자에 출석하거나 사건이송신청서를 제출하라는 취지의 출석요구서를 발송해야 한다.
④ 경찰관은 지명통보된 피의자가 정당한 이유 없이 약속한 일자에 출석하지 않거나, 출석요구에 따르지 않은 때에는 지명수배 절차를 진행할 수 있다.

31

경비경찰의 활동과 관련된 경비수단에 대한 설명으로 가장 적절한 것은?

① 경비부대를 전면에 배치 또는 진출시켜 위력을 과시하거나 경고하여 범죄실행의 의사를 자발적으로 포기하도록 하는 '경고'는 「경찰관 직무집행법」 제5조에 근거를 두고 있다.
② 경비수단의 원칙 중 '위치의 원칙'은 상대방의 저항력이 가장 허약한 시점을 포착하여 집중적이고 강력한 실력행사를 하여야 한다는 원칙이다.
③ 직접적 실력행사인 '제지'와 '체포'는 경비사태를 예방·진압하거나 상대방의 신체를 구속하는 강제처분으로서 모두 「경찰관 직무집행법」 제6조에 근거를 두고 있다.
④ 경비수단의 원칙 중 '균형의 원칙'은 작전시의 변수의 발생은 사회적으로 큰 파장을 미칠 수 있으므로 경찰병력이나 군중들을 사고 없이 안전하게 진압하여야 한다는 원칙이다.

32

경비경찰의 활동과 관련된 청원경찰에 대한 설명으로 가장 적절하지 않은 것은?

① 「청원경찰법」상 "청원경찰"이란 ㉠국가기관 또는 공공단체와 그 관리하에 있는 중요시설 또는 사업장, ㉡국내 주재(駐在) 외국기관, ㉢그 밖에 행정안전부령으로 정하는 중요시설, 사업장 또는 장소의 어느 하나에 해당하는 기관의 장 또는 시설·사업장 등의 경영자가 경비(청원경찰경비)를 부담할 것을 조건으로 경찰의 배치를 신청하는 경우 그 기관·시설 또는 사업장 등의 경비(警備)를 담당하게 하기 위하여 배치하는 경찰을 말한다.
② 「청원경찰법 시행규칙」상 ①의 ㉢에 해당하는 장소에 언론, 통신, 방송 또는 인쇄를 업으로 하는 시설 또는 사업장은 포함되나 학교 등 육영시설은 그러하지 아니하다.
③ 「청원경찰법」상 청원경찰은 법 제4조 제2항에 따라 청원경찰의 배치 결정을 받은 자(청원주)와 배치된 기관·시설 또는 사업장 등의 구역을 관할하는 경찰서장의 감독을 받아 그 경비구역만의 경비를 목적으로 필요한 범위에서 경찰관직무집행법에 따른 경찰관의 직무를 수행한다.
④ 「청원경찰법」상 청원경찰은 파업, 태업 또는 그 밖에 업무의 정상적인 운영을 방해하는 일체의 쟁의행위를 하여서는 아니 된다.

33

「도로교통법」(및 시행령)상 교통안전교육에 대한 설명으로 가장 적절하지 않은 것은?

① 교통안전교육은 운전면허를 받고자 하는 사람이 학과시험 응시 전 받아야 하는 1시간의 교통안전교육으로, 자동차운전 전문학원에서 학과교육을 수료한 사람은 제외된다.
② 특별교통안전교육 중 의무교육 대상은 운전면허효력 정지처분을 받게 되거나 받은 초보운전자로서 그 정지기간이 끝나지 아니한 사람 등이다.
③ 특별교통안전교육 중 권장교육 대상은 운전면허를 받은 사람 중 교육을 받으려는 날에 65세 이상인 사람 등으로, 권장교육을 받기 전 1년 이내에 해당 교육을 받지 아니한 사람에 한정한다.
④ 긴급자동차 교통안전교육 중 신규 교통안전교육은 긴급자동차를 운전하는 사람을 대상으로 3년마다 정기적으로 실시하는 교육이다.

34

「도로교통법」(및 시행령)상 주·정차에 대한 설명으로 가장 적절하지 않은 것은?

① 경찰서장, 도지사 또는 시장 등은 차를 견인하였을 때부터 24시간이 경과되어도 이를 인수하지 아니하는 때에는 해당 차의 보관장소 등 행정안전부령이 정하는 사항을 해당 차의 사용자 또는 운전자에게 등기우편으로 통지할 수 있다.
② 도로공사를 하고 있는 경우에 그 공사 구역의 양쪽 가장자리로부터 5미터 이내인 곳은 주차금지 장소에 해당한다.
③ 도로 또는 노상주차장에 정차하거나 주차하려고 하는 차의 운전자는 차를 차도의 우측 가장자리에 정차하는 등 대통령령으로 정하는 정차 또는 주차의 방법·시간과 금지사항 등을 지켜야 한다.
④ 경사진 곳에 정차하거나 주차(도로 외의 경사진 곳에서 정차하거나 주차하는 경우를 포함한다)하려는 자동차의 운전자는 대통령령으로 정하는 바에 따라 고임목을 설치하거나 조향장치(操向裝置)를 도로의 가장자리 방향으로 돌려놓는 등 미끄럼 사고의 발생을 방지하기 위한 조치를 취하여야 한다.

35

「집회 및 시위에 관한 법률」상 해산명령에 대한 설명 중 옳지 않은 것은? (판례에 의함)

① 경찰이 집회 및 시위에 관한 법률이 정한 해산명령을 할 때 해산 사유가 법률 조항 중 어느 사유에 해당하는지에 관하여 구체적으로 고지하여야 한다.
② 사전 금지 또는 제한된 집회라 하더라도 실제 이루어진 집회가 당초 신고내용과 달리 타인의 법익이나 공공의 안녕질서에 직접적이고 명백한 위험을 초래하지 않은 경우, 사전에 금지 통고된 집회라는 이유만으로 해산을 명하고 이에 불응하였다고 처벌할 수는 없다.
③ 해산명령은 자진 해산 요청에 따르지 않는 시위 참가자들에게 자진 해산할 의무를 부과하는 것이므로 반드시 '자진 해산을 명령한다'는 용어가 사용되거나 말로 해산명령임을 표시해야 한다.
④ 해산명령의 대상은 '집회 또는 시위' 자체이므로 해산명령의 방법은 그 대상인 집회나 시위의 참가자들 전체 무리나 집단에 고지, 전달하는 방법으로 행하여야 한다.

36

「집회 및 시위에 관한 법률」상 집회 및 시위에 대한 설명으로 가장 적절하지 않은 것은? (다툼이 있는 경우 판례에 의함)

① 「집회 및 시위에 관한 법률」 제2조 제2호가 규정한 '시위'에 해당하려면 '공중이 자유로이 통행할 수 있는 장소'라는 요건을 반드시 충족하여야 한다.
② 외형상 기자회견이라는 형식을 띠었지만, 용산철거를 둘러싸고 철거민의 입장을 옹호하면서 검찰에 수사기록을 공개하라는 내용의 공동 의견을 형성하여 이를 대외적으로 표명할 목적 아래 일시적으로 일정한 장소에 모인 것은 「집회 및 시위에 관한 법률」상 집회에 해당한다.
③ 「집회 및 시위에 관한 법률」은 옥외집회와 시위를 구분하여 개념을 규정하고 있고, 순수한 1인 시위는 동법의 적용 대상에 해당하지 않는다.
④ 집회가 성립하기 위한 최소한의 인원에 대해 종래의 학계와 실무에서는 2인설과 3인설이 대립하고 있었으나 대법원은 '2인이 모인 집회도 「집회 및 시위에 관한 법률」의 규제대상'이라고 판시한 바 있다.

37

다음은 간첩의 「임무별 유형」 또는 「활동방법 유형」별로 연결한 것이다. 연결이 적절한 것은?

① 고정간첩 : 기밀탐지 · 수집 등 가장 전형적인 형태
② 동원간첩 : 간첩을 침투시키거나 이미 침투한 간첩에게 필요한 활동자재를 보급 · 지원하는 간첩
③ 공행간첩 : 요인암살, 남파간첩의 호송, 월북안내, 연락 및 남파루트 개척
④ 증원간첩 : 이미 구성된 간첩망의 보강을 위해 파견되는 간첩, 또는 간첩으로 이용할 양민 등의 납치 월북 등을 주된 임무로 하는 간첩

38

국가의 대외적 대표기관으로서 외교사절에 대한 설명으로 가장 적절하지 않은 것은?

① 외교사절은 외교교섭 기타의 직무를 수행하기 위하여 외국에 파견되는 국가의 대외적 대표기관을 말한다.
② 외교사절은 그를 접수한 국가 또는 국제조직과의 관계에서만 그가 속하고 있는 국가를 대표하는 것이 원칙이다.
③ 외교사절은 법인인 국가의 기관으로서 국가기관인 외교사절의 사실적 행위를 제외하고 법률적 행위의 효과는 법인인 국가에 귀속하게 된다.
④ 국제법상 국가의 대외적 대표기관은 국가원수 · 외교부장관 · 외교사절 · 군대 · 군함 등이 있으며 외교관계는 주로 외교사절에 의해 대표된다.

39

「범죄수사규칙」상 경찰관의 외국군함에의 출입에 관한 설명으로 가장 적절하지 않은 것은?

① 당해 군함의 함장의 승낙이나 청구가 있는 경우 외에는 출입할 수 없다.
② 중대한 범죄를 범한 자가 도주하여 대한민국 영역 안에 있는 외국군함으로 들어갔을 때는 신속히 국가수사본부장에게 보고하여 지시를 받아야 한다.
③ 급속을 요할 경우 신분을 밝히고 출입할 수 있다.
④ 급속을 요할 경우 당해 함장에 대하여 임의의 인도를 요구할 수 있다.

40

「범죄인 인도법」에 관한 다음 <보기> 중 가장 적절하지 않은 것은?

① 범죄인인도에 관하여 인도조약에 「범죄인 인도법」과 다른 규정이 있는 경우, 「범죄인 인도법」 규정에 따른다.
② 자국민불인도의 원칙과 관련하여 우리나라는 임의적 거절사유로 규정하고 있다.
③ 정치범불인도의 원칙에 대하여 우리나라도 명문규정을 두고 있으나, 정치범에 대하여는 별도의 개념 정의를 하고 있지 않다.
④ 군사범불인도의 원칙은 군사범죄자는 인도하지 않는다는 원칙이며, 우리나라는 명문규정을 두고 있지 않다.

제09회 실전동형모의고사

01

실질적 의미의 경찰과 형식적 의미의 경찰에 대한 설명으로 적절하지 않은 것은 모두 몇 개인가?

> ㉠ 실질적 의미의 경찰은 국가의 일반통치권에 근거하여 국민에게 명령·강제하는 권력적 작용으로서, 독일의 행정법학에서 유래된 학문상 개념이다.
> ㉡ 형식적 의미의 경찰은 법적으로 제도화된 보통 경찰기관에 분배되어 있는 임무를 달성하기 위해 행해지는 모든 경찰의 활동을 의미한다.
> ㉢ 「국가경찰과 자치경찰의 조직 및 운영에 관한 법률」 제3조 경찰의 임무는 제도상, 실정법상 보통경찰기관으로서 수행해야 하는 직무를 규정하고 있으며, 이와 같은 것은 실질적 의미의 경찰에 해당한다.
> ㉣ 현재 법에서 규정하고 있는 범죄수사, 피해자보호, 대간첩작전, 정보활동, 경찰의 대국민 서비스 등의 사항들도 그 성질을 불문하고 모두 실질적 의미의 경찰이라고 할 수 있다.

① 1개　　② 2개
③ 3개　　④ 없음

02

「국가경찰과 자치경찰의 조직 및 운영에 관한 법률」상 국가경찰위원회의 위원에 대한 설명으로 가장 적절하지 않은 것은?

① 정당의 당원이거나 당적을 이탈한 날부터 3년이 지나지 아니한 사람은 위원이 될 수 없고, 이에 해당하면 임명을 취소하여야 한다.
② 경찰, 검찰, 국가정보원 직원 또는 군인의 직에 있거나 그 직에서 퇴직한 날부터 3년이 지나지 아니한 사람은 위원이 될 수 없다.
③ 위원의 임기는 3년으로 하며, 연임(連任)할 수 없다. 이 경우 보궐위원의 임기는 전임자 임기의 남은 기간으로 한다.
④ 위원은 중대한 신체상 또는 정신상의 장애로 직무를 수행할 수 없게 된 경우를 제외하고는 그 의사에 반하여 면직되지 아니한다.

03

「국가경찰과 자치경찰의 조직 및 운영에 관한 법률」상 시도자치경찰위원회에 대한 설명으로 가장 적절하지 않은 것은?

① 자치경찰사무를 관장하게 하기 위하여 특별시장·광역시장·특별자치시장·도지사·특별자치도지사 소속으로 시·도자치경찰위원회를 둔다.
② 시·도자치경찰위원회는 위원장 1명을 포함한 7명의 위원으로 구성하되, 위원장과 1명의 위원은 상임으로 하고, 5명의 위원은 비상임으로 한다.
③ 시·도자치경찰위원회는 합의제 행정기관으로서 그 권한에 속하는 업무를 독립적으로 수행한다.
④ 위원은 특정 성(性)이 10분의 6을 초과하지 아니하도록 노력하여야 하고, 위원 중 1명은 인권문제에 관하여 전문적인 지식과 경험이 있는 사람이 임명되어야 한다.

04

「경찰공무원 승진임용 규정」상 승진소요 최저근무연수에 대한 설명으로 가장 적절한 것은?

① 경찰공무원이 승진하려면 총경은 3년 이상, 경정 및 경감은 2년 이상, 경위·경사·경장·순경은 1년 이상 각 해당 계급에 재직해야 한다.
② 휴직 기간, 직위해제 기간, 징계처분 기간 및 제6조 제1항 제2호에 따른 승진임용 제한기간은 언제나 ①의 기간에 포함하지 않는다.
③ 강등되었던 사람이 강등되기 직전의 계급으로 승진한 경우 강등되기 직전의 계급에서 재직한 기간은 ①의 기간에 포함되지 않는다.
④ 강등된 경우 강등되기 직전의 계급에서 재직한 기간은 ①의 기간에 포함되지 않는다.

05

경찰공무원의 징계를 설명한 것으로 가장 적절한 것은?

① 총경과 경정의 강등 및 정직은 경찰청장이 행한다.
② 경무관 이상의 경찰공무원에 대한 징계의결은 「국가공무원법」에 따라 경찰청에 설치된 경찰공무원 중앙징계위원회에서 한다.
③ 징계 등 의결을 요구한 자는 경징계의 징계 등 의결을 통지 받았을 때에는 통지받은 날부터 30일 이내에 징계 등을 집행하여야 한다.
④ 징계의결 등의 요구는 징계 등의 사유가 발생한 날부터 2년(금품 및 향응 수수, 공금의 횡령·유용의 경우에는 3년)이 지나면 하지 못한다.

06

「경찰청 성희롱·성폭력 예방 및 2차 피해 방지와 그 처리에 관한 규칙」상 성희롱·성폭력 및 2차 피해 조사 및 피해자 보호 등에 대한 설명으로 가장 적절하지 않은 것은?

① 성희롱·성폭력 및 2차 피해 조사를 원하는 피해자등은 성희롱·성폭력 및 2차 피해 조사 신청서를 상담원 또는 조사관에게 제출해야 하며, 상담원 또는 조사관은 지체 없이 이를 접수해야 한다.

② 조사관은 ①의 신청을 접수한 날로부터 20일 이내에 조사를 완료해야 한다. 다만, 특별한 사정이 있는 경우 신고센터장에게 보고 후 20일 범위 내에서 조사 기간을 연장할 수 있다.

③ 조사관은 조사에 지장을 줄 우려가 있는 등의 부득이한 경우를 제외하고는 피해자의 신청이 있으면 피해자가 원하는 사람을 동석하게 할 수 있다.

④ 경찰기관의 장은 특별한 사유가 없는 한 행위자가 견책 이상의 징계처분을 받은 때에는 2차 피해 방지를 위해 징계 처분일로부터 7년 동안 피해자와 동일한 관서에 근무하지 않도록 해야 하며, 피해자와 직무상 연관된 보직에 배치해서는 안 된다.

07

경찰공무원의 소청심사에 관한 다음 <보기> 중 가장 적절하지 않은 것은?

① 소청심사위원회가 소청 사건을 심사하기 위하여 징계 요구 기관이나 관계 기관의 소속 공무원을 증인으로 소환하면 해당 기관의 장은 이에 따라야 한다.

② 경찰공무원의 소청심사와 행정소송의 관계에 대하여 현행법은 임의적 전치주의를 원칙으로 하고 있다.

③ 소청심사위원회 상임위원의 임기는 3년으로 하며, 한 번만 연임할 수 있다.

④ 소청심사위원회는 「국가공무원법」에 따른 소청을 접수하면 지체 없이 심사하여야 한다.

08

경찰권 발동의 근거와 한계에 관한 설명으로 가장 적절하지 않은 것은? (다툼이 있는 경우 판례에 의함)

① 일반수권조항이란 경찰권의 발동근거가 되는 개별적인 작용법적 근거가 없을 때 경찰권 발동의 일반적·보충적 근거가 될 수 있도록 개괄적으로 수권된 일반조항을 말한다.
② 「경찰관 직무집행법」 제5조는 형식상 경찰관에게 재량에 의한 직무수행권한을 부여한 것처럼 되어 있으나, 경찰관에게 그러한 권한을 부여한 취지와 목적에 비추어 볼 때 구체적인 사정에 따라 경찰관이 그 권한을 행사하여 필요한 조치를 취하지 아니하는 것이 현저하게 불합리하다고 인정되는 경우에는 그러한 권한의 불행사는 직무상의 의무를 위반한 것이 되어 위법하게 된다.
③ 경찰청장은 경찰관이 「경찰관 직무집행법」 제2조 각호에 따른 직무의 수행으로 인하여 민·형사상 책임과 관련된 소송을 수행할 경우 변호인 선임 등 소송 수행에 필요한 지원을 할 수 있다.
④ 「경찰관 직무집행법」은 "경찰공무원은 직위 또는 직권을 이용하여 부당하게 타인의 사생활에 개입하여서는 아니된다"고 규정하고 있다.

09

「부당결부금지의 원칙」에 관한 설명으로 가장 적절한 것은? (다툼이 있는 경우 판례에 의함)

① 행정청은 행정작용을 할 때 상대방에게 해당 행정작용과 실질적인 관련이 없는 의무를 부과해서는 아니 된다는 원칙이다.
② 현행법상 명시적인 규정은 없지만 법치국가의 원리와 자의금지 원칙으로부터 도출되는 행정법의 일반원칙이다.
③ 지방자치단체장이 사업자에게 주택사업계획승인을 하면서 그 주택사업과는 아무런 관련이 없는 토지를 기부채납하도록 하는 부관을 붙인 경우에는, 기부채납한 토지 가액이 그 주택사업 계획의 100분의 1 상당의 금액에 불과하고 사업자가 이의를 제기하지 아니하다가 지방자치단체장이 업무착오로 기부채납한 토지에 대하여 보상협조요청서를 보내자 그때서야 비로소 부관의 하자를 들고 나왔다고 하더라도 그 부관은 당연무효이다.
④ 甲이 혈중알코올농도 0.140%의 주취상태로 배기량 125cc 이륜자동차를 운전하였다는 이유로 甲의 자동차운전면허 [제1종 대형, 제1종 보통, 제1종 특수(대형견인·구난), 제2종 소형]를 취소한 것은 甲이 음주상태에서 운전을 하지 않으면 안 되는 부득이한 사정이 없었더라도 재량권을 일탈·남용한 것이다.

10

「행정기본법」상 위법 또는 부당한 처분의 취소 및 철회에 대한 설명으로 가장 적절하지 않은 것은?

① 행정청은 위법 또는 부당한 처분의 전부나 일부를 소급하여 취소할 수 있다. 다만, 당사자의 신뢰를 보호할 가치가 있는 등 정당한 사유가 있는 경우에는 장래를 향하여 취소할 수 있다.
② 행정청은 ①에 따라 당사자에게 권리나 이익을 부여하는 처분을 취소하려는 경우에는 취소로 인하여 당사자가 입게 될 불이익을 취소로 달성되는 공익과 비교·형량(衡量)하여야 한다.
③ 행정청은 위법한 처분이 중대한 공익을 위하여 필요한 경우 등에 해당하는 경우에는 그 처분의 전부 또는 일부를 장래를 향하여 철회할 수 있다.
④ 행정청은 ③에 따라 처분을 철회하려는 경우에는 철회로 인하여 당사자가 입게 될 불이익을 철회로 달성되는 공익과 비교·형량하여야 한다.

11

다음 <보기>는 「경찰관직무집행법」상 경찰공무원의 직무와 관련된 사례이다. 적절하지 않은 것은 모두 몇 개인가? (다툼이 있는 사항은 판례에 의함)

㉠ 경찰관에게 부여된 권한의 불행사가 현저하게 불합리하다고 인정되는 경우, 직무상의 의무를 위반한 것으로서 위법하다.
㉡ 「국가배상법」상 '법령 위반'이란 엄격하게 형식적 의미의 법령에 명시적으로 공무원의 작위의무가 규정되어 있는데도 이를 위반하는 경우만을 의미하는 것이고, 널리 객관적인 정당성이 없는 행위를 한 경우까지 포함하는 것은 아니다.
㉢ 경찰공무원에게 주어진 「경찰관직무집행」상의 권한은 일반적으로 경찰관의 전문적 판단에 기한 합리적인 재량에 위임되어 있다고 볼 수는 없다.
㉣ 경찰공무원의 권한행사가 경찰관의 전문적 판단에 기한 합리적인 재량에 위임되어 있으나 구체적인 사정에서 경찰관이 권한을 행사하여 필요한 조치를 하지 아니하는 것이 현저하게 불합리하다고 인정되는 경우 그러한 권한의 불행사는 직무상의 의무를 위반한 것으로 위법하다.
㉤ 경찰관이 신분증을 제시하지 않고 불심검문을 하였으나, 검문하는 사람이 경찰관이고 검문하는 이유가 범죄행위에 관한 것임을 피고인(상대방)이 알고 있었던 경우, 그 불심검문이 위법한 공무집행은 아니다.

① 1개 ② 2개
③ 3개 ④ 4개

12

다음 <보기>는 「경찰관직무집행법」상 경찰공무원의 직무와 관련된 사례이다. 가장 적절하지 않은 것은? (다툼이 있는 사항은 판례에 의함)

① 「경찰관직무집행법」 제4조(보호조치) 제1항 제1호에서 규정하는 술에 취한 상태로 인하여 자기 또는 타인의 생명·신체와 재산에 위해를 미칠 우려가 있는 피구호자에 대한 보호조치는 경찰 행정상 즉시강제에 해당하므로 그 조치가 불가피한 최소한도 내에서만 행사되도록 발동·행사 요건을 신중하고 엄격하게 해석하여야 한다.

② '술에 취한 상태'란 피구호자가 술에 만취하여 정상적인 판단능력이나 의사능력을 상실할 정도에 이른 것을 말하고, 이 사건 조항에 따른 보호조치를 필요로 하는 피구호자에 해당하는지는 구체적인 상황을 고려하여 평균적 일반인을 기준으로 판단하되, 그 판단은 보호조치의 취지와 목적에 비추어 현저하게 불합리하여서는 아니 되며, 피구호자의 가족 등에게 피구호자를 인계할 수 있다면 특별한 사정이 없는 한 경찰서에서 피구호자를 보호하는 것은 허용되지 않는다.

③ 「경찰관직무집행법」 제4조 제1항에 따른 보호조치 요건이 갖추어지지 않았음에도 경찰관이 범죄수사를 목적으로 피의자에 해당하는 사람을 위 조항의 피구호자로 삼아 의사에 반하여 경찰서에 데려간 경우, 위법한 체포에 해당한다.

④ 교통안전과 위험방지를 위한 필요가 없음에도 주취운전을 하였다고 인정할 만한 상당한 이유가 있다는 이유만으로 이루어지는 음주측정은 이미 행하여진 주취운전이라는 범죄행위에 대한 증거 수집을 위한 수사절차로서 의미를 가지는데, 도로교통법상 규정들이 음주측정을 위한 강제처분의 근거가 될 수 없으므로 위와 같은 음주측정을 위하여 운전자를 강제로 연행하기 위해서는 수사상 강제처분에 관한 형사소송법상 절차에 따라야 하고, 이러한 절차를 무시한 채 이루어진 강제연행은 위법한 체포에 해당한다.

13

「범죄피해자 보호법」상 구조금의 신청과 시효 및 수급권의 보호에 대한 설명으로 가장 적절하지 않은 것은?

① 구조금 지급신청은 해당 구조대상 범죄피해의 발생을 안 날부터 3년이 지나거나 해당 구조대상 범죄피해가 발생한 날부터 10년이 지나면 할 수 없다.

② 구조금을 받을 권리는 그 구조결정이 해당 신청인에게 송달된 날부터 2년간 행사하지 아니하면 시효로 인하여 소멸된다.

③ 구조금을 받을 권리는 양도하거나 담보로 제공하거나 압류할 수 없다.

④ 범죄피해자 지원법인의 장 또는 보호시설의 장은 피해자나 피해자의 가족구성원을 긴급히 구조할 필요가 있을 때에는 경찰관서의 장에게 그 소속 직원의 동행을 요청할 수 있으며, 요청을 받은 경찰관서의 장은 특별한 사유가 없으면 이에 따를 수 있다.

14

「스토킹방지 및 피해자보호 등에 관한 법률」(스토킹방지법)상 스토킹 실태조사 및 예방교육에 대한 설명으로 가장 적절하지 않은 것은?

① 여성가족부장관은 3년마다 스토킹에 대한 실태조사를 실시하여 그 결과를 발표하고, 이를 스토킹 방지를 위한 정책수립의 기초 자료로 활용하여야 한다.
② 국가기관, 지방자치단체, 「초·중등교육법」에 따른 각급 학교 및 대통령령으로 정하는 공공단체의 장은 스토킹의 예방과 방지를 위하여 필요한 교육을 실시할 수 있다. 다만, 수사기관의 장은 사건 담당자 등 업무 관련자를 대상으로 필요한 교육을 실시할 수 있다.
③ ②에 따라 스토킹 예방교육을 실시하는 경우 「가정폭력방지 및 피해자보호 등에 관한 법률」제4조의3에 따른 가정폭력 예방교육, 「성매매방지 및 피해자보호 등에 관한 법률」제5조에 따른 성매매 예방교육, 「성폭력방지 및 피해자보호 등에 관한 법률」제5조에 따른 성교육 및 성폭력 예방교육, 「양성평등기본법」제31조에 따른 성희롱 예방교육 등을 성평등 관점에서 통합하여 실시할 수 있다.
④ 국가기관, 지방자치단체의 장 및 대통령령으로 정하는 공공단체의 장은 스토킹 방지를 위한 자체 예방지침 마련, 사건 발생 시 재발방지대책 수립·시행 등 필요한 대책을 마련하여야 한다.

15

동기부여이론 중 내용이론에 해당하는 것으로 가장 적절하지 않은 것은?

① 매슬로우(Maslow)의 욕구단계이론
② 맥그리거(McGregor)의 X이론·Y이론
③ 포터와 롤러(Porter & Lawler)의 업적만족이론
④ 허즈버그(Herzberg)의 욕구충족요인 이원론(동기위생이론)

16

「국가재정법」에 대한 설명으로 적절한 것은 모두 몇 개인가?

> ㉠ 기획재정부장관은 국무회의의 심의를 거쳐 대통령의 승인을 얻은 다음 연도의 예산안편성지침을 매년 1월 31일까지 각 중앙관서의 장에게 통보하여야 한다.
> ㉡ 각 중앙관서의 장은 예산의 목적범위 안에서 재원의 효율적 활용을 위하여 대통령령으로 정하는 바에 따라 국무회의의 심의를 거친 후 대통령의 승인을 얻어 각 세항 또는 목의 금액을 전용할 수 있다.
> ㉢ 각 중앙관서의 장은 「국가회계법」에서 정하는 바에 따라 회계연도마다 작성한 결산보고서를 다음 연도 2월 말일까지 기획재정부장관에게 제출하여야 한다.
> ㉣ 기획재정부장관은 「국가회계법」에서 정하는 바에 따라 회계 연도마다 작성하여 대통령의 승인을 받은 국가결산보고서를 다음 연도 5월 20일까지 감사원에 제출하여야 한다.

① 1개 ② 2개
③ 3개 ④ 4개

17

「경찰장비관리규칙」상 무기류관리에 대한 설명으로 가장 적절하지 않은 것은?

① 경찰기관의 장은 무기를 휴대한 자 중에서 직무상의 비위 등으로 인하여 징계대상이 된 자, 형사사건의 수사 대상이 된 자가 발생한 때에는 즉시 대여한 무기·탄약을 회수하여야 한다.
② 간이무기고는 근무자가 24시간 상주하는 지구대, 파출소, 상황실 및 112타격대 등 경찰기관의 장이 필요하다고 인정하는 상당한 이유가 있는 장소에 설치할 수 있다.
③ 탄약고 내에는 전기시설을 하여서는 아니되며, 조명은 건전지 등으로 하고 방화시설을 완비하여야 한다. 단, 방폭설비를 갖춘 경우 전기시설을 설치할 수 있다.
④ 지구대 등의 간이무기고의 경우는 소속 경찰관에 한하여 무기를 지급하되 감독자 입회(감독자가 없을 경우 반드시 타 선임 경찰관 입회)하에 무기탄약 입출고부에 기재한 뒤 입출고하여야 한다. 다만, 긴급상황 발생시 경찰서장의 사전허가를 받은 경우의 대여는 예외로 한다.

18

「행정업무의 운영 및 혁신에 관한 규정」상 공문서에 관한 설명 중 가장 적절하지 않은 것은?

① '지시문서'란 훈령·지시·예규·일일명령 등 행정기관이 그 하급기관이나 소속 공무원에 대하여 일정한 사항을 지시하는 문서를 말한다.
② '공고문서'란 고시·공고 등 행정기관이 일정한 사항을 일반에게 알리는 문서를 말한다.
③ '일반문서'란 민원인이 행정기관에 허가, 인가, 그 밖의 처분 등 행위를 요구하는 문서와 그에 대한 처리문서를 말한다.
④ '법규문서'란 헌법·법률·대통령령·총리령·부령·조례·규칙 등에 관한 문서를 말한다.

19

「국가배상법」상 배상책임에 대한 설명으로 적절하지 않은 것은 모두 몇 개인가?

> ㉠ 「국가배상법」은 민법에 대한 특별법으로 판례는 민사소송으로 다루고 있다.
> ㉡ 「국가배상법」에서는 배상책임의 주체를 국가 또는 공공단체로 규정하고 있다.
> ㉢ 생명이나 신체의 침해에 대한 배상청구권은 이를 양도하거나 압류하지 못한다.
> ㉣ 공무원에게 고의 또는 중과실이 있으면 국가나 지방자치단체는 그 공무원에게 구상권을 행사할 수 있다.
> ㉤ 「국가배상법」 제2조의 책임은 공무원의 과실책임이고, 제5조상의 책임은 무과실책임이다.
> ㉥ 외국인에 대한 배상책임은 상호주의를 취하고 있다.

① 1개 ② 2개
③ 3개 ④ 4개

20

다음 <보기> 중 사전통제의 기본법으로서 「행정절차법」에 명시적으로 규정된 절차가 아닌 것은 몇 개인가?

> ㉠ 처분절차   ㉡ 신고절차
> ㉢ 확약   ㉣ 위반사실 등의 공표
> ㉤ 행정계획   ㉥ 행정상 입법예고
> ㉦ 행정예고   ㉧ 행정지도
> ㉨ 행정조사   ㉩ 공법상 계약
> ㉪ 행정응원   ㉫ 행정강제

① 1개 ② 2개
③ 3개 ④ 4개

21

「경찰 감찰 규칙」에 관한 설명으로 가장 적절하지 않은 것은?

① "감찰"이란 복무기강 확립과 경찰행정의 적정성을 확보하기 위해 경찰기관 또는 소속 공무원의 제반업무와 활동 등을 조사·점검·확인하고 그 결과를 처리하는 감찰관의 직무활동을 말한다.

② 감찰부서장은 소속 감찰관에 대하여 감찰관 보직 후 3년마다 적격심사를 실시하여 인사에 반영하여야 한다.

③ 경찰기관의 장은 의무위반행위가 자주 발생하거나 그 발생 가능성이 높다고 인정되는 시기, 업무분야 및 경찰관서 등에 대하여는 일정기간 동안 전반적인 조직관리 및 업무추진 실태 등을 집중 점검할 수 있다.

④ 감찰관은 감찰관 본인이 의무위반행위로 인해 감찰대상이 된 때에는 당해 감찰직무(감찰조사 및 감찰업무에 대한 지휘를 포함한다)에서 제척된다.

22

「경찰 인권보호 규칙」상 경찰청 및 시·도경찰청 인권위원회에 관한 설명으로 가장 적절한 것은?

① 당연직 위원은 경찰청은 청문감사인권담당관, 시·도경찰청은 감사관으로 한다.
② 경찰청 인권위원회와 시·도경찰청 인권위원회 각각의 위원장과 위촉 위원의 임기는 위촉된 날로부터 2년으로 하며 위원장의 직은 연임할 수 없고, 위촉 위원은 세 차례만 연임할 수 있다.
③ 경찰청 인권위원회와 시·도경찰청 인권위원회의 정기회의는 각각 분기 1회 개최한다.
④ 경찰의 직에 있거나 그 직에서 퇴직한 날부터 3년이 지나지 아니한 사람은 경찰청 인권위원회나 시·도경찰청 인권위원회의 위촉 위원이 될 수 없다.

23

다음의 <보기> 중 경찰활동 전략별 주요 내용에 대한 설명으로 가장 적절하지 않은 것은?

① 지역중심 경찰활동(community-oriented policing)은 경찰이 지역사회 구성원과 함께 지역이 당면한 문제를 확인하고 우선순위를 정하여 해결하고자 노력하는 것을 의미한다.
② 지역중심 경찰활동과 문제지향적 경찰활동(problem-oriented policing)은 병행되어 실시될 때 효과성이 제고된다.
③ 무관용 경찰활동(zero tolerance policing)은 지역사회 문제해결을 위해 SARA모형이 강조되는데, 이 모형은 조사(Scanning) – 분석(Analysis) – 대응(Response) – 평가(Assessment)로 진행된다.
④ 문제지향적 경찰활동은 지역문제들에 대한 효과적인 대응 전략들을 고려하면서, 필요시에는 경찰과 지역사회의 협력 전략에 보다 높은 가치를 부여한다.

24

「지역경찰의 조직 및 운영에 관한 규칙」에 대한 설명으로 가장 적절하지 않은 것은?

① 지역경찰 동원은 근무자 동원을 원칙으로 하되, 불가피한 경우에 한하여 휴무자를 동원할 수 있다.
② 지역경찰관리자는 신고출동태세 유지 등을 위해 필요한 경우에는 휴게 및 식사시간도 기타 근무로 지정할 수 있다.
③ 순찰팀장은 관리팀원에게 행정근무를 지정하고, 순찰팀원에게 상황 또는 순찰근무 지정하는 것을 원칙으로 하되, 필요한 경우에는 다른 근무를 지정하거나 병행하여 수행하도록 지정할 수 있다.
④ 상황근무를 지정받은 지역경찰은 지역경찰관서 및 치안센터 내에서 요보호자 또는 피의자에 대한 보호·감시, 방문민원 및 각종 신고사건의 접수 및 처리 등의 업무를 수행한다.

25

「아동·청소년의 성보호에 관한 법률」에 대한 설명으로 가장 적절하지 않은 것은? (다툼이 있는 경우 판례에 의함)

① 아동·청소년이 이미 성매매 의사를 가지고 있었던 경우에도 그러한 아동·청소년에게 금품이나 그 밖의 재산상 이익, 직무·편의 제공 등 대가를 제공하거나 약속하는 등의 방법으로 성을 팔도록 권유하는 행위는 동법에서 말하는 '성을 팔도록 권유하는 행위'에 포함된다.
② 아동·청소년의 '성을 사는 행위'를 알선하는 행위를 업으로 하는 사람이 알선의 대상이 아동·청소년임을 인식하면서 알선행위를 하였더라도, 아동·청소년의 성을 사는 행위를 한 사람이 상대방이 아동·청소년임을 인식하지 못하였다면 「아동·청소년의 성보호에 관한 법률」 위반으로 처벌할 수 없다.
③ 성을 사는 행위를 알선하는 행위를 업으로 하는 자가 성매매알선을 위한 종업원을 고용하면서 고용대상자에 대하여 연령확인의무 이행을 다하지 아니한 채 아동·청소년을 고용하였다면, 특별한 사정이 없는 한 적어도 아동·청소년의 성을 사는 행위의 알선에 관한 미필적 고의는 인정된다.
④ 아동·청소년의 성을 사기 위하여 아동·청소년을 유인하거나 성을 팔도록 권유한 행위(동법 제13조 제2항)는 미수범 처벌규정이 없다.

26

「아동·청소년의 성보호에 관한 법률」상 아동·청소년대상 디지털 성범죄의 수사 특례 및 절차에 대한 설명으로 가장 적절하지 않은 것은?

① 사법경찰관리는 디지털 성범죄에 대하여 신분을 비공개하고 범죄현장(정보통신망을 포함) 또는 범인으로 추정되는 자들에게 접근하여 범죄행위의 증거 및 자료 등을 수집할 수 있다.
② 사법경찰관리는 디지털 성범죄를 계획 또는 실행하고 있거나 실행하였다고 의심할 만한 충분한 이유가 있고, 다른 방법으로는 그 범죄의 실행을 저지하거나 범인의 체포 또는 증거의 수집이 어려운 경우에 한정하여 수사 목적을 달성하기 위하여 부득이한 때에는 신분위장수사를 할 수 있다.
③ 신분비공개수사 또는 신분위장수사를 할 때에는 본래 범의(犯意)를 가지지 않은 자에게 범의를 유발하는 행위를 하지 않는 등 적법한 절차와 방식에 따라 수사하여야 한다.
④ 사법경찰관리는 신분비공개수사 또는 신분위장수사를 하려는 경우에는 검사에게 허가를 신청하고, 검사는 법원에 그 허가를 청구한다.

27

「스토킹범죄의 처벌 등에 관한 법률」(스토킹처벌법)상 용어의 의미가 적절한 것은?

① "피해자"란 스토킹범죄로 직접적인 피해를 입은 사람을 말한다.
② "피해자 등"이란 피해자 및 스토킹행위자를 말한다.
③ "스토킹행위"란 지속적 또는 반복적으로 스토킹범죄를 하는 것을 말한다.
④ "스토킹범죄"란 상대방의 의사에 반(反)하여 정당한 이유 없이 상대방 또는 그의 동거인, 가족에 대하여 접근하거나 따라다니거나 진로를 막아서는 행위 등을 하여 상대방에게 불안감 또는 공포심을 일으키는 것을 말한다.

28

「검사와 사법경찰관의 상호협력과 일반적 수사준칙에 관한 규정」에 대한 설명으로 적절한 것을 모두 고른 것은?

> ㉠ 검사와 사법경찰관의 협력관계, 일반적인 수사의 절차와 방법에 관하여 다른 법령에 특별한 규정이 있는 경우를 제외하고는 이 영이 정하는 바에 따른다.
> ㉡ 검사와 사법경찰관은 공소제기 후의 형사사건에 관한 내용을 공개해서는 안 된다.
> ㉢ 검사 또는 사법경찰관이 피의자신문조서의 작성에 착수한 때에는 수사를 개시한 것으로 본다. 이 경우 검사 또는 사법경찰관은 해당사건을 즉시 입건해야 한다.
> ㉣ 검사와 사법경찰관은 중요사건의 경우에는 송치 전에 수사할 사항, 증거수집의 대상, 법령의 적용 등에 관하여 상호 의견을 제시 교환할 것을 요청할 수 있다.
> ㉤ 사법경찰관은 변사자 또는 변사한 것으로 의심되는 사체가 있으면 변사사건 발생사실을 검사에게 통보해야 한다.
> ㉥ 검사는 「형사소송법」제245조의5 제1호에 따라, 사법경찰관으로부터 송치받은 사건에 대해 보완수사가 필요하다고 인정하는 경우에는 직접 보완수사를 할 필요가 있다고 인정되는 경우를 포함하여 사법경찰관에게 보완수사를 요구하는 것을 원칙으로 한다.

① ㉠, ㉢, ㉣, ㉤
② ㉠, ㉡, ㉣, ㉥
③ ㉠, ㉤, ㉥
④ ㉢, ㉤

29

「경찰수사규칙」 및 「범죄수사규칙」상 지명통보에 대한 설명으로 가장 적절하지 않은 것은?

① 「경찰수사규칙」상 사법경찰관리는 ㉠ 법정형이 장기 3년 미만의 징역 또는 금고, 벌금에 해당하는 죄를 범했다고 의심할 만한 상당한 이유가 있고, 출석요구에 응하지 않은 사람이나, ㉡ 법정형이 장기 3년 이상의 징역이나 금고에 해당하는 죄를 범했다고 의심되더라도 사안이 경미하고, 출석요구에 응하지 않은 사람의 소재를 알 수 없을 때에는 지명통보를 할 수 있다.
② 「경찰수사규칙」상 ①에 따라 지명통보된 사람(지명통보자)을 발견한 때에는 지명통보자에게 지명통보된 사실, 범죄사실의 요지 및 지명통보한 경찰관서(통보관서)를 고지하고, 발견된 날부터 1개월 이내에 통보관서에 출석해야 한다는 내용과 정당한 사유 없이 출석하지 않을 경우 지명수배되어 체포될 수 있다는 내용을 통지해야 한다.
③ 「범죄수사규칙」상 경찰관은 지명통보된 사람(지명통보자)을 발견한 때에는 ②에 따라 지명통보자에게 지명통보된 사실 등을 고지한 뒤 별지 제38호서식의 지명통보 사실 통지서를 교부하고, 별지 제39호서식의 지명통보자 소재발견 보고서를 작성한 후 「경찰수사규칙」 제96조에 따라 사건이송서와 함께 통보관서에 인계하여야 한다. 다만, 지명통보된 사실 등을 고지받은 지명통보자가 지명통보사실통지서를 교부받기 거부하는 경우에는 그 취지를 지명통보자 소재발견 보고서에 기재하여야 한다.
④ ③에도 불구하고 행정기관 고발사건 중 법정형이 3년 이하의 징역에 해당하는 범죄로 수사중지된 자를 발견한 발견관서의 경찰관

은 통보관서로부터 수사중지결정서를 팩스 등의 방법으로 송부받아 피의자를 조사한 후 조사서류만 통보관서로 보낼 수 있다. 다만, 피의자가 상습적인 법규위반자 또는 전과자이거나 위반사실을 부인하는 경우에는 그러지 아니하다.

30

경찰의 통신수사에 대한 설명으로 가장 적절하지 않은 것은? (다툼이 있는 경우 판례에 의함)

① 「형법」 제283조 제2항의 '존속협박'으로는 통신제한조치허가서를 청구할 수 없다.
② 통신자료에는 이용자의 성명, 주민등록번호, 주소, 가입일 또는 해지일, 전화번호, ID 등이 포함된다.
③ 통신사실확인자료 중 수사를 위한 정보통신기기 관련 실시간 추적자료, 컴퓨터 통신·인터넷 로그기록 자료는 다른 방법으로 범행 저지, 범인의 발견·확보, 증거의 수집·보전이 어려운 경우에만 해당 자료의 열람이나 제출 요청이 가능하다.
④ 통신제한조치는 당사자의 동의 없이 개봉 등의 방법으로 우편물의 내용을 지득·채록·유치하는 것을 의미하는 우편물의 검열과 당사자의 동의 없이 전자장치 등을 사용하여 전기통신의 음향·문언·부호·영상을 청취·공독하여 그 내용을 지득·채록하거나 전기통신의 송·수신을 방해하는 전기통신의 감청이 있다.

31

경비경찰의 활동과 관련된 「청원경찰법」에 대한 설명으로 가장 적절하지 않은 것은?

① 청원경찰이 직무를 수행할 때 직권을 남용하여 국민에게 해를 끼친 경우에는 6개월이하의 징역이나 금고에 처하며, 청원경찰 업무에 종사하는 사람은 「형법」이나 그 밖의 법령에 따른 벌칙을 적용할 때에는 공무원으로 본다.
② 청원경찰(국가기관이나 지방자치단체에 근무하는 청원경찰은 제외한다)의 직무상 불법행위에 대한 배상책임에 관하여는 「민법」의 규정을 따른다.
③ 청원경찰은 형의 선고, 징계처분 또는 신체상·정신상의 이상으로 직무를 감당하지 못할 때를 제외하고는 그 의사(意思)에 반하여 면직되지 아니하며, 청원주가 청원경찰을 면직시켰을 때에는 그 사실을 관할 경찰서장을 거쳐 시·도경찰청장에게 보고하여야 한다.
④ 청원주는 청원경찰이 배치된 시설이 폐쇄되거나 축소되어 청원경찰의 배치를 폐지하거나 배치인원을 감축할 필요가 있다고 인정하면 언제나 청원경찰의 배치를 폐지하거나 배치인원을 감축할 수 있다.

32

경비경찰의 활동과 관련된 재난 및 대테러 경비활동이 대한 설명으로 가장 적절하지 않은 것은?

① 「재난 및 안전관리 기본법」상 '재난'은 '자연재난'과 '사회재난'으로 구분된다.
② 「테러 취약시설 안전활동에 관한 규칙」상 C급 다중이용건축물 등은 테러에 의하여 파괴되거나 기능 마비 시 제한된 지역에서 단기간 대테러진압작전이 요구되고, 국민생활에 상당한 영향을 미칠 수 있는 건축물 또는 시설을 말한다.
③ 「국민보호와 공공안전을 위한 테러방지법」상 '테러위험인물'이란 테러단체의 조직원이거나 테러단체 선전, 테러자금 모금·기부, 그 밖에 테러 예비·음모·선전·선동을 하였거나 하였다고 의심할 상당한 이유가 있는 사람을 말한다.
④ 「경찰 재난관리 규칙」상 시도경찰청등의 장은 관할 지역 내에서 재난이 발생하였거나 발생할 우려가 있는 경우 재난상황실을 설치·운영할 수 있으나, 시도경찰청등에 재난대책본부가 설치되었거나, 「재난 및 안전관리 기본법」상 '경계' 단계의 위기경보가 발령된 경우에는 재난상황실을 설치·운영하여야 한다.

33

다음 ㉠부터 ㉣까지 중 「교통사고처리 특례법」 제3조 제2항(처벌의 특례) 단서 각호에 해당하는 것은 모두 몇 개인가?

> ㉠ 「도로교통법」 제39조 제4항을 위반하여 자동차의 화물이 떨어지지 아니하도록 필요한 조치를 하지 아니하고 운전한 경우
> ㉡ 「도로교통법」 제17조 제1항 또는 제2항에 따른 제한속도를 시속 20킬로미터 초과하여 운전한 경우
> ㉢ 「도로교통법」 제13조 제3항을 위반하여 중앙선을 침범하거나 같은 법 제62조를 위반하여 횡단, 유턴 또는 후진한 경우
> ㉣ 「도로교통법」 제24조에 따른 철길건널목 통과방법을 위반하여 운전한 경우

① 1개   ② 2개
③ 3개   ④ 4개

34

다음 <보기> 중 교통경찰의 활동과 관련된 판례의 태도와 부합하지 않는 것은 모두 몇 개인가?

> ㉠ 운전자에게는 특별한 사정이 없는 한 반대차로를 운행하는 차가 갑자기 중앙선을 넘어 올 것까지 예견하여 감속하는 등 미리 충돌을 방지할 태세를 갖추어 운전해야 할 주의의무가 있다고는 할 수 없다.
> ㉡ 특별한 이유 없이 호흡측정기에 의한 측정에 불응하는 운전자에게 경찰공무원이 혈액채취에 의한 측정방법이 있음을 고지하고 그 선택 여부를 물어야 할 의무가 있다고는 할 수 없다.
> ㉢ 고속도로를 운행하는 자동차 운전자는 고속도로를 무단횡단하는 보행자가 있을 것을 미리 예견하여 운전할 주의의무가 있다.
> ㉣ 술에 취한 피고인이 자동차 안에서 잠을 자다가 추위를 느껴 히터를 가동하기 위하여 시동을 걸었고, 실수로 제동장치 등을 건드렸다고 하더라도 자동차가 움직였으면 음주운전에 해당한다.
> ㉤ 약물 등의 영향으로 정상적으로 운전하지 못할 우려가 있는 상태에서 자동차 등을 운전하였다고 인정하려면, 약물 등의 영향으로 인하여 '정상적으로 운전하지 못할 우려가 있는 상태'에서 운전을 하면 바로 성립하고, 현실적으로 '정상적으로 운전하지 못할 상태'에 이르러야만 하는 것은 아니다.
> ㉥ 횡단보도 보행신호등의 녹색등화가 점멸할 때에는 보행자의 횡단을 금지하고 있으므로 보행자가 녹색등화의 점멸신호 이후에 횡단을 시작하였다면 설사 녹색등화가 점멸 중이더라도 횡단보도에서의 보행자보호의무의 대상으로 보기 어렵다.

① 2개
② 3개
③ 4개
④ 5개

35

「집회시위에 관한 법률」(및 시행령)상 집회시위 현장에서의 확성기 사용에 대한 설명으로 가장 적절하지 않은 것은?

① 중앙행정기관이 개최하는 국경일 행사의 경우 행사 개최시간에 한정하여 행사 진행에 영향을 미치는 소음에 대해서는, 「집회 및 시위에 관한 법률 시행령」 별표2에 따른 확성기 등의 소음기준을 '그 밖의 지역'의 소음기준으로 적용한다.
② 「집회 및 시위에 관한 법률 시행령」 별표2에 따른 소음측정장소에서 확성기 등의 대상소음이 있을 때 측정한 소음도를 측정소음도로 하고, 같은 장소에서 확성기 등의 대상소음이 없을 때 5분간 측정한 소음도를 배경소음도로 한다.
③ 「집회 및 시위에 관한 법률」상 관할경찰관서장은 집회 또는 시위의 주최자가 확성기 등의 소음기준을 초과하는 소음을 발생시켜 타인에게 피해를 주는 경우에 그 기준 이하의 소음 유지 또는 확성기 등의 사용 중지를 명하거나 확성기 등의 일시보관 등 필요한 조치를 할 수 있다.
④ 「집회 및 시위에 관한 법률 시행령」 별표2에 따른 확성기 등의 소음기준에서 주거지역의 주간(07:00 ~ 해지기 전)시간대 등가소음도(Leq)는 65dB 이하이다.

36

다음의 <보기> 중 집회 및 시위에 대한 판례의 태도로 가장 적절한 것은?

① 사전에 아무 계획이나 조직한 바 없었더라도 즉흥적으로 현장에 모인 사람들과 함께 구호와 노래를 제창한 자는 시위의 주최자라고 볼 수 있다.
② 신고내용에 포함되지 않은 삼보일배 행진을 한 것은 신고제도의 목적 달성을 심히 곤란하지 하는 정도에 이른다고 볼 수 있다.
③ 신고한 행진경로를 따라 행진하면서 하위 1개 차로에서 2회에 걸쳐 약 15분 동안 연좌한 경우 신고한 범위를 뚜렷이 벗어나는 경우에 해당한다.
④ 사전 신고를 하지 아니한 옥외집회 참가자들에게 해산명령불응죄를 적용하기 위하여는 관할 경찰관서장 등이 적법한 해산명령의 절차와 방식을 준수하였음이 입증되어야 한다.

37

「북한이탈주민의 보호 및 정착지원에 관한 법률」에 대한 설명으로 적절한 것은?

① "북한이탈주민"이란 군사분계선 이북지역에 주소, 직계가족, 배우자, 직장 등을 두고 있는 사람으로서 북한을 벗어난 후 외국 국적을 취득하지 아니한 사람을 말한다.
② 위장탈출 혐의자, 국내 입국 후 3년이 지나서 보호 신청한 사람, 체류국에 5년 이상 생활 근거지를 두고 있는 사람은 보호 대상자로 결정하지 않을 수 있다.
③ "구호물품"이란 이 법에 따라 보호대상자에게 지급하거나 빌려주는 금전 또는 물품을 말한다.
④ 북한이탈주민으로 보호를 받으려는 사람은 재외공관이나 그 밖의 행정기관의 장에게 보호를 직접 신청해야 하고, 국가정보원장은 '북한이탈주민 대책협의회'의 심의를 거쳐 보호여부를 결정한다.

38

다음의 <보기>는 국가의 대외기관에 대한 설명이다. 이에 관한 내용으로 적절하지 않은 것은 모두 몇 개인가?

> ㉠ 국가는 여러 대외기관을 통해 국제법상의 행위를 한다.
> ㉡ 국가의 대외기관은 광의로는 국가원수·외교부장관·외교사절 및 영사를 그리고 협의로는 외교사절 및 영사를 의미한다.
> ㉢ 그밖에 외국에 체류하는 군대·국가선박 및 국가항공기도 국가기관에 준하는 취급을 받는다.
> ㉣ 이중 국제법상 중요한 것은 협의의 대외기관인 외교사절과 영사인데, 이들은 외국에 상주하면서 접수국과 외교교섭이나 통상교류 등을 하고 접수국 내에서 특별한 지위와 특권·면제를 향유한다.

① 1개 ② 2개
③ 3개 ④ 없음

39

「경찰수사규칙」 및 「범죄수사규칙」상 경찰관의 외국인 관련 사건처리 조치 중 가장 적절하지 않은 것은?

① 사법경찰관 甲은 「경찰수사규칙」에 따라 중국인 피의자 A의 체포시 피의자에게 영사관원 접견 등 권리를 요청할 수 있다는 사실을 알려주었다.
② 사법경찰관 乙은 「대한민국과 중화인민공화국 간의 영사협정」에 따라 구속된 중국인 피의자 B의 요청이 없는 경우에도 4일이 넘지 아니하는 기간 내에 그 구속사실을 영사기관에 통보하였다.
③ 사법경찰관 丙은 「범죄수사규칙」에 따라 영사 C의 사무소 안에 있는 기록문서를 압수하지 않고 열람하였다.
④ 사법경찰관 丁은 「경찰수사규칙」에 따라 한미행정 협정사건에 관하여 주한 미합중국군 당국으로부터 공무증명서를 제출받아 지체없이 공무증명서의 사본을 검사에게 송부하였다.

40

「주한미군지위협정」(SOFA)의 적용대상자가 아닌 사람은?

① 주한미군의 21세 미만 자녀
② 주한미군 초청계약자
③ 주한미국대사관에 근무하는 무관
④ 주한미군 군속

제10회 실전동형모의고사

01

경찰의 개념에 대한 <보기>의 설명 중 적절하지 않은 것은 모두 몇 개인가?

> ㉠ 실질적 의미의 경찰은 사회공공의 안녕, 질서유지와 같은 소극적 목적을 위한 작용이다.
> ㉡ 실질적 의미의 경찰은 특별통치권에 근거하여 국민에게 명령·강제하는 권력적 작용으로 독일의 행정법학에서 정립된 학문상 개념이다.
> ㉢ 형식적 의미의 경찰작용은 실정법상 보통경찰기관에 분배된 사무를 말하며, 이에 따른 경찰활동의 범위는 나라마다 차이가 있을 수 있다.
> ㉣ 형식적 의미의 경찰이 언제나 실질적 의미의 경찰이 되는 것은 아니고, 또한 실질적 의미의 경찰이 모두 형식적 의미의 경찰이 되는 것도 아니다.

① 1개 ② 2개
③ 3개 ④ 없음

02

경찰의 기본적 임무인 '위험의 방지'에 대한 설명으로 적절하지 않은 것은 모두 몇 개인가?

> ㉠ 경찰개입을 위해서는 구체적 위험이 존재해야 하지만, 범죄예방 및 위험방지 행위의 준비는 추상적 위험 상황에서도 가능하다.
> ㉡ 오상위험이란 경찰이 상황을 합리적으로 사려 깊게 판단하여 위험이 존재한다고 인식하여 개입하였으나 실제로는 위험이 없던 경우를 말하며 이 경우 국가의 손실보상책임이 발생할 수 있다.
> ㉢ 위험혐의란 경찰이 의무에 합당한 사려 깊은 상황 판단을 할 때, 위험의 발생 가능성은 예측되지만, 위험의 실제 발생 여부가 불확실한 경우를 의미한다.
> ㉣ 손해란 보호법익에 대한 현저한 침해행위를 의미하고 정상적 상태의 객관적 감소이어야 하므로, 단순한 성가심이나 불편함은 경찰개입의 대상이 아니다.

① 1개 ② 2개
③ 3개 ④ 4개

03

한국경찰사에 길이 빛날 경찰의 표상에 대한 설명으로 적절한 것은 모두 몇 개인가?

> ㉠ 안맥결 총경은 1950년 8월 30일 성산포 경찰서장 재직 시 계엄군의 예비검속자 총살 명령에 '부당함으로 불이행'한다고 거부하였다.
> ㉡ 이준규 총경은 1957년 국립경찰전문학교 교수로 발령받아 후배 경찰교육에 힘쓰다 1961년 5·16군사정변이 일어나자 군사정권에 협력할 수 없다며 사표를 제출하였다.
> ㉢ 문형순 경감은 1980년 5·18 광주 민주화운동 당시 비례의 원칙에 입각한 경찰권 행사 및 시위대의 인권보호를 강조하였다.
> ㉣ 백범 김구 선생은 1919년 상하이에 수립된 대한민국 임시정부의 초대 경무국장으로 취임 후 임시정부 경찰을 지휘하며 임시정부의 성공적 정착에 이바지하였다.

① 1개 ② 2개
③ 3개 ④ 4개

04

법규명령과 행정규칙(행정명령)에 대한 설명 중 가장 적절하지 않은 것은?

① 행정규칙에 따른 종래의 행정관행이 위법한 경우에는 행정청은 자기구속을 당하지 않는다.
② 법규명령이란 국회의 의결을 거치지 않고 행정기관에 의하여 제정된 성문법규를 말하며, 그 종류에는 위임명령과 집행명령이 있다.
③ 국민의 권리 제한 또는 의무 부과와 직접 관련되는 법률, 대통령령, 총리령 및 부령은 긴급히 시행하여야 할 특별한 사유가 있는 경우를 제외하고는 공포일로부터 적어도 30일이 경과한 날부터 시행되도록 하여야 한다.
④ 위임명령은 상위법령의 집행시 필요한 절차나 형식을 정하는 데 그쳐야 하며 새로운 법규사항을 정하여서는 안된다.

05

「국가경찰과 자치경찰의 조직 및 운영에 관한 법률」상 국가수사본부장 및 시·도자치경찰위원회에 대한 설명으로 적절하지 않은 것은 모두 몇 개인가?

> ⊙ 대학이나 공인된 연구기관에서 법률학·경찰학 분야에서 조교수 이상의 직이나 이에 상당하는 직에 10년 이상 있었던 사람은 국가수사본부장의 자격이 있다.
> ⓒ 국가수사본부장이, 직무를 진행하면서 헌법이나 법률을 위배하였을 때에는 국회는 탄핵 소추를 의결할 수 있다.
> ⓒ 국가수사본부장의 임기는 2년으로 하며 중임할 수 없고, 임기가 끝나면 당연히 퇴직한다.
> ② 시도자치경찰위원회는 위원장 1명을 포함한 7명의 위원으로 구성하되, 위원장은 상임으로 하고, 나머지 위원은 비상임으로 한다.
> ⑩ 시·도자치경찰위원회 위원은 시·도의회가 추천하는 2명, 국가경찰위원회가 추천하는 2명, 해당 시·도 교육감이 추천하는 1명, 시·도자치경찰위원회 위원추천위원회가 추천하는 1명, 시·도지사가 지명하는 1명 시·도지사가 임명한다.
> ⑭ 대학이나 공인된 연구기관에서 법률학·행정학 또는 경찰학 분야의 조교수 이상의 직이나 이에 상당하는 직에 5년 이상 있었던 사람은 시·도자치경찰위원회 위원의 자격이 있다.

① 1개 ② 2개
③ 3개 ④ 4개

06

「경찰공무원법」에 대한 설명으로 가장 적절한 것은?

① 경정 이하의 경찰공무원을 신규 채용할 때에는 1년간 시보로 임용하고 그 기간이 만료된 날에 정규 경찰공무원으로 임한다.
② 경찰공무원의 복제에 관한 사항은 대통령령으로 정한다.
③ 임용권자는 경찰공무원이 해당 경과에서 직무를 수행하는 데 필요한 자격증의 효력이 상실되거나 면허가 취소되어 담당 직무를 수행할 수 없게 되었을 때에는 직권으로 면직시킬 수 있으며, 이 경우에는 징계위원회의 동의를 받아야 한다.
④ 징계처분, 휴직처분, 면직처분, 그 밖에 의사에 반하여 불리한 처분에 대한 행정소송은 경찰청장을 피고로 하는 것이 원칙이며, 예외도 있다.

07

경찰공무원은 일정한 경우, 상관이나 소속기관장의 허가를 받아야 한다. ( ) 적절하게 연결된 것은?

> ㉠ 경찰공무원은 (　　)의 허가없이 다른 직무를 겸하지 못한다.
> ㉡ 경찰공무원은 (　　)의 허가 또는 정당한 이유없이 직장을 이탈하지 못한다.
> ㉢ 경찰공무원은 (　　)의 허가없이 외국 정부로부터 영예 또는 증여를 받지 못한다.
> ㉣ 경찰공무원은 취임할 때에 (　　) 앞에서 대통령령이 정하는 바에 따라 선서를 해야 한다.
> ㉤ 경찰공무원이나 경찰공무원이었던 자가 법원 기타 법률상 권한을 가진 관청의 증인이 되어 직무상 비밀에 대하여 심문을 받을 때에는 (　　)의 허가를 받은 사항에 관하여서만 진술할 수 있도록 하고 있다.

① ㉠ 소속상관　㉡ 소속기관장
　㉢ 소속기관장　㉣ 소속기관장
　㉤ 대통령
② ㉠ 소속기관장　㉡ 소속상관
　㉢ 소속기관장　㉣ 소속기관장
　㉤ 대통령
③ ㉠ 소속기관장　㉡ 소속상관
　㉢ 대통령　㉣ 소속기관장
　㉤ 소속기관장
④ ㉠ 소속상관　㉡ 소속기관장
　㉢ 대통령　㉣ 소속기관장
　㉤ 소속기관장

08

「경찰공무원 징계령」상 징계위원회의 회의에 대한 설명으로 가장 적절하지 않은 것은?

① 징계위원회의 회의는 위원장과 징계위원회가 설치된 경찰기관의 장이 회의마다 지정하는 4명 이상 6명 이하의 위원으로 성별을 고려하여 구성하되, 민간위원의 수는 위원장을 포함한 위원 수의 2분의 1 이상이어야 한다.
② 징계사유가 「성폭력범죄의 처벌 등에 관한 특례법」에 따른 성폭력범죄, 「양성평등기본법」에 따른 성희롱에 해당하는 징계 사건이 속한 징계위원회의 회의를 구성하는 경우에는 피해자와 같은 성별의 위원이 위원장을 포함한 위원 수의 3분의 1 이상 포함되어야 한다.
③ 위원장이 부득이한 사유로 직무를 수행할 수 없거나 위원장이 필요하다고 인정하는 경우에는 출석한 위원 중 최상위 계급 또는 이에 상응하는 직급에 있거나 최상위 계급 또는 이에 상응하는 직급에 먼저 승진임용된 공무원이 위원장이 된다.
④ 징계위원회의 위원장은 위원회의 사무를 총괄하며 위원회를 대표하고, 표결권을 가진다.

09

새로운 의무이행 확보수단인 「의무위반자에 대한 공표제도」에 대한 설명으로 가장 적절하지 않은 것은?

① 이는 행정법상의 의무위반사항을 불특정 다수인이 주지할 수 있도록 일반에 알리는 것이다.
② 공표에 따르는 사회적 비난이라는 간접적·심리적 강제로 그 의무이행을 확보하려는 제도로써 그 자체는 어떠한 법적 효과도 따르지 않는 사실행위에 불과하다.
③ 공표자체로는 어떠한 법적 효과도 발생하지 않으므로 법적 근거도 필요하지 않다.
④ 의무위반자에 대한 공표제도는 최근 「행정절차법」에 그 일반법적인 근거를 마련하였다.

10

「경찰관 직무집행법」상 보호조치에 대한 설명으로 가장 적절하지 않은 것은? (다툼이 있는 경우 판례에 의함)

① 「경찰관 직무집행법」에서 규정하는 술에 취한 상태로 인하여 자기 또는 타인의 생명·신체와 재산에 위해를 미칠 우려가 있는 피구호자에 대한 보호조치는 경찰 행정상 즉시강제에 해당한다.
② 술에 취한 상태란 피구호자가 술에 만취하여 정상적인 판단능력이나 의사능력을 상실할 정도에 이른 것을 말하지 않는다.
③ 경찰공무원이 보호조치된 운전자에 대하여 음주측정을 요구하였다는 이유만으로 음주측정 요구가 당연히 위법하거나 보호조치가 당연히 종료된 것으로 볼 수는 없다.
④ 술에 취한 피구호자의 가족 등에게 인계할 수 있다면 특별한 사정이 없는 한 경찰관서에서 피구호자를 보호하는 것은 허용되지 않는다.

11

경찰관의 무기 사용에 대한 설명으로 적절한 것은 모두 몇 개인가? (다툼이 있는 경우 판례에 의함)

⊙ 경찰관이 신호위반을 이유로 정지명령에 불응하고 도주하던 차량에 탑승한 동승자를 추격하던 중 수차례에 걸쳐 경고하고 공포탄을 발사했음에도 불구하고 계속 도주하자 실탄을 발사하여 사망케 한 경우, 위 총기사용 행위는 허용 범위를 벗어난 위법행위이다.
⊙ 경찰관의 무기 사용이 특히 사람에게 위해를 가할 위험성이 큰 권총의 사용에 있어서는 그 요건을 더욱 엄격하게 판단하여야 한다.
⊙ 「경찰관 직무집행법」상 무기란 사람의 생명이나 신체에 위해를 끼칠 수 있도록 제작된 권총·소총·도검 등을 말하며, 대간첩·대테러 작전 등 국가안전에 관련되는 작전을 수행 할 때에는 개인화기 외에 공용화기를 사용할 수 있다.
⊙ 경찰관이 길이 40cm 가량의 칼로 반복적으로 위협하며 도주하는 차량 절도 혐의자를 추적하던 중, 도주하기 위하여 등을 돌린 혐의자의 몸쪽을 향하여 약 2m 거리에서 실탄을 발사하여 혐의자를 복부관통상으로 사망케 한 경우, 경찰관의 총기사용은 사회통념상 허용범위를 벗어난 위법행위이다.

① 1개 ② 2개
③ 3개 ④ 4개

12

「경찰관 직무집행법」상 손실보상에 대한 설명으로 가장 적절하지 않은 것은?

① 손실보상의 원인에 대하여 책임이 없는 자가 경찰관의 직무집행에 자발적으로 협조하거나 물건을 제공하여 생명·신체 또는 재산상의 손실을 입은 경우 정당한 보상을 하여야 한다.
② 손실발생의 원인에 대하여 책임이 있는 자가 자신의 책임에 상응하는 정도를 초과하는 생명·신체 또는 재산상의 손실을 입은 경우 정당한 보상을 하여야 한다.
③ 손실보상을 청구할 수 있는 권리는 손실이 발생한 날부터 3년, 손실이 있음을 안 날부터 5년간 행사하지 아니하면 시효의 완성으로 소멸한다.
④ 보상금이 지급된 경우 손실보상심의위원회는 대통령령으로 정하는 바에 따라 국가경찰위원회에 심사자료와 결과를 보고 하여야 한다.

13

「국가배상법」상 경찰공무원의 배상책임에 대한 설명으로 가장 적절하지 않은 것은? (다툼이 있는 경우 판례에 의함)

① 경찰공무원이 공무를 수행하는 과정에서 위법행위로 타인에게 손해를 가한 경우에 국가 등이 손해배상책임을 지는 것 외에 그 개인은 고의 또는 중과실이 있는 경우에는 손해배상책임을 진다.
② 경찰공무원의 중과실이란 공무원에게 통상 요구되는 정도의 상당한 주의를 하지 않더라도 약간의 주의를 한다면 손쉽게 위법·유해한 결과를 예견할 수 있는 경우임에도 만연히 이를 간과한 경우와 같이, 거의 고의에 가까운 현저한 주의를 결여한 상태를 의미한다.
③ 경찰공무원이 직무를 수행함에 있어 경과실로 타인에게 손해를 입힌 경우에는 그로 인하여 발생한 손해에 대하여 경찰공무원 개인에게 배상책임을 부담시키지 아니하는 것은 공무원의 공무 집행의 안정성을 확보하려는 데 있다.
④ 국민의 생명·신체·재산 등을 보호하는 것을 본래의 사명으로 하는 국가는 형식적 의미의 법령에 근거가 없다면 경찰공무원에 대하여 위험을 배제할 작위의무를 인정할 수 없으므로, 경찰공무원의 부작위를 이유로 국가배상책임을 인정할 수 없다.

14

경찰작용에 대한 판례의 설명으로 가장 적절하지 않은 것은?

① 경찰관이 구체적 상황에 비추어 인적 및 물적 능력의 범위 내에서 적절한 조치라는 판단에 따라 범죄의 진압 및 수사에 관한 직무를 수행한 경우에는 그러한 직무수행이 객관적 정당성을 상실하여 현저하게 불합리한 것으로 인정되지 않는 한 이를 위법하다고 할 수는 없다.
② 본래 범의를 가지지 아니한 자에 대하여 수사기관이 사술이나 계략 등을 써서 범의를 유발케 하여 범죄인을 검거하는 함정 수사는 위법함을 면할 수 없고, 범의를 가진 자에 대하여 단순히 범행의 기회를 제공하는 것에 불과한 경우라도 위법한 함정수사이다.
③ 「경찰관 직무집행법」 제6조 제1항의 '경찰관의 제지에 관한 부분'은 범죄의 예방을 위한 경찰행정상 즉시강제, 즉 눈앞의 급박한 경찰상 장해를 제거하여야 할 필요가 있고 의무를 명할 시간적 여유가 없거나 의무를 명하는 방법으로는 그 목적을 달성하기 어려운 상황에서 의무불이행을 전제로 하지 않고 경찰이 직접 실력을 행사하여 경찰상 필요한 상태를 실현하는 권력적 사실행위에 관한 근거조항이다.
④ 주거지에서 음악 소리를 크게 내거나 큰 소리로 떠들어 이웃을 시끄럽게 하는 행위는 「경범죄 처벌법」 제3조 제1항 제21호에서 경범죄로 정한 '인근소란 등'에 해당하고, 경찰관은 「경찰관 직무집행법」에 따라 경범죄에 해당하는 행위를 예방·진압·수사하고, 필요한 경우 제지할 수 있다.

15

「스토킹방지 및 피해자보호 등에 관한 법률」상 피해자 등에 대한 불이익조치의 금지 등에 대한 설명으로 가장 적절하지 않은 것은?

① 스토킹 행위자란 스토킹을 한 사람을 말하고, 피해자란 스토킹으로 직접적인 피해를 입은 사람을 말한다.
② 피해자를 고용하고 있는 자는 피해자에게 스토킹으로 피해를 입은 것을 이유로 불이익조치를 하여서는 아니 된다.
③ 스토킹 사실을 신고한 자를 고용하고 있는 자는 스토킹 사실을 신고한 자에게 신고를 한 것을 이유로 불이익조치를 하여서는 아니 된다.
④ 피해자를 고용하고 있는 자는 피해자의 요청이 없어도 업무 연락처 및 근무 장소의 변경, 배치전환 등의 적절한 조치를 해야 한다.

16

다음은 「국가재정법」상 예산안의 편성 절차를 나열한 것이다. 이에 대한 절차가 순서대로 가장 적절한 것은?

> ㉠ 기획재정부장관은 국무회의의 심의를 거쳐 대통령의 승인을 얻은 다음 연도의 예산안편성지침을 각 중앙관서의 장에게 통보하여야 한다.
> ㉡ 기획재정부장관은 예산요구서에 따라 예산안을 편성하여 국무회의의 심의를 거친 후 대통령의 승인을 얻어야 한다.
> ㉢ 각 중앙관서의 장은 예산안편성지침에 따라 그 소관에 속하는 다음 연도의 세입세출예산·계속비·명시이월비 및 국고채무부담행위 요구서를 작성하여 기획재정부장관에게 제출하여야 한다.
> ㉣ 기획재정부장관은 각 중앙관서의 장에게 통보한 예산안편성지침을 국회 예산결산특별위원회에 보고하여야 한다.

① ㉠ → ㉡ → ㉢ → ㉣
② ㉠ → ㉣ → ㉢ → ㉡
③ ㉣ → ㉠ → ㉢ → ㉡
④ ㉣ → ㉢ → ㉠ → ㉡

17

「경찰장비관리규칙」상 무기·탄약의 회수 및 보관에 관한 내용이다. <보기> 중 즉시 대여한 무기·탄약을 회수해야 하는 경우는 모두 몇 개인가?

> ㉠ 사의를 표명한 자
> ㉡ 형사사건의 수사 대상이 된 자
> ㉢ 경찰공무원 직무적성검사 결과 고위험군에 해당되는 자
> ㉣ 직무상의 비위 등으로 인하여 중징계 의결 요구된 자
> ㉤ 직무상의 비위 등으로 인하여 감찰조사의 대상이 된 자

① 1개 ② 2개
③ 3개 ④ 4개

18

경찰작용에 있어서 행정소송에 대한 설명으로 가장 적절한 것은 모두 몇 개인가? (다툼이 있는 경우 판례에 의함)

> ㉠ 관할 시도경찰청장은 운전면허와 관련된 처분권한을 각 경찰서장에게 위임하였고, 이에 따라 A경찰서장은 자신의 명의로 甲에게 운전면허정지처분을 하였다면, 甲의 운전면허정지 처분 취소소송의 피고적격자는 A경찰서장이 아니라 관할 경찰청장이다.
> ㉡ 혈중알콜농도 0.13%의 주취상태에서 차량을 운전하다가 적발된 乙에게 관할 시도경찰청장이 「도로교통법」에 의거 운전 면허취소처분을 하였을 경우, 乙은 행정심판을 거치지 않고 바로 행정소송을 제기할 수 있다.
> ㉢ 도로 외의 곳에서의 음주운전·음주측정거부 등에 대해서는 형사처벌도 가능하고 운전면허취소처분도 부과할 수 있다.
> ㉣ 경찰청장을 피고로 하여 취소소송을 제기하는 경우, 대법원 소재지를 관할하는 행정법원이 제1심 관할 법원으로 될 수 있다.

① 1개 ② 2개
③ 3개 ④ 4개

19

「공공기관의 정보공개에 관한 법률」상 정보공개의 절차상 내용으로 가장 적절하지 않은 것은?

① 공공기관은 비공개대상 정보에 해당하는 정보가 기간의 경과 등으로 인하여 비공개의 필요성이 없어진 경우에는 그 정보를 공개대상으로 하여야 한다.
② 정보의 공개를 청구하는 자는 해당 정보를 보유하거나 관리하고 있는 공공기관에 정보공개청구서를 제출하거나 말로써 정보의 공개를 청구할 수 있다.
③ 공공기관은 부득이한 사유로 정보공개의 청구를 받은 날부터 10일 이내에 공개 여부를 결정할 수 없을 때에는 그 기간이 끝나는 날부터 기산(起算)하여 10일의 범위에서 공개여부결정기간을 연장할 수 있다. 이 경우 공공기관은 연장된 사실과 연장사유를 청구인에게 지체 없이 문서로 통지하여야 한다.
④ 청구인이 공개청구한 정보가 비공개대상 정보에 해당하는 부분과 공개 가능한 부분이 혼합되어 있는 경우 공개청구의 취지에 어긋나지 아니하는 범위에서 두 부분을 분리할 수 있는 경우에는 비공개 대상 정보에 해당하는 부분을 제외하고 공개하여야 한다.

20

「언론중재 및 피해구제 등에 관한 법률」에 관한 설명 중 가장 적절하지 않은 것은?

① 언론중재위원회에 위원장 1명과 2명 이내의 부위원장 및 3명의 감사를 두며, 각각 언론중재위원 중에서 호선(互選)한다.
② 사실적 주장에 관한 언론보도 등이 진실하지 아니함으로 인하여 피해를 입은 자는 해당 언론보도 등이 있음을 안 날부터 3개월 이내에 언론사, 인터넷뉴스 서비스사업자 및 인터넷 멀티미디어 방송사업자에게 그 언론보도 등의 내용에 관한 정정보도를 청구할 수 있다. 다만, 해당 언론보도등이 있은 후 6개월이 지났을 때에는 그러하지 아니하다.
③ 언론중재위원회는 40명 이상 90명 이내의 중재위원으로 구성하며, 중재위원은 문화체육관광부장관이 위촉한다.
④ 피해자가 정정보도청구권을 행사할 정당한 이익이 없는 경우에는 언론사등은 정정보도청구를 거부할 수 있다.

21

「공직자의 이해충돌방지법」(및 시행령)과 관련하여 ( )안의 숫자의 합은 얼마인가?

> ㉠ 사적이해관계자에 해당되는 퇴직자의 경우 최근 ( )년 이내에 퇴직한 공직자로서 퇴직 일 전 ( )년 이내에 해당 공직자와 동일한 부서에서 함께 근무하였던 사람이 포함된다.
> ㉡ 부동산 보유·매수 신고의 경우, 공직자 본인, 배우자, 생계를 같이하는 직계존비속 등이 소속 공공기관의 직무 관련 부동산을 매수 후 등기를 완료한 날부터 ( )일 이내에 신고를 하여야 한다.
> ㉢ 고위공직자 민간부문 업무활동의 내역 제출의 경우, 공직임용일 또는 임기 개시일로부터 ( )일 이내에 소속기관장에게 제출하여야 한다.
> ㉣ 직무관련자 거래신고에 있어서 특수관계사업자의 정의에는, 공직자, 배우자, 직계 존·비속이 발행주식 총수의 100분의 ( )이상을 소유하고 있는 법인 또는 단체가 포함된다.
> ㉤ 직무상 비밀 등 이용금지의 경우, 공직자가 아니게 된 날로부터 ( )년이 경과하지 아니한 퇴직자를 포함한다.

① 77 ② 79
③ 81 ④ 84

22

「부정청탁 및 금품등 수수의 금지에 관한 법률」(청탁금지법)에 대한 설명으로 가장 적절한 것은?

① 동법상 위반사항을 신고하려는 자는 자신의 인적사항과 신고의 취지·이유·내용을 적고 서명한 문서와 함께 신고 대상 및 증거 등을 제출하여야 하므로, 비실명 대리신고는 허용되지 않는다.
② 동법상 공직자등이 부정청탁을 받았을 때에는 부정청탁을 한 자에게 부정청탁임을 알리고 이를 거절하는 의사를 명확히 표시하여야 하며, 이러한 조치를 하였음에도 불구하고 동일한 부정청탁을 다시 받은 경우에는 이를 소속기관장에게 구두 또는 서면(전자서면을 포함)으로 신고하여야 한다.
③ 동법에 따르면 경찰관 A가 모교에서 자신의 직무와 관련된 강의를 부탁받아 1시간 강의를 하고 50만원의 사례금을 받았다면, 대통령령이 정하는 바에 따라 소속기관장에게 신고하고 그 초과금액을 소속기관장에게 지체없이 반환하여야 한다.
④ 동 법의 규정상 「국가공무원법」 또는 「지방공무원법」에 따른 공무원과 그 밖에 다른 법률에 따라 그 자격·임용·교육훈련·복무·보수·신분보장 등에 있어서 공무원으로 인정된 사람은 '공직자등' 개념에 포함된다.

23

「지역경찰의 조직 및 운영에 관한 규칙」에 대한 설명 중 가장 적절한 것은?

① "지역경찰관서"란 「국가경찰과 자치경찰의 조직 및 운영에 관한 법률」 제30조 제3항 및 「경찰청과 그 소속기관 직제」 제43조에 규정된 지구대, 파출소 및 치안센터를 말한다.
② 상황근무를 지정받은 지역경찰은 문서의 접수 및 처리와 중요사건·사고 발생 시 보고·전파 업무를 수행한다.
③ 지역경찰은 근무 중 주요사항을 근무일지(을지)에 기재하여야 하고 근무일지는 5년간 보관한다.
④ 대기근무를 지정받은 지역경찰은 지정된 장소에서 휴식을 취하되, 무전기를 청취하며 10분 이내 출동이 가능한 상태를 유지하여야 한다.

24

「112종합상황실 운영 및 신고처리 규칙」에 관한 설명 중 가장 적절하지 않은 것은?

① 시·도경찰청장 및 경찰서장이 112요원을 배치할 때에는 관할구역 내 지리감각, 언어능력 및 상황 대처능력이 뛰어난 경찰공무원을 선발·배치하여야 하며, 근무기간은 1년 이상으로 한다.
② 112요원은 접수한 신고의 내용이 code 3의 유형에 경우에는 출동요소에 지령하지 않고 자체 종결하거나 소관기관이나 담당부서에 신고내용을 통보하여 처리하도록 조치하여야 한다.
③ 112신고 이외 경찰관서별 일반전화 또는 직접 방문 등으로 경찰관의 현장출동을 필요로 하는 사건의 신고를 한 경우 해당 신고를 받은 자가 접수한다. 이때 접수한 자는 112시스템에 신고내용을 입력하여야 한다.
④ 112종합상황실 자료 중 접수처리 입력자료는 1년간 보존하고, 무선지령내용 녹음자료는 24시간 녹음하고 3개월간 보존한다.

25

「실종아동등의 보호 및 지원에 관한 법률」과 「실종아동등 및 가출인 업무처리 규칙」에 관한 <보기> 중 적절한 것은 모두 몇 개인가?

> ㉠ '장기실종아동등'이라 함은 보호자로부터 이탈한지 48시간이 경과한 후에도 발견되지 않은 '찾는실종아동등'을 말한다.
> ㉡ 경찰관서의 장은 실종아동등의 발생 신고를 접수하면 24시간 이내에 수색 또는 수사의 실시여부를 결정하여야 한다.
> ㉢ 발견된 18세 미만 아동 및 가출인의 경우, 실종아동등 프로파일링 시스템에 등록된 자료는 수배 해제 후로부터 10년간 보관한다.
> ㉣ 실종아동등 프로파일링시스템에 등록된 미발견자의 자료는 소재 발견시까지 보관한다.
> ㉤ 경찰관서의 장은 실종아동등에 대하여 「실종아동 및 가출인 업무처리 규칙」 제18조에 따른 현장 탐문 및 수색 후, 그 결과를 즉시 보호자에게 통보하여야 한다. 이후에는 실종아동 프로파일링시스템에 등록한 날로부터 1개월까지는 15일에 1회, 1개월이 경과한 후부터는 분기별 1회 보호자에게 추적 진행사항을 통보한다.

① 1개 ② 2개
③ 3개 ④ 4개

26

다음은 「경비업법」(및 시행령)상 경비요청에 대한 설명이다. ( )안에 들어갈 시간/기간으로 가장 적절한 것은?

> 경비가 필요한 시설 등에 대한 경비의 요청 (「경비업법 시행령」 제30조)
> 시·도경찰청장은 행사장 그 밖에 많은 사람이 모이는 시설 또는 장소에서 혼잡 등으로 인한 위험의 발생을 방지하기 위하여 법 제2조 제3호의 규정에 의한 경비원에 의한 경비가 필요하다고 인정되는 때에는 행사개최일 전에 당해 행사의 주최자에게 경비원에 의한 경비를 실시하거나 부득이한 사유로 그것을 실시할 수 없는 경우에는 행사개최 ( ) 전까지 시·도경찰청장에게 그 사실을 통지하여 줄 것을 요청할 수 있다.

① 12시간 ② 24시간
③ 3일   ④ 7일

27

「스토킹범죄의 처벌 등에 관한 법률」(스토킹처벌법)상 스토킹범죄에 대한 전담조사제에 대한 설명으로 가장 적절하지 않은 것은?

① 국가수사본부장은 스토킹범죄 전담 사법경찰관을 지정하여 특별한 사정이 없으면 스토킹범죄 전담 사법경찰관이 피해자를 조사하게 하여야 한다.
② 시·도경찰청장은 스토킹범죄 전담 사법경찰관을 지정하여 특별한 사정이 없으면 스토킹범죄 전담 사법경찰관이 피해자를 조사하게 하여야 한다.
③ 검찰총장은 각 지방검찰청 검사장에게 스토킹범죄 전담 검사를 지정하도록 하여 특별한 사정이 없으면 스토킹범죄 전담 검사가 피의자를 조사하게 하여야 한다.
④ 경찰서장은 스토킹범죄 전담 사법경찰관에게 스토킹범죄의 수사에 필요한 전문지식과 피해자 보호를 위한 수사방법 및 수사절차 등에 관한 교육을 실시하여야 한다.

28

변사자검시와 관련하여, 「검사와 사법경찰관의 상호협력 및 일반적 수사준칙」에 관한 규정(제17조)에 관한 내용이다. 가장 적절하지 않은 것은?

① 사법경찰관은 변사자 또는 변사한 것으로 의심되는 사체가 있으면 변사사건 발생사실을 검사에게 보고해야 한다.
② 검사는 법 제222조제1항에 따라 검시를 했을 경우에는 검시조서를, 검증영장이나 같은 조 제2항에 따라 검증을 했을 경우에는 검증조서를 각각 작성하여 사법경찰관에게 송부해야 한다.
③ 사법경찰관은 법 제222조제1항 및 제3항에 따라 검시를 했을 경우에는 검시조서를, 검증영장이나 같은 조 제2항 및 제3항에 따라 검증을 했을 경우에는 검증조서를 각각 작성하여 검사에게 송부해야 한다.
④ 검사와 사법경찰관은 법 제222조에 따라 변사자의 검시를 한 사건에 대해 사건 종결 전에 수사할 사항 등에 관하여 상호 의견을 제시·교환해야 한다.

29

「피의자 유치 및 호송 규칙」상 유치 및 호송에 관한 설명으로 가장 적절하지 않은 것은?

① 외표검사란 죄질이 경미하고 동작과 언행에 특이사항이 없으며 위험물 등을 은닉하고 있지 않다고 판단되는 유치인에 대하여 신체 등의 외부를 눈으로 확인하고 손으로 가볍게 두드려 만져 검사하는 것을 말한다.

② 간이검사란 일반적으로 유치인에 대하여 탈의막 안에서 속옷은 벗지 않고 신체검사의를 착용(유치인의 의사에 따른다)하도록 한 상태에서 위험물 등의 은닉 여부를 검사하는 것을 말한다.

③ 호송관은 제47조 제2항의 호송주무관의 허가를 받아 「경찰관 직무집행법」 제10조의2 제1항 및 「위해성 경찰장비의 사용기준 등에 관한 규정」 제4조에 따라 필요한 한도에서 호송대상자에 대하여 수갑 또는 수갑·포승을 사용할 수 있다. 다만, 구류 선고 및 감치명령을 받은 자와 미성년자, 고령자, 장애인, 임산부 및 환자 중 주거와 신분이 확실하고 도주의 우려가 없는 자에 대하여는 수갑 또는 수갑·포승을 채우지 아니한다.

④ 금전, 유가증권, 기타 물품은 호송관에게 탁송한다. 다만, 위험한 물품 또는 호송관이 휴대하기에 부적당한 물품은 발송관서에서 인수관서에 직접 송부할 수 있다.

30

「검사와 사법경찰관의 상호협력과 일반적 수사준칙에 관한 규정」상 검사의 재수사 결과의 처리에 관한 설명으로 가장 적절하지 않은 것은?

① 기존의 불송치 결정을 유지하는 경우에는 재수사 결과서에 그 내용과 이유를 구체적으로 적어 검사에게 통보한다.

② 검사는 사법경찰관이 ①에 따라 재수사 결과를 통보한 사건에 대해서 다시 재수사를 요청하거나 송치 요구를 할 수 없다.

③ 다만, ②에도 불구하고 검사는 사법경찰관이 사건을 송치하지 않은 위법 또는 부당이 시정되지 않아 사건을 송치받아 수사할 필요가 있는 경우에는 법 제197조의3(시정조치 요구)에 따라 사건송치를 요구할 수 있다.

④ 검사는 사건송치 요구 여부를 판단하기 위해 필요한 경우에는 사법경찰관에게 관계 서류와 증거물의 송부를 요청할 수 있다. 이 경우 요청을 받은 사법경찰관은 이에 협력할 수 있다.

31

「통합방위법」에 관한 설명 중 가장 적절하지 않은 것은?

① "갑종사태"란 일정한 조직체계를 갖춘 적의 대규모 병력 침투 또는 대량살상무기 공격 등의 도발로 발생한 비상사태로서 통합방위본부장 또는 지역군사령관의 지휘·통제하에 통합방위작전을 수행하여야 할 사태를 말한다.
② "을종사태"란 적의 침투·도발 위협이 예상되거나 소규모의 적이 침투하였을 때에 시·도경찰청장, 지역군사령관 또는 함대사령관의 지휘·통제 하에 통합방위작전을 수행하여 단기간 내에 치안이 회복될 수 있는 사태를 말한다.
③ 국무총리 소속으로 중앙 통합방위협의회를 둔다.
④ 국가중요시설은 국방부장관이 관계 행정기관의 장 및 국가정보원장과 협의하여 지정한다.

32

「경찰 비상업무 규칙」에 대한 설명으로 가장 적절하지 않은 것은?

① "지휘선상 위치 근무"란 비상연락체계를 유지하며 유사시 1시간 이내에 현장지휘 및 현장근무가 가능한 장소에 위치하는 것을 말한다.
② "정착근무"란 사무실 또는 상황과 관련된 현장에 위치하는 것을 말한다.
③ "일반요원"이란 필수요원을 포함한 경찰관 등으로 비상소집시 2시간 이내에 응소하여야 할 자를 말한다.
④ "가용경력"이란 총원에서 휴가·출장·교육·파견 등을 제외하고 실제 동원될 수 있는 모든 인원을 말한다.

33

교통사고와 관련된 내용으로 가장 적절하지 않은 것은? (다툼이 있으면 판례에 의함)

① 신호위반으로 교통사고를 일으킨 사람이 통고처분을 받아 신호위반의 범칙금을 납부하였다면, 「교통사고처리특례법」상 신호위반으로 인한 업무상 과실치상죄의 죄책을 물을 수 없다.
② 교차로와 횡단보도가 연접하여 설치되어 있고 차량용 신호기는 교차로에만 설치된 경우, 교차로의 차량신호등이 적색이고 교차로에 연접한 횡단보도 보행등이 녹색인 경우에 차량 운전자가 위 횡단보도 앞에서 정지하지 아니하고 횡단보도를 지나 우회전하던 중 업무상 과실치상의 결과가 발생하면 「교통사고처리특례법」 제3조 제1항, 제2항 단서 제1호의 '신호위반'에 해당한다.
③ 「특정범죄 가중처벌 등에 관한 법률」 제5조의3 도주차량운전자에 대한 가중처벌규정과 관련하여, 차의 교통으로 인한 업무상 과실치사상의 사고는 「도로교통법」이 정하는 도로에서의 교통사고로 제한되지 않는다.
④ 「교통사고조사규칙」에 따라 차 대 차 사고로서 당사자 간의 과실이 동일한 경우 피해가 경한 당사자를 선순위로 지정한다.

34

음주측정거부에 대한 설명으로 가장 적절하지 않은 것은? (다툼이 있는 경우 판례에 의함)

① 명시적인 의사표시를 하지 않으면서 경찰관이 음주측정 불응에 따른 불이익을 5분 간격으로 3회 이상 고지(최초 측정요구시로부터 15분 경과)했음에도 계속 음주측정에 응하지 않은 때에는 음주측정거부자로 처리한다.
② 음주측정거부 시 1년 이상 5년 이하의 징역이나 5백만원 이상 2천만원 이하의 벌금에 처한다.
③ 흉골골절 등으로 인한 통증으로 깊은 호흡을 할 수 없어 이십여차례 음주측정기를 불었으나 끝내 음주측정이 되지 아니한 경우 음주측정불응죄가 성립하지 아니한다.
④ 여러 차례에 걸쳐 호흡측정기의 빨대를 입에 물고 형식적으로 숨을 부는 시늉만 하였을 뿐 숨을 제대로 불지 아니하여 호흡측정기에 음주측정수치가 나타나지 아니하도록 한 행위는 음주측정불응죄에 해당하지 않는다.

35

「집회 및 시위에 관한 법률」 및 동법 시행령상 '질서유지선'에 관한 설명으로 가장 적절하지 않은 것은?

① 질서유지선을 경찰관의 경고에도 불구하고 정당한 사유 없이 상당 시간 침범하거나 손괴·은닉·이동 또는 제거하거나 그 밖의 방법으로 그 효용을 해친 자는 6개월 이하의 징역 또는 50만원이하의 벌금·구류 또는 과료에 처한다.
② 옥외집회 및 시위의 신고를 받은 경찰관서장이 질서유지선을 설정할 때에는 주최자 또는 연락책임자에게 이를 알려야 한다.
③ 질서유지선의 설정 고지는 구두 또는 서면으로 할 수 있다. 다만 집회 또는 시위 장소의 상황에 따라 질서유지선을 새로 설정하거나 변경하는 경우에는 집회 또는 시위의 장소에 있는 경찰공무원이 서면으로 알려야 한다.
④ 옥외집회나 시위의 신고를 받은 관할경찰관서장은 집회 및 시위의 보호와 공공의 질서유지를 위하여 필요하다고 인정하면 최소한의 범위를 정하여 질서유지선을 설정할 수 있다.

36

집회 및 시위에 대한 설명으로 가장 적절하지 않은 것은? (다툼이 있는 경우 판례에 의함)

① 집회참가자들이 망인에 대한 추모의 목적과 그 범위 내에서 이루어지는 노제 등을 위한 이동·행진의 수준을 넘어서서 그 기회를 이용하여 다른 공동의 목적을 가지고 일반인이 자유로이 통행할 수 있는 장소를 행진하거나 위력 또는 기세를 보여, 불특정한 여러 사람의 의견에 영향을 주거나 제압을 하는 행위에까지 나아가는 경우에는, 이미 「집회 및 시위에 관한 법률」이 정한 시위에 해당하므로 「집회 및 시위에 관한 법률」 제6조에 따라 사전에 신고서를 관할 경찰서장에게 제출할 것이 요구된다.
② 옥외집회 또는 시위 참가자들이 교통혼잡이 야기되었다고 볼만한 사정은 없으나 이미 신고한 행진 경로를 따라 행진로인 하위 1개 차로에서 약 3시간 30분 동안 이루어진 집회시간 동안 2회에 걸쳐 약 15분 동안 연좌하였다는 사실만으로도 주최행위가 신고한 목적, 일시, 방법 등의 범위를 뚜렷이 벗어나는 경우에 해당한다고 볼 수 있다.
③ 집회란 '특정 또는 불특정 다수인이 공동의 의견을 형성하여 이를 대외적으로 표명할 목적 아래 일시적으로 일정한 장소에 모이는 것'을 말한다.
④ 옥외집회 또는 시위 당시의 구체적인 상황에 비추어 볼 때 옥외집회 또는 시위의 신고사항 미비점이나 신고범위 일탈로 인하여 타인의 법익 기타 공공의 안녕질서에 대하여 직접적인 위험이 초래된 경우에 비로소 그 위험의 방지·제거에 적합한 제한 조치를 취할 수 있되, 그 조치는 법령에 의하여 허용되는 범위 내에서 필요한 최소한도에 그쳐야 한다.

37

「보안관찰법」상 보안관찰에 대한 설명 중 가장 적절하지 않은 것은?

① 「보안관찰법」상 법무부장관은 보안관찰처분대상자 또는 피보안관찰자 중 국내에 가족이 없거나 가족이 있어도 인수를 거절하는 자에 대하여는 대통령령이 정하는 바에 의하여 거소를 제공할 수 있다.
② 「형법」상 일반이적죄는 「보안관찰법」상 보안관찰해당범죄에 해당된다.
③ 「보안관찰법 시행규칙」에서 규정하는 '사안'에는 보안관찰처분 기간갱신청구에 관한 사안도 해당된다.
④ 「보안관찰법」상 피보안관찰자가 주거지를 이전하거나 국외여행 또는 10일 이상 주거를 이탈하여 여행하고자 할 때에는 미리 거주예정지, 여행예정지 기타 대통령령이 정하는 사항을 지구대·파출소장을 거쳐 관할 경찰서장에게 신고하여야 한다.

38

「여행경보제도 운영지침」상 외교부장관은 천재지변, 전쟁, 내란, 폭동, 테러 등 대통령령으로 정하는 국외 위난상황으로 인한 국민의 생명·신체나 재산을 보호하기 위하여 국민이 특정 국가나 지역을 방문하거나 체류하는 것이 필요하다고 인정하는 때에는 기간을 정하여 해당 국가나 지역에서의 여권 사용을 제한하거나 방문·체류를 금지할 수 있다. 이와 관련하여 외교부에서 발령하는 여행경보제도에 해당하지 않는 것은?

① 여행유의   ② 여행삼가
③ 출국권고   ④ 여행금지

39

다음은 국제형사경찰기구(ICPO, The International Criminal Pclice Organization)에 대한 설명이다. 가장 적절하지 않은 것은?

① 자체 내에 국제수사관을 두어 각국의 법과 국경에 관계없이 자유롭게 왕래하면서 범인을 추적·수사하는 수사기관은 아니다.
② 정치, 군사, 종교적 또는 인종적 성격을 띤 문제에 대한 관여나 활동은 엄격히 금지된다. 그러므로 범죄의 성질에 따른 엄격한 차별을 두어야 한다.
③ 국가중앙사무국은 각국 중앙경찰 산하의 한 기구로 인터폴의 모든 회원국에 설치되는 상설기관으로, 우리나라는 경찰청 국가수사본부에서 국가중앙사무국 업무를 수행한다.
④ 사무총국은 인터폴의 상설기관으로서 국제범죄 예방과 진압을 위해 각 회원국 및 국제기관과 긴밀한 협조관계를 유지하면서 각종 국제범죄에 관한 정보를 교환하는 국제센터로서의 중추적 역할을 하는 국제협력의 추진모체라고 할 수 있다.

40

외사경찰활동과 관련된 설명으로 가장 적절하지 않은 것은?

① 「외사요원 관리규칙」상 외사요원이라 함은 외사기획업무, 외사정보업무, 인터폴국제공조업무, 해외주재업무, 그리고 국제협력업무를 취급하는 경찰공무원을 말한다.

② 「출입국관리법」상 수사기관은 긴급출국금지를 요청한 때부터 6시간 이내에 법무부장관에게 긴급출국금지 승인을 요청하여야 한다.

③ 수사절차 등과 관련해 일정한 제약을 규정하고 있는 「주한미군지위협정(SOFA)」은 대한민국 영역 안에 있는 미국 군대의 구성원, 군속, 그리고 그 가족으로 적용대상을 제한하고 있다.

④ 「범죄수사규칙」상 경찰관은 외국인 관련 범죄의 수사를 함에 있어서는 국제법과 국제조약에 위배되는 일이 없도록 유의해야 하며 중요한 범죄에 관하여는 미리 국가수사본부장에게 보고하여 그 지시를 받아 수사에 착수하여야 한다.

PART 02
해설편

제1회~제10회 실전동형모의고사

제01회 정답 및 해설

01 ②

해설 [O] ⓒⓔ
ⓒ 자치경찰사무를 살펴보면, 형식적 의미의 경찰에 해당하는 것도 있고 실질적 의미의 경찰에 해당하는 것도 있다.
ⓔ 공물의 사용 관계에서 발생하는 사회적 장애를 방지·제거하기 위해 명령·강제하는 작용을 말한다. 도로경찰·하천경찰 등이 그 예에 속한다.

[X] ⓐⓑⓓ
ⓐ 독일 행정법학
ⓑ 대체로 같다고 볼 수 있으나, 반드시 일치하는 개념은 아니다. 현재 경찰의 직무는 본래 경찰의 직무에 해당하는 것도 있고 본래는 경찰의 직무에 해당하지 않는 것도 있다.
ⓓ 사법경찰은 형식적 의미의 경찰에 해당한다.

02 ④

해설 ④ 「도로교통법」제2조 제3호의 고속도로에서 발생한 교통사고 및 교통 관련 범죄 및 「특정범죄 가중처벌 등에 관한 법률」제5조의3(뺑소니)이 적용되는 죄를 범한 경우는 제외된다.

「국가경찰과 자치경찰의 조직 및 운영에 관한 법률」제4조(경찰의 사무)
① 경찰의 사무는 다음 각호와 같이 구분한다.
1. **국가경찰사무**:
    제3조에서 정한 경찰의 임무를 수행하기 위한 사무. 다만, 제2호의 자치경찰사무는 제외한다.
2. **자치경찰사무**:
    가. 지역 내 주민의 생활안전 활동에 관한 사무
    나. 지역 내 교통활동에 관한 사무
    다. 지역 내 다중운집 행사 관련 혼잡 교통 및 안전관리
    라. 다음의 어느 하나에 해당하는 수사사무
        1) 학교폭력 등 소년범죄
        2) 가정폭력, 아동학대 범죄
        3) 교통사고 및 교통 관련 범죄
        4) 「형법」제245조에 따른 공연음란 및 「성폭력범죄의 처벌 등에 관한 특례법」제12조에 따른 성적 목적을 위한 다중이용장소 침입행위에 관한 범죄
        5) 경범죄 및 기초질서 관련 범죄
        6) 가출인 및 「실종아동등의 보호 및 지원에 관한 법률」제2조제2호에 따른 실종아동등 관련 수색 및 범죄
3. **교통사고 및 교통 관련 범죄**: 다음 각 목의 범죄. 다만, 「도로교통법」제2조 제3호의 고속도로에서 발생한 교통사고 및 교통 관련 범죄는 제외한다.
    가. 「교통사고처리 특례법」제3조제1항의 범죄(업무상과실·중과실 치사상). 다만, 차의 운전자가 같은 항의 죄를 범하고도 피해자를 구호하는 등 「도로교통법」제54조제1항에 따른 조치를 하지 않고 도주하거나 피해자를 사고 장소로부터 옮겨 유기하고 도주한 경우는 제외한다.

나. 「도로교통법」제148조(사고발생 시의 조치의무위반, 「특정범죄 가중처벌 등에 관한 법률」제5조의3(뺑소니)이 적용되는 죄를 범한 경우는 제외).

03 ①

해설 [X] ⓒ
㉠ 국회의 경호를 위하여 국회에 경위(警衛)를 둔다(국회법 제144조 제1항).
㉡ 의장은 국회의 경호를 위하여 필요할 때에는 국회운영위원회의 동의를 받아 일정한 기간을 정하여 정부에 경찰공무원의 파견을 요구할 수 있다(제2항).
㉢ 경호업무는 의장의 지휘를 받아 수행하되, 경위는 회의장 건물 안에서, 경찰공무원은 회의장 건물 밖에서 경호한다(제3항).
㉣ 경위나 경찰공무원은 국회 안에 현행범인이 있을 때에는 체포한 후 의장의 지시를 받아야 한다. 다만, 회의장 안에서는 의장의 명령 없이 의원을 체포할 수 없다(제150조).

04 ③

해설 ③ 상해임시정부가 연통제를 실시하였는데, 이때 道의 장으로 독판, 警察의 장으로 경무사를 두었다. 연통제는 점령된 본국의 국민들에게 독립의식을 잊지 않게 하고 기밀탐지활동과 독립자금의 모집활동 등을 행하며, 일제에 대한 저항과 독립을 쟁취하는 데 있었다.
① 특히, 1944년 임시정부 경위대 예산편성기록 등이 보이고, 1920년 및 1944년 당시 경찰 월급도 편성하여 지급한 기록도 보인다. 임시정부경찰은 우리경찰의 뿌리로서 큰 의미가 있다. 즉 임시정부 법령에 근거한 공식 치안조직이고, 임시정부를 수호하고 교민을 보호하였으며, 일제의 밀정을 색출하고 처단하는 역할을 수행하였다.

05 ②

해설 ㉠ [X] 경찰청장은 국가경찰위원회의 동의를 받아 행정안전부장관의 제청으로 국무총리를 거쳐 대통령이 임명한다. 이 경우 국회의 인사청문을 거쳐야 한다.
ⓒ [X] 경찰청장이 직무를 집행하면서 헌법이나 법률을 위배하였을 때에는 국회는 탄핵 소추를 의결할 수 있다.

경/찰/청/장(동법 제14조)
① 경찰청에 경찰청장을 두며, 경찰청장은 치안총감(治安總監)으로 보한다.
② 경찰청장은 국가경찰위원회의 동의를 받아 행정안전부장관의 제청으로 국무총리를 거쳐 대통령이 임명한다. 이 경우 국회의 인사청문을 거쳐야 한다.
③ 경찰청장은 국가경찰사무를 총괄하고 경찰청 업무를 관장하며 소속 공무원 및 각급 경찰기관의 장을 지휘·감독한다.
④ 경찰청장의 임기는 2년으로 하고, 중임(重任)할 수 없다.
⑤ 경찰청장이 직무를 집행하면서 헌법이나 법률을 위배하였을 때에는 국회는 탄핵 소추를 의결할 수 있다.
⑥ 경찰청장은 경찰의 수사에 관한 사무의 경우에는 개별 사건의 수사에 대하여 구체적으로 지휘·감독할 수 없다. 다만, 국민의 생명·신체·재산 또는 공공의 안전 등에 중대한 위험을 초래하는 긴급하고 중요한 사건의 수사에 있어서 경찰의 자원을 대규모로 동원하는 등 통합적으로 현장 대응할 필요가 있다고 판단할 만한 상당한 이유가 있는 때에는 제16조에 따른 국가수사본부장을 통하여 개별 사건의 수사에 대하여 구체적으로 지휘·감독할 수 있다.
⑦ 경찰청장은 제6항 단서에 따라 개별 사건의 수사에 대한 구체적 지휘·감독을 개시한 때에는 이를 국가경찰위원회에 보고하여야 한다.
⑧ 경찰청장은 제6항 단서의 사유가 해소된 경우에는 개별 사건의 수사에 대한 구체적 지휘·감독을 중단하여야 한다.

⑨ 경찰청장은 제16조에 따른 국가수사본부장이 제6항 단서의 사유가 해소되었다고 판단하여 개별 사건의 수사에 대한 구체적 지휘·감독의 중단을 건의하는 경우 특별한 이유가 없으면 이를 승인하여야 한다.
⑩ 제6항 단서에서 규정하는 긴급하고 중요한 사건의 범위 등 필요한 사항은 대통령령으로 정한다.

06 ②

해설 시·도자치경찰위원회 위원의 임명 및 결격사유(제20조)
① 시·도자치경찰위원회 위원은 다음 각호의 사람을 시·도지사가 임명한다.
  1. 시·도의회가 추천하는 2명
  2. 국가경찰위원회가 추천하는 1명
  3. 해당 시·도 교육감이 추천하는 1명
  4. 시·도자치경찰위원회 위원추천위원회가 추천하는 2명
  5. 시·도지사가 지명하는 1명
② 시·도자치경찰위원회 위원은 다음 각호의 어느 하나에 해당하는 자격을 갖추어야 한다.
  1. 판사·검사·변호사 또는 경찰의 직에 5년 이상 있었던 사람
  2. 변호사 자격이 있는 사람으로서 국가기관등에서 법률에 관한 사무에 5년 이상 종사한 경력이 있는 사람
  3. 대학이나 공인된 연구기관에서 법률학·행정학 또는 경찰학 분야의 조교수 이상의 직이나 이에 상당하는 직에 5년 이상 있었던 사람
  4. 그 밖에 관할 지역주민 중에서 지방자치행정 또는 경찰행정 등의 분야에 경험이 풍부하고 학식과 덕망을 갖춘 사람
③ 시·도자치경찰위원회 위원장은 위원 중에서 시·도지사가 임명하고, 상임위원은 시·도자치경찰위원회의 의결을 거쳐 위원 중에서 위원장의 제청으로 시·도지사가 임명한다. 이 경우 위원장과 상임위원은 지방자치단체의 공무원으로 한다.
④ 위원은 정치적 중립을 지켜야 하며, 권한을 남용하여서는 아니 된다.
⑤ 공무원이 아닌 위원에 대해서는 「지방공무원법」 제52조 및 제57조를 준용한다.
⑥ 공무원이 아닌 위원은 그 소관 사무와 관련하여 형법이나 그 밖의 법률에 따른 벌칙을 적용할 때에는 공무원으로 본다.
⑦ 다음 각호의 어느 하나에 해당하는 사람은 위원이 될 수 없다. 위원이 각호의 어느 하나에 해당한 경우에는 당연퇴직한다.
  1. 정당의 당원이거나 당적을 이탈한 날부터 3년이 지나지 아니한 사람
  2. 선거에 의하여 취임하는 공직에 있거나 그 공직에서 퇴직한 날부터 3년이 지나지 아니한 사람
  3. 경찰, 검찰, 국가정보원 직원 또는 군인의 직에 있거나 그 직에서 퇴직한 날부터 3년이 지나지 아니한 사람
  4. 국가 및 지방자치단체의 공무원(국립 또는 공립대학의 조교수 이상의 직에 있는 사람은 제외한다. 이하 이 조에서 같다)이거나 공무원이었던 사람으로서 퇴직한 날부터 3년이 지나지 아니한 사람. 다만, 제20조제3항 후단에 따라 위원장과 상임위원이 지방자치단체의 공무원이 된 경우에는 당연퇴직하지 아니한다.
  5. 「지방공무원법」 제31조 각호의 어느 하나에 해당하는 사람. 다만, 「지방공무원법」 제31조제2호 및 제5호에 해당하는 경우에는 같은 법 제61조제1호 단서에 따른다.
⑧ 그 밖에 위원의 임명방법 등에 관하여 필요한 사항은 대통령령으로 정하는 기준에 따라 시·도조례로 정한다.

07 ①

해설 1] 「행정안전부장관의 소속청장 지휘에 관한 규칙」
1) 규칙 제2조(중요 정책사항 등의 승인 및 보고)

① 경찰청장(및 소방청장)은 다음 각호의 사항에 관하여 <u>미리 행정안전부장관의 승인을 받아야 한다.</u>
  1. <u>법령 제정·개정이 필요한 경찰(소방) 분야 기본계획의 수립과 그 변경에 관한 사항</u>
  2. 국제협력에 관한 중요 계획의 수립과 그 변경에 관한 사항
  3. 국제기구의 가입과 국제협정의 체결에 관한 사항
② 청장은 다음 각호의 사항에 관하여 <u>미리 장관에게 보고해야 한다.</u>
  1. <u>국무회의에 상정할 사항</u>
  2. 청장의 국제회의 참석 및 국외출장에 관한 사항
③ 청장은 다음 각호의 사항에 관하여 <u>장관에게 보고해야 한다.</u>
  1. 대통령·국무총리 및 장관의 지시사항에 대한 추진계획과 그 실적
  2. 중요 정책 및 계획의 추진실적
  3. 대통령·국무총리 및 그 직속기관과 국회 및 감사원 등에 보고하거나 제출하는 자료 중 중요한 사항
  4. 감사원의 감사 결과 및 처분 요구사항 중 중요 정책과 관련된 사항
  5. 그 밖에 법령에 규정된 권한 행사 및 책무 수행에 필요하다고 인정하여 장관이 요청하는 사항

2) 규칙 제3조(예산에 관한 사항)
  청장은 기획재정부에 제출하는 예산 관련 자료 중 중요사항을 장관에게 보고해야 한다.

3) 규칙 제4조(법령 질의)
  청장은 소관 법령의 해석에 관하여 다른 중앙행정기관의 장에게 질의하여 회신을 받았을 때에는 지체 없이 그 사본을 장관에게 제출해야 한다.

4) 규칙 제5조(정책협의회)
  장관은 중요 정책에 대한 업무협의를 위하여 필요한 때에는 청장과 정책협의회를 개최할 수 있다.

2] 「행정안전부와 그 소속기관 직제」(제13조의2 경찰국)
① <u>국장은 치안감으로 보한다.</u>
② 국장은 다음 사항을 분장한다.
  1. 「정부조직법」 제7조 제4항(소속청에 대하여는 중요정책수립에 관하여 그 청의 장을 직접 지휘할 수 있다)에 따른 행정안전부장관의 경찰청장에 대한 지휘·감독에 관한 사항
  2. 「국가경찰과 자치경찰의 조직 및 운영에 관한 법률」 제8조제1항에 따른 국가경찰위원회 위원의 임명 제청 및 같은 법 제14조제2항 전단에 따른 경찰청장의 임명 제청에 관한 사항
  3. 「국가경찰과 자치경찰의 조직 및 운영에 관한 법률」 제10조제1항제9호에 따른 국가경찰위원회 안건 부의(附議) 및 같은 조 제2항에 따른 국가경찰위원회의 심의·의결 사항에 대한 재의 요구
  4. 「경찰공무원법」 제7조제1항에 따른 <u>총경 이상 경찰공무원의 임용제청</u>, 같은 법 제30조제4항 후단에 따른 계급정년 연장 승인을 위한 경유 및 같은 법 제33조 단서에 따른 징계를 위한 경유에 관한 사항
  5. 「국가경찰과 자치경찰의 조직 및 운영에 관한 법률」 제25조제4항에 따른 시·도자치경찰위원회의 의결에 대한 재의 요구 및 같은 법 제28조제2항에 따른 시·도경찰청장의 임용 제청에 관한 사항
  6. 그 밖에 다른 법령에 따른 경찰행정 및 자치경찰사무 지원에 관한 사항

3] 「행정안전부와 그 소속기관 직제 시행규칙」(제10조의2 경찰국)
① 경찰국장은 치안감으로 보한다.
② 경찰국에 총괄지원과·인사지원과 및 자치경찰지원과를 두며, 총괄지원과장은 부이사관·서기관 또는 총경으로, 인사지원과장은 총경으로, 자치경찰지원과장은 총경 또는 서기관으로 각각 보한다.

08 ②

해설 1) 규칙 제10조(선발의 원칙)
① 수사업무 수행을 위한 업무역량, 전문성 등을 고려하여 경정 이하의 경찰공무원을 대상으로 수사경과자를 선발

한다.
② 수사경과자의 선발인원은 수사경찰의 전문성 확보와 인사운영의 효율성 등을 고려하여 수사부서 총 정원의 1.5배의 범위 내에서 경찰청장이 정한다.

2) 규칙 제14조(수사경과의 유효기간 및 갱신)
수사경과 유효기간은 수사경과를 부여일 또는 갱신일로부터 5년으로 한다(제1항).

3) 규칙 제15조(해제사유 등)
① 다음 각호의 어느 하나에 해당하는 경우에는 수사경과를 해제하여야 한다.
　1. 직무와 관련한 청렴의무위반·인권침해 또는 부정청탁에 따른 직무수행으로 징계처분을 받은 경우
　2. 5년간 연속으로 제3조제1항(수사경찰 근무부서) 외의 부서에서 근무하는 경우
　3. 제14조에 따른 유효기간 내에 갱신이 되지 않은 경우
② 다음 각호의 어느 하나에 해당하는 경우에는 수사경과를 해제할 수 있다.
　1. 제1항 제1호 외의 사유로 징계처분을 받은 경우
　2. 인권침해, 편파수사를 이유로 다수의 진정을 받는 등 공정한 수사업무 수행을 기대하기 곤란한 경우
　3. 수사업무 능력·의욕이 현저하게 부족한 경우
　4. 수사경과 해제를 희망하는 경우
③ 제2항에 따른 경과 해제 요청을 할 때에는 별지 제2호 서식에 따른다.
④ 제2항 제3호의 '수사업무 능력·의욕이 현저하게 부족한 경우'에는 다음 각호의 어느 하나에 해당하는 사유를 포함한다.
　1. 2년간 연속으로 정당한 사유없이 제3조제1항(수사경찰 근무부서) 외의 부서에서 근무하는 경우(「국가공무원법」 제32조의4 및 「경찰공무원임용령」 제30조에 따른 파견기간 및 같은 법 71조에 따른 휴직의 기간은 위 기간에 산입하지 아니한다)
　2. 제6조제1항 본문에 따라 수사부서 근무자로 선발되었음에도 정당한 사유없이 수사부서 전입을 기피하는 경우
　3. 제6조제2항에 따른 인사내신서를 제출하지 않거나 부실기재하여 제출한 경우

09 ②

해설 임/용/권/자(「경찰공무원법」 제7조)
① 총경 이상 경찰공무원은 경찰청장(또는 해양경찰청장)의 추천을 받아 행정안전부장관(또는 해양수산부장관)의 제청으로 국무총리를 거쳐 대통령이 임용한다. 다만, 총경의 전보, 휴직, 직위해제, 강등, 정직 및 복직은 경찰청장(또는 해양경찰청장)이 한다.
② 경정 이하의 경찰공무원은 경찰청장(또는 해양경찰청장)이 임용한다. 다만, 경정으로의 신규채용, 승진임용 및 면직은 경찰청장(또는 해양경찰청장)의 제청으로 국무총리를 거쳐 대통령이 한다.
③ 경찰청장은 대통령령으로 정하는 바에 따라 경찰공무원의 임용에 관한 권한의 일부를 특별시장·광역시장·도지사·특별자치시장 또는 특별자치도지사(시·도지사), 국가수사본부장, 소속 기관의 장, 시·도경찰청장에게 위임할 수 있다. 이 경우 시·도지사는 위임받은 권한의 일부를 대통령령으로 정하는 바에 따라 「국가경찰과 자치경찰의 조직 및 운영에 관한 법률」 제18조에 따른 시·도자치경찰위원회(시·도자치경찰위원회), 시·도경찰청장에게 다시 위임할 수 있다.
④ 해양경찰청장은 대통령령으로 정하는 바에 따라 경찰공무원의 임용에 관한 권한의 일부를 소속 기관의 장, 지방해양경찰관서의 장에게 위임할 수 있다.
⑤ 경찰청장, 해양경찰청장 또는 제3항 및 제4항에 따라 임용권을 위임받은 자는 행정안전부령 또는 해양수산부령으로 정하는 바에 따라 소속 경찰공무원의 인사기록을 작성·보관하여야 한다.

10 ④

해설 1] 승진(제15조)
① 경찰공무원은 바로 아래 하위계급에 있는 경찰공무원 중에서 근무성적평정, 경력평정, 그 밖의 능력을 실증(實證)하여 승진임용한다. 다만, 해양경찰청장을 보하는 경우 치안감을 치안총감으로 승진임용할 수 있다.
② 총무관 이하 계급으로의 승진은 승진심사에 의하여한다. 다만, 경정 이하 계급으로의 승진은 대통령령으로 정하는 비율에 따라 승진시험과 승진심사를 병행할 수 있다.
③ 총경 이하의 경찰공무원에 대해서는 대통령령으로 정하는 바에 따라 계급별로 승진대상자 명부를 작성하여야 한다.
④ 경찰공무원의 승진에 필요한 계급별 최저근무연수, 승진 제한에 관한 사항, 그 밖에 승진에 관하여 필요한 사항은 대통령령으로 정한다.

2] 전사·순직한 승진후보자의 승진(제15조의2)
제18조제1항에 따른 승진후보자 명부에 등재된 사람이 승진임용 전에 전사하거나 순직한 경우에는 그 사망일 전날을 승진일로 하여 승진 예정 계급으로 승진한 것으로 본다.

11 ③

해설 1) 법 제31조(성희롱 예방교육 등 방지조치)
① 국가기관등의 장과 사용자는 성희롱을 방지하기 위하여 대통령령으로 정하는 바에 따라 해당 국가기관등과 사업장 등에 소속된 사람(해당 국가기관등의 장과 사용자를 포함한다)을 대상으로 성희롱 예방교육의 실시, 자체 예방지침의 마련, 성희롱 사건이 발생한 경우 재발방지대책의 수립·시행 등 필요한 조치를 하여야 하고, 국가기관등의 장은 그 조치 결과를 여성가족부장관 및 주무부처의 장에게 제출하여야 한다.
② 여성가족부장관은 제1항에 따른 국가기관등의 성희롱 방지조치에 대한 점검을 대통령령으로 정하는 바에 따라 매년 실시하여야 한다.

2) 법 제31조의2(성희롱 사건 발생 시 조치)
① 국가기관등의 장은 해당 기관에서 성희롱 사건이 발생한 사실을 알게 된 경우(국가기관등의 장이 해당 성희롱 사건의 행위자인 경우를 포함한다) 피해자의 명시적인 반대의견이 없으면 지체 없이 그 사실을 여성가족부장관에게 통보하고, 해당 사실을 안 날부터 3개월 이내에 제31조제1항에 따른 재발방지대책을 여성가족부장관에게 제출하여야 한다.
② 여성가족부장관은 제1항에 따라 통보받은 사건이 중대하다고 판단되거나 재발방지대책의 점검 등을 위하여 필요한 경우 해당 기관에 대한 현장점검을 실시할 수 있으며, 점검 결과 시정이나 보완이 필요하다고 인정하는 경우에는 국가기관등의 장에게 시정이나 보완을 요구할 수 있다.

12 ③

해설 1) 소청심사위원회의 심사(제12조)
① 소청심사위원회는 이 법에 따른 소청을 접수하면 지체 없이 심사하여야 한다.
② 소청심사위원회는 제1항에 따른 심사를 할 때 필요하면 검증(檢證)·감정(鑑定), 그 밖의 사실조사를 하거나 증인을 소환하여 질문하거나 관계 서류를 제출하도록 명할 수 있다.
③ 소청심사위원회가 소청 사건을 심사하기 위하여 징계 요구 기관이나 관계 기관의 소속 공무원을 증인으로 소환하면 해당 기관의 장은 이에 따라야 한다.
④ 소청심사위원회는 필요하다고 인정하면 소속 직원에게 사실조사를 하게 하거나 특별한 학식·경험이 있는 자에게 검증이나 감정을 의뢰할 수 있다.
⑤ 소청심사위원회가 증인을 소환하여 질문할 때에는 대통령령등으로 정하는 바에 따라 일당과 여비를 지급하여야 한다.

2) 소청인의 진술권(제13조)
① 소청심사위원회가 소청 사건을 심사할 때에는 대통령령등으로 정하는 바에 따라 소청인 또는 제76조제1항 후단에 따른 대리인에게 진술 기회를 주어야 한다.
② 제1항에 따른 진술 기회를 주지 아니한 결정은 무효로 한다.
3) 행정소송과의 관계(제16조)
① 제75조에 따른 처분(징계처분 등), 그 밖에 본인의 의사에 반한 불리한 처분이나 부작위(不作爲)에 관한 행정소송은 소청심사위원회의 심사·결정을 거치지 아니하면 제기할 수 없다.
② 제1항에 따른 행정소송을 제기할 때에는 대통령의 처분 또는 부작위의 경우에는 소속 장관(대통령령으로 정하는 기관의 장을 포함한다. 이하 같다)을, 중앙선거관리위원회위원장의 처분 또는 부작위의 경우에는 중앙선거관리위원회사무총장을 각각 피고로 한다.

13 ②

[해설] ⓒ [X] 경찰작용이 비례의 원칙을 충족하기 위해서는 적합성, 필요성, 상당성의 원칙(수인가능성의 원칙)을 모두 필요로 한다.
ⓓ [X] 비례원칙에 위반한 국가작용은 경찰권의 남용으로 위법한 공권력의 행사로서 당연히 국가손해배상책임이 인정된다.

14 ②

[해설] 행/정/상/강/제(「행정기본법」 제30조)
① 행정청은 행정목적을 달성하기 위하여 필요한 경우에는 법률로 정하는 바에 따라 필요한 최소한의 범위에서 다음 각 호의 어느 하나에 해당하는 조치를 할 수 있다.
　1. 행정대집행: <u>의무자가 행정상 의무(법령등에서 직접 부과하거나 행정청이 법령등에 따라 부과한 의무를 말한다. 이하 이 절에서 같다)로서 타인이 대신하여 행할 수 있는 의무를 이행하지 아니하는 경우 법률로 정하는 다른 수단으로는 그 이행을 확보하기 곤란하고 그 불이행을 방치하면 공익을 크게 해칠 것으로 인정될 때에 행정청이 의무자가 하여야 할 행위를 스스로 하거나 제3자에게 하게 하고 그 비용을 의무자로부터 징수하는 것</u>
　2. 이행강제금의 부과: 의무자가 행정상 의무를 이행하지 아니하는 경우 행정청이 적절한 이행기간을 부여하고, 그 기한까지 행정상 의무를 이행하지 아니하면 금전급부의무를 부과하는 것
　3. 직접강제: 의무자가 행정상 의무를 이행하지 아니하는 경우 행정청이 의무자의 신체나 재산에 실력을 행사하여 그 행정상 의무의 이행이 있었던 것과 같은 상태를 실현하는 것
　4. 강제징수: 의무자가 행정상 의무 중 금전급부의무를 이행하지 아니하는 경우 행정청이 의무자의 재산에 실력을 행사하여 그 행정상 의무가 실현된 것과 같은 상태를 실현하는 것
　5. 즉시강제: 현재의 급박한 행정상의 장해를 제거하기 위한 경우로서 다음 각 목의 어느 하나에 해당하는 경우에 행정청이 곧바로 국민의 신체 또는 재산에 실력을 행사하여 행정목적을 달성하는 것
　　가. 행정청이 미리 행정상 의무 이행을 명할 시간적 여유가 없는 경우
　　나. 그 성질상 행정상 의무의 이행을 명하는 것만으로는 행정목적 달성이 곤란한 경우
② 행정상 강제 조치에 관하여 이 법에서 정한 사항 외에 필요한 사항은 따로 법률로 정한다.
③ 형사(刑事), 행형(行刑) 및 보안처분 관계 법령에 따라 행하는 사항이나 외국인의 출입국·난민인정·귀화·국적회복에 관한 사항에 관하여는 이 절을 적용하지 아니한다.

15 ①

[해설] ⓒ [X] 구체적인 사정에 따라 경찰관이 그 권한을 행사하여 필요한 조치를 취하지 아니하는 것이 현저하게

불합리하다고 인정되는 경우에는 그러한 권한의 불행사는 직무상의 의무를 위반한 것이 되어 위법하게 된다.

1] 대법원 2000. 11. 10. 선고, 2000다26807, 판결

1) 경찰관이 교통법규 등을 위반하고 도주하는 차량을 순찰차로 추적하는 직무를 집행하는 중에 그 도주 차량의 주행에 의하여 제3자가 손해를 입은 경우, 경찰관의 추적행위가 위법한 것인지 여부(한정 소극)

2) 국가배상책임은 공무원의 직무집행이 법령에 위반한 것임을 요건으로 하는 것으로서, 공무원의 직무집행이 법령이 정한 요건과 절차에 따라 이루어진 것이라면 특별한 사정이 없는 한 이는 법령에 적합한 것이고 그 과정에서 개인의 권리가 침해되는 일이 생긴다고 하여 그 법령적합성이 곧바로 부정되는 것은 아니다.

3) 경찰관은 수상한 거동 기타 주위의 사정을 합리적으로 판단하여 어떠한 죄를 범하였거나 범하려 하고 있다고 의심할 만한 상당한 이유가 있는 자 또는 이미 행하여진 범죄나 행하여지려고 하는 범죄행위에 관하여 그 사실을 안다고 인정되는 자를 정지시켜 질문할 수 있고, 또 범죄를 실행중이거나 실행 직후인 자는 현행범인으로, 누구임을 물음에 대하여 도망하려 하는 자는 준현행범인으로 각 체포할 수 있으며, 이와 같은 정지 조치나 질문 또는 체포 직무의 수행을 위하여 필요한 경우에는 대상자를 추적할 수도 있으므로, 경찰관이 교통법규 등을 위반하고 도주하는 차량을 순찰차로 추적하는 직무를 집행하는 중에 그 도주차량의 주행에 의하여 제3자가 손해를 입었다고 하더라도 그 추적이 당해 직무 목적을 수행하는 데에 불필요하다거나 또는 도주차량의 도주의 태양 및 도로교통상황 등으로부터 예측되는 피해발생의 구체적 위험성의 유무 및 내용에 비추어 추적의 개시·계속 혹은 추적의 방법이 상당하지 않다는 등의 특별한 사정이 없는 한 그 추적행위를 위법하다고 할 수는 없다.

2] 대법원 1998. 8. 25. 선고, 98다16890, 판결

1) 경찰관직무집행법 제5조는 경찰관은 인명 또는 신체에 위해를 미치거나 재산에 중대한 손해를 끼칠 우려가 있는 위험한 사태가 있을 때에는 그 각호의 조치를 취할 수 있다고 규정하여 형식상 경찰관에게 재량에 의한 직무수행권한을 부여한 것처럼 되어 있으나, 경찰관에게 그러한 권한을 부여한 취지와 목적에 비추어 볼 때 구체적인 사정에 따라 경찰관이 그 권한을 행사하여 필요한 조치를 취하지 아니하는 것이 현저하게 불합리하다고 인정되는 경우에는 그러한 권한의 불행사는 직무상의 의무를 위반한 것이 되어 위법하게 된다.

2) 경찰관이 농민들의 시위를 진압하고 시위과정에 도로 상에 방치된 트랙터 1대에 대하여 이를 도로 밖으로 옮기거나 후방에 안전표지판을 설치하는 것과 같은 위험발생방지조치를 취하지 아니한 채 그대로 방치하고 철수하여 버린 결과, 야간에 그 도로를 진행하던 운전자가 위 방치된 트랙터를 피하려다가 다른 트랙터에 부딪혀 상해를 입은 사안에서 국가배상책임을 인정한 사례.

3] 대법원 2022. 3. 31. 선고, 2017다218475, 판결

1) 국가배상책임을 인정하기 위한 요건으로서 '법령 위반'에 공무원의 행위가 객관적인 정당성을 잃은 경우가 포함되는지 여부(적극) / 경찰관 직무집행법 제6조에 따른 경찰관의 제지 조치가 적법한 직무집행으로 평가되기 위한 요건

2) 甲 단체 소속 집회참가자들이 집회에서 사용할 조형물을 차량에 싣고 와 집회 장소 인근 도로에 정차한 후 내려놓으려고 하자 경찰관들이 도로교통법 위반을 이유로 조형물이 실린 채로 차량을 견인하였고, 이에 항의하는 乙을 공무집행방해죄 현행범으로 체포한 사안에서, 경찰관들의 객관적인 정당성을 잃은 위법한 직무집행으로 甲 단체의 집회의 자유와 乙의 신체의 자유가 침해되었다는 이유로, 국가배상책임을 인정한 원심판단이 정당하다고 한 사례

3) 공무원이 직무를 집행하면서 고의 또는 과실로 법령을 위반하면 국가에 배상책임이 생긴다(국가배상법 제2조 제1항). 공무원이 형식적 의미의 법령을 위반한 경우뿐만 아니라, 인권존중·권력남용금지·신의성실처럼 마땅히 지켜야 할 규범을 어겼을 때를 비롯하여 널리 그 행위가 객관적인 정당성을 잃었다면 국가배상책임이 성립할 수 있다(대법원 2002. 5. 17. 선고 2000다22607 판결, 대법원 2015. 8. 27. 선고 2012다204587 판결 등 참조). 한편 경찰관은 눈앞에서 형사처벌 대상인 행위가 막 이루어지려 하고 그대로 내버려 두면 사람의 생명·신체나 중대한 재산상 손해가 생길 수 있어서 직접 막는 것 외에는 다른 방법이 없는 급박한 상황일 때에만 「경찰관 직무집행법」 제6조에 따라 적법하게 그 행위를 제지할 수 있다(대법원 2021. 11. 11. 선고 2018다288631 판결 등 참조).

16 ④

해설 1) 법 제3조(정의)

① 이 법에서 사용하는 용어의 뜻은 다음과 같다.
  1. "범죄피해자"란 타인의 범죄행위로 피해를 당한 사람과 그 배우자(사실상의 혼인관계를 포함한다), 직계친족 및 형제자매를 말한다.
  2. "범죄피해자 보호·지원"이란 범죄피해자의 손실 복구, 정당한 권리 행사 및 복지 증진에 기여하는 행위를 말한다. 다만, 수사·변호 또는 재판에 부당한 영향을 미치는 행위는 포함되지 아니한다.
  3. "범죄피해자 지원법인"이란 범죄피해자 보호·지원을 주된 목적으로 설립된 비영리법인을 말한다.
  4. "구조대상 범죄피해"란 대한민국의 영역 안에서 또는 대한민국의 영역 밖에 있는 대한민국의 선박이나 항공기 안에서 행하여진 사람의 생명 또는 신체를 해치는 죄에 해당하는 행위(「형법」 제9조, 제10조제1항, 제12조, 제22조제1항에 따라 처벌되지 아니하는 행위를 포함하며, 같은 법 제20조 또는 제21조제1항에 따라 처벌되지 아니하는 행위 및 과실에 의한 행위는 제외한다)로 인하여 사망하거나 장해 또는 중상해를 입은 것을 말한다.

> 1] 원인에 포함되는 행위
> 1. 형사미성년자(제9조) 14세되지 아니한 자의 행위는 벌하지 아니한다.
> 2. 심신장애인(제10조)
>   심신장애로 인하여 사물을 변별할 능력이 없거나 의사를 결정할 능력이 없는 자의 행위는 벌하지 아니한다(제1항).
> 3. 강요된 행위(제12조)
>   저항할 수 없는 폭력이나 자기 또는 친족의 생명, 신체에 대한 위해를 방어할 방법이 없는 협박에 의하여 강요된 행위는 벌하지 아니한다.
> 4. 긴급피난(제22조)
>   자기 또는 타인의 법익에 대한 현재의 위난을 피하기 위한 행위는 상당한 이유가 있는 때에는 벌하지 아니한다(제1항).
> 2] 원인에 포함되지 않는 행위
> 1. 정당행위(제20조)
>   법령에 의한 행위 또는 업무로 인한 행위 기타 사회상규에 위배되지 아니하는 행위는 벌하지 아니한다.
> 2. 정당방위(제21조)
>   현재의 부당한 침해로부터 자기 또는 타인의 법익(法益)을 방위하기 위하여 한 행위는 상당한 이유가 있는 경우에는 벌하지 아니한다(제1항).

  5. "장해"란 범죄행위로 입은 부상이나 질병이 치료(그 증상이 고정된 때를 포함한다)된 후에 남은 신체의 장해로서 대통령령으로 정하는 경우를 말한다.
  6. "중상해"란 범죄행위로 인하여 신체나 그 생리적 기능에 손상을 입은 것으로서 대통령령으로 정하는 경우를 말한다.
② 제1항제1호에 해당하는 사람 외에 범죄피해 방지 및 범죄피해자 구조 활동으로 피해를 당한 사람도 범죄피해자로 본다.

17 ③

해설 [O] ㉠㉡
[X] ㉢㉣㉤

ⓒ 직무수행은 주로 서류에 의해 이루어지며 기록은 장기간 보존된다. ⓔ관료의 권한과 직무범위는 법규에 따라 규정된다. ⓕ직무수행은 법규에 따라 임무를 수행하고, 공과 사의 엄격한 분리에 의해 직무수행과정에서 개인적 편견과 분노는 필요치 않다.

한편, 관료제의 역기능으로는 동조과잉(同條過剩)과 수단의 목표화(과잉준수), 번문욕례/형식주의(Red-Tape), 인격과 인간성의 상실, 전문화로 인한 무능, 무사안일주의, 할거주의(割據主義), 민주성과 대표성의 제약, 변동에 대한 저항(교착상태) 등이 있고, 특히 미국 관료제를 가장 느리고, 우둔한 집단이라는 의미로 camelelephant에 비유하기도 한다.

18 ②

해설 ⓒ 경찰병원의 책임운영기관(의료형 기관) 특별회계
ⓔ 제주특별자치경찰인력지원의 국가균형발전 특별회계
나머지는 예전에 특별회계로 운영되었지만, 현재는 일반회계로 전환되거나 업무가 다른 기관으로 이관되었다.

19 ③

해설 **문서의 성립 및 효력 발생(제6조)**
① 문서는 결재권자가 해당 문서에 서명(전자이미지서명, 전자문자서명 및 행정전자서명을 포함한다)의 방식으로 결재함으로써 성립한다.
② 문서는 수신자에게 도달(전자문서의 경우는 수신자가 관리하거나 지정한 전자적 시스템 등에 입력되는 것을 말한다)됨으로써 효력을 발생한다.
③ 제2항에도 불구하고 공고문서는 그 문서에서 효력발생 시기를 구체적으로 밝히고 있지 않으면 그 고시 또는 공고 등이 있은 날부터 5일이 경과한 때에 효력이 발생한다.

20 ①

해설 ① 개괄주의를 채택하고 있다. 행정청의 처분 또는 부작위에 대하여는 다른 법률에 특별한 규정이 있는 경우 외에는 이 법에 따라 행정심판을 청구할 수 있다(제3조 제1항).

1] 행정심판의 종류(제5조) 행정심판의 종류는 다음 각호와 같다.
1. 취소심판: 행정청의 위법 또는 부당한 처분을 취소하거나 변경하는 행정심판
2. 무효등확인심판: 행정청의 처분의 효력 유무 또는 존재 여부를 확인하는 행정심판
3. 의두이행심판: 당사자의 신청에 대한 행정청의 위법 또는 부당한 거부처분이나 부작위에 대하여 일정한 처분을 하도록 하는 행정심판

2] 행정심판위원회의 설치(동법 제6조)
① 다음 각호의 행정청 또는 그 소속 행정청(행정기관의 계층구조와 관계없이 그 감독을 받거나 위탁을 받은 모든 행정청을 말하되, 위탁을 받은 행정청은 그 위탁받은 사무에 관하여는 위탁한 행정청의 소속 행정청으로 본다. 이하 같다)의 처분 또는 부작위에 대한 행정심판의 청구(심판청구)에 대하여는 다음 각호의 행정청에 두는 행정심단위원회에서 심리·재결한다.
  1. 감사원, 국가정보원장, 그 밖에 대통령령으로 정하는 대통령 소속기관의 장
  2. 국회사무총장·법원행정처장·헌법재판소사무처장 및 중앙선거관리위원회사무총장
  3. 국가인권위원회, 그 밖에 지위·성격의 독립성과 특수성 등이 인정되어 대통령령으로 정하는 행정청
② 다음 각호의 행정청의 처분 또는 부작위에 대한 심판청구에 대하여는 「부패방지 및 국민권익위원회의 설치와 운영에 관한 법률」에 따른 국민권익위원회에 두는 중앙행정심판위원회에서 심리·재결한다.
  1. 제1항에 따른 행정청 외의 국가행정기관의 장 또는 그 소속 행정청 *경찰청장/시도경찰청장/경찰서장이 행

한 처분은 모두 중앙행정심판위원회에서 행한다.
  2. 특별시장·광역시장·특별자치시장·도지사·특별자치도지사(특별시·광역시·특별자치시·도 또는 특별자치도의 교육감을 포함한다) 또는 특별시·광역시·특별자치시·도·특별자치도(시·도)의 의회(의장, 위원회의 위원장, 사무처장 등 의회 소속 모든 행정청을 포함한다)
  3. 「지방자치법」에 따른 지방자치단체조합 등 관계 법률에 따라 국가·지방자치단체·공공법인 등이 공동으로 설립한 행정청. 다만, 제3항제3호에 해당하는 행정청은 제외한다.
③ 다음 각호의 행정청의 처분 또는 부작위에 대한 심판청구에 대하여는 시·도지사 소속으로 두는 행정심판위원회에서 심리·재결한다.
  1. 시·도 소속 행정청
  2. 시·도의 관할구역에 있는 시·군·자치구의 장, 소속 행정청 또는 시·군·자치구의 의회(의장, 위원회의 위원장, 사무국장, 사무과장 등 의회 소속 모든 행정청을 포함한다)
  3. 시·도의 관할구역에 있는 둘 이상의 지방자치단체(시·군·자치구를 말한다)·공공법인 등이 공동으로 설립한 행정청
④ 제2항제1호에도 불구하고 대통령령으로 정하는 국가행정기관 소속 특별지방행정기관의 장의 처분 또는 부작위에 대한 심판청구에 대하여는 해당 행정청의 직근 상급행정기관에 두는 행정심판위원회에서 심리·재결한다.

21 ①

해설) 직/무/권/한/등/을/행/사/한/부/당/행/위/의/금/지(제13조의3)
공무원은 자신의 직무권한을 행사하거나 지위·직책 등에서 유래되는 사실상 영향력을 행사하여 다음 각호의 어느 하나에 해당하는 부당한 행위를 해서는 안 된다.
1. 인가·허가 등을 담당하는 공무원이 그 신청인에게 불이익을 주거나 제3자에게 이익 또는 불이익을 주기 위하여 부당하게 그 신청의 접수를 지연하거나 거부하는 행위
2. 직무관련공무원에게 직무와 관련이 없거나 직무의 범위를 벗어나 부당한 지시·요구를 하는 행위
3. 공무원 자신이 소속된 기관이 체결하는 물품·용역·공사 등 계약에 관하여 직무관련자에게 자신이 소속된 기관의 의무 또는 부담의 이행을 부당하게 전가하거나 자신이 소속된 기관이 집행해야 할 업무를 부당하게 지연하는 행위
4. 공무원 자신이 소속된 기관의 소속 기관 또는 산하기관에 자신이 소속된 기관의 업무를 부당하게 전가하거나 그 업무에 관한 비용·인력을 부담하도록 부당하게 전가하는 행위
5. 그 밖에 직무관련자, 직무관련공무원, 공무원 자신이 소속된 기관의 소속 기관 또는 산하기관의 권리·권한을 부당하게 제한하거나 의무가 없는 일을 부당하게 요구하는 행위

22 ②

해설) [X] ⓑ 1개, 단서의 예외 조항은 없으므로 재물 또는 재산상 이익의 취득이 없더라도 처벌 가능하다(동법 제27조 제3항).
ⓒ 및 ⓔ 경우 징역과 벌금은 병과(倂科)할 수 있고, 죄를 범한 자(ⓒ경우 그 정을 아는 제3자를 포함)가 취득한 재물 또는 재산상의 이익은 몰수한다. 다만, 이를 몰수할 수 없을 때에는 그 가액을 추징한다.
㉠ 다만, 제9조제1항·제2항 또는 제6항에 따라 신고하거나 그 수수 금지 금품등을 반환 또는 인도하거나 거부의 의사를 표시한 공직자등은 제외한다(동법 제22조 제1항 제1호).
ⓒ 다만, 제9조제1항·제2항 또는 제6항에 따라 신고하거나 그 수수 금지 금품등을 반환 또는 인도하거나 거부의 의사를 표시한 공직자등은 제외한다(동법 제23조 제5항 제1호).

23 ④

해설 ④ 적극행정이란 공무원이 불합리한 규제를 개선하는 등 공공의 이익을 위해 창의성과 전문성을 바탕으로 적극적으로 업무를 처리하는 행위를 말한다(적극행정 운영규정 제2조 제1호). 한편, 소극행정이란 공무원이 부작위 또는 직무태만 등 소극적 업무행태로 국민의 권익을 침해하거나 국가 재정상 손실을 발생하게 하는 행위를 말한다(제2호).

1] 「경찰청 적극행정 면책제도 운영규정」
1) 적극행정 면책요건(제5조)
① 자체감사를 받는 사람이 적극행정면책을 받기 위해서는 다음 각호의 요건을 모두 갖추어야 한다.
  1. 감사를 받는 사람의 업무처리가 불합리한 규제의 개선, 공익사업의 추진 등 공공의 이익을 위한 것일 것
  2. 감사를 받는 사람이 대상 업무를 적극적으로 처리한 결과일 것
  3. 감사를 받는 사람의 행위에 고의나 중대한 과실이 없을 것
② 제1항제3호의 요건을 적용하는 경우 자체감사를 받는 사람이 다음 각호의 요건을 모두 갖추어 업무를 처리한 것으로 인정되는 경우에는 그 행위에 고의나 중대한 과실이 없는 경우에 해당하는 것으로 추정한다.
  1. 자체감사를 받는 사람과 대상 업무 사이에 사적인 이해관계가 없을 것
  2. 대상 업무를 처리하면서 중대한 절차상의 하자가 없었을 것

2) 면책 대상 제외(제6조)
제5조에도 불구하고 업무처리과정에서 기본적으로 지켜야 할 의무를 다하지 않았거나 다음 각호에 해당하는 경우에는 면책대상에서 제외한다.
  1. 금품을 수수한 경우
  2. 고의·중과실, 무사안일 및 업무태만의 경우
  3. 자의적인 법 해석 및 집행으로 법령의 본질적인 사항을 위반한 경우
  4. 위법·부당한 민원을 수용한 특혜성 업무처리를 한 경우
  5. 그 밖에 위 각호에 준하는 위법·부당한 행위를 한 경우

2] 공공감사에 관한 법률(적극행정에 대한 면책)
자체감사를 받는 사람이 불합리한 규제의 개선 등 공공의 이익을 위하여 업무를 적극적으로 처리한 결과에 대하여 그의 행위에 고의나 중대한 과실이 없는 경우에는 이 법에 따른 징계 요구 또는 문책 요구 등 책임을 묻지 아니한다(제23조의2 제1항).

3] 공무원 징계령 시행규칙(적극행정 등에 대한 징계면제)
① 제2조에도 불구하고 징계위원회는 고의 또는 중과실에 의하지 않은 비위로서 다음 각호의 어느 하나에 해당되는 경우에는 징계의결 또는 징계부가금 부과 의결을 하지 아니한다(제3조의2).
  1. 불합리한 규제의 개선 등 공공의 이익을 위한 정책, 국가적으로 이익이 되고 국민생활에 편익을 주는 정책 또는 소관 법령의 입법목적을 달성하기 위하여 필수적인 정책 등을 수립·집행하거나, 정책목표의 달성을 위하여 업무처리 절차·방식을 창의적으로 개선하는 등 성실하고 능동적으로 업무를 처리하는 과정에서 발생한 것으로 인정되는 경우
  2. 국가의 이익이나 국민생활에 큰 피해가 예견되어 이를 방지하기 위하여 정책을 적극적으로 수립·집행하는 과정에서 발생한 것으로서 정책을 수립·집행할 당시의 여건 또는 그 밖의 사회통념에 비추어 적법하게 처리될 것이라고 기대하기가 극히 곤란했던 것으로 인정되는 경우
② 징계위원회는 징계등 혐의자가 다음 각호의 사항에 모두 해당되는 경우에는 해당 비위가 고의 또는 중과실에 의하지 않은 것으로 추정한다.
  1. 징계등 혐의자와 비위 관련 직무 사이에 사적인 이해관계가 없을 것
  2. 대상 업무를 처리하면서 중대한 절차상의 하자가 없었을 것

24 ③

해설 1] ㉠㉡㉢㉣㉥ : 범죄예방대응국, 아동·청소년 대상 성매매는 형사국 소관

2] ㉤ : 생활안전교통국, 생활안전교통국에서는 아동/소년/여성/가정과 관련된 업무를 주로 수행한다.

1] 범죄예방대응국(제10조의3)

① 범죄예방대응국에 국장 1명을 두고, 국장 밑에 「행정기관의 조직과 정원에 관한 통칙」 제12조에 따른 보좌기관 중 실장·국장을 보좌하는 보좌기관(정책관등) 1명을 둔다.

② 국장은 치안감 또는 경무관으로 보하고, 정책관등 1명은 경무관으로 보한다.

③ 국장은 다음 사항을 분장한다.

  1. 범죄예방에 관한 기획·조정·연구 등 예방적 경찰활동 총괄
  2. 범죄예방진단 및 범죄예방순찰에 관한 기획·운영
  3. 경비업에 관한 연구·지도
  4. 풍속 및 성매매(아동·청소년 대상 성매매는 제외한다) 사범에 대한 지도·단속
  5. 총포·도검·화약류 등의 지도·단속
  6. 즉결심판청구업무의 지도
  7. 각종 안전사고의 예방에 관한 사항
  8. 지구대·파출소 운영체계의 기획 및 관리
  9. 지구대·파출소의 외근활동 기획 및 운영
  10. 지구대·파출소의 근무자에 대한 교육
  11. 112신고제도의 기획·운영 및 112치안종합상황실의 운영 총괄
  12. 치안 상황의 접수·상황판단, 전파 및 초동조치 등에 관한 사항
  13. 치안상황실 운영에 관한 사항

2] 생활안전교통국(제11조)

① 생활안전교통국에 국장 1명을 둔다.

② 국장은 치안감 또는 경무관으로 보한다.

③ 국장은 다음 사항을 분장한다. *자치/아동/소년/여성/가정/약자에 대한 예방과 보호 업무

  1. 자치경찰제도 관련 기획 및 조정
  2. 자치경찰제도 관련 법령 사무 총괄
  3. 자치경찰제도 관련 예산의 편성·조정 및 결산에 관한 사항
  4. 자치경찰제도 관련 특별시·광역시·특별자치시·도·특별자치도 및 시·도자치경찰위원회와의 협력에 관한 사항
  5. 소년비행 방지에 관한 업무
  6. 소년 대상 범죄의 예방에 관한 업무
  7. 아동학대의 예방 및 피해자 보호에 관한 업무
  8. 가출인 및 「실종아동등의 보호 및 지원에 관한 법률」 제2조제2호에 따른 실종아동등과 관련된 업무
  9. 실종아동등 찾기를 위한 신고체계 운영
  10. 여성 대상 범죄와 관련된 주요 정책의 총괄 수립·조정
  11. 여성 대상 범죄 유관기관과의 협력 업무
  12. 성폭력 및 가정폭력 예방 및 피해자 보호에 관한 업무
  13. 스토킹·성매매 예방 및 피해자 보호에 관한 업무
  14. 경찰 수사 과정에서의 범죄피해자 보호 및 지원에 관한 업무
  15. 도로교통에 관련되는 종합기획 및 심사분석

16. 도로교통에 관련되는 법령의 정비 및 행정제도의 연구
17. 교통경찰공무원에 대한 교육 및 지도
18. 교통안전시설의 관리
19. 자동차운전면허의 관리
20. 도로교통사고의 예방을 위한 홍보 · 지도 및 단속
21. 고속도로순찰대의 운영 및 지도

25 ③

해설 ③ 견제이론(Reckless)은 좋은 자아관념이 주변의 범죄적 환경에도 불구하고 비행행위에 가담하지 않도록 하는 중요한 요소라고 하는 것이다. 동조성 전념이론(브라이어와 필리아빈 ; Briar & Piliavin)은 관습적 목표를 지향하려는 노력으로 인해 인간의 범행 잠재력을 통제하게 되어 상황적 일탈을 감소시킨다는 이론을 말한다. 즉 사람들은 행위와 가치에 영향을 미치는 단기유혹에 노출되며 노출이 끝나면 다시 정상적인 상태로 돌아가고 범죄를 행했을 때 자신에게 돌아오는 처벌의 두려움, 자신의 이미지, 사회에서의 지위와 활동에 미치는 영향 등을 염려하는 동조성에 대한 전념을 가지고 있다.

1] 개인적 수준 : 고전주의 억제이론, 생물학적/심리학적 이론
2] 사회적 수준 :
① 구조원인-사회해체론, 긴장(아노미)이론, 하위문화이론, 문화갈등이론
② 과정원인-사회학습이론(차별적 접촉이론, 차별적 동일시이론, 차별적 강화이론, 중화기술이론), 사회통제이론(견제이론, 동조성전념이론, 사회유대이론), 낙인이론(범죄자로 만드는 것은 행위의 질적인 면이 아닌 사람들의 인식)
1) 중화기술이론 : 싸이크스(G. Sykes)와 마짜(D. Matza)는 1957년 논문「중화(中和)의 기술(技術)」에서 비행화의 과정을 고찰하고 인간은 비행화의 과정에서 이미 내면화되어 있는 합법적 규범이나 가치관을 중화(마비)시킴으로써 범죄에 이르게 된다고 주장한다.
2) 하위문화이론 : Cohen은 하류계층의 청소년들이 목표와 수단의 괴리를 통해 중류계층에 대한 저항으로 비행을 저지르며 목표달성의 어려움을 극복하기 위해 자신들만의 하위문화를 만들게 되며 범죄는 이러한 하위문화에 의해 저질러지는 것이다. Miller는 범죄는 하위문화의 가치와 규범이 정상적으로 반영된 것이라고 한다.
3) 긴장이론 : Durkheim은 사회규범이 붕괴되어 제대로 작용하지 못하는 상태를 아노미상태라고 하면서 이러한 무구범 상태에서 범죄가 발생한다고 하였으며, 이런 상태의 범죄는 정상적인 것이라고 주장하였다.

26 ③

해설 [O] ㉠㉢㉣
[X] ㉡(시도경찰청장)

1] 하부조직(제6조)
① 지역경찰관서에는 관리팀과 상시 · 교대근무로 운영하는 복수의 순찰팀을 둔다.
② 순찰팀의 수는 지역 치안수요 및 인력여건 등을 고려하여 시 · 도경찰청장이 결정한다.
③ 관리팀 및 순찰팀의 인원은 지역 치안수요 및 인력여건 등을 고려하여 경찰서장이 결정한다.
2] 지휘 및 감독(제9조) 지역경찰관서에 대한 지휘 및 감독은 다음 각호에 따른다.
1. 경찰서장 : 지역경찰관서의 운영에 관하여 총괄 지휘 · 감독
2. 경찰서 각 과장 등 부서장 : 각 부서의 소관업무와 관련된 지역경찰의 업무에 관하여 경찰서장을 보좌
3. 지역경찰관서장 : 지역경찰관서의 시설 · 장비 · 예산 및 소속 지역경찰의 근무에 관한 제반사항을 지휘 · 감독
4. 순찰팀장 : 근무시간 중 소속 지역경찰을 지휘 · 감독

3] 소속 및 관할(제11조)
① 치안센터는 지역경찰관서장의 소속 하에 두며, 치안센터의 인원, 장비, 예산 등은 지역경찰관서에서 통합 관리한다.
② 치안센터의 관할구역은 소속 지역경찰관서 관할구역의 일부로 한다.
③ 치안센터 관할구역의 크기는 설치목적, 배치 인원 및 장비, 교통·지리적 요건 등을 고려하여 경찰서장이 정한다.

4] 근무자의 배치(제13조)
① 치안센터 운영시간에는 치안센터 관할구역에 근무자를 배치함을 원칙으로 한다.
② 경찰서장은 치안센터의 종류 및 지리적 여건 등을 고려하여 필요한 경우 치안센터에 전담근무자를 배치할 수 있다.

5] 근무형태 및 시간(제21조)
① 지역경찰관서장은 일근근무를 원칙으로 한다. 다만, 경찰서장은 필요하다고 인정되는 경우에는 지역경찰관서장의 근무시간을 조정하거나, 시간외·휴일 근무 등을 명할 수 있다.
② 관리팀은 일근근무를 원칙으로 한다. 다만, 지역경찰관서장은 필요하다고 인정되는 경우에는 근무시간을 조정하거나, 시간외·휴일 근무 등을 명할 수 있다.
③ 순찰팀장 및 순찰팀원은 상시·교대근무를 원칙으로 하며, 근무교대 시간 및 휴게시간, 휴무횟수 등 구체적인 사항은 「국가공무원 복무규정」 및 「경찰기관 상시근무 공무원의 근무시간 등에 관한 규칙」이 규정한 범위 안에서 시·도경찰청장이 정한다.
④ 치안센터 전담근무자의 근무형태 및 근무시간은 치안센터의 종류 및 운영시간 등을 고려하여 제1항부터 제3항까지의 규정을 준용하여 경찰서장이 정한다.

27 ②

[해설] 1] 피해아동 등에 대한 응급조치(제12조)
① 제11조제1항에 따라 현장에 출동하거나 아동학대범죄 현장을 발견한 경우 또는 학대현장 이외의 장소에서 학대피해가 확인되고 재학대의 위험이 급박·현저한 경우, 사법경찰관리 또는 아동학대전담공무원은 피해아동, 피해아동의 형제자매인 아동 및 피해아동과 동거하는 아동(피해아동등)의 보호를 위하여 즉시 다음 각호의 조치(응급조치)를 하여야 한다. 이 경우 제3호의 조치를 하는 때에는 피해아동등의 이익을 최우선으로 고려하여야 하며, 피해아동등을 보호하여야 할 필요가 있는 등 특별한 사정이 있는 경우를 제외하고는 피해아동등의 의사를 존중하여야 한다.
1. 아동학대범죄 행위의 제지
2. 아동학대행위자를 피해아동등으로부터 격리
3. 피해아동등을 아동학대 관련 보호시설로 인도
4. 긴급치료가 필요한 피해아동을 의료기관으로 인도
② 사법경찰관리나 아동학대전담공무원은 제1항제3호 및 제4호 규정에 따라 피해아동등을 분리·인도하여 보호하는 경우 지체 없이 피해아동등을 인도받은 보호시설·의료시설을 관할하는 시·도지사 또는 시장·군수·구청장에게 그 사실을 통보하여야 한다.
③ 제1항제2호부터 제4호까지의 규정에 따른 응급조치는 72시간을 넘을 수 없다. 다만, 본문의 기간에 공휴일이나 토요일이 포함되는 경우로서 피해아동등의 보호를 위하여 필요하다고 인정되는 경우에는 48시간의 범위에서 그 기간을 연장할 수 있다.
④ 제3항에도 불구하고 검사가 제15조제2항에 따라 임시조치를 법원에 청구한 경우에는 법원의 임시조치 결정 시까지 응급조치 기간이 연장된다.

2] 아동학대행위자에 대한 긴급임시조치(제13조)
① 사법경찰관은 제12조제1항에 따른 응급조치에도 불구하고 아동학대범죄가 재발될 우려가 있고, 긴급을 요하여 제19조제1항에 따른 법원의 임시조치 결정을 받을 수 없을 때에는 직권이나 피해아동등, 그 법정대리인(아동학대행위자를 제외한다), 변호사(제16조에 따른 변호사를 말한다. 제48조 및 제49조를 제외하고는 이하 같다), 시·도지사, 시장·군수·구청장 또는 아동보호전문기관의 장의 신청에 따라 제19조제1항제1호부터 제3호까지의 어느 하나에 해당하는 조치를 할 수 있다.
② 사법경찰관은 제1항에 따른 조치(긴급임시조치)를 한 경우에는 즉시 긴급임시조치결정서를 작성하여야 하고, 그 내용을 시·도지사 또는 시장·군수·구청장에게 지체 없이 통지하여야 한다.
③ 제2항에 따른 긴급임시조치결정서에는 범죄사실의 요지, 긴급임시조치가 필요한 사유, 긴급임시조치의 내용 등을 기재하여야 한다.

3] 아동학대행위자에 대한 임시조치(제19조)
① 판사는 아동학대범죄의 원활한 조사·심리 또는 피해아동등의 보호를 위하여 필요하다고 인정하는 경우에는 결정으로 아동학대행위자에게 다음 각호의 어느 하나에 해당하는 조치(임시조치)를 할 수 있다.
   1. 피해아동등 또는 가정구성원(「가정폭력범죄의 처벌 등에 관한 특례법」 제2조제2호에 따른 가정구성원을 말한다)의 주거로부터 퇴거 등 격리
   2. 피해아동등 또는 가정구성원의 주거, 학교 또는 보호시설 등에서 100미터 이내의 접근 금지
   3. 피해아동등 또는 가정구성원에 대한 「전기통신기본법」 제2조제1호의 전기통신을 이용한 접근 금지
   4. 친권 또는 후견인 권한 행사의 제한 또는 정지
   5. 아동보호전문기관 등에의 상담 및 교육 위탁
   6. 의료기관이나 그 밖의 요양시설에의 위탁
   7. 경찰관서의 유치장 또는 구치소에의 유치
② 제1항 각 호의 처분은 병과할 수 있다.
③ 판사는 피해아동등에 대하여 제12조제1항제2호부터 제4호까지의 규정에 따른 응급조치가 행하여진 경우에는 임시조치가 청구된 때로부터 24시간 이내에 임시조치 여부를 결정하여야 한다.
④ 제1항 각호의 규정에 따른 임시조치기간은 2개월을 초과할 수 없다. 다만, 피해아동등의 보호를 위하여 그 기간을 연장할 필요가 있다고 인정하는 경우에는 결정으로 제1항제1호부터 제3호까지의 규정에 따른 임시조치는 두 차례만, 같은 항 제4호부터 제7호까지의 규정에 따른 임시조치는 한 차례만 각 기간의 범위에서 연장할 수 있다.

28 ③

해설 [O] ㉠㉢㉤
[X] ㉡㉣

1] 스토킹행위 신고 등에 대한 응급조치(제3조)
사법경찰관리는 진행 중인 스토킹행위에 대하여 신고를 받은 경우 즉시 현장에 나가 다음 각 호의 조치를 하여야 한다.
   1. 스토킹행위의 제지, 향후 스토킹행위의 중단 통보 및 스토킹행위를 지속적 또는 반복적으로 할 경우 처벌 서면경고
   2. 스토킹행위자와 피해자등의 분리 및 범죄수사
   3. 피해자등에 대한 긴급응급조치 및 잠정조치 요청의 절차 등 안내
   4. 스토킹 피해 관련 상담소 또는 보호시설로의 피해자등 인도(피해자등이 동의한 경우만 해당한다)

2] 긴급응급조치(제4조)
① 사법경찰관은 스토킹행위 신고와 관련하여 스토킹행위가 지속적 또는 반복적으로 행하여질 우려가 있고 스토

킹범죄의 예방을 위하여 긴급을 요하는 경우 스토킹행위자에게 직권으로 또는 스토킹행위의 상대방이나 그 법정대리인 또는 스토킹행위를 신고한 사람의 요청에 의하여 다음 각 호에 따른 조치를 할 수 있다. 〈개정 2023. 7. 11.〉

1. 스토킹행위의 상대방등이나 그 주거등으로부터 100미터 이내의 접근 금지
2. 스토킹행위의 상대방등에 대한 「전기통신기본법」 제2조제1호의 전기통신을 이용한 접근 금지

② 사법경찰관은 제1항에 따른 조치(긴급응급조치)를 하였을 때에는 즉시 스토킹행위의 요지, 긴급응급조치가 필요한 사유, 긴급응급조치의 내용 등이 포함된 긴급응급조치결정서를 작성하여야 한다.

3] 스토킹행위자에 대한 잠정조치(제9조)

① 법원은 스토킹범죄의 원활한 조사·심리 또는 피해자 보호를 위하여 필요하다고 인정하는 경우에는 결정으로 스토킹행위자에게 다음 각호의 어느 하나에 해당하는 조치(잠정조치)를 할 수 있다.

1. 피해자에 대한 스토킹범죄 중단에 관한 서면 경고
2. 피해자 또는 그의 동거인, 가족이나 그 주거등으로부터 100미터 이내의 접근 금지
3. 피해자 또는 그의 동거인, 가족에 대한 「전기통신기본법」 제2조제1호의 전기통신을 이용한 접근 금지
3의2. 「전자장치 부착 등에 관한 법률」 제2조제4호의 위치추적 전자장치의 부착
4. 국가경찰관서의 유치장 또는 구치소에의 유치

② 제1항 각호의 잠정조치는 병과(倂科)할 수 있다.
③ 법원은 제1항제3호의2 또는 제4호의 조치에 관한 결정을 하기 전 잠정조치의 사유를 판단하기 위하여 필요하다고 인정하는 때에는 검사, 스토킹행위자, 피해자, 기타 참고인으로부터 의견을 들을 수 있다. 의견을 듣는 방법과 절차, 그 밖에 필요한 사항은 대법원규칙으로 정한다. 〈신설 2023. 7. 11.〉
④ 제1항제3호의2에 따라 전자장치가 부착된 사람은 잠정조치기간 중 전자장치의 효용을 해치는 다음 각 호의 행위를 하여서는 아니된다. 〈신설 2023. 7. 11.〉

1. 전자장치를 신체에서 임의로 분리하거나 손상하는 행위
2. 전자장치의 전파(電波)를 방해하거나 수신자료를 변조(變造)하는 행위
3. 제1호 및 제2호에서 정한 행위 외에 전자장치의 효용을 해치는 행위

⑤ 법원은 잠정조치를 결정한 경우에는 검사와 피해자 또는 그의 동거인, 가족, 그 법정대리인에게 통지하여야 한다. 〈개정 2023. 7. 11.〉
⑥ 법원은 제1항제4호에 따른 잠정조치를 한 경우에는 스토킹행위자에게 변호인을 선임할 수 있다는 것과 제12조에 따라 항고할 수 있다는 것을 고지하고, 다음 각 호의 구분에 따른 사람에게 해당 잠정조치를 한 사실을 통지하여야 한다. 〈개정 2023. 7. 11.〉

1. 스토킹행위자에게 변호인이 있는 경우: 변호인
2. 스토킹행위자에게 변호인이 없는 경우: 법정대리인 또는 스토킹행위자가 지정하는 사람

⑦ 제1항제2호(100미터 이내 접근금지)·제3호(전기통신을 이용한 접근금지) 및 제3호의2(전자장치부착)에 따른 잠정조치기간은 3개월, 같은 항 제4호(유치장 또는 구치소 유치)에 따른 잠정조치기간은 1개월을 초과할 수 없다. 다만, 법원은 피해자의 보호를 위하여 그 기간을 연장할 필요가 있다고 인정하는 경우에는 결정으로 제1항제2호·제3호 및 제3호의2에 따른 잠정조치에 대하여 두 차례에 한정하여 각 3개월의 범위에서 연장할 수 있다.

29 ②

[해설] ② 검사에게 이송해야 한다. 즉 「형법」 제10조 제1항(심신장애인)에 따라 벌할 수 없는 경우는 심신상실여부의 법률적 판단을 검사에게 맡기는 게 규범적 측면에서 타당하다고 본 것 같고, 기소되어 사실심 계속 중인 사건과 포괄일죄를 구성하는 관계에 있거나 「형법」 제40조에 따른 상상적 경합 관계에 있는 경우에는 공소장 변경사유로 검사에게 송치하도록 하고 있다.

사/법/경/찰/관/의/결/정(수사준칙 제51조)

① 사법경찰관은 사건을 수사한 경우에는 다음 각호의 구분에 따라 결정해야 한다.
  1. 법원송치
  2. 검찰송치
  3. 불송치
     가. 혐의없음
        1) 범죄인정안됨
        2) 증거불충분
     나. 죄가안됨
     다. 공소권없음
     라. 각하
  4. 수사중지
     가. 피의자중지
     나. 참고인중지
  5. 이송

② 사법경찰관은 하나의 사건 중 피의자가 여러 사람이거나 피의사실이 여러 개인 경우로서 분리하여 결정할 필요가 있는 경우 그중 일부에 대해 제1항 각호의 결정을 할 수 있다.

③ 사법경찰관은 제1항제3호나목 또는 다목에 해당하는 사건이 다음 각호의 어느 하나에 해당하는 경우에는 해당 사건을 검사에게 이송한다.
  1. 「형법」 제10조 제1항(심신장애인)에 따라 벌할 수 없는 경우
  2. 기소되어 사실심 계속 중인 사건과 포괄일죄를 구성하는 관계에 있거나 「형법」 제40조에 따른 상상적 경합 관계에 있는 경우

④ 사법경찰관은 제1항제4호에 따른 수사중지 결정을 한 경우 7일 이나에 사건기록을 검사에게 송부해야 한다. 이 경우 검사는 사건기록을 송부받은 날부터 30일 이내에 반환해야 하며, 그 기간 내에 법 제197조의3에 따라 시정조치요구를 할 수 있다.

⑤ 사법경찰관은 제4항 전단에 따라 검사에게 사건기록을 송부한 후 피의자 등의 소재를 발견한 경우에는 소재 발견 및 수사 재개 사실을 검사에게 통보해야 한다. 이 경우 통보를 받은 검사는 지체 없이 사법경찰관에게 사건기록을 반환해야 한다.

1] 경찰수사규칙 제98조(수사중지 결정)

① 사법경찰관은 다음 각호의 구분에 해당하는 경우에는 그 사유가 해소될 때까지 수사준칙 제51조제1항제4호에 따른 수사중지 결정을 할 수 있다.
  1. 피의자중지: 다음 각 목의 어느 하나에 해당하는 경우
     가. 피의자가 소재불명인 경우
     나. 2개월 이상 해외체류, 중병 등의 사유로 상당한 기간 동안 피의자나 참고인에 대한 조사가 불가능하여 수사를 종결할 수 없는 경우
     다. 의료사고 · 교통사고 · 특허침해 등 사건의 수사 종결을 위해 전문가의 감정이 필요하나 그 감정에 상당한 시일이 소요되는 경우
     라. 다른 기관의 결정이나 법원의 재판 결과가 수사의 종결을 위해 필요하나 그 결정이나 재판에 상당한 시일이 소요되는 경우
     마. 수사의 종결을 위해 필요한 중요 증거자료가 외국에 소재하고 있어 이를 확보하는 데 상당한 시일이 소요되는 경우

2. 참고인중지: 참고인·고소인·고발인·피해자 또는 같은 사건 피의자의 소재불명으로 수사를 종결할 수 없는 경우

② 사법경찰관은 제1항에 따라 수사중지의 결정을 하는 경우에는 별지 제107호서식의 수사중지 결정서를 작성하여 사건기록에 편철해야 한다.

③ 사법경찰관은 수사준칙 제51조제4항에 따라 검사에게 사건기록을 송부하는 경우에는 별지 제108호서식의 수사중지 사건기록 송부서를 사건기록에 편철해야 한다.

④ 사법경찰관리는 제1항제1호나목 또는 다목의 사유로 수사중지 결정을 한 경우에는 매월 1회 이상 해당 수사중지 사유가 해소되었는지를 확인해야 한다.

2] 경찰수사규칙 제108조(불송치 결정)

① 불송치 결정의 주문(主文)은 다음과 같이 한다.
  1. 혐의없음
     가. 혐의없음(범죄인정안됨): 피의사실이 범죄를 구성하지 않거나 범죄가 인정되지 않는 경우
     나. 혐의없음(증거불충분): 피의사실을 인정할 만한 충분한 증거가 없는 경우
  2. 죄가안됨: 피의사실이 범죄구성요건에 해당하나 법률상 범죄의 성립을 조각하는 사유가 있어 범죄를 구성하지 않는 경우(수사준칙 제51조제3항제1호는 제외한다)
  3. 공소권없음
     가. 형을 면제한다고 법률에서 규정한 경우
     나. 판결이나 이에 준하는 법원의 재판·명령이 확정된 경우
     다. 통고처분이 이행된 경우
     라. 사면이 있는 경우
     마. 공소시효가 완성된 경우
     바. 범죄 후 법령의 개정·폐지로 형이 폐지된 경우
     사. 「소년법」,「가정폭력범죄의 처벌 등에 관한 특례법」,「성매매알선 등 행위의 처벌에 관한 법률」 또는 「아동학대범죄의 처벌 등에 관한 특례법」에 따른 보호처분이 확정된 경우(보호처분이 취소되어 검찰에 송치된 경우는 제외한다)
     아. 동일사건에 대하여 재판이 진행 중인 경우(수사준칙 제51조제3항제2호는 제외한다)
     자. 피의자에 대하여 재판권이 없는 경우
     차. 친고죄에서 고소가 없거나 고소가 무효 또는 취소된 경우
     카. 공무원의 고발이 있어야 공소를 제기할 수 있는 죄에서 고발이 없거나 고발이 무효 또는 취소된 경우
     타. 반의사불벌죄(피해자의 명시한 의사에 반하여 공소를 제기할 수 없는 범죄를 말한다)에서 처벌을 희망하지 않는 의사표시가 있거나 처벌을 희망하는 의사표시가 철회된 경우, 「부정수표 단속법」에 따른 수표회수, 「교통사고처리 특례법」에 따른 보험가입 등 법률에서 정한 처벌을 희망하지 않는 의사표시에 준하는 사실이 있는 경우
     파. 동일사건에 대하여 공소가 취소되고 다른 중요한 증거가 발견되지 않은 경우
     하. 피의자가 사망하거나 피의자인 법인이 존속하지 않게 된 경우
  4. 각하: 고소·고발로 수리한 사건에서 다음 각 목의 어느 하나에 해당하는 사유가 있는 경우
     가. 고소인 또는 고발인의 진술이나 고소장 또는 고발장에 따라 제1호부터 제3호까지의 규정에 따른 사유에 해당함이 명백하여 더 이상 수사를 진행할 필요가 없다고 판단되는 경우
     나. 동일사건에 대하여 사법경찰관의 불송치 또는 검사의 불기소가 있었던 사실을 발견한 경우에 새로운 증거 등이 없어 다시 수사해도 동일하게 결정될 것이 명백하다고 판단되는 경우

다. 고소인·고발인이 출석요구에 응하지 않거나 소재불명이 되어 고소인·고발인에 대한 진술을 청취할 수 없고, 제출된 증거 및 관련자 등의 진술에 의해서도 수사를 진행할 필요성이 없다고 판단되는 경우

라. 고발이 진위 여부가 불분명한 언론 보도나 인터넷 등 정보통신망의 게시물, 익명의 제보, 고발 내용과 직접적인 관련이 없는 제3자로부터의 전문(傳聞)이나 풍문 또는 고발인의 추측만을 근거로 한 경우 등으로서 수사를 개시할 만한 구체적인 사유나 정황이 충분하지 않은 경우

② 사법경찰관은 압수물의 환부 또는 가환부를 받을 사람이 없는 등 특별한 사유가 있는 경우를 제외하고는 제1항에 따른 결정을 하기 전에 압수물 처분을 완료하도록 노력해야 한다. 수사준칙 제64조제1항제2호에 따라 재수사 결과를 처리하는 경우에도 또한 같다.

30 ②

해설 1) 채증자료 송부(제11조)
범죄혐의자의 인적사항이 확인되어 범죄수사의 필요성이 있는 채증자료는 지체 없이 수사부서에 송부하여야 한다.

2) 수사 필요성 없는 채증자료 삭제·폐기(제12조)
<u>범죄수사 필요성이 없는 채증자료는 해당 집회등의 상황 종료 후 즉시 삭제·폐기하여야 한다.</u>

3) 채증자료 외의 촬영자료 활용 금지(제13조)
채증요원은 다음 각호의 자료의 촬영이 법률상 허용되는 경우라 하더라도, 그 자료를 집회등 참가자를 특정하기 위하여 활용하여서는 아니 된다.
1. 「경찰관 직무집행법」 등 관련 법률에 근거하여 해당 집회등에 대한 대응절차의 기록 또는 향후 적절한 대응절차의 마련을 위한 연구 등 범죄수사 외의 목적으로 촬영한 자료
2. 「개인정보 보호법」 제25조제1항제5호에 의해 설치·운영하는 교통정보의 수집·분석 및 제공 목적의 영상정보처리기기에 의해 촬영된 자료

4) 채증판독프로그램 설치 및 관리(제14조)
① 주관부서의 장은 채증판독프로그램을 주관부서에서만 설치·이용할 수 있도록 관리하여야 한다.
② 주관부서의 장은 효율적인 프로그램 운영을 위해 주관부서에 소속된 채증요원 중에 프로그램 관리 및 조회권자를 지정하여야 하고, 관리 및 조회권자 이외에는 프로그램에 접속하지 못하도록 관리하여야 한다.
③ 주관부서의 장은 인사이동 등으로 프로그램 관리 및 조회권자가 교체된 경우 상급 주관부서의 장에게 이를 보고하여야 한다.

31 ②

해설 ① [X] 안전관리의 개념, "재난관리"란 재난의 예방·대비·대응 및 복구를 위하여 하는 모든 활동을 말한다.
② [O] 동법 제40조 제1항
③ [X] 소방청·소방본부 및 소방서를 말한다. 다만, 해양에서 발생한 재난의 경우에는 해양경찰청·지방해양경찰청 및 해양경찰서를 말한다.
④ [X] 행정안전부장관은 대통령령으로 정하는 재난이 발생하거나 발생할 우려가 있는 경우 사람의 생명·신체 및 재산에 미치는 중대한 영향이나 피해를 줄이기 위하여 긴급한 조치가 필요하다고 인정하면 중앙위원회의 심의를 거쳐 재난사태를 선포할 수 있다. 다만, 행정안전부장관은 재난상황이 긴급하여 중앙위원회의 심의를 거칠 시간적 여유가 없다고 인정하는 경우에는 중앙위원회의 심의를 거치지 아니하고 재난사태를 선포할 수 있다(제36조 제1항).

정의(제3조) 이 법에서 사용하는 용어의 뜻은 다음과 같다.
1. "재난"이란 국민의 생명·신체·재산과 국가에 피해를 주거나 줄 수 있는 것으로서 다음 각 목의 것을 말한다.
    가. 자연재난: 태풍, 홍수, 호우(豪雨), 강풍, 풍랑, 해일(海溢), 대설, 한파, 낙뢰, 가뭄, 폭염, 지진, 황사(黃砂), 조류(藻類) 대발생, 조수(潮水), 화산활동, 소행성·유성체 등 자연우주물체의 추락·충돌, 그 밖에 이에 준하는 자연현상으로 인하여 발생하는 재해
    나. 사회재난: 화재·붕괴·폭발·교통사고(항공사고 및 해상사고를 포함한다)·화생방사고·환경오염사고 등으로 인하여 발생하는 대통령령으로 정하는 규모 이상의 피해와 국가핵심기반의 마비, 「감염병의 예방 및 관리에 관한 법률」에 따른 감염병 또는 「가축전염병예방법」에 따른 가축전염병의 확산, 「미세먼지 저감 및 관리에 관한 특별법」에 따른 미세먼지 등으로 인한 피해
2. "해외재난"이란 대한민국의 영역 밖에서 대한민국 국민의 생명·신체 및 재산에 피해를 주거나 줄 수 있는 재난으로서 정부차원에서 대처할 필요가 있는 재난을 말한다.
3. "재난관리"란 재난의 예방·대비·대응 및 복구를 위하여 하는 모든 활동을 말한다.
4. "안전관리"란 재난이나 그 밖의 각종 사고로부터 사람의 생명·신체 및 재산의 안전을 확보하기 위하여 하는 모든 활동을 말한다.
4의2. "안전기준"이란 각종 시설 및 물질 등의 제작, 유지관리 과정에서 안전을 확보할 수 있도록 적용하여야 할 기술적 기준을 체계화한 것을 말하며, 안전기준의 분야, 범위 등에 관하여는 대통령령으로 정한다.
5. "재난관리책임기관"이란 재난관리업무를 하는 다음 각 목의 기관을 말한다.
    가. 중앙행정기관 및 지방자치단체(「제주특별자치도 설치 및 국제자유도시 조성을 위한 특별법」 제10조제2항에 따른 행정시를 포함한다)
    나. 지방행정기관·공공기관·공공단체(공공기관 및 공공단체의 지부 등 지방조직을 포함한다) 및 재난관리의 대상이 되는 중요시설의 관리기관 등으로서 대통령령으로 정하는 기관
5의2. "재난관리주관기관"이란 재난이나 그 밖의 각종 사고에 대하여 그 유형별로 예방·대비·대응 및 복구 등의 업무를 주관하여 수행하도록 대통령령으로 정하는 관계 중앙행정기관을 말한다.
6. "긴급구조"란 재난이 발생할 우려가 현저하거나 재난이 발생하였을 때에 국민의 생명·신체 및 재산을 보호하기 위하여 긴급구조기관과 긴급구조지원기관이 하는 인명구조, 응급처치, 그 밖에 필요한 모든 긴급한 조치를 말한다.
7. "긴급구조기관"이란 소방청·소방본부 및 소방서를 말한다. 다만, 해양에서 발생한 재난의 경우에는 해양경찰청·지방해양경찰청 및 해양경찰서를 말한다.
8. "긴급구조지원기관"이란 긴급구조에 필요한 인력·시설 및 장비, 운영체계 등 긴급구조능력을 보유한 기관이나 단체로서 대통령령으로 정하는 기관과 단체를 말한다.
9. "국가재난관리기준"이란 모든 유형의 재난에 공통적으로 활용할 수 있도록 재난관리의 전 과정을 통일적으로 단순화·체계화한 것으로서 행정안전부장관이 고시한 것을 말한다.
9의2. "안전문화활동"이란 안전교육, 안전훈련, 홍보 등을 통하여 안전에 관한 가치와 인식을 높이고 안전을 생활화하도록 하는 등 재난이나 그 밖의 각종 사고로부터 안전한 사회를 만들어가기 위한 활동을 말한다.
9의3. "안전취약계층"이란 어린이, 노인, 장애인, 저소득층 등 신체적·사회적·경제적 요인으로 인하여 재난에 취약한 사람을 말한다.
10. "재난관리정보"란 재난관리를 위하여 필요한 재난상황정보, 동원가능 자원정보, 시설물정보, 지리정보를 말한다.
10의2. "재난안전의무보험"이란 재난이나 그 밖의 각종 사고로 사람의 생명·신체 또는 재산에 피해가 발생한 경우 그 피해를 보상하기 위한 보험 또는 공제(共濟)로서 이 법 또는 다른 법률에 따라 일정한 자에 대하여 가입을 강제하는 보험 또는 공제를 말한다.
11. "재난안전통신망"이란 재난관리책임기관·긴급구조기관 및 긴급구조지원기관이 재난 및 안전관리업무에 이

용하거나 재난현장에서의 통합지휘에 활용하기 위하여 구축·운영하는 통신망을 말한다.
12. "국가핵심기반"이란 에너지, 정보통신, 교통수송, 보건의료 등 국가경제, 국민의 안전·건강 및 정부의 핵심기능에 중대한 영향을 미칠 수 있는 시설, 정보기술시스템 및 자산 등을 말한다.
13. "재난안전데이터"란 정보처리능력을 갖춘 장치를 통하여 생성 또는 처리가 가능한 형태로 존재하는 재난 및 안전관리에 관한 정형 또는 비정형의 모든 자료를 말한다.

32 ④

해설 ① 1시간 이내 응소
② 경비소관 : 경비, 작전비상 / 안보소관 : 안보비상 / 수사소관 : 수사비상 / 교통소관 : 교통비상 / 치안상황소관 : 재난비상
③ 지휘관과 참모는 지휘선상 위치 근무가 원칙
④ 동 규칙 제5조 제2항

1] 정의(제2조) 이 훈령에서 사용하는 용어의 정의는 다음과 같다.
1. "비상상황"이라 함은 대간첩·테러, 대규모 재난 등의 긴급 상황이 발생하거나 발생할 우려가 있는 경우 또는 다수의 경력을 동원해야 할 치안수요가 발생하여 치안활동을 강화할 필요가 있는 때를 말한다.
2. "지휘선상 위치 근무"라 함은 비상연락체계를 유지하며 유사시 1시간 이내에 현장지휘 및 현장근무가 가능한 장소에 위치하는 것을 말한다.
3. "정위치 근무"라 함은 감독순시·현장근무 및 사무실 대기 등 관할구역 내에 위치하는 것을 말한다.
4. "정착근무"라 함은 사무실 또는 상황과 관련된 현장에 위치하는 것을 말한다.
5. "필수요원"이라 함은 전 경찰공무원 및 일반직공무원 중 경찰기관의 장이 지정한 자로 비상소집 시 1시간 이내에 응소하여야 할 자를 말한다.
6. "일반요원"이라 함은 필수요원을 제외한 경찰관 등으로 비상소집 시 2시간 이내에 응소하여야 할 자를 말한다.
7. "가용경력"이라 함은 총원에서 휴가·출장·교육·파견 등을 제외하고 실제 동원될 수 있는 모든 인원을 말한다.
8. "소집관"이라 함은 비상근무발령권자로부터 권한을 위임받아 비상근무발령에 따른 비상소집을 지휘·감독하는 주무 참모 또는 상황관리관(상황관리관의 임무를 수행하는 자를 포함한다. 이하 같다)을 말한다.
9. "작전준비태세"라 함은 '경계강화'단계를 발령하기 이전에 별도의 경력동원 없이 경찰작전부대의 출동태세 점검, 지휘관 및 참모의 비상연락망 구축 및 신속한 응소체제를 유지하며, 작전상황반을 운영하는 등 필요한 작전 사항을 미리 조치하는 것을 말한다.

2] 비상근무의 종류 및 등급(제4조)
① 비상근무는 비상상황의 유형에 따라 다음 각호와 같이 구분하여 발령한다.
　1. 경비 소관 : 경비, 작전비상
　2. 안보 소관 : 안보비상
　3. 수사 소관 : 수사비상
　4. 교통 소관 : 교통비상
　5. 치안상황 소관 : 재난비상
② 기능별 상황의 긴급성 및 중요도에 따라 비상등급을 다음과 같이 구분하여 실시한다.
　1. 갑호 비상
　2. 을호 비상
　3. 병호 비상
　4. 경계 강화
　5. 작전준비태세(작전비상시 적용)

3] 근무요령(제7조)
① 비상근무 발령권자는 비상상황을 판단하여 다음의 기준에 따라 비상근무를 실시한다.
  1. 갑호 비상
    가. 비상근무 갑호가 발령된 때에는 연가를 중지하고 가용경력 100%까지 동원할 수 있다.
    나. 지휘관(지구대장, 파출소장은 지휘관에 준한다. 이하 같다)과 참모는 정착 근무를 원칙으로 한다.
  2. 을호 비상
    가. 비상근무 을호가 발령된 때에는 연가를 중지하고 가용경력 50%까지 동원할 수 있다.
    나. 지휘관과 참모는 정위치 근무를 원칙으로 한다.
  3. 병호 비상
    가. 비상근무 병호가 발령된 때에는 부득이한 경우를 제외하고는 연가를 억제하고 가용경력 30%까지 동원할 수 있다.
    나. 지휘관과 참모는 정위치 근무 또는 지휘선상 위치 근무를 원칙으로 한다.
  4. 경계 강화
    가. 별도의 경력동원 없이 특정분야의 근무를 강화한다.
    나. 경찰관 등은 비상연락체계를 유지하고 경찰작전부대는 상황발생 시 즉각 출동이 가능하도록 출동대기태세를 유지한다.
    다. 지휘관과 참모는 지휘선상 위치 근무를 원칙으로 한다.
  5. 작전준비태세(작전비상시 적용)
    가. 별도의 경력동원 없이 경찰관서 지휘관 및 참모의 비상연락망을 구축하고 신속한 응소체제를 유지한다.
    나. 경찰작전부대는 상황발생 시 즉각 출동이 가능하도록 출동태세 점검을 실시한다.
    다. 유관기관과의 긴밀한 연락체계를 유지하고, 필요시 작전상황반을 유지한다.
② 비상근무발령권자는 비상근무에 동원된 경찰관 등을 비상근무의 목적과 인원 등을 감안하여 현장배치, 대기근무 등으로 편성하여 운용한다.
③ 비상근무가 장기간 유지될 경우에는 비상근무의 목적과 기간 등을 종합적으로 판단하여 지휘관과 참모 및 동원된 경찰관 등은 기본근무 복귀 또는 귀가하여 비상연락체제를 갖추도록 할 수 있다.
④ 비상등급별로 연가를 중지 또는 억제하되 경조사 휴가, 공가, 병가, 출산휴가 등 특별한 사유가 있는 경우에는 그러하지 아니하다.

33 ①

[해설] 긴/급/자/동/차/에/대/한/특/례(제30조)
긴급자동차에 대하여는 다음 각호의 사항을 적용하지 아니한다. 다만, 제4호부터 제12호까지의 사항은 긴급자동차 중 제2조 제22호가목부터 다목까지의 자동차(소방차, 구급차, 혈액 공급차량)와 대통령령으로 정하는 경찰용 자동차에 대해서만 적용하지 아니한다.
  1. 제17조에 따른 자동차등의 속도 제한. 다만, 제17조에 따라 긴급자동차에 대하여 속도를 제한한 경우에는 같은 조의 규정을 적용한다.
  2. 제22조에 따른 앞지르기의 금지
  3. 제23조에 따른 끼어들기의 금지
  4. 제5조에 따른 신호위반
  5. 제13조제1항에 따른 보도침범
  6. 제13조제3항에 따른 중앙선 침범
  7. 제18조에 따른 횡단 등의 금지

8. 제19조에 따른 안전거리 확보 등
9. 제21조제1항에 따른 앞지르기 방법 등
10. 제32조에 따른 정차 및 주차의 금지
11. 제33조에 따른 주차금지
12. 제66조에 따른 고장 등의 조치

34 ④

[해설] ④ 자전거의 운전자가 횡단보도를 이용하여 도로를 횡단할 때에는 자전거에서 내려서 자전거를 끌거나 들고 보행하여야 한다(제13조의2 제6항).
① 동법 제50조 제4항
② 동법 제13조의2 제5항
③ 동법 제50조 제8항

자전거 등의 통행방법의 특례(제13조의2)
① 자전거 등의 운전자는 자전거도로(제15조제1항에 따라 자전거만 통행할 수 있도록 설치된 전용차로를 포함)가 따로 있는 곳에서는 그 자전거도로로 통행하여야 한다.
② 자전거 등의 운전자는 자전거도로가 설치되지 아니한 곳에서는 도로 우측 가장자리에 붙어서 통행하여야 한다.
③ 자전거 등의 운전자는 길가장자리구역(안전표지로 자전거 등의 통행을 금지한 구간은 제외한다)을 통행할 수 있다. 이 경우 자전거 등의 운전자는 보행자의 통행에 방해가 될 때에는 서행하거나 일시정지하여야 한다.
④ 자전거 등의 운전자는 제1항 및 제13조제1항에도 불구하고 다음 각호의 어느 하나에 해당하는 경우에는 보도를 통행할 수 있다. 이 경우 자전거 등의 운전자는 보도 중앙으로부터 차도 쪽 또는 안전표지로 지정된 곳으로 서행하여야 하며, 보행자의 통행에 방해가 될 때에는 일시정지하여야 한다.
  1. 어린이, 노인, 그 밖에 행정안전부령으로 정하는 신체장애인이 자전거를 운전하는 경우. 다만, 「자전거 이용 활성화에 관한 법률」 제2조제1호의2에 따른 전기자전거의 원동기를 끄지 아니하고 운전하는 경우는 제외한다.
  2. 안전표지로 자전거 등의 통행이 허용된 경우
  3. 도로의 파손, 도로공사나 그 밖의 장애 등으로 도로를 통행할 수 없는 경우
⑤ 자전거 등의 운전자는 안전표지로 통행이 허용된 경우를 제외하고는 2대 이상이 나란히 차도를 통행하여서는 아니 된다.
⑥ 자전거 등의 운전자가 횡단보도를 이용하여 도로를 횡단할 때에는 자전거 등에서 내려서 자전거 등을 끌거나 들고 보행하여야 한다.

35 ①

[해설] **정/보/활/동/의/기/본/원/칙(제2조)**
① 공공안녕에 대한 위험의 예방과 대응을 위한 정보의 수집·작성·배포와 이에 수반되는 사실의 확인을 위해 경찰관이 수행하는 활동은 국민의 자유와 권리를 보호하는 것을 목적으로 해야 하며, 필요 최소한의 범위에 그쳐야 한다.
② 경찰관은 정보활동과 관련하여 다음 각호의 행위를 해서는 안 된다.
  1. 정치에 관여하기 위해 정보를 수집·작성·배포하는 행위
  2. 법령의 직무 범위를 벗어나 개인의 동향 등을 파악하기 위해 사생활에 관한 정보를 수집·작성·배포하는 행위
  3. 상대방의 명시적 의사에 반해 자료 제출이나 의견 표명을 강요하는 행위

     4. 부당한 민원이나 청탁을 직무 관련자에게 전달하는 행위
     5. 직무상 알게 된 정보를 누설하거나 개인의 이익을 위해 사용하는 행위
     6. 직무와 무관한 비공식적 직함을 사용하는 행위
③ 경찰청장 또는 해양경찰청장은 정보활동이 적법하게 이루어지도록 현장점검·교육 강화 방안 등을 수립·시행해야 한다.

36 ③

[해설] ③ 등가소음도는 10분간(소음 발생 시간이 10분 이내인 경우에는 그 발생 시간 동안을 말한다) 측정한다. 다만, 다음 각 목에 해당하는 대상 지역의 경우에는 등가소음도를 5분간(소음 발생 시간이 5분 이내인 경우에는 그 발생 시간 동안을 말한다) 측정한다(시행령 별표 2 제5호).
  가. 주거지역, 학교, 종합병원
  나. 공공도서관

확성기등의 소음기준

1. 확성기등의 소음은 관할 경찰서장(현장 경찰공무원)이 측정한다.
2. 소음 측정 장소는 피해자가 위치한 건물의 외벽에서 소음원 방향으로 1~3.5m 떨어진 지점으로 하되, 소음도가 높을 것으로 예상되는 지점의 지면 위 1.2~1.5m 높이에서 측정한다. 다만, 주된 건물의 경비 등을 위하여 사용되는 부속 건물, 광장·공원이나 도로상의 영업시설물, 공원의 관리사무소 등은 소음 측정 장소에서 제외한다.
3. 제2호의 장소에서 확성기등의 대상소음이 있을 때 측정한 소음도를 측정소음도로 하고, 같은 장소에서 확성기등의 대상소음이 없을 때 5분간 측정한 소음도를 배경소음도로 한다.
4. 측정소음도가 배경소음도보다 10dB 이상 크면 배경소음의 보정 없이 측정소음도를 대상소음도로 하고, 측정소음도가 배경소음도보다 3.0~9.9dB 차이로 크면 아래 표의 보정치에 따라 측정소음도에서 배경소음을 보정한 소음도를 대상소음도로 하며, 측정소음도가 배경소음도보다 3dB 미만으로 크면 다시 한 번 측정소음도를 측정하고, 다시 측정하여도 3dB 미만으로 크면 확성기등의 소음으로 보지 아니한다.
5. 등가소음도는 10분간(소음 발생 시간이 10분 이내인 경우에는 그 발생 시간 동안을 말한다) 측정한다. 다만, 다음 각 목에 해당하는 대상 지역의 경우에는 등가소음도를 5분간(소음 발생 시간이 5분 이내인 경우에는 그 발생 시간 동안을 말한다) 측정한다.
  가. 주거지역, 학교, 종합병원
  나. 공공도서관
6. 최고소음도는 확성기등의 대상소음에 대해 매 측정 시 발생된 소음도 중 가장 높은 소음도를 측정하며, 동일한 집회·시위에서 측정된 최고소음도가 1시간 내에 3회 이상 위 표의 최고소음도 기준을 초과한 경우 소음기준을 위반한 것으로 본다. 다만, 다음 각 목에 해당하는 대상 지역의 경우에는 1시간 내에 2회 이상 위 표의 최고소음도 기준을 초과한 경우 소음기준을 위반한 것으로 본다.
  가. 주거지역, 학교, 종합병원
  나. 공공도서관
7. 다음 각 목에 해당하는 행사(중앙행정기관이 개최하는 행사만 해당한다)의 진행에 영향을 미치는 소음에 대해서는 그 행사의 개최시간에 한정하여 위 표의 주거지역의 소음기준을 적용한다.
  가. 「국경일에 관한 법률」 제2조에 따른 국경일의 행사
  나. 「각종 기념일 등에 관한 규정」 별표에 따른 각종 기념일 중 주관 부처가 국가보훈부인 기념일의 행사
8. 그 밖에 소음의 측정방법 등에 관한 사항은 「환경분야 시험·검사 등에 관한 법률」제6조제1항제2호에 따른 소음 및 진동 분야 환경오염공정시험기준 중 생활소음 기준에 따른다.

37 ④

해설 ㉠ 「보안관찰법」 제3조
㉡ 「보안관찰법」 제5조
㉢ 「보안관찰법」 제6조 제1항
㉣ 「보안관찰법」 제8조 제3항
㉤ 「보안관찰법」 제8조 제4항

38 ③

해설 ㉠ [O] 동법 제2조 제1항
㉡ [X] 동법 제3조 제2/3항. 반국가단체 구성/가입/권유죄는 미수범처벌, 반국가단체 구성/가입죄(권유 x)는 예비음모처벌
㉢ [X] 동법 제11조. 범죄수사 또는 정보의 직무에 종사하는 공무원이 이 법의 죄를 범한 자라는 정을 알면서 그 직무를 유기한 때에는 10년 이하의 징역에 처한다. 다만, 본범과 친족관계가 있는 때에는 그 형을 감경 또는 면제할 수 있다.
㉣ [X] 국가의 존립·안전이나 자유민주적 기본질서를 위태롭게 한다는 정을 알면서 반국가단체의 지배하에 있는 지역으로부터 잠입하거나 그 지역으로 탈출한 자는 10년 이하의 징역에 처한다(제6조 제1항). 반국가단체나 그 구성원의 지령을 받거나 받기 위하여 또는 그 목적수행을 협의하거나 협의하기 위하여 잠입하거나 탈출한 자는 사형·무기 또는 5년 이상의 징역에 처한다(제2항).

39 ③

해설 1] 「경찰수사규칙」 제91조(외국인에 대한 조사)
① 사법경찰관리는 외국인을 조사하는 경우에는 조사를 받는 외국인이 이해할 수 있는 언어로 통역해 주어야 한다.
② 사법경찰관리는 외국인을 체포·구속하는 경우 국내 법령을 위반하지 않는 범위에서 영사관원과 자유롭게 접견·교통할 수 있고, 체포·구속된 사실을 영사기관에 통보해 줄 것을 요청할 수 있다는 사실을 알려야 한다.
③ 사법경찰관리는 체포·구속된 외국인이 제2항에 따른 통보를 요청하는 경우에는 별지 제93호서식의 영사기관 체포·구속 통보서를 작성하여 지체 없이 해당 영사기관에 체포·구속 사실을 통보해야 한다.
④ 사법경찰관리는 외국인 변사사건이 발생한 경우에는 제94호서식의 영사기관 사망 통보서를 작성하여 지체 없이 해당 영사기관에 통보해야 한다.
2] 「경찰수사규칙」 제92조(한미행정협정사건의 통보)
① 사법경찰관은 주한 미합중국 군대의 구성원·외국인군무원 및 그 가족이나 초청계약자의 범죄 관련 사건을 인지하거나 고소·고발 등을 수리한 때에는 7일 이내에 별지 제95호서식의 한미행정협정사건 통보서를 검사에게 통보해야 한다.
② 사법경찰관은 주한 미합중국 군당국으로부터 공무증명서를 제출받은 경우 지체 없이 공무증명서의 사본을 검사에게 송부해야 한다.
③ 사법경찰관은 검사로부터 주한 미합중국 군당국의 재판권포기 요청 사실을 통보받은 날부터 14일 이내에 검사에게 사건을 송치 또는 송부해야 한다. 다만, 검사의 동의를 받아 그 기간을 연장할 수 있다.
3] 「범죄수사규칙」 제210조(대·공사관 등에의 출입)
① 경찰관은 대·공사관과 대·공사나 대·공사관원의 사택 별장 혹은 그 숙박하는 장소에 관하여는 해당 대·공사나 대·공사관원의 청구가 있을 경우 이외에는 출입해서는 아니 된다. 다만, 중대한 범죄를 범한 자를 추적 중 그 사람이 위 장소에 들어간 경우에 지체할 수 없을 때에는 대·공사, 대·공사관원 또는 이를 대리할 권한을 가진 사람의 사전 동의를 얻어 수색하여야 한다.
② 경찰관이 제1항에 따라 수색을 행할 때에는 지체 없이 국가수사본부장에게 보고하여 그 지시를 받아야 한다.

4] 「범죄수사규칙」 제211조(외국군함에의 출입)
① 경찰관은 외국군함에 관하여는 해당 군함의 함장의 청구가 있는 경우 외에는 이에 출입해서는 아니 된다.
② 경찰관은 중대한 범죄를 범한 사람이 도주하여 대한민국의 영해에 있는 외국군함으로 들어갔을 때에는 신속히 국가수사본부장에게 보고하여 그 지시를 받아야 한다. 다만, 급속을 요할 때에는 해당 군함의 함장에게 범죄자의 임의의 인도를 요구할 수 있다.

5] 「범죄수사규칙」 제212조(외국군함의 승무원에 대한 특칙)
경찰관은 외국군함에 속하는 군인이나 군속이 그 군함을 떠나 대한민국의 영해 또는 영토 내에서 죄를 범한 경우에는 신속히 국가수사본부장에게 보고하여 그 지시를 받아야 한다. 다만, 현행범 그 밖의 급속을 요하는 때에는 체포 그 밖의 수사상 필요한 조치를 한 후 신속히 국가수사본부장에게 보고하여 그 지시를 받아야 한다.

6] 「범죄수사규칙」 제213조(영사 등에 관한 특칙)
① 경찰관은 임명국의 국적을 가진 대한민국 주재의 총영사, 영사 또는 부영사에 대한 사건에 관하여 구속 또는 조사할 필요가 있다고 인정될 때에는 미리 국가수사본부장에게 보고하여 그 지시를 받아야 한다.
② 경찰관은 총영사, 영사 또는 부영사의 사무소는 해당 영사의 청구나 동의가 있는 경우 외에는 이에 출입해서는 아니 된다.
③ 경찰관은 총영사, 영사 또는 부영사의 사택이나 명예영사의 사무소 혹은 사택에서 수사할 필요가 있다고 인정될 때에는 미리 국가수사본부장에게 보고하여 그 지시를 받아야 한다.
④ 경찰관은 총영사, 영사 또는 부영사나 명예영사의 사무소 안에 있는 기록문서에 관하여는 이를 열람하거나 압수하여서는 아니 된다.

7] 「범죄수사규칙」 제214조(외국 선박 내의 범죄)
경찰관은 대한민국의 영해에 있는 외국 선박내에서 발생한 범죄로서 다음 각호의 어느 하나에 해당하는 경우에는 수사를 하여야 한다.
 1. 대한민국 육상이나 항내의 안전을 해할 때
 2. 승무원 이외의 사람이나 대한민국의 국민에 관계가 있을 때
 3. 중대한 범죄가 행하여졌을 때

8] 「범죄수사규칙」 제215조(외국인에 대한 조사)
① 경찰관은 외국인의 조사와 체포·구속에 있어서는 언어, 풍속과 습관의 특성을 고려하여야 한다.
② 경찰관은 「경찰수사규칙」 제91조제2항에 따라 고지한 경우 피의자로부터 별지 제118호서식의 영사기관통보요청확인서를 작성하여야 한다.
③ 경찰관은 「경찰수사규칙」 제91조제3항에도 불구하고, 별도 외국과의 조약에 따라 피의자 의사와 관계없이 해당 영사기관에 통보하게 되어 있는 경우에는 반드시 이를 통보하여야 한다.
④ 「경찰수사규칙」 제91조제3항부터 제4항까지 및 이 조 제2항부터 제3항까지의 서류는 수사기록에 편철하여야 한다.

9] 「범죄수사규칙」 제217조(통역인의 참여)
① 경찰관은 외국인인 피의자 및 그 밖의 관계자가 한국어에 능통하지 않는 경우에는 통역인으로 하여금 통역하게 하여 한국어로 피의자신문조서나 진술조서를 작성하여야 하며, 특히 필요한 때에는 외국어의 진술서를 작성하게 하거나 외국어의 진술서를 제출하게 하여야 한다.
② 경찰관은 외국인이 구술로써 고소·고발이나 자수를 하려 하는 경우에 한국어에 능통하지 않을 때의 고소·고발 또는 자수인 진술조서는 제1항의 규정에 준하여 작성하여야 한다.

10] 「범죄수사규칙」 제218조(번역문의 첨부)
경찰관은 다음 각호의 경우 번역문을 첨부하여야 한다.
 1. 외국인에 대하여 구속영장 그 밖의 영장을 집행하는 경우
 2. 외국인으로부터 압수한 물건에 관하여 압수목록교부서를 교부하는 경우

40 ①

[해설] 「여행경보제도 운영지침」

1] 구분(제3조) 여행경보는 다음 각호로 구분한다.
1. 단계별 여행경보: 위험 수준에 따라 다음 각 목의 단계로 구분하여 발령
   가. 1단계(남색경보) : 주의가 요구되는 위험 또는 그 징후가 나타난 경우로서, 국내 대도시보다 상당히 높은 수준의 위험
   나. 2단계(황색경보) : 주의가 요구되는 위험 또는 그 징후가 나타난 경우로서, 국내 대도시보다 매우 높은 수준의 위험
   다. 3단계(적색경보) : 특별한 주의가 요구되는 위험 또는 그 징후가 현저한 경우로서, 국민의 생명과 안전을 위협하는 심각한 수준의 위험
   라. 4단계(흑색경보) : 특별한 주의가 요구되는 위험 또는 그 징후가 현저한 경우로서, 국민의 생명과 안전을 위협하는 매우 심각한 수준의 위험
2. 특별여행주의보: 특별한 주의가 요구되는 위험 또는 그 징후가 나타난 경우로서, 단기적으로 긴급한 위험에 대하여 발령

2] 행동요령(제5조)
① 단계별 여행경보가 발령된 국가 또는 지역에 거주·체류 또는 방문 예정인 국민(여행예정자)과 거주·체류 또는 방문 중인 국민(체류자)의 행동요령은 다음 각호와 같다.
 1. 1단계(남색경보): 여행예정자와 체류자는 주의가 요구되는 신변안전 위험 요인을 숙지하여 이에 대비한다(여행유의).
 2. 2단계(황색경보): 여행예정자는 불필요한 여행을 자제하고, 체류자는 신변안전에 특별히 유의한다(여행자제).
 3. 3단계(적색경보): 여행예정자는 여행을 취소·연기하고, 체류자는 긴요한 용무가 아닌 한 출국한다(출국권고).
 4. 4단계(흑색경보): 여행예정자는 여행금지를 준수하고, 체류자는 즉시 대피·철수한다(여행금지). 다만, 「여권법」 제17조에 따라 외교부장관이 여권의 사용과 방문·체류를 허가하는 경우에는 그러하지 아니하다.
② 특별여행주의보 발령에 따른 여행예정자 또는 체류자의 행동요령은 <u>여행경보 2단계 이상 3단계 이하에 준하며</u>, 그 구체 내용은 특별여행주의보 발령의 사유가 된 위험과 관련한 제반 사항을 고려하여 결정한다.
③ 「여권법」에 의해 규율되는 여행경보 4단계(흑색경보)를 제외한 여타 여행경보의 발령에 따른 행동요령은 권고적 효력을 가진다.

제02회 정답 및 해설

01 ④

해설 실질적 의미의 경찰은 사회 공공의 안녕과 질서유지를 위하여 일반통치권에 근거하여 국민에게 명령·강제하는 권력작용이라고 볼 수 있다. 이는 학문적으로 정의된 개념으로 본래의 경찰작용이나 성질을 말하는 것으로, 경찰은 한마디로 장래 지향적인 질서유지를 위한 권력작용을 의미한다. 사법경찰(수사경찰)은 실질적으로는 형사사법작용이고, 과거 의무위반 행위에 대한 제재(처벌)을 직접 목적으로 하므로 실질적 의미의 경찰이 아니라 형식적 의미의 경찰에 해당한다.

02 ②

해설 외관적 위험이란 경찰이 합리적으로 사려깊은 상황을 판단하여 위험이 존재한다고 판단하여 개입하였으나, 실제로는 위험이 존재하지 않은 경우를 말한다. 이는 객관적 사실과 자료를 바탕으로 한, 의무에 합당한 사려깊은 판단으로 정당화되므로, 손해배상문제는 발생하지 않는다. 만약 정당하고 적법한 개입이 특별한 희생을 초래한 경우 수인가능성을 초과한 경우에 해당하므로 이때는 예외적으로 손실보상의 문제는 생길 수 있다.

03 ③

해설 ③ 「성폭력범죄의 처벌 등에 관한 특례법」제12조의 범죄(성적 목적을 위한 다중이용장소 침입행위/1년, 1천)는 자치경찰사무에 해당된다. 하지만, 업무상 위력에 의한 추행죄(3년/1천5백), 공중밀집장소에서의 추행(3년/3천), 통신매체이용음란(2년/2천), 카메라이용촬영(7년/5천)은 제외된다.

「국가경찰과 자치경찰의 조직 및 운영에 관한 법률」제4조(경찰의 사무)
① 경찰의 사무는 다음 각호와 같이 구분한다.
1. **국가경찰사무**:
    제3조에서 정한 경찰의 임무를 수행하기 위한 사무. 다만, 제2호의 자치경찰사무는 제외한다.
2. **자치경찰사무**:
    가. 지역 내 주민의 생활안전 활동에 관한 사무
    나. 지역 내 교통활동에 관한 사무
    다. 지역 내 다중운집 행사 관련 혼잡 교통 및 안전관리
    라. 다음의 어느 하나에 해당하는 수사사무
    1) 학교폭력 등 소년범죄
    2) 가정폭력, 아동학대 범죄
    3) 교통사고 및 교통 관련 범죄
    4) 「형법」제245조에 따른 공연음란 및 「성폭력범죄의 처벌 등에 관한 특례법」제12조에 따른 성적 목적을 위한 다중이용장소 침입행위에 관한 범죄
    5) 경범죄 및 기초질서 관련 범죄
    6) 가출인 및 「실종아동등의 보호 및 지원에 관한 법률」제2조제2호에 따른 실종아동등 관련 수색 및 범죄
3. **교통사고 및 교통 관련 범죄**: 다음 각 목의 범죄. 다만, 「도로교통법」제2조 제3호의 고속도로에서 발생한 교통사고 및 교통 관련 범죄는 제외한다.

가. 「교통사고처리 특례법」제3조제1항의 범죄(업무상과실·중과실 치사상). 다만, 차의 운전자가 같은 항의 죄를 범하고도 피해자를 구호하는 등 「도로교통법」제54조제1항에 따른 조치를 하지 않고 도주하거나 피해자를 사고 장소로부터 옮겨 유기하고 도주한 경우는 제외한다.
나. 「도로교통법」제148조(사고발생 시의 조치의무위반, 「특정범죄 가중처벌 등에 관한 법률」제5조의3(뺑소니)이 적용되는 죄를 범한 경우는 제외).

04 ④

[해설] 기군정 당시 경찰의 구성원은 일제 강점기 일제경찰 출신들이 재임용되기도 했으나, 상당히 많은 독립운동가 출신들이 경찰에 채용되었다. 대표적으로 문형순 서장과 안맥결 총경이 있다.

05 ②

[해설] ② 동법 제4조 제1항(사실상의 혼인관계에 있는 사람을 포함, 소유 경의와 관계없이 사실상 소유하는 재산, 비영리법인에 출연한 재산과 외국에 있는 재산을 포함)
① 동법 제3조「공직자윤리법」상 총경 이상(자치총경 포함), 동법 시행령상 경사 이상이 재산등록의무)
③④ 동법 제5조(재산의 등록기관과 등록시기)

1] 등록할 재산(동법 제4조 제2항)
1. 부동산에 관한 소유권·지상권 및 전세권
2. 광업권·어업권·양식업권, 그 밖에 부동산에 관한 규정이 준용되는 권리
3. 다음 각 목의 동산·증권·채권·채무 및 지식재산권(知識財産權)
   가. 소유자별 합계액 1천만원 이상의 현금(수표를 포함한다)
   나. 소유자별 합계액 1천만원 이상의 예금
   다. 소유자별 합계액 1천만원 이상의 주식·국채·공채·회사채 등 증권
   라. 소유자별 합계액 1천만원 이상의 채권
   마. 소유자별 합계액 1천만원 이상의 채무
   바. 소유자별 합계액 500만원 이상의 금 및 백금(금제품 및 백금제품을 포함한다)
   사. 품목당 500만원 이상의 보석류
   아. 품목당 500만원 이상의 골동품 및 예술품
   자. 권당 500만원 이상의 회원권
   차. 소유자별 연간 1천만원 이상의 소득이 있는 지식재산권
   카. 자동차·건설기계·선박 및 항공기
4. 합명회사·합자회사 및 유한회사의 출자지분
5. 주식매수선택권
6. 「특정 금융거래정보의 보고 및 이용 등에 관한 법률」제2조 제3호에 따른 가상자산 〈신설〉

3] 변동사항 신고(제6조)
① 등록의무자는 매년 1월 1일부터 12월 31일까지의 재산 변동사항을 다음 해 2월 말일까지 등록기관에 신고하여야 한다. 다만, 최초의 등록 후 또는 제5조제1항 단서에 따른 신고 후 최초의 변동사항 신고의 경우에는 등록의무자가 된 날부터 그해 12월 31일까지의 재산 변동사항을 등록기관에 신고하여야 한다.
② 퇴직한 등록의무자는 퇴직일부터 2개월이 되는 날이 속하는 달의 말일까지 그해 1월 1일(1월 1일 이후에 등록의무자가 된 경우에는 등록의무자가 된 날)부터 퇴직일까지의 재산 변동사항을 퇴직 당시의 등록기관에 신고하여야 한다. 다만, 퇴직일부터 2개월이 되는 날이 속하는 달의 말일까지 다시 등록의무자가 된 경우에는 제1항에 따른 변동사항 신고만으로 신고를 갈음할 수 있다.

③ 10월부터 12월까지 중에 등록의무자가 되어 제1항에 따라 재산 변동사항을 신고하여야 하는 경우에는 등록의무자가 된 날부터 그해 12월 31일까지의 재산 변동사항은 다음 해의 변동사항 또는 제2항에 따른 퇴직자 변동사항에 포함하여 신고할 수 있으며, 등록의무자가 1월 또는 2월 중에 퇴직한 경우에는 제1항에 따른 변동사항은 제2항에 따른 퇴직자 변동사항에 포함하여 신고할 수 있다.

06 ③

[해설] ① 행정에 관한 나이는 다른 법령등에 특별한 규정이 있는 경우를 제외하고는 출생일을 산입하여 만(滿) 나이로 계산하고, 연수(年數)로 표시한다. 다만, 1세에 이르지 아니한 경우에는 월수(月數)로 표시할 수 있다(제7조의2).
② 행정작용으로 인한 국민의 이익 침해가 그 행정작용이 의도하는 공익보다 크지 아니할 것(비례의 원칙 제10조)
④ 행정청은 권한 행사의 기회가 있음에도 불구하고 장기간 권한을 행사하지 아니하여 국민이 그 권한이 행사되지 아니할 것으로 믿을 만한 정당한 사유가 있는 경우에는 그 권한을 행사해서는 아니 된다. 다만, 공익 또는 제3자의 이익을 현저히 해칠 우려가 있는 경우는 예외로 한다(신뢰보호의 원칙 제12조).

07 ①

[해설] "위임"이란 법률에 규정된 행정기관의 장의 권한 중 일부를 그 보조기관 또는 하급행정기관의 장이나 지방자치단체의 장에게 맡겨 그의 권한과 책임 아래 행사하도록 하는 것을 말한다(제2조 제1호).
"위탁"이란 법률에 규정된 행정기관의 장의 권한 중 일부를 다른 행정기관의 장에게 맡겨 그의 권한과 책임 아래 행사하도록 하는 것을 말한다(제2조 제2호).

08 ③

[해설] ③ 국가공무원이 보수를 거짓이나 그 밖의 부정한 방법으로 수령한 경우에는 수령한 금액의 5배의 범위에서 가산하여 징수할 수 있다(국가공무원법 제47조 제3항).
④ 「공무원 수당 등에 관한 규정」 제7조의2 제10항, 한편, 「공무원수당 등에 관한 규정」제7조의2(성과상여금) [별표 2의2]에 의하여 경찰공무원은 경감 이하를 그 대상으로 한다(성과상여금 적용 대상 공무원).

09 ④

[해설] ㉠ 중징계란 파면, 해임, 강등, 정직을 말하며, 경징계란 감봉 및 견책을 말한다.
ⓒ 경찰공무원 보통징계위원회는 해당 징계위원회가 설치된 경찰기관 소속 경감 이하 경찰공무원에 대한 징계등 사건을 심의·의결한다.
ⓒ 위원장 1명을 포함한 11명 이상 51명 이하의 공무원 위원과 민간위원으로 구성한다(이 중에서 위원장을 포함한 위원 수의 2분의 1이상을 민간위원으로 위촉하여야 한다).
ⓔ 징계위원회의 의결은 위원장을 포함한 위원 과반수의 출석과 출석위원 과반수의 찬성으로 의결한다.

10 ④

[해설] ① 강등은 1계급 아래로 직급을 내리고 공무원신분은 보유하나 3개월간 직무에 종사하지 못하며 그 기간 중 보수의 전액을 감한다.
② 정직은 1개월 이상 3개월 이하의 기간으로 하고, 정직처분을 받은 자는 그 기간 중 공무원의 신분은 보유하나 직무에 종사하지 못하며 보수의 전액을 감한다.
③ 공무원으로서 징계처분을 받은 자에 대하여는 그 처분을 받은 날 또는 그 집행이 끝난 날부터 대통령령 등으로 정하는 기간 동안 승진임용 또는 승급할 수 없다. 다만, 징계처분을 받은 후 직무수행의 공적으로 포상 등을 받은 공무원에 대하여는 대통령령 등으로 정하는 바에 따라 승진임용이나 승급을 제한하는 기간을 단축하거나 면제

할 수 있다.
④ 감사원에서 조사 중인 사건에 대하여는 조사개시 통보를 받은 날부터 징계의결의 요구나 그 밖의 징계 절차를 진행하지 못한다. 그리고 검찰·경찰, 그 밖의 수사기관에서 수사 중인 사건에 대하여는 수사개시 통보를 받은 날부터 징계 의결의 요구나 그 밖의 징계 절차를 진행하지 아니할 수 있다. 한편, 감사원과 검찰·경찰, 그 밖의 수사기관은 조사나 수사를 시작한 때와 이를 마친 때에는 10일 이내에 소속기관의 장에게 그 사실을 통보하여야 한다(제83조).

11 ②

해설 1) 법 제75조(처분사유 설명서의 교부)
① 공무원에 대하여 징계처분등을 할 때나 강임·휴직·직위해제 또는 면직처분을 할 때에는 그 처분권자 또는 처분제청권자는 처분사유를 적은 설명서를 교부(交付)하여야 한다. 다만, 본인의 원(願)에 따른 강임·휴직 또는 면직처분은 그러하지 아니하다.
② 처분권자는 피해자가 요청하는 경우 다음 각호의 어느 하나에 해당하는 사유로 처분사유 설명서를 교부할 때에는 그 징계처분결과를 피해자에게 함께 통보하여야 한다. 〈신설 2023. 4. 11.〉
  1. 「성폭력범죄의 처벌 등에 관한 특례법」 제2조에 따른 성폭력범죄
  2. 「양성평등기본법」 제3조제2호에 따른 성희롱
  3. 직장에서의 지위나 관계 등의 우위를 이용하여 업무상 적정범위를 넘어 다른 공무원 등에게 부당한 행위를 하거나 신체적·정신적 고통을 주는 등의 행위로서 대통령령등으로 정하는 행위

2) 법 제76조(심사청구와 후임자 보충 발령)
① 제75조에 따른 처분사유 설명서를 받은 공무원이 그 처분에 불복할 때에는 그 설명서를 받은 날부터, 공무원이 제75조에서 정한 처분 외에 본인의 의사에 반한 불리한 처분을 받았을 때에는 그 처분이 있은 것을 안 날부터 각각 30일 이내에 소청심사위원회에 이에 대한 심사를 청구할 수 있다. 이 경우 변호사를 대리인으로 선임할 수 있다.
② 본인의 의사에 반하여 파면 또는 해임이나 제70조제1항제5호에 따른 면직처분을 하면 그 처분을 한 날부터 40일 이내에는 후임자의 보충발령을 하지 못한다. 다만, 인력 관리상 후임자를 보충하여야 할 불가피한 사유가 있고, 제3항에 따른 소청심사위원회의 임시결정이 없는 경우에는 국회사무총장, 법원행정처장, 헌법재판소사무처장, 중앙선거관리위원회사무총장 또는 인사혁신처장과 협의를 거쳐 후임자의 보충발령을 할 수 있다.
③ 소청심사위원회는 제1항에 따른 소청심사청구가 파면 또는 해임이나 제70조제1항제5호에 따른 면직처분으로 인한 경우에는 그 청구를 접수한 날부터 5일 이내에 해당 사건의 최종 결정이 있을 때까지 후임자의 보충발령을 유예하게 하는 임시결정을 할 수 있다.
④ 제3항에 따라 소청심사위원회가 임시결정을 한 경우에는 임시결정을 한 날부터 20일 이내에 최종 결정을 하여야 하며 각 임용권자는 그 최종 결정이 있을 때까지 후임자를 보충발령하지 못한다.
⑤ 소청심사위원회는 제3항에 따른 임시결정을 한 경우 외에는 소청심사청구를 접수한 날부터 60일 이내에 이에 대한 결정을 하여야 한다. 다만, 불가피하다고 인정되면 소청심사위원회의 의결로 30일을 연장할 수 있다.
⑥ 공무원은 제1항의 심사청구를 이유로 불이익한 처분이나 대우를 받지 아니한다.

3) 법 제76조의2(고충 처리)
① 공무원은 인사·조직·처우 등 각종 직무 조건과 그 밖에 신상 문제와 관련한 고충에 대하여 상담을 신청하거나 심사를 청구할 수 있으며, 누구나 기관 내 성폭력 범죄 또는 성희롱 발생 사실을 알게 된 경우 이를 신고할 수 있다. 이 경우 상담 신청이나 심사 청구 또는 신고를 이유로 불이익한 처분이나 대우를 받지 아니한다.
② 중앙인사관장기관의 장, 임용권자 또는 임용제청권자는 제1항에 따른 상담을 신청받은 경우에는 소속 공무원을 지정하여 상담하게 하고, 심사를 청구받은 경우에는 제4항에 따른 관할 고충심사위원회에 부쳐 심사하도록 하여야 하며, 그 결과에 따라 고충의 해소 등 공정한 처리를 위하여 노력하여야 한다.

③ 중앙인사관장기관의 장, 임용권자 또는 임용제청권자는 기관 내 성폭력 범죄 또는 성희롱 발생 사실의 신고를 받은 경우에는 지체 없이 사실 확인을 위한 조사를 하고 그에 따라 필요한 조치를 하여야 한다.

④ 공무원의 고충을 심사하기 위하여 중앙인사관장기관에 중앙고충심사위원회를, 임용권자 또는 임용제청권자 단위로 보통고충심사위원회를 두되, 중앙고충심사위원회의 기능은 소청심사위원회에서 관장한다.

⑤ 중앙고충심사위원회는 보통고충심사위원회의 심사를 거친 재심청구와 5급 이상 공무원 및 고위공무원단에 속하는 일반직공무원의 고충을, 보통고충심사위원회는 소속 6급 이하의 공무원의 고충을 각각 심사한다. 다만, 6급 이하의 공무원의 고충이 성폭력 범죄 또는 성희롱 사실에 관한 고충 등 보통고충심사위원회에서 심사하는 것이 부적당하다고 대통령령등으로 정한 사안이거나 임용권자를 달리하는 둘 이상의 기관에 관련된 경우에는 중앙고충심사위원회에서, 원 소속 기관의 보통고충심사위원회에서 고충을 심사하는 것이 부적당하다고 인정될 경우에는 직근 상급기관의 보통고충심사위원회에서 각각 심사할 수 있다.

⑥ 이 법의 적용을 받는 자와 다른 법률의 적용을 받는 자가 서로 관련되는 고충의 심사청구에 대하여는 이 법의 규정에 따라 설치된 고충심사위원회가 대통령령등으로 정하는 바에 따라 심사할 수 있다.

⑦ 중앙인사관장기관의 장, 임용권자 또는 임용제청권자는 심사 결과 필요하다고 인정되면 처분청이나 관계 기관의 장에게 그 시정을 요청할 수 있으며, 요청받은 처분청이나 관계 기관의 장은 특별한 사유가 없으면 이를 이행하고, 그 처리 결과를 알려야 한다. 다만, 부득이한 사유로 이행하지 못하면 그 사유를 알려야 한다.

⑧ 고충상담 신청, 성폭력 범죄 또는 성희롱 발생 사실의 신고에 대한 처리절차, 고충심사위원회의 구성 · 권한 · 심사절차, 그 밖에 필요한 사항은 대통령령등으로 정한다.

4) 법 제77조(사회보장)

① 공무원이 질병 · 부상 · 장해 · 퇴직 · 사망 또는 재해를 입으면 본인이나 유족에게 법률로 정하는 바에 따라 적절한 급여를 지급한다. 〈개정 2023. 4. 11.〉

② 제1항의 법률에는 다음 각호의 사항을 규정하여야 한다. 〈개정 2023. 4. 11.〉

　1. 공무원이 상당한 기간 근무하여 퇴직하거나 사망한 경우에 본인이나 그 유족에게 연금 또는 일시금을 지급하는 사항

　2. 공무로 인한 부상이나 질병으로 인하여 사망하거나 퇴직한 공무원 또는 그 유족에게 연금 또는 보상을 지급하는 사항

　3. 공무상의 부상 · 질병으로 인하여 요양하는 동안 소득 능력에 장애를 받을 경우 공무원이 받는 손실 보상에 관한 사항

　4. 공무로 인하지 아니한 사망 · 장해 · 부상 · 질병 · 출산, 그 밖의 사고에 대한 급여 지급 사항

③ 정부는 제2항 외에 법률로 정하는 바에 따라 공무원의 복리와 이익의 적절하고 공정한 보호를 위하여 그 대책을 수립 · 실시하여야 한다.

12 ③

해설 ③의 경우에는 봉급의 80퍼센트를 지급한다.

②의 경우에는 사전에 징계위원회의 동의를 받아야 한다.

1] 직위해제기간 중의 봉급 감액(「공무원 보수규정」 제29조)

직위해제된 사람에게는 다음 각호의 구분에 따라 봉급(외무공무원의 경우에는 직위해제 직전의 봉급)의 일부를 지급한다.

1. 「국가공무원법」제73조의3 제1항 제2호(직무수행 능력이 부족하거나 근무성적이 극히 나쁜 자)에 따라 직위해제된 사람 : 봉급의 80퍼센트

2. 「국가공무원법」제73조의3 제1항 제5호(고위공무원단에 속하는 일반직공무원으로서 제70조의2제1항제2호부터 제5호까지의 사유로 적격심사를 요구받은 자)에 따라 직위해제된 사람 : 봉급의 70퍼센트. 다만, 직위해제일부터 3개월이 지나도 직위를 부여받지 못한 경우에는 그 3개월이 지난 후의 기간 중에는 봉급의 40퍼센트를

지급한다.
3. 「국가공무원법」제73조의3 제1항 제3호(파면 · 해임 · 강등 또는 정직에 해당하는 징계 의결이 요구 중인 자) · 제4호(형사사건으로 기소된 자) · 제6호(금품비위, 성범죄 등 대통령령으로 정하는 비위행위로 인하여 감사원 및 검찰 · 경찰 등 수사기관에서 조사나 수사 중인 자로서 비위의 정도가 중대하고 이로 인하여 정상적인 업무수행을 기대하기 현저히 어려운 자)에 따라 직위해제된 사람 : 봉급의 50퍼센트. 다만, 직위해제일부터 3개월이 지나도 직위를 부여받지 못한 경우에는 그 3개월 이 지난 후의 기간 중에는 봉급의 30퍼센트를 지급한다.

2] 승진소요 최저근무연수(경찰공무원 승진임용 규정 제5조)

원칙적으로 직위해제기간은 승진소요 최저근무연수에 포함되지 않으나, 다음의 경우에는 승진소요 최저근무연수 기간에 포함한다.

가. 「국가공무원법」제73조의3제1항제3호(파면 · 해임 · 강등 또는 정직에 해당하는 징계 의결이 요구 중인 자)에 따라 직위해제처분을 받은 사람에 대한 징계 의결 요구에 대하여 관할 징계위원회가 징계하지 아니하기로 의결한 경우와 해당 직위해제처분의 사유가 된 징계처분이 소청심사위원회의 결정 또는 법원의 판결에 따라 무효 또는 취소로 확정된 경우

나. 「국가공무원법」제73조의3제1항제4호에 따라 직위해제처분을 받은 사람의 처분 사유가 된 형사사건이 법원의 판결에 따라 무죄로 확정된 경우

다. 「국가공무원법」제73조의3제1항제6호에 따라 직위해제처분을 받은 사람의 처분사유가 된 비위행위가 1) 및 2)에 모두 해당하는 경우

1) 비위행위에 대한 징계절차와 관련하여 다음의 어느 하나에 해당하는 경우

가) 경찰기관의 장이 「경찰공무원 징계령」제9조에 따른 징계의결 요구를 하지 않기로 한 경우

나) 해당 경찰공무원에 대한 징계의결 요구에 대하여 관할 징계위원회가 징계하지 않기로 의결한 경우

다) 징계처분이 소청심사위원회의 결정이나 법원의 판결에 따라 무효 또는 취소로 확정된 경우

2) 비위행위에 대한 조사 또는 수사 결과가 다음의 어느 하나에 해당하는 경우

가) 형사사건에 해당하지 않는 경우

나) 사법경찰관이 불송치를 하거나 검사가 불기소를 한 경우. 다만, 「형사소송법」제247조에 따라 공소를 제기하지 않는 경우와 불송치 또는 불기소를 했으나 해당 사건이 다시 수사 및 기소되어 법원의 판결에 따라 유죄가 확정된 경우는 제외한다.

다) 형사사건으로 기소되거나 약식명령이 청구된 사람이 법원의 판결에 따라 무죄로 확정된 경우

13 ②

[해설] 1) 「국가공무원법」상 의무 : ㉠ㄴ
2) 「경찰공무원법」상 의무 : ㉢㉤㉦ *제복착용의무, 지휘권남용금지의무
3) 「공직자윤리법」상 의무 : ㉥ *취업제한의무(3년간/퇴직 전 5년), 선물신고의무(그 선물 수령 당시 증정한 국가 또는 외국인이 속한 국가의 시가로 미국화폐 100달러 이상이거나 국내 시가로 10만원 이상인 선물, 현금은 제외)
4) 「경찰공무원 복무규정」상 의무 : ㉣ *지정장소 외 직무수행금지 및 근무수행 중 음주금지의무
5) 「부패방지 및 국민권익위원회의 설치와 운영에 관한 법률」상 의무 : ㉧

「부패방지 및 국민권익위원회의 설치와 운영에 관한 법률」

1) 법 제55조(부패행위의 신고) 누구든지 부패행위를 알게 된 때에는 이를 위원회에 신고할 수 있다.

2) 법 제56조(공직자의 부패행위 신고의무)

공직자는 그 직무를 행함에 있어 다른 공직자가 부패행위를 한 사실을 알게 되었거나 부패행위를 강요 또는 제의받은 경우에는 지체 없이 이를 수사기관 · 감사원 또는 위원회에 신고하여야 한다.

3) 법 제57조(신고자의 성실의무)

제55조 및 제56조에 따른 부패행위 신고를 한 자(신고자)가 신고의 내용이 허위라는 사실을 알았거나 알 수 있었음에도 불구하고 신고한 경우에는 이 법의 보호를 받지 못한다.

4) 법 제82조(비위면직자 등의 취업제한)
① 비위면직자 등은 다음 각호의 어느 하나에 해당하는 사람을 말한다.
　1. 공직자가 재직 중 직무와 관련된 부패행위로 당연퇴직, 파면 또는 해임된 자
　2. 공직자였던 사람으로서 재직 중 직무와 관련된 부패행위로 벌금 300만원 이상의 형의 선고를 받은 사람(해당 형의 집행유예 선고를 받고 그 유예기간이 경과된 사람을 포함)
② 제1항에 따른 비위면직자 등은 제3항 각호의 구분에 따른 날부터 5년 동안 다음 각호의 취업제한기관에 취업할 수 없다.
　1. 공공기관(「유아교육법」, 「초·중등교육법」, 「고등교육법」 및 그 밖의 다른 법령에 따라 설치된 국·공립학교를 포함한다)
　2. 대통령령으로 정하는 부패행위 관련 기관
　3. 퇴직 전 5년간 소속하였던 부서 또는 기관의 업무와 밀접한 관련이 있는 영리사기업체 등(다음 각 목의 법인 등을 포함한다)

14 ③

[해설] 1) 규정 제14조(휴가의 종류)
공무원의 휴가는 연가(年暇), 병가, 공가(公暇) 및 특별휴가로 구분한다.

2) 규정 제18조(병가)
① 행정기관의 장은 소속 공무원이 다음 각호의 어느 하나에 해당할 경우에는 연 60일의 범위에서 병가를 승인할 수 있다. 이 경우 질병이나 부상으로 인한 지각·조퇴 및 외출은 누계 8시간을 병가 1일로 계산하고, 제17조제5항에 따라 연가 일수에서 빼는 병가는 병가 일수에 산입하지 아니한다.
　1. 질병 또는 부상으로 인하여 직무를 수행할 수 없을 때
　2. 감염병에 걸려 그 공무원의 출근이 다른 공무원의 건강에 영향을 미칠 우려가 있을 때
② 행정기관의 장은 소속 공무원이 공무상 질병 또는 부상으로 직무를 수행할 수 없거나 요양이 필요할 경우에는 연 180일의 범위에서 병가를 승인할 수 있다.
③ 병가 일수가 연간 6일을 초과하는 경우에는 의사의 진단서를 첨부하여야 한다.

3) 규정 제19조(공가)
행정기관의 장은 소속 공무원이 다음 각호의 어느 하나에 해당하는 경우에는 이에 직접 필요한 기간 또는 시간을 공가로 승인해야 한다. *기속행위
　1. 「병역법」이나 그 밖의 다른 법령에 따른 병역판정검사·소집·검열점호 등에 응하거나 동원 또는 훈련에 참가할 때
　2. 공무와 관련하여 국회, 법원, 검찰, 경찰 또는 그 밖의 국가기관에 소환되었을 때
　3. 법률에 따라 투표에 참가할 때
　4. 승진시험·전직시험에 응시할 때
　5. 원격지(遠隔地)로 전보(轉補) 발령을 받고 부임할 때
　6. 「산업안전보건법」 제129조부터 제131조까지의 규정에 따른 건강진단, 「국민건강보험법」 제52조에 따른 건강검진 또는 「결핵예방법」 제11조제1항에 따른 결핵검진등을 받을 때
　7. 「혈액관리법」에 따라 헌혈에 참가할 때
　8. 「공무원 인재개발법 시행령」 제32조제5호에 따른 외국어능력에 관한 시험에 응시할 때
　9. 올림픽, 전국체전 등 국가적인 행사에 참가할 때
　10. 천재지변, 교통 차단 또는 그 밖의 사유로 출근이 불가능할 때

11. 「공무원의 노동조합 설립 및 운영 등에 관한 법률」제9조에 따른 교섭위원으로 선임(選任)되어 단체교섭 및 단체협약 체결에 참석하거나 같은 법 제17조 및 「노동조합 및 노동관계조정법」제17조에 따른 대의원회(「공무원의 노동조합 설립 및 운영 등에 관한 법률」에 따라 설립된 공무원 노동조합의 대의원회를 말하며, 연 1회로 한정한다)에 참석할 때
12. 공무국외출장등을 위하여 「검역법」제5조제1항에 따른 검역관리지역 또는 중점검역관리지역으로 가기 전에 같은 법에 따른 검역감염병의 예방접종을 할 때
13. 「감염병의 예방 및 관리에 관한 법률」에 따른 제1급감염병에 대하여 같은 법 제24조 또는 제25조에 따라 필수예방접종 또는 임시예방접종을 받거나 같은 법 제42조제2항제3호에 따라 감염 여부 검사를 받을 때

4) 규정 제20조(특별휴가)
  행정기관의 장은 소속 공무원이 결혼하거나 그 밖의 경조사가 있는 경우에는 해당 공무원의 신청에 따라 별표 2의 기준에 따른 경조사휴가를 주어야 한다(제1항).

경조사별 휴가 일수표(제20조제1항 관련)

구분	대상	일수
결혼	본인	5
	자녀	1
출산	배우자	10 (한 번에 둘 이상의 자녀를 출산한 경우 15)
입양	본인	20
사망	배우자, 본인 및 배우자의 부모	5
	본인 및 배우자의 조부모 · 외조부모	3
	자녀와 그 자녀의 배우자	3
	본인 및 배우자의 형제자매	1

*입양은 「입양촉진 및 절차에 관한 특례법」에 따른 입양으로 한정하며, 입양 외의 경조사휴가를 실시할 때 원격지일 경우에는 실제 왕복에 필요한 일수를 더할 수 있다.

15 ③

해설 징/계/의/효/력(제80조)

① 강등은 1계급 아래로 직급을 내리고(고위공무원단에 속하는 공무원은 3급으로 임용하고, 연구관 및 지도관은 연구사 및 지도사로 한다) 공무원신분은 보유하나 3개월간 직무에 종사하지 못하며 그 기간 중 보수는 전액을 감한다. 다만, 제4조제2항에 따라 계급을 구분하지 아니하는 공무원과 임기제공무원에 대해서는 강등을 적용하지 아니한다.
② 제1항에도 불구하고 이 법의 적용을 받는 특정직공무원 중 외무공무원과 교육공무원의 강등의 효력은 다음 각 호와 같다.
  1. 외무공무원의 강등은 「외무공무원법」제20조의2에 따라 배정받은 직무등급을 1등급 아래로 내리고(14등급 외무공무원은 고위공무원단 직위로 임용하고, 고위공무원단에 속하는 외무공무원은 9등급으로 임용하거, 8등급부터 6등급까지의 외무공무원은 5등급으로 임용한다) 공무원신분은 보유하나 3개월간 직무에 종사하지 못하며 그 기간 중 보수는 전액을 감한다.

2. 교육공무원의 강등은 「교육공무원법」 제2조제10항에 따라 동종의 직무 내에서 하위의 직위에 임명하고, 공무원신분은 보유하나 3개월간 직무에 종사하지 못하며 그 기간 중 보수는 전액을 감한다. 다만, 「고등교육법」 제14조에 해당하는 교원 및 조교에 대하여는 강등을 적용하지 아니한다.

③ 정직은 1개월 이상 3개월 이하의 기간으로 하고, 정직 처분을 받은 자는 그 기간 중 공무원의 신분은 보유하나 직무에 종사하지 못하며 보수는 전액을 감한다.

④ 감봉은 1개월 이상 3개월 이하의 기간 동안 보수의 3분의 1을 감한다.

⑤ 견책(譴責)은 전과(前過)에 대하여 훈계하고 회개하게 한다.

⑥ 강등(3개월간 직무에 종사하지 못하는 효력 및 그 기간 중 보수는 전액을 감하는 효력으로 한정한다), 정직 및 감봉의 징계처분은 휴직기간 중에는 그 집행을 정지한다. 〈신설 2023. 4. 11.〉

⑦ 공무원으로서 징계처분을 받은 자에 대하여는 그 처분을 받은 날 또는 그 집행이 끝난 날부터 대통령령등으로 정하는 기간 동안 승진임용 또는 승급할 수 없다. 다만, 징계처분을 받은 후 직무수행의 공적으로 포상 등을 받은 공무원에 대하여는 대통령령등으로 정하는 바에 따라 승진임용이나 승급을 제한하는 기간을 단축하거나 면제할 수 있다.

⑧ 공무원(특수경력직공무원 및 지방공무원을 포함한다)이었던 사람이 다시 공무원이 된 경우에는 재임용 전에 적용된 법령에 따라 받은 징계처분은 그 처분일부터 이 법에 따른 징계처분을 받은 것으로 본다. 다만, 제79조에서 정한 징계의 종류 외의 징계처분의 효력에 관하여는 대통령령등으로 정한다.

16 ③

(해설) 경찰비례의 원칙은 경찰권의 한계 중 조리상 한계의 한 내용을 이루는 것으로서 「경찰관 직무집행법」 제1조 제2항은 「경찰권은 그 목적을 위하여 필요한 최소한도 내에서 행사되어야 하며, 이를 남용하여서는 아니된다」고 명문으로 규정한 실정법상의 원칙이기도 하다. 경찰비례의 원칙은 일반조항에 근거하여 경찰권을 발동하는 경우에는 물론 개별적 수권조항에 근거하여 경찰권을 발동하는 경우에도 적용된다.

17 ③

(해설) 경찰관서의 장은 직무수행에 필요하다고 인정되는 상당한 이유가 있을 때에는 국가기관 또는 공사단체등에 대하여 직무수행에 관련된 사실을 조회할 수 있다. 다만, 긴급을 요할 때에는 <u>소속경찰관으로 하여금 현장에 출장하여 당해 기관 또는 단체의 장의 협조를 얻어 그 사실을 확인하게 할 수 있다</u>(「경찰관직무집행법」 제8조 제1항).

18 ②

(해설) LIBS는 운영방법이 비교적 쉽고 간단(예산관리에서 가장 기초적인 정보인 필요한 품목의 값이 얼마인가에 따라 편성되므로 복잡한 관련 요인들을 포괄적으로 고려할 필요가 없다)하나, **회계책임이 분명하다는 장점**이 있다. PBS는 정부가 무슨 일을 하느냐에 중점을 두는 제도로서, 기능별 또는 활동별 예산제도라고도 한다. PBS는 일반국민이 정부사업에 대한 이해가 용이하고, 정부의 정책이나 계획수립을 용이하게 하고 입법부의 예산심의를 용이하게 한다.

종류	내용
품목별 예산제도 (LIBS) 통제기능	㉠ 지출의 대상, 성질을 기준으로 하여 세출예산의 금액 분류 ㉡ 장점: 회계책임 명확, 인사행정에 유용한 정보·자료제공, 지출의 합법성에 치중하는 회계검사 용이, 행정의 재량범위 축소 ㉢ 단점: 계획과 지출의 불일치, 기능의 중복을 피하기 곤란, 의사결정을 위한 충분한 자료제시 부족

종류	내용
성과주의 예산제도 (PBS) 관리기능	㉠ 사업계획을 세부사업으로 분류하고 각 세부사업을 "단위원가×업무량=예산액"으 로 표시하여 편성 ㉡ 장점:국민의 입장에서 경찰활동이해 용이, 예산편성시 자원배분합리화, 예산집행의 신축성, 해당부서의 업무능률을 측정하여 다음 연도 예산에 반영 ㉢단점:업무측정단위 선정 어려움, 단위원가 계산곤란, 인건비 등 경직성경비 적용 어려움
계획예산제도 (PPBS) 계획기능	장기적인 기본계획수립과 단기적인 예산편성을 프로그램작성을 통하여 유기적으로 연결시 킴으로써 자원배분에 관한 의사결정의 일관성과 합리성 도모
영점기준예산제도 (ZBB) 감축기능	매년 사업의 우선순위를 새로이 결정, 그에 따라 예산 책정
자본예산 (복식예산)	주로 불경기에 정부예산을 경상지출과 자본지출로 구분하고 경상지출은 경상수입으로 충당시켜 균형을 이루도록 하고, 자본지출은 적자재정과 공채발행으로 그 수입에 충당하게 함으로써 불균형예산으로 편성하는 예산제도

19 ④

해설 II급 및 III급 비밀취급인가(시행 세부규칙 제11조)
① 「보안업무규정」 제9조제2항의 규정에 따른 II급 및 III급 비밀취급 인가권자는 다음 각호와 같다.
  1. 경찰청장
  2. 경찰대학장
  3. 경찰교육원장
  4. 중앙경찰학교장
  5. 경찰수사연수원장
  6. 경찰병원장
  7. 시·도경찰청장
② 시·도경찰청장은 규정 제9조제2항제5호에 따라 경찰서장, 기동대장에게, II급 및 III급 비밀취급인가권을 위임한다. 이 경우 경정 이상의 경찰공무원을 장으로 하는 경찰기관의 장에게도 II급 및 III급 비밀취급인가권을 위임할 수 있다.
③ 제1항 및 제2항의 규정에 따라 II급 및 III급 비밀취급인가권을 위임받은 기관의 장은 이를 다시 위임할 수 없다.

20 ①

해설 ① 위는 넓은 의미의 행정통제와 사법통제를 구분한 것으로 볼 수 있다. 사법심사라고 표현하면 통상 사후통제, 법원에 의한 통제라고 하면 외부통제라고 볼 수 있는데, 법원이라고 표현하고 있고, 행정부 수반인 대통령 소속의 감사원, 국무총리 소속의 국민권익위원회, 행정안전부 소속의 국가경찰위원회이므로 사전/사후에 초점을 맞춘 문제는 아니다.

21 ④

해설 ④ 재조사를 요구할 수 있다. 즉 국민권익위원회의 재조사 요구는 재량사항으로 규정하고 있다.
1) 위반행위의 신고(제18조)
① 누구든지 이 법의 위반행위가 발생하였거나 발생하고 있다는 사실을 알게 된 경우에는 다음 각호의 어느 하나에 해당하는 기관에 신고할 수 있다.

1. 이 법의 위반행위가 발생한 공공기관 또는 그 감독기관
2. 감사원 또는 수사기관
3. 국민권익위원회

② 신고자가 다음 각호의 어느 하나에 해당하는 경우에는 이 법에 따른 보호 및 보상을 받지 못한다.
1. 신고의 내용이 거짓이라는 사실을 알았거나 알 수 있었음에도 불구하고 신고한 경우
2. 신고와 관련하여 금품이나 근로관계상의 특혜를 요구한 경우
3. 그 밖에 부정한 목적으로 신고한 경우

③ 제1항에 따라 신고를 하려는 자는 자신의 인적사항과 신고의 취지·이유·내용을 적고 서명한 문서와 함께 신고 대상 및 증거 등을 제출하여야 한다.

2) 위반행위 신고의 처리(제19조)

① 제18조 제1항 제1호 또는 제2호의 기관(조사기관)은 같은 조 제1항에 따라 신고를 받거나 이 조 제2항에 따라 국민권익위원회로부터 신고를 이첩받은 경우에는 그 내용에 관하여 필요한 조사·감사 또는 수사를 하여야 한다.
② 국민권익위원회가 제18조제1항에 따른 신고를 받은 경우에는 그 내용에 관하여 신고자를 상대로 사실관계를 확인한 후 대통령령으로 정하는 바에 따라 조사기관에 이첩하고, 그 사실을 신고자에게 통보하여야 한다.
③ 국민권익위원회는 제2항에 따라 신고자를 상대로 사실관계를 확인한 후에도 불구하고 제2항에 따른 이첩 여부를 결정할 수 없는 경우에는 그 결정에 필요한 범위에서 피신고자의 의사에 반하지 아니하는 때에 한정하여 피신고자에게 의견 또는 자료 제출 기회를 부여할 수 있다.
④ 조사기관은 제1항에 따른 조사·감사 또는 수사를 마친 날부터 10일 이내에 그 결과를 신고자와 국민권익위원회에 통보(국민권익위원회로부터 이첩받은 경우만 해당한다)하고, 조사·감사 또는 수사 결과에 따라 공소제기, 과태료 부과 대상 위반행위의 통보, 징계처분 등 필요한 조치를 하여야 한다.
⑤ 국민권익위원회는 제4항에 따라 조사기관으로부터 조사·감사 또는 수사 결과를 통보받은 경우에는 지체 없이 신고자에게 조사·감사 또는 수사 결과를 통보하여야 한다.
⑥ 제4항 또는 제5항에 따라 조사·감사 또는 수사 결과를 통보받은 신고자는 대통령령으로 정하는 바에 따라 조사기관에 이의신청을 할 수 있으며, 제5항에 따라 조사·감사 또는 수사 결과를 통보받은 신고자는 국민권익위원회에도 이의신청을 할 수 있다.
⑦ 국민권익위원회는 조사기관의 조사·감사 또는 수사 결과가 충분하지 아니하다고 인정되는 경우에는 조사·감사 또는 수사 결과를 통보받은 날부터 30일 이내에 새로운 증거자료의 제출 등 합리적인 이유를 들어 조사기관에 재조사를 요구할 수 있다.
⑧ 제7항에 따른 재조사를 요구받은 조사기관은 재조사를 종료한 날부터 7일 이내에 그 결과를 국민권익위원회에 통보하여야 한다. 이 경우 국민권익위원회는 통보를 받은 즉시 신고자에게 재조사 결과의 요지를 통보하여야 한다.

22 ④

[해설] 1] 「적극행정 운영규정」

1) 정의(제2조) 이 영에서 사용하는 용어의 뜻은 다음과 같다.

1. "적극행정"이란 공무원이 불합리한 규제를 개선하는 등 공공의 이익을 위해 창의성과 전문성을 바탕으로 적극적으로 업무를 처리하는 행위를 말한다.
2. "소극행정"이란 공무원이 부작위 또는 직무태만 등 소극적 업무행태로 국민의 권익을 침해하거나 국가 재정상 손실을 발생하게 하는 행위를 말한다.

2) 징계요구 등 면책(제16조)

① 공무원이 적극행정을 추진한 결과에 대해 그의 행위에 고의 또는 중대한 과실이 없는 경우에는 「감사원법」 제

34조의3 및 「공공감사에 관한 법률」 제23조의2에 따라 징계 요구 또는 문책 요구 등 책임을 묻지 않는다.
② 공무원이 사전컨설팅 의견대로 업무를 처리한 경우에는 제1항에 따른 면책 요건을 충족한 것으로 추정한다. 다만, 공무원과 대상 업무 사이에 사적인 이해관계가 있거나 감사원이나 감사기구의 장이 사전컨설팅을 하는 데 필요한 정보를 충분히 제공하지 않은 경우에는 그렇지 않다.
③ 공무원이 제13조에 따라 위원회가 제시한 의견대로 업무를 처리한 경우에는 「공공감사에 관한 법률」 제23조의2에 따른 면책 요건을 충족한 것으로 추정한다. 다만, 해당 공무원과 대상 업무 사이에 사적인 이해관계가 있거나 위원회가 심의하는 데 필요한 정보를 충분히 제공하지 않은 경우에는 그렇지 않다. 〈신설 2020. 8. 25.〉
④ 위원회는 공무원이 적극행정을 추진한 결과에 대해 「감사원법」에 따른 감사원 감사를 받게 되는 경우에는 해당 공무원의 요청에 따라 감사원에 같은 법 제34조의3에 따른 면책을 건의할 수 있다. 〈신설 2020. 8. 25.〉

3) 징계 등 면제(제17조)
① 공무원이 적극행정을 추진한 결과에 대해 그의 행위에 고의 또는 중대한 과실이 없는 경우에는 징계 관련 법령에 따라 징계의결 또는 징계부가금 부과의결(징계의결등)을 하지 않는다.
② 공무원이 사전컨설팅 의견대로 업무를 처리한 경우에는 징계 관계 법령에 따라 징계의결등을 하지 않는다. 다만, 공무원과 대상 업무 사이에 사적인 이해관계가 있거나 감사원이나 감사기구의 장이 사전컨설팅을 하는 데 필요한 정보를 충분히 제공하지 않은 경우에는 그렇지 않다.
③ 공무원이 제13조에 따라 위원회가 제시한 의견대로 업무를 처리한 경우에는 징계의결등을 하지 않는다. 다만, 공무원과 대상 업무 사이에 사적인 이해관계가 있거나 위원회가 심의하는 데 필요한 정보를 충분히 제공하지 않은 경우에는 그렇지 않다.
④ 「공무원 징계령」 제2조제1항에 따른 징계위원회(특정직공무원의 경우에는 해당 징계 관련 법령에 따른 징계위원회를 말한다)는 징계의결등이 요구된 공무원이 적극행정 추진에 따라 발생한 비위임을 주장할 경우에는 징계 관계 법령에 따라 이를 고려하여 심의하고 그 결과를 징계 및 징계부가금(이하 "징계등"이라 한다) 의결서에 구체적으로 밝혀야 한다.

4) 소극행정 신고(제18조의3)
① 누구든지 공무원의 소극행정을 소속 중앙행정기관의 장이나 제3항에 따른 소극행정 신고센터에 신고할 수 있다.
② 중앙행정기관의 장은 제1항에 따른 신고의 내용에 상당한 이유가 있다고 인정되는 경우에는 사실관계 확인을 위한 조사를 하여 신속한 업무처리를 하는 등 적절한 조치를 하고, 그 처리결과를 신고인에게 알려야 한다.
③ 국민권익위원회는 중앙행정기관 소속 공무원의 소극행정 예방 및 근절을 위해 소극행정 신고센터를 운영하고, 중앙행정기관의 장에게 제1항에 따른 신고사항에 대해 적절한 조치를 하도록 권고할 수 있다.
④ 제3항에 따른 소극행정 신고센터의 운영과 신고사항의 처리 절차 등에 관한 세부 사항은 국민권익위원회가 정한다.

2] 「경찰청 적극행정 면책제도 운영규정」
1) 정의(2조) 이 규정에서 사용하는 용어의 뜻은 다음과 같다.
1. "적극행정"이란, 경찰청 및 그 소속기관의 공무원 또는 산하단체의 임·직원(경찰청 소속 공무원 등)이 국가 또는 공공의 이익을 증진하기 위해 성실하고 능동적으로 업무를 처리하는 행위를 말한다.
2. "면책"이란, 적극행정 과정에서 발생한 부분적인 절차상 하자 또는 비효율, 손실 등과 관련하여 그 업무를 처리한 경찰청 소속 공무원 등에 대하여 다음 각 목의 어느 하나에 해당하는 책임을 묻지 않거나 감면하는 것을 말한다.
가. 「경찰청 감사규칙」 제10조제1호부터 제3호까지 및 제6호
나. 「경찰공무원 징계령」에 따른 징계 및 징계부가금
3. "감사 책임자"란, 현장에서 감사활동을 지휘하는 자를 말하여 감사단장 등 현장 지휘자가 없을 경우에는 감사담당관 또는 감찰담당관을 말한다.
4. "사전컨설팅 감사"란 불합리한 제도 등으로 인해 적극적인 업무 수행이 어려운 경우, 해당 업무의 수행에 앞서

업무 처리 방향 등에 대하여 미리 감사의견을 듣고 이를 업무처리에 반영하여 적극행정을 추진하는 것을 말한다.
5. "사전컨설팅 대상 기관 및 대상 부서의 장"이란 각 시·도경찰청장, 부속기관의 장, 산하 공직유관단체의 장 및 경찰청 관·국의 장을 말한다.

2) 제도적용 대상 업무의 범위(제3조)
① 이 규정은 경찰청의 감사(감찰 포함)대상 업무 전반에 적용된다.
② 국가정책 및 급박한 치안상황을 극복하기 위한 정책의 수립이나 집행과 직접적으로 관련된 업무처리에 대해서는 모든 사정을 더욱 심도 있게 검토하여 면책 여부를 결정한다.

3) 면책 대상자(제4조)
이 규정에 의한 면책은 경찰청 및 그 소속기관의 공무원 또는 산하단체의 임·직원 등에게 적용된다.

4) 적극행정 면책요건(제5조)
① 자체 감사를 받는 사람이 적극행정면책을 받기 위해서는 다음 각호의 요건을 모두 갖추어야 한다.
  1. 감사를 받는 사람의 업무처리가 불합리한 규제의 개선, 공익사업의 추진 등 공공의 이익을 위한 것일 것
  2. 감사를 받는 사람이 대상 업무를 적극적으로 처리한 결과일 것
  3. 감사를 받는 사람의 행위에 고의나 중대한 과실이 없을 것
② 제1항제3호의 요건을 적용하는 경우 자체감사를 받는 사람이 다음 각 호의 요건을 모두 갖추어 업무를 처리한 것으로 인정되는 경우에는 그 행위에 고의나 중대한 과실이 없는 경우에 해당하는 것으로 추정한다.
  1. 자체감사를 받는 사람과 대상 업무 사이에 사적인 이해관계가 없을 것
  2. 대상 업무를 처리하면서 중대한 절차상의 하자가 없었을 것

5) 면책 대상 제외(제6조)
제5조에도 불구하고 업무처리과정에서 기본적으로 지켜야 할 의무를 다하지 않았거나 다음 각 호에 해당하는 경우에는 면책대상에서 제외한다.
  1. 금품을 수수한 경우
  2. 고의·중과실, 무사안일 및 업무태만의 경우
  3. 자의적인 법 해석 및 집행으로 법령의 본질적인 사항을 위반한 경우
  4. 위법·부당한 민원을 수용한 특혜성 업무처리를 한 경우
  5. 그 밖에 위 각 호에 준하는 위법·부당한 행위를 한 경우

23 ③

[해설] 1] ㉠㉡㉢㉣㉥ : 범죄예방대응국, 아동·청소년 대상 성매매는 형사국 소관
2] ㉤ : 생활안전교통국, 생활안전교통국에서는 아동/소년/여성/가정과 관련된 업무를 주로 수행한다.

1] 범죄예방대응국(제10조의3)
① 범죄예방대응국에 국장 1명을 두고, 국장 밑에 「행정기관의 조직과 정원에 관한 통칙」 제12조에 따른 보좌기관 중 실장·국장을 보좌하는 보좌기관(정책관등) 1명을 둔다.
② 국장은 치안감 또는 경무관으로 보하고, 정책관등 1명은 경무관으로 보한다.
③ 국장은 다음 사항을 분장한다.
  1. 범죄예방에 관한 기획·조정·연구 등 예방적 경찰활동 총괄
  2. 범죄예방진단 및 범죄예방순찰에 관한 기획·운영
  3. 경비업에 관한 연구·지도
  4. 풍속 및 성매매(아동·청소년 대상 성매매는 제외한다) 사범에 대한 지도·단속
  5. 총포·도검·화약류 등의 지도·단속

6. 즉결심판청구업무의 지도
7. 각종 안전사고의 예방에 관한 사항
8. 지구대·파출소 운영체계의 기획 및 관리
9. 지구대·파출소의 외근활동 기획 및 운영
10. 지구대·파출소의 근무자에 대한 교육
11. 112신고제도의 기획·운영 및 112치안종합상황실의 운영 총괄
12. 치안 상황의 접수·상황판단, 전파 및 초동조치 등에 관한 사항
13. 치안상황실 운영에 관한 사항

2] 생활안전교통국(제11조)
① 생활안전교통국에 국장 1명을 둔다.
② 국장은 치안감 또는 경무관으로 보한다.
③ 국장은 다음 사항을 분장한다. *자치/아동/소년/여성/가정/약자에 대한 예방과 보호 업무
 1. <u>자치경찰제도</u> 관련 기획 및 조정
 2. 자치경찰제도 관련 법령 사무 총괄
 3. 자치경찰제도 관련 예산의 편성·조정 및 결산에 관한 사항
 4. 자치경찰제도 관련 특별시·광역시·특별자치시·도·특별자치도 및 시·도자치경찰위원회와의 협력에 관한 사항
 5. <u>소년</u>비행 방지에 관한 업무
 6. 소년 대상 범죄의 예방에 관한 업무
 7. <u>아동</u>학대의 예방 및 피해자 보호에 관한 업무
 8. 가출인 및 「실종아동등의 보호 및 지원에 관한 법률」 제2조제2호에 다른 실종아동등과 관련된 업무
 9. 실종아동등 찾기를 위한 신고체계 운영
 10. <u>여성</u> 대상 범죄와 관련된 주요 정책의 총괄 수립·조정
 11. 여성 대상 범죄 유관기관과의 협력 업무
 12. <u>성폭력</u> 및 가정폭력 예방 및 피해자 보호에 관한 업무
 13. <u>스토킹</u>·성매매 예방 및 피해자 보호에 관한 업무
 14. 경찰 수사 과정에서의 범죄피해자 보호 및 지원에 관한 업무
 15. 도로교통에 관련되는 종합기획 및 심사분석
 16. 도로교통에 관련되는 법령의 정비 및 행정제도의 연구
 17. 교통경찰공무원에 대한 교육 및 지도
 18. 교통안전시설의 관리
 19. 자동차운전면허의 관리
 20. 도로교통사고의 예방을 위한 홍보·지도 및 단속
 21. 고속도로순찰대의 운영 및 지도

24 ②

해설 [X] ⓒ(휴무일은 제외)
[O] ㉠㉡㉢㉣㉤

1) 치안센터의 종류(제15조)
① 치안센터는 설치목적에 따라 검문소형과 출장소형으로 구분한다.
② 출장소형 치안센터는 지리적 여건·치안수요 등을 고려하여 필요한 경우 직주일체형으로 운영할 수 있다.

2) 검문소형 치안센터(제16조)
① 검문소형 치안센터는 적의 침투 예상로 또는 주요 간선도로의 취약요소 등에 교통통제 요소 등을 고려하여 설치한다. 다만, 시·도경찰청 및 경찰서 관할의 경계에는 인접 관서장과 협의하여 하나의 치안센터를 설치하는 것을 원칙으로 한다.
② 검문소형 치안센터 근무자의 임무는 다음 각호와 같다.
   1. 거점 형성에 의한 지역 경계
   2. 불심검문 및 범법자의 단속·검거
   3. 지역경찰관서에서 즉시 출동하기 어려운 사건·사고 발생 시 초동조치

3) 출장소형 치안센터(제17조)
① 출장소형 치안센터는 지역 치안활동의 효율성 및 주민 편의 등을 고려하여 필요한 지역에 설치한다.
② 출장소형 치안센터 근무자의 임무는 다음 각호와 같다.
   1. 관할 내 주민여론 청취 등 지역사회 경찰활동
   2. 방문 민원 접수 및 처리
   3. 범죄예방 순찰 및 위험발생 방지
   4. 지역경찰관서에서 즉시 출동하기 어려운 사건·사고 발생 시 초동조치
③ 경찰서장은 도서, 접적지역 등 지리적 여건상 필요한 경우에는 출장소형 치안센터에 검문소형 치안센터의 임무를 병행토록 할 수 있다.

4) 직주일체형 치안센터(제18조)
① 직주일체형 치안센터는 출장소형 치안센터 중 근무자가 치안센터 내에서 거주하면서 근무하는 형태의 치안센터를 말한다.
② 직주일체형 치안센터에는 배우자와 함께 거주함을 원칙으로 하며, 배우자는 근무자 부재시 방문 민원 접수·처리 등 보조 역할을 수행한다.
③ <u>직주일체형 치안센터에 배치된 근무자는 근무 종료 후에도 관할구역 내에 위치하며 지역경찰관서와 연락체계를 유지하여야 한다. 다만, 휴무일은 제외한다.</u>
④ 삭제

5) 직주일체형 치안센터 근무자의 특례(제19조)
① 경찰서장은 직주일체형 치안센터에서 거주하는 근무자의 배우자에게 조력사례금을 지급하여야 하며, 지급 기준 및 금액은 경찰청장이 정한다.
② 직주일체형 치안센터 근무자의 근무기간은 1년 이상으로 하며, 임기를 마친 경찰관은 희망부서로 배치하고, 차기 경비부서의 차출순서에서 1회 면제한다.

25 ③

[해설] 1) 112신고의 분류(제9조)
① 112요원은 초기 신고내용을 최대한 합리적으로 판단하여 112신고를 분류하여 업무처리를 한다.
② 접수자는 신고내용을 토대로 사건의 긴급성과 출동필요성에 따라 다음 각 호와 같이 112신고의 대응코드를 분류한다.
   1. code 1 신고 : 다음 각 목의 사유로 인해 최우선 출동이 필요한 경우
     가. 범죄로부터 인명·신체·재산 보호
     나. 심각한 공공의 위험 제거 및 방지
     다. 신속한 범인검거
   2. code 2 신고 : 경찰 출동요소에 의한 현장조치 필요성은 있으나 제1호의 code 1 신고에 속하지 않는 경우
   3. code 3 신고 : 경찰 출동요소에 의한 현장조치 필요성이 없는 경우

③ 접수자는 불완전 신고로 인해 정확한 신고내용을 파악하기 힘든 경우라도 신속한 처리를 위해 우선 임의의 코드로 분류하여 하달 할 수 있다.
④ 시·도경찰청·경찰서 지령자 및 현장 출동 경찰관은 접수자가 제2항 부터 제4항과 같이 코드를 분류한 경우라도 추가 사실을 확인하여 코드를 변경할 수 있다.

2) 현장보고(제14조)
① 112신고의 처리와 관련하여 출동요소는 다음의 기준에 따라 현장상황을 112종합상황실로 보고하여야 한다.
  1. 최초보고 : 출동요소가 112신고 현장에 도착한 즉시 도착 사실과 함께 간략한 현장의 상황을 보고
  2. 수시보고 : 현장 상황에 변화가 발생하거나 현장조치에 지원이 필요한 경우 수시로 보고
  3. 종결보고 : 현장 초동조치가 종결된 경우 확인된 사건의 진상, 사건의 처리내용 및 결과 등을 상세히 보고
② 제1항에도 불구하고 현장 상황이 급박하여 신속한 현장 조치가 필요한 경우 우선 조치 후 보고할 수 있다.

3) 112신고처리의 종결(제17조)
112요원은 다음 각 호의 경우 112신고처리를 종결할 수 있다. 다만, 타 부서의 계속적 조치가 필요한 경우 해당 부서에 사건을 인계한 이후 종결하여야 한다.
  1. 사건이 해결된 경우
  2. 신고자가 신고를 취소한 경우. 다만, 신고자와 취소자가 동일인인지 여부 및 취소의 사유 등을 파악하여 신고취소의 진의 여부를 확인하여야 한다.
  3. 추가적 수사의 필요 등으로 사건 해결에 장시간이 소요되어 해당 부서로 인계하여 처리하는 것이 효과적인 경우
  4. 허위·오인으로 인한 신고 또는 경찰 소관이 아닌 내용의 사건으로 확인된 경우
  5. 현장에 출동하였으나 사건 내용을 확인할 수 없으며, 사건이 실제 발생하였다는 사실도 확인되지 않는 경우
  6. 그 밖에 상황관리관, 112종합상황실(팀)장이 초동조치가 종결된 것으로 판단하는 경우

26 ④

[해설] ① 경찰청 생활안전교통국장은 법 제8조의2제1항에 따른 정보시스템으로 실종아동등 프로파일링시스템 및 실종아동찾기센터 홈페이지(인터넷 안전드림)를 운영한다(제6조 제1항).
② 발견된 18세 미만 아동 및 가출인 : 수배 해제 후로부터 5년간 보관, 발견된 지적·자폐성·정신장애인 등 및 치매환자 : 수배 해제 후로부터 10년간 보관, 미발견자 : 소재 발견 시까지 보관, 보호시설 무연고자 : 본인 요청 시
③ 실종아동등 또는 가출인에 대한 신고를 접수하거나, 실종아동등 프로파일링시스템에 신고 내용이 입력되어 있는 것을 확인한 경찰관은 보호자가 요청하는 경우에는 별지 제1호서식의 신고접수증을 발급할 수 있다.

27 ②

[해설] ② ㉠ - ⓓ, ㉡ - ⓐ, ㉢ - ⓔ, ㉣ - ⓑ, ㉤ - ⓒ

28 ①

[해설] 진행 중인 가정폭력범죄에 대하여 신고를 받은 사법경찰관리가 즉시 현장에 나가서 취해야 하는 조치는 ㉣㉤㉥이다. ㉠㉡㉢은 판사가 가정보호사건의 원활한 조사·심리 또는 피해자 보호를 위하여 필요하다고 인정하는 경우에는 결정으로 가정폭력행위자에게 취하는 임시조치이다.

1) 「가정폭력범죄의 처벌 등에 관한 특례법」 제5조(가정폭력범죄에 대한 응급조치)
진행 중인 가정폭력범죄에 대하여 신고를 받은 사법경찰관리는 즉시 현장에 나가서 다음 각호의 조치를 하여야 한다.

1. 폭력행위의 제지, 가정폭력행위자·피해자의 분리
1의2. 「형사소송법」 제212조에 따른 현행범인의 체포 등 범죄수사
2. 피해자를 가정폭력 관련 상담소 또는 보호시설로 인도(피해자가 동의한 경우만 해당)
3. 긴급치료가 필요한 피해자를 의료기관으로 인도
4. 폭력행위 재발 시 제8조에 따라 임시조치를 신청할 수 있음을 통보
5. 제55조의2에 따른 피해자보호명령 또는 신변안전조치를 청구할 수 있음을 고지

2) 「가정폭력범죄의 처벌 등에 관한 특례법」 제29조(임시조치)
① 판사는 가정보호사건의 원활한 조사·심리 또는 피해자 보호를 위하여 필요하다고 인정하는 경우에는 결정으로 가정폭력행위자에게 다음 각호의 어느 하나에 해당하는 임시조치를 할 수 있다.
1. 피해자 또는 가정구성원의 주거 또는 점유하는 방실(房室)로부터의 퇴거 등 격리
2. 피해자 또는 가정구성원의 주거, 직장 등에서 100미터 이내의 접근 금지
3. 피해자 또는 가정구성원에 대한 「전기통신기본법」 제2조제1호의 전기통신을 이용한 접근 금지
4. 의료기관이나 그 밖의 요양소에의 위탁
5. 국가경찰관서의 유치장 또는 구치소에의 유치
6. 상담소등에의 상담위탁

29 ③

[해설] 스토킹행위의 상대방 등이나 그 주거등으로부터 100미터 이내의 접근 금지는 사법경찰관의 긴급응급조치에 해당한다. 한편 피해자나 그 주거등으로부터 100미터 이내의 접근 금지는 법원의 스토킹행위자에 대한 잠정조치이다.

스토킹행위 신고 등에 대한 응급조치(제3조)
사법경찰관리는 진행 중인 스토킹행위에 대하여 신고를 받은 경우 즉시 현장에 나가 다음 각호의 조치를 하여야 한다.
1. 스토킹행위의 제지, 향후 스토킹행위의 중단 통보 및 스토킹행위를 지속적 또는 반복적으로 할 경우 처벌 서면경고
2. 스토킹행위자와 피해자등의 분리 및 범죄수사
3. 피해자등에 대한 긴급응급조치 및 잠정조치 요청의 절차 등 안내
4. 스토킹 피해 관련 상담소 또는 보호시설로의 피해자등 인도(피해자등이 동의한 경우만 해당)

30 ①

[해설] 1] 형사사건의 공개금지(제5조)
① 검사와 사법경찰관은 공소제기 전의 형사사건에 관한 내용을 공개해서는 안 된다.
② 검사와 사법경찰관은 수사의 전(全) 과정에서 피의자와 사건관계인의 사생활의 비밀을 보호하고 그들의 명예나 신용이 훼손되지 않도록 노력해야 한다.
③ 제1항에도 불구하고 법무부장관, 경찰청장 또는 해양경찰청장은 무죄추정의 원칙과 국민의 알권리 등을 종합적으로 고려하여 형사사건 공개에 관한 준칙을 정할 수 있다.

2] 상호협력의 원칙(제6조)
① 검사와 사법경찰관은 상호 존중해야 하며, 수사, 공소제기 및 공소유지와 관련하여 협력해야 한다.
② 검사와 사법경찰관은 수사와 공소제기 및 공소유지를 위해 필요한 경우 수사·기소·재판 관련 자료를 서로 요청할 수 있다.
③ 검사와 사법경찰관의 협의는 신속히 이루어져야 하며, 협의의 지연 등으로 수사 또는 관련 절차가 지연되어서는 안 된다.

3] 중요사건 협력절차(제7조)

① 검사와 사법경찰관은 다음 각호의 어느 하나에 해당하는 사건(중요사건)의 경우에는 송치 전에 수사할 사항, 증거 수집의 대상, 법령의 적용, 범죄수익 환수를 위한 조치 등에 관하여 상호 의견을 제시·교환할 것을 요청할 수 있다. 이 경우 검사와 사법경찰관은 특별한 사정이 없으면 상대방의 요청에 응해야 한다.

 1. 공소시효가 임박한 사건
 2. 내란, 외환, 대공(對共), 선거(정당 및 정치자금 관련 범죄를 포함한다), 노동, 집단행동, 테러, 대형참사 또는 연쇄살인 관련 사건
 3. 범죄를 목적으로 하는 단체 또는 집단의 조직·구성·가입·활동 등과 관련된 사건
 4. 주한 미합중국 군대의 구성원·외국인군무원 및 그 가족이나 초청계약자의 범죄 관련 사건
 5. 그 밖에 많은 피해자가 발생하거나 국가적·사회적 피해가 큰 중요한 사건

② 제1항에도 불구하고 검사와 사법경찰관은 다음 각호의 어느 하나에 따른 공소시효가 적용되는 사건에 대해서는 공소시효 만료일 3개월 전까지 제1항 각호 외의 부분 전단에 규정된 사항 등에 관하여 상호 의견을 제시·교환해야 한다. 다만, 공소시효 만료일 전 3개월 이내에 수사를 개시한 때에는 지체 없이 상호 의견을 제시·교환해야 한다.

 1. 「공직선거법」 제268조
 2. 「공공단체등 위탁선거에 관한 법률」 제71조
 3. 「농업협동조합법」 제172조제4항
 4. 「수산업협동조합법」 제178조제5항
 5. 「산림조합법」 제132조제4항
 6. 「소비자생활협동조합법」 제86조제4항
 7. 「염업조합법」 제59조제4항
 8. 「엽연초생산협동조합법」 제42조제5항
 9. 「중소기업협동조합법」 제137조제3항
 10. 「새마을금고법」 제85조제6항
 11. 「교육공무원법」 제62조제5항

4] 검사와 사법경찰관의 협의(제8조)

① 검사와 사법경찰관은 수사와 사건의 송치, 송부 등에 관한 이견의 조정이나 협력 등이 필요한 경우 서로 협의를 요청할 수 있다. 이 경우 특별한 사정이 없으면 상대방의 협의 요청에 응해야 한다.

② 제1항에 따른 협의에도 불구하고 이견이 해소되지 않는 경우로서 다음 각호의 어느 하나에 해당하는 경우에는 해당 검사가 소속된 검찰청의 장과 해당 사법경찰관이 소속된 경찰관서(지방해양경찰관서를 포함)의 장의 협의에 따른다.

 1. 중요사건에 관하여 상호 의견을 제시·교환하는 것에 대해 이견이 있거나 제시·교환한 의견의 내용에 더해 이견이 있는 경우
 2. 「형사소송법」(이하 "법"이라 한다) 제197조의2제2항 및 제3항에 따른 정당한 이유의 유무에 대해 이견이 있는 경우
 3. 법 제197조의4제2항 단서에 따라 사법경찰관이 계속 수사할 수 있는지 여부나 사법경찰관이 계속 수사할 수 있는 경우 수사를 계속할 주체 또는 사건의 이송 여부 등에 대해 이견이 있는 경우
 4. 법 제245조의8제2항에 따른 재수사의 결과에 대해 이견이 있는 경우

31 ⓒ

해설 정의(제2조) 이 규칙에서 사용하는 용어의 뜻은 다음과 같다.
1. "채증"이란 집회등 현장에서 범죄수사를 목적으로 촬영, 녹화 또는 녹음하는 것을 말한다.

2. "채증요원"이란 채증 또는 이와 관련된 업무를 담당하는 경찰공무원(경찰공무원의 지시를 받는 의무경찰을 포함한다)을 말한다.
3. "주관부서"란 채증요원을 관리·운용하는 경비 부서를 말한다.
4. "채증자료"란 채증요원이 채증을 하여 수집한 사진, 영상녹화물 또는 녹음물을 말한다.
5. "채증판독프로그램"이란 범죄수사를 목적으로 범죄혐의자의 인적사항 확인을 위하여 채증자료를 입력, 열람, 판독하기 위한 전산 프로그램을 말한다.

1) 채증계획(제6조)
주관부서의 장은 예상되는 집회등 상황에 따라 채증 필요성 여부를 결정하고 별지 서식의 채증활동 계획서에 따라 수립된 채증계획을 채증요원에게 지시한다. 다만, 긴급한 경우 구두지시로 갈음할 수 있다.

2) 채증의 범위(제7조)
① 채증은 폭력 등 범죄행위가 행하여지고 있거나 행하여진 직후에 하여야 한다.
② 범죄행위로 인하여 타인의 생명·신체 또는 재산에 대한 위해가 임박한 때에 범죄에 이르게 된 경우나 그 전후 사정에 관하여 긴급히 증거를 확보하여야 할 필요가 있는 경우에는 범죄행위가 행하여지기 이전이라도 채증을 할 수 있다.

3) 채증의 제한(제8조)
채증은 범죄혐의에 대한 증거자료를 확보할 필요성이 있는 경우에 한하며, 상당한 방법에 따라 필요한 최소한도에 그쳐야 한다.

4) 채증사실 고지(제9조)
① 집회등 현장에서 채증을 할 때에는 사전에 채증 대상자에게 범죄사실의 요지, 채증요원의 소속, 채증 개시사실을 직접 고지하거나 방송 등으로 알려야 한다.
② 20분 이상 채증을 계속하는 경우에는 20분이 경과할 때마다 채증 중임을 고지하거나 알려야 한다.

32 ②

해설   통/합/방/위/사/태/의/유/형

갑종사태	일정한 조직체계를 갖춘 적의 대규모 병력 침투 또는 대량살상무기 공격 등의 도발로 발생한 비상사태로서 통합방위본부장 또는 지역군사령관의 지휘·통제 하에 통합방위작전을 수행하여야 할 사태
을종사태	일부 또는 여러 지역에서 적이 침투·도발하여 단기간 내에 치안이 회복되기 어려워 지역군사령관의 지휘·통제 하에 통합방위작전을 수행하여야 할 사태
병종사태	적의 침투·도발 위협이 예상되거나 소규모의 적이 침투하였을 때에 시도경찰청장, 지역군사령관 또는 함대사령관의 지휘·통제 하에 통합방위작전을 수행하여 단기간 내에 치안이 회복될 수 있는 사태

33 ③

해설   ③ [X] 1종 대형과 특수면허는 19세 이상이거나 자동차(이륜자동차 제외)의 운전경험이 1년 이상인 사람, 1종 보통과 소형면허는 18세 이상, 원동기장치자전거 면허는 16세 이상의 사람이 자격을 가진다.

1) 연습운전면허의 효력(법 제81조)
연습운전면허는 그 면허를 받은 날부터 1년 동안 효력을 가진다. 다만, 연습운전면허를 받은 날부터 1년 이전이라도 연습운전면허를 받은 사람이 제1종 보통면허 또는 제2종 보통면허를 받은 경우 연습운전면허는 그 효력을 잃는다.

2) 운전면허의 결격사유(법 제82조)
1. 18세 미만(원동기장치자전거의 경우에는 16세 미만)인 사람
2. 교통상의 위험과 장해를 일으킬 수 있는 정신질환자 또는 뇌전증 환자로서 대통령령으로 정하는 사람
3. 듣지 못하는 사람(제1종 운전면허 중 대형면허·특수면허만 해당한다), 앞을 보지 못하는 사람(한쪽 눈만 보지 못하는 사람의 경우에는 제1종 운전면허 중 대형면허·특수면허만 해당한다)이나 그 밖에 대통령령으로 정하는 신체장애인
4. 양쪽 팔의 팔꿈치관절 이상을 잃은 사람이나 양쪽 팔을 전혀 쓸 수 없는 사람. 다만, 본인의 신체장애 정도에 적합하게 제작된 자동차를 이용하여 정상적인 운전을 할 수 있는 경우에는 그러하지 아니하다.
5. 교통상의 위험과 장해를 일으킬 수 있는 마약·대마·향정신성의약품 또는 알코올 중독자로서 대통령령으로 정하는 사람
6. 제1종 대형면허 또는 제1종 특수면허를 받으려는 경우로서 19세 미만이거나 자동차(이륜자동차는 제외한다)의 운전경험이 1년 미만인 사람
7. 대한민국의 국적을 가지지 아니한 사람 중 「출입국관리법」 제31조에 따라 외국인등록을 하지 아니한 사람(외국인등록이 면제된 사람은 제외한다)이나 「재외동포의 출입국과 법적 지위에 관한 법률」 제6조제1항에 따라 국내거소신고를 하지 아니한 사람

34 ④

해설 판례는 약물 등의 영향으로 현실적으로 '정상적으로 운전하지 못할 상태'에 이르러야 성립하는지 여부에 대해 소극적으로 본다. 즉 구 도로교통법 제150조 제1호에 "제45조의 규정을 위반하여 약물로 인하여 정상적으로 운전하지 못할 우려가 있는 상태에서 자동차 등을 운전한 사람"을 처벌하도록 규정하고 있고, 같은 법 제45조에 "자동차 등의 운전자는 제44조의 규정에 의한 술에 취한 상태 외에 과로·질병 또는 약물의 영향과 그 밖의 사유로 인하여 정상적으로 운전하지 못할 우려가 있는 상태에서 자동차 등을 운전하여서는 아니된다."고 규정하고 있다. 위 규정의 법문상 필로폰을 투약한 상태에서 운전하였다고 하여 바로 처벌할 수 있는 것은 아니고 그로 인하여 정상적으로 운전하지 못할 우려가 있는 상태에서 자동차 등을 운전한 경우에만 처벌할 수 있다고 보아야 하나, 위 법 위반죄는 이른바 위태범으로서 약물 등의 영향으로 인하여 '정상적으로 운전하지 못할 우려가 있는 상태'에서 운전을 하면 바로 성립하고, 현실적으로 '정상적으로 운전하지 못할 상태'에 이르러야만 하는 것은 아니다. [대법 2010도11272]

35 ①

해설 정보의 수집 및 사실의 확인 절차(동 규정 제4조)
① 경찰관은 법 제8조의2제1항에 따라 정보를 수집하거나 정보의 수집·작성·배포에 수반되는 사실을 확인하려는 경우에는 상대방에게 자신의 신분을 밝히고 정보수집 또는 사실 확인의 목적을 설명해야 한다. 이 경우 강제적인 방법을 사용해서는 안 된다.
② 제1항 전단에도 불구하고 다음 각호의 어느 하나에 해당하는 경우에는 같은 항 전단에서 규정한 절차를 생략할 수 있다.
 1. 국민의 생명·신체의 안전이나 국가안보에 긴박한 위험이 발생할 우려가 있는 경우
 2. 범죄의 대응을 위한 정보활동에 현저한 지장을 초래할 우려가 있는 경우
③ 경찰관은 정보를 제공하거나 사실을 확인해 준 자가 신분이나 처우와 관련하여 불이익을 받지 않도록 비밀유지 등 필요한 조치를 해야 한다.

36 ③

해설 ③ ②의 장소에서 확성기등의 대상소음이 있을 때 측정한 소음도를 측정소음도로 하고, 같은 장소에서 확성기

등의 대상소음이 없을 때 5분간 측정한 소음도를 배경소음도로 한다.

확성기등의 소음기준

1. 확성기등의 소음은 관할 경찰서장(현장 경찰공무원)이 측정한다.
2. 소음 측정 장소는 피해자가 위치한 건물의 외벽에서 소음원 방향으로 1~3.5m 떨어진 지점으로 하되, 소음도가 높을 것으로 예상되는 지점의 지면 위 1.2~1.5m 높이에서 측정한다. 다만, 주된 건물의 경비 등을 위하여 사용되는 부속 건물, 광장·공원이나 도로상의 영업시설물, 공원의 관리사무소 등은 소음 측정 장소에서 제외한다.
3. 제2호의 장소에서 확성기등의 대상소음이 있을 때 측정한 소음도를 측정소음도로 하고, 같은 장소에서 확성기등의 대상소음이 없을 때 5분간 측정한 소음도를 배경소음도로 한다.
4. 측정소음도가 배경소음도보다 10dB 이상 크면 배경소음의 보정 없이 측정소음도를 대상소음도로 하고, 측정소음도가 배경소음도보다 3.0~9.9dB 차이로 크면 아래 표의 보정치에 따라 측정소음도에서 배경소음을 보정한 소음도를 대상소음도로 하며, 측정소음도가 배경소음도보다 3dB 미만으로 크면 다시 한 번 측정소음도를 측정하고, 다시 측정하여도 3dB 미만으로 크면 확성기등의 소음으로 보지 아니한다.
5. 등가소음도는 10분간(소음 발생 시간이 10분 이내인 경우에는 그 발생 시간 동안을 말한다) 측정한다. 다만, 다음 각 목에 해당하는 대상 지역의 경우에는 등가소음도를 5분간(소음 발생 시간이 5분 이내인 경우에는 그 발생 시간 동안을 말한다) 측정한다.
   가. 주거지역, 학교, 종합병원
   나. 공공도서관
6. 최고소음도는 확성기등의 대상소음에 대해 매 측정 시 발생된 소음도 중 가장 높은 소음도를 측정하며, 동일한 집회·시위에서 측정된 최고소음도가 1시간 내에 3회 이상 위 표의 최고소음도 기준을 초과한 경우 소음기준을 위반한 것으로 본다. 다만, 다음 각 목에 해당하는 대상 지역의 경우에는 1시간 내에 2회 이상 위 표의 최고소음도 기준을 초과한 경우 소음기준을 위반한 것으로 본다.
   가. 주거지역, 학교, 종합병원
   나. 공공도서관
7. 다음 각 목에 해당하는 행사(중앙행정기관이 개최하는 행사만 해당한다)의 진행에 영향을 미치는 소음에 대해서는 그 행사의 개최시간에 한정하여 위 표의 주거지역의 소음기준을 적용한다.
   가. 「국경일에 관한 법률」 제2조에 따른 국경일의 행사
   나. 「각종 기념일 등에 관한 규정」 별표에 따른 각종 기념일 중 주관 부처가 국가보훈부인 기념일의 행사
8. 그 밖에 소음의 측정방법 등에 관한 사항은 「환경분야 시험·검사 등에 관한 법률」 제6조제1항제2호에 따른 소음 및 진동 분야 환경오염공정시험기준 중 생활소음 기준에 따른다.

37 ③

해설 ⓒ [X] 진행되면서 구체적이고 세부화
ⓜ [X] 공작목표에 대하여 실제로 첩보수집 기타 공작임무를 직접 수행하는 공작원은 행동공작원이다.

38 ①

해설 위 범죄에서 「국가보안법」상 예비·음모를 처벌하는 범죄와 불고지죄의 대상이 되는 범죄로 공통된 것은 ㉠ⓒ이다.

불고지죄 대상 범죄	• 반국가단체구성죄·가입죄·가입권유죄(제3조) • 목적수행죄(제4조) • 자진지원죄(제5조)

예비/음모 처벌하는 범죄	• 반국가단체구성죄 · 가입죄 • 목적수행죄 • 자진지원죄 • 잠입 · 탈출죄 • 편의제공(무기류) • 이적단체구성죄 · 가입죄

39 ①

해설 [O] ㉠㉡㉢㉣㉤㉥

[X] ㉦ 본 규정상 외교부는 방첩기관에 포함하지 않는다(제2조 제3호).

방/첩/업/무/의/범/위(제3조)

이 영에 따라 방첩기관이 수행하는 업무(방첩업무)의 범위는 다음 각호와 같다. 이 경우 제2호의2의 업무는 국가정보원만 수행한다.

1. 외국등의 정보활동에 대한 정보 수집 · 작성 및 배포
2. 외국등의 정보활동에 대한 확인 · 견제 및 차단
2의2. 외국등의 정보활동 관련 국민의 안전을 보호하기 위하여 취하는 대응조치
3. 방첩 관련 기법 개발 및 제도 개선
4. 다른 방첩기관 및 관계기관에 대한 방첩 관련 정보 제공
5. 제1호, 제2호, 제3호 및 제4호의 업무와 관련한 국가안보 및 국익을 지키기 위한 활동

40 ④

해설 영사는 한국법령의 범위 내에서 체포 · 구금된 자국민피의자를 방문하고 면담하거나 변호인을 알선할 권리가 있다. 피의자가 명시적으로 접견을 희망하지 않을 경우에는 영사는 접견을 삼가야 하므로 영사의 접견신청에 응할 필요가 없다. 다만, 영사와의 접견에 관한 의사확인서를 작성 · 기록하여 피의자의 접견희망여부를 명백히 확인하여야 한다.

한미행정협정사건의 통보(「경찰수사규칙」 제92조)

① 사법경찰관은 주한 미합중국 군대의 구성원 · 외국인군무원 및 그 가족이나 초청계약자의 범죄 관련 사건을 인지하거나 고소 · 고발 등을 수리한 때에는 7일 이내에 별지 제95호서식의 한미행정협정사건 통보서를 검사에게 통보해야 한다.

② 사법경찰관은 주한 미합중국 군당국으로부터 공무증명서를 제출받은 경우 지체없이 공무증명서의 사본을 검사에게 송부해야 한다.

③ 사법경찰관은 검사로부터 주한 미합중국 군당국의 재판권포기 요청 사실을 통보받은 날부터 14일 이내에 검사에게 사건을 송치 또는 송부해야 한다. 다만, 검사의 동의를 받아 그 기간을 연장할 수 있다.

제03회 정답 및 해설

01 ②

해설 [O] ㉠㉡㉣㉥㉦
[X] ㉢㉤

직무의 범위(제2조) 경찰관은 다음 각호의 직무를 수행한다.
1. 국민의 생명·신체 및 재산의 보호
2. 범죄의 예방·진압 및 수사
2의2. 범죄피해자 보호
3. 경비, 주요 인사(人士) 경호 및 대간첩·대테러 작전 수행
4. 공공안녕에 대한 위험의 예방과 대응을 위한 정보의 수집·작성 및 배포
5. 교통 단속과 교통 위해(危害)의 방지
6. 외국 정부기관 및 국제기구와의 국제협력
7. 그 밖에 공공의 안녕과 질서유지

02 ③

해설 ③ 영사신서사는 신체의 불가침을 향유하며 또한 어떠한 형태로도 체포 또는 구속되지 아니한다(협약 제35조 제5호). 하지만, 영사관원(영사기관장을 포함하여 그러한 자격으로 영사직무의 수행을 위임받은 자를 의미)의 경우 공적인 경우 외교특권을 누리나 사적인 경우에는 원칙적으로 인정되지 않는다.

1] 영사관원의 신체의 불가침(협약 제41조)
1. 영사관원은, 중대한 범죄의 경우에 권한있는 사법당국에 의한 결정에 따르는 것을 제외하고, 재판에 회부되기 전에 체포되거나 또는 구속되지 아니한다.
2. 본조 1항에 명시된 경우를 제외하고 영사관원은 구금되지 아니하며 또한 그의 신체의 자유에 대한 기타 어떠한 형태의 제한도 받지 아니한다. 다만, 확정적 효력을 가진 사법상의 결정을 집행하는 경우는 제외된다.
3. 영사관원에 대하여 형사소송절차가 개시된 경우에 그는 권한있는 당국에 출두하여야한다. 그러나 그 소송절차는, 그의 공적 직책상의 이유에서 그가 받아야 할 경의를 표하면서 또한, 본조 1항에 명시된 경우를 제외하고는, 영사직무의 수행에 가능한 최소한의 지장을 주는 방법으로 진행되어야 한다. 본조 1항에 언급된 사정하에서 영사관원을 구속하는 것이 필요하게 되었을 경우에 그에 대한 소송절차는 지체를 최소한으로 하여 개시되어야 한다.

2] 체포, 구속 또는 소추의 통고(협약 제42조)
재판에 회부되기 전에 영사직원을 체포하거나 또는 구속하는 경우 또는 동 영사직원에 대하여 형사소송절차가 개시되는 경우에, 접수국은 즉시 영사기관장에게 통고하여야 한다. 영사기관장 그 자신이 그러한 조치의 대상이 되는 경우에 접수국은 외교경로를 통하여 파견국에 통고하여야 한다.

03 ④

해설 ④ 1950년 8월 국군은 낙동강 중부 전선 및 영천·안강 일대의 방어에 집중해 있어 함안에는 미군 및 경찰

외에는 방어 병력이 없는 상황이었다. 상주에서 마산 방면으로 이동한 미 제25사단 및 전북·전남·경남경찰국 소속 경찰관 6,800여명이 서북산 일대와 대산 및 법수면 등 함안 전역에서 1950년 8월 초에서 9월 중순까지 북한군과 맞서 이 지역을 수호한 전투가「함안전투」이다. 최근 전국 최초로 경찰승전기념관을 함안에 건립하였으며, 전투 당시 경남경찰국을 이끈 최천 경무관은 독립운동가 출신으로 경남경찰(3,400여명)과 함께 함안전투에서 방어선을 지켜냈다.

6·25전쟁과 주요 구국경찰

다부동전투	낙동강 방어선 전투 중 국군 제1사단이 대구 북방 다부동(경북 칠곡)에서 미군과 더불어 북한군 3개 사단을 격멸한 전투. 이 지역 방어를 담당한 국군 제1사단은 보충받은 학도병 500여 명을 포함, 7,600여 명의 병력과 172문의 화포 등 열세한 전투력을 극복하면서 공산군의 이른바 8월 총공세를 저지하여 대구를 고수하는 데 크게 기여하고, 미 제1기병사단과 임무를 교대하였다.
장진호전투	당시 화랑부대라고 칭하던 경찰관 부대는 미 해병 1사단과 함께 장진호 유담리 전투에서 뛰어난 활약으로 혁혁한 전공을 세웠다. 화랑부대는 유엔군에 배속된 한국 경찰부대로 특별 정예훈련을 받았고 그 수는 1만 5천명 정도이고 장진호 전투에서 활약한 18명이 확인되기도 하였다.
춘천 내평전투	6·25전쟁 첫 대승을 거둔 춘천지구 전투의 초석을 다진 전투. 춘천 내평 전투에서 내평지서장 노종해 경감 등 11인의 경찰은 비록 승리하지 못하였지만 그들이 자신의 목숨을 아끼지 않고 적군의 진격을 지연시킨 덕분에 국군 제6사단이 소양강 방어선을 구축하여 춘천 지구 전투 승리의 초석을 다질 수 있었다.

04 ③

해설 ③ 경찰의 사무를 지역적으로 분담하여 수행하게 하기 위하여 특별시·광역시·특별자치시·도·특별자치도(시·도)에 시·도경찰청을 두고, 시·도경찰청장 소속으로 경찰서를 둔다. 이 경우 인구, 행정구역, 면적, 지리적 특성, 교통 및 그 밖의 조건을 고려하여 시·도에 2개의 시·도경찰청을 둘 수 있다(제13조).

05 ②

해설 「행정안전부장관의 소속청장 지휘에 관한 규칙」
1) 규칙 제2조(중요 정책사항 등의 승인 및 보고)
① 경찰청장(및 소방청장)은 다음 각호의 사항에 관하여 미리 행정안전부장관의 승인을 받아야 한다.
　1. 법령 제정·개정이 필요한 경찰(소방) 분야 기본계획의 수립과 그 변경에 관한 사항
　2. 국제협력에 관한 중요 계획의 수립과 그 변경에 관한 사항
　3. 국제기구의 가입과 국제협정의 체결에 관한 사항
② 청장은 다음 각호의 사항에 관하여 미리 장관에게 보고해야 한다.
　1. 국무회의에 상정할 사항
　2. 청장의 국제회의 참석 및 국외출장에 관한 사항
③ 청장은 다음 각호의 사항에 관하여 장관에게 보고해야 한다.
　1. 대통령·국무총리 및 장관의 지시사항에 대한 추진계획과 그 실적
　2. 중요 정책 및 계획의 추진실적
　3. 대통령·국무총리 및 그 직속기관과 국회 및 감사원 등에 보고하거나 제출하는 자료 중 중요한 사항
　4. 감사원의 감사 결과 및 처분 요구사항 중 중요 정책과 관련된 사항
　5. 그 밖에 법령에 규정된 권한 행사 및 책무 수행에 필요하다고 인정하여 장관이 요청하는 사항
2) 규칙 제3조(예산에 관한 사항)
　청장은 기획재정부에 제출하는 예산 관련 자료 중 중요 사항을 장관에게 보고해야 한다.

3) 규칙 제4조(법령 질의)
    청장은 소관 법령의 해석에 관하여 다른 중앙행정기관의 장에게 질의하여 회신을 받았을 때에는 지체 없이 그 사본을 장관에게 제출해야 한다.
4) 규칙 제5조(정책협의회)
    장관은 중요 정책에 대한 업무협의를 위하여 필요한 때에는 청장과 정책협의회를 개최할 수 있다.

06 ①

해설 1) 규정 제2조(정의)
1. "직무대리"란 기관장, 부기관장이나 그 밖의 공무원에게 사고가 발생한 경우에 직무상 공백이 생기지 아니하도록 해당 공무원의 직무를 대신 수행하는 것을 말한다.
2. "기관장"이란 중앙행정기관 또는 이에 준하는 기관(대통령 소속기관 및 국무총리 소속기관을 포함)의 장을 말한다.
3. "부기관장"이란 기관장의 바로 아래 보조기관을 말한다.
4. "사고"란 다음 각 목의 어느 하나에 해당하는 경우를 말한다.
    가. 전보, 퇴직, 해임 또는 임기 만료 등으로 후임자가 임명될 때까지 해당 직위가 공석인 경우
    나. 휴가, 출장 또는 결원 보충이 없는 휴직 등으로 일시적으로 직무를 수행할 수 없는 경우
2) 규정 제4조(기관장과 부기관장의 직무대리)
    기관장에게 사고가 발생한 경우에는 부기관장이 기관장의 직무대리를 한다(제1항).
3) 규정 제5조(기관장과 부기관장 외의 직무대리)
    기관장과 부기관장 외의 공무원에게 사고가 발생한 경우에는 해당 공무원의 바로 위 공무원(직무대리지정권자)이 해당 공무원의 바로 아래 공무원 중에서 직무의 비중, 능력, 경력 또는 책임도 등을 고려하여 직무대리자를 지정한다(제1항). 다만, 과(담당관, 팀, 그 밖에 이에 준하는 기관을 포함) 소속 공무원에게 사고가 발생한 경우에는 과장이 과 소속 공무원 중에서 직무대리자를 지정한다.
4) 규정 제6조(직무대리의 운영)
    제4조와 제5조에 따라 직무대리를 할 때 한 사람은 하나의 직위에 대해서만 직무대리를 할 수 있다(제1항).
5) 규정 제7조(직무대리권의 범위)
    직무대리자는 사고가 발생한 공무원의 모든 권한을 가지며, 그 권한에 상응하는 책임을 진다.
6) 규정 제8조(위임규정)
    기관장은 이 영의 범위에서 조직과 인사 운영의 특성을 고려하여 해당 중앙행정기관등 및 그 소속기관에서의 직무대리에 관한 규칙을 정하여 운영할 수 있다.

07 ④

해설 1) 규칙 제19조(경과별 직무의 종류)
경찰공무원의 경과별 직무의 종류는 다음 각호와 같다.
1. 일반경과는 기획·감사·경무·생활안전·교통·경비·작전·정보·외사나 그 밖에 수사경과·보안경과 및 특수경과에 속하지 아니하는 직무
2. 수사경과는 범죄수사에 관한 직무
3. 보안경과는 보안경찰에 관한 직무
4. 특수경과 중 항공경과는 경찰항공기의 운영·관리에 관한 직무, 정보통신경과는 경찰정보통신의 운영·관리에 관한 직무

2) 규칙 제22조(경과부여)

　　신규채용된 경찰공무원에게는 일반경과를 부여한다. 다만, 수사, 보안, 항공, 정보통신분야로 채용된 경찰공무원에게는 임용예정 직위의 업무와 관련된 경과를 부여한다.

3) 규칙 제27조(전과의 유형)

① 전과는 일반경과에서 수사경과 · 보안경과 또는 특수경과로의 전과만 인정한다. 다만, 정원감축 등 경찰청장이 정하는 사유가 있는 경우 보안경과 · 수사경과 또는 정보통신경과에서 일반경과로의 전과를 인정할 수 있다.

② 제1항에도 불구하고 경과가 신설 또는 폐지되는 경우에는 다음 각호에 따른 전과를 인정할 수 있다.

　　1. 경과가 신설되는 경우: 일반경과 · 수사경과 · 보안경과 또는 특수경과에서 신설되는 경과로의 전과
　　2. 경과가 폐지되는 경우: 폐지되는 경과에서 일반경과 · 수사경과 · 보안경과 또는 특수경과로의 전과

4) 규칙 제28조(전과의 대상자 및 제한)

① 제27조 제1항에 따른 전과는 다음 각호의 어느 하나에 해당하는 사람에 대해서만 인정한다.

　　1. 현재 경과보다 다른 경과에서 더욱 발전할 수 있다고 인정되는 사람
　　2. 정원감축, 직제개편 등 부득이한 사유로 기존 경과를 유지하기 어려워진 사람
　　3. 전과하려는 경과와 관련된 자격증을 소지한 사람
　　4. 전과하려는 경과와 관련된 분야의 시험에 합격한 사람

② 제1항에도 불구하고 다음 각호의 어느 하나에 해당하는 사람은 제27조제1항에 따른 전과를 할 수 없다.

　　1. 현재 경과를 부여받고 1년이 지나지 아니한 사람
　　2. 특정한 직무분야에 근무할 것을 조건으로 채용된 경찰공무원으로서 채용 후 5년이 지나지 아니한 사람

08 ①

해설 [O] ⓒⓒⓔ

[X] ㉠ 채용후보자명부의 유효기간은 2년의 범위 안에서 대통령령으로 정하나, 경찰청장은 필요에 따라 1년의 범위 안에서 그 기간을 연장할 수 있다. 그러므로 최장 유효기간은 3년이다.

채/용/후/보/자/명/부(「경찰공무원법」 제12조)

① 경찰청장 또는 해양경찰청장(제7조제3항 및 제4항에 따라 임용권을 위임받은 자를 포함한다)은 신규채용시험에 합격한 사람(경찰대학을 졸업한 사람과 경찰간부후보생을 포함한다. 이하 이 조에서 같다)을 대통령령으로 정하는 바에 따라 성적 순위에 따라 채용후보자 명부에 등재(登載)하여야 한다.

② 경찰공무원의 신규채용은 제1항에 따른 채용후보자 명부의 등재순위에 따른다. 다만, 채용후보자가 경찰교육기관에서 신임교육을 받은 경우에는 그 교육성적 순위에 따른다.

③ 제1항에 따른 채용후보자 명부의 유효기간은 2년의 범위에서 대통령령으로 정한다. 다만, 경찰청장 또는 해양경찰청장은 필요에 따라 1년의 범위에서 그 기간을 연장할 수 있다.

④ 신규채용시험에 합격한 사람이 채용후보자 명부에 등재된 이후 그 유효기간 내에 「병역법」에 따른 병역 복무를 위하여 군에 입대한 경우(대학생 군사훈련 과정 이수자를 포함한다)의 의무복무 기간은 제3항에 따른 기간에 넣어 계산하지 아니한다.

⑤ 경찰청장 또는 해양경찰청장은 채용후보자 명부의 유효기간을 연장하기로 결정한 경우에는 그 사실을 공고하여야 한다.

⑥ 제1항에 따른 채용후보자 명부의 작성 및 운영에 필요한 사항은 대통령령으로 정한다.

⑦ 임용권자는 경찰공무원의 결원을 보충할 때 채용후보자 명부 또는 승진후보자 명부에 등재된 후보자 수가 결원 수보다 적고, 인사행정 운영상 특히 필요하다고 인정할 때에는 그 결원된 계급에 관하여 다른 임용권자가 작성한 자치경찰공무원의 신규임용후보자 명부 또는 승진후보자 명부를 해당 기관의 채용후보자 명부 또는 승진후보자 명부로 보아 해당 자치경찰공무원을 임용할 수 있다. 이 경우 임용권자는 그 자치경찰공무원의 임용권자와 협의하여야 한다.

09 ③

해설 ③ [X] 인사혁신처장은 급여의 청구를 받으면 급여의 요건을 확인한 후 급여를 결정하고 지급한다. 즉「공무원연금법」과는 달리 공무원연금공단에 위탁하는 절차는 없다.
① 「공무원연금법」제87조 제1항, 제2항
② 「공무원연금법」제88조 제1항

1) 「공무원연금법」제29조(급여사유의 확인 및 급여의 결정)
각종 급여는 그 급여를 받을 권리를 가진 사람의 신청에 따라 인사혁신처장의 결정으로 공무원연금공단이 지급한다(제1항).

2) 「공무원재해보상법」제9조(급여의 청구 및 결정)
① 제8조에 따른 급여를 받으려는 사람은 인사혁신처장에게 급여를 청구하여야 한다(제1항).
② 인사혁신처장은 제1항에 따른 급여의 청구를 받으면 급여의 요건을 확인한 후 급여를 결정하고 지급한다(제3항).

3) 「공무원재해보상법」제54조(시효)
이 법에 따른 급여를 받을 권리는 그 급여의 사유가 발생한 날부터 요양급여·재활급여·간병급여·부조급여는 3년간, 그 밖의 급여는 5년간 행사하지 아니하면 시효로 인하여 소멸한다(제1항).

10 ③

해설 ③ [X] 고지해야 한다(기속행위).
④ 「경찰공무원징계령」제13조 제3항

「경찰공무원 징계령 세부시행규칙」
1) 변호인 등의 선임(제11조)
① 징계등 심의 대상자는 변호사를 변호인으로 선임하여 징계등 사건에 대한 보충진술과 증거제출을 하게 할 수 있다. 다만, 징계위원회의 허가를 받은 경우에는 변호사가 아닌 사람을 특별변호인으로 선임할 수 있다.
② 제1항에 따라 징계등 심의 대상자의 변호인으로 선임된 사람은 그 위임장을 미리 징계위원회에 제출하여야 한다.

2) 징계등 심의 대상자의 진술거부권(제12조)
① 징계등 심의 대상자는 진술하지 아니하거나 개개의 질문에 대하여 진술을 거부할 수 있다.
② 징계위원회의 위원장은 징계등 심의 대상자에게 제1항과 같이 진술을 거부할 수 있음을 고지하여야 한다.

11 ④

해설 ④ 중앙인사관장기관의 장, 임용권자 또는 임용제청권자는 기관 내 성폭력 범죄 또는 성희롱 발생 사실의 신고를 받은 경우에는 지체 없이 사실 확인을 위한 조사를 하고 그에 따라 필요한 조치를 하여야 한다(제76조의2 제3항).

12 ④

해설 위 사례는 모두 올바른 내용이다. ㉣행정처분이 아니므로, 즉 처분성이 없으므로 행정쟁송의 대상이 되지 않는다.

1] 청주지법 2002. 3. 14. 선고, 2001구698, 판결 : 확정
1) 경찰공무원의 근무성적 평정점이 일정기준 이상이면 특별한 제한사유가 없는 한 근속승진임용을 하여야 하는지 여부(적극)
2) 처분 등의 효과가 기간의 경과, 처분 등의 집행, 그 밖의 사유로 인하여 소멸된 뒤에도 그 처분 등의 취소로 인하여 회복되는 법률상 이익이 있는 경우, 소의 이익 유무(적극)

3) 근무성적 평정점의 계산착오 또는 승진임용심사과정에서의 위법한 행위로 인하여 승진임용을 하지 아니한 처분에 대하여 지방경찰청장이 스스로 위법한 처분을 시정하거나 법원이 승진임용제외처분의 취소를 명한 경우, 경찰공무원임용령 제6조(임용일자 소급의 금지)의 규정에도 불구하고 소급임용이 가능한지 여부(적극)

4) 지방경찰청장의 소속 경찰공무원에 대한 승진임용이 재량행위에 해당된다 할지라도 재량권 행사가 잘못된 사실관계에 근거하여 행하여진 경우에는 그 재량권의 행사는 적절하게 행사된 것으로 볼 수 없어 위법함을 면할 수 없고, 경찰청장의 근속승진개선지침은 근속승진임용에 있어 근속승진대상자의 근무성적 평점을 중시함으로써 근무성적이 좋지 아니하면 근속승진임용이 되지 않을 수도 있다는 경각심을 일깨워 근무태도를 일신하는 데 그 취지가 있는 것이므로, 지방경찰청장으로서는 근무성적 평정점이 기준치 이하인 경찰공무원은 근속승진임용에서 제외시키는 한편, 근무성적 평정점이 일정기준 이상이면 특별한 제한사유가 없는 한 근속승진임용을 하여야 한다.

5) 처분 등의 효과가 기간의 경과, 처분 등의 집행, 그 밖의 사유로 인하여 소멸된 뒤에도 그 처분등의 취소로 인하여 회복되는 법률상 이익이 있는 경우에는 소의 이익이 있다.

6) 경찰공무원법임용령 제6조는 지방경찰청장이 적법한 승진심사를 거쳐 인사권을 행사하는 경우에 한하여 적용되고, 지방경찰청장이 스스로 위법한 처분을 시정하기 위한 경우이거나, 법원이 지방경찰청장의 승진심사 과정이 위법하다고 판단하여 그로 인하여 권리를 침해받은 사람의 권리를 구제하기 위하여 승진임용제외처분의 취소를 명한 경우에는 예외적으로 위 규정의 적용을 배제하고 해당 경찰공무원을 소급임용시키는 것이 가능하다고 해석함이 신의칙에 합당하다.

2] 대법원 1997. 11. 14. 선고, 97누7325, 판결

1) 경찰공무원시험승진후보자명부에 등재된 자가 승진임용되기 전에 감봉 이상의 징계처분을 받은 경우, 임용권자가 당해인을 시험승진후보자명부에서 삭제한 행위가 행정처분이 되는지 여부(소극)

2) 공무원인 피징계자에게 징계사유가 있어 징계처분을 하는 경우 어떠한 처분을 할 것인가 하는 것은 징계권자의 재량에 맡겨진 것이고, 다만 징계권자가 재량권의 행사로서 한 징계처분이 사회통념상 현저하게 타당성을 잃어 징계권자에 맡겨진 재량권을 남용한 것이라고 인정되는 경우에 한하여 위법한 것이다.

3) 경찰공무원이 혈중알콜농도 0.27%의 주취상태에서 승용차를 운전하다가 승용차 2대를 들이받고 그 차에 타고 있던 사람 4명에게 상해를 입히는 사고를 내어 벌금 3,000,000원의 약식명령을 받은 비위사실에 대하여, 그 비위의 내용과 성질 및 징계처분의 목적, 경찰공무원이 주장하는 여러 정상들을 종합하여 보면, 당해 경찰공무원에 대한 정직 2월의 징계처분은 적정하고 그것이 재량권의 범위를 일탈하거나 남용한 것이라고 볼 수 없다고 한 사례.

4) 구 경찰공무원법(1996. 8. 8. 법률 제5153호로 개정되기 전의 것) 제11조 제2항, 제13조 제1항, 제2항, 경찰공무원승진임용규정 제36조 제1항, 제2항에 의하면, 경정 이하 계급에의 승진에 있어서는 승진심사와 함께 승진시험을 병행할 수 있고, 승진시험에 합격한 자는 시험승진후보자명부에 등재하여 그 등재순위에 따라 승진하도록 되어 있으며, 같은 규정 제36조 제3항에 의하면 시험승진후보자명부에 등재된 자가 승진임용되기 전에 감봉 이상의 징계처분을 받은 경우에는 임용권자 또는 임용제청권자가 위 징계처분을 받은 자를 시험승진후보자명부에서 삭제하도록 되어 있는바, 이처럼 시험승진후보자명부에 등재되어 있던 자가 그 명부에서 삭제됨으로써 승진임용의 대상에서 제외되었다 하더라도, 그와 같은 시험승진후보자명부에서의 삭제행위는 결국 그 명부에 등재된 자에 대한 승진 여부를 결정하기 위한 행정청 내부의 준비과정에 불과하고, 그 자체가 어떠한 권리나 의무를 설정하거나 법률상 이익에 직접적인 변동을 초래하는 별도의 행정처분이 된다고 할 수 없다.

3] 대구지법 2019. 1. 9. 선고, 2018구합23352, 판결 : 확정

1) 순경으로 임용되어 시보임용기간 중에 있는 경찰공무원 甲이 거짓으로 초과근무 지문등록을 하고 음주운전을 하여 교통사고를 발생케 하였다는 이유로 지방경찰청장이 甲에게 정직 3개월의 징계처분을 한 데 이어 정규임용심사위원회의 의결에 따라 직권면직처분을 한 사안에서, 위 정직처분과 직권면직처분이 사회통념상 현저하게 타당성을 잃어 재량권의 한계를 넘거나 남용이 있는 때에 해당한다고 볼 수 없다고 한 사례

2) 순경으로 임용되어 시보임용기간 중에 있는 경찰공무원 甲이 거짓으로 초과근무 지문등록을 하고 음주운전을

하여 교통사고를 발생케 하였다는 이유로 지방경찰청장이 甲에게 정직 3개월의 징계처분을 한 데 이어 정규임용심사위원회의 의결에 따라 직권면직처분을 한 사안이다.

　甲이 거짓으로 초과근무 지문등록을 한 행위는 국민 전체의 봉사자인 경찰공무원으로서의 성실한 복무자세라고 볼 수 없는 점, 甲의 음주운전 교통사고는 음주운전 등 교통범죄를 예방·단속·수사하여야 할 경찰공무원 직무의 특성상 고도의 준법성과 도덕성이 요구되는데도 음주운전을 감행하여 물적 피해를 수반한 교통사고를 일으킨 데다가 주취의 정도도 운전면허 취소기준보다 훨씬 높아서 사회적 비난 가능성이 매우 큰 점 등을 종합하면, 정직처분이 사회통념상 현저하게 타당성을 잃어 재량권의 한계를 넘거나 남용이 있는 때에 해당한다고 보기 어렵고, 경찰관으로서의 자질이나 직무수행능력 등을 관찰한 후 정규 경찰공무원 임용에 대한 적격성을 심사함으로써 정규 임용되는 경찰공무원에 대한 국민의 신뢰를 확보하기 위한 시보임용경찰공무원 제도 및 시보임용경찰공무원을 정규 경찰공무원으로 임용할 때 부적합한 자를 조기에 배제할 수 있도록 하여 청렴하고 유능한 경찰공무원을 채용하려는 경찰공무원 임용령 제20조 제2항의 입법 취지를 고려하면 직권면직처분이 현저히 부당하다고 보이지 않는 점, 직권면직처분으로 더 이상 경찰공무원으로 재직할 수 없다는 甲의 불이익과 청렴하고 유능한 경찰공무원을 채용하기 위한 공익을 비교할 때 두 법익 사이에 현저한 불균형이 있다고 보기 어려운 점 등을 종합하면, 지방경찰청장이 甲에게 정규 경찰공무원으로 임용하는 것이 부적당하다고 인정하여 직권면직을 한 것이 재량권의 한계를 넘거나 남용이 있는 때에 해당하지 않는다고 한 사례이다.

4] 대법원 2015. 11. 12. 선고, 2014두35638, 판결
1) 경찰공무원에게 인정된 징계사유가 상훈감경 제외사유에 해당하지 아니함에도 징계위원회 심의과정에서 비위행위가 상훈감경 제외사유에 해당한다는 이유로 공적 사항을 징계양정에 전혀 고려하지 아니한 경우, 징계처분이 위법한지 여부(적극)
2) (가) 경찰공무원법 제26조, 제27조에 근거하여 마련된 대통령령인 경찰공무원 징계령 제16조는 징계위원회는 징계등 사건을 의결할 때에는 징계등 심의 대상자의 평소 행실, 근무 성적, 공적, 뉘우치는 정도와 징계등 의결을 요구한 자의 의견을 고려하여야 한다고 규정하고 있다. 경찰청장이 경찰공무원에 대한 징계양정의 기준과 가중·감경 사유를 정한 경찰공무원 징계양정 등에 관한 규칙은 징계위원회는 징계의결이 요구된 자가 정부표창 규정에 따라 국무총리 이상의 표창을 받은 공적, 다만 경감 이하의 경찰공무원은 경찰청장 또는 중앙행정기관 차관급 이상의 표창을 받은 공적이 있는 경우와 모범공무원규정에 따라 모범공무원으로 선발된 공적이 있는 경우에는 [별표 10] 징계양정 감경기준에 따라 징계를 감경할 수 있는 상훈감경 규정을 두고 있으면서도(제9조 제1항 제2호), 그 제외사유로 징계의결이 요구된 자의 의무위반행위가 '직무와 관련하여 금품 및 향응 수수, 공금횡령·유용인 경우'를 규정하고 있다(제9조 제3항 제1호). 따라서 경찰공무원에게 인정된 징계사유가 상훈감경 제외사유에 해당하지 아니함에도, 경찰공무원에 대한 징계위원회의 심의과정에서 징계의결이 요구된 비위행위가 상훈감경 제외사유에 해당한다는 이유로 그 공적 사항을 징계양정에 전혀 고려하지 아니한 때에는 그 징계양정이 결과적으로 적정한지와 상관없이 이는 관계 법령이 정한 징계절차를 지키지 아니한 것으로서 위법하다.
(나) 기록에 의하면, 부산동래경찰서장이 작성한 징계의결 등 요구서에 원고가 국무총리로부터 모범공무원규정에 따라 모범공무원으로 선발되었고, 경사로서 4회 경찰청장 표창을, 1회 행정자치부장관 표창을 받은 사실이 기재되어 있는 사실. 그런데 징계위원회는 이 사건 비위행위가 공금횡령에 해당하여 상훈감경 제외사유에 해당한다는 이유로 위 공적 사항들을 징계양정에 고려하지 아니하고 원고에게 이 사건 정직처분을 한 사실을 알 수 있다.
(다) 이러한 사실관계를 위 법리에 비추어 살펴보면, 원심이 이 사건 비위행위를 '공금 횡령'이 아닌 '지연처리·보고로 인한 직무유기 또는 직무태만'에 해당하는 것으로 판단한 이상, 징계위원회의 심의과정에서 공적 사항을 고려하지 않고 결정된 이 사건 정직처분은 그 징계양정이 결과적으로 적정한지와 상관없이 법령이 정한 징계절차를 지키지 아니한 것으로서 위법하다고 보아야 함에도, 이와 달리 판단한 원심판결에는 징계재량권의 범위에 관한 법리를 오해하여 판결에 영향을 미친 잘못이 있다. 이 점을 지적한 상고이유 주장은 이유 있다.

5] 대법원 1996. 7. 30. 선고, 95도2408, 판결
1) 경찰공무원법의 규정 취지는 경찰공무원이 직무수행을 위하여 필요하다고 인정되는 경우에 한하여 무기를 휴대할 수 있다는 것뿐이지, 경찰관이라 하여 허가 없이 개인적으로 총포 등을 구입하여 소지하는 것을 허용하는 것은 아니다.
2) 총포·도검·화약류등단속법(1995. 12. 6. 법률 제4989호로 개정되기 전의 것. 이하 총포등단속법이라 한다) 제10조는 "누구든지 다음 각호의 1에 해당하는 경우를 제외하고는 허가 없이 총포·도검·화약류·분사기·전자충격기를 소지하여서는 아니된다"고 규정하면서, 그 제1호에서 제외 사유의 하나로 "법령에 의하여 직무상 총포·도검·화약류·분사기·전자충격기를 소지하는 경우"를 들고 있고, 한편 경찰공무원법 제20조 제2항은 "경찰공무원은 직무수행을 위하여 필요한 때에는 무기를 휴대할 수 있다"고 규정하고 있다. 그런데, 위 경찰공무원법의 규정 취지는 경찰공무원이 직무수행을 위하여 필요하다고 인정되는 경우에 한하여 무기를 휴대할 수 있다는 것뿐이지, 경찰관이라 하여 허가 없이 개인적으로 총포 등을 구입하여 소지하는 것을 허용하는 것은 아니라 할 것이다. 그러므로, 원심이 피고인의 이 사건 분사기 소지는 개인적으로('개인적으로'라는 말이 무엇을 의미하는지는 분명하지 아니하다) 이루어진 것이라고 보고 경찰공무원법 등에 의하여 허가 없이 소지할 수 있는 경우에 해당되지 아니한다고 판단한 것은 정당하다.

13 ②

해설 ② "제재처분"이란 법령등에 따른 의무를 위반하거나 이행하지 아니하였음을 이유로 당사자에게 의무를 부과하거나 권익을 제한하는 처분을 말한다. 다만, 제30조제1항 각 호에 따른 행정상 강제는 제외한다.

법 제2조(정의) 이 법에서 사용하는 용어의 뜻은 다음과 같다.
1. "법령등"이란 다음 각 목의 것을 말한다.
   가. 법령: 다음의 어느 하나에 해당하는 것
      1) 법률 및 대통령령·총리령·부령
      2) 국회규칙·대법원규칙·헌법재판소규칙·중앙선거관리위원회규칙 및 감사원규칙
      3) 1) 또는 2)의 위임을 받아 중앙행정기관(「정부조직법」 및 그 밖의 법률에 따라 설치된 중앙행정기관을 말한다)의 장이 정한 훈령·예규 및 고시 등 행정규칙
   나. 자치법규: 지방자치단체의 조례 및 규칙
2. "행정청"이란 다음 각 목의 자를 말한다.
   가. 행정에 관한 의사를 결정하여 표시하는 국가 또는 지방자치단체의 기관
   나. 그 밖에 법령등에 따라 행정에 관한 의사를 결정하여 표시하는 권한을 가지고 있거나 그 권한을 위임 또는 위탁받은 공공단체 또는 그 기관이나 사인(私人)
3. "당사자"란 처분의 상대방을 말한다.
4. "처분"이란 행정청이 구체적 사실에 관하여 행하는 법 집행으로서 공권력의 행사 또는 그 거부와 그 밖에 이에 준하는 행정작용을 말한다.
5. "제재처분"이란 법령등에 따른 의무를 위반하거나 이행하지 아니하였음을 이유로 당사자에게 의무를 부과하거나 권익을 제한하는 처분을 말한다. 다만, 제30조제1항 각 호에 따른 행정상 강제는 제외한다.

14 ①

해설 위 예시는 모두 경찰하명의 성질을 갖는다. 경찰하명은 경찰목적을 위하여 국가의 일반통치권에 의거하여 개인에게 특정한 작위, 부작위, 수인 또는 급부의무를 명함으로써 개인의 자연적 자유를 제한하는 경찰처분이다. 그 종류는 내용면에서 보면, 작위/부작위/수인/급부하명으로 구분하지만 경찰목적은 주로 사회적 장해를 제거하는데 목적이 있는 만큼 부작위 하명, 즉 경찰금지가 가장 중요한 의미를 갖는다.

15 ②

해설 1) 사용기록의 보관(제11조)
제10조제2항에 따른 살수차, 제10조의3에 따른 분사기, 최루탄 또는 제10조의4에 따른 무기를 사용하는 경우 그 책임자는 사용 일시·장소·대상, 현장책임자, 종류, 수량 등을 기록하여 보관하여야 한다.

2) 소송지원(제11조의4)
경찰청장과 해양경찰청장은 경찰관이 제2조 각호에 따른 직무의 수행으로 인하여 민·형사상 책임과 관련된 소송을 수행할 경우 변호인선임 등 소송 수행에 필요한 지원을 할 수 있다.

3) 벌칙(제12조)
이 법에 규정된 경찰관의 의무를 위반하거나 직권을 남용하여 다른 사람에게 해를 끼친 사람은 <u>1년 이하의 징역이나 금고</u>에 처한다.

16 ③

해설 다음 각호의 범죄가 행하여지려고 하거나 행하여지고 있어 <u>타인의 생명·신체에 대한 위해</u> 발생의 우려가 명백하고 긴급한 상황에서, 경찰관이 그 위해를 예방하거나 진압하기 위한 행위 또는 범인의 검거 과정에서 경찰관을 향한 <u>직접적인 유형력 행사에 대응하는 행위</u>를 하여 그로 인하여 타인에게 피해가 발생한 경우, 그 경찰관의 직무수행이 불가피한 것이고 필요한 최소한의 범위에서 이루어졌으며 해당 경찰관에게 고의 또는 중대한 과실이 없는 때에는 그 정상을 참작하여 형을 감경하거나 면제할 수 있다(제11조의5).

1. 「형법」 제2편제24장 살인의 죄, 제25장 상해와 폭행의 죄, 제32장 강간과 추행의 죄 중 강간에 관한 범죄, 제38장 절도와 강도의 죄 중 강도에 관한 범죄 및 이에 대하여 다른 법률에 따라 가중처벌하는 범죄
2. 「가정폭력범죄의 처벌 등에 관한 특례법」에 따른 가정폭력범죄, 「아동학대범죄의 처벌 등에 관한 특례법」에 따른 아동학대범죄 (2022년 2월 3일 시행)

17 ④

해설 "구조대상 범죄피해"란 대한민국의 영역 안에서 또는 대한민국의 영역 밖에 있는 대한민국의 선박이나 항공기 안에서 행하여진 사람의 생명 또는 신체를 해치는 죄에 해당하는 행위(「형법」 제9조, 제10조제1항, 제12조, 제22조제1항에 따라 처벌되지 아니하는 행위를 포함하며, <u>같은 법 제20조 또는 제21조제1항에 따라 처벌되지 아니하는 행위 및 과실에 의한 행위는 제외한다</u>)로 인하여 사망하거나 장해 또는 중상해를 입은 것을 말한다(제3조 제4호).

1] 원인에 포함되는 행위
   1. 형사미성년자(제9조) 14세되지 아니한 자의 행위는 벌하지 아니한다.
   2. 심신장애인(제10조)
      심신장애로 인하여 사물을 변별할 능력이 없거나 의사를 결정할 능력이 없는 자의 행위는 벌하지 아니한다(제1항).
   3. 강요된 행위(제12조)
      저항할 수 없는 폭력이나 자기 또는 친족의 생명, 신체에 대한 위해를 방어할 방법이 없는 협박에 의하여 강요된 행위는 벌하지 아니한다.
   4. 긴급피난(제22조)
      자기 또는 타인의 법익에 대한 현재의 위난을 피하기 위한 행위는 상당한 이유가 있는 때에는 벌하지 아니한다(제1항).

2] 원인에 포함되지 않는 행위
   1. 정당행위(제20조)
      법령에 의한 행위 또는 업무로 인한 행위 기타 사회상규에 위배되지 아니하는 행위는 벌하지 아니한다.

2. 정당방위(제21조)
   현재의 부당한 침해로부터 자기 또는 타인의 법익(法益)을 방위하기 위하여 한 행위는 상당한 이유가 있는 경우에는 벌하지 아니한다(제1항).

18 ③

해설 1) 근무성적 평정 등의 시기(시행규칙 제4조)
① 영 제7조에 따른 근무성적 평정, 영 제9조에 따른 경력 평정은 연 1회 실시한다.
② 근무성적 평정은 10월 31일을 기준으로 하고, 경력 평정은 12월 31일을 기준으로 한다. 다만, 총경과 경정의 경력 평정은 10월 31일을 기준으로 한다.

2) 근무성적 평정자(시행규칙 제6조)
① 근무성적 평정자는 3명으로 하되, 제1차평정자는 평정대상자의 바로 위 감독자가 되고, 제2차평정자는 제1차평정자의 바로 위 감독자가 되며, 제3차평정자는 제2차평정자의 바로 위 감독자가 된다.
② 제1항에도 불구하고 경찰청장은 평정자를 특정하기가 곤란하다고 인정하는 경우에는 따로 평정자를 지정할 수 있다.

3) 근무성적 평정 결과의 통보 및 이의신청(시행규칙 제9조의2)
① 경찰청장은 다음 각 호의 근무성적 평정 결과를 평정 대상 경찰공무원에게 통보할 수 있다.
  1. 제1평정요소에 대한 평정점(경정 이하 경찰공무원에 한한다)
  2. 제2평정요소에 대한 평정점의 분포비율에 따른 등급
  3. 그 밖에 경찰청장이 통보가 필요하다고 인정하는 사항
② 평정 대상 경찰공무원은 제1항제1호의 근무성적 평정 결과에 이의가 있는 경우에는 제2차평정자에게 이의를 신청할 수 있다.
③ 제2항에 따라 이의신청을 받은 제2차평정자는 이의신청의 내용이 타당하다고 판단하는 경우에는 해당 경찰공무원에 대한 제1항제1호의 근무성적 평정 결과를 조정할 수 있으며, 이의신청을 받아들이지 않는 경우에는 그 사유를 해당 경찰공무원에게 설명하여야 한다.

19 ②

해설 ② 차량 사용기간을 최우선적으로 고려하여 선정하고, 사용기간이 동일한 경우에는 주행거리와 차량의 노후 상태, 사용부서 등을 종합적으로 검토 예산낭비 요인이 없도록 신중하게 선정한다(제94조 제2항). 그리고 각 경찰기관의 업무용차량은 운전요원의 부족 등 불가피한 사유가 없는 한 집중관리를 원칙으로 한다. 다만, 지휘용 차량은 업무의 특성을 고려하여 지정 활용할 수 있다(제95조).

20 ③

해설 ③ 위의 경우는 「국가배상법」 제5조상의 영조물의 설치 또는 관리상의 하자로 인한 손해배상책임에 해당한다. 여기서 배상책임의 성질은 무과실책임(결과책임)이므로 설치/관리에 고의 또는 과실이 없더라도 하자(위법)가 있고, 그로 인해 손해가 발생하면 배상해야 한다. 한편, 「국가배상법」 제2조에 의해 공무원의 고의 또는 과실로 인한 위법행위로 인하여 타인에게 손해를 가하였을 경우에는 국가 또는 지방자치단체가 배상책임을 진다. 또한, 공무원이 고의 또는 중대한 과실이 있는 때에는 국가 또는 지방자치단체는 그 공무원에게 구상을 할 수 있다.

21 ①

해설 [O] ㉠

[X] ⓒⓒⓔⓜ
ⓒ 정보공개를 청구한 날부터 20일이 경과하여도 공공기관이 공개여부를 결정하지 아니한 때에는 이의신청이나 행정심판 또는 행정소송을 제기할 수 있다(제18조, 제19조, 제20조).
ⓒ 정보의 공개 및 우송 등에 소요되는 비용은 실비의 범위 안에서 청구인의 부담으로 한다. (제17조 제1항).
ⓔ 위원회는 성별을 고려하여 위원장과 부위원장 각 1명을 포함한 11명의 위원으로 구성한다(제23조 제1항).
ⓜ 위원장·부위원장 및 위원의 임기는 2년(공무원 위원 제외)으로 하되, 연임할 수 있다(제23조 제3항).

1] 정보공개위원회의 설치(제22조)
다음 각호의 사항을 심의·조정하기 위하여 <u>행정안전부장관 소속으로</u> 정보공개위원회를 둔다.
  1. 정보공개에 관한 정책 수립 및 제도 개선에 관한 사항
  2. 정보공개에 관한 기준 수립에 관한 사항
  3. 제12조에 따른 심의회 심의결과의 조사·분석 및 심의기준 개선 관련 의견제시에 관한 사항
  4. 제24조제2항 및 제3항에 따른 공공기관의 정보공개 운영실태 평가 및 그 결과 처리에 관한 사항
  5. 정보공개와 관련된 불합리한 제도·법령 및 그 운영에 대한 조사 및 개선권고에 관한 사항
  6. 그 밖에 정보공개에 관하여 대통령령으로 정하는 사항

2] 위원회의 구성(제23조)
① <u>위원회는 성별을 고려하여 위원장과 부위원장 각 1명을 포함한 11명의 위원으로 구성한다.</u>
② 위원회의 위원은 다음 각호의 사람이 된다. 이 경우 위원장을 포함한 7명은 공무원이 아닌 사람으로 위촉하여야 한다.
  1. 대통령령으로 정하는 관계 중앙행정기관의 차관급 공무원이나 고위공무원단에 속하는 일반직공무원
  2. 정보공개에 관하여 학식과 경험이 풍부한 사람으로서 행정안전부장관이 위촉하는 사람
  3. 시민단체(「비영리민간단체 지원법」 제2조에 따른 비영리민간단체를 말한다)에서 추천한 사람으로서 행정안전부장관이 위촉하는 사람
③ <u>위원장·부위원장 및 위원(제2항제1호의 위원은 제외한다)의 임기는 2년으로 하며, 연임할 수 있다.</u>
④ 위원장·부위원장 및 위원은 정보공개 업무와 관련하여 알게 된 정보를 누설하거나 그 정보를 이용하여 본인 또는 타인에게 이익 또는 불이익을 주는 행위를 하여서는 아니 된다.

22 ④

[해설] ④ 언론보도의 진실성의 의미와 인정 기준 및 정정보도를 청구하는 경우, 언론보도 등이 진실하지 아니하다는 점에 대한 증명책임의 소재는 청구자인 피해자가 부담한다.

[관련판례]
1) 언론중재 및 피해구제 등에 관한 법률(언론중재법) 제14조 제1항은 '사실적 주장에 관한 언론보도 등이 진실하지 아니함으로 인하여 피해를 입은 자는 해당 언론보도 등이 있음을 안 날부터 3개월 이내에 언론사 등에게 그 언론보도 등의 내용에 관한 정정보도를 청구할 수 있다'라고 규정하고 있으므로, 언론중재법에 의한 정정보도를 청구하기 위해서는 그 언론보도가 사실적 주장에 관한 것으로서 진실하지 아니하여야 한다. 여기에서 사실적 주장이란 가치판단이나 평가를 내용으로 하는 의견표명에 대치되는 개념으로서 증거에 의하여 그 존재 여부를 판단할 수 있는 사실관계에 관한 주장을 말하고, <u>사실적 주장과 의견을 구별할 때에는 해당 언론보도의 객관적인 내용과 아울러 일반 독자가 보통의 주의로 언론보도를 접하는 방법을 전제로, 사용된 어휘의 통상적인 의미, 전체적인 흐름, 문구의 연결 방법뿐만 아니라 해당 언론보도가 게재한 문맥의 보다 넓은 의미나 배경이 되는 사회적 흐름 및 일반 독자에게 주는 전체적인 인상도 함께 고려하여야 한다</u>(대법원 2002. 12. 24. 선고 2000다14613 판결, 대법원 2011. 9. 2. 선고 2009다52649 전원합의체 판결 등 참조).
2) 그리고 언론보도의 진실성이란 그 내용 전체의 취지를 살펴볼 때에 중요한 부분이 객관적 사실과 합치되는 사실

이라는 의미로서, 세부에서 진실과 약간 차이가 나거나 다소 과장된 표현이 있더라도 무방하고, 또한 복잡한 사실관계를 알기 쉽게 단순하게 만드는 과정에서 일부 특정한 사실관계를 압축, 강조하거나 대중의 흥미를 끌기 위하여 실제 사실관계에 장식을 가하는 과정에서 다소의 수사적 과장이 있더라도 전체적인 맥락에서 보아 보도 내용의 중요부분이 진실에 합치한다면 그 보도의 진실성은 인정된다고 보아야 한다(대법원 2007. 9. 6. 선고 2007다2275 판결 등 참조). 이러한 정정보도를 청구하는 경우에 그 언론보도 등이 진실하지 아니하다는 것에 대한 증명책임은 그 청구자인 피해자가 부담한다(대법원 2011. 9. 2. 선고 2009다52649 전원합의체 판결 등 참조).

23 ④

해설 ④ 인권보호담당관은 반기 1회 이상 인권영향평가의 이행 여부를 점검하고, 이를 경찰청 인권위원회에 제출하여야 한다(제24조).
① 규칙 제18조의2 제1항
② 규칙 제18조의2 제2항
③ 규칙 제23조 제1항 제1호

1] 인권영향평가의 실시(제21조)
① 경찰청장은 인권침해를 예방하고, 인권친화적인 치안 행정이 구현되도록 다음 각호의 사항에 대하여 인권영향평가를 실시하여야 한다.
   1. 제·개정하려는 법령 및 행정규칙
   2. 국민의 인권에 영향을 미치는 정책 및 계획
   3. 참가인원, 내용, 동원 경력의 규모, 배치 장비 등을 고려하여 인권침해 가능성이 높다고 판단되는 집회 및 시위
② 제1항에도 불구하고 다음 각호의 어느 하나에 해당하는 경우 평가 대상에서 제외한다.
   1. 제·개정하려는 법령 및 행정규칙의 내용이 경미한 경우
   2. 사전에 청문, 공청회 등 의견 청취 절차를 거친 정책 및 계획

2] 평가의 기준(제22조) 경찰청장은 다음 각호의 기준에 따라 인권영향평가를 실시한다.
   1. 법률유보의 원칙
   2. 비례의 원칙, 평등의 원칙 등 불문법원칙
   3. 적법절차의 원칙
   4. 그 밖에 인권침해를 유발할 수 있는 재량권의 존재 여부 및 이를 통제할 수 있는 장치의 존재 여부

3] 평가절차(제23조)
① 경찰청장은 다음 각호의 구분에 따른 기한 내에 인권영향평가를 실시하여야 한다.
   1. 제21조제1항제1호: 해당 안건을 경찰위원회에 상정하기 60일 이전
   2. 제21조제1항제2호: 해당 사안이 확정되기 이전
   3. 제21조제1항제3호: 집회 및 시위 종료일로부터 30일 이전
② 제1호에도 불구하고 제1항 각호의 기한에 평가를 실시할 수 없는 부득이한 사유가 발생한 경우에는 기한에 관계없이 평가를 실시할 수 있다.
③ 경찰청장은 인권영향평가를 실시하는 경우에 경찰청 인권위원회에 자문할 수 있다.
④ 경찰청장은 제3항에 따라 경찰청 인권위원회가 제시한 의견을 존중하여야 한다.

24 ③

해설 「공직자의 이해충돌방지법」상 신고 기간은 모두 14일로 획일화하고 있다.

1) 사적이해관계자의 신고 및 회피·기피신청(제5조)
① 다음 각호의 어느 하나에 해당하는 직무를 수행하는 공직자는 직무관련자(직무관련자의 대리인을 포함)가 사적이해관계자임을 안 경우 안 날부터 14일 이내에 소속기관장에게 그 사실을 서면(전자문서를 포함)으로 신고하고 회피를 신청하여야 한다.
  1. 인가·허가·면허·특허·승인·검사·검정·시험·인증·확인, 지정·등록, 등재·인정·증명, 신고·심사, 보호·감호, 보상 또는 이에 준하는 직무
  2. 행정지도·단속·감사·조사·감독에 관계되는 직무
  3. 병역판정검사, 징집·소집·동원에 관계되는 직무
  4. 개인·법인·단체의 영업 등에 관한 작위 또는 부작위의 의무부과 처분에 관계되는 직무
  5. 조세·부담금·과태료·과징금·이행강제금 등의 조사·부과·징수 또는 취소·철회·시정명령 등 제재적 처분에 관계되는 직무
  6. 보조금·장려금·출연금·출자금·교부금·기금의 배정·지급·처분·관리에 관계되는 직무
  7. 공사·용역 또는 물품 등의 조달·구매의 계약·검사·검수에 관계되는 직무
  8. 사건의 수사·재판·심판·결정·조정·중재·화해 또는 이에 준하는 직무
  9. 공공기관의 재화 또는 용역의 매각·교환·사용·수익·점유에 관계되는 직무
  10. 공직자의 채용·승진·전보·상벌·평가에 관계되는 직무
  11. 공공기관이 실시하는 행정감사에 관계되는 직무
  12. 각급 국립·공립 학교의 입학·성적·수행평가에 관계되는 직무
  13. 공공기관이 주관하는 각종 수상, 포상, 우수기관 선정, 우수자 선발에 관계되는 직무
  14. 공공기관이 실시하는 각종 평가·판정에 관계되는 직무
  15. 국회의원 또는 지방의회의원의 소관 위원회 활동과 관련된 청문, 의안·청원 심사, 국정감사, 지방자치단체의 행정사무감사, 국정조사, 지방자치단체의 행정사무조사와 관계되는 직무
  16. 그 밖에 국회규칙, 대법원규칙, 헌법재판소규칙, 중앙선거관리위원회규칙 또는 대통령령으로 정하는 직무
② 직무관련자 또는 공직자의 직무수행과 관련하여 직접적인 이해관계가 있는 자는 해당 공직자에게 제1항에 따른 신고 및 회피 의무가 있거나 그 밖에 공정한 직무수행을 저해할 우려가 있는 사적 이해관계가 있다고 판단하는 경우에는 그 공직자의 소속기관장에게 기피를 신청할 수 있다.

2) 공공기관 직무 관련 부동산 보유·매수 신고(제6조)
① 부동산을 직접적으로 취급하는 대통령령으로 정하는 공공기관의 공직자는 다음 각호의 어느 하나에 해당하는 사람이 소속 공공기관의 업무와 관련된 부동산을 보유하고 있거나 매수하는 경우 소속기관장에게 그 사실을 서면으로 신고하여야 한다.
  1. 공직자 자신, 배우자
  2. 공직자와 생계를 같이하는 직계존속·비속(배우자의 직계존속·비속으로 생계를 같이하는 경우를 포함)
② 제1항에 따른 공공기관 외의 공공기관의 공직자는 소속 공공기관이 택지개발, 지구 지정 등 대통령령으로 정하는 부동산 개발 업무를 하는 경우 제1항 각호의 어느 하나에 해당하는 사람이 그 부동산을 보유하고 있거나 매수하는 경우 소속기관장에게 그 사실을 서면으로 신고하여야 한다.
③ 제1항 및 제2항에 따른 신고는 부동산을 보유한 사실을 알게 된 날부터 14일 이내, 매수 후 등기를 완료한 날부터 14일 이내에 하여야 한다.
④ 제1항 및 제2항에 따른 신고 내용·절차 및 방법 등에 필요한 사항은 대통령령으로 정한다.

3) 직무관련자와의 거래 신고(제9조)
① 공직자는 자신, 배우자 또는 직계존속·비속(배우자의 직계존속·비속으로 생계를 같이하는 경우를 포함) 또는 특수관계사업자(자신, 배우자 또는 직계존속·비속이 대통령령으로 정하는 일정 비율 이상의 주식·지분 등을

소유하고 있는 법인 또는 단체)가 공직자 자신의 직무관련자(「민법」 제777조에 따른 친족인 경우는 제외한다)와 다음 각호의 어느 하나에 해당하는 행위를 한다는 것을 사전에 안 경우에는 안 날부터 14일 이내에 소속기관장에게 그 사실을 서면으로 신고하여야 한다.

1. 금전을 빌리거나 빌려주는 행위 및 유가증권을 거래하는 행위. 다만, 「금융실명거래 및 비밀보장에 관한 법률」에 따른 금융회사등, 「대부업 등의 등록 및 금융이용자 보호에 관한 법률」에 따른 대부업자등이나 그 밖의 금융회사로부터 통상적인 조건으로 금전을 빌리는 행위 및 유가증권을 거래하는 행위는 제외한다.
2. 토지 또는 건축물 등 부동산을 거래하는 행위. 다만, 공개모집에 의하여 이루어지는 분양이나 공매·경매·입찰을 통한 재산상 거래 행위는 제외한다.
3. 제1호 및 제2호의 거래 행위 외의 물품·용역·공사 등의 계약을 체결하는 행위. 다만, 공매·경매·입찰을 통한 계약 체결 행위 또는 거래관행상 불특정다수를 대상으로 반복적으로 행하여지는 계약 체결 행위는 제외한다.

② 공직자는 제1항 각호에 따른 행위가 있었음을 사후에 알게 된 경우에도 안 날부터 14일 이내에 소속기관장에게 그 사실을 서면으로 신고하여야 한다.
③ 소속기관장은 제1항 또는 제2항에 따라 공직자가 신고한 행위가 직무의 공정한 수행을 저해할 수 있다고 판단되는 경우에는 해당 공직자에게 제7조제1항 각호 또는 같은 조 제2항의 조치를 할 수 있다.
④ 제1항부터 제3항까지에서 규정한 사항 외에 거래 신고의 기록·관리 등에 필요한 사항은 대통령령으로 정한다.

25 ②

[해설] ② 이 이론에서는 지역구성원들의 상호신뢰와 연대의식에 바탕을 둔 적극적 개입의지를 강조하여 「집합효율성」을 정의하고 있다. 즉, 아무리 생활수준이 낮고 유해환경에 많이 노출된 지역이더라도 구성원들 사이의 합의와 의지, 공동의 노력만 있으면 얼마든지 범죄문제에 효과적으로 대응할 수 있다는 것이다. 한편, 일상활동이론에서 범죄는 잠재적 범죄자가 힘있는 보호자에 의해 감시되고 있지 않은 적절한 피해자나 물건을 발견하였을 때 일어난다는 것이다. 그리고 이처럼 잠재적 범죄자, 힘있는 보호자의 부재, 적절한 피해대상 등 3가지 요소가 시공간적으로 동시에 일어날 수 있는 확률은 직장, 학교, 여가활동, 소비활동 등을 포함하는 우리의 일상활동에 큰 영향을 받는다는 것이다.

26 ②

[해설] ②는 환경설계를 통한 범죄예방(CPTED)의 기본원리 중 영역성의 강화에 대한 설명이다. 자연적 접근통제는 차단기, 방범창, 잠금장치, 통행로의 설계, 출입구의 최소화 등의 방법으로 일정한 지역에 접근하는 사람들을 정해진 공간으로 유도하거나 외부인의 출입을 통제하도록 설계함으로써 접근에 대한 심리적 부담을 증대시켜 범죄를 예방하고자 하는 환경설계이다.

환경설계를 통한 범죄예방기법의 기본원리

자연적 감시	건축물이나 시설물의 설계시 가시권을 최대확보, 외부침입에 대한 감시기능을 확대함으로써 범죄행위의 발견가능성을 증가시키고, 범죄기회를 감소시킬 수 있다는 원리
자연적 접근통제	일정한 지역에 접근하는 사람들을 정해진 공간으로 유도하거나 외부인의 출입을 통제하도록 설계함으로써 접근에 대한 심리적 부담을 증대시켜 범죄를 예방
영역성의 강화	사적 공간에 대한 경계를 표시함으로써 주민들의 책임의식과 소유의식을 증대함으로써 사적 공간에 대한 관리권과 권리를 강화시키고, 외부인들에게는 침입에 대한 불법사실을 인식시켜 범죄기회를 차단하는 원리
활동의 활성화	지역사회의 설계시 주민들이 모여서 상호의견을 교환하고 유대감을 증대할 수 있는 공공장소(공원, 체육시설 등)를 설치하고 이용하도록 함으로써 '거리의 눈'을 활용한 자연적 감시와 접근통제의 기능을 확대하는 원리
유지관리	처음 설계된 대로 혹은 개선한 의도대로 기능을 지속적으로 유지하도록 관리함으로써 범죄예방을 위한 환경설계의 장기적이고 지속적 효과를 유지하는 원리

27 ①

[해설] ① 전략지향적 경찰활동은 전통적 경찰활동 및 절차들을 이용하여 범죄요소나 무질서의 원인을 제거하고 효과적으로 범죄를 진압·통제하려는 경찰활동을 말하며, 지역사회 참여가 경찰임무의 중요한 측면이라 인식한다. 지역사회 참여가 경찰임무의 중요한 측면이라고 인식한다는 것에서는 넓은 의미의 지역사회 경찰활동의 한 전략으로 볼 수 있으나, 전통적 경찰활동 및 절차를 이용하고 또한 경찰의 전문적인 범죄진압능력을 향상시키는 것 등 일정부분 지역사회 경찰활동과는 다른 강조점도 보인다.

범죄를 감소시키기 위해서 범죄의 정보와 분석기법을 통합한 법집행 위주의 경찰활동으로, 범죄의 분석 등을 통해 정보에 입각한 범죄다발지역에 대한 강력한 순찰 등은 「전략 지향적 경찰활동」과 관계가 깊다. 「전략 지향적 경찰활동」(Strategic-Oriented Policing)이란 경찰이 전통적인 관행과 절차를 이용하여 확인된 문제 지역에 대한 그들의 자원을 재분배하는 것이다. 즉, 치안수요가 많은 시간대나 장소에 많은 경찰력을 배치하는 방식으로 최소한의 자원을 투입하여 최대한의 범죄나 무질서를 예방하는 효과를 거두는 활동을 강조한다. 범죄다발지역 경찰활동(hot spot policing)이 대표적이다(이를 우범지역 경찰활동이라고도 한다).

28 ④

[해설] 1] 법 제25조의2(아동·청소년대상 디지털 성범죄의 수사 특례)
① 사법경찰관리는 다음 각 호의 어느 하나에 해당하는 범죄(디지털 성범죄)에 대하여 신분을 비공개하고 범죄현장(정보통신망을 포함한다) 또는 범인으로 추정되는 자들에게 접근하여 범죄행위의 증거 및 자료 등을 수집(신분비공개수사)할 수 있다.
  1. 제11조 및 제15조의2의 죄
  2. 아동·청소년에 대한 「성폭력범죄의 처벌 등에 관한 특례법」 제14조제2항 및 제3항의 죄
② 사법경찰관리는 디지털 성범죄를 계획 또는 실행하고 있거나 실행하였다고 의심할 만한 충분한 이유가 있고, 다른 방법으로는 그 범죄의 실행을 저지하거나 범인의 체포 또는 증거의 수집이 어려운 경우에 한정하여 수사 목적을 달성하기 위하여 부득이한 때에는 다음 각호의 행위(신분위장수사)를 할 수 있다.
  1. 신분을 위장하기 위한 문서, 도화 및 전자기록 등의 작성, 변경 또는 행사
  2. 위장 신분을 사용한 계약·거래
  3. <u>아동·청소년성착취물 또는 「성폭력범죄의 처벌 등에 관한 특례법」 제14조제2항의 촬영물 또는 복제물(복제물의 복제물을 포함한다)의 소지, 판매 또는 광고</u>
③ 제1항에 따른 수사의 방법 등에 필요한 사항은 대통령령으로 정한다.

2] 시행령 제5조의2(아동·청소년대상 디지털 성범죄의 수사 특례에 따른 사법경찰관리의 준수사항)
  사법경찰관리는 법 제25조의2제1항에 따른 신분비공개수사 또는 같은 조 제2항에 따른 신분위장수사를 할 때 다음 각 호의 사항을 준수해야 한다.
  1. 수사 관계 법령을 준수하고, 본래 범의(犯意)를 가지지 않은 자에게 범의를 유발하는 행위를 하지 않는 등 적법한 절차와 방식에 따라 수사할 것
  2. 피해아동·청소년에게 추가 피해가 발생하지 않도록 주의할 것
  3. 법 제25조의2제2항제3호에 따른 행위를 하는 경우에는 피해아동·청소년이나 「성폭력방지 및 피해자보호 등에 관한 법률」 제2조제3호의 성폭력피해자에 관한 자료가 유포되지 않도록 할 것

3] 시행령 제5조의3(신분비공개수사의 방법)
① 법 제25조의2제1항에 따른 <u>신분 비공개는 경찰관임을 밝히지 않거나 부인(법 제25조의2제2항제1호에 이르지 않는 행위로서 경찰관 외의 신분을 고지하는 방식을 포함한다)하는 방법으로 한다.</u>
② 법 제25조의2제1항에 따른 접근은 대화의 구성원으로서 관찰하는 등 대화에 참여하거나 아동·청소년성착취물, 「성폭력범죄의 처벌 등에 관한 특례법」 제14조제2항의 촬영물 또는 복제물(복제물의 복제물을 포함한다)을 구입하거나 무상으로 제공받는 등의 방법으로 한다.

29 ④

해설 「경찰수사규칙」

1) 입건 전 조사(제19조)
① 사법경찰관은 수사준칙 제16조제3항에 따른 입건 전에 범죄를 의심할 만한 정황이 있어 수사 개시 여부를 결정하기 위한 사실관계의 확인 등 필요한 조사(입건전조사)에 착수하기 위해서는 해당 사법경찰관이 소속된 경찰관서의 수사부서의 장(소속수사부서장)의 지휘를 받아야 한다.
② 사법경찰관은 입건전조사한 사건을 다음 각호의 구분에 따라 처리해야 한다.
  1. 입건: 범죄의 혐의가 있어 수사를 개시하는 경우
  2. 입건전조사 종결(혐의없음, 죄가안됨 또는 공소권없음): 제108조제1항제1호부터 제3호까지의 규정에 따른 사유가 있는 경우
  3. 입건전조사 중지: 피혐의자 또는 참고인 등의 소재불명으로 입건전조사를 계속할 수 없는 경우
  4. 이송: 관할이 없거나 범죄특성 및 병합처리 등을 고려하여 다른 경찰관서 또는 기관(해당 기관과 협의된 경우로 한정한다)에서 입건전조사할 필요가 있는 경우
  5. 공람 후 종결: 진정·탄원·투서 등 서면으로 접수된 신고가 다음 각 목의 어느 하나에 해당하는 경우
    가. 같은 내용으로 3회 이상 반복하여 접수되고 2회 이상 그 처리결과를 통지한 신고와 같은 내용인 경우
    나. 무기명 또는 가명으로 접수된 경우
    다. 단순한 풍문이나 인신공격적인 내용인 경우
    라. 완결된 사건 또는 재판에 불복하는 내용인 경우
    마. 민사소송 또는 행정소송에 관한 사항인 경우

2) 불입건 결정 통지(제20조)
① 사법경찰관은 「수사준칙」 제16조제4항에 따라 피혐의자(제19조제2항제2호에 따라 입건전조사 종결한 경우만 해당한다)와 진정인·탄원인·피해자 또는 그 법정대리인(피해자가 사망한 경우에는 그 배우자·직계친족·형제자매를 포함한다)에게 입건하지 않는 결정을 통지하는 경우에는 그 결정을 한 날부터 7일 이내에 통지해야 한다. 다만, 피혐의자나 진정인등의 연락처를 모르거나 소재가 확인되지 않으면 연락처나 소재를 알게 된 날부터 7일 이내에 통지해야 한다.
② 제1항에 따른 통지는 서면, 전화, 팩스, 전자우편, 문자메시지 등 피혐의자 또는 진정인등이 요청한 방법으로 할 수 있으며, 별도로 요청한 방법이 없는 경우에는 서면 또는 문자메시지로 한다. 이 경우 서면으로 하는 통지는 별지 제12호서식 또는 별지 제13호서식의 불입건 결정 통지서에 따른다.
③ 사법경찰관은 서면으로 통지한 경우에는 그 사본을, 그 밖의 방법으로 통지한 경우에는 그 취지를 적은 서면을 사건기록에 편철해야 한다.
④ 사법경찰관은 제1항에도 불구하고 통지로 인해 보복범죄 또는 2차 피해 등이 우려되는 다음 각호의 경우에는 불입건 결정을 통지하지 않을 수 있다. 이 경우 그 사실을 입건전조사 보고서로 작성하여 사건기록에 편철해야 한다.
  1. 혐의 내용 및 동기, 진정인 또는 피해자와의 관계 등에 비추어 통지로 인해 진정인 또는 피해자의 생명·신체·명예 등에 위해(危害) 또는 불이익이 우려되는 경우
  2. 사안의 경중 및 경위, 진정인 또는 피해자의 의사, 피진정인·피혐의자와의 관계, 분쟁의 종국적 해결에 미치는 영향 등을 고려하여 통지하지 않는 것이 타당하다고 인정되는 경우

30 ②

해설 **1] 상호협력의 원칙(제6조)**
① 검사와 사법경찰관은 상호 존중해야 하며, 수사, 공소제기 및 공소유지와 관련하여 협력해야 한다.

② 검사와 사법경찰관은 수사와 공소제기 및 공소유지를 위해 필요한 경우 수사·기소·재판 관련 자료를 서로 요청할 수 있다.
③ 검사와 사법경찰관의 협의는 신속히 이루어져야 하며, 협의의 지연 등으로 수사 또는 관련 절차가 지연되어서는 안 된다.

2] 수사의 개시(제16조)
① 검사 또는 사법경찰관이 다음 각호의 어느 하나에 해당하는 행위에 착수한 때에는 수사를 개시한 것으로 본다. 이 경우 검사 또는 사법경찰관은 해당 사건을 즉시 입건해야 한다.
  1. 피혐의자의 수사기관 출석조사
  2. 피의자신문조서의 작성
  3. 긴급체포
  4. 체포·구속영장의 청구 또는 신청
  5. 사람의 신체, 주거, 관리하는 건조물, 자동차, 선박, 항공기 또는 점유하는 방실에 대한 압수·수색 또는 검증영장(부검을 위한 검증영장은 제외한다)의 청구 또는 신청
② 검사 또는 사법경찰관은 수사 중인 사건의 범죄 혐의를 밝히기 위한 목적으로 관련 없는 사건의 수사를 개시하거나 수사기간을 부당하게 연장해서는 안 된다.
③ 검사 또는 사법경찰관은 입건 전에 범죄를 의심할 만한 정황이 있어 수사 개시 여부를 결정하기 위한 사실관계의 확인 등 필요한 조사를 할 때에는 적법절차를 준수하고 사건관계인의 인권을 존중하며, 조사가 부당하게 장기화되지 않도록 신속하게 진행해야 한다.
④ 검사 또는 사법경찰관은 제3항에 따른 조사 결과 입건하지 않는 결정을 한 때에는 피해자에 대한 보복범죄나 2차 피해가 우려되는 경우 등을 제외하고는 피혐의자 및 사건관계인에게 통지해야 한다.
⑤ 제4항에 따른 통지의 구체적인 방법 및 절차 등은 법무부장관, 경찰청장 또는 해양경찰청장이 정한다.
⑥ 제3항에 따른 조사와 관련한 서류 등의 열람 및 복사에 관하여는 제69조제1항, 제3항, 제5항(같은 조 제1항 및 제3항을 준용하는 부분으로 한정한다. 이하 이 항에서 같다) 및 제6항(같은 조 제1항, 제3항 및 제5항에 따른 신청을 받은 경우로 한정한다)을 준용한다.

3] 고소·고발 사건의 수리(제16조의2)
① 검사 또는 사법경찰관은 고소 또는 고발을 받은 경우에는 이를 수리해야 한다.
② 검사 또는 사법경찰관은 고소 또는 고발에 따라 범죄를 수사하는 경우에는 고소 또는 고발을 수리한 날부터 3개월 이내에 수사를 마쳐야 한다.

31 ②

해설   ㉠ [X] 지명수배의 대상이다.
㉣ [X] 현재는 「경찰수사규칙」의 개정으로, 명문규정에서는 그 대상에서 제외되었다. 그러므로 경우에 따라서 지명수배 또는 지명통보를 할 수 있다.

1] 「경찰수사규칙」
1) 지명수배(제45조)
① 사법경찰관리는 다음 각호의 어느 하나에 해당하는 사람의 소재를 알 수 없을 때에는 지명수배를 할 수 있다.
  *독자적 판단에 의한 재량행위
  1. 법정형이 사형, 무기 또는 장기 3년 이상의 징역이나 금고에 해당하는 죄를 범했다고 의심할 만한 상당한 이유가 있어 체포영장 또는 구속영장이 발부된 사람
  2. 제47조에 따른 지명통보의 대상인 사람 중 지명수배를 할 필요가 있어 체포영장 또는 구속영장이 발부된 사람
② 제1항에도 불구하고 법 제200조의3제1항에 따른 긴급체포를 하지 않으면 수사에 현저한 지장을 초래하는 경우

에는 영장을 발부받지 않고 지명수배할 수 있다. 이 경우 지명수배 후 신속히 체포영장을 발부받아야 하며, 체포영장을 발부받지 못한 때에는 즉시 지명수배를 해제해야 한다.

2) 지명수배자 발견 시 조치(제46조)
① 사법경찰관리는 제45조제1항에 따라 지명수배된 사람(지명수배자)을 발견한 때에는 체포영장 또는 구속영장을 제시하고, 「수사준칙」 제32조제1항에 따라 권리 등을 고지한 후 체포 또는 구속하며 별지 제36호서식의 권리 고지 확인서를 받아야 한다. 다만, 체포영장 또는 구속영장을 소지하지 않은 경우 긴급하게 필요하면 지명수배자에게 영장이 발부되었음을 고지한 후 체포 또는 구속할 수 있으며 사후에 지체없이 그 영장을 제시해야 한다.
② 사법경찰관은 제45조제2항에 따라 영장을 발부받지 않고 지명수배한 경우에는 지명수배자에게 긴급체포한다는 사실과 「수사준칙」 제32조제1항에 따른 권리 등을 고지한 후 긴급체포해야 한다. 이 경우 지명수배자로부터 별지 제36호서식의 권리 고지 확인서를 받고 제51조제1항에 따른 긴급체포서를 작성해야 한다.

3) 지명통보(제47조)
사법경찰관리는 다음 각호의 어느 하나에 해당하는 사람의 소재를 알 수 없을 때에는 지명통보를 할 수 있다.
1. 법정형이 장기 3년 미만의 징역 또는 금고, 벌금에 해당하는 죄를 범했다고 의심할 만한 상당한 이유가 있고, 출석요구에 응하지 않은 사람
2. 법정형이 장기 3년 이상의 징역이나 금고에 해당하는 죄를 범했다고 의심되더라도 사안이 경미하고, 출석요구에 응하지 않은 사람

4) 지명통보자 발견 시 조치(제48조)
사법경찰관리는 제47조에 따라 지명통보된 사람(지명통보자)을 발견한 때에는 지명통보자에게 지명통보된 사실, 범죄사실의 요지 및 지명통보한 경찰관서(이하 이 조 및 제49조에서 통보관서)를 고지하고, 발견된 날부터 1개월 이내에 통보관서에 출석해야 한다는 내용과 정당한 사유 없이 출석하지 않을 경우 지명수배되어 체포될 수 있다는 내용을 통지해야 한다.

2] 「범죄수사규칙」상 지명수배된 사람 발견 시 조치(제98조)
① 경찰관은 「경찰수사규칙」 제46조제1항에 따라 지명수배자를 체포 또는 구속하고, 지명수배한 경찰관서(수배관서)에 인계해야 한다.
② 도서지역에서 지명수배자가 발견된 경우에는 지명수배자 등이 발견된 관할 경찰관서(발견관서)의 경찰관은 지명수배자의 소재를 계속 확인하고, 수배관서와 협조하여 검거시기를 정함으로써 검거 후 구속영장청구시한(체포한 때부터 48시간)이 경과되지 않도록 해야 한다.
③ 지명수배자를 검거한 경찰관은 구속영장 청구에 대비하여 피의자가 도망 또는 증거를 인멸할 염려에 대한 소명 자료 확보를 위하여 필요하다고 판단되는 경우에는 체포의 과정과 상황 등을 별지 제35호서식의 지명수배자 검거보고서에 작성하고 이를 수배관서에 인계하여 수사기록에 편철하도록 해야 한다.
④ 검거된 지명수배자를 인수한 수배관서의 경찰관은 24시간 내에 「형사소송법」제200조의6 또는 제209조에서 준용하는 법 제87조 및 「수사준칙」 제33조제1항에 따라 체포 또는 구속의 통지를 해야 한다. 다만, 지명수배자를 수배관서가 위치하는 특별시, 광역시, 도 이외의 지역에서 지명수배자를 검거한 경우에는 지명수배자를 검거한 경찰관서(검거관서)에서 통지를 해야 한다.

32 ①

[해설] [X] ㉠ 경비업에 관한 연구 및 지도 : 범죄예방대응국
[O] ㉡㉢㉣㉤㉥

경비국(「경찰청 직제」 제13조)
① 경비국에 국장 1명을 둔다.
② 국장은 치안감 또는 경무관으로 보한다.
③ 국장은 다음 사항을 분장한다. 〈개정 2023. 4. 18.〉

1. 경비에 관한 계획의 수립 및 지도
2. 경찰부대의 운영·지도 및 감독
3. 청원경찰의 운영 및 지도
4. 민방위업무의 협조에 관한 사항
5. 경찰작전·경찰전시훈련 및 비상계획에 관한 계획의 수립·지도
6. 중요시설의 방호 및 지도
7. 예비군의 무기 및 탄약 관리의 지도
8. 대테러 예방 및 진압대책의 수립·지도
8의2. 안전관리·재난상황 및 위기상황 관리기관과의 연계체계 구축·운영
9. 의무경찰의 복무 및 교육훈련
10. 의무경찰의 인사 및 정원의 관리
11. 경호 및 주요 인사 보호 계획의 수립·지도
12. 경찰항공기의 관리·운영 및 항공요원의 교육훈련
13. 경찰업무수행과 관련된 항공지원업

33 ②

[해설] [O] ㉠㉢㉣㉤

[X] ㉡ "지휘선상 위치 근무"라 함은 비상연락체계를 유지하며 유사시 "1시간" 이내에 현장지휘 및 현장근무가 가능한 장소에 위치하는 것을 말한다(동규칙 제2조 제2호).

[X] ㉤ 비상근무 을호가 발령된 때에는 연가를 중지하고 가용경력 "50%"까지 동원할 수 있다(동규칙 제7조 제1항 제2호).

1] 정의(제2조) 이 훈령에서 사용하는 용어의 정의는 다음과 같다.
1. "비상상황"이라 함은 대간첩·테러, 대규모 재난 등의 긴급 상황이 발생하거나 발생할 우려가 있는 경우 또는 다수의 경력을 동원해야 할 치안수요가 발생하여 치안활동을 강화할 필요가 있는 때를 말한다.
2. "지휘선상 위치 근무"라 함은 비상연락체계를 유지하며 유사시 <u>1시간 이내</u>에 현장지휘 및 현장근무가 가능한 장소에 위치하는 것을 말한다.
3. "정위치 근무"라 함은 감독순시·현장근무 및 사무실 대기 등 관할구역 내에 위치하는 것을 말한다.
4. "정착근무"라 함은 사무실 또는 상황과 관련된 현장에 위치하는 것을 말한다.
5. "필수요원"이라 함은 전 경찰공무원 및 일반직공무원(이하 "경찰관 등"이라 한다) 중 경찰기관의 장이 지정한 자로 비상소집 시 1시간 이내에 응소하여야 할 자를 말한다.
6. "일반요원"이라 함은 필수요원을 제외한 경찰관 등으로 비상소집 시 2시간 이내에 응소하여야 할 자를 말한다.
7. "가용경력"이라 함은 총원에서 휴가·출장·교육·파견 등을 제외하고 실제 동원될 수 있는 모든 인원을 말한다.
8. "소집관"이라 함은 비상근무발령권자로부터 권한을 위임받아 비상근무발령에 따른 비상소집을 지휘·감독하는 주무 참모 또는 상황관리관(상황관리관의 임무를 수행하는 자를 포함한다. 이하 같다)을 말한다.
9. "작전준비태세"라 함은 '경계강화'단계를 발령하기 이전에 별도의 경력동원 없이 경찰작전부대의 출동태세 점검, 지휘관 및 참모의 비상연락망 구축 및 신속한 응소체제를 유지하며, 작전상황반을 운영하는 등 필요한 작전 사항을 미리 조치하는 것을 말한다.

2] 근무요령(제7조)
① 비상근무 발령권자는 비상상황을 판단하여 다음의 기준에 따라 비상근무를 실시한다.
1. 갑호 비상
가. 비상근무 갑호가 발령된 때에는 연가를 중지하고 가용경력 100%까지 동원할 수 있다.

나. 지휘관(지구대장, 파출소장은 지휘관에 준한다. 이하 같다)과 참모는 정착 근무를 원칙으로 한다.
2. 을호 비상
　　가. 비상근무 을호가 발령된 때에는 연가를 중지하고 가용경력 50%까지 동원할 수 있다.
　　나. 지휘관과 참모는 정위치 근무를 원칙으로 한다.
3. 병호 비상
　　가. 비상근무 병호가 발령된 때에는 부득이한 경우를 제외하고는 연가를 억제하고 가용경력 30%까지 동원할 수 있다.
　　나. 지휘관과 참모는 정위치 근무 또는 지휘선상 위치 근무를 원칙으로 한다.
4. 경계 강화
　　가. 별도의 경력동원 없이 특정분야의 근무를 강화한다.
　　나. 경찰관 등은 비상연락체계를 유지하고 경찰작전부대는 상황발생 시 즉각 출동이 가능하도록 출동대기태세를 유지한다.
　　다. 지휘관과 참모는 지휘선상 위치 근무를 원칙으로 한다.
5. 작전준비태세(작전비상시 적용)
　　가. 별도의 경력동원 없이 경찰관서 지휘관 및 참모의 비상연락망을 구축하고 신속한 응소체제를 유지한다.
　　나. 경찰작전부대는 상황발생 시 즉각 출동이 가능하도록 출동태세 점검을 실시한다.
　　다. 유관기관과의 긴밀한 연락체계를 유지하고, 필요시 작전상황반을 유지한다.
② 비상근무발령권자는 비상근무에 동원된 경찰관 등을 비상근무의 목적과 인원 등을 감안하여 현장배치, 대기근무 등으로 편성하여 운용한다.
③ 비상근무가 장기간 유지될 경우에는 비상근무의 목적과 기간 등을 종합적으로 판단하여 지휘관과 참모 및 동원된 경찰관 등은 기본근무 복귀 또는 귀가하여 비상연락체제를 갖추도록 할 수 있다.
④ 비상등급별로 연가를 중지 또는 억제하되 경조사 휴가, 공가, 병가, 출산휴가 등 특별한 사유가 있는 경우에는 그러하지 아니하다.

3] 설치(제17조)
① 비상상황에서 경찰청, 시·도경찰청, 경찰서 등에 경찰지휘본부를 둘 수 있다.
② 경찰지휘본부는 당해 지휘본부장이 필요하다고 인정할 때에 설치하며 경찰청 및 시·도경찰청은 치안상황실에 설치함을 원칙으로 한다.
③ 각종 상황 발생 시 상황의 효율적인 관리를 위해 필요한 경우 현장 인근에 현장지휘본부를 설치할 수 있다.

34 ④

[해설] ㉠ 무면허운전, 음주운전, 약물·과로운전, 공동위험행위 외의 사유로 사람을 사상한 후 구호조치 및 신고없이 도주한 경우 : 운전면허발급제한기간 4년
㉡ 2회 이상 음주운전(음주측정거부 포함)으로 운전면허가 취소된 경우 : 운전면허발급제한기간 2년
㉢ 제1종 운전면허를 받은 사람이 적성검사에 불합격되어 다시 제2종 운전면허를 받으려는 경우 : 운전면허발급제한기간 없음
㉣ 2회 이상의 공동위험행위로 운전면허가 취소된 경우 : 운전면허발급제한기간 2년

35 ②

[해설] 술에 취한 상태에서의 운전 금지(제44조)
① 누구든지 술에 취한 상태에서 자동차등(「건설기계관리법」 제26조제1항 단서에 따른 건설기계 외의 건설기계를 포함한다. 이하 이 조, 제45조, 제47조, 제93조제1항제1호부터 제4호까지 및 제148조의2에서 같다), 노면전차

또는 자전거를 운전하여서는 아니 된다.
② 경찰공무원은 교통의 안전과 위험방지를 위하여 필요하다고 인정하거나 제1항을 위반하여 술에 취한 상태에서 자동차등, 노면전차 또는 자전거를 운전하였다고 인정할 만한 상당한 이유가 있는 경우에는 운전자가 술에 취하였는지를 호흡조사로 측정할 수 있다. 이 경우 운전자는 경찰공무원의 측정에 응하여야 한다.
③ 제2항에 따른 측정 결과에 불복하는 운전자에 대하여는 그 운전자의 동의를 받아 혈액 채취 등의 방법으로 다시 측정할 수 있다.
④ 제1항에 따라 운전이 금지되는 술에 취한 상태의 기준은 운전자의 혈중알코올농도가 0.03퍼센트 이상인 경우로 한다.
⑤ 제2항 및 제3항에 따른 측정의 방법, 절차 등 필요한 사항은 행정안전부령으로 정한다.

36 ③

[해설] [O] ㉡ㄹ
[X] ㉠(주최자가 임명/18세 이상) ㉢(12시간 이내, 24시간을 기한으로)

37 ②

[해설] ① 법 개정으로 「성실성」 요건은 삭제되었고, ③④에 해당하는 사람도 신원조사 대상에서 제외되었다.

1) 신원조사(규정 제36조)
① 국가정보원장은 제3조제2호(국가안전보장에 한정된 국가 기밀을 취급하는 인원)에 해당하는 사람의 충성심·신뢰성 등을 확인하기 위하여 신원조사를 한다.
② 삭제 〈2020. 12. 31.〉 〈신원조사는 국가정보원장이 직권으로 하거나 관계기관의 장의 요청에 따라 한다〉
③ 관계기관의 장은 다음 각호에 해당하는 사람에 대하여 국가정보원장에게 신원조사를 요청해야 한다.
  1. 공무원 임용 예정자(국가안전보장에 한정된 국가기밀을 취급하는 직위에 임용될 예정인 사람으로 한정한다)
  2. 비밀취급 인가 예정자
  3. 삭제 〈2020. 1. 14.〉 〈해외여행을 위하여 「여권법」에 따른 여권이나 「선원법」에 따른 선원수첩 등 신분증서 또는 「출입국관리법」에 따른 사증(査證) 등을 발급받으려는 사람(입국하는 교포를 포함)〉
  4. 국가보안시설·보호장비를 관리하는 기관 등의 장(해당 국가보안시설 등의 관리 업무를 수행하는 소속 직원을 포함)
  5. 삭제 〈2020. 12. 31.〉 〈임명할 때 정부의 승인이나 동의가 필요한 공공기관의 임원〉
  6. 그 밖에 다른 법령에서 정하는 사람이나 각급기관의 장이 국가안전보장을 위하여 필요하다고 인정하는 사람

2) 신원조사 결과의 처리(제37조)
① 국가정보원장은 신원조사 결과 국가안전보장에 해를 끼칠 정보가 있음이 확인된 사람에 대해서는 관계기관의 장에게 그 사실을 통보하여야 한다.
② 제1항에 따라 통보를 받은 관계기관의 장은 신원조사 결과에 따라 필요한 보안대책을 마련하여야 한다.

38 ③

[해설] ㉡ [X] 법무부장관은 준법정신이 확립되어 있는 자, 일정한 주거와 생업이 있는 자, 대통령령으로 정한 신원보증(2인 이상 신원보증인의 신원보증)이 있는 자에 대하여 보안관찰처분 면제결정을 할 수 있다.
㉢ [X] 보안관찰처분에 관한 사안을 심의·의결하기 위하여 법무부에 보안관찰처분심의위원회를 두고, 그 위원회의 위원장은 법무부차관이 되고, 위원은 학식과 덕망이 있는 자로 하되, 그 과반수는 변호사의 자격이 있는 자이어야 한다. 위원장 1인과 6인의 위원으로 구성한다.

39 ④

해설 ㉣ 방첩기관등의 구성원은 미리 방첩기관의 장에게 그 내용을 보고해야 하고, 해당 방첩기관등의 장은 그 내용을 국가정보원장에게 통보해야 한다.

1) 정의(제2조) 이 영에서 사용하는 용어의 뜻은 다음과 같다.
1. "방첩"이란 국가안보와 국익에 반하는 북한, 외국 및 외국인·외국단체·초국가행위자 또는 이와 연계된 내국인(외국등)의 정보활동을 찾아내고 그 정보활동을 확인·견제·차단하기 위하여 하는 정보의 수집·작성 및 배포 등을 포함한 모든 대응활동을 말한다.
2. "외국등의 정보활동"이란 외국등의 정보 수집활동과 그 밖의 활동으로서 대한민국의 국가안보와 국익에 영향을 미칠 수 있는 모든 활동을 말한다.
3. "방첩기관"이란 방첩에 관한 업무를 수행하는 다음 각 목의 기관을 말한다.
    가. 국가정보원
    나. 법무부
    다. 관세청
    라. 경찰청
    마. 해양경찰청
    바. 국군방첩사령부
4. "관계기관"이란 방첩기관 외의 기관으로서 다음 각 목의 기관을 말한다.
    가. 『정부조직법』 또는 그 밖의 법령에 따라 설치된 국가기관
    나. 지방자치단체 중 국가정보원장이 제10조에 따른 국가방첩전략회의의 심의를 거쳐 지정하는 지방자치단체
    다. 『공공기관의 운영에 관한 법률』제4조에 따른 공공기관 중 국가정보원장이 제10조에 따른 국가방첩전략회의의 심의를 거쳐 지정하는 기관

2) 방첩정보공유센터(제4조의2)
방첩기관 간, 방첩기관과 관계기관 간 방첩 관련 정보의 원활한 공유와 제3조(방첩업무의 범위)에 따른 방첩업무의 효율적인 수행을 위하여 국가정보원장 소속으로 방첩정보공유센터를 둔다(제1항).

3) 외국 정보기관 구성원 접촉절차(제9조)
방첩기관등의 구성원이 법령에 따른 직무수행 외의 목적으로 외국 정보기관(특정국가에서 다른 국가에 대한 정보 수집을 주된 목적으로 설치된 그 국가의 기관을 말한다)의 구성원을 접촉하려는 경우 소속 방첩기관등의 장에게 미리 보고하여야 하며, 해당 방첩기관등의 장은 그 내용을 국가정보원장에게 통보하여야 한다.

40 ②

해설 내국인에게는 출국금지조치를 취하고, 외국인에게는 출국정지조치를 취한다. 외국인에 대해서는 출국금지는 할 수 없다.

출입국관리법위반자에 대한 조치

대상	조치사항	
내국인	출국금지	
외국인	• 입국금지 • 강제퇴거 • 출국권고	• 출국정지 • 보호조치 • 출국명령
내·외국인	• 고발	• 통고처분

제04회 정답 및 해설

01 ②

해설 [O] ⓒⓒ
[X] ㉠㉣

㉠ 정보경찰은 비권력적 작용이고 또한 국가의 안전과 존립보호를 목적으로 하는 국가목적적 작용이므로 형식적 의미의 경찰이다.
㉣ 실질적 의미의 경찰개념과 형식적 의미의 경찰개념은 서로 누가 더 포괄적이라거나 더 상위개념이라거나 라고 분명히 말하기 곤란하다. 두 개념을 비교할만한 분명한 기준이 없기 때문에 일률적·단편적으로 그 크기나 넓이를 말하기 어렵다.

02 ①

해설 [O] ㉠ⓒⓒ㉣ 위 〈보기〉 경찰의 표상(表象)은 모두 올바르게 설명하고 있다.

1] 백범 김구 : 1919년 상하이에 수립된 대한민국 임시정부의 초대 경무국장으로 취임 후 임시정부 경찰을 지휘하며 임시정부(경찰)의 성공적 정착에 이바지하였다. 광복 이후 1947년 '민주경찰'지 창간 시 자주독립과 민주경찰의 축사와 함께 사회혼란 극복의 노고를 치하하며 애국 안민의 신경찰이 되어달라는 당부의 말로 유명하다.
2] 김석 : 의경대원으로 활약. 1932년 4월 상해 홍구 공원에서 열린 일왕의 생일축하 기념식장 폭탄 투하시 윤봉길 의사를 배후에서 지원
3] 김철 : 의경대 출신으로, 항주 시기 임시정부를 이끌었고, 1932년 일제경찰에 체포된 후 감금, 고문 후유증으로 생애를 마감
4] 나석주 : 일제강점기 동양척식주식회사 투탄 의거와 관련된 독립운동가이다(신흥무관학교 출신으로 항일운동원으로 활동, 이후 의열단 입단). 임시정부 경무국 경호원 및 의경대원으로 활약, 1926년 식민수탈의 원흉이었던 식산은행과 동양척식주식회사에 폭탄을 투척하였다.
5] 차일혁 경무관 : 공비들의 근거지가 될 수 있는 사찰을 불태우라는 상부의 명령에 대해 현명하게 대처하여 화엄사(구례), 선운사(고창), 백양사(장성) 등 여러 사찰과 문화재를 보호하였다. 즉 빨치산 토벌의 주역이며 구례 화엄사 등 문화재를 수호한 인물로 '보관문화훈장'을 수여받은 호국경찰의 영웅이자 인본경찰·인권경찰·문화경찰의 표상이다.
6] 문형순 서장 : 신흥무관학교를 졸업한 독립군 출신으로 광복 이후 경찰간부로 입직. **제주 4·3사건 당시인** 1948년 12월, 좌익총책의 명단에 연루된 주민들이 처형위기에 처하자 당시 모슬포 서장이었던 문형순은 이들에게 자수를 권하여 자수토록 하고, 1950년 8월 성산포 경찰서장 재직 시 계엄군의 예비검속자 총살 명령에 '부당함으로 불이행' 한다고 거부하고 주민들을 방면하였다.
7] 안맥결 총경 : 도산 안창호 선생의 조카딸로, 독립운동에 투신하다가 해방 후 1946년 **5월 미 군정하 제1기 여자 경찰간부로** 임용되어 경찰에 입직하였고 1952년부터(2년) 서울 여자경찰서장을 역임하여 풍속/소년/여성보호 업무를 담당. 당시 여자경찰제도는 권위적인 사회 속에서 선진적이고 민주적인 제도였다.
8] 최규식 경무관, 정종수 경사 : 1968년 1·21 무장공비침투사건 당시 군 방어선이 뚫린 상황에서 격투 끝에 청와대를 사수하였으며, 순국으로 대한민국을 지켜내고 조국의 발전을 가능하게 한 영웅적인 사례로 평가받고 있다. 당시 종로경찰서 자하문검문소에서 무장공비를 온몸으로 막아내고 순국한 최규식 경무관과 정종수 경사는 호국경찰의 표상이다.

9) 안병하 치안감 : 민주경찰과 인권경찰의 표상으로, 5·18 광주 민주화운동 당시 과격한 진압을 지시한 군과 달리 '분산되는 자는 너무 추격하지 말 것, 부상자 발생치 않도록 할 것 연행과정에서 학생의 피해가 없도록 유의하라'고 지시하여 인권경찰의 면모를 보인 것으로 알려졌다.

10) 이준규 총경 : 1980년 5·18 당시 목포경찰서장으로 재임하면서 안병하 치안감(당시 국장)의 방침에 따라 경찰 총기 대부분을 군부대 등으로 사전에 이동시키는 등 시민들과의 유혈 충돌을 피하도록 사전에 조치하였다.

11) 안종삼 서장 : 1949년 4월 좌익 사범들을 전향시키기 위한 유화책으로 사상 전향자들로 구성된 국민보도연맹이라는 관변단체를 조직하였는데, 1950년 6·25 전쟁의 발발로 보도연맹원들이 북한의 지령에 동조할 위험이 있다고 보고 구금/즉결처분하였다. 이 당시 예비검속(豫備檢束)된 보도연맹원들에 대한 총살 명령이 내려오자 480명의 예비검속자 앞에서 "내가 죽더라도 방면하겠으니 국가를 위해 충성해 달라"고 연설한 후 전원을 방면하여 구명함

12) 노종해 경감 : 1950년 6·25일 강원도 양구경찰서 내평지서장 노종해 경감 등은 불과 10여명의 인력으로 춘천으로 가는 길목을 지키고 북한군 1만명의 진격을 1시간 이상 지연시킨 후 전사함

13) 김학재 경사 : 당시 부천남부경찰서 형사였던 OOO 경장은 1998년 5월 강도강간 신고출동 현장에서 범인으로부터 가슴을 흉기로 피습당한 상태에서도 격투 끝에 검거 후 순직함. 2018년 문형순 서장과 함께 표상으로 선정

14) 최중락 총경 : **치안국 포도왕(검거왕)**으로 여러 차례 선정되었고 재직 중 600여건의 사건 해결과 약 1,400명의 범인을 검거하는 등 수사경찰의 상징적인 존재이다. 특히 70~80년대 MBC드라마 '수사반장'의 실제모델로 유명하다(각종 자료제공 및 자문을 하였고, 퇴직 이후에는 '촉탁수사연구관'으로 선임되어 후배 수사 경찰관들을 지도).

03 ④

[해설] 1] 경찰사무의 지역적 분장기관(제13조)
경찰의 사무를 지역적으로 분담하여 수행하게 하기 위하여 특별시·광역시·특별자치시·도·특별자치도(시·도)에 시·도경찰청을 두고, 시·도경찰청장 소속으로 경찰서를 둔다. 이 경우 인구, 행정구역, 면적, 지리적 특성, 교통 및 그 밖의 조건을 고려하여 시·도에 2개의 시·도경찰청을 둘 수 있다.

2] 시·도경찰청장(제28조)
① 시·도경찰청에 시·도경찰청장을 두며, 시·도경찰청장은 치안정감·치안감(治安監) 또는 경무관(警務官)으로 보한다.
②「경찰공무원법」제7조에도 불구하고 시·도경찰청장은 경찰청장이 시·도자치경찰위원회와 협의하여 추천한 사람 중에서 행정안전부장관의 제청으로 국무총리를 거쳐 대통령이 임용한다.
③ 시·도경찰청장은 국가경찰사무에 대해서는 경찰청장의 지휘·감독을, 자치경찰사무에 대해서는 시·도자치경찰위원회의 지휘·감독을 받아 관할구역의 소관 사무를 관장하고 소속 공무원 및 소속 경찰기관의 장을 지휘·감독한다. 다만, 수사에 관한 사무에 대해서는 국가수사본부장의 지휘·감독을 받아 관할구역의 소관 사무를 관장하고 소속 공무원 및 소속 경찰기관의 장을 지휘·감독한다.
④ 제3항 본문의 경우 시·도자치경찰위원회는 자치경찰사무에 대해 심의·의결을 통하여 시·도경찰청장을 지휘·감독한다. 다만, 시·도자치경찰위원회가 심의·의결할 시간적 여유가 없거나 심의·의결이 곤란한 경우 대통령령으로 정하는 바에 따라 시·도자치경찰위원회의 지휘·감독권을 시·도경찰청장에게 위임한 것으로 본다.

04 ③

[해설] 권한의 위임 또는 위탁(「정부조직법」제6조)

① 행정기관은 법령으로 정하는 바에 따라 그 소관사무의 일부를 보조기관 또는 하급행정기관에 위임하거나 다른 행정기관·지방자치단체 또는 그 기관에 위탁 또는 위임할 수 있다. 이 경우 위임 또는 위탁을 받은 기관은 특히 필요한 경우에는 법령으로 정하는 바에 따라 위임 또는 위탁을 받은 사무의 일부를 보조기관 또는 하급행정기관에 재위임할 수 있다.
② 보조기관은 제1항에 따라 위임받은 사항에 대하여는 그 범위에서 행정기관으로서 그 사무를 수행한다.
③ 행정기관은 법령으로 정하는 바에 따라 그 소관사무 중 조사·검사·검정·관리 업무 등 국민의 권리·의무와 직접 관계되지 아니하는 사무를 지방자치단체가 아닌 법인·단체 또는 그 기관이나 개인에게 위탁할 수 있다.

05 ①

[해설] 1] 승진(「경찰공무원법」 제15조)
① 경찰공무원은 바로 아래 하위계급에 있는 경찰공무원 중에서 근무성적평정, 경력평정, 그 밖의 능력을 실증(實證)하여 승진임용한다. 다만, 해양경찰청장을 보하는 경우 치안감을 치안총감으로 승진임용할 수 있다.
② 경무관 이하 계급으로의 승진은 승진심사에 의하여 한다. 다만, 경정 이하 계급으로의 승진은 대통령령으로 정하는 비율에 따라 승진시험과 승진심사를 병행할 수 있다.
③ 총경 이하의 경찰공무원에 대해서는 대통령령으로 정하는 바에 따라 계급별로 승진대상자 명부를 작성하여야 한다.
④ 경찰공무원의 승진에 필요한 계급별 최저근무연수, 승진 제한에 관한 사항, 그 밖에 승진에 관하여 필요한 사항은 대통령령으로 정한다.

2] 특별유공자 등의 특별승진(「경찰공무원법」 제19조)
① 경찰공무원으로서 다음 각호의 어느 하나에 해당되는 사람에 대하여는 제15조에도 불구하고 1계급 특별승진시킬 수 있다. 다만, 경위 이하의 경찰공무원으로서 모든 경찰공무원의 귀감이 되는 공을 세우고 전사하거나 순직한 사람에 대하여는 2계급 특별승진 시킬 수 있다.
　1. 「국가공무원법」 제40조의4제1항제1호부터 제4호까지의 규정 중 어느 하나에 해당되는 사람
　2. 전사하거나 순직한 사람
　3. 직무 수행 중 현저한 공적을 세운 사람
② 특별승진의 요건과 그 밖에 필요한 사항은 대통령령으로 정한다.

3] 경력평정(경찰공무원 승진임용 규정 제9조)
경력평정은 기본경력과 초과경력으로 구분하여 실시하되, 계급별로 기본경력과 초과경력에 포함되는 기간은 다음 각호와 같다(제3항).
1. 기본경력
　가. 총경: 평정기준일부터 최근 3년간 〈신설〉
　나. 경정·경감: 평정기준일부터 최근 4년간
　다. 경위·경사: 평정기준일부터 최근 3년간
　라. 경장: 평정기준일부터 최근 2년간
　마. 순경: 평정기준일부터 최근 1년 6개월간
2. 초과경력
　가. 총경: 기본경력 전 1년간 (←3년간)
　나. 경정·경감: 기본경력 전 5년간
　다. 경위: 기본경력 전 4년간
　라. 경사: 기본경력 전 1년 6개월간
　마. 경장: 기본경력 전 1년간
　바. 순경: 기본경력 전 6개월간

06 ④

해설 ④ 「경찰공무원법」 정치관여금지의무를 위반한 경우 5년 이하의 징역과 5년 이하의 자격정지에 처하고, 공소시효의 기간은 10년으로 한다.

1] 「경찰공무원법」 제23조(정치 관여 금지)
① 경찰공무원은 정당이나 정치단체에 가입하거나 정치활동에 관여하는 행위를 하여서는 아니 된다.
② 제1항에서 정치활동에 관여하는 행위란 다음 각호의 어느 하나에 해당하는 행위를 말한다.
  1. 정당이나 정치단체의 결성 또는 가입을 지원하거나 방해하는 행위
  2. 그 직위를 이용하여 특정 정당이나 특정 정치인에 대하여 지지 또는 반대 의견을 유포하거나, 그러한 여론을 조성할 목적으로 특정 정당이나 특정 정치인에 대하여 찬양하거나 비방하는 내용의 의견 또는 사실을 유포하는 행위
  3. 특정 정당이나 특정 정치인을 위하여 기부금 모집을 지원하거나 방해하는 행위 또는 국가·지방자치단체 및 「공공기관의 운영에 관한 법률」에 따른 공공기관의 자금을 이용하거나 이용하게 하는 행위
  4. 특정 정당이나 특정인의 선거운동을 하거나 선거 관련 대책회의에 관여하는 행위
  5. 「정보통신망 이용촉진 및 정보보호 등에 관한 법률」에 따른 정보통신망을 이용한 제1호부터 제4호까지의 규정에 해당하는 행위
  6. 소속 직원이나 다른 공무원에 대하여 제1호부터 제5호까지의 행위를 하도록 요구하거나 그 행위와 관련한 보상 또는 보복으로서 이익 또는 불이익을 주거나 이를 약속 또는 고지(告知)하는 행위

*특정 정당·정치단체나 특정 정치인을 위하여 집회를 주최·참석·지원하도록 다른 사람을 사주·유도·권유·회유 또는 협박하는 행위(「국가정보원법」 제11조 정치관여금지)
③ 경찰공무원으로서 제23조를 위반하여 정당이나 정치단체에 가입하거나 정치활동에 관여하는 행위를 한 사람은 5년 이하의 징역과 5년 이하의 자격정지에 처하고, 그 죄에 대한 공소시효의 기간은 「형사소송법」 제249조 제1항에도 불구하고 10년으로 한다.

2] 「국가공무원법」 제65조(정치 운동의 금지)
① 공무원은 정당이나 그 밖의 정치단체의 결성에 관여하거나 이에 가입할 수 없다.
② 공무원은 선거에서 특정 정당 또는 특정인을 지지 또는 반대하기 위한 다음의 행위를 하여서는 아니 된다.
  1. 투표를 하거나 하지 아니하도록 권유 운동을 하는 것
  2. 서명 운동을 기도(企圖)·주재(主宰)하거나 권유하는 것
  3. 문서나 도서를 공공시설 등에 게시하거나 게시하게 하는 것
  4. 기부금을 모집 또는 모집하게 하거나, 공공자금을 이용 또는 이용하게 하는 것
  5. 타인에게 정당이나 그 밖의 정치단체에 가입하게 하거나 가입하지 아니하도록 권유 운동을 하는 것
③ 공무원은 다른 공무원에게 제1항과 제2항에 위배되는 행위를 하도록 요구하거나, 정치적 행위에 대한 보상 또는 보복으로서 이익 또는 불이익을 약속하여서는 아니 된다.
④ 제3항 외에 정치적 행위의 금지에 관한 한계는 대통령령등으로 정한다.

3] 「국가공무원법」 제84조(정치운동죄)
① 제65조를 위반한 자는 3년 이하의 징역과 3년 이하의 자격정지에 처한다.
② 제1항에 규정된 죄에 대한 공소시효의 기간은 「형사소송법」 제249조제1항에도 불구하고 10년으로 한다.

07 ④

해설 ④ 징계등 의결을 요구한 자 또는 징계등 의결의 요구를 신청한 자는 징계위원회에 출석하여 의견을 진술하거나 서면으로 의견을 진술할 수 있다. 다만, 중징계나 중징계 관련 징계부가금 요구사건의 경우에는 특별한 사유가 없는 한 징계위원회에 출석하여 의견을 진술해야 한다.

심/문/과/진/술/권(징계령 제13조)
① 징계위원회는 제12조제1항에 따라 출석한 징계등 심의 대상자에게 징계 사유에 해당하는 사실에 관한 심문을 하고 심사를 위하여 필요하다고 인정될 때에는 관계인을 출석하게 하여 심문할 수 있다.
② 징계위원회는 징계등 심의 대상자에게 진술할 수 있는 기회를 충분히 주어야 하며, 징계등 심의 대상자는 별지 제2호의2서식의 의견서 또는 말로 자기에게 이익이 되는 사실을 진술하거나 증거를 제출할 수 있다.
③ 징계등 심의 대상자는 증인의 심문을 신청할 수 있다. 이 경우 징계위원회는 의결로써 그 채택 여부를 결정하여야 한다.
④ 징계등 의결을 요구한 자 또는 징계등 의결의 요구를 신청한 자는 징계위원회에 출석하여 의견을 진술하거나 서면으로 의견을 진술할 수 있다. 다만, 중징계나 중징계 관련 징계부가금 요구사건의 경우에는 특별한 사유가 없는 한 징계위원회에 출석하여 의견을 진술해야 한다.
⑤ 징계위원회는 필요하다고 인정할 때에는 사실 조사를 하거나 특별한 학식·경험이 있는 사람에게 검증 또는 감정을 의뢰할 수 있다.

08 ①

[해설] 정의(제3조) 이 법에서 사용하는 용어의 뜻은 다음과 같다.
1. "양성평등"이란 성별에 따른 차별, 편견, 비하 및 폭력 없이 인권을 동등하게 보장받고 모든 영역에 동등하게 참여하고 대우받는 것을 말한다.
2. "성희롱"이란 업무, 고용, 그 밖의 관계에서 국가기관·지방자치단체 또는 대통령령으로 정하는 공공단체(국가기관등)의 종사자, 사용자 또는 근로자가 다음 각 목의 어느 하나에 해당하는 행위를 하는 경우를 말한다.
   가. 지위를 이용하거나 업무 등과 관련하여 성적 언동 또는 성적 요구 등으로 상대방에게 성적 굴욕감이나 혐오감을 느끼게 하는 행위
   나. 상대방이 성적 언동 또는 성적 요구에 따르지 아니한다는 이유로 불이익을 주거나 그에 따르는 것을 조건으로 이익 공여의 의사표시를 하는 행위
3. "사용자"란 사업주 또는 사업경영담당자, 그 밖에 사업주를 위하여 근로자에 관한 사항에 대한 업무를 수행하는 자를 말한다.

09 ①

[해설] [O] ㄹ
[X] ㄱㄴㄷ
㉠ 비례의 원칙은 적합성(수단의 적합성), 필요성(침해의 최소성), 상당성(법익의 균형성)으로 구성되어 있다. 이 가운데 어느 하나라도 위반한 경우에는 비례의 원칙에 위배된다.
㉡ 현행「행정기본법」이 일반법적 근거가 될 수 있다. 그리고 행정절차법에도 그 근거를 두고 있다(제4조 신의성실 및 신뢰보호 : 행정청은 직무를 수행할 때 신의(信義)에 따라 성실히 하여야 한다. 그리고 행정청은 법령 등의 해석 또는 행정청의 관행이 일반적으로 국민들에게 받아들여졌을 때에는 공익 또는 제3자의 정당한 이익을 현저히 해칠 우려가 있는 경우를 제외하고는 새로운 해석 또는 관행에 따라 소급하여 불리하게 처리하여서는 아니 된다).
㉢ 행정의 자기구속의 법리는 적법한 관행에 인정될 수 있을 뿐이다.
1] 신뢰보호의 원칙
㉠ 신뢰보호의 원칙(금반언의 법리)이란 사인이 행정기관의 어떤 적극적 또는 소극적 언동의 정당성·존속성에 대해 준 신뢰가 보호할 가치있는 이익인 경우에 그 신뢰를 보호해 주는 원칙을 말한다. 통설과 판례는 대체로 법적 안정성의 견지에서 신뢰보호원칙을 인정하고 있다.

ⓒ 신뢰보호의 일반적 요건은 i) 행정기관이 일정한 조치를 취하여 국민이 이를 믿게 한 선행조치가 있어야 하고, ii) 선행조치의 정당성·존속성에 대한 관계인의 신뢰가 보호가치있는 것이어야 하고, iii) 선행조치에 대한 신뢰에 입각하여 사인이 어떤 처리(건축의 개시, 재산의 처분 등)를 한 경우에 그 처리를 보호하기 위한 것이고, iv) 선행조치에 반하는 행정청의 후행처분이 있거나 또는 행정청이 선행조치에 의해 신뢰를 준 행위를 하지 않음으로써 그것을 신뢰한 상대방 및 관계인의 권익이 침해되어야 하고, v) 선행조치와 이를 믿은 관계인의 신뢰사이에 인과관계가 있어야 한다.

2] 행정의 자기구속의 법리

행정의 자기구속의 법리와 관련하여 「불법에 있어서의 평등」은 인정되지 않는다. 즉, 행정의 자기구속의 법리는 행정규칙 등이 적법한 경우에만 적용되어야 할 것이며, 위법한 경우에는 적용되지 않는다.

「행정기본법」(제2장 행정의 법 원칙)

1) 법치행정의 원칙(제8조) 행정작용은 법률에 위반되어서는 아니 되며, 국민의 권리를 제한하거나 의무를 부과하는 경우와 그 밖에 국민생활에 중요한 영향을 미치는 경우에는 법률에 근거하여야 한다.

2) 평등의 원칙(제9조) 행정청은 합리적 이유 없이 국민을 차별하여서는 아니 된다.

3) 비례의 원칙(제10조) 행정작용은 다음 각호의 원칙에 따라야 한다.
  1. 행정목적을 달성하는 데 유효하고 적절할 것
  2. 행정목적을 달성하는 데 필요한 최소한도에 그칠 것
  3. 행정작용으로 인한 국민의 이익 침해가 그 행정작용이 의도하는 공익보다 크지 아니할 것

4) 성실의무 및 권한남용금지의 원칙(제11조)
① 행정청은 법령등에 따른 의무를 성실히 수행하여야 한다.
② 행정청은 행정권한을 남용하거나 그 권한의 범위를 넘어서는 아니 된다.

5) 신뢰보호의 원칙(제12조)
① 행정청은 공익 또는 제3자의 이익을 현저히 해칠 우려가 있는 경우를 제외하고는 행정에 대한 국민의 정당하고 합리적인 신뢰를 보호하여야 한다.
② 행정청은 권한 행사의 기회가 있음에도 불구하고 장기간 권한을 행사하지 아니하여 국민이 그 권한이 행사되지 아니할 것으로 믿을 만한 정당한 사유가 있는 경우에는 그 권한을 행사해서는 아니 된다. 다만, 공익 또는 제3자의 이익을 현저히 해칠 우려가 있는 경우는 예외로 한다.

6) 부당결부금지의 원칙(제13조)
행정청은 행정작용을 할 때 상대방에게 해당 행정작용과 실질적인 관련이 없는 의무를 부과해서는 아니 된다.

10 ②

해설 ② 신청 당시가 아니라, 처분 당시라고 해야 한다(동법 제14조 제2항). 한편, 동법상 "제재처분"이란 법령 등에 따른 의무를 위반하거나 이행하지 아니하였음을 이유로 당사자에게 의무를 부과하거나 권익을 제한하는 처분을 말한다(다만, 제30조 제1항 각호에 따른 행정상 강제는 제외).

1] 법 적용의 기준(「행정기본법」제14조)
① 새로운 법령등은 법령등에 특별한 규정이 있는 경우를 제외하고는 그 법령등의 효력 발생 전에 완성되거나 종결된 사실관계 또는 법률관계에 대해서는 적용되지 아니한다.
② 당사자의 신청에 따른 처분은 법령등에 특별한 규정이 있거나 처분 당시의 법령등을 적용하기 곤란한 특별한 사정이 있는 경우를 제외하고는 <u>처분 당시의 법령등에 따른다</u>.
③ 법령등을 위반한 행위의 성립과 이에 대한 제재처분은 법령등에 특별한 규정이 있는 경우를 제외하고는 법령등을 위반한 행위 당시의 법령등에 따른다. 다만, 법령등을 위반한 행위 후 법령등의 변경에 의하여 그 행위가 법령등을 위반한 행위에 해당하지 아니하거나 제재처분 기준이 가벼워진 경우로서 해당 법령등에 특별한 규정이 없는 경우에는 변경된 법령등을 적용한다.

2] 처분의 효력(「행정기본법」 제15조)
처분은 권한이 있는 기관이 취소 또는 철회하거나 기간의 경과 등으로 소멸되기 전까지는 유효한 것으로 통용된다. 다만, 무효인 처분은 처음부터 그 효력이 발생하지 아니한다.

11 ①

해설 ㉠ [X] 경찰하명이란 사회공공의 안녕과 질서유지라는 경찰목적을 위해 개인의 자연적 자유를 제한하고 의무를 부과하는 것을 내용으로 하는 명령적 행정행위를 말하는데, 하명의 형식은 문서에 의하는 것이 원칙이지만 위와 같이 신속을 요하거나 사안이 경미한 경우에는 구술이나 행동 등 여러 가지 표시를 통해서도 가능하다. 신호기와 수신호는 경찰하명인 동시에 교통규제에 해당한다.
㉡ [O] 운전자도 간접적으로는 영향을 받겠지만, 위는 직접 일정한 장소를 직접 대상으로 하므로 당연히 대물적 경찰하명에 해당한다. 한편, 경찰하명이란 경찰목적(사회공공의 안녕과 질서유지)을 위하여 일반통치권에 의거하여 개인에게 특정한 작위, 부작위, 급부, 수인의무를 과하는 경찰처분을 말한다. 경찰하명을 대상에 의해 분류하면 대인적 하명(예/ 야간통행금지), 대물적 하명(예/ 주·정차금지), 혼합적 하명(예/ 총포·도검·화약류 등 영업금지)으로 구분할 수 있다.
㉢ [O] 「도로교통법」 제43조(무면허운전 등의 금지)는 부작위하명(금지)과 관련이 깊다.

12 ④

해설 ①②④ [대법원 2014. 2. 27. 2011도13999]
경찰관들이 피고인을 불심검문 대상자로 삼은 조치는 피고인에 대한 불심검문 당시의 구체적 상황과 자신들의 사전 지식 및 경험칙에 기초하여 객관적·합리적 판단과정을 거쳐 이루어진 것으로서, 가사 피고인의 인상착의가 미리 입수된 용의자에 대한 인상착의와 일부 일치하지 않는 부분이 있다고 하더라도 그것만으로 경찰관들이 피고인을 불심검문 대상자로 삼은 조치가 위법하다고 볼 수는 없다.
「경찰관직무집행법」의 목적, 법 제1조 제1항, 제2조, 제3조 제1항, 제2항, 제3항, 제7항의 내용 및 체계 등을 종합하면, 경찰관이 법 제3조 제1항에 규정된 대상자(불심검문 대상자) 해당 여부를 판단할 때에는 불심검문 당시의 구체적 상황은 물론 사전에 얻은 정보나 전문적 지식 등에 기초하여 불심검문 대상자인지를 객관적·합리적인 기준에 따라 판단하여야 하나, 반드시 불심검문 대상자에게 형사소송법상 체포나 구속에 이를 정도의 혐의가 있을 것을 요한다고 할 수는 없다. 그리고 경찰관은 불심검문 대상자에게 질문을 하기 위하여 범행의 경중, 범행과의 관련성, 상황의 긴박성, 혐의의 정도, 질문의 필요성 등에 비추어 목적 달성에 필요한 최소한의 범위 내에서 사회통념상 용인될 수 있는 상당한 방법으로 대상자를 정지시킬 수 있고 질문에 수반하여 흉기의 소지 여부도 조사할 수 있다.
③ [대법원 2014.12.11. 2014도7976]
「경찰관직무집행법」 제3조 제4항은 경찰관이 불심검문을 하고자 할 때에는 자신의 신분을 표시하는 증표를 제시하여야 한다고 규정하고, 경찰관직무집행법 시행령 제5조는 위 법에서 규정한 신분을 표시하는 증표는 경찰관의 공무원증이라고 규정하고 있는데, 불심검문을 하게 된 경우, 불심검문 당시의 현장상황과 검문을 하는 경찰관들의 복장, 피고인이 공무원증 제시나 신분 확인을 요구하였는지 여부 등을 종합적으로 고려하여, 검문하는 사람이 경찰관이고 검문하는 이유가 범죄행위에 관한 것임을 피고인이 충분히 알고 있었다고 보이는 경우에는 신분증을 제시하지 않았다고 하여 그 불심검문이 위법한 공무집행이라고 할 수 없다.

13 ③

해설 여기서 형의 감경과 면제는 필요적 감면은 아니고, 임의적 감면사유에 해당된다. 범죄가 행하여지려고 하거나 행하여지고 있어 타인의 생명·신체에 대한 위해 발생의 우려가 명백하고 긴급한 상황에서, 경찰관이 그 위해를 예방하거나 진압하기 위한 행위 또는 범인의 검거 과정에서 경찰관을 향한 직접적인 유형력 행사에 대응하는 행위를 하여 그로 인하여 타인에게 피해가 발생한 경우, 그 경찰관의 직무수행이 불가피한 것이고 필요한 최소한의 범위에서 이루어졌으며 해당 경찰관에게 고의 또는 중대한 과실이 없는 때에는 그 정상을 참작하여 형을 감경하거나 면제할 수 있다(11조의5).

14 ③

해설 정의(법 제3조)

① 이 법에서 사용하는 용어의 뜻은 다음과 같다.
  1. "범죄피해자"란 타인의 범죄행위로 피해를 당한 사람과 그 배우자(사실상의 혼인관계를 포함한다), 직계친족 및 형제자매를 말한다.
  2. "범죄피해자 보호·지원"이란 범죄피해자의 손실 복구, 정당한 권리 행사 및 복지 증진에 기여하는 행위를 말한다. 다만, 수사·변호 또는 재판에 부당한 영향을 미치는 행위는 포함되지 아니한다.
  3. "범죄피해자 지원법인"이란 범죄피해자 보호·지원을 주된 목적으로 설립된 비영리법인을 말한다.
  4. "구조대상 범죄피해"란 대한민국의 영역 안에서 또는 대한민국의 영역 밖에 있는 대한민국의 선박이나 항공기 안에서 행하여진 사람의 생명 또는 신체를 해치는 죄에 해당하는 행위(「형법」 제9조, 제10조제1항, 제12조, 제22조제1항에 따라 처벌되지 아니하는 행위를 포함하며, 같은 법 제20조 또는 제21조제1항에 따라 처벌되지 아니하는 행위 및 과실에 의한 행위는 제외한다)로 인하여 사망하거나 장해 또는 중상해를 입은 것을 말한다.

  > 1] 원인에 포함되는 행위
  > 1. 형사미성년자(제9조) 14세되지 아니한 자의 행위는 벌하지 아니한다.
  > 2. 심신장애인(제10조)
  >   심신장애로 인하여 사물을 변별할 능력이 없거나 의사를 결정할 능력이 없는 자의 행위는 벌하지 아니한다(제1항).
  > 3. 강요된 행위(제12조)
  >   저항할 수 없는 폭력이나 자기 또는 친족의 생명, 신체에 대한 위해를 방어할 방법이 없는 협박에 의하여 강요된 행위는 벌하지 아니한다.
  > 4. 긴급피난(제22조)
  >   자기 또는 타인의 법익에 대한 현재의 위난을 피하기 위한 행위는 상당한 이유가 있는 때에는 벌하지 아니한다(제1항).
  >
  > 2] 원인에 포함되지 않는 행위
  > 1. 정당행위(제20조)
  >   법령에 의한 행위 또는 업무로 인한 행위 기타 사회상규에 위배되지 아니하는 행위는 벌하지 아니한다.
  > 2. 정당방위(제21조)
  >   현재의 부당한 침해로부터 자기 또는 타인의 법익(法益)을 방위하기 위하여 한 행위는 상당한 이유가 있는 경우에는 벌하지 아니한다(제1항).

  5. "장해"란 범죄행위로 입은 부상이나 질병이 치료(그 증상이 고정된 때를 포함한다)된 후에 남은 신체의 장해로서 대통령령으로 정하는 경우를 말한다.
  6. "중상해"란 범죄행위로 인하여 신체나 그 생리적 기능에 손상을 입은 것으로서 대통령령으로 정하는 경우를 말한다.
② 제1항제1호에 해당하는 사람 외에 범죄피해 방지 및 범죄피해자 구조 활동으로 피해를 당한 사람도 범죄피해자로 본다.

15 ④

해설 ④ 조직의 집단적 노력을 질서 있게 배열하는 과정으로서 개별적인 활동을 전체적인 관점에서 통일하여 조직의 목표달성도를 높이려는 원리는 조정과 통합의 원리를 말한다. J.O. Mooney는 조정을 중요시하여 조정을 목표달성과 직결되는 최고의 원리(제1의 원리)로 보았다.

16 ①

해설 ㉠ [X] 성취욕구, 권력욕구, 친교욕구
㉡ [O]
㉢ [X] Maslow의 5단계욕구이론, 맥그리거(McGregor) : X, Y이론
㉣ [X] 생존욕구, 관계욕구(Relatedness), 성장욕구

17 ③

해설 ㉠ 경찰청장은 매년 1월 31일까지 당해 회계연도부터 5회계연도 이상의 기간 동안의 신규사업 및 기획재정부장관이 정하는 주요 계속사업에 대한 중기사업계획서를 기획재정부장관에게 제출하여야 한다.
㉡ 기획재정부장관은 국무회의 심의를 거쳐 대통령의 승인을 얻은 다음 연도의 예산안편성지침을 매년 4월 30일까지 경찰청장에게 통보하여야 한다.
㉣ 기획재정부장관(정부)은 예산요구서에 따라 예산안을 편성하여 국무회의 심의와 대통령의 승인을 얻은 후 회계연도 개시 120일 전까지 국회에 제출하여야 한다. 기획재정부장관이 정부를 대표해서 국회에 예산안을 제출한다.
1] 예산안의 편성(제32조) 기획재정부장관은 제31조제1항의 규정에 따른 예산요구서에 따라 예산안을 편성하여 국무회의의 심의를 거친 후 대통령의 승인을 얻어야 한다.
2] 예산안의 국회제출(제33조) 정부는 제32조의 규정에 따라 대통령의 승인을 얻은 예산안을 회계연도 개시 120일 전까지 국회에 제출하여야 한다.

18 ④

해설 특/별/인/가(시행 세부규칙 제15조)
① 모든 경찰공무원(전투경찰순경을 포함한다)은 임용과 동시 Ⅲ급 비밀취급권을 가진다.
② 경찰공무원 중 다음 각호의 부서에 근무하는 자(전투경찰순경을 포함한다)는 그 보직발령과 동시에 Ⅱ급 비밀취급권을 인가받은 것으로 한다.
  1. 경비, 경호, 작전, 항공, 정보통신 담당부서(기동대, 전경대의 경우는 행정부서에 한한다)
  2. 정보, 안보, 외사부서
  3. 감찰, 감사 담당부서
  4. 치안상황실, 발간실, 문서수발실
  5. 경찰청 각 과의 서무담당자 및 비밀을 관리하는 보안업무 담당자
  6. 부속기관, 시·도경찰청, 경찰서 각 과의 서무담당자 및 비밀을 관리하는 보안업무 담당자
③ 제1항 및 제2항에 따라 비밀의 취급인가를 받은 자에 대하여는 별도로 비밀취급인가증을 발급하지 않는다. 다만, 업무상 필요한 경우에는 발급할 수 있다.
④ 각 경찰기관의 장은 제2항 각호의 부서에 근무하는 경찰공무원 중 신원특이자에 대하여는 위원회 또는 자체 심의기구에서 Ⅱ급 비밀취급의 인가여부를 심의하고, 비밀취급이 불가능하다고 의결된 자에 대하여는 즉시 인사조치한다.

19 ①

해설 1) 청구인이 정보공개와 관련한 공공기관의 비공개 결정 또는 부분 공개 결정에 대하여 불복이 있거나 정보공개 청구 후 (20)일이 경과하도록 정보공개 결정이 없는 때에는 공공기관으로부터 정보공개 여부의 결정 통지를 받은 날 또는 정보공개 청구 후 (20)일이 경과한 날부터 (30)일 이내에 해당 공공기관에 문서로 이의신청을 할 수 있다(제18조 제1항).

2) 공공기관은 이의신청을 받은 날부터 (7)일 이내에 그 이의신청에 대하여 결정하고 그 결과를 청구인에게 지체 없이 문서로 통지하여야 한다. 다만, 부득이한 사유로 정하여진 기간 이내에 결정할 수 없을 때에는 그 기간이 끝나는 날의 다음 날부터 기산하여 (7)일의 범위에서 연장할 수 있으며, 연장 사유를 청구인에게 통지하여야 한다(동조 제3항).

20 ①

해설 1] 정의(정의) 이 규칙에서 사용하는 용어의 정의는 다음과 같다.
  1. "경찰관등"이란 경찰청과 그 소속기관의 경찰공무원, 일반직공무원, 무기계약근로자 및 기간제근로자, 의무경찰을 의미한다.
  2. "인권침해"란 경찰관 등이 직무를 수행하는 과정에서 모든 사람에게 보장된 인권을 침해하는 것을 말한다.
  3. "조사담당자"란 인권침해를 내용으로 하는 진정을 조사하고 이에 따른 구제 업무 등을 수행하는 경찰청과 그 소속기관에 근무하는 공무원을 말한다.

2] 설치(제3조)
경찰 활동 전반에 걸친 민주적 통제를 구현하여 경찰력 오·남용을 예방하고, 경찰행정의 인권지향성을 높여 인권을 존중하는 경찰 활동을 정립하기 위해 경찰청장 및 시·도경찰청장의 자문기구로서 각각 경찰청 인권위원회, 시·도경찰청 인권위원회를 설치하여 운영한다.

3] 구성(제5조)
① 위원회는 위원장 1명을 포함하여 7명 이상 13명 이하의 위원으로 구성한다. 이때, 특정 성별이 전체 위원 수의 10분의 6을 초과하지 아니해야 한다.
② 위원장은 위원회에서 호선(互選)하며, 위원은 당연직 위원과 위촉 위원으로 구분한다.
③ 당연직 위원은 경찰청은 감사관, 시·도경찰청은 청문감사인권담당관으로 한다.
④ 위촉 위원은 인권 분야에 전문적인 지식과 경험이 있고 아래 각호의 어느 하나에 해당하는 사람 중에서 경찰청장 또는 시·도경찰청장이 위촉한다. 이때, 각호에 해당하는 사람이 반드시 1명 이상 포함되어야 한다.
  1. 판사·검사 또는 변호사로 3년 이상의 경력이 있는 사람
  2. 「초·중등교육법」제2조제1호부터 제4호, 「고등교육법」제2조제1호부터 제6호까지의 규정에 따른 학교에서 교원 또는 교직원으로 3년 이상 근무한 경력이 있는 사람
  3. 「비영리민간단체지원법」제2조제1호부터 제3호, 제5호부터 제6호까지의 규정에 따른 단체에서 인권 분야에 3년 이상 활동한 경력이 있거나 그러한 단체로부터 인권위원으로 위촉되기에 적합하다고 추천을 받은 사람
  4. 그 밖에 사회적 약자 등 다양한 사회 구성원의 목소리를 반영할 수 있는 사람

4] 임기(제7조)
① 위원장과 위촉 위원의 임기는 위촉된 날로부터 2년으로 하며 위원장의 직은 연임할 수 없고, 위촉 위원은 두 차례만 연임할 수 있다.
② 위촉 위원에 결원이 생긴 경우 새로 위촉할 수 있고, 이 경우 새로 위촉된 위원의 임기는 위촉된 날부터 기산한다.

5] 경찰 인권정책 기본계획의 수립(제18조)
경찰청장은 국민의 인권보호와 증진을 위하여 경찰 인권정책 기본계획(이하 "기본계획"이라 한다)을 5년마다

수립해야 한다(제1항).

6] 경찰 인권교육계획의 수립(제18조의2)
경찰청장은 경찰관등(경찰공무원으로 신규 임용될 사람을 포함한다. 이하 이 조, 제20조, 제20조의2 및 제20조의3에서 같다)이 근무하는 동안 지속적·체계적으로 교육을 받을 수 있도록 3년 단위로 다음 각호의 사항을 포함한 인권교육종합계획을 수립하여 시행해야 한다(제1항).

7] 교육시기 및 이수시간(제20조의3)
경찰관등에 대한 인권교육은 교육대상에 따라 다음 각 호와 같이 실시해야 한다.
1. 신규 임용예정 경찰관등: 각 교육기관 교육기간 중 5시간 이상
2. 경찰관서의 장(지역경찰관서의 장과 기동부대의 장을 포함한다) 및 각 경찰관서 재직 경찰관등: 연 6시간 이상
3. 교육기관에 입교한 경찰관등: 보수·직무교육 등 교육과정 중 1시간 이상
4. 인권 강사 경찰관등: 연 40시간 이상

21 ③

[해설] ③ 치안서비스 제공자 모델은 경찰의 활동을 본질적으로 시민에 대한 서비스활동과 사회봉사활동의 측면을 강조하고(지역사회 경찰활동과 일맥상통), 치안서비스에는 비권력적인 대민서비스뿐만 아니라 범죄의 예방과 진압이 포함됨은 물론이다.

22 ③

[해설] 1] 사전컨설팅 감사의 원칙(제14조)
사전컨설팅 대상 기관 및 대상 부서의 장은 불합리한 제도 등으로 인하여 공공의 이익이 훼손되는 일이 없도록 사전컨설팅 감사를 적극 활용하여야 한다.

2] 사전컨설팅 감사의 대상(제15조)
① 사전컨설팅 대상 기관등의 장은 다음 각호의 어느 하나에 해당하는 업무를 수행하기 전에 감사관에게 사전컨설팅 감사를 신청할 수 있다.
  1. 인가·허가·승인 등 규제관련 업무
  2. 법령·행정규칙 등의 해석에 대한 이견 등으로 인하여 능동적인 업무처리가 곤란한 경우
  3. 그 밖에 적극행정 추진을 위해 감사관이 필요하다고 인정하는 경우
② <u>행정심판, 소송, 수사 또는 타 기관에서 감사 중인 사항, 타 법령에서 정하고 있는 재심의 절차를 거친 사항 등은 사전컨설팅 감사 대상에서 제외한다.</u>

3] 사전컨설팅 감사의 신청(제16조)
① 사전컨설팅 대상 기관등의 장은 사전컨설팅 감사가 필요하다고 인정되는 경우 충분한 자체 검토를 거친 후 별지 제6호 서식에 따른 신청서를 작성하여 감사관에게 제출할 수 있다.
② 산하 공직유관단체의 장이 감사관에게 사전컨설팅을 신청하는 경우에는 자체감사기구의 장의 의견 및 관련 자료를 첨부하여야 한다.

23 ④

[해설] 금/품/등/을/받/는/행/위/의/제/한(제14조)
① 공무원은 직무 관련 여부 및 기부·후원·증여 등 그 명목에 관계없이 동일인으로부터 1회에 100만원 또는 매 회계연도에 300만원을 초과하는 금품등을 받거나 요구 또는 약속해서는 아니 된다.
② 공무원은 직무와 관련하여 대가성 여부를 불문하고 제1항에서 정한 금액 이하의 금품등을 받거나 요구 또는

약속해서는 아니 된다.
③ 제15조의 외부강의등에 관한 사례금 또는 다음 각 호의 어느 하나에 해당하는 금품등은 제1항 또는 제2항에서 수수(收受)를 금지하는 금품등에 해당하지 아니한다.
  1. 소속 기관의 장등이 소속 공무원이나 파견 공무원에게 지급하거나 상급자가 위로·격려·포상 등의 목적으로 하급자에게 제공하는 금품등
  2. 원활한 직무수행 또는 사교·의례 또는 부조의 목적으로 제공되는 음식물·경조사비·선물 등으로서 별표 1의 가액 범위 내의 금품등
  3. 사적 거래(증여는 제외한다)로 인한 채무의 이행 등 정당한 권원(權原)에 의하여 제공되는 금품등
  4. 공무원의 친족(「민법」 제777조에 따른 친족을 말한다)이 제공하는 금품등
  5. 공무원과 관련된 직원상조회·동호인회·동창회·향우회·친목회·종교단체·사회단체 등이 정하는 기준에 따라 구성원에게 제공하는 금품등 및 그 소속 구성원 등 공무원과 특별히 장기적·지속적인 친분관계를 맺고 있는 자가 질병·재난 등으로 어려운 처지에 있는 공무원에게 제공하는 금품등
  6. 공무원의 직무와 관련된 공식적인 행사에서 주최자가 참석자에게 통상적인 범위에서 일률적으로 제공하는 교통, 숙박, 음식물 등의 금품등
  7. 불특정 다수인에게 배포하기 위한 기념품 또는 홍보용품 등이나 경연·추첨을 통하여 받는 보상 또는 상품 등
  8. 그 밖에 사회상규(社會常規)에 따라 허용되는 금품 등
④ 공무원은 제3항제5호에도 불구하고 같은 호에 따라 특별히 장기적·지속적인 친분관계를 맺고 있는 자가 직무관련자 또는 직무관련공무원으로서 금품등을 제공한 경우에는 그 수수 사실을 별지 제10호서식에 따라 소속 기관의 장에게 신고하여야 한다.
⑤ 공무원은 자신의 배우자나 직계존속·비속이 자신의 직무와 관련하여 제1항 또는 제2항에 따라 공무원이 받는 것이 금지되는 금품등을 받거나 요구하거나 제공받기로 약속하지 아니하도록 하여야 한다.
⑥ 공무원은 다른 공무원에게 또는 그 공무원의 배우자나 직계 존속·비속에게 수수 금지 금품등을 제공하거나 그 제공의 약속 또는 의사표시를 해서는 아니 된다.

24 ①

해설 ㉢ 단서의 예외 규정은 없다. 그러므로 재물/재산상 이익의 취득이 없더라도 처벌 가능하다(제27조 제3항).

1] 직무상 비밀 등 이용 금지(제14조)
① 공직자(공직자가 아니게 된 날부터 3년이 경과하지 아니한 사람을 포함하되, 다른 법률에서 이와 달리 규정하고 있는 경우에는 그 법률에서 규정한 바에 따른다. 이하 이 조, 제27조제1항, 같은 조 제2항제1호 및 같은 조 제3항제1호에서 같다)는 직무수행 중 알게 된 비밀 또는 소속 공공기관의 미공개정보(재물 또는 재산상 이익의 취득 여부의 판단에 중대한 영향을 미칠 수 있는 정보로서 불특정 다수인이 알 수 있도록 공개되기 전의 것을 말한다. 이하 같다)를 이용하여 재물 또는 재산상의 이익을 취득하거나 제3자로 하여금 재물 또는 재산상의 이익을 취득하게 하여서는 아니 된다.
② 공직자로부터 직무상 비밀 또는 소속 공공기관의 미공개정보임을 알면서도 제공받거나 부정한 방법으로 취득한 자는 이를 이용하여 재물 또는 재산상의 이익을 취득하여서는 아니 된다.
③ 공직자는 직무수행 중 알게 된 비밀 또는 소속 공공기관의 미공개정보를 사적 이익을 위하여 이용하거나 제3자로 하여금 이용하게 하여서는 아니 된다.

2] 벌칙(제27조)
① 제14조 제1항을 위반하여 직무수행 중 알게 된 비밀 또는 소속 공공기관의 미공개정보를 이용하여 재물 또는 재산상의 이익을 취득하거나 제3자로 하여금 재물 또는 재산상의 이익을 취득하게 한 공직자는 7년 이하의 징역 또는 7천만원 이하의 벌금에 처한다.
② 제14조 제2항을 위반하여 공직자로부터 직무상 비밀 또는 소속 공공기관의 미공개정보임을 알면서도 제공받거

나 부정한 방법으로 취득하고 이를 이용하여 재물 또는 재산상의 이익을 취득한 자는 5년 이하의 징역 또는 5천만원 이하의 벌금에 처한다.

③ 제14조 제3항을 위반하여 직무수행 중 알게 된 비밀 또는 소속 공공기관의 미공개정보를 사적 이익을 위하여 이용하거나 제3자로 하여금 이용하도록 한 공직자는 3년 이하의 징역 또는 3천만원 이하의 벌금에 처한다.

④ ① 및 ② 경우 징역과 벌금은 병과(倂科)할 수 있고, 죄를 범한 자(①경우 그 정을 아는 제3자를 포함)가 취득한 재물 또는 재산상의 이익은 몰수한다. 다만, 이를 몰수할 수 없을 때에는 그 가액을 추징한다.

25 ①

해설 ① 고전주의 범죄학에서는 인간은 자유의지가 있고, 범죄는 인간의 자유의지에 의한 것이고 외적 요소에 의해 강요되는 것은 아니라고 한다. 그리고 범죄는 형벌을 통해 통제되고 형벌은 엄격하고 신속하고 확실해야 하며, 효과적 범죄예방은 범죄를 선택하지 못하게 하는 것이라고 주장한다.

④ Glaser의 차별적 동일시이론

26 ②

해설 ㉠ [O]

㉡ [O]

㉢ [X] 특수경비업무는 공항(항공기를 포함) 등 대통령령이 정하는 국가중요시설의 경비 및 도난·화재 그 밖의 위험발생을 방지하는 업무이다.

㉣ [X] 기계경비업무는 경비대상시설에 설치한 기기에 의하여 감지·송신된 정보를 그 경비대상시설 외의 장소에 설치한 관제시설의 기기로 수신하여 도난·화재 등 위험발생을 방지하는 업무이다.

27 ④

해설 ① [X] 풍속영업소인 숙박업소에서 음란한 외국의 위성방송프로그램을 수신하여 투숙객 등으로 하여금 시청하게 하는 행위는, 풍속법 제3조 제2호에 규정된 '음란한 물건'을 관람하게 하는 행위에 해당한다. [대법원 2010. 7. 15. 선고, 2008도11679, 판결]

② [X] 「풍속영업의 규제에 관한 법률」 제3조 소정의 '풍속영업을 영위하는 자'는 「식품위생법」 등 개별법률에서 정한 영업허가나 신고, 등록의 유무를 묻지 아니하고, 같은 법 제2조에서 정하는 풍속영업의 범위에 속하는 영업을 실제로 하는 자이므로, 그 풍속영업자가 지켜야 할 준수사항도 실제로 하고 있는 영업형태에 따라 정하여지는 것이지, 그 자가 받은 영업허가 등에 의하여 정하여지는 것은 아니므로, 유흥주점영업허가를 받았다고 하더라도 실제로는 노래연습장 영업을 하고 있다면 유흥주점영업에 따른 영업자 준수사항을 지켜야 할 의무가 있다고 할 수 없다. [대법원 1997. 9. 30. 선고, 97도1873, 판결]

③ [X] 일시 오락 정도에 불과한 도박행위의 동기나 목적, 그 수단이나 방법, 보호법익과 침해법익과의 균형성 그리고 일시 오락 정도에 불과한 도박은 그 재물의 경제적 가치가 근소하여 건전한 근로의식을 침해하지 않을 정도이므로 건전한 풍속을 해할 염려가 없는 정도의 단순한 오락에 그치는 경미한 행위에 불과하고, 일반 서민대중이 여가를 이용하여 평소의 심신의 긴장을 해소하는 오락은 이를 인정함이 국가정책적 입장에서 보더라도 허용된다. 그러므로 풍속영업자가 자신이 운영하는 여관에서 친구들과 일시 오락 정도에 불과한 도박을 한 경우, 「형법」상 도박죄는 성립하지 아니하고 「풍속영업의 규제에 관한 법률」 위반죄의 구성요건에는 해당하나 사회상규에 위배되지 않는 행위로서 위법성이 조각된다고 한 사례 [대법원 2004. 4. 9. 선고, 2003도6351, 판결]

④ [O] 유흥주점 여종업원들이 웃옷을 벗고 브래지어만 착용하거나 치마를 허벅지가 다 드러나도록 걷어 올리고 가슴이 보일 정도로 어깨끈을 밑으로 내린 채 손님을 접대한 사안에서, 위 종업원들의 행위와 노출 정도가 형사법상 규제의 대상으로 삼을 만큼 사회적으로 유해한 영향을 끼칠 위험성이 있다고 평가할 수 있을 정도로 노골적인 방법에 의하여 성적 부위를 노출하거나 성적 행위를 표현한 것이라고 단정하기에 부족하다는 이유로, 구

「풍속영업의 규제에 관한 법률」 제3조 제1호에 정한 '음란행위'에 해당한다고 판단한 원심판결을 파기한 사례 [대법원 2009. 2. 26. 선고, 2006도3119, 판결]

28 ②

해설 ① 시도경찰청장
③ 경찰서장
④ 상황근무

1] **지휘 및 감독(제9조)** 지역경찰관서에 대한 지휘 및 감독은 다음 각호에 따른다.
  1. 경찰서장 : 지역경찰관서의 운영에 관하여 총괄 지휘·감독
  2. 경찰서 각 과장 등 부서장 : 각 부서의 소관업무와 관련된 지역경찰의 업무에 관하여 경찰서장을 보좌
  3. 지역경찰관서장 : 지역경찰관서의 시설·장비·예산 및 소속 지역경찰의 근무에 관한 제반사항을 지휘·감독
  4. 순찰팀장 : 근무시간 중 소속 지역경찰을 지휘·감독

2] **근무의 종류(제22조)** 지역경찰의 근무는 행정근무, 상황근무, 순찰근무, 경계근무, 대기근무, 기타근무로 구분한다.

3] **행정근무(제23조)** 행정근무를 지정받은 지역경찰은 지역경찰관서 내에서 다음 각 호의 업무를 수행한다.
  1. 문서의 접수 및 처리
  2. 시설·장비의 관리 및 예산의 집행
  3. 각종 현황, 통계, 자료, 부책 관리
  4. 기타 행정업무 및 지역경찰관서장이 지시한 업무

4] **상황근무(제24조)**
① 상황근무를 지정받은 지역경찰은 지역경찰관서 및 치안센터 내에서 다음 각호의 업무를 수행한다.
  1. 시설 및 장비의 작동여부 확인
  2. 방문민원 및 각종 신고사건의 접수 및 처리
  3. 요보호자 또는 피의자에 대한 보호·감시
  4. 중요 사건·사고 발생시 보고 및 전파
  5. 기타 필요한 문서의 작성

5] **순찰근무(제25조)**
① 순찰근무는 그 수단에 따라 112 순찰, 방범오토바이 순찰, 자전거 순찰 및 도보 순찰 등으로 구분한다.
② 112 순찰근무 및 야간 순찰근무는 반드시 2인 이상 합동으로 지정하여야 한다.
③ 순찰근무를 지정받은 지역경찰은 지정된 근무구역에서 다음 각호의 업무를 수행한다.
  1. 주민여론 및 범죄첩보 수집
  2. 각종 사건사고 발생시 초동조치 및 보고, 전파
  3. 범죄 예방 및 위험발생 방지 활동
  4. 범법자의 단속 및 검거
  5. 경찰방문 및 방범진단
  6. 통행인 및 차량에 대한 검문검색 등
④ 순찰근무를 할 때에는 다음 각호의 사항에 유의하여야 한다.
  1. 문제의식을 가지고 면밀하게 관찰
  2. 주민에 대한 정중하고 친절한 예우
  3. 돌발 상황에 대한 대비 및 경계 철저
  4. 지속적인 치안상황 확인 및 신속 대응

6] 경계근무(제26조)
① 경계근무는 반드시 2인 이상 합동으로 지정하여야 한다.
② 경계근무를 지정받은 지역경찰은 지정된 장소에서 다음 각 호의 업무를 수행한다.
    1. 범법자 등을 단속·검거하기 위한 통행인 및 차량, 선박 등에 대한 검문검색 및 후속조치
    2. 비상 및 작전사태 등 발생시 차량, 선박 등의 통행 통제

7] 대기근무(제27조)
① 대기 근무는 「경찰기관 상시근무 공무원의 근무시간 등에 관한 규칙」 제2조제6호의 "대기"를 뜻한다.
② 대기근무의 장소는 지역경찰관서 및 치안센터 내로 한다. 단, 식사시간을 대기 근무로 지정한 경우에는 식사 장소를 대기 근무 장소로 지정할 수 있다.
③ 대기근무를 지정받은 지역경찰은 지정된 장소에서 휴식을 취하되, 무전기를 청취하며 10분 이내 출동이 가능한 상태를 유지하여야 한다.

8] 기타근무(제28조)
① 기타근무란 제23조부터 제27조까지의 규정을 제외하고 치안상황에 효과적으로 대응하기 위하여 지역경찰 관리자가 지정하는 근무를 말한다.
② 기타근무의 근무내용 및 방법 등은 지역경찰관리자가 정한다.

29 ①

[해설] ① 개정으로 구체적·명시적으로 「서면경고」라고 규정하고 있으므로 「서면경고」라고 해야 한다.

스토킹행위 신고 등에 대한 응급조치(제3조)
사법경찰관리는 진행 중인 스토킹행위에 대하여 신고를 받은 경우 즉시 현장에 나가 다음 각 호의 조치를 하여야 한다.
    1. 스토킹행위의 제지, 향후 스토킹행위의 중단 통보 및 스토킹행위를 지속적 또는 반복적으로 할 경우 처벌 서면경고
    2. 스토킹행위자와 피해자등의 분리 및 범죄수사
    3. 피해자등에 대한 긴급응급조치 및 잠정조치 요청의 절차 등 안내
    4. 스토킹 피해 관련 상담소 또는 보호시설로의 피해자등 인도(피해자등이 동의한 경우만 해당한다)

30 ③

[해설] ③ 사법경찰관은 변사자 또는 변사한 것으로 의심되는 사체가 있으면 변사사건 발생사실을 검사에게 통보해야 한다. 상호협력관계이다.

1] 고소·고발 사건의 수리(제16조의2)
① 검사 또는 사법경찰관은 고소 또는 고발을 받은 경우에는 이를 수리해야 한다.
② 검사 또는 사법경찰관은 고소 또는 고발에 따라 범죄를 수사하는 경우에는 고소 또는 고발을 수리한 날부터 3개월 이내에 수사를 마쳐야 한다.

2] 변사자의 검시(제17조)
① 사법경찰관은 변사자 또는 변사한 것으로 의심되는 사체가 있으면 변사사건 발생사실을 검사에게 통보해야 한다.
② 검사는 법 제222조제1항에 따라 검시를 했을 경우에는 검시조서를, 검증영장이나 같은 조 제2항에 따라 검증을 했을 경우에는 검증조서를 각각 작성하여 사법경찰관에게 송부해야 한다.
③ 사법경찰관은 법 제222조제1항 및 제3항에 따라 검시를 했을 경우에는 검시조서를, 검증영장이나 같은 조 제2항 및 제3항에 따라 검증을 했을 경우에는 검증조서를 각각 작성하여 검사에게 송부해야 한다.
④ 검사와 사법경찰관은 법 제222조에 따라 변사자의 검시를 한 사건에 대해 사건 종결 전에 수사할 사항 등에

관하여 상호 의견을 제시·교환해야 한다.
3] 검사의 사건 이송(제18조)
① 검사는 「검찰청법」 제4조제1항제1호 각 목(부패범죄, 경제범죄 등 대통령령으로 정하는 중요 범죄, 경찰공무원 및 고위공직자범죄수사처 소속 공무원이 범한 범죄 등)에 해당되지 않는 범죄에 대한 고소·고발·진정 등이 접수된 때에는 사건을 검찰청 외의 수사기관에 이송해야 한다.
② 검사는 다음 각호의 어느 하나에 해당하는 때에는 사건을 검찰청 외의 수사기관에 이송할 수 있다.
  1. 법 제197조의4제2항 단서에 따라 사법경찰관이 범죄사실을 계속 수사할 수 있게 된 때
  2. 그 밖에 다른 수사기관에서 수사하는 것이 적절하다고 판단되는 때
③ 검사는 제1항 또는 제2항에 따라 사건을 이송하는 경우에는 관계 서류와 증거물을 해당 수사기관에 함께 송부해야 한다.
④ 검사는 제2항제2호에 따른 이송을 하는 경우에는 특별한 사정이 없으면 사건을 수리한 날부터 1개월 이내에 이송해야 한다.

31 ②

해설 ② [O] ㉠ – ⓓ, ㉡ – ⓐ, ㉢ – ⓔ, ㉣ – ⓑ, ㉤ – ⓒ

32 ③

해설 「검사와 사법경찰관의 상호협력과 일반적 수사준칙」에 관한 규정에서는 오후 9시부터 오전 6시까지 사이에 조사(심야조사)를 해서는 안 된다고 규정하고 있다(제21조 제1항).
1] 「경찰수사규칙」
1) 고소·고발사건의 수사기간(제24조)
① 사법경찰관리는 고소·고발을 수리한 날부터 3개월 이내에 수사를 마쳐야 한다.
② 사법경찰관리는 제1항의 기간 내에 수사를 완료하지 못한 경우에는 그 이유를 소속수사부서장에게 보고하고 수사기간 연장을 승인받아야 한다.
2) 심야조사 제한(제36조)
① 사법경찰관은 「수사준칙」 제21조제2항제4호에 따라 심야조사를 하려는 경우에는 심야조사의 내용 및 심야조사가 필요한 사유를 소속 경찰관서에서 인권보호 업무를 담당하는 부서의 장에게 보고하고 허가를 받아야 한다.
② 사법경찰관은 제1항에 따라 허가를 받은 경우 수사보고서를 작성하여 사건기록에 편철해야 한다.
3) 장시간 조사 제한(제37조)
  사법경찰관리는 피의자나 사건관계인으로부터 「수사준칙」 제22조제1항제1호에 따라 조서 열람을 위한 조사연장을 요청받은 경우에는 별지 제24호서식의 조사연장 요청서를 제출받아야 한다.
2] 「검사와 사법경찰관의 상호협력과 일반적 수사준칙에 관한 규정」
1) 심야조사 제한(제21조)
① 검사 또는 사법경찰관은 조사, 신문, 면담 등 그 명칭을 불문하고 피의자나 사건관계인에 대해 오후 9시부터 오전 6시까지 사이에 조사(심야조사)를 해서는 안 된다. 다만, 이미 작성된 조서의 열람을 위한 절차는 자정 이전까지 진행할 수 있다.
② 제1항에도 불구하고 다음 각호의 어느 하나에 해당하는 경우에는 심야조사를 할 수 있다. 이 경우 심야조사의 사유를 조서에 명확하게 적어야 한다.
  1. 피의자를 체포한 후 48시간 이내에 구속영장의 청구 또는 신청 여부를 판단하기 위해 불가피한 경우
  2. 공소시효가 임박한 경우
  3. 피의자나 사건관계인이 출국, 입원, 원거리 거주, 직업상 사유 등 재출석이 곤란한 구체적인 사유를 들어

심야조사를 요청한 경우(변호인이 심야조사에 동의하지 않는다는 의사를 명시한 경우는 제외)로서 해당 요청에 상당한 이유가 있다고 인정되는 경우
4. 그 밖에 사건의 성질 등을 고려할 때 심야조사가 불가피하다고 판단되는 경우 등 법무부장관, 경찰청장 또는 해양경찰청장이 정하는 경우로서 검사 또는 사법경찰관의 소속 기관의 장이 지정하는 인권보호 책임자의 허가 등을 받은 경우

2) 장시간 조사 제한(제22조)
① 검사 또는 사법경찰관은 조사, 신문, 면담 등 그 명칭을 불문하고 피의자나 사건관계인을 조사하는 경우에는 대기시간, 휴식시간, 식사시간 등 모든 시간을 합산한 조사시간(총조사시간)이 12시간을 초과하지 않도록 해야 한다. 다만, 다음 각호의 어느 하나에 해당하는 경우에는 예외로 한다.
 1. 피의자나 사건관계인의 서면 요청에 따라 조서를 열람하는 경우
 2. 제21조제2항 각호의 어느 하나에 해당하는 경우
② 검사 또는 사법경찰관은 특별한 사정이 없으면 총조사시간 중 식사시간, 휴식시간 및 조서의 열람시간 등을 제외한 실제 조사시간이 8시간을 초과하지 않도록 해야 한다.
③ 검사 또는 사법경찰관은 피의자나 사건관계인에 대한 조사를 마친 때부터 8시간이 지나기 전에는 다시 조사할 수 없다. 다만, 제1항제2호에 해당하는 경우에는 예외로 한다.

33 ③

해설 ③ [O] 동법 제7조 제1항
② [X] 동법 제2조 제2호(테러단체란 국제연합(UN)이 지정한 테러단체를 말한다)

1] 테러피해의 지원(제15조)
① 테러로 인하여 신체 또는 재산의 피해를 입은 국민은 관계기관에 즉시 신고하여야 한다. 다만, 인질 등 부득이한 사유로 신고할 수 없을 때에는 법률관계 또는 계약관계에 의하여 보호의무가 있는 사람이 이를 알게 된 때에 즉시 신고하여야 한다.
② 국가 또는 지방자치단체는 제1항의 피해를 입은 사람에 대하여 대통령령으로 정하는 바에 따라 치료 및 복구에 필요한 비용의 전부 또는 일부를 지원할 수 있다. 다만, 「여권법」 제17조제1항 단서에 따른 외교부장관의 허가를 받지 아니하고 방문 및 체류가 금지된 국가 또는 지역을 방문·체류한 사람에 대해서는 그러하지 아니하다.
③ 제2항에 따른 비용의 지원 기준·절차·금액 및 방법 등에 관하여 필요한 사항은 대통령령으로 정한다.

2] 특별위로금(제16조)
① 테러로 인하여 생명의 피해를 입은 사람의 유족 또는 신체상의 장애 및 장기치료가 필요한 피해를 입은 사람에 대해서는 그 피해의 정도에 따라 등급을 정하여 특별위로금을 지급할 수 있다. 다만, 「여권법」 제17조제1항 단서에 따른 외교부장관의 허가를 받지 아니하고 방문 및 체류가 금지된 국가 또는 지역을 방문·체류한 사람에 대해서는 그러하지 아니하다.
② 제1항에 따른 특별위로금의 지급 기준·절차·금액 및 방법 등에 관하여 필요한 사항은 대통령령으로 정한다.

34 ③

해설 ③ 운전면허 취소사유에 해당되어도 국제운전면허에 대한 취소제도는 없고, 1년 기간 내 국제운전면허증에 의한 자동차의 운전을 금지할 수 있다.

1) 국제운전면허증 또는 상호인정외국면허증에 의한 자동차등의 운전(제96조)
① 외국의 권한 있는 기관에서 제1호부터 제3호까지의 어느 하나에 해당하는 협약·협정 또는 약정에 따른 운전면허증(국제운전면허증) 또는 제4호에 따라 인정되는 외국면허증(상호인정외국면허증)을 발급받은 사람은 제80조제1항에도 불구하고 국내에 입국한 날부터 1년 동안 그 국제운전면허증 또는 상호인정외국면허증으로 자동

차등을 운전할 수 있다. 이 경우 운전할 수 있는 자동차의 종류는 그 국제운전면허증 또는 상호인정외국면허증에 기재된 것으로 한정한다.
1. 1949년 제네바에서 체결된 「도로교통에 관한 협약」
2. 1968년 비엔나에서 체결된 「도로교통에 관한 협약」
3. 우리나라와 외국 간에 국제운전면허증을 상호 인정하는 협약, 협정 또는 약정
4. 우리나라와 외국 간에 상대방 국가에서 발급한 운전면허증을 상호 인정하는 협약·협정 또는 약정

② 국제운전면허증을 외국에서 발급받은 사람 또는 상호인정외국면허증으로 운전하는 사람은 「여객자동차 운수사업법」 또는 「화물자동차 운수사업법」에 따른 사업용 자동차를 운전할 수 없다. 다만, 「여객자동차 운수사업법」에 따른 대여사업용 자동차를 임차(賃借)하여 운전하는 경우에는 그러하지 아니하다.

③ 제82조제2항에 따른 운전면허 결격사유에 해당하는 사람으로서 같은 항 각 호의 구분에 따른 기간이 지나지 아니한 사람은 제1항에도 불구하고 자동차등을 운전하여서는 아니 된다.

2) 자동차등의 운전 금지(제97조)

① 제96조에 따라 국제운전면허증 또는 상호인정외국면허증을 가지고 국내에서 자동차등을 운전하는 사람이 다음 각 호의 어느 하나에 해당하는 경우에는 그 사람의 주소지를 관할하는 시·도경찰청장은 행정안전부령으로 정한 기준에 따라 1년을 넘지 아니하는 범위에서 국제운전면허증 또는 상호인정외국면허증에 의한 자동차등의 운전을 금지할 수 있다.
1. 제38조제1항에 따른 적성검사를 받지 아니하였거나 적성검사에 불합격한 경우
2. 운전 중 고의 또는 과실로 교통사고를 일으킨 경우
3. 대한민국 국적을 가진 사람이 제93조제1항 또는 제2항에 따라 운전면허가 취소되거나 효력이 정지된 후 제82조제2항 각호에 규정된 기간이 지나지 아니한 경우
4. 자동차등의 운전에 관하여 이 법이나 이 법에 따른 명령 또는 처분을 위반한 경우

② 제1항에 따라 자동차등의 운전이 금지된 사람은 지체 없이 국제운전면허증 또는 상호인정외국면허증에 의한 운전을 금지한 시·도경찰청장에게 그 국제운전면허증 또는 상호인정외국면허증을 제출하여야 한다.

③ 시·도경찰청장은 제1항에 따른 금지기간이 끝난 경우 또는 금지처분을 받은 사람이 그 금지기간 중에 출국하는 경우에는 그 사람의 반환청구가 있으면 지체 없이 보관 중인 국제운전면허증 또는 상호인정외국면허증을 돌려주어야 한다.

35 ④

[해설] 1] 「도로교통법」 제148조의2(벌칙)

① 제44조제1항 또는 제2항을 위반(자동차등 또는 노면전차를 운전한 경우로 한정한다. 다만, 개인형 이동장치를 운전한 경우는 제외)하여 벌금 이상의 형을 선고받고 그 형이 확정된 날부터 10년 내에 다시 같은 조 제1항 또는 제2항을 위반한 사람(형이 실효된 사람도 포함)은 다음 각호의 구분에 따라 처벌한다. 〈개정 2023. 1. 3.〉
1. 제44조제2항(경찰공무원은 교통의 안전과 위험방지를 위하여 필요하다고 인정하거나 제1항을 위반하여 술에 취한 상태에서 자동차등, 노면전차 또는 자전거를 운전하였다고 인정할 만한 상당한 이유가 있는 경우에는 운전자가 술에 취하였는지를 호흡조사로 측정할 수 있다. 이 경우 운전자는 경찰공무원의 측정에 응하여야 한다)을 위반한 사람은 1년 이상 6년 이하의 징역이나 500만원 이상 3천만원 이하의 벌금에 처한다.
2. 제44조제1항(음주운전금지)을 위반한 사람 중 혈중알코올농도가 0.2퍼센트 이상인 사람은 2년 이상 6년 이하의 징역이나 1천만원 이상 3천만원 이하의 벌금에 처한다.
3. 제44조제1항(음주운전금지)을 위반한 사람 중 혈중알코올농도가 0.03퍼센트 이상 0.2퍼센트 미만인 사람은 1년 이상 5년 이하의 징역이나 500만원 이상 2천만원 이하의 벌금에 처한다.

② 술에 취한 상태에 있다고 인정할 만한 상당한 이유가 있는 사람으로서 제44조제2항에 따른 경찰공무원의 측정에 응하지 아니하는 사람(자동차등 또는 노면전차를 운전한 경우로 한정)은 1년 이상 5년 이하의 징역이나 500

만원 이상 2천만원 이하의 벌금에 처한다.
③ 제44조제1항(음주운전금지)을 위반하여 술에 취한 상태에서 자동차등 또는 노면전차를 운전한 사람은 다음 각 호의 구분에 따라 처벌한다.
　1. 혈중알코올농도가 0.2퍼센트 이상인 사람은 2년 이상 5년 이하의 징역이나 1천만원 이상 2천만원 이하의 벌금
　2. 혈중알코올농도가 0.08퍼센트 이상 0.2퍼센트 미만인 사람은 1년 이상 2년 이하의 징역이나 500만원 이상 1천만원 이하의 벌금
　3. 혈중알코올농도가 0.03퍼센트 이상 0.08퍼센트 미만인 사람은 1년 이하의 징역이나 500만원 이하의 벌금
④ 제45조를 위반하여 약물로 인하여 정상적으로 운전하지 못할 우려가 있는 상태에서 자동차등 또는 노면전차를 운전한 사람은 3년 이하의 징역이나 1천만원 이하의 벌금에 처한다.

2] 「도로교통법」 제44조(술에 취한 상태에서의 운전 금지)
① 누구든지 술에 취한 상태에서 자동차등(「건설기계관리법」 제26조제1항 단서에 따른 건설기계 외의 건설기계를 포함한다. 이하 이 조, 제45조, 제47조, 제93조제1항제1호부터 제4호까지 및 제148조의2에서 같다), 노면전차 또는 자전거를 운전하여서는 아니 된다.
② 경찰공무원은 교통의 안전과 위험방지를 위하여 필요하다고 인정하거나 제1항을 위반하여 술에 취한 상태에서 자동차등, 노면전차 또는 자전거를 운전하였다고 인정할 만한 상당한 이유가 있는 경우에는 운전자가 술에 취하였는지를 호흡조사로 측정할 수 있다. 이 경우 운전자는 경찰공무원의 측정에 응하여야 한다.
③ 제2항에 따른 측정 결과에 불복하는 운전자에 대하여는 그 운전자의 동의를 받아 혈액 채취 등의 방법으로 다시 측정할 수 있다.
④ 제1항에 따라 운전이 금지되는 술에 취한 상태의 기준은 운전자의 혈중알코올농도가 0.03퍼센트 이상인 경우로 한다.
⑤ 제2항 및 제3항에 따른 측정의 방법, 절차 등 필요한 사항은 행정안전부령으로 정한다. 〈신설 2023. 1. 3.〉

36 ②

[해설] ㉠ [X] 정확하고 완전한 정보라 할지라도 배포과정에서 지연되어 사용 시기를 놓치거나 너무 일찍 전달되면 정보의 가치는 상실된다. : 적시성
㉡ [X] 배포기관은 누가 어떤 정보를 언제, 어떻게 사용할 것인가를 파악하고 있어야 한다. : 필요성

필요성	알아야 할 필요가 있는 대상자에게 알려야 하고, 알 필요가 없는 대상에게는 알려서는 안 된다는 원칙(차단의 원칙), 배포기관은 누가 어떤 정보를 언제, 어떻게 사용할 것인가를 파악하고 있어야 한다.
적시성	작성된 정보가 아무리 정확하고 완전하며 중요한 정보라 할지라도 적시에 필요로 하는 대상에게 배포, 먼저 생산된 정보라고 해서 우선적으로 배포하여서는 안된다.
적당성	사용자의 능력과 상황에 맞추어 적당한 양을 조절하여 필요한 만큼만 전달
보안성	작성된 정보연구 및 판단이 누설됨으로써 초래될 결과를 예방하기 위해 보안대책을 강구, 비밀등급을 만들어 꼭 필요한 인가자에게만 배포함으로써 알고 있는 사람의 수를 줄이는 것이다.
계속성	정보가 필요한 기관에 배포되었다면 그 주제와 관련된 새로운 정보는 그 기관에 계속 배포
완전성	보고의 형식적 요건 및 내용을 완전하게 갖추어야 하며, 관련 있는 사실을 체계 있게 작성한다. 이외에도 간결성과 경제성 등이 정보배포의 원칙이다.

37 ④

[해설] 예전에는 주간 65db 이하, 야간 60db 이하 일률적으로 규정하고 있었다. 하지만, 개정된 「집회 및 시위에 관한 법률」에서는 주간, 야간, 심야로 구분하고 또 등가소음도와 최고소음도, 장소에 따른 기준을 엄격히 구분하고 있다. 대상소음도는 (등가소음도와 최고소음도 구분없이 보면) 가장 낮은 확성기 등의 소음기준은 55dB(A) 이하이고, 가장 높은 확성기 등의 소음기준은 95dB(A) 이하이다.

38 ④

[해설] 심리전은 비무력적인 선전·선동·모략 등의 수단에 의해 직접 상대국(적국)의 국민 또는 군대에 정신적 자극을 주어 사상의 혼란과 국론의 분열을 유발시킴으로써 자국의 의도대로 유도하는 전술을 말하고, ④선무심리전의 내용이다. 선무심리전을 타협심리전이라고도 한다.

1] 심리전에 있어 기술의 3대 원칙
단순 · 단일성(간단명료한 전달), 반복성(강하게 자극적 · 반복적 전달), 권위성(신뢰성을 가진 주도적 지위확보)

2] 심리전의 종류

주체에 따른 구분	공연성 심리전	출처를 명시하면서 실시하는 심리전으로 공식방송/출처를 명시한 전단/출판물
	비공연성 심리전	출처를 밝히지 않거나 위장/도용하여 상대국의 시책 등을 모략/비방함으로써 내부혼란을 조장하는 방법으로 전개하는 심리전
운용에 따른 구분	전략 심리전	광범위하고 장기적인 목표 하에 대상국의 전국민을 대상으로 실시하는 심리전 예) 자유진영국가들이 공산진영국가의 국민들을 대상으로 전개하는 대공산권방송
	전술 심리전	단기적인 목표 하에 즉각적인 효과를 기대하고 실시하는 심리전 예) 간첩을 체포했을 때 널리 공개하는 것
목적에 따른 구분	선무 심리전	우리측 후방지역의 사기를 앙양시키거나 수복지역 주민들의 협조를 얻고 질서를 유지하는 심리전(타협심리전)
	공격적 심리전	적국에 대해 특정의 목적을 달성하기 위해 공격적으로 행하는 심리전
	방어적 심리전	적국이 가해오는 공격을 와해 축소시키기 위해 방어적으로 행하는 심리전

3] 심리전의 방법/수단
(1) 선전

개념		특정집단의 심리적 작용을 자극하여 감정이나 견해 등을 자기측에 유리한 방향으로 유도하기 위하여 계획적 으로 특정한 주장과 지식 등을 전파하는 심리전의 기술
유형	백색선전	• 출처를 공개하고 행하는 선전 • 국가 또는 공인된 기관이 공식적인 보도기관을 통하여 행하며, 주제의 선정과 용어사용에 제한을 받지만 신뢰도가 높다.
	흑색선전	• 출처를 위장하여 암암리에 행사하는 선전 • 적국 내에서도 수행할 수 있고 즉각적이고 집중적인 효과를 거둘 수 있으나, 노출 위험이 있으므로 상당한 주의가 요구된다.
	회색선전	• 출처를 밝히지 않고 행하는 선전으로 선전이라는 선입견을 주지 않고도 효과를 거둘 수 있다. • 적이 회색선전이라는 것을 감지하고 역선전을 하는 경우 대항이 어렵다.

(2) 선동/모략

선동	대중의 심리를 자극, 감정을 폭발시킴으로써 그들의 이성·판단력을 마비시켜 폭력을 유발하게 하는 심리전의 한 기술. 선전은 특정문제에 대한 이론적이 분석능력이 있는 전문가에 의하여 행해지나, 선동은 웅변/예언능력이 뛰어난 사람에 의해 행해진다.
모략	자기 측에 불이익한 상대 측의 특정 개인/단체에 누명을 씌워 사회적으로 몰락/매장시키거나, 상대국 세력을 약화 또는 단결력을 파괴시키는 심리전의 기술을 말한다.

(3) 불온선전물/불온유인물

불온 선전물	북한이 대남 심리전의 일환으로 대한민국의 정치·경제·사회·문화·군사 및 외교 등의 문제를 그때그때의 시사성에 민감하게 맞추어 왜곡·선전하는 내용을 담은 각종 삐라·책자·신문·화보·전단 등의 선전물을 말한다.
불온 유인물	국내에서 집회·시위 또는 인권운동의 수단으로 정치·사회·노동단체·학생 등이 제작하여 배포하는 전단을 말한다. 불온유인물 제작·반포에 대해서는 국가보안법 제7조(찬양고무), 경범죄처벌법 제3조 제1항 제9호(광고물의 무단첩부), 옥외광고물등관리법 제4조(광고물 등의 금지·제한위반)를 적용하여 규제할 수 있다.

39 ③

해설 1] 방첩정보공유센터(제4조의2)
방첩기관 간, 방첩기관과 관계기관 간 방첩 관련 정보의 원활한 공유와 제3조(방첩업무의 범위)에 따른 방첩업무의 효율적인 수행을 위하여 국가정보원장 소속으로 방첩정보공유센터를 둔다(제1항).

2] 국가방첩전략회의의 설치 및 운영(제10조)
　 국가방첩전략의 수립 등 국가 방첩업무에 관한 중요 사항을 심의하기 위하여 국가정보원장 소속으로 국가방첩전략회의(전략회의)를 둔다(제1항).

3] 지역방첩협의회의 설치 및 운영(제12조)
① 국가정보원장은 필요한 경우 방첩기관의 장과 협의하여 특별시·광역시·특별자치시·도 또는 특별자치도별로 방첩업무를 협의하기 위한 지역방첩협의회를 구성·운영할 수 있다.
② 제1항에 따른 지역방첩협의회의 운영 등에 필요한 사항은 국가정보원장이 지역방첩협의회의 심의·의결을 거쳐 정한다.

40 ①

해설 ① 중국인 피의자 체포 구속 시, 체포 구속된 피의자의 요청이 없는 경우에도 4일 이내 해당 사실을 영사기관에 통보해야 한다. 즉 동 협정 제7조 제1호(달리 입증되지 아니하는 한, 파견국 국민이라고 주장하는 자를 포함하는 파견국 국민이 접수국의 권한 있는 당국에 의하여 구속, 체포 또는 다른 어떤 방식으로 자유를 박탈당하였을 경우, 그 당국은 그 국민이 요구하든 그러하지 아니하든 간에 지체 없이 그러나 그 강제행동이 취해진 날부터 4일이 넘지 아니하는 기간 내에 파견국 영사기관에 그 국민의 이름, 신분확인 방식, 그 강제행동의 이유, 날짜와 장소 그리고 그 국민을 접촉할 수 있는 정확한 장소를 통보한다. 그러나 파견국 국민이 접수국의 출입국관리 법령 위반으로 접수국의 권한 있는 당국에 의하여 구속되는 경우, 접수국의 권한 있는 당국은 그 국민이 서면으로 그 통보를 명시적으로 반대하지 아니하는 한 영사기관에 통보한다)

01 ①

해설 [O] ㉠㉢㉣

[X] ㉡ 오관적 위험이란 경찰이 상황을 합리적으로 사려 깊게 판단하여 위험이 존재한다고 인식하여 개입하였으나 실제로는 위험이 없던 경우를 말한다. 이 경우 위법을 전제로 한 손해배상책임은 인정되지 않지만, 적법한 개입이라도 특별한 희생이 인정되는 경우에는 국가의 손실보상책은이 발생할 수 있다.

위험(危險)
1) **위험이란** 가까운 장래에 공공의 안녕이나 질서에 손해가 나타날 수 있는 가능성이 충분히 존재하는 상태를 말하고, 위험의 개념은 일종의 예측이다.
2) **구체적 위험이란** 구체적인 개별 사안에 있어서 가까운 장래에 손해발생의 충분한 가능성이 존재하는 경우를 말하고, 이는 경찰개입을 위한 요건이다. **추상적 위험은** 구체적 위험의 예상가능성만 일컫는다. 경찰의 개입은 구체적 위험 또는 적어도 추상적 위험이 있으면 가능하다. 하지만, 사전배려원칙에 따라 추상적 위험 이전의 단계에서 사려배려적인 개입이 허용되는 것은 아니다.
3) **위험에 대한 인식**
① 위험혐의 : 위험의 존재 여부가 불명확한 경우, 위험혐의 상태는 위험조사 차원의 개입을 정당화
② 외관적 위험 : 경찰이 합리적으로 사려 깊게 상황을 판단하여 위험이 존재한다고 판단하여 개입하였으나, 실제로는 위험이 존재하지 않은 경우
③ 오상위험(추정성 위험) : 이성적이고 객관적으로 판단할 때, 위험의 외관도 그 혐의도 정당화되지 아니함에도 불구하고 경찰이 위험의 존재를 잘못 추정한 경우, 오상위험의 경우에는 경찰이 의무에 어긋나는 개입행위를 했으므로, 손해배상의 문제가 발생

02 ④

해설 [O] ㉠㉢

[X] ㉡「순검직무세칙」(1896)은 현장에서 직접 경찰의 직무를 집행하는 순검의 직무와 관련하여 풍기문란의 단속, 노약자/부녀의 보호, 야간의 방범단속 등을 규정하고 있으나, 근무 중 다치거나 순직했을 때 치료비와 장례비의 지급규정을 규정하고 있지는 않다.
㉢「범죄즉결례」(조선총독부령, 1910)는 경찰서장 등 그 직무를 취급하는 자가 구류·태형 또는 과료형에 해당하는 범죄를 즉결할 수 있도록 규정한 것으로 그 대상은 모두 87개 사항으로 하고 있다.

03 ②

해설 1) **경찰의 조직(제12조)**
치안에 관한 사무를 관장하게 하기 위하여 행정안전부장관 소속으로 경찰청을 둔다.
2) **경찰사무의 지역적 분장기관(제13조)**
경찰의 사무를 지역적으로 분담하여 수행하게 하기 위하여 특별시·광역시·특별자치시·도·특별자치도(시·도)에 시·도경찰청을 두고, 시·도경찰청장 소속으로 경찰서를 둔다. 이 경우 인구, 행정구역, 면적, 지리적 특성, 교통 및 그 밖의 조건을 고려하여 시·도에 2개의 시·도경찰청을 둘 수 있다.

3) 경찰청장(제14조)
① 경찰청에 경찰청장을 두며, 경찰청장은 치안총감(治安總監)으로 보한다.
② 경찰청장은 국가경찰위원회의 동의를 받아 행정안전부장관의 제청으로 국무총리를 거쳐 대통령이 임명한다. 이 경우 국회의 인사청문을 거쳐야 한다.
③ 경찰청장은 국가경찰사무를 총괄하고 경찰청 업무를 관장하며 소속 공무원 및 각급 경찰기관의 장을 지휘·감독한다.
④ 경찰청장의 임기는 2년으로 하고, 중임(重任)할 수 없다.
⑤ 경찰청장이 직무를 집행하면서 헌법이나 법률을 위배하였을 때에는 국회는 탄핵 소추를 의결할 수 있다.
⑥ 경찰청장은 경찰의 수사에 관한 사무의 경우에는 개별 사건의 수사에 대하여 구체적으로 지휘·감독할 수 없다.

04 ②

해설 경찰청장은 경찰의 수사에 관한 사무의 경우에는 개별 사건의 수사에 대하여 구체적으로 지휘·감독할 수 없다. 다만, 국민의 생명·신체·재산 또는 공공의 안전 등에 중대한 위험을 초래하는 긴급하고 중요한 사건의 수사에 있어서 경찰의 자원을 대규모로 동원하는 등 통합적으로 현장 대응할 필요가 있다고 판단할 만한 상당한 이유가 있는 때에는 제16조에 따른 국가수사본부장을 통하여 개별 사건의 수사에 대하여 구체적으로 지휘·감독할 수 있다 (제14조 제6항).

「국가경찰과 자치경찰의 조직 및 운영에 관한 법률 제14조제10항에 따른 긴급하고 중요한 사건의 범위 등에 관한 규정」
긴급하고 중요한 사건의 범위(제2조)
① 「국가경찰과 자치경찰의 조직 및 운영에 관한 법률」 제14조제6항 단서에 따른 긴급하고 중요한 사건은 다음 각호의 어느 하나에 해당하는 사건 및 이와 직접적인 관련이 있는 사건으로 한다.
  1. 전시·사변 또는 이에 준하는 국가 비상사태가 발생하거나 발생이 임박하여 전국적인 치안유지가 필요한 사건
  2. 재난, 테러 등이 발생하여 공공의 안전에 대한 급박한 위해(危害)나 범죄로 인한 피해의 급속한 확산을 방지하기 위해 신속한 조치가 필요한 사건
  3. 국가중요시설의 파괴·기능마비, 대규모 집단의 폭행·협박·손괴·방화 등에 대하여 경찰의 자원을 대규모로 동원할 필요가 있는 사건
  4. 전국 또는 일부 지역에서 연쇄적·동시다발적으로 발생하거나 광역화된 범죄에 대하여 경찰력의 집중적인 배치, 경찰 각 기능의 종합적 대응 또는 국가기관·지방자치단체·공공기관과의 공조가 필요한 사건
② 경찰청장은 법 제14조제6항 단서에 따라 개별 사건의 수사에 대해 구체적 지휘·감독을 하려는 경우에는 그 필요성 등을 신중하게 판단해야 한다.

05 ①

해설 ① 현재 수정된 특별권력관계에서는 공무원의 근무관계에도 법치주의가 원칙적으로 적용된다. 그렇다고 일반국민과 완전히 동일한 지위를 가진다고 볼 수는 없기에 법치주의가 다소 완화되어서 적용된다고 보아야 한다.

06 ②

해설 1] 법 제4조(경과 구분)
① 경찰공무원은 그 직무의 종류에 따라 경과(警科)에 의하여 구분할 수 있다.
② 경과의 구분에 필요한 사항은 대통령령으로 정한다.

2] 시행령 제3조(경과)

① 총경 이하 경찰공무원에게 부여하는 경과는 다음 각호와 같다. 다만, 제2호와 제3호의 경과는 경정 이하 경찰공무원에게만 부여한다.
   1. 일반경과
   2. 수사경과
   3. 보안경과
   4. 특수경과
      가. 삭제 〈2016. 12. 30.〉
      나. 삭제 〈2016. 12. 30.〉
      다. 항공경과
      라. 정보통신경과

② 임용권자(제4조제1항부터 제6항까지의 규정에 따라 임용권의 위임을 받은 자를 포함) 또는 임용제청권자[「경찰공무원법」제7조 제1항에 따른 추천이 필요한 경우에는 경찰청장을 포함]는 경찰공무원을 신규채용 할 때에 경과를 부여해야 한다.

③ 삭제 〈2016. 12. 30.〉

④ 경찰청장은 전시·사변 또는 이에 준하는 비상사태가 발생한 경우에는 경과의 일부를 폐지 또는 병합하거나 신설할 수 있다.

⑤ 경과별 직무의 종류 및 전과 등에 관하여 필요한 사항은 행정안전부령으로 정한다.

07 ④

해설 ㉠ 총경의 계급정년은 11년, 경정 14년, 경무관 6년

㉡ 수사, 정보, 외사(外事), 보안, 자치경찰사무 등 특수 부문에 근무하는 경찰공무원으로서 대통령령으로 정하는 바에 따라 지정을 받은 사람은 총경 및 경정의 경우에는 4년의 범위에서 대통령령으로 정하는 바에 따라 제1항제2호에 따른 계급정년을 연장할 수 있다.

㉢ 경찰청장 또는 해양경찰청장은 전시·사변이나 그 밖에 이에 준하는 비상사태에서는 2년의 범위에서 제1항제2호에 따른 계급정년을 연장할 수 있다.

정년(「경찰공무원법」제30조)

1) 경찰공무원은 그 정년이 된 날이 1월에서 6월 사이에 있으면 6월 30일에 당연퇴직하고, 7월에서 12월 사이에 있으면 12월 31일에 당연퇴직한다(제5항).
2) 제1항제2호에 따른 계급정년을 산정할 때 제주특별자치도의 자치경찰공무원으로 근무한 경력이 있는 경찰공무원의 경우에는 그 계급에 상응하는 자치경찰공무원으로 근무한 연수(年數)를 산입한다(제6항).

08 ②

해설 ② 「성폭력범죄의 처벌 등에 관한 특례법」제2조에 규정된 죄를 범한 사람으로서 100만원 이상의 벌금형을 선고받고 그 형이 확정된 후 3년이 지나지 아니한 사람

「경찰공무원법」제27조(당연퇴직)

㉠ 대한민국 국적을 가지지 아니한 사람
㉡ 「국적법」제11조의2제1항에 따른 복수국적자
㉢ 피성년후견인 또는 피한정후견인
㉣ 파산선고를 받고 복권되지 아니한 사람(파산선고를 받은 사람으로서 「채무자 회생 및 파산에 관한 법률」에 따라 신청기한 내에 면책신청을 하지 아니하였거나 면책불허가 결정 또는 면책 취소가 확정된 경우만 해당)

ⓜ 자격정지 이상의 형(刑)을 선고받은 사람
ⓑ 「형법」제129조부터 제132조까지(뇌물관련범죄), 「성폭력범죄의 처벌 등에 관한 특례법」제2조(성 폭력관련범죄), 「아동·청소년의 성보호에 관한 법률」제2조제2호(아동청소년 대상 성범죄) 및 직무와 관련하여 「형법」제355조 또는 제356조(횡령 및 배임 관련범죄)에 규정된 죄를 범한 사람으로서 자격정지 이상의 형의 선고유예를 받은 경우
ⓐ 공무원으로 재직기간 중 직무와 관련하여 「형법」제355조 및 제356조(횡령 및 배임관련범죄)에 규정된 죄를 범한 사람으로서 300만원 이상의 벌금형을 선고받고 그 형이 확정된 후 2년이 지나지 아니한 사람
ⓞ 「성폭력범죄의 처벌 등에 관한 특례법」제2조에 규정된 죄를 범한 사람으로서 <u>100만원 이상의 벌 금형을 선고</u>받고 그 형이 확정된 후 3년이 지나지 아니한 사람
ⓩ 미성년자에 대한 다음 각 목의 어느 하나에 해당하는 죄를 저질러 형 또는 치료감호가 확정된 사 람(집행유예를 선고받은 후 그 집행유예기간이 경과한 사람을 포함)
  가. 「성폭력범죄의 처벌 등에 관한 특례법」제2조에 따른 성폭력범죄
  나. 「아동·청소년의 성보호에 관한 법률」제2조제2호에 따른 아동·청소년대상 성범죄
ⓩ 징계에 의하여 파면 또는 해임처분을 받은 사람

09 ②

해설 ㉠ [X] 행정부 소속 공무원에 대한 소청사건을 심사·결정하기 위해 인사혁신처 아래 소청심사위원회를 두고 있고, 국회·법원·헌법재판소 및 선거관리위원회 소속 공무원의 소청에 관한 사항을 심사·결정하게 하기 위하여 국회사무처, 법원행정처, 헌법재판소사무처 및 중앙선거관리위원회 사무처에 각각 해당 소청심사위원회를 둔다.
㉡ [X] 소청심사위원회의 위원은 금고 이상의 형벌이나 장기의 심신쇠약으로 직무를 수행할 수 없게 된 경우 외에 는 본인의 의사에 반하여 면직되지 아니한다.

10 ③

해설 1] 「행정절차법」 : ⓐⓞ
2] 「행정기본법」 : ㉠㉡㉢㉣ⓜ
3] 「행정조사기본법」 : ⓑ

11 ④

해설 ㉠ [X] 경찰하명은 법률행위적 행정행위 중 명령적 행위에 속한다. 한편, 법률행위적 행정행위는 그 법적 효과 가 행정청의 효과의사의 내용에 따라 발생하는 데 대하여, 준법률행위적 행정행위는 행정청의 단순한 정신작용의 표현에 의하여 그 효과는 법령이 정하는 바에 따라 부여되는 행위이다.
㉣ [X] 경찰허가는 유효요건(효력요건)이 아니라 일정한 행위에 대한 적법요건일 뿐이므로 무허가행위의 사법상 법률행위의 효력에 아무런 영향을 미치지 않는다. 다만, 허가를 요하는 행위를 허가없이 한 경우에는 경찰벌에 의한 제재의 대상이 되거나 강제집행의 대상이 될 뿐이다.

12 ④

해설 **부관(제17조)**
① 행정청은 처분에 재량이 있는 경우에는 부관(조건, 기한, 부담, 철회권의 유보 등을 말한다. 이하 이 조에서 같다) 을 붙일 수 있다.
② 행정청은 처분에 재량이 없는 경우에는 법률에 근거가 있는 경우에 부관을 붙일 수 있다.
③ 행정청은 부관을 붙일 수 있는 처분이 다음 각 호의 어느 하나에 해당하는 경우에는 그 처분을 한 후에도 부관을

새로 붙이거나 종전의 부관을 변경할 수 있다.
1. 법률에 근거가 있는 경우
2. 당사자의 동의가 있는 경우
3. 사정이 변경되어 부관을 새로 붙이거나 종전의 부관을 변경하지 아니하면 해당 처분의 목적을 달성할 수 없다고 인정되는 경우
④ 부관은 다음 각호의 요건에 적합하여야 한다.
1. 해당 처분의 목적에 위배되지 아니할 것
2. 해당 처분과 실질적인 관련이 있을 것
3. 해당 처분의 목적을 달성하기 위하여 필요한 최소한의 범위일 것

13 ④

해설 우리나라는 「집행부정지의 원칙」상 경찰처분에 대해 하자를 이유로 항정소송을 제기할 경우 경찰처분의 효력은 원칙적으로 집행이 정지되지 않는다.

집/행/정/지(「행정소송법」 제23조)
① 취소소송의 제기는 처분등의 효력이나 그 집행 또는 절차의 속행에 영향을 주지 아니한다.
② 취소소송이 제기된 경우에 처분등이나 그 집행 또는 절차의 속행으로 인하여 생길 회복하기 어려운 손해를 예방하기 위하여 긴급한 필요가 있다고 인정할 때에는 본안이 계속되고 있는 법원은 당사자의 신청 또는 직권에 의하여 처분등의 효력이나 그 집행 또는 절차의 속행의 전부 또는 일부의 정지(執行停止)를 결정할 수 있다. 다만, 처분의 효력정지는 처분등의 집행 또는 절차의 속행을 정지함으로써 목적을 달성할 수 있는 경우에는 허용되지 아니한다.
③ 집행정지는 공공복리에 중대한 영향을 미칠 우려가 있을 때에는 허용되지 아니한다.
④ 제2항의 규정에 의한 집행정지의 결정을 신청함에 있어서는 그 이유에 대한 소명이 있어야 한다.
⑤ 제2항의 규정에 의한 집행정지의 결정 또는 기각의 결정에 대하여는 즉시항고할 수 있다. 이 경우 집행정지의 결정에 대한 즉시항고에는 결정의 집행을 정지하는 효력이 없다.
⑥ 제30조 제1항의 규정은 제2항의 규정에 의한 집행정지의 결정에 이를 준용한다.
*거부처분이나 부작위에 대해서는 집행정지의 처분 등이 존재하지 않기에 당연히 그 대상이 아니다.

14 ①

해설 조직구성을 각자가 맡은 임무의 기능 및 성질상의 차이로 구분하는 것은 전문화 또는 분업화의 원리이다. 계층제의 원리는 직무를 책임과 난이도에 따라 상하로 나누어 배치하고 상위로 갈수록 권한과 책임이 무거운 임무를 수행하도록 편성하는 것이다.

15 ①

해설 "집중무기고"란 경찰인력 및 경찰기관별 무기책정기준에 따라 배정된 개인화기와 공용화기를 집중보관·관리하기 위하여 각 경찰기관에 설치된 시설을 말하고, "탄약고"란 경찰탄약을 집중 보관하기 위하여 타용도의 사무실, 무기고 등과 분리 설치된 보관시설을 말한다. 그리고 "간이무기고"란 경찰기관의 각 기능별 운용부서에서 효율적 사용을 위하여 집중무기고로부터 무기·탄약의 일부를 대여 받아 별도로 보관·관리하는 시설을 말한다.

16 ①

해설 ① 각급기관의 장은 비밀의 작성·분류·접수·발송 및 취급 등에 필요한 모든 관리사항을 기록하기 위하여 비밀관리기록부를 작성하여 갖추어 두어야 한다. 다만, Ⅰ급비밀관리기록부는 따로 작성하여 갖추어 두어야 하며,

암호자재는 암호자재 관리기록부로 관리한다(제22조 제1항). 그리고 비밀관리기록부와 암호자재 관리기록부에는 모든 비밀과 암호자재에 대한 보안책임 및 보안관리 사항이 정확히 기록·보존되어야 한다(제2항).

17 ③

해설 ③ 상급기관의 하급기관에 대한 감사권은 통상 사후통제제도에 해당한다. ②영미법계는 선례구속의 법리가 적용되므로 법원의 통제가 강력한 통제로써 작용한다고 볼 수 있다.

18 ②

해설 ② 감찰관은 다른 경찰기관 또는 검찰, 감사원 등 다른 행정기관으로부터 통보받은 소속 공무원의 의무위반행위에 대해서는 통보받은 날로부터 "1개월" 이내에 신속히 처리하여야 한다(제36조 제1항).

1] 감찰결과에 대한 이의신청(제38조)
① 제34조제2항에 따른 통지를 받은 조사대상자는 그 통지를 받은 날부터 10일 이내에 감찰을 주관한 경찰기관의 장에게 이의신청을 할 수 있다. 다만, 감찰결과 징계요구된 사건에 대해서는 징계위원회에서의 의견진술 등의 절차로 이의신청을 갈음할 수 있다.
② 제1항의 이의신청을 접수한 경찰기관의 장은 처분심의회의 심의를 거쳐 이의 신청이 이유 없다고 인정될 때에는 이를 기각하고 이유 있다고 인정될 때에는 그 감찰조사 결과를 취소하거나 변경하여야 한다.

2] 감찰결과의 공개(제39조)
① 감찰결과는 원칙적으로 공개하지 아니한다. 다만, 유사한 비위의 재발을 방지하기 위하여 다음 각호의 경우에는 감찰결과 요지를 공개할 수 있다.
   1. 중대한 비위행위(금품·향응수수, 공금횡령·유용, 정보유출, 독직폭행, 음주운전 등)
   2. 언론 등 사회적 관심이 집중되어 사생활 보호의 이익보다 국민의 알권리 충족 등 공공의 이익이 현저하게 크다고 판단되는 사안
② 감찰결과의 공개 여부는 경찰기관의 장이 처분심의회의 의견을 들어 최종 결정한다.
③ 경찰기관의 장은 감찰결과를 공개할 경우 사건관계인의 사생활과 명예가 보호될 수 있도록 다음 각호의 사항이 공개되지 않도록 보호조치를 하여야 한다.
   1. 성명, 소속 등 사건관계인의 개인정보
   2. 비위혐의와 직접 관련이 없는 개인의 신상 및 사생활에 관한 내용
   3. 사건관계인의 징계경력 또는 감찰조사경력 자료
   4. 감찰사건 기록의 원본 또는 사본

19 ④

해설 정의(제2조) 이 법에서 사용하는 용어의 뜻은 다음과 같다.
1. "개인정보"란 살아 있는 개인에 관한 정보로서 다음 각 목의 어느 하나에 해당하는 정보를 말한다.
   가. 성명, 주민등록번호 및 영상 등을 통하여 개인을 알아볼 수 있는 정보
   나. 해당 정보만으로는 특정 개인을 알아볼 수 없더라도 다른 정보와 쉽게 결합하여 알아볼 수 있는 정보. 이 경우 쉽게 결합할 수 있는지 여부는 다른 정보의 입수 가능성 등 개인을 알아보는 데 소요되는 시간, 비용, 기술 등을 합리적으로 고려하여야 한다.
   다. 가목 또는 나목을 제1호의2에 따라 가명처리함으로써 원래의 상태로 복원하기 위한 추가 정보의 사용·결합 없이는 특정 개인을 알아볼 수 없는 정보(가명정보)
1의2. "가명처리"란 개인정보의 일부를 삭제하거나 일부 또는 전부를 대체하는 등의 방법으로 추가 정보가 없이는 특정 개인을 알아볼 수 없도록 처리하는 것을 말한다.

2. "처리"란 개인정보의 수집, 생성, 연계, 연동, 기록, 저장, 보유, 가공, 편집, 검색, 출력, 정정(訂正), 복구, 이용, 제공, 공개 파기(破棄), 그 밖에 이와 유사한 행위를 말한다.
3. "정보주체"란 처리되는 정보에 의하여 알아볼 수 있는 사람으로서 그 정보의 주체가 되는 사람을 말한다.
4. "개인정보파일"이란 개인정보를 쉽게 검색할 수 있도록 일정한 규칙에 따라 체계적으로 배열하거나 구성한 개인정보의 집합물(集合物)을 말한다.
5. "개인정보처리자"란 업무를 목적으로 개인정보파일을 운용하기 위하여 스스로 또는 다른 사람을 통하여 개인정보를 처리하는 공공기관, 법인, 단체 및 개인 등을 말한다.
6. "공공기관"이란 다음 각 목의 기관을 말한다.
    가. 국회, 법원, 헌법재판소, 중앙선거관리위원회의 행정사무를 처리하는 기관, 중앙행정기관(대통령 소속 기관과 국무총리 소속 기관을 포함한다) 및 그 소속 기관, 지방자치단체
    나. 그 밖의 국가기관 및 공공단체 중 대통령령으로 정하는 기관
7. "고정형 영상정보처리기기"란 일정한 공간에 설치되어 지속적 또는 주기적으로 사람 또는 사물의 영상 등을 촬영하거나 이를 유·무선망을 통하여 전송하는 장치로서 대통령령으로 정하는 장치를 말한다.
7의2. "이동형 영상정보처리기기"란 사람이 신체에 착용 또는 휴대하거나 이동 가능한 물체에 부착 또는 거치(据置)하여 사람 또는 사물의 영상 등을 촬영하거나 이를 유·무선망을 통하여 전송하는 장치로서 대통령령으로 정하는 장치를 말한다.
8. "과학적 연구"란 기술의 개발과 실증, 기초연구, 응용연구 및 민간 투자 연구 등 과학적 방법을 적용하는 연구를 말한다.

20 ①

해설 ① [O] 동법 제3조 제2항
② [X] 의무이행심판
③ [X] 행정심판청구서를 제출해야 한다.
④ [X] 기각하는 재결을 할 수 있다.

1] 행정심판의 종류(제5조) 행정심판의 종류는 다음 각호와 같다.
　1. 취소심판: 행정청의 위법 또는 부당한 처분을 취소하거나 변경하는 행정심판
　2. 무효등확인심판: 행정청의 처분의 효력 유무 또는 존재 여부를 확인하는 행정심판
　3. 의무이행심판: 당사자의 신청에 대한 행정청의 위법 또는 부당한 거부처분이나 부작위에 대하여 일정한 처분을 하도록 하는 행정심판

2] 사정재결(제44조)
① 위원회는 심판청구가 이유가 있다고 인정하는 경우에도 이를 인용(認容)하는 것이 공공복리에 크게 위배된다고 인정하면 그 심판청구를 기각하는 재결을 할 수 있다. 이 경우 위원회는 재결의 주문(主文)에서 그 처분 또는 부작위가 위법하거나 부당하다는 것을 구체적으로 밝혀야 한다.
② 위원회는 제1항에 따른 재결을 할 때에는 청구인에 대하여 상당한 구제방법을 취하거나 상당한 구제방법을 취할 것을 피청구인에게 명할 수 있다.
③ 제1항과 제2항은 무효등확인심판에는 적용하지 아니한다.

21 ④

해설 '차별'은 경찰이 전문직업화되어 저학력자 등 경제적·사회적 약자에게 경찰직업에의 진입을 차단할 경우 발생할 수 있는 윤리적 문제점이다. 즉 전문직이 되는데 장기간 교육과 많은 비용이 들어 가난한 사람은 전문가가 되는 기회를 상실하는 것은 경찰의 전문직업화의 단점 중 차별에 대한 설명이다. 한편, 전문직화의 문제점으로 '부권주의'는 아버지가 자식의 문제를 모두 결정하듯이 전문가가 상대방의 입장을 고려하지 않고 일방적으로 결정하는 것을

말한다(이로 인하여 치안서비스의 질이 저해된다). 그리고 '소외'는 나무는 보고 숲은 보지 못하듯 전문가가 자신의 국지적 분야만 보고 전체적인 맥락을 보지 못하는 것을 말한다.

22 ④

해설 1] 동 강령 제15조(외부강의등의 사례금 수수 제한)
① 공무원은 자신의 직무와 관련되거나 그 지위·직책 등에서 유래되는 사실상의 영향력을 통하여 요청받은 교육·홍보·토론회·세미나·공청회 또는 그 밖의 회의 등에서 한 강의·강연·기고 등(외부강의등)의 대가로서 별표 2에서 정하는 금액을 초과하는 사례금을 받아서는 아니 된다.
② 공무원은 사례금을 받는 외부강의등을 할 때에는 외부강의등의 요청 명세 등을 별지 제12호서식의 외부강의등 신고서에 따라 소속 기관의 장에게 그 외부강의등을 마친 날부터 10일 이내에 신고하여야 한다. 다만, 외부강의등을 요청한 자가 국가나 지방자치단체인 경우에는 그러하지 아니하다.
③ 공무원은 제2항에 따른 신고를 할 때 신고사항 중 상세 명세 또는 사례금 총액 등을 제2항의 기간 내에 알 수 없는 경우에는 해당 사항을 제외한 사항을 신고한 후 해당 사항을 안 날부터 5일 이내에 보완하여야 한다.
④ 공무원이 대가를 받고 수행하는 외부강의등은 월 3회를 초과할 수 없다. 국가나 지방자치단체에서 요청하거나 겸직 허가를 받고 수행하는 외부강의등은 그 횟수에 포함하지 아니한다.
⑤ 공무원은 제4항에도 불구하고 월 3회를 초과하여 대가를 받고 외부강의등을 하려는 경우에는 미리 소속 기관의 장의 승인을 받아야 한다.

2] 동 강령 제15조의2(초과사례금의 신고등)
① 공무원은 제15조제1항에 따른 금액을 초과하는 사례금(초과사례금)을 받은 경우에는 그 사실을 안 날로부터 2일 이내에 별지 제13호서식으로 소속기관의 장에게 신고하여야 하며, 제공자에게 그 초과금액을 지체 없이 반환하여야 한다.
② <u>제1항에 따른 신고를 받은 소속 기관의 장은 초과사례금을 반환하지 아니한 공무원에 대하여 신고사항을 확인한 후 7일 이내에 반환하여야 할 초과사례금의 액수를 산정하여 해당 공무원에게 통지하여야 한다.</u>
③ 제2항에 따라 통지를 받은 공무원은 지체 없이 초과사례금(신고자가 초과사례금의 일부를 반환한 경우에는 그 차액으로 한정한다)을 제공자에게 반환하고 그 사실을 소속 기관의 장에게 알려야 한다.
④ 공무원은 제1항 또는 제3항에 따라 초과 사례금을 반환한 경우에는 증명자료를 첨부하여 그 반환 비용을 소속 기관의 장에게 청구할 수 있다.

외부강의등 사례금 상한액

1. 사례금 상한액

가. <u>직급 구분없이 40만원</u>
나. 가목에도 불구하고 국제기구, 외국정부, 외국대학, 외국연구기관, 외국 학술단체, 그 밖에 이에 준하는 외국기관에서 지급하는 외부강의 등의 사례금 상한액은 사례금을 지급하는 자의 지급기준에 따른다.

2. 적용기준

가. 제1호의 상한액은 강의 등의 경우 1시간당, 기고의 경우 1건당 상한액으로 한다.
나. <u>1시간을 초과하여 강의 등을 하는 경우에도 사례금 총액은 강의시간에 관계없이 1시간 상한액의 100분의 150에 해당하는 금액을 초과하지 못한다.</u> *60만원
다. 상한액에는 강의료, 원고료, 출연료 등 명목에 관계없이 외부강의등 사례금 제공자가 외부강의등과 관련하여 공무원에게 제공하는 일체의 사례금을 포함한다.
라. <u>다목에도 불구하고 공무원이 소속 기관에서 교통비, 숙박비, 식비 등 여비를 지급받지 못한 경우에는 「공무원 여비 규정」의 기준 내에서 실비수준으로 제공되는 교통비, 숙박비 및 식비는 제1호의 사례금에 포함되지 않는다.</u>

23 ④

해설 ④ 「공직자윤리법」(제4조)상 재산등록의 대상 등에는 사실상의 혼인 관계에 있는 사람이 그 대상이나, 김영란법에는 사실상 혼인 관계 있는 배우자에 대한 명문규정이 없으므로, 제외된다.
① 「공직자의 이해충돌방지법」상 공직자에는 언론사 기자나 사립학교 우직원 등은 제외된다(제2조 제2호).

24 ②

해설 J. F. Sheley(실리)가 주장한 범죄유발의 4요소는 범행의 동기(Motivation), 사회적 제재로부터의 자유(Freedom from social constraints), 범행의 기술(Skill), 범행의 기회(Opportunity)이다. 이들 4요소의 하나하나는 범행에 있어서 필요한 조건이지만 충분조건은 되지 못하기 때문에 어떠한 범행이 가능하기 위해서는 이들 네 가지 요소가 동시에 상호작용해야 한다.

25 ①

해설 ㉠ 형사입건하는 대신 봉사할 수 있는 기회를 제공하였다면, 이는 낙인의 부정적 효과를 사전에 방지하였다고 볼 수 있다.
㉡ 경미한 범죄에도 엄격한 법집행을 실시하였다면, 이는 깨진 유리창이론에 근거한 무관용의 원칙이 적용되었다고 볼 수 있다.
㉢ 자전거에 일련번호를 각인해 준 것은 아예 처음부터 범죄가 발생할 수 있는 상황을 차단하여 범행의 기회를 주지 않겠다는 것으로, 이는 상황적 범죄예방이론과 유사하다.
㉣ 청소년들을 대상으로 폭력 영상물의 폐해에 관한 교육을 실시하고, 해당 유형의 영상물에 대한 접촉을 삼가도록 계도하였다면, 이는 차별적 동일시 이론에 근거한 범죄원인을 제거하고자 한 것이다.
참고로 Sutherland(차별적 접촉이론)는 범죄는 범죄적 전통을 가진 사회에서 많이 발생하며 이러한 사회에서 개인은 범죄에 접촉, 참가, 동조하면서 학습한다고 한다.

26 ④

해설 ④ 관용중심적 경찰활동(Tolerance Oriented Policing)과 지역사회경찰활동은 처음부터 관계가 없다. 치안서비스의 공동 생산을 의미하는 지역사회 경찰활동(Community Policing)은 지역사회 공동체와 협력하여 범죄발생을 예방하고 범죄로부터 사전에 피해를 예방하는 활동이다. 이를 위해서는 도보순찰의 강화, 권한의 분산화와 일선경찰의 재량권 강화, 자율과 창의에 바탕을 둔 근무, 주민과 경찰의 대등한 동반자 관계 등에 주안점을 두어야 한다.

27 ④

해설 ① [X] 10일 이내(제10조의4 제3항)
② [X] 다만, 아동학대전담공무원은 다음 각 호를 위한 범위에서만 아동학대행위자 등 관계인에 대하여 조사 또는 질문을 할 수 있다(제11조 제2항).
③ [X] 법원은 아동학대행위자에 대하여 유죄판결(선고유예는 제외한다)을 선고하면서 200시간의 범위에서 재범예방에 필요한 수강명령(「보호관찰 등에 관한 법률」에 따른 수강명령을 말한다. 이하 같다) 또는 아동학대 치료프로그램의 이수명령을 병과할 수 있다(제8조 제1항).
④ [O] 동법 제13조 제2항

현/장/출/동(제11조)
① 아동학대범죄 신고를 접수한 사법경찰관리나 「아동복지법」 제22조제4항에 따른 아동학대전담공무원(아동학대전담공무원)은 지체 없이 아동학대범죄의 현장에 출동하여야 한다. 이 경우 수사기관의 장이나 시·도지사

또는 시장·군수·구청장은 서로 동행하여 줄 것을 요청할 수 있으며, 그 요청을 받은 수사기관의 장이나 시·도지사 또는 시장·군수·구청장은 정당한 사유가 없으면 사법경찰관리나 아동학대전담공무원이 아동학대범죄 현장에 동행하도록 조치하여야 한다.

② 아동학대범죄 신고를 접수한 사법경찰관리나 아동학대전담공무원은 아동학대범죄가 행하여지고 있는 것으로 신고된 현장 또는 피해아동을 보호하기 위하여 필요한 장소에 출입하여 아동 또는 아동학대행위자 등 관계인에 대하여 조사를 하거나 질문을 할 수 있다. 다만, 아동학대전담공무원은 다음 각 호를 위한 범위에서만 아동학대행위자 등 관계인에 대하여 조사 또는 질문을 할 수 있다.
  1. 피해아동의 보호
  2. 「아동복지법」 제22조의4의 사례관리계획에 따른 사례관리

③ 시·도지사 또는 시장·군수·구청장은 제1항에 따른 현장출동 시 아동보호 및 사례관리를 위하여 필요한 경우 아동보호전문기관의 장에게 아동보호전문기관의 직원이 동행할 것을 요청할 수 있다. 이 경우 아동보호전문기관의 직원은 피해아동의 보호 및 사례관리를 위한 범위에서 아동학대전담공무원의 조사에 참여할 수 있다.

④ 제2항 및 제3항에 따라 출입이나 조사를 하는 사법경찰관리, 아동학대전담공무원 또는 아동보호전문기관의 직원은 그 권한을 표시하는 증표를 지니고 이를 관계인에게 내보여야 한다.

⑤ 제2항에 따라 조사 또는 질문을 하는 사법경찰관리 또는 아동학대전담공무원은 피해아동, 아동학대범죄신고자 등, 목격자 등이 자유롭게 진술할 수 있도록 아동학대행위자로부터 분리된 곳에서 조사하는 등 필요한 조치를 하여야 한다.

⑥ 누구든지 제1항부터 제3항까지의 규정에 따라 현장에 출동한 사법경찰관리, 아동학대전담공무원 또는 아동보호전문기관의 직원이 제2항 및 제3항에 따른 업무를 수행할 때에 폭행·협박이나 현장조사를 거부하는 등 그 업무 수행을 방해하는 행위를 하여서는 아니 된다.

⑦ 제1항에 따른 현장출동이 동행하여 이루어지지 아니한 경우 수사기관의 장이나 시·도지사 또는 시장·군수·구청장은 현장출동에 따른 조사 등의 결과를 서로에게 통지하여야 한다.

28 ①

해설 ① 개정된 수사규칙에서는 직접 검사가 보완수사를 하거나 사법경찰관에게 보완수사를 요구할 수 있도록 하고 있다.

보/완/수/사/요/구/의/대/상/과/범/위(제59조)

① 검사는 사법경찰관으로부터 송치받은 사건에 대해 보완수사가 필요하다고 인정하는 경우에는 직접 보완수사를 하거나 법 제197조의2제1항제1호(송치사건의 공소제기 여부 결정 또는 공소의 유지에 관하여 필요한 경우)에 따라 사법경찰관에게 보완수사를 요구할 수 있다. 다만, 송치사건의 공소제기 여부 결정에 필요한 경우로서 다음 각호의 어느 하나에 해당하는 경우에는 특별히 사법경찰관에게 보완수사를 요구할 필요가 있다고 인정되는 경우를 제외하고는 검사가 직접 보완수사를 하는 것을 원칙으로 한다.
  1. 사건을 수리한 날(이미 보완수사요구가 있었던 사건의 경우 보완수사 이행 결과를 통보받은 날을 말한다)부터 1개월이 경과한 경우
  2. 사건이 송치된 이후 검사가 해당 피의자 및 피의사실에 대해 상당한 정도의 보완수사를 한 경우
  3. 법 제197조의3제5항(필요하다고 인정되는 검사의 시정조치 요구가 정당한 이유 없이 이행되지 않았다고 인정되는 경우에는 사법경찰관에게 사건을 송치할 것을 요구할 수 있다), 제197조의4제1항(검사는 사법경찰관과 동일한 범죄사실을 수사하게 된 때에는 사법경찰관에게 사건을 송치할 것을 요구할 수 있다) 또는 제198조의2제2항(검사는 적법한 절차에 의하지 아니하고 체포 또는 구속된 것이라고 의심할 만한 상당한 이유가 있는 경우에는 즉시 체포 또는 구속된 자를 석방하거나 사건을 검찰에 송치할 것을 명하여야 한다)에 따라 사법경찰관으로부터 사건을 송치받은 경우
  4. 제7조 또는 제8조에 따라 검사와 사법경찰관이 사건 송치 전에 수사할 사항, 증거수집의 대상 및 법령의

준용 등에 대해 협의를 마치고 송치한 경우

② 검사는 법 제197조의2제1항에 따른 보완수사요구 여부를 판단하는 경우 필요한 보완수사의 정도, 수사 진행 기간, 구체적 사건의 성격에 따른 수사 주체의 적합성 및 검사와 사법경찰관의 상호 존중과 협력의 취지 등을 종합적으로 고려한다. 〈신설 2023. 10. 17.〉

③ 검사는 법 제197조의2제1항제1호(송치사건의 공소제기 여부 결정 또는 공소의 유지에 관하여 필요한 경우)에 따라 사법경찰관에게 송치사건 및 관련사건(법 제11조에 따른 관련사건 및 법 제208조제2항에 따라 간주되는 동일한 범죄사실에 관한 사건을 말한다. 다만, 법 제11조제1호(1인이 범한 수죄)의 경우에는 수사기록에 명백히 현출(現出)되어 있는 사건으로 한정한다)에 대해 다음 각호의 사항에 관한 보완수사를 요구할 수 있다.
  1. 본인에 관한 사항
  2. 증거 또는 범죄사실 증명에 관한 사항
  3. 소송조건 또는 처벌조건에 관한 사항
  4. 양형 자료에 관한 사항
  5. 죄명 및 범죄사실의 구성에 관한 사항
  6. 그 밖에 송치받은 사건의 공소제기 여부를 결정하는 데 필요하거나 공소유지와 관련해 필요한 사항

④ 검사는 사법경찰관이 신청한 영장(「통신비밀보호법」 제6조 및 제8조에 따른 통신제한조치허가서 및 같은 법 제13조에 따른 통신사실 확인자료 제공 요청 허가서를 포함한다. 이하 이 항에서 같다)의 청구 여부를 결정하기 위해 필요한 경우 법 제197조의2제1항제2호(사법경찰관이 신청한 영장의 청구 여부 결정에 관하여 필요한 경우)에 따라 사법경찰관에게 보완수사를 요구할 수 있다. 이 경우 보완수사를 요구할 수 있는 범위는 다음 각호와 같다.
  1. 본인에 관한 사항
  2. 증거 또는 범죄사실 소명에 관한 사항
  3. 소송조건 또는 처벌조건에 관한 사항
  4. 해당 영장이 필요한 사유에 관한 사항
  5. 죄명 및 범죄사실의 구성에 관한 사항
  6. 법 제11조(법 제11조제1호의 경우는 수사기록에 명백히 현출되어 있는 사건으로 한정한다)와 관련된 사항
  7. 그 밖에 사법경찰관이 신청한 영장의 청구 여부를 결정하기 위해 필요한 사항

29 ③

[해설] ㉠ 수사본부 설치 대상 사건의 경우 홍색용지의 특별중요장물수배서를 발부한다.
㉡ 중요문화재 도난 사건의 경우는 청색의 중요장물수배서를 발부한다.

1) 장물수배(「범죄수사규칙」 제108조)
① 장물수배란 수사중인 사건의 장물에 관하여 다른 경찰관서에 그 발견을 요청하는 수배를 말한다.
② 경찰관은 장물수배를 할 때에는 발견해야 할 장물의 명칭, 모양, 상표, 품질, 품종 그 밖의 특징 등을 명백히 하여야 하며 사진, 도면, 동일한 견본·조각을 첨부하는 등 필요한 조치를 하여야 한다.
③ 「범죄수법 공조자료 관리규칙」제10조의 피해통보표에 전산입력한 피해품은 장물수배로 본다.

2) 장물수배서(제109조)
① 경찰서장은 범죄수사상 필요하다고 인정할 때에는 장물과 관련있는 영업주에 대하여 장물수배서를 발급할 수 있으며, 장물수배서는 다음의 3종으로 구분한다.
  1. 특별 중요 장물수배서(수사본부를 설치하고 수사하고 있는 사건에 관하여 발하는 경우의 장물수배서를 말한다)
  2. 중요 장물수배서(수사본부를 설치하고 수사하고 있는 사건 이외의 중요한 사건에 관하여 발하는 경우의 장물수배서를 말한다)

3. 보통 장물수배서(그 밖의 사건에 관하여 발하는 경우의 장물수배서를 말한다)
② 특별 중요 장물수배서는 홍색, 중요 장물수배서는 청색, 보통장물수배서는 백색에 의하여 각각 그 구별을 하여야 한다.

30 ②

해설 「범죄수사규칙」상 지명수배된 사람 발견 시 조치(제98조)
① 경찰관은 「경찰수사규칙」 제46조제1항에 따라 지명수배자를 체포 또는 구속하고, 지명수배한 경찰관서(수배관서)에 인계해야 한다.
② 도서지역에서 지명수배자가 발견된 경우에는 지명수배자 등이 발견된 관할 경찰관서(발견관서)의 경찰관은 지명수배자의 소재를 계속 확인하고, 수배관서와 협조하여 검거시기를 정함으로써 검거 후 구속영장청구시한(체포한 때부터 48시간)이 경과되지 않도록 해야 한다.
③ 지명수배자를 검거한 경찰관은 구속영장 청구에 대비하여 피의자가 도망 또는 증거를 인멸할 염려에 대한 소명자료 확보를 위하여 필요하다고 판단되는 경우에는 체포의 과정과 상황 등을 별지 제35호서식의 지명수배자 검거보고서에 작성하고 이를 수배관서에 인계하여 수사기록에 편철하도록 해야 한다.
④ 검거된 지명수배자를 인수한 수배관서의 경찰관은 24시간 내에 「형사소송법」제200조의6 또는 제209조에서 준용하는 법 제87조 및 「수사준칙」 제33조제1항에 따라 체포 또는 구속의 통지를 해야 한다.

31 ②

해설 「도로교통법」상 운전이란 도로에서 차를 그 본래의 사용방법에 따라 사용하는 것을 말한다. 그러므로 운전의 개념에는 목적성과 의지가 있는 고의의 운전행위만을 의미하고 자동차 안에 있는 사람의 의지나 관여 없이 자동차가 움직인 경우에는 동법상 운전에 해당하지 않는다. [대법원 2004. 4. 23. 2004도1109]

32 ④

해설 ㉡ [O] 판례는 중앙선 침범으로 보지 않는다. 즉 「도로교통법」이 도로의 중앙선 내지 중앙의 우측 부분을 통행하도록 하고 중앙선을 침범하여 발생한 교통사고를 처벌 대상으로 한 것은, 각자의 진행방향 차로를 준수하여 서로 반대방향으로 운행하는 차마의 안전한 운행과 원활한 교통을 확보하기 위한 것이므로, 황색 실선이나 황색 점선으로 된 중앙선이 설치된 도로의 어느 구역에서 좌회전이나 유턴이 허용되어 중앙선이 백색 점선으로 표시되어 있는 경우, 그 지점에서 좌회전이나 유턴이 허용되는 신호 상황 등 안전표지에 따라 좌회전이나 유턴을 하기 위하여 중앙선을 넘어 운행하다가 반대편 차로를 운행하는 차량과 충돌하는 교통사고를 내었더라도 이를 「교통사고처리 특례법」에서 규정한 중앙선 침범 사고라고 할 것은 아니다. [대법원 2016도 18941]
㉣ [O] 판례는 승객추락방지의무 위반으로 보진 않는다. 즉 「교통사고처리특례법」 제3조 제2항 단서 제10호는 "「도로교통법」 제35조 제2항의 규정에 의한 승객의 추락방지의무를 위반하여 운전한 경우"라고 규정함으로써 그 대상을 "승객"이라고 명시하고 있고, 도로교통법 제35조 제2항 역시 "모든 차의 운전자는 '운전 중' 타고 있는 사람 또는 타고 내리는 사람이 떨어지지 아니하도록 하기 위하여 문을 정확히 여닫는 등 필요한 조치를 취하여야 한다."고 규정하고 있는 점에 비추어 보면, 위 특례법 제3조 제2항 단서 제10호 소정의 의무는 그것이 주된 것이든 부수적인 것이든 사람의 운송에 제공하는 차의 운전자가 그 승객에 대하여 부담하는 의무라고 보는 것이 상당하다. [대법원 99 도3716]
㉠ [X] 교차로 진입 직전에 설치된 백색실선을 교차로에서의 진로변경을 금지하는 내용의 안전표지와 동일하게 볼 수 없으므로, 교차로에서의 진로변경을 금지하는 내용의 안전표지가 개별적으로 설치되어 있지 않다면 자동차 운전자가 교차로에서 진로변경을 시도하다가 교통사고를 야기하였다고 하더라도 이를 「교통사고처리 특례법」 제3조 제2항 단서 제1호에서 정한 "「도로교통법」 제5조에 따른 통행금지를 내용으로 하는 안전표지가 표시하는 지시를 위반하여 운전한 경우'에 해당하지 않는다. [대법원 2015도3107]

ⓒ [X] 운전을 할 수 있는 차의 종류를 기준으로 운전면허의 범위가 정해지게 되고, 해당 차종을 운전할 수 있는 운전면허를 받지 아니하고 운전한 경우가 무면허운전에 해당된다고 할 것이므로 실제 운전의 목적을 기준으로 운전면허의 유효범위나 무면허운전 여부가 결정된다고 볼 수는 없다. 따라서 연습운전면허를 받은 사람이 운전을 함에 있어 주행연습 외의 목적으로 운전하여서는 아니된다는 준수사항을 지키지 않았다고 하더라도 준수사항을 지키지 않은 것에 대하여 연습운전면허의 취소 등 제재를 가할 수 있음은 별론으로 하고 그 운전을 무면허운전이라고 보아 처벌할 수는 없다. [대법원 2013도15031]

33 ②

해설 [O] ⓛⓒⓔⓜ : 경비국 소관 업무
[X] ⓖⓗ : 범죄예방대응국 소관 업무

1] 경비국(제13조)
① 경비국에 국장 1명을 둔다.
② 국장은 치안감 또는 경무관으로 보한다.
③ 국장은 다음 사항을 분장한다.
  1. 경비에 관한 계획의 수립 및 지도
  2. 경찰부대의 운영·지도 및 감독
  3. 청원경찰의 운영 및 지도
  4. 민방위업무의 협조에 관한 사항
  5. 경찰작전·경찰전시훈련 및 비상계획에 관한 계획의 수립·지도
  6. 중요시설의 방호 및 지도
  7. 예비군의 무기 및 탄약 관리의 지도
  8. 대테러 예방 및 진압대책의 수립·지도
  8의2. 안전관리·재난상황 및 위기상황 관리기관과의 연계체계 구축·운영
  9. 의무경찰의 복무 및 교육훈련
  10. 의무경찰의 인사 및 정원의 관리
  11. 경호 및 주요 인사 보호 계획의 수립·지도
  12. 경찰항공기의 관리·운영 및 항공요원의 교육훈련
  13. 경찰업무수행과 관련된 항공지원업무

2] 범죄예방대응국(제10조의3)
① 범죄예방대응국에 국장 1명을 두고, 국장 밑에 「행정기관의 조직과 정원에 관한 통칙」 제12조에 따른 보좌기관 중 실장·국장을 보좌하는 보좌기관(정책관등) 1명을 둔다.
② 국장은 치안감 또는 경무관으로 보하고, 정책관등 1명은 경무관으로 보한다.
③ 국장은 다음 사항을 분장한다.
  1. 범죄예방에 관한 기획·조정·연구 등 예방적 경찰활동 총괄
  2. 범죄예방진단 및 범죄예방순찰에 관한 기획·운영
  3. 경비업에 관한 연구·지도
  4. 풍속 및 성매매(아동·청소년 대상 성매매는 제외한다) 사범에 대한 지도·단속
  5. 총포·도검·화약류 등의 지도·단속
  6. 즉결심판청구업무의 지도
  7. 각종 안전사고의 예방에 관한 사항
  8. 지구대·파출소 운영체계의 기획 및 관리

9. 지구대 · 파출소의 외근활동 기획 및 운영
10. 지구대 · 파출소의 근무자에 대한 교육
11. 112신고제도의 기획 · 운영 및 112치안종합상황실의 운영 총괄
12. 치안 상황의 접수 · 상황판단, 전파 및 초동조치 등에 관한 사항
13. 치안상황실 운영에 관한 사항

34 ②

해설 ② [O] 현장진압의 3대 원칙은 신속한 해산/주모자 체포/재집결 방지이고, 다중범죄진압의 기본원칙은 봉쇄와 방어, 차단과 배제, 세력의 분산, 주동자 격리이다.
① [X] 다중범죄는 조직적 연계성의 특성을 가진다. 즉 지역이나 세력간 조직을 갖추고 있으며, 연계해서 목적을 이루려고 한다.
③ [X] 불만집단에 반대하는 여론을 크게 부각시켜 불만집단이 위압되어 스스로 분산 또는 해산되도록 하는 정책적 치료법은 경쟁행위법이다.
④ [X] 위는 다중범죄진압의 기본원칙 중 차단과 배제에 대한 내용이다. 봉쇄와 방어는 군중들이 중요시설 등 보호대상물의 점거를 기도할 경우, 사전에 진압부대가 점령하거나 바리케이드 등으로 봉쇄하여 방어조치를 취하는 방법을 말한다.

다/중/범/죄/의/특/성
1) 부화뇌동적 파급성
 다중범죄는 계획적인 것과 우발적인 것이 있으나 모두 다 군중 심리에 맹목적으로 다중의 행동에 따른다.
2) 비이성적 단순성
 감정이나 충동에 의한 경우가 많다.
3) 편협성 및 피암시성
 다중의 절대적인 힘을 과신하여 편협적 판단으로 반대의사를 불허하며 암시에 따른 행위를 한다.
4) 확신적 행동성
 자기들이 하는 행위에 강한 확신을 가지고 있다.
5) 조직적 연계성
 지역이나 세력간 조직을 갖추고 있으며, 연계해서 목적을 이루려고 한다.

35 ③

해설 ③ 불법 · 폭력 집회나 시위가 개최될 가능성이 있다고 하더라도 이를 방지하기 위한 조치는 개별적 · 구체적인 상황에 따라 필요 최소한의 범위에서 행해져야 하는 것인바, 서울광장에서의 일체의 집회는 물론 일반인의 통행까지 막은 것은 당시 상황에 비추어 볼 때, 필요 최소한의 조치였다고 보기 어렵고, 가사 그 필요성이 있더라도 몇 군데 통로를 개설하거나 또는 집회의 가능성이 적거나 출근 등의 왕래가 빈번한 시간대에는 통행을 허용하는 등 덜 침해적인 수단을 취할 수 있었음에도 모든 시민의 통행을 전면적으로 통제한 것은 침해를 최소화한 수단이라고 할 수 없으므로 과잉금지원칙을 위반하여 기본권을 침해하였다고 판단하였다. [2009헌마406]

36 ④

해설 ㉠ 07 : 00
㉡ 07 : 00
㉢ 55
㉣ 95

37 ④

해설 1) 법 제7조 (보안관찰처분의 청구) 보안관찰처분청구는 검사가 행한다.
2) 법 제8조 (청구의 방법)
① 제7조의 규정에 의한 보안관찰처분청구는 검사가 보안관찰처분청구서를 법무부장관에게 제출함으로써 행한다.
② 처분청구서에는 다음 사항을 기재하여야 한다.
   1. 보안관찰처분을 청구받은 자(피청구자)의 성명 기타 피청구자를 특정할 수 있는 사항
   2. 청구의 원인이 되는 사실
   3. 기타 대통령령으로 정하는 사항
③ 검사가 처분청구서를 제출할 때에는 청구의 원인이 되는 사실을 증명할 수 있는 자료와 의견서를 첨부하여야 한다.
④ 검사는 보안관찰처분청구를 한 때에는 지체없이 처분청구서 등본을 피청구자에게 송달하여야 한다. 이 경우 송달에 관하여는 민사소송법중 송달에 관한 규정을 준용한다.
3) 법 제17조 (보안관찰처분의 집행)
① 보안관찰처분의 집행은 검사가 지휘한다.
② 제1항의 지휘는 결정서등본을 첨부한 서면으로 하여야 한다.
③ 검사는 피보안관찰자가 도주하거나 1월 이상 그 소재가 불명한 때에는 보안관찰처분의 집행중지결정을 할 수 있다. 그 사유가 소멸된 때에는 지체없이 그 결정을 취소하여야 한다.
4) 법 제12조(보안관찰처분심의위원회)
① 보안관찰처분에 관한 사안을 심의·의결하기 위하여 법무부에 보안관찰처분심의위원회를 둔다.
② 위원회는 위원장 1인과 6인의 위원으로 구성한다.
③ 위원장은 법무부차관이 되고, 위원은 학식과 덕망이 있는 자로 하되, 그 과반수는 변호사의 자격이 있는 자이어야 한다.
④ 위원은 법무부장관의 제청으로 대통령이 임명 또는 위촉한다.
⑤ 위촉된 위원의 임기는 2년으로 한다. 다만, 공무원인 위원은 그 직을 면한 때에는 위원의 자격을 상실한다.
⑥ 위원중 공무원이 아닌 위원도 이 법 기타 다른 법률의 규정에 의한 벌칙의 적용에 있어서는 공무원으로 본다.
⑦ 위원장은 위원회의 회무를 통리하고 위원회를 대표하며, 위원회의 회의를 소집하고 그 의장이 된다.
⑧ 위원장이 사고가 있을 때에는 미리 그가 지정한 위원이 그 직무를 대행한다.
⑨ 위원회는 다음 각호의 사안을 심의·의결한다.
   1. 보안관찰처분 또는 그 기각의 결정
   2. 면제 또는 그 취소결정
   3. 보안관찰처분의 취소 또는 기간의 갱신결정
⑩ 위원회의 회의는 위원장을 포함한 재적위원 과반수의 출석으로 개의하고 출석위원 과반수의 찬성으로 의결한다.
⑪ 위원회의 운영·서무 기타 필요한 사항은 대통령령으로 정한다.

38 ④

해설 외국인 접촉 시 특이사항의 신고(제8조)
① 방첩기관등의 구성원(방첩기관등에 소속된 위원회의 민간위원을 포함한다)이 외국인(제9조에 따른 외국 정보기관이 정보활동에 이용하는 내국인을 포함한다)을 접촉한 경우에 그 외국인이 다음 각호의 어느 하나에 해당한다고 의심할 만한 상당한 이유가 있을 경우에는 지체 없이 그 사실을 소속 방첩기관등의 장에게 신고하여야

하며, 해당 방첩기관등의 장은 그 신고 내용을 국가정보원장에게 통보하여야 한다.
1. 접촉한 외국인이 국가기밀등이나 그 밖의 국가안보 및 국익 관련 정보를 탐지·수집하려고 하는 경우
2. 접촉한 외국인이 방첩기관등의 구성원을 정보활동에 이용하려고 하는 경우
3. 접촉한 외국인이 그 밖의 국가안보 또는 국익을 침해하는 활동을 하는 사람인 경우

② 제1항에도 불구하고 방첩기관의 장은 법령에 따른 직무수행과 관련하여 필요하다고 판단하는 경우에는 통보하지 아니할 수 있다.
③ 제1항에 따른 통보를 받은 국가정보원장은 효율적인 방첩업무 수행을 위하여 필요하다고 인정하는 경우에는 통보받은 사실이나 관련 분석 자료를 작성하여 방첩기관등의 장에게 배포하여야 한다.
④ 국가정보원장은 제1항에 따른 신고 내용이 국가안보와 방첩업무에 이바지하였다고 인정되는 경우에는 신고자에 대하여「정부 표창 규정」등에 따라 포상하거나 국가정보원장이 정하는 바에 따라 포상금을 지급할 수 있다.

39 ②

[해설] ②[X] 주한미군의 공무집행 중 작위 또는 부작위에 의한 범죄는 합중국 군 당국의 1차적 재판권 범위에 해당된다(재판권의 경합).
① 동법 제14조 제2항
③ 동법 제38조 제1항
④ 파견국 국민이 영사관할 구역안에서 구속된 경우, 접수국의 권한있는 당국은 지체없이 파견국의 영사기관에 통보한다(동 협약 제39조 제1호). 그리고 파견국의 구속된 국민의 영사기관과의 어떠한 통신도 지체없이 접수국당국에 의하여 영사기관에 개진되어야 한다(제2호).

1] 전속적 재판권

미군 당국의 전속적 재판권	미국의 안전에 관한 범죄를 포함하여 구성원이나 군속 및 그들의 가족에 대하여 미국법령에 의하여 처벌할 수 있으나 대한민국법령에 의해서는 처벌할 수 없는 범죄
대한민국 당국의 전속적 재판권	대한민국의 안전에 관한 범죄를 포함하여 대한민국법령에 의해서는 처벌할 수 있으나 미국의 법령으로는 처벌할 수 없는 범죄

2] 제1차적 재판권(재판권의 경합)

미군 당국	㉠ 오로지 미국의 재산이나 안전에 관한 범죄 ㉡ 오로지 미국군대의 타구성원이나 군속 또는 그들 가족의 신체나 재산에 대한 범죄 ㉢ 공무집행 중의 작위 또는 부작위에 의한 범죄(공무수행에 부수된 행위도 공무개념에 포함)
대한민국 당국	미군 당국의 제1차적 재판권행사의 대상에 속하지 않는 모든 범죄

우리나라가 재판하는 것이 특히 중요하다고 결정하는 경우를 제외한 기타 사건에 대하여 미군당국이 재판권의 포기를 요청하는 경우에는 호의적으로 고려하여야 한다.

3] 공무의 판단
(1) 1차적 기준 : 미군당국이 발행한 공무증명서
(2) 검사는 미군의 공무증명서를 거부할 수 있다. 이의제기(10일), 조정기간(30일)
(3) 최종판단 : 한미동수가 참여하는 한미합동위원회의 결정에 따른다.
*미군측이 한국측에 재판권이 없음을 항변하기 위하여 공무집행증명서를 제출하는 경우 재판권의 귀속여부에 대한 판단은 검찰에서 하는 것임을 설득시키고 일단 경찰서로 동행하여 피의사건을 조사한 뒤 제출된 공무집행증명서를 기록에 첨부하여 기소의견으로 송치한다.

40 ③

해설 ① 국가중앙사무국은 각국 중앙경찰 산하의 한 기구로 인터폴의 모든 회원국에 설치되는 상설기관이다. 우리나라는 경찰청 소속 국제협력관 소속 인터폴 국제공조담당관이 국가중앙사무국(NCB) 업무를 수행한다.
② 적색/청색/녹색/황색/흑색/오렌지/보라색/UN 특별수배서 등 현재 8종을 발부하고 있다.
④ 행정안전부장관의 권한이다.

국제형사경찰기구와의 협력(「국제형사사법 공조법」 제38조)
① 행정안전부장관은 국제형사경찰기구로부터 외국의 형사사건 수사에 대하여 협력을 요청받거나 국제형사경찰기구에 협력을 요청하는 경우에는 다음 각호의 조치를 취할 수 있다.
  1. 국제범죄의 정보 및 자료교환
  2. 국제범죄의 동일증명(同一證明) 및 전과 조회
  3. 국제범죄에 관한 사실 확인 및 그 조사
② 제1항 각호를 제외한 협력요청이 이 법에 따른 공조에 관한 것인 경우에는 이 법에 따른다.

제06회 정답 및 해설

01 ①

해설 [O] ㉠㉢㉣㉤
[X] ㉡ 형식적 의미의 경찰과 실질적 의미의 경찰은 서로를 모두 포함한다거나 누가 더 넓다거나 더 상위적이라거나 더 포괄적이라거나 하는 관계는 아니다.

02 ①

해설 ㉠ 경찰청 사이버테러대응센터 신설 : 2000. 09
㉡ 경찰서비스헌장 제정 : 1998
㉢ 국가수사본부 신설 : 2021
㉣ 「경찰법」 제정 : 1991. 5.31
㉤ 제주특별자치도 자치경찰단 설치 : 2006. 07

03 ④

해설 ④ [O]
① [X] 대통령령으로 정한다.
② [X] 위원은 특정 성(性)이 10분의 6을 초과하지 아니하도록 노력하여야 한다.
③ [X] 시·도자치경찰위원회 위원장과 위원의 임기는 3년으로 하며, 연임할 수 없다.

1] 시·도자치경찰위원회의 설치(제18조)
① 자치경찰사무를 관장하게 하기 위하여 특별시장·광역시장·특별자치시장·도지사·특별자치도지사(이하 "시·도지사"라 한다) 소속으로 시·도자치경찰위원회를 둔다. 다만, 제13조 후단에 따라 시·도에 2개의 시·도경찰청을 두는 경우 시·도지사 소속으로 2개의 시·도자치경찰위원회를 둘 수 있다. 〈개정 2021. 3. 30.〉
② 시·도자치경찰위원회는 합의제 행정기관으로서 그 권한에 속하는 업무를 독립적으로 수행한다.
③ 제1항 단서에 따라 2개의 시·도자치경찰위원회를 두는 경우 해당 시·도자치경찰위원회의 명칭, 관할구역, 사무분장, 그 밖에 필요한 사항은 대통령령으로 정한다.

2] 시·도자치경찰위원회의 구성(제19조)
① 시·도자치경찰위원회는 위원장 1명을 포함한 7명의 위원으로 구성하되, 위원장과 1명의 위원은 상임으로 하고, 5명의 위원은 비상임으로 한다.
② 위원은 특정 성(性)이 10분의 6을 초과하지 아니하도록 노력하여야 한다.
③ 위원 중 1명은 인권문제에 관하여 전문적인 지식과 경험이 있는 사람이 임명될 수 있도록 노력하여야 한다.

3] 시·도자치경찰위원회 위원의 임명 및 결격사유(제20조)
① 시·도자치경찰위원회 위원은 다음 각호의 사람을 시·도지사가 임명한다.
  1. 시·도의회가 추천하는 2명
  2. 국가경찰위원회가 추천하는 1명
  3. 해당 시·도 교육감이 추천하는 1명
  4. 시·도자치경찰위원회 위원추천위원회가 추천하는 2명

    5. 시·도지사가 지명하는 1명
② 시·도자치경찰위원회 위원은 다음 각 호의 어느 하나에 해당하는 자격을 갖추어야 한다.
    1. 판사·검사·변호사 또는 경찰의 직에 5년 이상 있었던 사람
    2. 변호사 자격이 있는 사람으로서 국가기관등에서 법률에 관한 사무에 5년 이상 종사한 경력이 있는 사람
    3. 대학이나 공인된 연구기관에서 법률학·행정학 또는 경찰학 분야의 조교수 이상의 직이나 이에 상당하는 직에 5년 이상 있었던 사람
    4. 그 밖에 관할 지역주민 중에서 지방자치행정 또는 경찰행정 등의 분야에 경험이 풍부하고 학식과 덕망을 갖춘 사람
③ 시·도자치경찰위원회 위원장은 위원 중에서 시·도지사가 임명하고, 상임위원은 시·도자치경찰위원회의 의결을 거쳐 위원 중에서 위원장의 제청으로 시·도지사가 임명한다. 이 경우 위원장과 상임위원은 지방자치단체의 공무원으로 한다.
④ 위원은 정치적 중립을 지켜야 하며, 권한을 남용하여서는 아니 된다.
⑤ 공무원이 아닌 위원에 대해서는 「지방공무원법」 제52조 및 제57조를 준용한다.
⑥ 공무원이 아닌 위원은 그 소관 사무와 관련하여 형법이나 그 밖의 법률에 따른 벌칙을 적용할 때에는 공무원으로 본다.
⑦ 다음 각 호의 어느 하나에 해당하는 사람은 위원이 될 수 없다. 위원이 각 호의 어느 하나에 해당한 경우에는 당연퇴직한다.
    1. 정당의 당원이거나 당적을 이탈한 날부터 3년이 지나지 아니한 사람
    2. 선거에 의하여 취임하는 공직에 있거나 그 공직에서 퇴직한 날부터 3년이 지나지 아니한 사람
    3. 경찰, 검찰, 국가정보원 직원 또는 군인의 직에 있거나 그 직에서 퇴직한 날부터 3년이 지나지 아니한 사람
    4. 국가 및 지방자치단체의 공무원(국립 또는 공립대학의 조교수 이상의 직에 있는 사람은 제외한다. 이하 이 조에서 같다)이거나 공무원이었던 사람으로서 퇴직한 날부터 3년이 지나지 아니한 사람. 다만, 제20조제3항 후단에 따라 위원장과 상임위원이 지방자치단체의 공무원이 된 경우에는 당연퇴직하지 아니한다.
    5. 「지방공무원법」 제31조 각 호의 어느 하나에 해당하는 사람. 다만, 「지방공무원법」 제31조제2호 및 제5호에 해당하는 경우에는 같은 법 제61조제1호 단서에 따른다.
⑧ 그 밖에 위원의 임명방법 등에 관하여 필요한 사항은 대통령령으로 정하는 기준에 따라 시·도조례로 정한다.

4] 시·도자치경찰위원회 위원의 임기 및 신분보장(제23조)
① 시·도자치경찰위원회 위원장과 위원의 임기는 3년으로 하며, 연임할 수 없다.
② 보궐위원의 임기는 전임자 임기의 남은 기간으로 하되, 전임자의 남은 임기가 1년 미만인 경우 그 보궐위원은 제1항에도 불구하고 한 차례만 연임할 수 있다.
③ 위원은 중대한 신체상 또는 정신상의 장애로 직무를 수행할 수 없게 된 경우를 제외하고는 그 의사에 반하여 면직되지 아니한다.

5] 시·도자치경찰위원회의 심의·의결사항(제25조)
① 시·도자치경찰위원회는 제24조의 사무에 대하여 심의·의결한다.
② 시·도자치경찰위원회의 회의는 재적위원 과반수의 출석과 출석위원 과반수의 찬성으로 의결한다.
③ 시·도지사는 제1항에 관한 시·도자치경찰위원회의 의결이 적정하지 아니하다고 판단할 때에는 재의를 요구할 수 있다.
④ 위원회의 의결이 법령에 위반되거나 공익을 현저히 해친다고 판단되면 행정안전부장관은 미리 경찰청장의 의견을 들어 국가경찰위원회를 거쳐 시·도지사에게 제3항의 재의를 요구하게 할 수 있고, 경찰청장은 국가경찰위원회와 행정안전부장관을 거쳐 시·도지사에게 재의를 요구하게 할 수 있다.
⑤ 시·도자치경찰위원회의 위원장은 재의요구를 받은 날부터 7일 이내에 회의를 소집하여 재의결하여야 한다. 이 경우 재적위원 과반수의 출석과 출석위원 3분의 2 이상의 찬성으로 전과 같은 의결을 하면 그 의결사항은

확정된다.

6] 시·도자치경찰위원회의 운영(제26조)

① 시·도자치경찰위원회의 회의는 정기적으로 개최하여야 한다. 다만 위원장이 필요하다고 인정하는 경우, 위원 2명 이상이 요구하는 경우 및 시·도지사가 필요하다고 인정하는 경우에는 임시회의를 개최할 수 있다.
② 시·도자치경찰위원회는 회의 안건과 관련된 이해관계인이 있는 경우 그 의견을 듣거나 회의에 참석하게 할 수 있다.
③ 시·도자치경찰위원회의 위원 중 공무원이 아닌 위원에게는 예산의 범위에서 직무활동에 필요한 비용 등을 지급할 수 있다.
④ 그 밖에 시·도자치경찰위원회의 운영 등에 필요한 사항은 대통령령으로 정하는 기준에 따라 시·도조례로 정한다.

7] 사무기구(제27조)

시·도자치경찰위원회의 사무를 처리하기 위하여 시·도자치경찰위원회에 필요한 사무기구를 둔다(제1항).

04 ③

[해설] ③ 국가수사본부장은 경찰청장과 임기가 같고, 중임할 수 없다. 그리고 임기가 끝나면 당연퇴직한다는 점도 또한 같다.

국/가/수/사/본/부/장(제16조)

① 경찰청에 국가수사본부를 두며, 국가수사본부장은 치안정감으로 보한다.
② 국가수사본부장은 「형사소송법」에 따른 경찰의 수사에 관하여 각 시·도경찰청장과 경찰서장 및 수사부서 소속 공무원을 지휘·감독한다.
③ 국가수사본부장의 임기는 2년으로 하며, 중임할 수 없다.
④ 국가수사본부장은 임기가 끝나면 당연히 퇴직한다.
⑤ 국가수사본부장이 직무를 집행하면서 헌법이나 법률을 위배하였을 때에는 국회는 탄핵 소추를 의결할 수 있다.
⑥ 국가수사본부장을 경찰청 외부를 대상으로 모집하여 임용할 필요가 있는 때에는 다음 각 호의 자격을 갖춘 사람 중에서 임용한다.
  1. 10년 이상 수사업무에 종사한 사람 중에서 「국가공무원법」 제2조의2에 따른 고위공무원단에 속하는 공무원, 3급 이상 공무원 또는 총경 이상 경찰공무원으로 재직한 경력이 있는 사람
  2. 판사·검사 또는 변호사의 직에 10년 이상 있었던 사람
  3. 변호사 자격이 있는 사람으로서 국가기관, 지방자치단체, 「공공기관의 운영에 관한 법률」 제4조에 따른 공공기관(국가기관등)에서 법률에 관한 사무에 10년 이상 종사한 경력이 있는 사람
  4. 대학이나 공인된 연구기관에서 법률학·경찰학 분야에서 조교수 이상의 직이나 이에 상당하는 직에 10년 이상 있었던 사람
  5. 제1호부터 제4호까지의 경력 기간의 합산이 15년 이상인 사람
⑦ 국가수사본부장을 경찰청 외부를 대상으로 모집하여 임용하는 경우 다음 각 호의 어느 하나에 해당하는 사람은 국가수사본부장이 될 수 없다.
  1. 「경찰공무원법」 제8조제2항 각 호의 결격사유에 해당하는 사람
  2. 정당의 당원이거나 당적을 이탈한 날부터 3년이 지나지 아니한 사람
  3. 선거에 의하여 취임하는 공직에 있거나 그 공직에서 퇴직한 날부터 3년이 지나지 아니한 사람
  4. 제6항제1호에 해당하는 공무원 또는 제6항제2호의 판사·검사의 직에서 퇴직한 날로부터 1년이 지나지 아니한 사람
  5. 제6항제3호에 해당하는 사람으로서 국가기관등에서 퇴직한 날로부터 1년이 지나지 아니한 사람

05 ①

해설 1] 규칙 제4조(소속기관장 등의 직무대리)
① 차장을 두지 않은 시·도경찰청장에게 사고가 있을 경우에는 「경찰청과 그 소속기관 직제」(이하 "직제"라 한다) 에 규정된 순서에 따른 부장이 대리한다.
② 시·도경찰청 차장에게 사고가 있는 경우 직제 및 「경찰청과 그 소속기관 직제 시행규칙」(이하 "직제 시행규칙" 이라 한다)에 규정된 순서에 따른 부장·과장이 대리한다.
③ 시·도경찰청장과 시·도경찰청 차장이 모두 사고가 발생한 경우 직제 및 직제 시행규칙에 규정된 순서에 따른 부장·과장이 순차적으로 시·도경찰청장과 차장을 각각 직무대리한다.
④ 부속기관장에게 사고가 있을 때에는 직제에 따른 직근 하위 계급의 부·과장이 대리한다.

2] 규칙 제5조(국장·관·부장 등의 직무대리)
① 국장·관·부장(단장 그 밖에 이에 준하는 직위에 있는 자를 포함한다)이 사고가 있을 때에는 직제 및 직제 시행 규칙에 규정된 과(이에 준하는 보조기관 또는 보좌기관을 포함한다)의 순서에 따른 직근 하위 계급의 관·과장 이 대리한다.
② 담당관·과장이 사고가 있을 때에는 「경찰청 사무분장 규칙」 및 소속기관의 하부조직을 설치하는 규정에서 정 한 순서에 따른 직근 하위 계급자가 대리한다.

3] 규칙 제6조(경찰서장의 직무대리)
경찰서장에게 사고가 있을 때에는 직제 시행규칙에서 정한 순서에 따른 직근 하위 계급의 과장이 대리한다.

4] 규칙 제7조(직할대장의 직무대리)
직할대장에게 사고가 있을 때에는 소속기관의 하부조직을 설치하는 규정에서 정한 순서에 따른 직근 하위 계급 자가 대리한다.

5] 규칙 제8조(직무대리의 지정)
제4조부터 제7조까지에 규정한 사항(협의의 법정대리) 외의 공무원에게 사고가 발생하였거나 규정된 직무대리 가 적절치 않다고 인정되는 경우에는 직무대리지정권자가 해당 공무원의 직근 하위 계급자 중에서 직무의 비 중, 능력, 경력 또는 책임도 등을 고려하여 직무대리자를 지정한다.

6] 규칙 제9조(직무대리의 특례)
제8조에도 불구하고 직무대리지정권자는 대리하게 할 업무가 특수하거나 그 밖의 부득이한 사유가 있는 경우, 사고가 발생한 공무원과 동일한 계급자를 직무대리자로 지정할 수 있다.

7] 규칙 제10조(직무대리의 운영)
① 직무를 대리하는 경우 한 사람은 하나의 직위에 대해서만 직무대리를 할 수 있다.
② 제8조에 따라 직무대리를 지정할 때에는 별지 서식에 따른 직무대리 명령서를 직무대리자에게 발급하여야 한다.
③ 제2항에도 불구하고 사고 기간이 15일 이하인 경우에는 직무대리 명령서의 발급을 생략할 수 있다. 이 경우 직무대리지정권자는 직무대리자로 지정된 사실을 전자인사관리시스템이나 내부통신망 등을 통하여 직무대리 자에게 명확하게 통지하여야 한다.
④ 직무대리자는 본래 담당한 직위의 업무를 수행하면서 직무대리 업무를 수행하는 것을 원칙으로 하되, 사고가 발생한 공무원의 직위에 보할 수 있는 승진후보자에게 그 사고가 발생한 공무원의 직무대리를 하게 하는 경우에 는 본래 담당한 직위의 업무를 수행하지 아니하고 직무대리 업무만을 수행하게 할 수 있다.
⑤ 직무대리자는 직무대리하여야 할 업무를 다른 공무원에게 다시 직무대리하게 할 수 없다.

8] 규칙 제11조(직무대리권의 범위)
직무대리자는 사고가 발생한 공무원의 모든 권한을 가지며, 그 권한에 상응하는 책임을 진다.

06 ②

해설 ②「국가공무원법」에 따라 구분할 때 경찰공무원은 신분이 보장되는 경력직 공무원 중 특정직 공무원으로 분류된다.

대법원 2019. 10. 31. 선고 2013두20011 판결 [공무원지위확인]

1] 남녀고용평등과 일·가정 양립 지원에 관한 법률(이하 '남녀고용평등법'이라 한다) 제11조 제1항, 근로기준법 제6조에서 말하는 '남녀의 차별'은 합리적인 이유 없이 남성 또는 여성이라는 이유만으로 부당하게 차별대우하는 것을 의미한다. 사업주나 사용자가 근로자를 합리적인 이유 없이 성별을 이유로 부당하게 차별대우를 하도록 정한 규정은, 규정의 형식을 불문하고 강행규정인 남녀고용평등법 제11조 제1항과 근로기준법 제6조에 위반되어 무효라고 보아야 한다.

2] 국가나 국가기관 또는 국가조직의 일부는 기본권의 수범자로서 국민의 기본권을 보호하고 실현해야 할 책임과 의무를 지니고 있는 점, 공무원도 임금을 목적으로 근로를 제공하는 근로기준법상의 근로자인 점 등을 고려하면, <u>공무원 관련 법률에 특별한 규정이 없는 한, 고용관계에서 양성평등을 규정한 남녀고용평등과 일·가정 양립 지원에 관한 법률 제11조 제1항과 근로기준법 제6조는 국가기관과 공무원 간의 공법상 근무관계에도 적용된다.</u>

3] 여성 근로자들이 전부 또는 다수를 차지하는 분야의 정년을 다른 분야의 정년보다 낮게 정한 것이 여성에 대한 불합리한 차별에 해당하는지는, 헌법 제11조 제1항에서 규정한 평등의 원칙 외에도 헌법 제32조 제4항에서 규정한 '여성근로에 대한 부당한 차별 금지'라는 헌법적 가치를 염두에 두고, 해당 분야 근로자의 근로 내용, 그들이 갖추어야 하는 능력, 근로시간, 해당 분야에서 특별한 복무규율이 필요한지 여부나 인력수급사정 등 여러 사정들을 종합적으로 고려하여 판단하여야 한다.

4] 상급행정기관이 소속 공무원이나 하급행정기관에 대하여 세부적인 업무처리절차나 법령의 해석·적용 기준을 정해 주는 '행정규칙'은 상위법령의 구체적 위임이 있지 않는 한 행정조직 내부에서만 효력을 가질 뿐 대외적으로 국민이나 법원을 구속하는 효력이 없다. 다만 행정규칙이 이를 정한 행정기관의 재량에 속하는 사항에 관한 것인 때에는 그 규정 내용이 객관적 합리성을 결여하였다는 등의 특별한 사정이 없는 한 법원은 이를 존중하는 것이 바람직하다.

그러나 행정규칙의 내용이 상위법령에 반하는 것이라면 법치국가원리에서 파생되는 법질서의 통일성과 모순금지원칙에 따라 그것은 법질서상 당연무효이고, 행정내부적 효력도 인정될 수 없다. 이러한 경우 법원은 해당 행정규칙이 법질서상 부존재하는 것으로 취급하여 행정기관이 한 조치의 당부를 상위법령의 규정과 입법 목적 등에 따라서 판단하여야 한다.

07 ①

해설 ① [X] 임용령 제4조 제7항(총경을 보직하는 경우)
② [O] 임용령 제4조 제8항
③ [O] 임용령 제4조 제9항
④ [O] 임용령 제4조 제10항

08 ④

해설 ④ 경찰공무원의 복제에 관한 사항은 행정안전부령으로 규정하고 있다(「경찰공무원법」 제26조).
그리고 무기휴대는 「경찰공무원법」제26조, 무기의 사용은 그 근거를 「경찰관직무집행법」제10조의4에 두고 있고, 경찰장구사용권은 「경찰관직무집행법」 제10조의 2에 두고 있다.

09 ②

[해설] ⓒ 소청 사건의 결정은 재적 위원 3분의 2 이상의 출석과 출석 위원 과반수의 합의에 따르되, 의견이 나뉠 경우에는 출석 위원 과반수에 이를 때까지 소청인에게 가장 불리한 의견에 차례로 유리한 의견을 더하여 그 중 가장 유리한 의견을 합의된 의견으로 본다. 다만, 이에도 불구하고 파면·해임·강등 또는 정직에 해당하는 징계처분을 취소 또는 변경하려는 경우와 효력 유무 또는 존재 여부에 대한 확인을 하려는 경우에는 재적 위원 3분의 2 이상의 출석과 출석 위원 3분의 2 이상의 합의가 있어야 한다. 이 경우 구체적인 결정의 내용은 출석위원 과반수의 합의에 따르되, 의견이 나뉘어 출석 위원 과반수의 합의에 이르지 못하였을 때에는 과반수에 이를 때까지 소청인에게 가장 불리한 의견에 차례로 유리한 의견을 더하여 그 중 가장 유리한 의견을 합의된 의견으로 본다.
ⓔ 소청심사위원회의 상임위원의 임기는 3년으로 하며, 한 번만 연임할 수 있다.

10 ③

[해설] ③ 행정청은 의무자가 행정상 의무를 이행할 때까지 이행강제금을 반복하여 부과할 수 있다. 다만, 의무자가 의무를 이행하면 새로운 이행강제금의 부과를 즉시 중지하되, 이미 부과한 이행강제금은 징수하여야 한다(제31조 제5항). 한편, 대표적인「건축법」상 이행강제금(집행벌)은 시정명령의 불이행이라는 과거의 위반행위에 대한 제재가 아니라, 시정명령을 이행하지 않고 있는 건축주 등에 대하여 다시 상당한 이행기한을 부여하고 기한 안에 시정명령을 이행하지 않으면 이행강제금이 부과된다는 사실을 고지함으로써 의무자에게 심리적 압박을 주어 시정명령에 따른 의무의 이행을 간접적으로 강제하는 행정상의 간접강제 수단에 해당한다.

이/행/강/제/금/의/부/과(「행정기본법」제31조)
① 이행강제금 부과의 근거가 되는 법률에는 이행강제금에 관한 다음 각호의 사항을 명확하게 규정하여야 한다. 다만, 제4호 또는 제5호를 규정할 경우 입법목적이나 입법취지를 훼손할 우려가 크다고 인정되는 경우로서 대통령령으로 정하는 경우는 제외한다.
  1. 부과·징수 주체
  2. 부과 요건
  3. 부과 금액
  4. 부과 금액 산정기준
  5. 연간 부과 횟수나 횟수의 상한
② 행정청은 다음 각호의 사항을 고려하여 이행강제금의 부과 금액을 가중하거나 감경할 수 있다.
  1. 의무 불이행의 동기, 목적 및 결과
  2. 의무 불이행의 정도 및 상습성
  3. 그 밖에 행정목적을 달성하는 데 필요하다고 인정되는 사유
③ 행정청은 이행강제금을 부과하기 전에 미리 의무자에게 적절한 이행기간을 정하여 그 기한까지 행정상 의무를 이행하지 아니하면 이행강제금을 부과한다는 뜻을 문서로 계고(戒告)하여야 한다.
④ 행정청은 의무자가 제3항에 따른 계고에서 정한 기한까지 행정상 의무를 이행하지 아니한 경우 이행강제금의 부과 금액·사유·시기를 문서로 명확하게 적어 의무자에게 통지하여야 한다.
⑤ <u>행정청은 의무자가 행정상 의무를 이행할 때까지 이행강제금을 반복하여 부과할 수 있다. 다만, 의무자가 의무를 이행하면 새로운 이행강제금의 부과를 즉시 중지하되, 이미 부과한 이행강제금은 징수하여야 한다.</u>
⑥ 행정청은 이행강제금을 부과받은 자가 납부기한까지 이행강제금을 내지 아니하면 국세강제징수의 예 또는「지방행정제재·부과금의 징수 등에 관한 법률」에 따라 징수한다.

11 ①

[해설] 부관만을 독립하여 행정쟁송의 대상으로 삼을 수 없다고 보는 것이 일반적인 견해이나, 부담만은 독립하여 행정쟁송의 대상으로 삼을 수 있다고 본다(통설과 판례).

12 ③

해설 ③ 대법원은 "구 형사소송법 제59조에서 정한 기명날인의 의미, 이 규정이 개정되어 기명날인 외에 서명도 허용한 경위와 취지 등을 종합하면, 피고인이 즉결심판에 대하여 제출한 정식재판청구서에 피고인의 자필로 보이는 이름이 기재되어 있고 그 옆에 서명이 되어 있어 위 서류가 작성자 본인인 피고인의 진정한 의사에 따라 작성되었다는 것을 명백하게 확인할 수 있으며 형사소송절차의 명확성과 안정성을 저해할 우려가 없으므로, 정식재판청구는 적법하다고 보아야 한다. 피고인의 인장이나 지장이 찍혀 있지 않다고 해서 이와 달리 볼 것이 아니다. [대법원 2019. 11. 29. 2017모3458 결정]

13 ①

해설 ① [O] 동법 제8조 제2항 제2호
② [X] 위해성 경찰장비의 종류 및 그 사용기준, 안전교육·안전검사의 기준 등은 대통령령(「위해성 경찰장비의 사용기준 등에 관한 규정」)으로 정한다.
③ [X] 보상을 청구할 수 있는 권리는 손실이 있음을 안 날부터 3년, 손실이 발생한 날부터 5년간 행사하지 아니하면 시효의 완성으로 소멸한다(제11조의2 제2항).
④ [X] 경비, 주요 인사(人士) 경호 및 대간첩·대테러 작전 수행(제2조 제3호)

14 ④

해설 ④ 경찰관의 직무수행 및 경찰장비의 사용과 관련한 재량의 범위 및 한계를 고려해 보면, 불법적인 농성을 진압하는 방법 및 그 과정에서 어떤 경찰장비를 사용할 것인지는 구체적 상황과 예측되는 피해 발생의 구체적 위험성의 내용 등에 비추어 경찰관이 재량의 범위 내에서 정할 수 있다. 그러나 그 직무수행 중 특정한 경찰장비를 필요한 최소한의 범위를 넘어 관계 법령에서 정한 통상의 용법과 달리 사용함으로써 타인의 생명·신체에 위해를 가하였다면, 불법적인 농성의 진압을 위하여 그러한 방법으로라도 해당 경찰장비를 사용할 필요가 있고 그로 인하여 발생할 우려가 있는 타인의 생명·신체에 대한 위해의 정도가 통상적으로 예견되는 범위 내에 있다는 등의 특별한 사정이 없는 한 그 직무수행은 위법하다고 보아야 한다. 나아가 경찰관이 농성 진압의 과정에서 경찰장비를 위법하게 사용함으로써 그 직무수행이 적법한 범위를 벗어난 것으로 볼 수밖에 없다면, 상대방이 그로 인한 생명·신체에 대한 위해를 면하기 위하여 직접적으로 대항하는 과정에서 경찰장비를 손상시켰더라도 이는 위법한 공무집행으로 인한 신체에 대한 현재의 부당한 침해에서 벗어나기 위한 행위로서 정당방위에 해당한다. [대법원 2022. 11. 30. 선고 2016다26662 판결]

15 ④

해설 통솔범위(span of control)란 한 사람의 상관 또는 감독자가 효과적으로 직접 통솔할 수 있는 부하의 수를 말하고, 관리자의 통솔범위로 적절한 부하의 수는 어느 정도인가라는 문제는 관리의 효율성을 좌우하는 중요한 원리이다. 업무가 단순할수록, 부하의 능력과 의욕, 경험 등의 수준이 높아질수록 관리자의 통솔범위는 늘어난다고 볼 수 있고, 통솔범위는 계층의 수가 많을수록 좁아진다.

16 ②

해설 ㉠ [X] 실적주의는 능력·자격주의·공개경쟁, 공직의 기회균등, 정치적 중립, 신분보장을 특징으로 한다. 한편, 직업공무원제(career civil service system)란 공직이 유능하고 인품있는 젊은 남녀에게 개방되어 매력적인 것으로 여겨지고, 업적과 발전에 따라 명예롭고 높은 지위에 올라 갈 수 있는 기회가 부여되어, 공직을 생애를 바칠 만한 보람있는 일(worthwhile life work)로 생각할 수 있게 하는 제도를 의미하고, 전제요건으로는 실적주의의 확립과 젊은 인재의 채용, 공직에 대한 높은 사회적 평가, 보수의 적정화와 적절한 연금제도의 확립, 재직자훈련에 의한 능력발전,

승진·전보·전직제도의 합리적 운영, 직급별 인력수급계획의 수립 등이 필요하다.

두 제도의 공통점으로는 신분보장, 정치적 중립, 자격/능력에 의한 인사, 정실의 배제 등이고, 차이점은 실적주의는 개방형(또는 폐쇄형)이나 직업공무원제는 폐쇄형, 임용시 완전한 기회균등(학력이나 나이 제한 x)이나 직원공무원제는 제약된 기회균등(학력이나 나이 제한), 임용기준은 실적주의는 채용당시의 능력이고 직업공무원제는 잠재능력(발전가능성), 그리고 소극적 신분보장과 적극적 신분보장에서 차이가 있다.

ⓒ [O]
ⓒ [X] 계급제가 직위분류제보다 직업공무원제도의 정착에 더 유리하다.
ⓔ [X] 외부환경 변화에 신속한 대응이 어렵다는 것은 직업공무원제의 단점이다.

17 ①

해설 **1] 이의신청(제18조)**

① 청구인이 정보공개와 관련한 공공기관의 비공개 결정 또는 부분 공개 결정에 대하여 불복이 있거나 정보공개 청구 후 20일이 경과하도록 정보공개 결정이 없는 때에는 공공기관으로부터 정보공개 여부의 결정 통지를 받은 날 또는 정보공개 청구 후 20일이 경과한 날부터 30일 이내에 해당 공공기관에 문서로 이의신청을 할 수 있다.

② 국가기관등은 제1항에 따른 이의신청이 있는 경우에는 심의회를 개최하여야 한다. 다만, 다음 각 호의 어느 하나에 해당하는 경우에는 심의회를 개최하지 아니할 수 있으며 개최하지 아니하는 사유를 청구인에게 문서로 통지하여야 한다.
  1. 심의회의 심의를 이미 거친 사항
  2. 단순·반복적인 청구
  3. 법령에 따라 비밀로 규정된 정보에 대한 청구

③ 공공기관은 이의신청을 받은 날부터 7일 이내에 그 이의신청에 대하여 결정하고 그 결과를 청구인에게 지체 없이 문서로 통지하여야 한다. 다만, 부득이한 사유로 정하여진 기간 이내에 결정할 수 없을 때에는 그 기간이 끝나는 날의 다음 날부터 기산하여 7일의 범위에서 연장할 수 있으며, 연장 사유를 청구인에게 통지하여야 한다.

④ 공공기관은 이의신청을 각하(却下) 또는 기각(棄却)하는 결정을 한 경우에는 청구인에게 행정심판 또는 행정소송을 제기할 수 있다는 사실을 제3항에 따른 결과 통지와 함께 알려야 한다.

2] 행정심판(제19조)

① 청구인이 정보공개와 관련한 공공기관의 결정에 대하여 불복이 있거나 정보공개 청구 후 20일이 경과하도록 정보공개 결정이 없는 때에는 「행정심판법」에서 정하는 바에 따라 행정심판을 청구할 수 있다. 이 경우 국가기관 및 지방자치단체 외의 공공기관의 결정에 대한 감독행정기관은 관계 중앙행정기관의 장 또는 지방자치단체의 장으로 한다.

② 청구인은 제18조에 따른 이의신청 절차를 거치지 아니하고 행정심판을 청구할 수 있다.

③ 행정심판위원회의 위원 중 정보공개 여부의 결정에 관한 행정심판에 관여하는 위원은 재직 중은 물론 퇴직 후에도 그 직무상 알게 된 비밀을 누설하여서는 아니 된다.

④ 제3항의 위원은 「형법」이나 그 밖의 법률에 따른 벌칙을 적용할 때에는 공무원으로 본다.

3] 행정소송(제20조)

① 청구인이 정보공개와 관련한 공공기관의 결정에 대하여 불복이 있거나 정보공개 청구 후 20일이 경과하도록 정보공개 결정이 없는 때에는 「행정소송법」에서 정하는 바에 따라 행정소송을 제기할 수 있다.

② 재판장은 필요하다고 인정하면 당사자를 참여시키지 아니하고 제출된 공개 청구 정보를 비공개로 열람·심사할 수 있다.

③ 재판장은 행정소송의 대상이 제9조제1항제2호에 따른 정보 중 국가안전보장·국방 또는 외교관계에 관한 정보의 비공개 또는 부분 공개 결정처분인 경우에 공공기관이 그 정보에 대한 비밀 지정의 절차, 비밀의 등급·종류 및 성질과 이를 비밀로 취급하게 된 실질적인 이유 및 공개를 하지 아니하는 사유 등을 입증하면 해당 정보를

제출하지 아니하게 할 수 있다.

18 ②

[해설] 1] 의견청취(제22조)
① 행정청이 처분을 할 때 다음 각호의 어느 하나에 해당하는 경우에는 청문을 한다.
  1. <u>다른 법령등에서 청문을 하도록 규정하고 있는 경우</u>
  2. <u>행정청이 필요하다고 인정하는 경우</u>
  3. 다음 각 목의 처분을 하는 경우
    가. 인허가 등의 취소
    나. 신분·자격의 박탈
    다. 법인이나 조합 등의 설립허가의 취소
② 행정청이 처분을 할 때 다음 각호의 어느 하나에 해당하는 경우에는 공청회를 개최한다.
  1. <u>다른 법령등에서 공청회를 개최하도록 규정하고 있는 경우</u>
  2. <u>해당 처분의 영향이 광범위하여 널리 의견을 수렴할 필요가 있다고 행정청이 인정하는 경우</u>
  3. 국민생활에 큰 영향을 미치는 처분으로서 대통령령으로 정하는 처분에 대하여 대통령령으로 정하는 수 이상의 당사자등이 공청회 개최를 요구하는 경우
③ 행정청이 당사자에게 의무를 부과하거나 권익을 제한하는 처분을 할 때 제1항 또는 제2항의 경우 외에는 당사자등에게 의견제출의 기회를 주어야 한다.
④ 제1항부터 제3항까지의 규정에도 불구하고 제21조제4항 각 호의 어느 하나에 해당하는 경우와 당사자가 의견진술의 기회를 포기한다는 뜻을 명백히 표시한 경우에는 의견청취를 하지 아니할 수 있다.
⑤ 행정청은 청문·공청회 또는 의견제출을 거쳤을 때에는 신속히 처분하여 해당 처분이 지연되지 아니하도록 하여야 한다.
⑥ 행정청은 처분 후 1년 이내에 당사자등이 요청하는 경우에는 청문·공청회 또는 의견제출을 위하여 제출받은 서류나 그 밖의 물건을 반환하여야 한다.

19 ②

[해설] ② [O]
① [X] 미국의 사회학자 니더호퍼(Arthur Niederhoffer)는 냉소주의는 자신의 신념체제가 붕괴되었지만 새로운 것에 의해 대체되지 않을 때 나타나는 아노미(anomie) 현상이라고 보았다.
③ [X] 냉소주의는 불신을 바탕으로, 어떤 합리적인 근거없이 전반적인 사항에 대해 무관심한 태도를 가지는 것을 말한다.
④ [X] 위는 McGregor의 X론적(타율적인 인간을 전제) 인간관리를 설명하고 있다. 냉소주의를 극복하는 방법은 자율적인 Y론적 인간관리가 필요하다.

20 ③

[해설] ③ 경찰관이 공명심이 앞서서 상부에 보고도 없이 탈주범을 혼자서 검거하려다 실패하였다면, 이는 역할한계와 협동 기준에 어긋난다.

21 ②

[해설] 1] 구성(제5조)

① 위원회는 위원장 1명을 포함하여 7명 이상 13명 이하의 위원으로 구성한다. 이때, 특정 성별이 전체 위원 수의 10분의 6을 초과하지 아니해야 한다.
② 위원장은 위원회에서 호선(互選)하며, 위원은 당연직 위원과 위촉 위원으로 구분한다.
③ 당연직 위원은 경찰청은 감사관, 시·도경찰청은 청문감사인권담당관으로 한다.
④ 위촉 위원은 인권 분야에 전문적인 지식과 경험이 있고 아래 각 호의 어느 하나에 해당하는 사람 중에서 경찰청장 또는 시·도경찰청장(이하 "청장"이라 한다)이 위촉한다. 이때, 각 호에 해당하는 사람이 반드시 1명 이상 포함되어야 한다.
  1. 판사·검사 또는 변호사로 3년 이상의 경력이 있는 사람
  2. 「초·중등교육법」제2조제1호부터 제4호, 「고등교육법」제2조제1호부터 제6호까지의 규정에 따른 학교에서 교원 또는 교직원으로 3년 이상 근무한 경력이 있는 사람
  3. 「비영리민간단체지원법」제2조제1호부터 제3호, 제5호부터 제6호까지의 규정에 따른 단체에서 인권 분야에 3년 이상 활동한 경력이 있거나 그러한 단체로부터 인권위원으로 위촉되기에 적합하다고 추천을 받은 사람
  4. 그 밖에 사회적 약자 등 다양한 사회 구성원의 목소리를 반영할 수 있는 사람

2] 위촉 위원의 결격사유(제6조)
① 다음 각호의 어느 하나에 해당하는 사람은 위원이 될 수 없다.
  1. 「공직선거법」에 따라 실시하는 선거에 후보자(예비후보자 포함)로 등록한 사람
  2. 「공직선거법」에 따라 실시하는 선거에 의하여 취임한 공무원이거나 그 직에서 퇴직한 날부터 3년이 지나지 아니한 사람
  3. 경찰의 직에 있거나 그 직에서 퇴직한 날부터 3년이 지나지 아니한 사람
  4. 「공직선거법」에 따른 선거사무관계자 및 「정당법」에 따른 정당의 당원
② 위촉 위원이 제1항 각 호의 어느 하나에 해당하게 된 때에는 당연히 퇴직한다.

3] 임기(제7조)
① 위원장과 위촉 위원의 임기는 위촉된 날로부터 2년으로 하며 위원장의 직은 연임할 수 없고, 위촉 위원은 두 차례간 연임할 수 있다.
② 위촉 위원에 결원이 생긴 경우 새로 위촉할 수 있고, 이 경우 새로 위촉된 위원의 임기는 위촉된 날부터 기산한다.

4] 위원의 해촉(제8조)
다음 각호의 어느 하나에 해당하는 경우에는 청장은 위원회의 의견을 들어 위원을 해촉할 수 있다.
1. 입건 전 조사·수사 중인 사건에 청탁 또는 경찰 인사에 관여하는 행위를 하거나 기타 직무 관련 비위사실이 있는 경우
2. 위원회의 명예를 실추시키거나 위원으로서의 품위를 손상시키는 행위를 한 경우
3. 특별한 사유 없이 연속으로 정기회의에 3회 불참 등 직무를 태만히 한 경우
4. 위원 스스로 직무를 수행하는 것이 곤란하다고 의사를 밝힌 경우
5. 그 밖에 부득이한 사유로 업무를 수행할 수 없는 경우

22 ④

해설 정의(제2조) 이 법에서 사용하는 용어의 뜻은 다음과 같다.
1. "공공기관"이란 다음 각 목의 어느 하나에 해당하는 기관·단체를 말한다.
  가. 국회, 법원, 헌법재판소, 선거관리위원회, 감사원, 고위공직자범죄수사처, 국가인권위원회, 중앙행정기관(대통령 소속 기관과 국무총리 소속 기관을 포함한다)과 그 소속 기관
  나. 「지방자치법」에 따른 지방자치단체의 집행기관 및 지방의회
  다. 「지방교육자치에 관한 법률」에 따른 교육행정기관

라. 「공직자윤리법」 제3조의2에 따른 공직유관단체
마. 「공공기관의 운영에 관한 법률」 제4조에 따른 공공기관
바. 「초·중등교육법」, 「고등교육법」 또는 그 밖의 다른 법령에 따라 설치된 각급 국립·공립 학교
2. "공직자"란 다음 각 목의 어느 하나에 해당하는 사람을 말한다.
가. 「국가공무원법」 또는 「지방공무원법」에 따른 공무원과 그 밖에 다른 법률에 따라 그 자격·임용·교육훈련·복무·보수·신분보장 등에 있어서 공무원으로 인정된 사람
나. 제1호라목 또는 마목에 해당하는 공공기관의 장과 그 임직원
다. 제1호바목에 해당하는 각급 국립·공립 학교의 장과 교직원
3. "고위공직자"란 다음 각 목의 어느 하나에 해당하는 공직자를 말한다.
가. 대통령, 국무총리, 국무위원, 국회의원, 국가정보원의 원장 및 차장 등 국가의 정무직공무원
나. 지방자치단체의 장, 지방의회의원 등 지방자치단체의 정무직공무원
다. 일반직 1급 국가공무원(「국가공무원법」 제23조에 따라 배정된 직무등급이 가장 높은 등급의 직위에 임용된 고위공무원단에 속하는 일반직공무원을 포함한다) 및 지방공무원과 이에 상응하는 보수를 받는 별정직공무원(고위공무원단에 속하는 별정직공무원을 포함한다)
라. 대통령령으로 정하는 외무공무원
마. 고등법원 부장판사급 이상의 법관과 대검찰청 검사급 이상의 검사
바. 중장 이상의 장성급(將星級) 장교
사. 교육공무원 중 총장·부총장·학장(대학교의 학장은 제외한다) 및 전문대학의 장과 대학에 준하는 각종 학교의 장, 특별시·광역시·특별자치시·도·특별자치도의 교육감
아. 치안감 이상의 경찰공무원 및 특별시·광역시·특별자치시·도·특별자치도의 시·도경찰청장
자. 소방정감 이상의 소방공무원
차. 지방국세청장 및 3급 공무원 또는 고위공무원단에 속하는 공무원인 세관장
카. 다목부터 바목까지, 아목 및 차목의 공무원으로 임명할 수 있는 직위 또는 이에 상당하는 직위에 임용된 「국가공무원법」 제26조의5 및 「지방공무원법」 제25조의5에 따른 임기제공무원. 다만, 라목·마목·아목 및 차목 중 직위가 지정된 경우에는 그 직위에 임용된 「국가공무원법」 제26조의5 및 「지방공무원법」 제25조의5에 따른 임기제공무원만 해당한다.
타. 공기업의 장·부기관장 및 상임감사, 한국은행의 총재·부총재·감사 및 금융통화위원회의 추천직 위원, 금융감독원의 원장·부원장·부원장보 및 감사, 농업협동조합중앙회·수산업협동조합중앙회의 회장 및 상임감사
파. 그 밖에 대통령령으로 정하는 정부의 공무원 및 공직유관단체의 임원
4. "이해충돌"이란 공직자가 직무를 수행할 때에 자신의 사적 이해관계가 관련되어 공정하고 청렴한 직무수행이 저해되거나 저해될 우려가 있는 상황을 말한다.
5. "직무관련자"란 공직자가 법령(조례·규칙을 포함)·기준(제1호라목부터 바목까지의 공공기관의 규정·사규 및 기준 등을 포함)에 따라 수행하는 직무와 관련되는 자로서 다음 각 목의 어느 하나에 해당하는 개인·법인·단체 및 공직자를 말한다.
가. 공직자의 직무수행과 관련하여 일정한 행위나 조치를 요구하는 개인이나 법인 또는 단체
나. 공직자의 직무수행과 관련하여 이익 또는 불이익을 직접적으로 받는 개인이나 법인 또는 단체
다. 공직자가 소속된 공공기관과 계약을 체결하거나 체결하려는 것이 명백한 개인이나 법인 또는 단체
라. 공직자의 직무수행과 관련하여 이익 또는 불이익을 직접적으로 받는 다른 공직자. 다만, 공공기관이 이익 또는 불이익을 직접적으로 받는 경우에는 그 공공기관에 소속되어 해당 이익 또는 불이익과 관련된 업무를 담당하는 공직자를 말한다.
6. "사적이해관계자"란 다음 각 목의 어느 하나에 해당하는 자를 말한다.

가. 공직자 자신 또는 그 가족(「민법」 제779조에 따른 가족을 말한다. 이하 같다)
나. 공직자 자신 또는 그 가족이 임원·대표자·관리자 또는 사외이사로 재직하고 있는 법인 또는 단체
다. 공직자 자신이나 그 가족이 대리하거나 고문·자문 등을 제공하는 개인이나 법인 또는 단체
라. 공직자로 채용·임용되기 전 2년 이내에 공직자 자신이 재직하였던 법인 또는 단체
마. 공직자로 채용·임용되기 전 2년 이내에 공직자 자신이 대리하거나 고문·자문 등을 제공하였던 개인이나 법인 또는 단체
바. 공직자 자신 또는 그 가족이 대통령령으로 정하는 일정 비율 이상의 주식·지분 또는 자본금 등을 소유하고 있는 법인 또는 단체
사. 최근 2년 이내에 퇴직한 공직자로서 퇴직일 전 2년 이내에 제5조제1항 각 호의 어느 하나에 해당하는 직무를 수행하는 공직자와 국회규칙, 대법원규칙, 헌법재판소규칙, 중앙선거관리위원회규칙 또는 대통령령으로 정하는 범위의 부서에서 같이 근무하였던 사람
아. 그 밖에 공직자의 사적 이해관계와 관련되는 자로서 국회규칙, 대법원규칙, 헌법재판소규칙, 중앙선거관리위원회규칙 또는 대통령령으로 정하는 자
7. "소속기관장"이란 공직자가 소속된 공공기관의 장을 말한다.

23 ②

해설 ② 레클리스(Reckless)의 견제이론은 주변의 범죄적 환경에도 불구하고 비행행위에 가담하지 않도록 하는 중요한 요소인 좋은 자아관념을 발전시켜 강력한 내면적 통제와 이를 보강하는 외부적 통제가 사회적·법적 행위규범의 위반에 대한 하나의 절연체를 구성한다고 주장하였다. 한편, 합리적 선택이론(클락 & 코니쉬)은 고전주의 범죄학 이론에 기반을 둔 것으로, 인간은 범죄로부터 얻을 수 있는 이익보다 더 큰 고통을 받게 되면, 범죄를 저지르지 않을 것이라는 전제를 하고 있으며, 범죄통제를 위해서는 처벌의 엄격성·신속성·확실성이 요구되며 이 중 처벌의 확실성이 가장 중요하다는 이론이다.

24 ③

해설 (가) 영역성의 강화 ©
(나) 자연적 감시 ⊙
(다) 자연적 접근의 통제 ②
(라) 활동의 활성화 ⓒ

25 ②

해설 ⊙ 시설 및 장비의 작동 여부 확인 : 상황근무
ⓒ 방문민원 및 각종 신고사건의 접수 및 처리 : 상황근무
ⓒ 주민여론 및 범죄첩보 수집 : 순찰근무
② 비상 및 작전사태 등 발생 시 차량, 선박 등의 통행 통제 : 경계근무

1] **근무의 종류(제22조)** 지역경찰의 근무는 행정근무, 상황근무, 순찰근무, 경계근무, 대기근무, 기타근무로 구분한다.
2] **행정근무(제23조)** 행정근무를 지정받은 지역경찰은 지역경찰관서 내에서 다음 각호의 업무를 수행한다.
  1. 문서의 접수 및 처리
  2. 시설·장비의 관리 및 예산의 집행
  3. 각종 현황, 통계, 자료, 부책 관리
  4. 기타 행정업무 및 지역경찰관서장이 지시한 업무

3] 상황근무(제24조)
① 상황근무를 지정받은 지역경찰은 지역경찰관서 및 치안센터 내에서 다음 각호의 업무를 수행한다.
   1. 시설 및 장비의 작동여부 확인
   2. 방문민원 및 각종 신고사건의 접수 및 처리
   3. 요보호자 또는 피의자에 대한 보호·감시
   4. 중요 사건·사고 발생시 보고 및 전파
   5. 기타 필요한 문서의 작성

4] 순찰근무(제25조)
① 순찰근무는 그 수단에 따라 112 순찰, 방범오토바이 순찰, 자전거 순찰 및 도보 순찰 등으로 구분한다.
② 112 순찰근무 및 야간 순찰근무는 반드시 2인 이상 합동으로 지정하여야 한다.
③ 순찰근무를 지정받은 지역경찰은 지정된 근무구역에서 다음 각호의 업무를 수행한다.
   1. 주민여론 및 범죄첩보 수집
   2. 각종 사건사고 발생시 초동조치 및 보고, 전파
   3. 범죄 예방 및 위험발생 방지 활동
   4. 범법자의 단속 및 검거
   5. 경찰방문 및 방범진단
   6. 통행인 및 차량에 대한 검문검색 등
④ 순찰근무를 할 때에는 다음 각호의 사항에 유의하여야 한다.
   1. 문제의식을 가지고 면밀하게 관찰
   2. 주민에 대한 정중하고 친절한 예우
   3. 돌발 상황에 대한 대비 및 경계 철저
   4. 지속적인 치안상황 확인 및 신속 대응

5] 경계근무(제26조)
① 경계근무는 반드시 2인 이상 합동으로 지정하여야 한다.
② 경계근무를 지정받은 지역경찰은 지정된 장소에서 다음 각호의 업무를 수행한다.
   1. 범법자 등을 단속·검거하기 위한 통행인 및 차량, 선박 등에 대한 검문검색 및 후속조치
   2. 비상 및 작전사태 등 발생시 차량, 선박 등의 통행 통제

6] 대기근무(제27조)
① 대기 근무는 「경찰기관 상시근무 공무원의 근무시간 등에 관한 규칙」 제2조제6호의 "대기"를 뜻한다.
② 대기근무의 장소는 지역경찰관서 및 치안센터 내로 한다. 단, 식사시간을 대기 근무로 지정한 경우에는 식사 장소를 대기 근무 장소로 지정할 수 있다.
③ 대기근무를 지정받은 지역경찰은 지정된 장소에서 휴식을 취하되, 무전기를 청취하며 10분 이내 출동이 가능한 상태를 유지하여야 한다.

7] 기타근무(제28조)
① 기타근무란 제23조부터 제27조까지의 규정을 제외하고 치안상황에 효과적으로 대응하기 위하여 지역경찰 관리자가 지정하는 근무를 말한다.
② 기타근무의 근무내용 및 방법 등은 지역경찰관리자가 정한다.

26 ③

③ [X] 현재는 법 개정으로 삭제된 규정이다(23년 10월 12일). 피고인의 반대신문권을 보장하지 않은 채 영상물에 수록된 19세 미만 성폭력범죄 피해자의 진술을 재판과정에서 증거로 할 수 있도록 하는 규정은 피고인의 공정

한 재판을 받을 권리를 침해한다는 헌법재판소의 위헌 결정(헌법재판소 2021. 12. 23. 선고, 2018헌바524) 취지를 반영하여, 19세 미만 피해자와 신체적인 또는 정신적인 장애로 사물을 변별하거나 의사를 결정한 능력이 미약한 피해자의 진술이 영상녹화된 영상녹화물은 피고인 등에게 반대신문 기회가 보장된 경우 등에 한해 증거로 할 수 있도록 하였다.

① [O] 법 제21조 제3항
② [O] 법 제30조 제1항
③ [O] 법 제43조의2 제1항

1] 공소시효에 관한 특례(제21조)

① 미성년자에 대한 성폭력범죄의 공소시효는 「형사소송법」 제252조제1항 및 「군사법원법」 제294조제1항에도 불구하고 해당 성폭력범죄로 피해를 당한 미성년자가 성년에 달한 날부터 진행한다.

② 제2조제3호 및 제4호의 죄와 제3조부터 제9조까지의 죄는 디엔에이(DNA)증거 등 그 죄를 증명할 수 있는 과학적인 증거가 있는 때에는 공소시효가 10년 연장된다.

③ 13세 미만의 사람 및 신체적인 또는 정신적인 장애가 있는 사람에 대하여 다음 각호의 죄를 범한 경우에는 제1항과 제2항에도 불구하고 「형사소송법」 제249조부터 제253조까지 및 「군사법원법」 제291조부터 제295조까지에 규정된 공소시효를 적용하지 아니한다.

1. 「형법」 제297조(강간), 제298조(강제추행), 제299조(준강간, 준강제추행), 제301조(강간등 상해·치상), 제301조의2(강간등 살인·치사) 또는 제305조(미성년자에 대한 간음, 추행)의 죄
2. 제6조제2항, 제7조제2항 및 제5항, 제8조, 제9조의 죄
3. 「아동·청소년의 성보호에 관한 법률」 제9조 또는 제10조의 죄

2] 19세미만피해자등 진술 내용 등의 영상녹화 및 보존(제30조)

① 검사 또는 사법경찰관은 19세미만피해자 등의 진술 내용과 조사 과정을 영상녹화장치로 녹화(녹음이 포함된 것을 말하며, 영상녹화)하고, 그 영상녹화물을 보존하여야 한다.

1. 증거보전기일, 공판준비기일 또는 공판기일에 그 내용에 대하여 피의자, 피고인 또는 변호인이 피해자를 신문할 수 있었던 경우. 다만, 증거보전기일에서의 신문의 경우 법원이 피의자나 피고인의 방어권이 보장된 상태에서 피해자에 대한 반대신문이 충분히 이루어졌다고 인정하는 경우로 한정한다.
2. 19세미만피해자등이 다음 각 목의 어느 하나에 해당하는 사유로 공판준비기일 또는 공판기일에 출석하여 진술할 수 없는 경우. 다만, 영상녹화된 진술 및 영상녹화가 특별히 신빙(信憑)할 수 있는 상태에서 이루어졌음이 증명된 경우로 한정한다.
   가. 사망
   나. 외국 거주
   다. 신체적, 정신적 질병·장애
   라. 소재불명
   마. 그 밖에 이에 준하는 경우

② 법원은 제1항제2호에 따라 증거능력이 있는 영상녹화물을 유죄의 증거로 할지를 결정할 때에는 피고인과의 관계, 범행의 내용, 피해자의 나이, 심신의 상태, 피해자가 증언으로 인하여 겪을 수 있는 심리적 외상, 영상녹화물에 수록된 19세미만피해자등의 진술 내용 및 진술 태도 등을 고려하여야 한다. 이 경우 법원은 전문심리위원 또는 제33조에 따른 전문가의 의견을 들어야 한다.

3] 영상녹화물의 증거능력 특례(제30조의2)

① 제30조제1항에 따라 19세미만피해자등의 진술이 영상녹화된 영상녹화물은 같은 조 제4항부터 제6항까지에서 정한 절차와 방식에 따라 영상녹화된 것으로서 다음 각호의 어느 하나의 경우에 증거로 할 수 있다.

1. 증거보전기일, 공판준비기일 또는 공판기일에 그 내용에 대하여 피의자, 피고인 또는 변호인이 피해자를 신문할 수 있었던 경우. 다만, 증거보전기일에서의 신문의 경우 법원이 피의자나 피고인의 방어권이 보장된

상태에서 피해자에 대한 반대신문이 충분히 이루어졌다고 인정하는 경우로 한정한다.
2. 19세미만피해자등이 다음 각 목의 어느 하나에 해당하는 사유로 공판준비기일 또는 공판기일에 출석하여 진술할 수 없는 경우. 다만, 영상녹화된 진술 및 영상녹화가 특별히 신빙(信憑)할 수 있는 상태에서 이루어졌음이 증명된 경우로 한정한다.
   가. 사망
   나. 외국 거주
   다. 신체적, 정신적 질병·장애
   라. 소재불명
   마. 그 밖에 이에 준하는 경우
② 법원은 제1항제2호에 따라 증거능력이 있는 영상녹화물을 유죄의 증거로 할지를 결정할 때에는 피고인과의 관계, 범행의 내용, 피해자의 나이, 심신의 상태, 피해자가 증언으로 인하여 겪을 수 있는 심리적 외상, 영상녹화물에 수록된 19세미만피해자등의 진술 내용 및 진술 태도 등을 고려하여야 한다. 이 경우 법원은 전문심리위원 또는 제33조에 따른 전문가의 의견을 들어야 한다.

4] 출입국 시 신고의무(제43조의2)
① 등록대상자가 6개월 이상 국외에 체류하기 위하여 출국하는 경우에는 미리 관할경찰서의 장에게 체류국가 및 체류기간 등을 신고하여야 한다.
② 제1항에 따라 신고한 등록대상자가 입국하였을 때에는 특별한 사정이 없으면 14일 이내에 관할경찰관서의 장에게 입국 사실을 신고하여야 한다. 제1항에 따른 신고를 하지 아니하고 출국하여 6개월 이상 국외에 체류한 등록대상자가 입국하였을 때에도 또한 같다.

27 ③

[해설] ③ [X] 6단계는 「우울한 기분을 달래주는 단계」로 사실대로 말할 것을 촉구하며, 동정과 이해를 표시한다. 영국의 PEACE 모델(정보수집형)과 더불어 대표적인 수사면담기법 중에 하나인 미국의 Reid 테크닉(자백획득형)은 다른 수사면담기법처럼 때에 따라서는 피면담자와의 사이에 라포(친밀한 관계)를 형성한다. 라포형성(rapport building)은 의사소통에서 상대방과 형성되는 친밀감이나 신뢰관계를 쌓는 것을 의미하는 것으로, 라포가 형성되면 긴장과 불안이 감소하고 의사소통의 장벽이 제거되기 때문에 정확하고 풍부한 기억을 이끌어낼 수 있으므로 범죄처럼 남들에게 감추고 싶은 것까지 말하기 쉬운 상태를 형성한다고 한다.

리드(REID) 테크닉 9단계 신문기법(리드 테크닉은 혐의자가 범인인지 여부에 대한 수사관의 확신이 있을 때 자백을 이끌어 내기 위한 효과적인 수사기법)

1단계 (직접적 대면)	수사관이 용의자가 범인이라는 심증을 갖고 있음을 명확하게 알려주는 과정
2단계 (신문 화제전개)	용의자에게 범행에 대한 합리화·정당화 사유를 제공하여 비난가능성을 줄여주는 화제를 언급하는 과정
3단계 (부인 다루기)	용의자가 수사관의 신문 화제 전개를 방해하는 혐의를 부인하는 진술을 하지 못하게 억지하는 과정
4단계 (반대논리 격파)	수사관이 주도하는 신문의 화제를 흐리는 용의자의 진술을 압도하는 과정
5단계 (관심 이끌어내기)	4단계가 효과적이라면 피의자가 수사관을 회피하기 쉬우므로 시선을 맞추고 화제를 계속 반복하는 동시에 피의자의 긍정적 측면을 부각하는 과정
6단계 (우울한 기분 달래주기)	사실대로 말할 것을 촉구하며 동정과 이해를 표시하는 과정

7단계 (양자택일적 질문하기)	어느 것을 선택해도 혐의가 인정되는 2가지 선택의 질문을 던지는 과정
8단계 (세부사항 질문)	용의자가 수사관의 질문에 선택적으로 답하는 단계를 지나 적극적으로 범행에 대하여 진술하도록 하는 과정
9단계 (구두 자백 서면화)	피의자가 진술로 자백한 내용을 서면으로 확보하는 과정

28 ②

해설 ② 송부받지 못한 관계 서류와 증거물이 보완수사를 위해 필요하다고 판단하면 해당 서류와 증거물을 대출하거나 그 전부 또는 일부를 등사할 수 있다.

보/완/수/사/요/구/의/방/법/과/절/차(제60조)

① 검사는 법 제197조의2제1항에 따라 보완수사를 요구할 때에는 그 이유와 내용 등을 구체적으로 적은 서면과 관계 서류 및 증거물을 사법경찰관에게 함께 송부해야 한다. 다만, 보완수사 대상의 성질, 사안의 긴급성 등을 고려하여 관계 서류와 증거물을 송부할 필요가 없거나 송부하는 것이 적절하지 않다고 판단하는 경우에는 해당 관계 서류와 증거물을 송부하지 않을 수 있다.
② 보완수사를 요구받은 사법경찰관은 제1항 단서에 따라 송부받지 못한 관계 서류와 증거물이 보완수사를 위해 필요하다고 판단하면 해당 서류와 증거물을 대출하거나 그 전부 또는 일부를 등사할 수 있다.
③ 사법경찰관은 법 제197조의2제1항에 따른 보완수사요구가 접수된 날부터 3개월 이내에 보완수사를 마쳐야 한다.
④ 사법경찰관은 법 제197조의2제2항(사법경찰관은 제1항의 요구가 있는 때에는 정당한 이유가 없는 한 지체 없이 이를 이행하고, 그 결과를 검사에게 통보하여야 한다)에 따라 보완수사를 이행한 경우에는 그 이행 결과를 검사에게 서면으로 통보해야 하며, 제1항 본문에 따라 관계 서류와 증거물을 송부받은 경우에는 그 서류와 증거물을 함께 반환해야 한다. 다만, 관계 서류와 증거물을 반환할 필요가 없는 경우에는 보완수사의 이행 결과만을 검사에게 통보할 수 있다.
⑤ 사법경찰관은 법 제197조의2제1항제1호(송치사건의 공소제기 여부 결정 또는 공소의 유지에 관하여 필요한 경우)에 따라 보완수사를 이행한 결과 법 제245조의5제1호(범죄의 혐의가 있다고 인정되는 경우에는 지체 없이 검사에게 사건을 송치하고, 관계 서류와 증거물을 검사에게 송부하여야 한다)에 해당하지 않는다고 판단한 경우에는 제51조제1항제3호에 따라 사건을 불송치하거나 같은 항 제4호에 따라 수사중지할 수 있다.

29 ③

해설 지명수배자의 인수/호송(「범죄수사규칙」 제99조)

① 경찰관서장은 검거된 지명수배자에 대한 신속한 조사와 호송을 위하여 미리 출장조사 체계 및 자체 호송계획을 수립하여야 한다.
② 수배관서의 경찰관은 다음 각호의 어느 하나에 해당하는 경우를 제외하고는 검거관서로부터 검거된 지명수배자를 인수하여야 한다. 다만, 수배관서와 검거관서 간에 서로 합의한 때에는 이에 따른다.
  1. 수배대상 범죄의 죄종 및 죄질과 비교하여 동등하거나 그 이상에 해당하는 다른 범죄를 검거관서의 관할구역 내에서 범한 경우
  2. 검거관서에서 지명수배자와 관련된 범죄로 이미 정범이나 공동정범인 피의자의 일부를 검거하고 있는 경우
  3. 지명수배자가 단일 사건으로 수배되고 불구속 수사대상자로서 검거관서로 출장하여 조사한 후 신속히 석방함이 타당한 경우
③ 경찰관은 검거한 지명수배자에 대하여 지명수배가 여러 건인 경우에는 다음 각호의 수배관서 순위에 따라 검거된 지명수배자를 인계받아 조사하여야 한다.

1. 공소시효 만료 3개월 이내이거나 공범에 대한 수사 또는 재판이 진행 중인 수배관서
2. 법정형이 중한 죄명으로 지명수배한 수배관서
3. 검거관서와 동일한 지방검찰청 또는 지청의 관할구역에 있는 수배관서
4. 검거관서와 거리 또는 교통상 가장 인접한 수배관서

30 ①

해설 **국가중요시설의 경비 · 보안 및 방호(제21조)**
① 국가중요시설의 관리자(소유자를 포함한다. 이하 같다)는 경비 · 보안 및 방호책임을 지며, 통합방위사태에 대비하여 자체방호계획을 수립하여야 한다. 이 경우 국가중요시설의 관리자는 자체방호계획을 수립하기 위하여 필요하면 시 · 도경찰청장 또는 지역군사령관에게 협조를 요청할 수 있다.
② 시 · 도경찰청장 또는 지역군사령관은 통합방위사태에 대비하여 국가중요시설에 대한 방호지원계획을 수립 · 시행하여야 한다.
③ 국가중요시설의 평시 경비 · 보안활동에 대한 지도 · 감독은 관계 행정기관의 장과 국가정보원장이 수행한다.
④ 국가중요시설은 국방부장관이 관계 행정기관의 장 및 국가정보원장과 협의하여 지정한다.
⑤ 국가중요시설의 자체방호, 방호지원계획, 그 밖에 필요한 사항은 대통령령으로 정한다.

31 ②

해설 ② 병종사태의 내용이다. "을종사태"란 일부 또는 여러 지역에서 적이 침투 · 도발하여 단기간 내에 치안이 회복되기 어려워 지역군사령관의 지휘 · 통제 하에 통합방위작전을 수행하여야 할 사태를 말한다.

32 ②

해설 ② [X] 판례는 「교통사고처리특례법」 제3조 제2항 단서 각호에서 규정한 예외사유에 해당하는 신호위반 등의 범칙행위와 같은 법 제3조 제1항 위반죄는 그 행위의 성격 및 내용이나 죄질, 피해법익 등에 현저한 차이가 있어 동일성이 인정되지 않는 별개의 범죄행위라고 보는 입장이다. 그러므로 **신호위반 등의 범칙행위로 교통사고를 일으킨 사람이 통고처분을 받아 범칙금을 납부하였다고 하더라도,** 업무상 과실치상죄 또는 중과실치상죄에 대하여 같은 법 제3조 제1항 위반죄로 처벌하는 것이 「도로교통법」 제119조 제3항에서 금지하는 이중처벌에 해당한다고 볼 수 없다고 한다. [대판 2007.4.12. 2006도4322]
③ 「교통사고처리특례법」 제3조 제2항 단서 제2호 전단이 규정하는 「도로교통법」 제12조 제3항의 규정에 위반하여 차선이 설치된 도로의 중앙선을 침범하였을 때'라 함은 교통사고의 발생지점이 중앙선을 넘어선 모든 경우를 가리키는 것이 아니라 부득이한 사유가 없이 중앙선을 침범하여 교통사고를 발생케 한 경우를 뜻하며, 여기서 '부득이한 사유'라 함은 진행차로에 나타난 장애물을 피하기 위하여 다른 적절한 조치를 취할 겨를이 없었다거나 자기 차로를 지켜 운행하려고 하였으나 운전자가 지배할 수 없는 외부적 여건으로 말미암아 어쩔 수 없이 중앙선을 침범하게 되었다는 등 중앙선 침범 자체에는 운전자를 비난할 수 없는 객관적 사정이 있는 경우를 말하는 것이며, 중앙선 침범행위가 교통사고 발생의 직접적인 원인이 된 이상 사고 장소가 중앙선을 넘어선 반대차선이어야 할 필요는 없으나, 중앙선 침범행위가 교통사고 발생의 직접적인 원인이 아니라면 교통사고가 중앙선 침범운행중에 일어났다고 하여 모두 이에 포함되는 것은 아니다. [대법원 1998. 7. 28. 선고, 98도832, 판결]

33 ④

해설 위 사례 ㉠㉡㉢㉣는 모두 뺑소니에 해당한다. 즉 「특정범죄가중처벌 등에 관한 법률」 위반(도주차량)에 해당한다. 「특정범죄 가중처벌 등에 관한 법률」 제5조의3 제1항에 규정된 '피해자를 구호하는 등 「도로교통법」 제54조

제1항의 규정에 의한 조치를 취하지 아니하고 도주한 때'라 함은 사고운전자가 사고로 말미암아 피해자가 사상을 당한 사실을 인식하였음에도 불구하고 즉시 정차하여 피해자를 구호하는 등 「도로교통법」 제54조 제1항의 규정에 의한 조치'를 취하지 아니하고 사고장소를 이탈하여 사고를 낸 사람이 누구인지 확정될 수 없는 상태를 초래하는 경우를 말하는 것이므로, 사고운전자가 사고로 인하여 피해자가 사상을 당한 사실을 인식하였음에도 불구하고 피해자를 구호하는 등 「도로교통법」 제54조 제1항에 규정된 의무를 이행하기 이전에 사고현장을 이탈하였다면, 사고운전자가 사고현장을 이탈하기 전에 피해자에 대하여 자신의 신원을 확인할 수 있는 자료를 제공하여 주었다고 하더라도, '피해자를 구호하는 등 「도로교통법」 제54조 제1항의 규정에 의한 조치를 취하지 아니하고 도주한 때'에 해당한다(대법원 1996. 4. 9. 선고 96도252 판결, 대법원 2002. 1. 11. 선고 2001도5369 판결, 대법원 2004. 3. 12. 선고 2004도250 판결 등 참조). 또한 구 「도로교통법」(2010. 7. 23. 법률 제10382호로 개정되기 전의 것, 이하 같다) 제148조 역시 '구 「도로교통법」 제54조 제1항의 규정에 의한 조치'를 이행하지 아니한 때 성립하는 것으로, 구 「도로교통법」 제54조 제1항에서 말하는 '교통사고 후 운전자 등이 즉시 정차하여 사상자를 구호하는 등 필요한 조치를 하여야 할 의무'라 함은 곧바로 정차함으로써 부수적으로 교통의 위험이 초래되는 등의 사정이 없는 한 즉시 정차하여 사상자에 대한 구호조치 등 필요한 조치를 취하여야 할 의무를 의미하는 것이다(대법원 2006. 9. 28. 선고 2006도3441 판결, 대법원 2007. 12. 27. 선고 2007도6300 판결 등 참조). [대법원 2011. 3. 10. 선고, 2010도16027, 판결]

도/주/치/량/운/전/자/의/가/중/처/벌(동법 제5조의3)
① 「도로교통법」 제2조의 자동차, 원동기장치자전거 또는 「건설기계관리법」 제26조제1항 단서에 따른 건설기계 외의 건설기계(자동차등)의 교통으로 인하여 「형법」 제268조의 죄를 범한 해당 자동차등의 운전자(사고운전자)가 피해자를 구호(救護)하는 등 「도로교통법」 제54조제1항에 따른 조치를 하지 아니하고 도주한 경우에는 다음 각호의 구분에 따라 가중처벌한다.
   1. 피해자를 사망에 이르게 하고 도주하거나, 도주 후에 피해자가 사망한 경우에는 무기 또는 5년 이상의 징역에 처한다.
   2. 피해자를 상해에 이르게 한 경우에는 1년 이상의 유기징역 또는 500만원 이상 3천만원 이하의 벌금에 처한다.
② 사고운전자가 피해자를 사고 장소로부터 옮겨 유기하고 도주한 경우에는 다음 각호의 구분에 따라 가중처벌한다.
   1. 피해자를 사망에 이르게 하고 도주하거나, 도주 후에 피해자가 사망한 경우에는 사형, 무기 또는 5년 이상의 징역에 처한다.
   2. 피해자를 상해에 이르게 한 경우에는 3년 이상의 유기징역에 처한다.

34 ③

해설 1] 수집 · 작성한 정보의 처리(규정 제7조)
① 경찰관은 수집 · 작성한 정보를 그 목적 외의 용도로 사용해서는 안 된다.
② 경찰관은 공공안녕에 대한 위험의 예방과 대응을 위해 필요한 경우에는 수집 · 작성한 정보를 관계 기관 등에 통보할 수 있다.
③ 경찰관은 수집 · 작성한 정보가 그 목적이 달성되어 불필요하게 되었을 때에는 지체없이 그 정보를 폐기해야 한다. 다만, 다른 법령에 따라 보존해야 하는 경우는 제외한다.
2] 공공안녕에 대한 위험의 예방과 대응을 위한 정보의 수집 · 작성 및 배포(법 제2조 제4호)
3] 정보의 수집(법 제8조의2)
① 경찰관은 범죄 · 재난 · 공공갈등 등 공공안녕에 대한 위험의 예방과 대응을 위한 정보의 수집 · 작성 · 배포와 이에 수반되는 사실의 확인을 할 수 있다.
② 제1항에 따른 정보의 구체적인 범위와 처리 기준, 정보의 수집 · 작성 · 배포에 수반되는 사실의 확인 절차와

한계는 대통령령으로 정한다.

35 ①

해설 ① 집회의 신고가 경합할 경우 특별한 사정이 없는 한 관할경찰관서장은 집회 및 시위에 관한 법률(집시법) 제8조 제2항의 규정에 의하여 신고 순서에 따라 뒤에 신고된 집회에 대하여 금지통고를 할 수 있지만, 먼저 신고된 집회의 참여예정인원, 집회의 목적, 집회개최장소 및 시간, 집회 신고인이 기존에 신고한 집회 건수와 실제로 집회를 개최한 비율 등 먼저 신고된 집회의 실제 개최 가능성 여부와 양 집회의 상반 또는 방해가능성 등 제반 사정을 확인하여 먼저 신고된 집회가 다른 집회의 개최를 봉쇄하기 위한 허위 또는 가장 집회신고에 해당함이 객관적으로 분명해 보이는 경우에는, 뒤에 신고된 집회에 다른 집회금지 사유가 있는 경우가 아닌 한, 관할경찰관서장이 단지 먼저 신고가 있었다는 이유만으로 뒤에 신고된 집회에 대하여 집회 자체를 금지하는 통고를 하여서는 아니 되고, 설령 이러한 금지통고에 위반하여 집회를 개최하였다고 하더라도 그러한 행위를 집시법상 금지통고에 위반한 집회개최행위에 해당한다고 보아서는 아니 된다. [대법원 2014. 12. 11. 선고, 2011도13299, 판결]

36 ④

해설 보안관찰처분의 기간은 2년으로 한다(제5조 제1항). 법무부장관은 검사의 청구가 있는 때에는 보안관찰처분심의위원회의 의결을 거쳐 그 기간을 갱신할 수 있다(제2항).

37 ①

해설 ① [X] 동 규칙 제217조 제1항
② 동 규칙 제218조 제1호
③ 동 규칙 제218조 제2호
④ 동 규칙 제209조 제3항

1] 통역인의 참여(제217조)
① 경찰관은 외국인인 피의자 및 그 밖의 관계자가 한국어에 능통하지 않는 경우에는 통역인으로 하여금 통역하게 하여 한국어로 피의자신문조서나 진술조서를 작성하여야 하며 특히 필요한 때에는 외국어의 진술서를 작성하게 하거나 외국어의 진술서를 제출하게 하여야 한다.
② 경찰관은 외국인이 구술로써 고소·고발이나 자수를 하려 하는 경우에 한국어에 능통하지 않을 때의 고소·고발 또는 자수인 진술조서는 제1항의 규정에 준하여 작성하여야 한다.

2] 번역문의 첨부(제218조) 경찰관은 다음 각호의 경우 번역문을 첨부하여야 한다.
  1. 외국인에 대하여 구속영장 그 밖의 영장을 집행하는 경우
  2. 외국인으로부터 압수한 물건에 관하여 압수목록교부서를 교부하는 경우

38 ②

해설 1] 법 제27조(여권등의 휴대 및 제시)
① 대한민국에 체류하는 외국인은 항상 여권·선원신분증명서·외국인입국허가서·외국인등록증·모바일외국인등록증 또는 상륙허가서(여권등)를 지니고 있어야 한다. 다만, 17세 미만인 외국인의 경우에는 그러하지 아니하다. 〈개정 2023. 6. 13.〉
② 제1항 본문의 외국인은 출입국관리공무원이나 권한 있는 공무원이 그 직무수행과 관련하여 여권등의 제시를 요구하면 여권등을 제시하여야 한다.

2] 법 제98조(벌칙)
제27조에 따른 여권등의 휴대 또는 제시 의무를 위반한 사람은 100만원 이하의 벌금에 처한다(제1호).

39 ②

해설 ②「범죄인 인도법」에는 군사범 불인도에 관한 명문 규정이 없다. 군사범죄란 군사적 의무관계에서 기인하는 범죄행위를 말하며, 탈영·항명 등이 대표적이다. 그러나 군대 내에서의 범죄라 하더라도 일반범죄로서의 성격도 동시에 갖고 있는 직권남용·가혹행위·절도와 같은 범죄는 인도대상이 된다. 우리나라의 인도법은 남북한이 첨예하게 대치하고 있는 상황 등으로 인해 탄력성있는 대처를 위해 군사범불인도의 원칙은 명문으로 규정하고 있지 않다.

40 ②

해설 지구대/파출소 → 일선 경찰서 외사부서(국제공조수사의뢰서 작성) → 시도경찰청 외사부서 경유 → 경찰청 국제협력관 인터폴 국제공조담당관 → 상대국 인터폴 국가중앙사무국 → 상대국 관할 경찰관서(결과 통보는 역순)
*국제공조요청은 경찰서/시도경찰청 등 수사관서를 경유함이 원칙

제 07 회 정답 및 해설

01 ①

해설 [O] ㉠㉡㉢㉣
[X] ㉤ 실질적 의미의 경찰은 사회목적적 작용을 의미하며 작용을 중심으로 파악된 개념이고, 형식적 의미의 경찰은 조직을 기준으로 파악된 개념이다.

02 ③

해설 ③ [O]
① [X] 국가경찰위원회는 경찰의 민주성과 정치적 중립성을 확보하기 위하여 행정안전부에 설치한 심의·의결기관으로 외부/타율적 통제기관이다.
② [X] 국가경찰위원회는 위원장 1명을 포함한 7명의 위원으로 구성되며, 위원장 및 5명의 위원은 비상임으로 하고, 1명의 위원은 상임으로 한다.
④ [X] 국가경찰위원회의 회의는 재적위원 과반수의 출석과 출석위원 과반수의 찬성으로 의결한다.
1] 국가경찰위원회의 심의·의결 사항(제10조)
① 다음 각호의 사항은 국가경찰위원회의 심의·의결을 거쳐야 한다.
  1. 국가경찰사무에 관한 인사, 예산, 장비, 통신 등에 관한 주요정책 및 경찰 업무 발전에 관한 사항
  2. 국가경찰사무에 관한 인권보호와 관련되는 경찰의 운영·개선에 관한 사항
  3. 국가경찰사무 담당 공무원의 부패 방지와 청렴도 향상에 관한 주요 정책사항
  4. 국가경찰사무 외에 다른 국가기관으로부터의 업무협조 요청에 관한 사항
  5. 제주특별자치도의 자치경찰에 대한 경찰의 지원·협조 및 협약체결의 조정 등에 관한 주요 정책사항
  6. 제18조에 따른 시·도자치경찰위원회 위원 추천, 자치경찰사무에 대한 주요 법령·정책 등에 관한 사항, 제25조제4항에 따른 시·도자치경찰위원회 의결에 대한 재의 요구에 관한 사항
  7. 제2조에 따른 시책 수립에 관한 사항
  8. 제32조에 따른 비상사태 등 전국적 치안유지를 위한 경찰청장의 지휘·명령에 관한 사항
  9. 그 밖에 행정안전부장관 및 경찰청장이 중요하다고 인정하여 국가경찰위원회의 회의에 부친 사항
② 행정안전부장관은 제1항에 따라 심의·의결된 내용이 적정하지 아니하다고 판단할 때에는 재의(再議)를 요구할 수 있다.
2] 국가경찰위원회의 운영(제11조)
① 국가경찰위원회의 사무는 경찰청에서 수행한다.
② 국가경찰위원회의 회의는 재적위원 과반수의 출석과 출석위원 과반수의 찬성으로 의결한다.
③ 이 법에 규정된 것 외에 국가경찰위원회의 운영 및 제10조제1항 각 호에 따른 심의·의결 사항의 구체적 범위, 재의 요구 등에 필요한 사항은 대통령령으로 정한다.

03 ③

해설 국/가/수/사/본/부/장(제16조)
① 경찰청에 국가수사본부를 두며, 국가수사본부장은 치안정감으로 보한다.

② 국가수사본부장은 「형사소송법」에 따른 경찰의 수사에 관하여 각 시·도경찰청장과 경찰서장 및 수사부서 소속 공무원을 지휘·감독한다.
③ 국가수사본부장의 임기는 2년으로 하며, 중임할 수 없다.
④ 국가수사본부장은 임기가 끝나면 당연히 퇴직한다.
⑤ 국가수사본부장이 직무를 집행하면서 헌법이나 법률을 위배하였을 때에는 국회는 탄핵 소추를 의결할 수 있다.
⑥ 국가수사본부장을 경찰청 외부를 대상으로 모집하여 임용할 필요가 있는 때에는 다음 각호의 자격을 갖춘 사람 중에서 임용한다.
   1. 10년 이상 수사업무에 종사한 사람 중에서 「국가공무원법」 제2조의2에 따른 고위공무원단에 속하는 공무원, 3급 이상 공무원 또는 총경 이상 경찰공무원으로 재직한 경력이 있는 사람
   2. 판사·검사 또는 변호사의 직에 10년 이상 있었던 사람
   3. 변호사 자격이 있는 사람으로서 국가기관, 지방자치단체, 「공공기관의 운영에 관한 법률」 제4조에 따른 공공기관에서 법률에 관한 사무에 10년 이상 종사한 경력이 있는 사람
   4. 대학이나 공인된 연구기관에서 법률학·경찰학 분야에서 조교수 이상의 직이나 이에 상당하는 직에 10년 이상 있었던 사람
   5. 제1호부터 제4호까지의 경력 기간의 합산이 15년 이상인 사람
⑦ 국가수사본부장을 경찰청 외부를 대상으로 모집하여 임용하는 경우 다음 각호의 어느 하나에 해당하는 사람은 국가수사본부장이 될 수 없다.
   1. 「경찰공무원법」 제8조제2항 각호의 결격사유에 해당하는 사람
   2. 정당의 당원이거나 당적을 이탈한 날부터 3년이 지나지 아니한 사람
   3. 선거에 의하여 취임하는 공직에 있거나 그 공직에서 퇴직한 날부터 3년이 지나지 아니한 사람
   4. 제6항제1호에 해당하는 공무원 또는 제6항제2호의 판사·검사의 직에서 퇴직한 날로부터 1년이 지나지 아니한 사람
   5. 제6항제3호에 해당하는 사람으로서 국가기관등에서 퇴직한 날로부터 1년이 지나지 아니한 사

04 ④

[해설] 1] 공익신고 등 신고자 등에 대한 보호(제17조의3)
① 누구든지 공무원이 다음 각호의 신고를 하지 못하도록 방해하거나 신고를 취소하도록 강요하여서는 아니 되며, 신고자에게 신고나 이와 관련한 진술, 그 밖에 자료 제출 등을 이유로 불이익조치를 하여서는 아니 된다.
   1. 「공익신고자 보호법」 제2조제3호에 따른 공익신고등
   2. 「공직자의 이해충돌 방지법」 제18조에 따른 위반행위의 신고
   3. 「부정청탁 및 금품등 수수의 금지에 관한 법률」 제13조 또는 제13조의2에 따른 위반행위의 신고
   4. 「부패방지 및 국민권익위원회의 설치와 운영에 관한 법률」 제55조 또는 제58조의2에 따른 부패행위의 신고
   5. 그 밖에 다른 법령에서 정한 공공의 이익을 침해하는 위법행위에 대한 신고로서 신고자의 보호가 필요하다고 인정되는 신고
② 누구든지 제1항 각호의 신고를 한 공무원의 인적사항이나 그가 신고자임을 미루어 알 수 있는 사실을 본인의 동의 없이 다른 사람에게 알리거나 공개하여서는 아니 된다.

2] 처분사유 설명서의 교부(제75조)
① 공무원에 대하여 징계처분등을 할 때나 강임·휴직·직위해제 또는 면직처분을 할 때에는 그 처분권자 또는 처분제청권자는 처분사유를 적은 설명서를 교부(交付)하여야 한다. 다만, 본인의 원(願)에 따른 강임·휴직 또는 면직처분은 그러하지 아니하다.
② 처분권자는 피해자가 요청하는 경우 다음 각호의 어느 하나에 해당하는 사유로 처분사유 설명서를 교부할 때에

는 그 징계처분결과를 피해자에게 함께 통보하여야 한다. 〈신설 2023. 4. 11.〉
1. 「성폭력범죄의 처벌 등에 관한 특례법」 제2조에 따른 성폭력범죄
2. 「양성평등기본법」 제3조제2호에 따른 성희롱
3. 직장에서의 지위나 관계 등의 우위를 이용하여 업무상 적정범위를 넘어 다른 공무원 등에게 부당한 행위를 하거나 신체적·정신적 고통을 주는 등의 행위로서 대통령령등으로 정하는 행위

05 ①

해설 등/록/재/산/의/공/개(「공직자윤리법」 제10조)
① 공직자윤리위원회는 관할 등록의무자 중 다음 각호의 어느 하나에 해당하는 공직자 본인과 배우자 및 본인의 직계존속·직계비속의 재산에 관한 등록사항과 제6조에 따른 변동사항 신고내용을 등록기간 또는 신고기간 만료 후 1개월 이내에 관보 또는 공보에 게재하여 공개하여야 한다.
② 등록의무자가 재산등록 후 승진·전보 등으로 인하여 제1항에 따른 공개대상자가 된 경우에는 공개대상자가 된 날부터 2개월이 되는 날이 속하는 달의 말일까지 공개대상자가 된 날 현재의 재산을 제5조제1항 본문에 따라 다시 등록기관에 등록하여야 하며, 공직자윤리위원회는 제1항에 따라 이를 공개하여야 한다. 다만, 공개대상자가 공개대상이 아닌 직위로 전보되었다가 3년 이내에 다시 공개대상자가 된 경우에는 최종 공개 이후에 변동된 사항만을 공개한다.
③ 제1항과 제2항에 해당하는 경우가 아니면 누구든지 공직자윤리위원회 또는 등록기관의 장의 허가를 받지 아니하고는 등록의무자의 재산에 관한 등록사항을 열람·복사하거나 이를 하게 하여서는 아니 된다. 다만, 등록의무자가 본인의 등록사항에 대하여 열람·복사하는 경우에는 그러하지 아니하다.

06 ②

해설 ② 징계에 의하여 파면 또는 해임처분을 받은 사람은 경찰공무원이 될 수 없다(「경찰공무원법」 제8조 제2항 제10호).
1] 「경찰공무원법」 제8조(임용자격 및 결격사유)
① 경찰공무원은 신체 및 사상이 건전하고 품행이 방정(方正)한 사람 중에서 임용한다.
② 다음 각 호의 어느 하나에 해당하는 사람은 경찰공무원으로 임용될 수 없다.
  1. 대한민국 국적을 가지지 아니한 사람
  2. 「국적법」 제11조의2제1항에 따른 복수국적자
  3. 피성년후견인 또는 피한정후견인
  4. 파산선고를 받고 복권되지 아니한 사람
  5. 자격정지 이상의 형(刑)을 선고받은 사람
  6. 자격정지 이상의 형의 선고유예를 선고받고 그 유예기간 중에 있는 사람
  7. 공무원으로 재직기간 중 직무와 관련하여 「형법」 제355조 및 제356조에 규정된 죄를 범한 자로서 300만원 이상의 벌금형을 선고받고 그 형이 확정된 후 2년이 지나지 아니한 사람
  8. 「성폭력범죄의 처벌 등에 관한 특례법」 제2조에 규정된 죄를 범한 사람으로서 100만원 이상의 벌금형을 선고받고 그 형이 확정된 후 3년이 지나지 아니한 사람
  9. 미성년자에 대한 다음 각 목의 어느 하나에 해당하는 죄를 저질러 형 또는 치료감호가 확정된 사람(집행유예를 선고받은 후 그 집행유예기간이 경과한 사람을 포함한다)
    가. 「성폭력범죄의 처벌 등에 관한 특례법」 제2조에 따른 성폭력범죄
    나. 「아동·청소년의 성보호에 관한 법률」 제2조제2호에 따른 아동·청소년대상 성범죄
  10. 징계에 의하여 파면 또는 해임처분을 받은 사람

2] 「국가공무원법」 제33조(결격사유) 다음 각호의 어느 하나에 해당하는 자는 공무원으로 임용될 수 없다.
   1. 피성년후견인
   2. 파산선고를 받고 복권되지 아니한 자
   3. 금고 이상의 실형을 선고받고 그 집행이 끝나거나(집행이 끝난 것으로 보는 경우를 포함한다) 집행이 면제된 날부터 5년이 지나지 아니한 자
   4. 금고 이상의 형의 집행유예를 선고받고 그 유예기간이 끝난 날부터 2년이 지나지 아니한 자
   5. 금고 이상의 형의 선고유예를 받은 경우에 그 선고유예 기간 중에 있는 자
   6. 법원의 판결 또는 다른 법률에 따라 자격이 상실되거나 정지된 자
   6의2. 공무원으로 재직기간 중 직무와 관련하여 「형법」 제355조 및 제356조에 규정된 죄를 범한 자로서 300만원 이상의 벌금형을 선고받고 그 형이 확정된 후 2년이 지나지 아니한 자
   6의3. 다음 각 목의 어느 하나에 해당하는 죄를 범한 사람으로서 100만 원 이상의 벌금형을 선고받고 그 형이 확정된 후 3년이 지나지 아니한 사람
      가. 「성폭력범죄의 처벌 등에 관한 특례법」 제2조에 따른 성폭력범죄
      나. 「정보통신망 이용촉진 및 정보보호 등에 관한 법률」 제74조제1항제2호 및 제3호에 규정된 죄
      다. 「스토킹범죄의 처벌 등에 관한 법률」 제2조제2호에 따른 스토킹범죄
   6의4. 미성년자에 대한 다음 각 목의 어느 하나에 해당하는 죄를 저질러 파면·해임되거나 형 또는 치료감호를 선고받아 그 형 또는 치료감호가 확정된 사람(집행유예를 선고받은 후 그 집행유예기간이 경과한 사람을 포함한다)
      가. 「성폭력범죄의 처벌 등에 관한 특례법」 제2조에 따른 성폭력범죄
      나. 「아동·청소년의 성보호에 관한 법률」 제2조제2호에 따른 아동·청소년대상 성범죄
   7. 징계로 파면처분을 받은 때부터 5년이 지나지 아니한 자
   8. 징계로 해임처분을 받은 때부터 3년이 지나지 아니한 자

07 ④

해설 **성폭력범죄·성희롱 신고 및 조사(규정 제15조)**

① 「국가공무원법」 제76조의2제1항에 따라 누구나 기관 내 성폭력범죄 또는 성희롱 발생 사실을 알게 된 경우 이를 인사혁신처장 및 임용권자등에게 신고할 수 있다.
② 인사혁신처장은 제1항에 따른 신고를 받은 경우 지체 없이 신고 내용을 확인하고 해당 임용권자등이 「성희롱·성폭력 근절을 위한 공무원 인사관리규정」 제4조에 따른 조사를 실시했는지 여부를 확인하여 조사를 실시하지 않은 경우에는 조사 실시 및 그 결과 제출을 요구할 수 있다.
③ 인사혁신처장은 제2항에 따라 조사 실시 요구를 했음에도 임용권자등이 조사를 실시하지 않거나 조사가 미흡하다고 판단될 경우에는 다음 각호의 방법으로 제1항에 따른 신고에 대하여 직접 조사해야 한다.
   1. 성폭력범죄·성희롱과 관련하여 피해자나 피해를 입었다고 주장하는 사람(피해자등), 성폭력범죄·성희롱과 관련하여 가해행위를 했다고 신고된 사람(피신고자) 또는 관계인에 대한 출석 요구, 진술 청취 또는 진술서 제출 요구
   2. 피해자등, 피신고자, 관계인 또는 관계기관 등에 대하여 조사 사항과 관련이 있다고 인정되는 자료의 제출 요구
   3. 전문가의 자문
④ 제2항 및 제3항에 따른 조사를 위해 출석 또는 자료의 제출을 요구받은 사람이나 관계기관은 정당한 사유가 없는 한 이에 따라야 한다.
⑤ 인사혁신처장은 제2항 및 제3항에 따른 조사 실시 확인 과정 또는 조사 과정에서 피해자등이 성적 불쾌감 등을 느끼지 않도록 하고, 사건 내용이나 인적사항의 누설 등으로 인한 피해가 발생하지 않도록 해야 한다.

⑥ 인사혁신처장은 조사 기간 동안 피해자등이 요청하는 경우로서 피해자등을 보호하기 위해 필요하다고 인정하는 경우 그 피해자등이나 피신고자에 대하여 다음 각 호의 조치를 하도록 임용권자등에게 요청할 수 있다.
  1. 근무 장소의 변경
  2. 휴가 사용 권고
  3. 그 밖에 인사혁신처장이 필요하다고 판단하는 적절한 조치
⑦ 인사혁신처장은 신고의 원인이 된 사실이 범죄행위에 해당한다고 믿을만한 상당한 이유가 있는 경우 검찰 또는 수사기관에 수사를 의뢰할 수 있다.
⑧ 인사혁신처장은 조사결과 공직 내 성폭력범죄·성희롱 발생 사실이 확인된 경우에는 임용권자등에게 「성희롱·성폭력 근절을 위한 공무원 인사관리규정」 제5조 및 제6조에 따른 조치를 요청할 수 있다.
⑨ 임용권자등이 제1항에 따른 신고를 받은 경우에는 「성희롱·성폭력 근절을 위한 공무원 인사관리규정」 제4조에 따른 사실 확인을 위한 조사를 해야 하고, 같은 영 제5조 및 제6조에 따른 조치를 할 수 있다.

08 ③

해설 ① [O]
② [O] 구 경찰관 직무집행법 제10조 제3항은 "경찰장비를 임의로 개조하거나 임의의 장비를 부착하여 통상의 용법과 달리 사용함으로써 타인의 생명·신체에 위해를 주어서는 아니 된다."라고 정하고, 구 경찰장비의 사용기준 등에 관한 규정(2014. 11. 19. 대통령령 제25733호로 개정되기 전의 것) 제3조는 "경찰장비는 통상의 용법에 따라 필요한 최소한의 범위 안에서 사용하여야 한다."라고 정하고 있는바, 위 조항에서 말하는 경찰장비는 '인명 또는 신체에 위해를 가할 수 있는 경찰장비(이하 '위해성 경찰장비'라 한다)'를 뜻한다(위 규정 제2조 참조). 위 규정들은 경찰비례의 원칙에 따라 경찰관의 직무수행 중 경찰장비의 사용 여부, 용도, 방법 및 범위에 관하여 재량의 한계를 정한 것이라 할 수 있고, 특히 위해성 경찰장비는 그 사용의 위험성과 기본권 보호 필요성에 비추어 볼 때 본래의 사용방법에 따라 지정된 용도로 사용되어야 하며 다른 용도나 방법으로 사용하기 위해서는 반드시 법령에 근거가 있어야 한다. [대법원 2022. 11. 30 선고 2016다26662]
③ [X] 공무집행방해죄는 공무원의 적법한 공무집행이 전제되어야 하고, 공무집행이 적법하기 위해서는 그 행위가 공무원의 추상적 직무권한에 속할 뿐만 아니라 구체적으로 그 권한 내에 있어야 하며, 직무행위로서 중요한 방식을 갖추어야 한다. 추상적인 권한은 반드시 법령에 명시되어 있을 필요는 없다. 추상적인 권한에 속하는 공무원의 어떠한 공무집행이 적법한지는 행위 당시의 구체적 상황에 기초를 두고 객관적·합리적으로 판단해야 하고, 사후적으로 순수한 객관적 기준에서 판단할 것은 아니다. [대법원 2022. 3. 17 선고 2021도13883]
④ [O] 취소된 날부터 2년 동안은 부정 취득하지 않은 운전면허도 다시 받을 수 없게 되는바(법 제82조 제2항 제6호), 운전을 생업으로 하는 자에 대하여는 생계에 지장을 초래할 만큼 직업의 자유를 제약하고, 운전을 생업으로 하지 않는 자에 대하여도 일상생활에 심대한 불편을 야기할 정도로 일반적 행동의 자유를 제약한다. 이는 달성하려는 공익의 중대성을 감안하더라도 지나치게 운전면허 소지자의 기본권을 제한하는 것이다(헌재 2015. 5. 28. 2013헌가6 참조). 이처럼 심판대상조항이 부정 취득하지 않은 운전면허까지 필요적으로 취소하도록 한 것은, 법익의 균형성 원칙에 위배된다. 그러므로 심판대상조항이 부정 취득한 운전면허를 필요적으로 취소하도록 한 것은 과잉금지원칙에 위반되지 아니하나, 부정 취득하지 않은 운전면허까지 필요적으로 취소하도록 한 것은 과잉금지원칙에 위반된다. [2020.6.25. 2019헌가9]

09 ③

해설 ③ 이때의 보호조치는 경찰(행정)상 즉시강제에 해당한다. 즉 정신착란을 일으키거나 술에 취하여 자신 또는 다른 사람의 생명·신체·재산에 위해를 끼칠 우려가 있는 사람에 대한 보호조치나 자살을 시도하는 사람에 대한 보호조치는 성질상 즉시강제에 해당한다.

10 ②

해설 ② 행정청의 과태료 부과에 불복하는 당사자는 제17조제1항에 따른 과태료 부과 통지를 받은 날부터 60일 이내에 해당 행정청에 서면으로 이의제기를 할 수 있다. 이에 따른 이의제기가 있는 경우에는 행정청의 과태료 부과처분은 그 효력을 상실한다.

1) 사전통지 및 의견 제출(제16조)
① 행정청이 질서위반행위에 대하여 과태료를 부과하고자 하는 때에는 미리 당사자(제11조제2항에 따른 고용주 등을 포함한다. 이하 같다)에게 대통령령으로 정하는 사항을 통지하고, 10일 이상의 기간을 정하여 의견을 제출할 기회를 주어야 한다. 이 경우 지정된 기일까지 의견 제출이 없는 경우에는 의견이 없는 것으로 본다.
② 당사자는 의견 제출 기한 이내에 대통령령으로 정하는 방법에 따라 행정청에 의견을 진술하거나 필요한 자료를 제출할 수 있다.
③ 행정청은 제2항에 따라 당사자가 제출한 의견에 상당한 이유가 있는 경우에는 과태료를 부과하지 아니하거나 통지한 내용을 변경할 수 있다.

2) 자진 납부자에 대한 과태료 감경(제18조)
① 행정청은 당사자가 제16조에 따른 의견 제출 기한 이내에 과태료를 자진하여 납부하고자 하는 경우에는 대통령령으로 정하는 바에 따라 과태료를 감경할 수 있다.
② 당사자가 제1항에 따라 감경된 과태료를 납부한 경우에는 해당 질서위반행위에 대한 과태료 부과 및 징수절차는 종료한다.

3) 이의제기(제20조)
① 행정청의 과태료 부과에 불복하는 당사자는 제17조제1항에 따른 과태료 부과 통지를 받은 날부터 60일 이내에 해당 행정청에 서면으로 이의제기를 할 수 있다.
② 제1항에 따른 이의제기가 있는 경우에는 행정청의 과태료 부과처분은 그 효력을 상실한다.
③ 당사자는 행정청으로부터 제21조제3항에 따른 통지를 받기 전까지는 행정청에 대하여 서면으로 이의제기를 철회할 수 있다.

4) 법원에의 통보(제21조)
① 제20조제1항에 따른 이의제기를 받은 행정청은 이의제기를 받은 날부터 14일 이내에 이에 대한 의견 및 증빙서류를 첨부하여 관할 법원에 통보하여야 한다. 다만, 다음 각 호의 어느 하나에 해당하는 경우에는 그러하지 아니하다.
  1. 당사자가 이의제기를 철회한 경우
  2. 당사자의 이의제기에 이유가 있어 과태료를 부과할 필요가 없는 것으로 인정되는 경우
② 행정청은 사실상 또는 법률상 같은 원인으로 말미암아 다수인에게 과태료를 부과할 필요가 있는 경우에는 다수인 가운데 1인에 대한 관할권이 있는 법원에 제1항에 따른 이의제기 사실을 통보할 수 있다.
③ 행정청이 제1항 및 제2항에 따라 관할 법원에 통보를 하거나 통보하지 아니하는 경우에는 그 사실을 즉시 당사자에게 통지하여야 한다.

5) 가산금 징수 및 체납처분(제24조)
① 행정청은 당사자가 납부기한까지 과태료를 납부하지 아니한 때에는 납부기한을 경과한 날부터 체납된 과태료에 대하여 100분의 3에 상당하는 가산금을 징수한다.
② 체납된 과태료를 납부하지 아니한 때에는 납부기한이 경과한 날부터 매 1개월이 경과할 때마다 체납된 과태료의 1천분의 12에 상당하는 가산금(중가산금)을 제1항에 따른 가산금에 가산하여 징수한다. 이 경우 중가산금을 가산하여 징수하는 기간은 60개월을 초과하지 못한다.
③ 행정청은 당사자가 제20조제1항에 따른 기한 이내에 이의를 제기하지 아니하고 제1항에 따른 가산금을 납부하지 아니한 때에는 국세 또는 지방세 체납처분의 예에 따라 징수한다.

11 ①

해설 ② 경찰관에게 고의 또는 중대한 과실이 없는 때에는 형을 감경하거나 면제할 수 있다(제11조의5)
③ 객관적으로 인정될 수 있는 상황이고 그 행위를 당장 제지하지 않으면 곧 인명·신체에 중대한 위해를 미치거나 재산에 손해를 끼칠 우려가 있는 상황이어서
④ 과잉금지의 원칙을 표현한 것이다.

12 ③

해설 보/호/조/치(제4조)
① 경찰관은 수상한 행동이나 그 밖의 주위 사정을 합리적으로 판단해 볼 때 다음 각호의 어느 하나에 해당하는 것이 명백하고 응급구호가 필요하다고 믿을 만한 상당한 이유가 있는 사람(구호대상자)을 발견하였을 때에는 보건의료기관이나 공공구호기관에 긴급구호를 요청하거나 경찰관서에 보호하는 등 적절한 조치를 할 수 있다.
  1. 정신착란을 일으키거나 술에 취하여 자신 또는 다른 사람의 생명·신체·재산에 위해를 끼칠 우려가 있는 사람
  2. 자살을 시도하는 사람
  3. 미아, 병자, 부상자 등으로서 적당한 보호자가 없으며 응급구호가 필요하다고 인정되는 사람. 다만, 본인이 구호를 거절하는 경우는 제외한다.
② 제1항에 따라 긴급구호를 요청받은 보건의료기관이나 공공구호기관은 정당한 이유 없이 긴급구호를 거절할 수 없다.
③ 경찰관은 제1항의 조치를 하는 경우에 구호대상자가 휴대하고 있는 무기·흉기 등 위험을 일으킬 수 있는 것으로 인정되는 물건을 경찰관서에 임시로 영치(領置)하여 놓을 수 있다.
④ 경찰관은 제1항의 조치를 하였을 때에는 지체 없이 구호대상자의 가족, 친지 또는 그 밖의 연고자에게 그 사실을 알려야 하며, 연고자가 발견되지 아니할 때에는 구호대상자를 적당한 공공보건의료기관이나 공공구호기관에 즉시 인계하여야 한다.
⑤ 경찰관은 제4항에 따라 구호대상자를 공공보건의료기관이나 공공구호기관에 인계하였을 때에는 즉시 그 사실을 소속 경찰서장이나 해양경찰서장에게 보고하여야 한다.
⑥ 제5항에 따라 보고를 받은 소속 경찰서장이나 해양경찰서장은 대통령령으로 정하는 바에 따라 구호대상자를 인계한 사실을 지체 없이 해당 공공보건의료기관 또는 공공구호기관의 장 및 그 감독행정청에 통보하여야 한다.
⑦ 제1항에 따라 구호대상자를 경찰관서에서 보호하는 기간은 24시간을 초과할 수 없고, 제3항에 따라 물건을 경찰관서에 임시로 영치하는 기간은 10일을 초과할 수 없다.

13 ④

해설 '치명적 공격' 상태의 대상자로 인해 경찰관 또는 제3자의 생명·신체에 급박하고 중대한 위해가 초래될 가능성이 있는 경우 최후의 수단으로 사용할 수 있는 물리력 수준으로서, 대상자의 사망 또는 심각한 부상을 초래할 수 있는 물리력은 고위험 물리력을 말한다.

1] 대상자 행위
① 순응
  대상자가 경찰관의 지시, 통제에 따르는 상태를 말한다. 다만, 대상자가 경찰관의 요구에 즉각 응하지 않고 약간의 시간만 지체하는 경우는 '순응'으로 본다.
② 소극적 저항
  대상자가 경찰관의 지시, 통제를 따르지 않고 비협조적이지만 경찰관 또는 제3자에 대해 직접적인 위해를 가하지 않는 상태를 말한다.

경찰관이 정당한 이동 명령을 발하였음에도 가만히 서있거나 앉아 있는 등 전혀 움직이지 않는 상태, 일부러 몸의 힘을 모두 빼거나, 고정된 물체를 꽉 잡고 버팀으로써 움직이지 않으려는 상태 등이 이에 해당한다.

③ 적극적 저항

대상자가 자신에 대한 경찰관의 체포·연행 등 정당한 공무집행을 방해하지만 경찰관 또는 제3자에 대해 위해 수준이 낮은 행위만을 하는 상태를 말한다.

대상자가 자신을 체포·연행하려는 경찰관으로부터 물리적으로 이탈하거나 도주하려는 행위, 체포·연행을 위해 팔을 잡으려는 경찰관의 손을 뿌리치거나, 경찰관을 밀고 잡아끄는 행위, 경찰관에게 침을 뱉거나 경찰관을 밀치는 행위 등이 이에 해당한다.

④ 폭력적 공격

대상자가 경찰관 또는 제3자에 대해 신체적 위해를 가하는 상태를 말한다.

대상자가 경찰관에게 폭력을 행사하려는 자세를 취하여 그 행사가 임박한 상태, 주먹·발 등을 사용해서 경찰관에 대해 신체적 위해를 초래하고 있거나 임박한 상태, 강한 힘으로 경찰관을 밀거나 잡아당기는 등 완력을 사용해 체포에서 벗어나려고 하는 상태 등이 이에 해당한다.

⑤ 치명적 공격

대상자가 경찰관 또는 제3자에 대해 사망 또는 심각한 부상을 초래할 수 있는 행위를 하는 상태를 말한다.

총기류(공기총·엽총·사제권총 등), 흉기(칼·도끼·낫 등), 둔기(망치·쇠파이프 등)를 이용하여 경찰관, 제3자에 대해 위력을 행사하고 있거나 위해 발생이 임박한 경우, 경찰관이나 제3자의 목을 세게 조르거나 무차별 폭행하는 등 생명·신체에 대해 중대한 위해가 발생할 정도의 위험한 폭력을 행사하는 경우가 이에 해당한다.

2] 경찰관 대응 수준

① 협조적 통제

'순응' 이상의 상태인 대상자에 대해 사용할 수 있는 물리력 수준으로서, 대상자의 협조를 유도하거나 협조에 따른 물리력을 말한다. 그 종류는 다음과 같다.

  가. 현장 임장
  나. 언어적 통제
  다. 체포 등을 위한 수갑 사용
  라. 안내·체포 등에 수반한 신체적 물리력

② 접촉 통제

'소극적 저항' 이상의 상태인 대상자에 대해 사용할 수 있는 물리력 수준으로서, 대상자 신체 접촉을 통해 경찰목적 달성을 강제하지만 신체적 부상을 야기할 가능성은 극히 낮은 물리력을 말한다. 그 종류는 다음과 같다.

  가. 신체 일부 잡기·밀기·잡아끌기·쥐기·누르기·비틀기
  나. 경찰봉 양 끝 또는 방패를 잡고 대상자의 신체에 안전하게 밀착한 상태에서 대상자를 특정 방향으로 밀거나 잡아당기기

③ 저위험 물리력

'적극적 저항' 이상의 상태인 대상자에 대해 사용할 수 있는 물리력 수준으로서, 대상자가 통증을 느낄 수 있으나 신체적 부상을 당할 가능성은 낮은 물리력을 말한다. 그 종류는 다음과 같다.

  가. 목을 압박하여 제압하거나 관절을 꺾는 방법, 팔·다리를 이용해 움직이지 못하도록 조르는 방법, 다리를 걸거나 들쳐 매는 등 균형을 무너뜨려 넘어뜨리는 방법, 대상자가 넘어진 상태에서 움직이지 못하게 위에서 눌러 제압하는 방법
  나. 분사기 사용(다른 저위험 물리력 이하의 수단으로 제압이 어렵고, 경찰관이나 대상자의 부상 등의 방지를 위해 필요한 경우)

④ 중위험 물리력

'폭력적 공격' 이상의 상태의 대상자에 대해 사용할 수 있는 물리력 수준으로서, 대상자에게 신체적 부상을 입힐

수 있으나 생명·신체에 대한 중대한 위해 발생 가능성은 낮은 물리력을 말한다. 그 종류는 다음과 같다.
  가. 손바닥, 주먹, 발 등 신체부위를 이용한 가격
  나. 경찰봉으로 중요부위가 아닌 신체 부위를 찌르거나 가격
  다. 방패로 강하게 압박하거나 세게 미는 행위
  라. 전자충격기 사용
⑤ 고위험 물리력
  가. '치명적 공격' 상태의 대상자로 인해 경찰관 또는 제3자의 생명·신체에 급박하고 중대한 위해가 초래될 가능성이 있는 경우 최후의 수단으로 사용할 수 있는 물리력 수준으로서, 대상자의 사망 또는 심각한 부상을 초래할 수 있는 물리력을 말한다.
  나. 경찰관은 대상자의 '치명적 공격' 상황에서도 현장상황이 급박하지 않은 경우에는 낮은 수준의 물리력을 우선적으로 사용하여 상황을 종결시킬 수 있도록 노력하여야 한다.
  다. '고위험 물리력'의 종류는 다음과 같다.
    1) 권총 등 총기류 사용
    2) 경찰봉, 방패, 신체적 물리력으로 대상자의 신체 중요 부위 또는 급소 부위 가격, 대상자의 목을 강하게 조르거나 신체를 강한 힘으로 압박하는 행위

14 ③

[해설] ③ 구조피해자가 해당 범죄행위를 교사 또는 방조하는 행위를 한 때에는 구조금을 지급하지 아니한다.

1] 법 제16조(구조금의 지급요건)
국가는 구조대상 범죄피해를 받은 사람(구조피해자)이 다음 각호의 어느 하나에 해당하면 구조피해자 또는 그 유족에게 범죄피해 구조금을 지급한다.
  1. 구조피해자가 피해의 전부 또는 일부를 배상받지 못하는 경우
  2. 자기 또는 타인의 형사사건의 수사 또는 재판에서 고소·고발 등 수사단서를 제공하거나 진술, 증언 또는 자료제출을 하다가 구조피해자가 된 경우

2] 법 제17조(구조금의 종류 등)
① 구조금은 유족구조금·장해구조금 및 중상해구조금으로 구분하며, 일시금으로 지급한다.
② 유족구조금은 구조피해자가 사망하였을 때 제18조(유족의 범위와 순위)에 따라 맨 앞의 순위인 유족에게 지급한다. 다만, 순위가 같은 유족이 2명 이상이면 똑같이 나누어 지급한다.
③ 장해구조금 및 중상해구조금은 해당 구조피해자에게 지급한다.

3] 법 제19조(구조금을 지급하지 아니할 수 있는 경우)
① 범죄행위 당시 구조피해자와 가해자 사이에 다음 각호의 어느 하나에 해당하는 친족관계가 있는 경우에는 구조금을 지급하지 아니한다.
  1. 부부(사실상의 혼인관계를 포함한다)
  2. 직계혈족
  3. 4촌 이내의 친족
  4. 동거친족
② 범죄행위 당시 구조피해자와 가해자 사이에 제1항 각 호의 어느 하나에 해당하지 아니하는 친족관계가 있는 경우에는 구조금의 일부를 지급하지 아니한다.
③ 구조피해자가 다음 각호의 어느 하나에 해당하는 행위를 한 때에는 구조금을 지급하지 아니한다.
  1. 해당 범죄행위를 교사 또는 방조하는 행위
  2. 과도한 폭행·협박 또는 중대한 모욕 등 해당 범죄행위를 유발하는 행위
  3. 해당 범죄행위와 관련하여 현저하게 부정한 행위

4. 해당 범죄행위를 용인하는 행위
5. 집단적 또는 상습적으로 불법행위를 행할 우려가 있는 조직에 속하는 행위(다만, 그 조직에 속하고 있는 것이 해당 범죄피해를 당한 것과 관련이 없다고 인정되는 경우는 제외한다)
6. 범죄행위에 대한 보복으로 가해자 또는 그 친족이나 그 밖에 가해자와 밀접한 관계가 있는 사람의 생명을 해치거나 신체를 중대하게 침해하는 행위

④ 구조피해자가 다음 각호의 어느 하나에 해당하는 행위를 한 때에는 구조금의 일부를 지급하지 아니한다.
1. 폭행·협박 또는 모욕 등 해당 범죄행위를 유발하는 행위
2. 해당 범죄피해의 발생 또는 증대에 가공(加功)한 부주의한 행위 또는 부적절한 행위

4] 법 제20조(다른 법령에 따른 급여 등과의 관계)
구조피해자나 유족이 해당 구조대상 범죄피해를 원인으로 하여 「국가배상법」이나 그 밖의 법령에 따른 급여 등을 받을 수 있는 경우에는 대통령령으로 정하는 바에 따라 구조금을 지급하지 아니한다.

5] 법 제21조(손해배상과의 관계)
① 국가는 구조피해자나 유족이 해당 구조대상 범죄피해를 원인으로 하여 손해배상을 받았으면 그 범위에서 구조금을 지급하지 아니한다.
② 국가는 지급한 구조금의 범위에서 해당 구조금을 받은 사람이 구조대상 범죄피해를 원인으로 하여 가지고 있는 손해배상청구권을 대위한다.
③ 국가는 제2항에 따라 손해배상청구권을 대위할 때 대통령령으로 정하는 바에 따라 가해자인 수형자나 보호감호 대상자의 작업장려금 또는 근로보상금에서 손해배상금을 받을 수 있다.

6] 법 제23조(외국인에 대한 구조)
이 법은 외국인이 구조피해자이거나 유족인 경우에는 해당 국가의 상호보증이 있는 경우에만 적용한다.

15 ③

해설 1] 법 제13조(경찰관서의 협조)
① 지원시설의 장은 스토킹행위자로부터 피해자등을 긴급히 구조할 필요가 있을 때에는 경찰관서(지구대·파출소 및 출장소를 포함한다)의 장에게 그 소속 직원의 동행을 요청할 수 있다.
② 제1항에 따른 요청을 받은 경찰관서의 장은 특별한 사유가 없으면 그 요청에 따라야 한다.

2] 법 제14조(사법경찰관리의 현장출동 등)
① 사법경찰관리는 스토킹의 신고가 접수된 때에는 지체 없이 신고된 현장에 출동하여야 한다.
② 제1항에 따라 출동한 사법경찰관리는 신고된 현장 또는 사건조사를 위한 관련 장소에 출입하여 관계인에 대하여 조사를 하거나 질문을 할 수 있다.
③ 제2항에 따라 출입, 조사 또는 질문을 하는 사법경찰관리는 그 권한을 표시하는 증표를 지니고 이를 관계인에게 내보여야 한다.
④ 제2항에 따라 조사 또는 질문을 하는 사법경찰관리는 피해자·신고자·목격자 등이 자유롭게 진술할 수 있도록 스토킹행위자로부터 분리된 곳에서 조사하는 등 필요한 조치를 하여야 한다.
⑤ 누구든지 정당한 사유 없이 제2항에 따른 사법경찰관리의 현장조사를 거부하는 등 그 업무 수행을 방해하는 행위를 하여서는 아니 된다.

16 ①

해설 ① 조정과 통합의 원리는 목표달성과정에서 여러 단위간의 충돌을 방지하기 위해 질서정연한 행동통일을 기하는 원리이다. 조정과 통합의 원리는 행정구심점의 확보이고, 지나친 분업과·전문화는 조정을 어렵게 하므로 할거주의와는 반비례의 관계에 있다.

17 ①

해설 ① 계급제는 인간중심적 입장에서 자격이나 능력·학력을 기준으로 하여 계급을 부여하고 일정한 신분상의 자격·지위에 중점을 두는 공직분류방식을 말한다. 이는 일반적 교양과 능력을 가진 유능한 인재의 등용을 가능케 하고 인사배치의 신축성과 적응성을 도모할 수 있어 인사배치의 신축성 측면에서 유리하다.

18 ①

해설 ㉠ : A시
㉡ : 국가(대한민국) 즉 지방자치단체장이 설치하여 관할 시도경찰청장에게 관리권한이 위임된 교통신호기 고장으로 사고가 발생한 경우 지방자치단체는 사무귀속자로서 손해배상책임을 부담하고, 국가는 경찰관 등에게 봉급을 지급하는 비용부담자로서 국가배상책임을 진다.

19 ①

해설 **등/록/대/상/재/산(제4조)**

① 등록의무자가 등록할 재산은 다음 각호의 어느 하나에 해당하는 사람의 재산(소유 명의와 관계없이 사실상 소유하는 재산, 비영리법인에 출연한 재산과 외국에 있는 재산을 포함한다)으로 한다.
  1. 본인
  2. 배우자(사실상의 혼인관계에 있는 사람을 포함한다)
  3. 본인의 직계존속·직계비속. 다만, 혼인한 직계비속인 여성(㉡)과 외증조부모, 외조부모(㉣), 외손자녀 및 외증손자녀는 제외한다.
② 등록의무자가 등록할 재산은 다음 각호와 같다.
  1. 부동산에 관한 소유권·지상권 및 전세권
  2. 광업권·어업권·양식업권, 그 밖에 부동산에 관한 규정이 준용되는 권리
  3. 다음 각 목의 동산·증권·채권·채무 및 지식재산권(知識財産權)
    가. 소유자별 합계액 1천만원 이상의 현금(수표를 포함한다)(㉢)
    나. 소유자별 합계액 1천만원 이상의 예금(㉡)
    다. 소유자별 합계액 1천만원 이상의 주식·국채·공채·회사채 등 증권
    라. 소유자별 합계액 1천만원 이상의 채권
    마. 소유자별 합계액 1천만원 이상의 채무
    바. 소유자별 합계액 500만원 이상의 금 및 백금(금제품 및 백금제품을 포함한다)
    사. 품목당 500만원 이상의 보석류
    아. 품목당 500만원 이상의 골동품 및 예술품
    자. 권당 500만원 이상의 회원권
    차. 소유자별 연간 1천만원 이상의 소득이 있는 지식재산권
    카. 자동차·건설기계·선박 및 항공기
  4. 합명회사·합자회사 및 유한회사의 출자지분
  5. 주식매수선택권

20 ③

해설 ③ [O] 동 강령 제8조의2
① [X] 공무원은 자신의 직무권한을 행사하거나 지위·직책 등에서 유래되는 사실상 영향력을 행사하여 직무관련

자 또는 직무관련공무원으로부터 사적 노무를 제공받거나 요구 또는 약속해서는 아니 된다. 다만, 다른 법령 또는 사회상규에 따라 허용되는 경우에는 그러하지 아니하다(제13조의2).
② [X] 상담하여야 한다(제8조 제1항).
④ [X] 다만, 외부강의등을 요청한 자가 국가나 지방자치단체인 경우에는 그러하지 아니하다(제15조 제2항 단서).

21 ①

해설 ① [O] 동법 제2조 제5호
② [X] 고위공직자는 그 직위에 임용되거나 임기를 개시하기 전 3년 이내에 민간 부문에서 업무활동을 한 경우, 그 활동 내역을 그 직위에 임용되거나 임기를 개시한 날부터 30일 이내에 소속기관장에게 제출하여야 한다(제8조 제1항).
③ [X] 2천만원 이하의 과태료(제28조 제2항 제4호)
④ [X] 공직자로 채용·임용되기 전 2년 이내에 공직자 자신이 대리하거나 고문·자문 등을 제공하였던 개인이나 법인 또는 단체(제2조 제6호 마목)

22 ②

해설 ② 하위문화이론은 사회적 수준의 사회구조에 범죄원인이 있다고 보는 범죄원인이론이다.
1) 개인적 수준 : 고전주의 억제이론, 실증주의 생물학적·심리학적 이론
2) 사회적 수준 :
① 구조원인—사회해체론, 긴장(아노미)이론, 하위문화이론, 문화갈등이론
② 과정원인—사회학습이론(차별적 접촉이론, 차별적 동일시이론, 차별적 강화이론, 중화기술이론), 사회통제이론(견제이론, 동조성전념이론, 사회유대이론), 낙인이론(범죄자로 만드는 것은 행위의 질적인 면이 아닌 사람들의 인식)

23 ②

해설 우에서 ⓒⓒ이 순찰팀장의 직무권한이다(「지역경찰의 조직 및 운영에 관한 규칙」 제8조 제2항). 나머지는 지역경찰관서장의 직무에 해당한다.
1] 지역경찰관서장(제5조)
① 지역경찰관서의 사무를 통할하고 소속 지역경찰을 지휘·감독하기 위해 지역경찰관서에 지구대장 및 파출소장(지역경찰관서장)을 둔다.
② 삭제
③ 지역경찰관서장은 다음 각호의 직무를 수행한다.
  1. 관내 치안상황의 분석 및 대책 수립
  2. 지역경찰관서의 시설·예산·장비의 관리
  3. 소속 지역경찰의 근무와 관련된 제반사항에 대한 지휘 및 감독
  4. 경찰 중요 시책의 홍보 및 협력치안 활동
2] 순찰팀(제8조)
① 순찰팀은 범죄예방 순찰, 각종 사건사고에 대한 초동조치 등 현장 치안활동을 담당하며, 팀장은 경감 또는 경위로 보한다.
② 순찰팀장은 다음 각호의 직무를 수행한다.
  1. 근무교대시 주요 취급사항 및 장비 등의 인수인계 확인
  2. 관리팀원 및 순찰팀원에 대한 일일근무 지정 및 지휘·감독

    3. 관내 중요 사건 발생시 현장 지휘
    4. 지역경찰관서장 부재시 업무 대행
    5. 순찰팀원의 업무역량 향상을 위한 교육
③ 순찰팀장을 보좌하고 순찰팀장 부재시 업무를 대행하기 위해 순찰팀별로 부팀장을 둘 수 있다.

24 ①

[해설] ① 조사(Screen)/탐색(Scanning)과정은 지역사회가 안고 있는 문제, 쟁점사항, 관심사 등을 인식하는 활동이다. 이에 필요한 정보는 지역근무중인 담당경찰관의 직접 관찰, 주민이나 사업가들의 문제제기, 지역 내 다른 기관, 대상지역에 관한 통계자료와 유관정보의 체계적 분석 등을 통해 수집할 수 있다. 일회적으로 발생하지만 대중의 이목을 집중시키는 심각한 중대범죄 사건을 우선적으로 조사대상화한다는 것은 전통적 경찰활동과 관계가 있다.

25 ②

[해설] 1] 다음 각호의 어느 하나에 해당하는 사람은 20만원 이하의 벌금, 구류 또는 과료의 형으로 처벌한다(제3조 제2항).
    1. (출판물의 부당게재 등) 올바르지 아니한 이익을 얻을 목적으로 다른 사람 또는 단체의 사업이나 사사로운 일에 관하여 신문, 잡지, 그 밖의 출판물에 어떤 사항을 싣거나 싣지 아니할 것을 약속하고 돈이나 물건을 받은 사람
    2. (거짓 광고) 여러 사람에게 물품을 팔거나 나누어 주거나 일을 해주면서 다른 사람을 속이거나 잘못 알게 할 만한 사실을 들어 광고한 사람
    3. (업무방해) 못된 장난 등으로 다른 사람, 단체 또는 공무수행 중인 자의 업무를 방해한 사람
    4. (암표매매) 흥행장, 경기장, 역, 나루터, 정류장, 그 밖에 정하여진 요금을 받고 입장시키거나 승차 또는 승선시키는 곳에서 웃돈을 받고 입장권·승차권 또는 승선권을 다른 사람에게 되판 사람
2] 다음 각호의 어느 하나에 해당하는 사람은 60만원 이하의 벌금, 구류 또는 과료의 형으로 처벌한다.
    1. (관공서에서의 주취소란) 술에 취한 채로 관공서에서 몹시 거친 말과 행동으로 주정하거나 시끄럽게 한 사람
    2. (거짓신고) 있지 아니한 범죄나 재해 사실을 공무원에게 거짓으로 신고한 사람

26 ③

[해설] [O] ⓒⓒⓔ
[X] ㉠㉣(특별한 사정이 없는 한 유흥접객원으로 볼 수 없다) ㉥(이 경우 업소주인이 그 티켓걸을 시간제 접대부로 고용한 것으로 보아야 한다)
1) 식품위생법령상 유흥시설을 설치한 유흥주점의 의미 및 유흥시설이 실외에 설치된 것도 유흥주점에 포함되는지 여부(적극)
2) 식품위생법은 제36조 제1항 제3호에서 식품접객업을 하려는 자는 총리령으로 정하는 시설기준에 맞는 시설을 갖추어야 한다고 정하고, 제2항에서 제1항 제3호에 따른 식품접객업의 세부 종류와 범위를 대통령령에서 정하도록 위임하고 있다. 그 위임에 따라 식품위생법 시행령 제21조 제8호 (라)목에서는 식품접객업 중 유흥주점영업이란 주로 주류를 조리·판매하는 영업으로서 유흥종사자를 두거나 유흥시설을 설치할 수 있고 손님이 노래를 부르거나 춤을 추는 행위가 허용되는 영업이라고 규정하고 있고, 제22조 제2항에서는 '유흥시설'이란 유흥종사자 또는 손님이 춤을 출 수 있도록 설치한 무도장을 말한다고 규정하고 있다. 한편 식품위생법 시행규칙 제36조 [별표 14]는 식품위생법 제36조에 따른 식품접객업의 시설기준을 정하고 있는데, 이에 따르면 식품접객업의 영업장은 독립된 건물이거나 식품접객업의 영업허가를 받거나 영업신고를 한 업종 외의 용도로 사용되는 시설

과 분리, 구획 또는 구분되어야 한다고 정하고 있을 뿐이다. 따라서 식품위생법령상 유흥시설을 설치한 유흥주점은 주로 주류를 조리·판매하는 곳으로 춤을 출 수 있도록 무도장을 설치한 장소를 가리킨다. 설치장소가 실내로 제한되는 것은 아니고 실외에 설치된 것도 유흥주점에 포함된다. [대법원 2016. 12. 15. 선고 2016도8070 판결]

27 ④

해설 재/해/대/처/계/획/의/신/고(시행령 제9조)
① 법 제11조제1항에 따른 재해대처계획에는 다음 각호의 사항이 모두 포함되어야 한다.
  1. 공연장 시설 등을 관리하는 자의 임무 및 관리 조직에 관한 사항
  2. 비상시에 하여야 할 조치 및 연락처에 관한 사항
  3. 화재예방 및 인명피해 방지조치에 관한 사항
  4. 법 제11조의2부터 제11조의4까지의 규정에 해당하는 안전관리비, 안전관리조직 및 안전교육에 관한 사항
② 법 제9조제1항에 따른 공연장운영자는 법 제11조제1항에 따라 다음 연도의 재해대처계획을 수립하여 매년 12월 31일까지 관할 특별자치시장·특별자치도지사·시장·군수·구청장에게 신고하여야 하며, 신고한 재해대처계획을 변경하려는 경우에는 그 계획을 적용하기 전에 변경신고를 하여야 한다. 다만, 공연장운영자가 법 제9조제1항에 따라 공연장을 등록하는 경우에는 공연장 등록 신청과 함께 해당 연도의 재해대처계획을 신고하여야 한다.
③ 공연장 외의 시설이나 장소에서 1천명 이상의 관람이 예상되는 공연을 하려는 자는 법 제11조제3항에 따라 해당 시설이나 장소 운영자와 공동으로 공연 개시 14일 전까지 제1항 각 호의 사항과 안전관리인력의 확보·배치계획 및 공연계획서가 포함된 재해대처계획을 관할 특별자치시장·특별자치도지사·시장·군수 또는 구청장에게 신고하여야 하며, 신고한 사항을 변경하려는 경우에는 해당 공연 7일 전까지 변경신고를 하여야 한다.

28 ④

해설 1) 아동·청소년대상 디지털 성범죄에 대한 신분비공개수사 또는 신분위장수사로 수집한 증거 및 자료 등의 사용제한(제25조의5)
사법경찰관리가 제25조의2부터 제25조의4까지에 따라 수집한 증거 및 자료 등은 다음 각호의 어느 하나에 해당하는 경우 외에는 사용할 수 없다.
1. 신분비공개수사 또는 신분위장수사의 목적이 된 디지털 성범죄나 이와 관련되는 범죄를 수사·소추하거나 그 범죄를 예방하기 위하여 사용하는 경우
2. 신분비공개수사 또는 신분위장수사의 목적이 된 디지털 성범죄나 이와 관련되는 범죄로 인한 징계절차에 사용하는 경우
3. 증거 및 자료 수집의 대상자가 제기하는 손해배상청구소송에서 사용하는 경우
4. 그 밖에 다른 법률의 규정에 의하여 사용하는 경우
2) 국가경찰위원회와 국회의 통제(제25조의6)
① 「국가경찰과 자치경찰의 조직 및 운영에 관한 법률」 제16조제1항에 따른 국가수사본부장은 신분비공개수사가 종료된 즉시 대통령령으로 정하는 바에 따라 같은 법 제7조제1항에 따른 국가경찰위원회에 수사 관련 자료를 보고하여야 한다.
② 국가수사본부장은 대통령령으로 정하는 바에 따라 국회 소관 상임위원회에 신분비공개수사 관련 자료를 반기별로 보고하여야 한다.

29 ③

해설 [○] ㉠㉡㉢㉣ : 형사국 *각종 범죄에 대한 단속 및 수사 지휘/감독

[X] ㉤㉧ : 생활안전교통국 *약자에 대한 보호/지원/범죄예방

1] 형사국(제20조)
① 형사국에 국장 1명을 두고, 국장 밑에 정책관등 1명을 둔다.
② 국장은 치안감 또는 경무관으로 보하고, 정책관등 1명은 경무관으로 보한다.
③ 국장은 다음 사항을 분장한다.
   1. 강력범죄, 폭력범죄 및 교통사고·교통범죄에 관한 수사 지휘·감독
   2. 마약류 범죄 및 조직범죄에 관한 수사 지휘·감독
   3. 성폭력범죄, 아동·청소년 대상 성매매, 가정폭력, 아동학대, 학교폭력 및 실종사건에 관한 수사 지휘·감독 및 아동·청소년 대상 성매매 단속
   4. 제1호부터 제3호까지의 규정에서 정한 범죄 및 외국인 관련 범죄 수사에 관한 기획, 정책·수사지침 수립·연구·분석 및 수사기법 개발
   5. 제1호부터 제3호까지의 규정에서 정한 범죄 및 외국인 관련 범죄에 대한 통계 및 수사자료 분석
   6. 과학수사의 기획 및 지도
   7. 범죄감식 및 증거분석
   8. 범죄기록 및 주민등록지문의 수집·관리

2] 생활안전교통국(제11조)
① 생활안전교통국에 국장 1명을 둔다.
② 국장은 치안감 또는 경무관으로 보한다.
③ 국장은 다음 사항을 분장한다. *자치/아동/소년/여성/가정/약자에 대한 예방과 보호 업무
   1. 자치경찰제도 관련 기획 및 조정
   2. 자치경찰제도 관련 법령 사무 총괄
   3. 자치경찰제도 관련 예산의 편성·조정 및 결산에 관한 사항
   4. 자치경찰제도 관련 특별시·광역시·특별자치시·도·특별자치도 및 시·도자치경찰위원회와의 협력에 관한 사항
   5. 소년비행 방지에 관한 업무
   6. 소년 대상 범죄의 예방에 관한 업무
   7. 아동학대의 예방 및 피해자 보호에 관한 업무
   8. 가출인 및 「실종아동등의 보호 및 지원에 관한 법률」 제2조제2호에 따른 실종아동등과 관련된 업무
   9. 실종아동등 찾기를 위한 신고체계 운영
   10. 여성 대상 범죄와 관련된 주요 정책의 총괄 수립·조정
   11. 여성 대상 범죄 유관기관과의 협력 업무
   12. 성폭력 및 가정폭력 예방 및 피해자 보호에 관한 업무
   13. 스토킹·성매매 예방 및 피해자 보호에 관한 업무
   14. 경찰 수사 과정에서의 범죄피해자 보호 및 지원에 관한 업무
   15. 도로교통에 관련되는 종합기획 및 심사분석
   16. 도로교통에 관련되는 법령의 정비 및 행정제도의 연구
   17. 교통경찰공무원에 대한 교육 및 지도
   18. 교통안전시설의 관리
   19. 자동차운전면허의 관리
   20. 도로교통사고의 예방을 위한 홍보·지도 및 단속
   21. 고속도로순찰대의 운영 및 지도

30 ④

해설 장시간 조사 제한(제22조)

① 검사 또는 사법경찰관은 조사, 신문, 면담 등 그 명칭을 불문하고 피의자나 사건관계인을 조사하는 경우에는 대기시간, 휴식시간, 식사시간 등 모든 시간을 합산한 조사시간(총조사시간)이 12시간을 초과하지 않도록 해야 한다. 다만, 다음 각 호의 어느 하나에 해당하는 경우에는 예외로 한다.
  1. 피의자나 사건관계인의 서면 요청에 따라 조서를 열람하는 경우
  2. 제21조제2항 각 호의 어느 하나에 해당하는 경우
② 검사 또는 사법경찰관은 특별한 사정이 없으면 총조사시간 중 식사시간, 휴식시간 및 조서의 열람시간 등을 제외한 실제 조사시간이 8시간을 초과하지 않도록 해야 한다.
③ 검사 또는 사법경찰관은 피의자나 사건관계인에 대한 조사를 마친 때부터 8시간이 지나기 전에는 다시 조사할 수 없다. 다만, 제1항제2호에 해당하는 경우에는 예외로 한다.

31 ④

해설 재/수/사/요/청/의/절/차(제63조)

① 검사는 법 제245조의8에 따라 사법경찰관에게 재수사를 요청하려는 경우에는 법 제245조의5제2호에 따라 관계 서류와 증거물을 송부받은 날부터 90일 이내에 해야 한다. 다만, 다음 각호의 어느 하나에 해당하는 경우에는 관계 서류와 증거물을 송부받은 날부터 90일이 지난 후에도 재수사를 요청할 수 있다.
  1. 불송치 결정에 영향을 줄 수 있는 명백히 새로운 증거 또는 사실이 발견된 경우
  2. 증거 등의 허위, 위조 또는 변조를 인정할 만한 상당한 정황이 있는 경우
② 검사는 제1항에 따라 재수사를 요청할 때에는 그 내용과 이유를 구체적으로 적은 서면으로 해야 한다. 이 경우 법 제245조의5제2호에 따라 송부받은 관계 서류와 증거물을 사법경찰관에게 반환해야 한다.
③ 검사는 법 제245조의8에 따라 재수사를 요청한 경우 그 사실을 고소인 등에게 통지해야 한다.
④ 사법경찰관은 법 제245조의8제1항에 따른 재수사의 요청이 접수된 날부터 3개월 이내에 재수사를 마쳐야 한다.

32 ③

해설

[O] ㉢(동법 제9조 제4항)
[X] ㉠㉡㉣

㉠ 테러위험인물이란 테러단체의 조직원이거나 테러단체 선전, 테러자금 모금·기부, 그 밖에 테러 예비·음모·선전·선동을 하였거나 하였다고 의심할 상당한 이유가 있는 사람을 말한다. 또한, 외국인테러전투원이란 테러를 실행·계획·준비하거나 테러에 참가할 목적으로 국적국이 아닌 국가의 테러단체에 가입하거나 가입하기 위하여 이동 또는 이동을 시도하는 내국인·외국인을 말한다.
㉡ 대테러활동에 관한 정책의 중요사항을 심의·의결하기 위하여 국가테러대책위원회를 둔다(제5조 제1항). 그리고 대책위원회는 국무총리 및 관계기관의 장 중 대통령령으로 정하는 사람으로 구성하고 위원장은 국무총리로 한다(제2항).
㉢ 관계기관의 장은 테러의 계획 또는 실행에 관한 사실을 관계기관에 신고하여 테러를 사전에 예방할 수 있게 하였거나, 테러에 가담 또는 지원한 사람을 신고하거나 체포한 사람에 대하여 대통령령으로 정하는 바에 따라 포상금을 지급할 수 있다(제14조 제2항).

1) "테러"란 국가·지방자치단체 또는 외국 정부(외국 지방자치단체와 조약 또는 그 밖의 국제적인 협약에 따라 설립된 국제기구를 포함)의 권한행사를 방해하거나 의무 없는 일을 하게 할 목적 또는 공중을 협박할 목적으로

하는 사람을 살해하거나 사람의 신체를 상해하여 생명에 대한 위험을 발생하게 하는 행위 또는 사람을 체포·감금·약취·유인하거나 인질로 삼는 행위 등등의 행위를 말한다(제2조 제1호).
2) "테러단체"란 국제연합(UN)이 지정한 테러단체를 말한다(제2호).
3) "테러위험인물"이란 테러단체의 조직원이거나 테러단체 선전, 테러자금 모금·기부, 그 밖에 테러 예비·음모·선전·선동을 하였거나 하였다고 의심할 상당한 이유가 있는 사람을 말한다(제3호).
4) "외국인테러전투원"이란 테러를 실행·계획·준비하거나 테러에 참가할 목적으로 국적국이 아닌 국가의 테러단체에 가입하거나 가입하기 위하여 이동 또는 이동을 시도하는 내국인·외국인을 말한다(제4호).
5) "테러자금"이란 「공중 등 협박목적 및 대량살상무기확산을 위한 자금조달행위의 금지에 관한 법률」 제2조제1호에 따른 공중 등 협박목적을 위한 자금을 말한다(제5호).
6) "대테러활동"이란 제1호의 테러 관련 정보의 수집, 테러위험인물의 관리, 테러에 이용될 수 있는 위험물질 등 테러수단의 안전관리, 인원·시설·장비의 보호, 국제행사의 안전확보, 테러위협에의 대응 및 무력진압 등 테러예방과 대응에 관한 제반 활동을 말한다(제6호).
7) "관계기관"이란 대테러활동을 수행하는 국가기관, 지방자치단체, 그 밖에 대통령령으로 정하는 기관을 말한다(제7호).
8) "대테러조사"란 대테러활동에 필요한 정보나 자료를 수집하기 위하여 현장조사·문서열람·시료채취 등을 하거나 조사대상자에게 자료제출 및 진술을 요구하는 활동을 말한다(제8호).
9) 테러위험인물에 대한 정보수집(제9조)
① 국가정보원장은 테러위험인물에 대하여 출입국·금융거래 및 통신이용 등 관련 정보를 수집할 수 있다. 이 경우 출입국·금융거래 및 통신이용 등 관련 정보의 수집은 「출입국관리법」, 「관세법」, 「특정 금융거래정보의 보고 및 이용 등에 관한 법률」, 「통신비밀보호법」의 절차에 따른다.
② 국가정보원장은 제1항에 따른 정보 수집 및 분석의 결과 테러에 이용되었거나 이용될 가능성이 있는 금융거래에 대하여 지급정지 등의 조치를 취하도록 금융위원회 위원장에게 요청할 수 있다.
③ 국가정보원장은 테러위험인물에 대한 개인정보(「개인정보 보호법」상 민감정보를 포함한다)와 위치정보를 「개인정보 보호법」 제2조의 개인정보처리자와 「위치정보의 보호 및 이용 등에 관한 법률」 제5조제7항에 따른 개인위치정보사업자 및 같은 법 제5조의2제3항에 따른 사물위치정보사업자에게 요구할 수 있다.
④ 국가정보원장은 대테러활동에 필요한 정보나 자료를 수집하기 위하여 대테러조사 및 테러위험인물에 대한 추적을 할 수 있다. 이 경우 사전 또는 사후에 대책위원회 위원장에게 보고하여야 한다.

33 ③

[해설] 1] 테러경보의 발령(시행령 제22조)
① 대테러센터장은 테러 위험 징후를 포착한 경우 테러경보 발령의 필요성, 발령 단계, 발령 범위 및 기간 등에 관하여 실무위원회의 심의를 거쳐 테러경보를 발령한다. 다만, 긴급한 경우 또는 제2항에 따른 주의 이하의 테러경보 발령 시에는 실무위원회의 심의 절차를 생략할 수 있다.
② 테러경보는 테러위협의 정도에 따라 관심·주의·경계·심각의 4단계로 구분한다.
③ 대테러센터장은 테러경보를 발령하였을 때에는 즉시 위원장에게 보고하고, 관계기관에 전파하여야 한다.
④ 제1항부터 제3항까지에서 규정한 사항 외에 테러경보 발령 및 테러경보에 따른 관계기관의 조치사항에 관하여는 대책위원회 의결을 거쳐 위원장이 정한다.

2] 상황 전파 및 초동 조치(제23조)
① 관계기관의 장은 테러사건이 발생하거나 테러 위협 등 그 징후를 인지한 경우에는 관련 상황 및 조치사항을 관련기관의 장과 대테러센터장에게 즉시 통보하여야 한다.
② 관계기관의 장은 테러사건이 발생한 경우 사건의 확산 방지를 위하여 신속히 다음 각 호의 초동 조치를 하여야 한다.

1. 사건 현장의 통제·보존 및 경비 강화
2. 긴급대피 및 구조·구급
3. 관계기관에 대한 지원 요청
4. 그 밖에 사건 확산 방지를 위하여 필요한 사항

③ 국내 일반테러사건의 경우에는 대책본부가 설치되기 전까지 테러사건 발생 지역 관할 경찰관서의 장이 제2항에 따른 초동 조치를 지휘·통제한다.

3] 테러사건 대응(제24조)

① 대책본부의 장은 테러사건에 대한 대응을 위하여 필요한 경우 현장지휘본부를 설치하여 상황 전파 및 대응 체계를 유지하고, 조치사항을 체계적으로 시행한다.
② 대책본부의 장은 테러사건에 신속히 대응하기 위하여 필요한 경우에 관계기관의 장에게 인력·장비 등의 지원을 요청할 수 있다. 이 경우 요청을 받은 관계기관의 장은 특별한 사유가 없으면 요청에 따라야 한다.
③ 외교부장관은 해외에서 테러가 발생하여 정부 차원의 현장 대응이 필요한 경우에는 관계기관 합동으로 정부 현지대책반을 구성하여 파견할 수 있다.
④ 지방자치단체의 장은 테러사건 대응 활동을 지원하기 위한 물자 및 편의 제공과 지역주민의 긴급대피 방안 등을 마련하여야 한다.

34 ②

해설 ㉠ [X] 과거와는 달리, 현재는 2종 보통면허가 있어도 가능하다.
㉡ [X] 만 18세 미만(원동기장치자전거의 경우 만 16세 미만)인 사람은 운전면허 결격사유에 해당한다. 또한 제1종 대형면허 또는 특수면허를 받고자 하는 사람이 만 19세 미만이거나 자동차 등 (이륜자동차와 원동기장치자전거를 제외)의 운전경험이 1년 미만인 경우 결격사유에 해당한다.
㉢ [X] 면허 있는 자가 음주운전으로 2회 이상교통사고를 야기한 경우, 운전면허시험 응시제한 기간은 취소된 날부터 3년이다.

35 ③

해설 술에 취한 상태의 측정 방법 등(시행규칙 제27조의2)
① 법 제44조제2항 및 제3항에 따른 술에 취한 상태의 측정 방법은 다음 각호와 같다.
  1. 호흡조사 : 호흡을 채취하여 술에 취한 정도를 객관적으로 환산하는 측정 방법
  2. 혈액 채취 : 혈액을 채취하여 술에 취한 정도를 객관적으로 환산하는 측정 방법
② 법 제44조제2항 및 제3항에 따른 술에 취한 상태의 측정 절차는 다음 각호와 같다.
  1. 호흡조사로 측정하는 경우 다음 각 목의 절차를 따를 것
    가. 경찰공무원이 교통의 안전과 위험방지를 위하여 필요하다고 인정하는 경우나 운전자의 외관, 언행, 태도, 운전행태 등 객관적 사정을 종합하여 운전자가 술에 취한 상태에서 운전한 것으로 의심되는 경우에 실시할 것
    나. 입 안의 잔류 알코올을 헹궈낼 수 있도록 운전자에게 음용수를 제공할 것
  2. 혈액 채취로 측정하는 경우 다음 각 목의 절차를 따를 것
    가. 운전자가 처음부터 혈액 채취로 측정을 요구하거나 호흡조사로 측정한 결과에 불복하면서 혈액 채취로의 측정에 동의하는 경우 또는 운전자가 의식이 없는 등 호흡조사로 측정이 불가능한 경우에 실시할 것
    나. 가까운 병원 또는 의원 등의 의료기관에서 비알콜성 소독약을 사용하여 채혈할 것
③ 제1항 및 제2항에서 규정한 사항 외에 술에 취한 상태의 측정 방법 및 절차 등에 관하여 필요한 사항은 경찰청장이 정한다. [본조신설 2023. 7. 4.]

36 ①

해설 정보의 수집 및 사실의 확인 절차(규정 제4조)

① 경찰관은 법 제8조의2제1항에 따라 정보를 수집하거나 정보의 수집·작성·배포에 수반되는 사실을 확인하려는 경우에는 상대방에게 자신의 신분을 밝히고 정보수집 또는 사실 확인의 목적을 설명해야 한다. 이 경우 강제적인 방법을 사용해서는 안 된다.
② 제1항 전단에도 불구하고 다음 각호의 어느 하나에 해당하는 경우에는 같은 항 전단에서 규정한 절차를 생략할 수 있다.
  1. 국민의 생명·신체의 안전이나 국가안보에 긴박한 위험이 발생할 우려가 있는 경우
  2. 범죄의 대응을 위한 정보활동에 현저한 지장을 초래할 우려가 있는 경우
③ 경찰관은 정보를 제공하거나 사실을 확인해 준 자가 신분이나 처우와 관련하여 불이익을 받지 않도록 비밀유지 등 필요한 조치를 해야 한다.

37 ①

해설 ㉠ 주거지역, 학교, 종합병원, 공공도서관의 소음기준은 주간 (65)dB 이하, 야간 (60)dB 이하이다.
㉡ 그 밖의 지역의 소음기준은 주간 (75)dB, 야간 (65)dB 이하이다.
㉢ 확성기등의 대상소음이 있을 때 측정한 소음도를 측정소음도로 하고, 같은 장소에서 확성기등의 대상소음이 없을 때 (5)분간 측정한 소음도를 배경소음도로 한다.
㉣ 측정소음도가 배경소음도보다 (10)dB 이상 크면 배경소음의 보정 없이 측정소음도를 대상소음도로 한다.

확성기등의 소음기준

[단위: dB(A)]

소음도 구분		대상 지역	시간대		
			주간 (07:00~해지기 전)	야간 (해진 후~24:00)	심야 (00:00~07:00)
대상 소음도	등가소음도 (Leq)	주거지역, 학교, 종합병원	65 이하	60 이하	55 이하
		공공도서관	65 이하	60 이하	
		그 밖의 지역	75 이하	65 이하	
	최고소음도 (Lmax)	주거지역, 학교, 종합병원	85 이하	80 이하	75 이하
		공공도서관	85 이하	80 이하	
		그 밖의 지역	95 이하		

1. 확성기등의 소음은 관할 경찰서장(현장 경찰공무원)이 측정한다.
2. 소음 측정 장소는 피해자가 위치한 건물의 외벽에서 소음원 방향으로 1~3.5m 떨어진 지점으로 하되, 소음도가 높을 것으로 예상되는 지점의 지면 위 1.2~1.5m 높이에서 측정한다. 다만, 주된 건물의 경비 등을 위하여 사용되는 부속 건물, 광장·공원이나 도로상의 영업시설물, 공원의 관리사무소 등은 소음 측정 장소에서 제외한다.
3. 제2호의 장소에서 확성기등의 대상소음이 있을 때 측정한 소음도를 측정소음도로 하고, 같은 장소에서 확성기등의 대상소음이 없을 때 5분간 측정한 소음도를 배경소음도로 한다.
4. 측정소음도가 배경소음도보다 10dB 이상 크면 배경소음의 보정 없이 측정소음도를 대상소음도로 하고, 측정소음도가 배경소음도보다 3.0~9.9dB 차이로 크면 아래 표의 보정치에 따라 측정소음도에서 배경소음을 보정한 소음도를 대상소음도로 하며, 측정소음도가 배경소음도보다 3dB 미만으로 크면 다시 한 번 측정소음도를 측정하고, 다시 측정하여도 3dB 미만으로 크면 확성기등의 소음으로 보지 아니한다.

38 ③

해설 ③ 대량형 간첩은 국가에 위해가 적으며 수적으로 대량이기 때문에 검거될 위험이 크다. 또한 지명형 간첩을 보호하기 위하여 파견되는 수도 있으며, 주로 전시에 파견되고 상대국가가 색출하기가 용이하다. 지명형 간첩은 국가에 끼치는 위험도 크고 또한 고정간첩으로 합법신분을 보장받는 경우가 많고, 전·평시를 막론하고 파견되며 색출이 어렵다.

간첩(Spy)
다른 국가의 국가기밀 수집이나 내부 혼란을 조장할 목적으로 타국에 잠입하거나 이에 지원·동조 및 협조하는 세력이다. 간첩은 조직적 구성분자로서 기능하며, 형법 제98조 간첩죄의 간첩행위는 '북한을 위하여 군사상의 기밀뿐만 아니라 정치, 경제, 사회, 문화 등 각 방면에 걸쳐 우리나라의 국방정책상 북한에 알리지 아니하거나 확인되지 아니함이 우리나라의 이익이 되는 모든 기밀사항을 탐지·수집하는 것'을 말한다(대판 83.6.28. 83도1109).

39 ③

해설 ③ 영사신서사는 신체의 불가침을 향유하며 또한 어떠한 형태로도 체포 또는 구속되지 아니한다(협약 제35조 제5호). 하지만, 영사관원(영사기관장을 포함하여 그러한 자격으로 영사직무의 수행을 위임받은 자를 의미)의 경우 공적인 경우 외교특권을 누리나 사적인 경우에는 원칙적으로 인정되지 않는다.

1] 영사관원의 신체의 불가침(협약 제41조)
1. 영사관원은, 중대한 범죄의 경우에 권한있는 사법당국에 의한 결정에 따르는 것을 제외하고, 재판에 회부되기 전에 체포되거나 또는 구속되지 아니한다.
2. 본조 1항에 명시된 경우를 제외하고 영사관원은 구금되지 아니하며 또한 그의 신체의 자유에 대한 기타 어떠한 형태의 제한도 받지 아니한다. 다만, 확정적 효력을 가진 사법상의 결정을 집행하는 경우는 제외된다.
3. 영사관원에 대하여 형사소송절차가 개시된 경우에 그는 권한있는 당국에 출두하여야한다. 그러나 그 소송절차는, 그의 공적 직책상의 이유에서 그가 받아야 할 경의를 표하면서 또한, 본조 1항에 명시된 경우를 제외하고는, 영사직무의 수행에 가능한 최소한의 지장을 주는 방법으로 진행되어야 한다.

본조 1항에 언급된 사정하에서 영사관원을 구속하는 것이 필요하게 되었을 경우에 그에 대한 소송절차는 지체를 최소한으로 하여 개시되어야 한다.

2] 체포, 구속 또는 소추의 통고(협약 제42조)
재판에 회부되기 전에 영사직원을 체포하거나 또는 구속하는 경우 또는 동 영사직원에 대하여 형사소송절차가 개시되는 경우에, 접수국은 즉시 영사기관장에게 통고하여야 한다. 영사기관장 그 자신이 그러한 조치의 대상이 되는 경우에 접수국은 외교경로를 통하여 파견국에 통고하여야 한다.

40 ②

해설 1] 강제퇴거 대상 : ㉢㉣
2] 입국금지 대상 : ㉠㉡㉤㉥㉦

입/국/의/금/지(제11조)
① 법무부장관은 다음 각호의 어느 하나에 해당하는 외국인에 대하여는 입국을 금지할 수 있다.
1. 감염병환자, 마약류중독자, 그 밖에 공중위생상 위해를 끼칠 염려가 있다고 인정되는 사람
2. 「총포·도검·화약류 등의 안전관리에 관한 법률」에서 정하는 총포·도검·화약류 등을 위법하게 가지고 입국하려는 사람
3. 대한민국의 이익이나 공공의 안전을 해치는 행동을 할 염려가 있다고 인정할 만한 상당한 이유가 있는 사람
4. 경제질서 또는 사회질서를 해치거나 선량한 풍속을 해치는 행동을 할 염려가 있다고 인정할 만한 상당한

이유가 있는 사람
5. 사리 분별력이 없고 국내에서 체류활동을 보조할 사람이 없는 정신장애인, 국내체류비용을 부담할 능력이 없는 사람, 그 밖에 구호(救護)가 필요한 사람
6. 강제퇴거명령을 받고 출국한 후 5년이 지나지 아니한 사람
7. 1910년 8월 29일부터 1945년 8월 15일까지 사이에 다음 각 목의 어느 하나에 해당하는 정부의 지시를 받거나 그 정부와 연계하여 인종, 민족, 종교, 국적, 정치적 견해 등을 이유로 사람을 학살·학대하는 일에 관여한 사람
   가. 일본 정부
   나. 일본 정부와 동맹 관계에 있던 정부
   다. 일본 정부의 우월한 힘이 미치던 정부
8. 제1호부터 제7호까지의 규정에 준하는 사람으로서 법무부장관이 그 입국이 적당하지 아니하다고 인정하는 사람
② 법무부장관은 입국하려는 외국인의 본국(本國)이 제1항 각 호 외의 사유로 국민의 입국을 거부할 때에는 그와 동일한 사유로 그 외국인의 입국을 거부할 수 있다.

제08회 정답 및 해설

01 ②
해설 ② 경찰의 개입은 구체적 또는 추상적 위험이 있으면 가능하다. 특히 범죄예방 및 위험방지 행위의 준비는 추상적 위험 상황에서도 가능하다. 그리고 경찰권 발동의 대상은 경찰책임자에 대한 개입일 것을 원칙으로 한다.

02 ④
해설 [O] ㄱㄴㄷㄹ 한편, 현재까지 찾아낸 임시정부 경찰은 모두 125명이다. 그 당시 임시정부에서 발행한 공보와 직원기록과 그리고 일제에서 작성한 사찰문서, 공판문서 등에서 그 이름을 찾을 수 있다. 특히, 차일혁 경무관은 구례 화엄사 등 다수의 사찰을 소실로부터 보호하고, 남부군 사령관 이현상을 사살하는 등 빨치산 토벌의 주역으로 문화, 호국경찰이자 인본경찰의 표상이다.

03 ③
해설 행/정/의/법/원/칙(「행정기본법」)
1] 법치행정의 원칙(제8조)
　행정작용은 법률에 위반되어서는 아니 되며, 국민의 권리를 제한하거나 의무를 부과하는 경우와 그 밖에 국민생활에 중요한 영향을 미치는 경우에는 법률에 근거하여야 한다.
2] 평등의 원칙(제9조) 행정청은 합리적 이유 없이 국민을 차별하여서는 아니 된다.
3] 비례의 원칙(제10조) 행정작용은 다음 각호의 원칙에 따라야 한다.
　1. 행정목적을 달성하는 데 유효하고 적절할 것
　2. 행정목적을 달성하는 데 필요한 최소한도에 그칠 것
　3. 행정작용으로 인한 국민의 이익 침해가 그 행정작용이 의도하는 공익보다 크지 아니할 것
4] 성실의무 및 권한남용금지의 원칙(제11조)
　① 행정청은 법령등에 따른 의무를 성실히 수행하여야 한다.
　② 행정청은 행정권한을 남용하거나 그 권한의 범위를 넘어서는 아니 된다.
5] 신뢰보호의 원칙(제12조)
　① 행정청은 공익 또는 제3자의 이익을 현저히 해칠 우려가 있는 경우를 제외하고는 행정에 대한 국민의 정당하고 합리적인 신뢰를 보호하여야 한다.
　② 행정청은 권한 행사의 기회가 있음에도 불구하고 장기간 권한을 행사하지 아니하여 국민이 그 권한이 행사되지 아니할 것으로 믿을 만한 정당한 사유가 있는 경우에는 그 권한을 행사해서는 아니 된다. 다만, 공익 또는 제3자의 이익을 현저히 해칠 우려가 있는 경우는 예외로 한다.
6] 부당결부금지의 원칙(제13조)
　행정청은 행정작용을 할 때 상대방에게 해당 행정작용과 실질적인 관련이 없는 의무를 부과해서는 아니 된다.

04 ㉠
해설 ① [X] 국유재산 무단점유자에 대한 변상금 부과처분은 관리청이 우월적 지위에서 행한 것으로서 행정처분이라는 것이 판례의 입장이다. [대법원 1988. 2. 23. 87누1046]

② [O] 국가나 지방자치단체에 근무하는 청원경찰은 그 근무관계를 사법상의 고용계약관계로 보기는 어려우므로 그에 대한 징계처분의 시정을 구하는 소는 행정소송의 대상이지 민사소송의 대상이 아니라는 것이 판례의 입장이다. [대법원 1993. 7. 13. 92다47564]
③ [O] 원천징수의무자의 원천징수행위는 공권력의 행사로서 한 행정처분이 아니다. [대법원 1990. 3. 23. 89누4787]
④ [O] 특별권력관계 [대법원 1991. 1. 22. 91누2144]

05 ③

[해설] 1] 국가경찰위원회의 설치(제7조)
① 국가경찰행정에 관하여 제10조제1항 각호의 사항을 심의·의결하기 위하여 행정안전부에 국가경찰위원회를 둔다.
② 국가경찰위원회는 위원장 1명을 포함한 7명의 위원으로 구성하되, 위원장 및 5명의 위원은 비상임(非常任)으로 하고, 1명의 위원은 상임(常任)으로 한다.
③ 제2항에 따른 위원 중 상임위원은 정무직으로 한다.
2] 국가경찰위원회 위원의 임명 및 결격사유(제8조)
① 위원은 행정안전부장관의 제청으로 국무총리를 거쳐 대통령이 임명한다.
② 행정안전부장관은 위원 임명을 제청할 때 경찰의 정치적 중립이 보장되도록 하여야 한다.
③ <u>위원 중 2명은 법관의 자격이 있는 사람이어야 한다.</u>
④ <u>위원은 특정 성(性)이 10분의 6을 초과하지 아니하도록 노력하여야</u> 한다.

06 ③

[해설] ③ <u>시·도자치경찰위원회의 위원장은 재의요구를 받은 날부터 7일 이내에 회의를 소집하여 재의결하여야 한다. 이 경우 재적위원 과반수의 출석과 출석위원 3분의 2 이상의 찬성으로 전과 같은 의결을 하면 그 의결사항은 확정된다.</u>

07 ④

[해설] 1] 임용권자(「경찰공무원법」 제7조 제3항)
경찰청장은 대통령령으로 정하는 바에 따라 경찰공무원의 임용에 관한 권한의 일부를 특별시장·광역시장·도지사·특별자치시장 또는 특별자치도지사(시·도지사), 국가수사본부장, 소속 기관의 장, 시·도경찰청장에게 위임할 수 있다. 이 경우 <u>시·도지사는 위임받은 권한의 일부를</u> 대통령령으로 정하는 바에 따라 「국가경찰과 자치경찰의 조직 및 운영에 관한 법률」 제18조에 따른 <u>시·도자치경찰위원회, 시·도경찰청장에게 다시 위임할 수 있다.</u>
2] 임용권의 위임(「경찰공무원 임용령」 제4조)
① 경찰청장은 법 제7조제3항 전단에 따라 특별시장·광역시장·특별자치시장·도지사 또는 특별자치도지사(시·도지사)에게 해당 특별시·광역시·특별자치시·도 또는 특별자치도(시·도)의 자치경찰사무를 담당하는 경찰공무원[「국가경찰과 자치경찰의 조직 및 운영에 관한 법률」 제18조제1항에 따른 시·도자치경찰위원회(시·도자치경찰위원회), 시·도경찰청 및 경찰서(지구대 및 파출소는 제외)에서 근무하는 경찰공무원을 말한다] 중 경정의 전보·파견·휴직·직위해제 및 복직에 관한 권한과 경감 이하의 임용권(신규채용 및 면직에 관한 권한은 제외)을 위임한다.
② 경찰청장은 법 제7조제3항 전단에 따라 국가수사본부장에게 국가수사본부 안에서의 경정 이하에 대한 전보권을 위임한다.
③ 경찰청장은 법 제7조제3항 전단에 따라 경찰대학·경찰인재개발원·중앙경찰학교·경찰수사연수원·경찰

병원 및 시·도경찰청(소속기관등)의 장에게 그 소속 경찰공무원 중 경정의 전보·파견·휴직·직위해제 및 복직에 관한 권한과 경감 이하의 임용권을 위임한다.
④ 제1항에 따라 임용권을 위임받은 시·도지사는 법 제7조제3항 후단에 따라 경감 또는 경위로의 승진임용에 관한 권한을 제외한 임용권을 시·도자치경찰위원회에 다시 위임한다.
⑤ 제4항에 따라 임용권을 위임받은 시·도자치경찰위원회는 시·도지사와 시·도경찰청장의 의견을 들어 그 권한의 일부를 시·도경찰청장에게 다시 위임할 수 있다.
⑥ 제3항 및 제5항에 따라 임용권을 위임받은 시·도경찰청장은 소속 경감 이하 경찰공무원에 대한 해당 경찰서 안에서의 전보권을 경찰서장에게 다시 위임할 수 있다.
⑦ 경찰청장은 수사부서에서 총경을 보직하는 경우에는 국가수사본부장의 추천을 받아야 한다.
⑧ 시·도자치경찰위원회는 임용권을 행사하는 경우에는 시·도경찰청장의 추천을 받아야 한다.
⑨ 시·도경찰청장 및 경찰서장은 지구대장 및 파출소장을 보직하는 경우에는 시·도자치경찰위원회의 의견을 사전에 들어야 한다.
⑩ 소속기관등의 장은 경감 또는 경위를 신규채용하거나 경위 또는 경사를 승진시키려면 미리 경찰청장의 승인을 받아야 한다.
⑪ 제1항부터 제6항까지의 규정에도 불구하고 경찰청장은 경찰공무원의 정원 조정, 승진임용, 인사교류 또는 파견을 위하여 필요한 경우에는 임용권을 행사할 수 있다.

08 ②

해설 1] 임용령 제26조(전보)
임용권자 또는 임용제청권자는 장기근무 또는 잦은 전보로 인한 업무 능률 저하를 방지하기 위하여 특별한 사정이 없으면 정기적으로 전보를 실시하여야 한다.

2] 임용령 제27조(전보의 제한)
① 임용권자 또는 임용제청권자는 소속 경찰공무원이 해당 직위에 임용된 날부터 1년 이내(감사업무를 담당하는 경찰공무원의 경우에는 2년 이내)에 다른 직위에 전보할 수 없다. 다만, 다음 각호의 어느 하나에 해당하는 경우에는 그러하지 아니하다.
  1. 직제상 최저단위인 보조기관 또는 보좌기관 내에서 전보하는 경우
  2. 경찰청과 소속기관등 또는 소속기관등 상호 간의 교류를 위하여 전보하는 경우
  3. 기구의 개편, 직제 또는 정원의 변경으로 해당 경찰공무원을 전보하는 경우
  4. 승진임용된 경찰공무원을 전보하는 경우
  5. 전문직위로 경찰공무원을 전보하는 경우
  6. 징계처분을 받은 경우
  7. 형사사건에 관련되어 수사기관에서 조사를 받고 있는 경우
  8. 경찰공무원으로서의 품위를 크게 손상하는 비위(非違)로 인한 감사 또는 조사가 진행 중이어서 해당 직위를 유지하는 것이 부적절하다고 판단되는 경찰공무원을 전보하는 경우
  9. 경찰기동대 등 경비부서에서 정기적으로 교체하는 경우
  10. 교육훈련기관의 교수요원으로 보직하는 경우
  11. 시보임용 중인 경우
  12. 신규채용된 경찰공무원을 해당 계급의 보직관리기준에 따라 전보하는 경우 및 이와 관련한 전보의 경우
  13. 감사담당 경찰공무원 가운데 부적격자로 인정되는 경우
  14. 경정 이하의 경찰공무원을 배우자 또는 직계존속이 거주하는 시·군·자치구 지역의 경찰기관으로 전보하는 경우
  15. 임신 중인 경찰공무원 또는 출산 후 1년이 지나지 않은 경찰공무원의 모성보호, 육아 등을 위하여 필요한

경우
② 법 제22조제2항에 따른 교육훈련기관의 교수요원으로 임용된 사람은 그 임용일부터 1년 이상 3년 이하의 범위에서 경찰청장이 정하는 기간 안에는 다른 직위에 전보할 수 없다. 다만, 기구의 개편, 직제·정원의 변경이나 교육과정의 개편 또는 폐지가 있거나 교수요원으로서 부적당하다고 인정될 때에는 그렇지 않다.
③ 법 제10조제3항제5호에 따라 채용된 경찰공무원은 그 채용일부터 5년의 범위에서 경찰청장이 정하는 기간(휴직기간, 직위해제기간 및 정직기간은 포함하지 않는다) 안에는 채용조건에 해당하는 기관 또는 부서 외의 기관 또는 부서로 전보할 수 없다.
④ 다음 각호의 어느 하나에 해당하는 임용은 제1항에 따른 전보제한기간을 계산할 때에는 새로운 임용으로 보지 아니한다.
  1. 직제상 최저단위인 보조기관 또는 보좌기관 내에서 전보하는 경우
  2. 승진 또는 강등 임용
  3. 시보임용 중인 경찰공무원을 정규 경찰공무원으로 임용하는 경우
  4. 기구의 개편, 직제 또는 정원의 변경에 따라 담당직무의 변경 없이 소속·직위만을 변경하여 재발령하는 경우

09 ③

[해설] 1] 법 제15조(외국 정부 등으로부터 받은 선물의 신고)
① 공무원(지방의회의원을 포함한다. 이하 제22조에서 같다) 또는 공직유관단체의 임직원은 외국으로부터 선물(대가 없이 제공되는 물품 및 그 밖에 이에 준하는 것을 말하되, 현금은 제외)을 받거나 그 직무와 관련하여 외국인(외국단체를 포함한다. 이하 같다)에게 선물을 받으면 지체 없이 소속 기관·단체의 장에게 신고하고 그 선물을 인도하여야 한다. 이들의 가족이 외국으로부터 선물을 받거나 그 공무원이나 공직유관단체 임직원의 직무와 관련하여 외국인에게 선물을 받은 경우에도 또한 같다.
② 제1항에 따라 신고할 선물의 가액은 대통령령으로 정한다.
2] 시행령 제28조(선물의 가액)
법 제15조제1항에 따라 신고하여야 할 선물은 그 선물 수령 당시 증정한 국가 또는 외국인이 속한 국가의 시가로 미국화폐 100달러 이상이거나 국내 시가로 10만원 이상인 선물로 한다(제1항).
3] 법 제17조(퇴직공직자의 취업제한)
제3조제1항(등록의무자)제1호부터 제12호까지의 어느 하나에 해당하는 공직자와 부당한 영향력 행사 가능성 및 공정한 직무수행을 저해할 가능성 등을 고려하여 국회규칙, 대법원규칙, 헌법재판소규칙, 중앙선거관리위원회규칙 또는 대통령령으로 정하는 공무원과 공직유관단체의 직원(취업심사대상자)은 퇴직일부터 3년간 다음 각호의 어느 하나에 해당하는 기관(취업심사대상기관)에 취업할 수 없다. 다만, 관할 공직자윤리위원회로부터 취업심사대상자가 퇴직 전 5년 동안 소속하였던 부서 또는 기관의 업무와 취업심사대상기관 간에 밀접한 관련성이 없다는 확인을 받거나 취업승인을 받은 때에는 취업할 수 있다(제1항).
4] 시행령 제31조(취업심사대상자의 범위)
법 제17조 제1항 각호 외의 부분 본문에서 "대통령령으로 정하는 공무원과 공직유관단체의 직원"에 해당하는 사람에는 국가경찰공무원 중 경정, 경감, 경위, 경사와 자치경찰공무원 중 자치경정, 자치경감, 자치경위, 자치경사가 포함한다(제1항 제8호).

10 ④

[해설] 1] 징계위원회의 의결(제14조)
① 징계위원회의 의결은 위원장을 포함한 위원 과반수의 출석과 출석위원 과반수의 찬성으로 의결하되, 의견이 나뉘어 출석위원 과반수의 찬성을 얻지 못한 경우에는 출석위원 과반수가 될 때까지 징계등 심의 대상자에게

가장 불리한 의견을 제시한 위원의 수를 그 다음으로 불리한 의견을 제시한 위원의 수에 차례로 더하여 그 의견을 합의된 의견으로 본다.
② 제1항의 의결은 별지 제3호서식의 징계 또는 징계부가금 의결서로 한다. 이 경우 의결서의 이유란에는 다음 각호의 사항을 구체적으로 적어야 한다.
  1. 징계등의 원인이 된 사실
  2. 증거에 대한 판단
  3. 관계 법령
  4. 징계등 면제 사유 해당 여부
  5. 징계부가금 조정(감면) 사유
③ 징계위원회는 제1항에도 불구하고 다음 각호의 사항에 대해서는 서면으로 의결할 수 있다.
  1. 제5조제4항에 따른 징계등 사건의 관할 이송에 관한 사항
  2. 제11조제1항에 따른 징계등 의결의 기한 연기에 관한 사항
④ 제3항에 따른 서면 의결의 절차·방법 등에 관한 사항은 경찰청장이 정한다.
⑤ 징계위원회의 의결 내용은 공개하지 아니한다.

2] 원격영상회의 방식의 활용(제14조의2)
① 징계위원회는 위원과 징계등 심의 대상자, 징계등 의결을 요구하거나 요구를 신청한 자, 증인, 관계인 등 이 영에 따라 회의에 출석하는 사람(출석자)이 동영상과 음성이 동시에 송수신되는 장치가 갖추어진 서로 다른 장소에 출석하여 진행하는 원격영상회의 방식으로 심의·의결할 수 있다. 이 경우 징계위원회의 위원 및 출석자가 같은 회의장에 출석한 것으로 본다.
② 징계위원회는 제1항에 따라 원격영상회의 방식으로 심의·의결하는 경우 위원 및 출석자의 신상정보, 회의 내용·결과 등이 유출되지 않도록 보안에 필요한 조치를 해야 한다.
③ 제1항 및 제2항에서 규정한 사항 외에 원격영상회의의 운영에 필요한 사항은 경찰청장이 정한다.

11 ④

[해설] **1] 규칙 제2조(정의)** 이 규칙에서 사용하는 용어의 뜻은 다음과 같다.
1. "성희롱"이란 「양성평등기본법」 제3조제2호 각 목의 행위를 하는 경우를 말한다.
2. "성폭력"이란 「성폭력범죄의 처벌 등에 관한 특례법」 제2조제1항에 규정된 죄에 해당하는 행위를 말한다.
3. "2차 피해"란 성희롱·성폭력 피해자가 「여성폭력방지기본법」 제3조제3호 각 목의 어느 하나에 해당하는 피해를 입거나, 성희롱·성폭력 사건 내용 유포 및 축소·은폐, 그 밖에 피해자의 의사에 반하는 불리한 처우 등으로 피해를 입는 것을 말한다.

2] 규칙 제3조(적용범위)
① 이 규칙은 경찰청 및 그 소속기관(경찰기관) 소속 직원(공무원 및 고용관계에 있는 사람을 포함한다)과 교육생(경찰대학, 중앙경찰학교 교육생을 말한다)에게 적용된다.
② 이 규칙의 피해자 보호는 피해자(피해를 입었다고 주장하는 사람을 포함한다)뿐 아니라 신고자·조력자·대리인(피해자등)에게도 적용된다.

12 ④

[해설] ④ 처분은 권한이 있는 기관이 취소 또는 철회하거나 기간의 경과 등으로 소멸되기 전까지는 유효한 것으로 통용된다. 다만, 무효인 처분은 처음부터 그 효력이 발생하지 아니한다(제15조).

13 ④

해설 1] 법 제48조(행정지도의 원칙)
① 행정지도는 그 목적 달성에 필요한 최소한도에 그쳐야 하며, 행정지도의 상대방의 의사에 반하여 부당하게 강요하여서는 아니 된다. *과잉금지원칙과 임의성의 원칙
② 행정기관은 행정지도의 상대방이 행정지도에 따르지 아니하였다는 것을 이유로 불이익한 조치를 하여서는 아니 된다.

2] 법 제49조(행정지도의 방식)
① 행정지도를 하는 자는 그 상대방에게 그 행정지도의 취지 및 내용과 신분을 밝혀야 한다.
② 행정지도가 말로 이루어지는 경우에 상대방이 제1항의 사항을 적은 서면의 교부를 요구하면 그 행정지도를 하는 자는 직무수행에 특별한 지장이 없으면 이를 교부하여야 한다.

3] 법 제50조(의견제출)
<u>행정지도의 상대방은 해당 행정지도의 방식·내용 등에 관하여 행정기관에 의견제출을 할 수 있다.</u>

4] 법 제51조(다수인을 대상으로 하는 행정지도)
행정기관이 같은 행정목적을 실현하기 위하여 많은 상대방에게 행정지도를 하려는 경우에는 특별한 사정이 없으면 행정지도에 공통적인 내용이 되는 사항을 공표하여야 한다.

14 ①

해설 ① 직접강제는 <u>행정대집행이나 이행강제금</u> 부과의 방법으로는 행정상 의무이행을 확보할 수 없거나 그 실현이 불가능한 경우에 실시하여야 한다(제32조 제1항). 직접강제는 대체적 작위의무, 비대체적 작위의무, 부작위의무 등 모든 의무를 대상으로 삼을 수 있다. 한편, 과징금은 행정처분으로 행정청이 부과하는 행정상 금전적 제재를 말한다.

1] 직접강제(「행정기본법」 제32조)
① 직접강제는 행정대집행이나 이행강제금 부과의 방법으로는 행정상 의무 이행을 확보할 수 없거나 그 실현이 불가능한 경우에 실시하여야 한다.
② 직접강제를 실시하기 위하여 현장에 파견되는 집행책임자는 그가 집행책임자임을 표시하는 증표를 보여 주어야 한다.
③ 직접강제의 계고 및 통지에 관하여는 제31조제3항 및 제4항을 준용한다.

2] 즉시강제(「행정기본법」 제33조)
① 즉시강제는 다른 수단으로는 행정목적을 달성할 수 없는 경우에만 허용되며, 이 경우에도 최소한으로만 실시하여야 한다.
② 즉시강제를 실시하기 위하여 현장에 파견되는 집행책임자는 그가 집행책임자임을 표시하는 증표를 보여 주어야 하며, 즉시강제의 이유와 내용을 고지하여야 한다.

15 ①

해설 ① 한 사람의 감독자가 직접 감독할 수 있는 부하의 수는 일정한 한도로 제한해 줄 필요가 있다는 것과 관련된 조직편성의 원리는 「통솔범위의 원리」를 말한다.

16 ④

해설 [O] ㉠㉡㉢㉣㉤ 위 내용은 모두 올바른 내용이다.
㉠ 「경찰장비관리규칙」 제112조 제4항
㉡ 「경찰장비관리규칙」 제115조 제4항

ⓒ 「경찰장비관리규칙」 제120조 제1항
ⓓ 「경찰장비관리규칙」 제120조 제2항
ⓔ 「경찰장비관리규칙」 제120조 제4항

무기 · 탄약의 회수 및 보관(제120조)

① 경찰기관의 장은 무기를 휴대한 자 중에서 다음 각호에 해당하는 자가 발생한 때에는 즉시 대여한 무기 · 탄약을 회수하여야 한다. 다만, 대상자가 이의신청을 하거나 소속 부서장이 무기 소지 적격 여부에 대해 심의를 요청하는 경우에는 무기 소지 적격 심의위원회의 심의를 거쳐 대여한 무기 · 탄약의 회수여부를 결정한다.
  1. 직무상의 비위 등으로 인하여 중징계 의결 요구된 자
  2. 사의를 표명한 자
② 경찰기관의 장은 무기를 휴대한 자 중에서 다음 각호에 해당하는 자가 있을 때에는 심의위원회의 심의를 거쳐 대여한 무기 · 탄약을 회수할 수 있다. 다만, 심의위원회를 개최할 시간적 여유가 없거나 사고 방지 등을 위해 신속한 회수가 필요하다고 인정되는 경우에는 대여한 무기 · 탄약을 즉시 회수할 수 있으며, 회수한 날부터 7일 이내에 심의위원회를 개최하여 회수의 타당성을 심의하고 계속 회수 여부를 결정한다.
  1. 직무상의 비위 등으로 인하여 감찰조사의 대상이 되거나 경징계의결 요구 또는 경징계 처분 중인 자
  2. 형사사건의 수사 대상이 된 자
  3. 경찰공무원 직무적성검사 결과 고위험군에 해당되는 자
  4. 정신건강상 문제가 우려되어 치료가 필요한 자
  5. 정서적 불안 상태로 인하여 무기 소지가 적합하지 않은 자로서 소속 부서장의 요청이 있는 자
  6. 그 밖에 경찰기관의 장이 무기 소지 적격 여부에 대해 심의를 요청하는 자
③ 경찰기관의 장은 제1항과 제2항에 규정한 사유들이 소멸되면 직권 또는 당사자 신청에 따라 무기 소지 적격 심의위원회의 심의를 거쳐 무기 회수의 해제 조치를 할 수 있다.
④ 경찰기관의 장은 무기를 휴대한 자 중에서 다음 각호에 해당하는 경우에는 대여한 무기 · 탄약을 무기고에 보관하도록 해야 한다.
  1. 술자리 또는 연회장소에 출입할 경우
  2. 상사의 사무실을 출입할 경우
  3. 기타 정황을 판단하여 필요하다고 인정되는 경우

17 ④

해설 「행정소송법」 제3조(행정소송의 종류) 행정소송은 다음의 4가지로 구분한다.
1. **항고소송** : 행정청의 처분등이나 부작위에 대하여 제기하는 소송
  ① 취소소송 : 행정청의 위법한 처분등을 취소 또는 변경하는 소송
  ② 무효등 확인소송 : 행정청의 처분등의 효력 유무 또는 존재여부를 확인하는 소송
  ③ 부작위위법확인소송 : 행정청의 부작위가 위법하다는 것을 확인하는 소송
2. **당사자소송** : 행정청의 처분등을 원인으로 하는 법률관계에 관한 소송 그 밖에 공법상의 법률관계에 관한 소송으로서 그 법률관계의 한쪽 당사자를 피고로 하는 소송
3. **민중소송** : 국가 또는 공공단체의 기관이 법률에 위반되는 행위를 한 때에 직접 자기의 법률상 이익과 관계없이 그 시정을 구하기 위하여 제기하는 소송
4. **기관소송** : 국가 또는 공공단체의 기관상호간에 있어서의 권한의 존부 또는 그 행사에 관한 다툼이 있을 때에 이에 대하여 제기하는 소송. 다만, 헌법재판소법 제2조의 규정에 의하여 헌법재판소의 관장사항으로 되는 소송은 제외한다.

18 ④

해설 1] 법 제25조(구조금의 지급신청)
① 구조금을 받으려는 사람은 법무부령으로 정하는 바에 따라 그 주소지, 거주지 또는 범죄 발생지를 관할하는 지구심의회에 신청하여야 한다.
② 제1항에 따른 신청은 해당 구조대상 범죄피해의 발생을 안 날부터 3년이 지나거나 해당 구조대상 범죄피해가 발생한 날부터 10년이 지나면 할 수 없다.

2] 법 제28조(긴급구조금의 지급 등)
① 지구심의회는 제25조제1항에 따른 신청을 받았을 때 구조피해자의 장해 또는 중상해 정도가 명확하지 아니하거나 그 밖의 사유로 인하여 신속하게 결정을 할 수 없는 사정이 있으면 신청 또는 직권으로 대통령령으로 정하는 금액의 범위에서 긴급구조금을 지급하는 결정을 할 수 있다.
② 제1항에 따른 긴급구조금 지급신청은 법무부령으로 정하는 바에 따라 그 주소지, 거주지 또는 범죄 발생지를 관할하는 지구심의회에 할 수 있다.
③ 국가는 지구심의회가 긴급구조금 지급 결정을 하면 긴급구조금을 지급한다.
④ 긴급구조금을 받은 사람에 대하여 구조금을 지급하는 결정이 있으면 국가는 긴급구조금으로 지급된 금액 내에서 구조금을 지급할 책임을 면한다.
⑤ 긴급구조금을 받은 사람은 지구심의회에서 결정된 구조금의 금액이 긴급구조금으로 받은 금액보다 적을 때에는 그 차액을 국가에 반환하여야 하며, 지구심의회에서 구조금을 지급하지 아니한다는 결정을 하면 긴급구조금으로 받은 금액을 모두 반환하여야 한다.

3] 법 제31조(소멸시효)
구조금을 받을 권리는 그 구조결정이 해당 신청인에게 송달된 날부터 2년간 행사하지 아니하면 시효로 인하여 소멸된다.

4] 법 제32조(구조금 수급권의 보호)
구조금을 받을 권리는 양도하거나 담보로 제공하거나 압류할 수 없다.

5] 법 제46조의2(경찰관서의 협조)
범죄피해자 지원법인의 장 또는 보호시설의 장은 피해자나 피해자의 가족구성원을 긴급히 구조할 필요가 있을 때에는 경찰관서(지구대·파출소 및 출장소를 포함한다)의 장에게 그 소속 직원의 동행을 요청할 수 있으며, 요청을 받은 경찰관서의 장은 특별한 사유가 없으면 이에 따라야 한다.

19 ②

해설 ② 경찰공무원의 경우 사례금 상한액은 1시간당 40만원이다. 경찰공무원은 1시간을 초과하여 강의 등을 하는 경우에도 사례금 총액은 강의시간에 관계없이 1시간 상한액의 100분의 150에 해당하는 금액을 초과하지 못한다. 그러므로 3시간짜리 강의를 하였을 경우 1회 60만원을 초과할 수 없다. 이 강의를 3회 진행했으므로 총 180만원을 초과할 수는 없다.
① 동법 제8조 제1항
③ 동법 제10조 제2항
④ 동법 시행령 제27조 제1항

20 ③

해설 ③ 존 클라이니히(J. Kleinig)는 「경찰윤리의 교육과 학습」, 「경찰활동의 윤리학」 등의 저서에서 경찰윤리 교육의 목적으로 주장하고 있는 것은 ㈎도덕적 결의의 강화, ㈏도덕적 감수성의 배양, ㈐도덕적 전문능력의 부여이다.

21 ③

해설 ②의 경우 우선 피감기관의 장에게 보고한다. 이에 따른 보고를 받은 피감기관의 장은 부당한 요구에 해당하는 경우에는 그 사실을 해당 감독기관의 장에게 알려야 하며, 그 사실을 통지받은 감독기관의 장은 해당 요구를 한 소속 공무원에 대하여 징계 등 필요한 조치를 해야 한다.

감/독/기/관/의/부/당/한/요/구/금/지(제14조의2)

① 감독·감사·조사·평가를 하는 기관(감독기관)에 소속된 공무원은 자신이 소속된 기관의 출장·행사·연수 등과 관련하여 감독·감사·조사·평가를 받는 기관(피감기관)에 다음 각호의 어느 하나에 해당하는 부당한 요구를 해서는 안 된다.
  1. 법령에 근거가 없거나 예산의 목적·용도에 부합하지 않는 금품등의 제공 요구
  2. 감독기관 소속 공무원에 대하여 정상적인 관행을 벗어난 예우·의전의 요구
② 제1항에 따른 부당한 요구를 받은 피감기관 소속 공직자는 그 이행을 거부해야 하며, 거부했음에도 불구하고 감독기관 소속 공무원으로부터 같은 요구를 다시 받은 때에는 그 사실을 별지 제11호의 서식에 따라 피감기관의 행동강령책임관(피감기관이 「공직자윤리법」 제3조의2제1항에 따른 공직유관단체인 경우에는 행동강령에 관한 업무를 담당하는 직원을 말한다. 이하 이 조에서 같다)에게 알려야 한다. 이 경우 행동강령책임관은 그 요구가 제1항 각호의 어느 하나에 해당하는 경우에는 지체 없이 피감기관의 장에게 보고해야 한다.
③ 제2항 후단에 따른 보고를 받은 피감기관의 장은 제1항 각호의 어느 하나에 해당하는 경우에는 그 사실을 해당 감독기관의 장에게 알려야 하며, 그 사실을 통지받은 감독기관의 장은 해당 요구를 한 소속 공무원에 대하여 징계 등 필요한 조치를 해야 한다.

22 ①

해설 공짜식사나 커피와 같은 작은 호의가 나중에 큰 부패로 이어진다는 것이 셔먼이 주장하는 미끄러운 경사로 이론이다. 작은 호의가 점차 커져 작은 부수입의 수용으로부터 영업시간을 봐주는 대가로 금품을 받는 것, 나아가서 도박장이나 윤락업소로부터 돈을 갈취하는 것 등 부드러운 하강이 있다고 주장한다. 즉 처음 단계에서 불법행위를 하지 않더라도 작은 호의와 같은 것에 길들여져 나중에는 명백한 부정부패로 빠져들게 된다는 것이다. 그러므로 셔먼의 미끄러운 경사로 이론은 작은 호의라도 허용할 수 없다는 주장이다.
①의 경우에는 '선한 후속행위를 하는 상황'이라고 했기 때문에 이는 미끄러운 경사로 이론과는 반대되는 상황이다. 작은 호의에 대한 허용론의 입장에서는 ㈎작은 사례나 호의는 인간의 자연스런 현상이고, ㈏긍정적인 사회관계를 만들어 주는 형성재이며, ㈐작은 호의는 현실론적으로 우리 사회의 일상 관행처럼 여겨지는 것이고, 또한 ㈑경찰공무원은 특별대우를 받을 만한 일을 하고 있다는 입장으로 오히려 작은 호의(영화입장료 할인 혜택)는 당연하다는 주장을 하기도 한다.

23 ④

해설 1] ㈎학교전담경찰관이나 학대예방경찰관의 활동은 ⓒ발달적 범죄예방 전략에 해당한다.
2] ㈏경찰순찰의 확대, 현관문에 반사경의 부착 등은 ㉠상황적 범죄예방 전략에 해당한다.
3] ㈐무관용 경찰활동을 지향하는 것은 ㉢법집행을 통한 범죄억제 전략에 해당한다.

24 ④

해설 ④ 「특수경비업무」는 공항(항공기를 포함) 등 대통령령이 정하는 국가중요시설의 경비 및 도난·화재 그 밖의 위험발생을 방지하는 업무, 「기계경비업무」는 경비대상시설에 설치한 기기에 의하여 감지·송신된 정보를 그 경비대상시설외의 장소에 설치한 관제시설의 기기로 수신하여 도난·화재 등 위험발생을 방지하는 업무를 말한다.

25 ③

해설 ⊙ [X] 풍속영업소인 숙박업소에서 음란한 외국의 위성방송프로그램을 수신하여 투숙객 등으로 하여금 시청하게 하는 행위는, 풍속법 제3조 제2호에 규정된 '음란한 물건'을 관람하게 하는 행위에 해당한다. [대법원 2010. 7. 15. 선고, 2008도11679, 판결]

ⓒ [X] 시행령에서 단란주점영업을 "주로 주류를 조리·판매하는 영업으로서 손님이 노래를 부르는 행위가 허용되는 영업"으로 규정하고 있으므로, 주로 주류를 조리·판매하는 영업이라고 하더라도 손님으로 하여금 노래를 부르게 하는 것이 가능하지 않은 형태의 영업은 위 시행령 소정의 단란주점영업에 해당한다고 볼 수 없다. 일반음식점 허가를 받은 사람이 주로 주류를 조리·판매하는 형태의 주점영업을 하였더라도, 손님이 노래를 부를 수 있는 여건이 갖추어지지 않은 이상 구 「식품위생법」(2006. 12. 28. 법률 제8113호로 개정되기 전의 것)상 단란주점영업에 해당하지 않는다고 한 사례 [대판 2008.9.11, 2008도2160]

ⓜ [X] 「청소년보호법」제24조 제1항의 규정에 의하면 청소년유해업소인 노래연습장업 또는 유흥주점의 각 업주는 청소년을 접대부로 고용할 수 없는바, 여기의 고용에는 시간제로 보수를 받고 근무하는 경우도 포함된다 할 것이고, 한편 특정다방에 대기하는 이른바 "티켓걸"이 노래연습장 또는 유흥주점에 티켓영업을 나가 시간당 정해진 보수(이른바 "티켓비")를 받고 그 손님과 함께 춤을 추고 노래를 불러 유흥을 돋구게 한 경우, 그 티켓걸을 업소주인이 알려준 전화로 손님이 직접 부르고 그 티켓비를 손님이 직접 지급하였다고 하더라도 위 법률의 입법취지에 비추어 업소주인이 그 티켓걸을 시간제 접대부로 고용한 것으로 보아야 한다. [대판 2005.7.29., 2005도3801]

26 ②

해설 1] 아동·청소년대상 디지털 성범죄의 수사 특례(제25조의2)
① 사법경찰관리는 다음 각호의 어느 하나에 해당하는 범죄(디지털 성범죄)에 대하여 신분을 비공개하고 범죄현장(정보통신망을 포함한다) 또는 범인으로 추정되는 자들에게 접근하여 범죄행위의 증거 및 자료 등을 수집(신분비공개수사)할 수 있다.
  1. 제11조 및 제15조의2의 죄
  2. 아동·청소년에 대한 「성폭력범죄의 처벌 등에 관한 특례법」제14조제2항 및 제3항의 죄
② 사법경찰관리는 디지털 성범죄를 계획 또는 실행하고 있거나 실행하였다고 의심할 만한 충분한 이유가 있고, 다른 방법으로는 그 범죄의 실행을 저지하거나 범인의 체포 또는 증거의 수집이 어려운 경우에 한정하여 수사 목적을 달성하기 위하여 부득이한 때에는 다음 각 호의 행위(신분위장수사)를 할 수 있다.
  1. 신분을 위장하기 위한 문서, 도화 및 전자기록 등의 작성, 변경 또는 행사
  2. 위장 신분을 사용한 계약·거래
  3. 아동·청소년성착취물 또는 「성폭력범죄의 처벌 등에 관한 특례법」제14조제2항의 촬영물 또는 복제물(복제물의 복제물을 포함한다)의 소지, 판매 또는 광고
③ 제1항에 따른 수사의 방법 등에 필요한 사항은 대통령령으로 정한다.

2] 아동·청소년대상 디지털 성범죄 수사 특례의 절차(제25조의3)
① <u>사법경찰관리가 신분비공개수사를 진행하고자 할 때에는 사전에 상급 경찰관서 수사부서의 장의 승인을 받아야 한다. 이 경우 그 수사기간은 3개월을 초과할 수 없다.</u>
② 제1항에 따른 승인의 절차 및 방법 등에 필요한 사항은 대통령령으로 정한다.
③ <u>사법경찰관리는 신분위장수사를 하려는 경우에는 검사에게 신분위장수사에 대한 허가를 신청하고, 검사는 법원에 그 허가를 청구한다.</u>
④ 제3항의 신청은 필요한 신분위장수사의 종류·목적·대상·범위·기간·장소·방법 및 해당 신분위장수사가 제25조의2제2항의 요건을 충족하는 사유 등의 신청사유를 기재한 서면으로 하여야 하며, 신청사유에 대한 소명자료를 첨부하여야 한다.

⑤ 법원은 제3항의 신청이 이유 있다고 인정하는 경우에는 신분위장수사를 허가하고, 이를 증명하는 서류(허가서)를 신청인에게 발부한다.
⑥ 허가서에는 신분위장수사의 종류·목적·대상·범위·기간·장소·방법 등을 특정하여 기재하여야 한다.
⑦ 신분위장수사의 기간은 3개월을 초과할 수 없으며, 그 수사기간 중 수사의 목적이 달성되었을 경우에는 즉시 종료하여야 한다.
⑧ 제7항에도 불구하고 제25조의2제2항의 요건이 존속하여 그 수사기간을 연장할 필요가 있는 경우에는 사법경찰관리는 소명자료를 첨부하여 3개월의 범위에서 수사기간의 연장을 검사에게 신청하고, 검사는 법원에 그 연장을 청구한다. 이 경우 신분위장수사의 총 기간은 1년을 초과할 수 없다.

3] 아동·청소년대상 디지털 성범죄에 대한 긴급 신분위장수사(제25조의4)
① 사법경찰관리는 제25조의2제2항의 요건을 구비하고, 제25조의3제3항부터 제8항까지에 따른 절차를 거칠 수 없는 긴급을 요하는 때에는 법원의 허가 없이 신분위장수사를 할 수 있다.
② 사법경찰관리는 제1항에 따른 신분위장수사 개시 후 지체 없이 검사에게 허가를 신청하여야 하고, 사법경찰관리는 48시간 이내에 법원의 허가를 받지 못한 때에는 즉시 신분위장수사를 중지하여야 한다.
③ 제1항 및 제2항에 따른 신분위장수사 기간에 대해서는 제25조의3제7항 및 제8항을 준용한다.

4] 아동·청소년대상 디지털 성범죄에 대한 신분비공개수사 또는 신분위장수사로 수집한 증거 및 자료 등의 사용 제한(제25조의5)
사법경찰관리가 제25조의2부터 제25조의4까지에 따라 수집한 증거 및 자료 등은 다음 각 호의 어느 하나에 해당하는 경우 외에는 사용할 수 없다.
1. 신분비공개수사 또는 신분위장수사의 목적이 된 디지털 성범죄나 이와 관련되는 범죄를 수사·소추하거나 그 범죄를 예방하기 위하여 사용하는 경우
2. 신분비공개수사 또는 신분위장수사의 목적이 된 디지털 성범죄나 이와 관련되는 범죄로 인한 징계절차에 사용하는 경우
3. 증거 및 자료 수집의 대상자가 제기하는 손해배상청구소송에서 사용하는 경우
4. 그 밖에 다른 법률의 규정에 의하여 사용하는 경우

5] 국가경찰위원회와 국회의 통제(제25조의6)
①「국가경찰과 자치경찰의 조직 및 운영에 관한 법률」제16조제1항에 따른 국가수사본부장은 신분비공개수사가 종료된 즉시 대통령령으로 정하는 바에 따라 같은 법 제7조제1항에 따른 국가경찰위원회에 수사 관련 자료를 보고하여야 한다.
② 국가수사본부장은 대통령령으로 정하는 바에 따라 국회 소관 상임위원회에 신분비공개수사 관련 자료를 반기별로 보고하여야 한다.

6] 비밀준수의 의무(제25조의7)
① 제25조의2부터 제25조의6까지에 따른 신분비공개수사 또는 신분위장수사에 대한 승인·집행·보고 및 각종 서류작성 등에 관여한 공무원 또는 그 직에 있었던 자는 직무상 알게 된 신분비공개수사 또는 신분위장수사에 관한 사항을 외부에 공개하거나 누설하여서는 아니 된다.
② 제1항의 비밀유지에 관하여 필요한 사항은 대통령령으로 정한다.

27 ④

해설 1] 긴급응급조치(제4조)
① 사법경찰관은 스토킹행위 신고와 관련하여 스토킹행위가 지속적 또는 반복적으로 행하여질 우려가 있고 스토킹범죄의 예방을 위하여 긴급을 요하는 경우 스토킹행위자에게 직권으로 또는 스토킹행위의 상대방이나 그 법정대리인 또는 스토킹행위를 신고한 사람의 요청에 의하여 다음 각 호에 따른 조치를 할 수 있다.
1. 스토킹행위의 상대방등이나 그 주거등으로부터 100미터 이내의 접근 금지

    2. 스토킹행위의 상대방등에 대한 「전기통신기본법」 제2조제1호의 전기통신을 이용한 접근 금지
② 사법경찰관은 제1항에 따른 조치(긴급응급조치)를 하였을 때에는 즉시 스토킹행위의 요지, 긴급응급조치가 필요한 사유, 긴급응급조치의 내용 등이 포함된 긴급응급조치결정서를 작성하여야 한다.

2] 긴급응급조치의 승인신청(제5조)
① 사법경찰관은 긴급응급조치를 하였을 때에는 지체없이 검사에게 해당 긴급응급조치에 대한 사후승인을 지방법원 판사에게 청구하여 줄 것을 신청하여야 한다.
② 제1항의 신청을 받은 검사는 긴급응급조치가 있었던 때부터 <u>48시간 이내에</u> 지방법원 판사에게 해당 긴급응급조치에 대한 사후승인을 청구한다. 이 경우 제4조제2항에 따라 작성된 긴급응급조치결정서를 첨부하여야 한다.
③ 지방법원 판사는 스토킹행위가 지속적 또는 반복적으로 행하여지는 것을 예방하기 위하여 필요하다고 인정하는 경우에는 제2항에 따라 청구된 긴급응급조치를 승인할 수 있다.
④ 사법경찰관은 검사가 제2항에 따라 긴급응급조치에 대한 사후승인을 청구하지 아니하거나 지방법원 판사가 제2항의 청구에 대하여 사후승인을 하지 아니한 때에는 즉시 그 긴급응급조치를 취소하여야 한다.
⑤ <u>긴급응급조치기간은 1개월을 초과할 수 없다.</u>

3] 긴급응급조치의 통지(제6조)
① 사법경찰관은 긴급응급조치를 하는 경우에는 스토킹행위의 상대방등이나 그 법정대리인에게 통지하여야 한다.
② 사법경찰관은 긴급응급조치를 하는 경우에는 해당 긴급응급조치의 대상자에게 조치의 내용 및 불복방법 등을 고지하여야 한다.

28 ①

[해설] [O] ㉠㉡㉢
[X] ㉣ 내사과정에서는 압수·수색·검증 등 대물적 강제조치는 가능하나 대인적 강제조치는 불가능하다. 한편, 일반적으로 수사실행 전(前) 단계에 이루어지는 혐의유무에 대한 조사단계인 내사(內査)나 수사단서의 수집은 적극적 의미의 수사개념에는 포함된다고 할 수 있으나, 실무상 수사개념에는 포함되지 않는다.

입/건/전/조/사 「경찰수사규칙」 제19조)
① 사법경찰관은 수사준칙 제16조제3항에 따른 입건 전에 범죄를 의심할 만한 정황이 있어 수사 개시 여부를 결정하기 위한 사실관계의 확인 등 필요한 조사(입건전조사)에 착수하기 위해서는 해당 사법경찰관이 소속된 경찰관서의 수사부서의 장의 지휘를 받아야 한다.
② 사법경찰관은 입건전조사한 사건을 다음 각호의 구분에 따라 처리해야 한다.
  1. 입건 : 범죄의 혐의가 있어 수사를 개시하는 경우
  2. 입건전조사 종결(혐의없음, 죄가안됨 또는 공소권없음) : 제108조제1항제1호부터 제3호까지의 규정에 따른 사유가 있는 경우
  3. 입건전조사 중지 : 피혐의자 또는 참고인 등의 소재불명으로 입건전조사를 계속할 수 없는 경우
  4. 이송 : 관할이 없거나 범죄특성 및 병합처리 등을 고려하여 다른 경찰관서 또는 기관(해당 기관과 협의된 경우로 한정한다)에서 입건전조사할 필요가 있는 경우
  5. 공람 후 종결 : 진정·탄원·투서 등 서면으로 접수된 신고가 다음 각 목의 어느 하나에 해당하는 경우
    가. 같은 내용으로 3회 이상 반복하여 접수되고 2회 이상 그 처리 결과를 통지한 신고와 같은 내용인 경우
    나. 무기명 또는 가명으로 접수된 경우
    다. 단순한 풍문이나 인신공격적인 내용인 경우
    라. 완결된 사건 또는 재판에 불복하는 내용인 경우
    마. 민사소송 또는 행정소송에 관한 사항인 경우

29 ②

해설 [O] ㉠㉢㉣㉤

[X] ㉡㉥ 사법경찰관은 아래의 구분에 해당하는 경우에는 그 사유가 해소될 때까지 「수사준칙」(제51조 제1항 제4호)에 따른 수사중지 결정을 할 수 있다(「경찰수사규칙」 제98조 제1항).

피의자 중지	가. 피의자가 소재불명인 경우 나. 2개월 이상 해외체류, 중병 등의 사유로 상당한 기간 동안 피의자나 참고인에 대한 조사가 불가능하여 수사를 종결할 수 없는 경우 다. 의료사고·교통사고·특허침해 등 사건의 수사종결을 위해 전문가의 감정이 필요하나 그 감정에 상당한 시일이 소요되는 경우 라. 다른 기관의 결정이나 법원의 재판 결과가 수사의 종결을 위해 필요하나 그 결정이나 재판에 상당한 시일이 소요되는 경우 마. 수사의 종결을 위해 필요한 중요 증거자료가 외국에 소재하고 있어 이를 확보하는 데 상당한 시일이 소요되는 경우
참고인 중지	참고인·고소인·고발인·피해자 또는 같은 사건 피의자의 소재불명으로 수사를 종결할 수 없는 경우

한편, 사법경찰관은 피의자의 소재불명을 이유로 수사중지 결정을 하려는 경우에는 지명수배 또는 지명통보를 해야 한다(제100조).

30 ②

해설 1] 지명통보자 발견 시 조치(「범죄수사규칙」 제106조)

① 경찰관은 지명통보자를 발견한 때 「경찰수사규칙」 제48조에 따라 지명통보자에게 지명통보된 사실 등을 고지한 뒤 별지 제38호서식의 지명통보사실 통지서를 교부하고, 별지 제39호서식의 지명통보자 소재발견 보고서를 작성한 후 「경찰수사규칙」 제96조에 따라 사건이송서와 함께 지명통보를 한 관서에 인계해야 한다. 다만, 지명통보 된 사실 등을 고지받은 지명통보자가 지명통보사실통지서를 교부받기 거부하는 경우에는 그 취지를 지명통보자 소재발견 보고서에 기재해야 한다.

② 제1항의 경우 여러 건의 지명통보가 된 사람을 발견하였을 때에는 각 건마다 별지 제38호서식의 지명통보사실 통지서를 작성하여 교부하고 별지 제39호서식의 지명통보자 소재발견 보고서를 작성해야 한다.

③ 별지 제39호서식의 지명통보자 소재발견 보고서를 송부받은 통보관서의 사건담당 경찰관은 즉시 지명통보된 피의자에게 피의자가 출석하기로 확인한 일자에 출석하거나 사건이송신청서를 제출하라는 취지의 출석요구서를 발송해야 한다.

④ 경찰관은 지명통보된 피의자가 정당한 이유 없이 약속한 일자에 출석하지 않거나, 출석요구에 따르지 않은 때에는 지명수배 절차를 진행할 수 있다. 이 경우 체포영장청구기록에 지명통보자 소재발견보고서, 지명통보사실 통지서, 출석요구서 사본 등 지명통보된 피의자가 본인이 약속한 일자에 정당한 이유 없이 출석하지 않았다는 취지의 증명자료를 첨부해야 한다.

2] 지명통보자에 대한 특칙(「범죄수사규칙」 제107조)

제106조에도 불구하고 행정기관 고발사건 중 법정형이 2년 이하의 징역에 해당하는 범죄로 수사중지된 사람을 발견한 관서의 경찰관은 통보관서로부터 수사중지결정서를 팩스 등의 방법으로 송부받아 피의자를 조사한 후 조사서류만 통보관서로 보낼 수 있다. 다만, 피의자가 상습적인 법규위반 또는 전과자이거나 위반사실을 부인하는 경우에는 그러하지 아니하다.

31 ①

해설 ① [O] 경고는 주의를 환기는 간접적 실력행사 작용으로 「경찰관 직무집행법」 제5조에 근거한다.

② [X] 경비수단의 원칙 중 적시의 원칙(적시타의 묘)을 말한다.
③ [X] 제지는 「경찰관 직무집행법」 제6조(범죄의 예방과 제지)에 근거하고, 체포는 「형사소송법」 제212조(현행범인의 체포)에 근거한다.
④ [X] 경비수단의 원칙 중 안전의 원칙에 대한 내용이다.

1] 경비수단의 원칙

균형의 원칙	경비수단으로 실력을 행사할 때, 경비세력운용을 균형 있게 하여야 한다는 원칙. 즉, 경비사태의 상황에 따라 주력부대와 예비부대를 적절하게 활용하여 한정된 경력으로 최대의 성과를 올릴 수 있어야 한다.
위치의 원칙	경비사태에 실력을 행사할 경우 유리한 지점과 위치를 확보함으로써 경비경찰의 목적달성을 꾀하려는 원칙이다.
적시의 원칙	시점의 원칙이라고도 한다. 적시의 원칙이란 가장 상대의 기세를 제압할 최적의 시점을 노리라는 것이다(적시타의 묘). 이때, 상대의 허점을 잘 파악하는 것은 매우 중요하다.
안전의 원칙	경비사태 발생시 경비하는 경찰력이나 군중들이 안전하게 진입되어야 한다는 원칙이다. 경비경찰활동을 하다보면 그 현장에서 신체의 손상과 더불어 기물의 파괴 등 위험사태에 직면하는 경우가 많다. 따라서 때에 따라서는 국가배상의 문제나, 그 자체가 새로운 변수로 떠올라 국가적·사회적으로 물의를 야기할 수도 있다.

2] 경비수단의 종류

방법	종류	내용 및 근거
간접적 실력행사 (임의처분)	경고	⊙ 경비부대를 전면에 배치 또는 진출시켜 위력을 과시하거나 경고하여 범죄실행의 의사를 자발적으로 포기하도록 하는 간접적 실력행사이다. ⊙ 경찰관 직무집행법(제5조)에 근거를 두고 있으며, 경비사태를 예방·경계·진압하기 위하여 발할 수 있는 조치이다. ⊙ 법의 일반원칙으로서 비례의 원칙은 당연히 적용된다.
직접적 실력행사	제지	⊙ 경비사태를 예방·진압하기 위한 강제처분으로 세력분산·통제파괴·주동자 및 주모자의 격리 등을 실시하는 직접적 실력행사이다. ⊙ 경찰관 직무집행법(제6조)에 근거하고 있으며, 경찰상 즉시강제에 해당하는 경찰강제처분이다.
	체포	직접적 실력행사이고, 상대방의 신체를 구속하는 강제처분이므로 명백한 위법이 필요하다. 형사소송법(제212조)에 그 근거를 두고 있다.

32 ②

[해설] 배/치/대/상(시행규칙 제2조)
「청원경찰법」 제2조제3호에서 "그 밖에 행정안전부령으로 정하는 중요시설, 사업장 또는 장소"란 다음 각호의 시설, 사업장 또는 장소를 말한다.
1. 선박, 항공기 등 수송시설
2. 금융 또는 보험을 업(業)으로 하는 시설 또는 사업장
3. 언론, 통신, 방송 또는 인쇄를 업으로 하는 시설 또는 사업장
4. 학교 등 육영시설
5. 「의료법」에 따른 의료기관
6. 그 밖에 공공의 안녕질서 유지와 국민경제를 위하여 고도의 경비(警備)가 필요한 중요 시설, 사업체 또는 장소

33 ④

해설 ④ [X] 긴급자동차를 운전하는 사람을 대상으로 실시하는 교통안전교육은 3년마다 정기적으로 실시하는 정기 교통안전교육과 최초로 긴급자동차를 운전하려는 사람을 대상으로 실시하는 교육인 신규 교통안전교육으로 구분하여 실시한다(시행령 제38조의2 제2항).
① [O] 동법 제73조 제1항, 동법 시행령 제37조 제1항
② [O] 동법 제73조 제2항 제4호
③ [O] 동법 제73조 제3항 제4호

1] 동법 제73조(교통안전교육)
① 운전면허를 받으려는 사람은 대통령령으로 정하는 바에 따라 제83조 제1항제2호와 제3호에 따른 시험에 응시하기 전에 다음 각호의 사항에 관한 교통안전교육을 받아야 한다. 다만, 제2항 제1호에 따라 특별교통안전 의무교육을 받은 사람 또는 제104조 제1항에 따른 자동차운전 전문학원에서 학과교육을 수료한 사람은 그러하지 아니하다.
 1. 운전자가 갖추어야 하는 기본예절
 2. 도로교통에 관한 법령과 지식
 3. 안전운전 능력
 3의2. 교통사고의 예방과 처리에 관한 사항
 4. 어린이 · 장애인 및 노인의 교통사고 예방에 관한 사항
 5. 친환경 경제운전에 필요한 지식과 기능
 6. 긴급자동차에 길 터주기 요령
 7. 그 밖에 교통안전의 확보를 위하여 필요한 사항
② 다음 각호의 어느 하나에 해당하는 사람은 대통령령으로 정하는 바에 따라 특별교통안전 의무교육을 받아야 한다. 이 경우 제2호부터 제5호까지에 해당하는 사람으로서 부득이한 사유가 있으면 대통령령으로 정하는 바에 따라 의무교육의 연기(延期)를 받을 수 있다.
 1. 운전면허 취소처분을 받은 사람(제93조제1항제9호 또는 제20호에 해당하여 운전면허 취소처분을 받은 사람은 제외한다)으로서 운전면허를 다시 받으려는 사람
 2. 제93조제1항제1호 · 제5호 · 제5호의2 · 제10호 및 제10호의2에 해당하여 운전면허효력 정지처분을 받게 되거나 받은 사람으로서 그 정지기간이 끝나지 아니한 사람
 3. 운전면허 취소처분 또는 운전면허효력 정지처분(제93조제1항제1호 · 제5호 · 제5호의2 · 제10호 및 제10호의2에 해당하여 운전면허효력 정지처분 대상인 경우로 한정한다)이 면제된 사람으로서 면제된 날부터 1개월이 지나지 아니한 사람
 4. 운전면허효력 정지처분을 받게 되거나 받은 초보운전자로서 그 정지기간이 끝나지 아니한 사람
 5. 제12조제1항에 따른 어린이 보호구역에서 운전 중 어린이를 사상하는 사고를 유발하여 제93조제2항에 따른 벌점을 받은 날부터 1년 이내의 사람
③ 다음 각호의 어느 하나에 해당하는 사람이 시 · 도경찰청장에게 신청하는 경우에는 대통령령으로 정하는 바에 따라 특별교통안전 권장교육을 받을 수 있다. 이 경우 권장교육을 받기 전 1년 이내에 해당 교육을 받지 아니한 사람에 한정한다.
 1. 교통법규 위반 등 제2항제2호 및 제4호에 따른 사유 외의 사유로 인하여 운전면허효력 정지처분을 받게 되거나 받은 사람
 2. 교통법규 위반 등으로 인하여 운전면허효력 정지처분을 받을 가능성이 있는 사람
 3. 제2항제2호부터 제4호까지에 해당하여 제2항에 따른 특별교통안전 의무교육을 받은 사람
 4. 운전면허를 받은 사람 중 교육을 받으려는 날에 65세 이상인 사람
④ 긴급자동차의 운전업무에 종사하는 사람으로서 대통령령으로 정하는 사람은 대통령령으로 정하는 바에 따라

정기적으로 긴급자동차의 안전운전 등에 관한 교육을 받아야 한다.
⑤ 75세 이상인 사람으로서 운전면허를 받으려는 사람은 제83조제1항제2호와 제3호에 따른 시험에 응시하기 전에, 운전면허증 갱신일에 75세 이상인 사람은 운전면허증 갱신기간 이내에 각각 다음 각호의 사항에 관한 교통안전교육을 받아야 한다.
1. 노화와 안전운전에 관한 사항
2. 약물과 운전에 관한 사항
3. 기억력과 판단능력 등 인지능력별 대처에 관한 사항
4. 교통관련 법령 이해에 관한 사항

2] 동법 시행령 제37조(교통안전교육)
법 제73조 제1항에 따른 교통안전교육은 같은 항 각호의 사항에 관하여 시청각교육 등의 방법으로 1시간 실시한다(제1항).

3] 동법 시행령 제38조의2(긴급자동차 운전자에 대한 교통안전교육)
① 법 제73조 제4항에서 "대통령령으로 정하는 사람"이란 다음 각호의 어느 하나에 해당하는 사람을 말한다.
1. 법 제2조제22호가목부터 다목까지의 규정에 해당하는 자동차의 운전자
2. 제2조제1항 각호에 해당하는 자동차의 운전자
② 법 제73조 제4항에 따른 긴급자동차의 안전운전 등에 관한 교육(긴급자동차 교통안전교육)은 다음 각호의 구분에 따라 실시한다.
1. 신규 교통안전교육: 최초로 긴급자동차를 운전하려는 사람을 대상으로 실시하는 교육
2. 정기 교통안전교육: 긴급자동차를 운전하는 사람을 대상으로 3년마다 정기적으로 실시하는 교육. 이 경우 직전에 긴급자동차 교통안전교육을 받은 날부터 기산하여 3년이 되는 날이 속하는 해의 1월 1일부터 12월 31일 사이에 교육을 받아야 한다.
③ 긴급자동차 교통안전교육은 도로교통공단에서 실시한다. 다만, 긴급자동차 교통안전교육 대상자가 국가기관 및 지방자치단체에 소속된 사람인 경우에는 소속 기관에서 실시하는 교육훈련의 방법으로 실시할 수 있다.
④ 긴급자동차 교통안전교육은 다음 각호의 사항에 대하여 강의·시청각교육 등의 방법으로 제2항제1호에 따른 신규 교통안전교육은 3시간 이상, 같은 항 제2호에 따른 정기 교통안전교육은 2시간 이상 실시한다.
1. 긴급자동차와 관련된 도로교통법령
2. 긴급자동차의 주요 특성
3. 긴급자동차 교통사고의 주요 사례
4. 교통사고 예방 및 방어운전
5. 긴급자동차 운전자의 마음가짐
⑤ 긴급자동차 교통안전교육의 과목·내용·방법·시간, 그 밖에 필요한 사항은 행정안전부령으로 정한다.

34 ①

[해설] 1] 정차 및 주차의 금지(법 제32조)
모든 차의 운전자는 다음 각호의 어느 하나에 해당하는 곳에서는 차를 정차하거나 주차하여서는 아니 된다. 다만, 이 법이나 이 법에 따른 명령 또는 경찰공무원의 지시를 따르는 경우와 위험방지를 위하여 일시정지하는 경우에는 그러하지 아니하다.
1. 교차로·횡단보도·건널목이나 보도와 차도가 구분된 도로의 보도(「주차장법」에 따라 차도와 보도에 걸쳐서 설치된 노상주차장은 제외한다)
2. 교차로의 가장자리나 도로의 모퉁이로부터 5미터 이내인 곳
3. 안전지대가 설치된 도로에서는 그 안전지대의 사방으로부터 각각 10미터 이내인 곳
4. 버스여객자동차의 정류지(停留地)임을 표시하는 기둥이나 표지판 또는 선이 설치된 곳으로부터 10미터 이

내인 곳. 다만, 버스여객자동차의 운전자가 그 버스여객자동차의 운행시간 중에 운행노선에 따르는 정류장에서 승객을 태우거나 내리기 위하여 차를 정차하거나 주차하는 경우에는 그러하지 아니하다.
5. 건널목의 가장자리 또는 횡단보도로부터 10미터 이내인 곳
6. 다음 각 목의 곳으로부터 5미터 이내인 곳
    가. 「소방기본법」 제10조에 따른 소방용수시설 또는 비상소화장치가 설치된 곳
    나. 「소방시설 설치 및 관리에 관한 법률」 제2조제1항제1호에 따른 소방시설로서 대통령령으로 정하는 시설이 설치된 곳
7. 시·도경찰청장이 도로에서의 위험을 방지하고 교통의 안전과 원활한 소통을 확보하기 위하여 필요하다고 인정하여 지정한 곳
8. 시장등이 제12조제1항에 따라 지정한 어린이 보호구역

2] 주차금지의 장소(법 제33조)
모든 차의 운전자는 다음 각호의 어느 하나에 해당하는 곳에 차를 주차해서는 아니 된다.
1. 터널 안 및 다리 위
2. 다음 각 목의 곳으로부터 5미터 이내인 곳
    가. 도로공사를 하고 있는 경우에는 그 공사 구역의 양쪽 가장자리
    나. 「다중이용업소의 안전관리에 관한 특별법」에 따른 다중이용업소의 영업장이 속한 건축물로 소방본부장의 요청에 의하여 시·도경찰청장이 지정한 곳
3. 시·도경찰청장이 도로에서의 위험을 방지하고 교통의 안전과 원활한 소통을 확보하기 위하여 필요하다고 인정하여 지정한 곳

3] 정차 또는 주차의 방법 및 시간의 제한(법 제34조)
도로 또는 노상주차장에 정차하거나 주차하려고 하는 차의 운전자는 차를 차도의 우측 가장자리에 정차하는 등 대통령령으로 정하는 정차 또는 주차의 방법·시간과 금지사항 등을 지켜야 한다.

4] 정차 또는 주차를 금지하는 장소의 특례(법 제34조의2)
① 다음 각호의 어느 하나에 해당하는 경우에는 제32조제1호·제4호·제5호·제7호·제8호 또는 제33조제3호에도 불구하고 정차하거나 주차할 수 있다.
    1. 「자전거 이용 활성화에 관한 법률」 제2조제2호에 따른 자전거이용시설 중 전기자전거 충전소 및 자전거주차장치에 자전거를 정차 또는 주차하는 경우
    2. 시장 등의 요청에 따라 시도경찰청장이 안전표지로 자전거등의 정차 또는 주차를 허용한 경우
② 시도경찰청장이 안전표지로 구역·시간·방법 및 차의 종류를 정하여 정차나 주차를 허용한 곳에서는 제32조제7호·제8호 또는 제33조제3호에도 불구하고 정차하거나 주차할 수 있다.

5] 경사진 곳에서의 정차 또는 주차의 방법(법 제34조의3)
경사진 곳에 정차하거나 주차(도로 외의 경사진 곳에서 정차하거나 주차하는 경우를 포함)하려는 자동차의 운전자는 대통령령으로 정하는 바에 따라 고임목을 설치하거나 조향장치(操向裝置)를 도로의 가장자리 방향으로 돌려놓는 등 미끄럼 사고의 발생을 방지하기 위한 조치를 취하여야 한다.

6] 주차위반에 대한 조치(법 제35조)
① 다음 각호의 어느 하나에 해당하는 사람은 제32조·제33조 또는 제34조를 위반하여 주차하고 있는 차가 교통에 위험을 일으키게 하거나 방해될 우려가 있을 때에는 차의 운전자 또는 관리 책임이 있는 사람에게 주차 방법을 변경하거나 그 곳으로부터 이동할 것을 명할 수 있다.
    1. 경찰공무원
    2. 시장 등(도지사를 포함)이 대통령령으로 정하는 바에 따라 임명하는 공무원(시·군공무원)
② 경찰서장이나 시장 등은 제1항의 경우 차의 운전자나 관리 책임이 있는 사람이 현장에 없을 때에는 도로에서 일어나는 위험을 방지하고 교통의 안전과 원활한 소통을 확보하기 위하여 필요한 범위에서 그 차의 주차방법을

직접 변경하거나 변경에 필요한 조치를 할 수 있으며, 부득이한 경우에는 관할 경찰서나 경찰서장 또는 시장 등이 지정하는 곳으로 이동하게 할 수 있다.
③ 경찰서장이나 시장 등은 제2항에 따라 주차위반 차를 관할 경찰서나 경찰서장 또는 시장 등이 지정하는 곳으로 이동시킨 경우에는 선량한 관리자로서의 주의의무를 다하여 보관하여야 하며, 그 사실을 차의 사용자(소유자 또는 소유자로부터 차의 관리에 관한 위탁을 받은 사람을 말한다)나 운전자에게 신속히 알리는 등 반환에 필요한 조치를 하여야 한다.
④ 제3항의 경우 차의 사용자나 운전자의 성명·주소를 알 수 없을 때에는 대통령령으로 정하는 방법에 따라 공고하여야 한다.
⑤ 경찰서장이나 시장 등은 제3항과 제4항에 따라 차의 반환에 필요한 조치 또는 공고를 하였음에도 불구하고 그 차의 사용자나 운전자가 조치 또는 공고를 한 날부터 1개월 이내에 그 반환을 요구하지 아니할 때에는 대통령령으로 정하는 바에 따라 그 차를 매각하거나 폐차할 수 있다.
⑥ 제2항부터 제5항까지의 규정에 따른 주차위반 차의 이동·보관·공고·매각 또는 폐차 등에 들어간 비용은 그 차의 사용자가 부담한다. 이 경우 그 비용의 징수에 관하여는 「행정대집행법」 제5조 및 제6조를 적용한다.
⑦ 제5항에 따라 차를 매각하거나 폐차한 경우 그 차의 이동·보관·공고·매각 또는 폐차 등에 들어간 비용을 충당하고 남은 금액이 있는 경우에는 그 금액을 그 차의 사용자에게 지급하여야 한다. 다만, 그 차의 사용자에게 지급할 수 없는 경우에는 「공탁법」에 따라 그 금액을 공탁하여야 한다.

7] 주차위반 차의 견인·보관 및 반환 등을 위한 조치(동법 시행령 제13조)
① 경찰서장, 도지사 또는 시장 등은 법 제35조제2항에 따라 차를 견인하려는 경우에는 행정안전부령으로 정하는 바에 따라 과태료 또는 범칙금 부과 및 견인 대상 차임을 알리는 표지(과태료부과대상차표지)를 그 차의 보기 쉬운 곳에 부착하여 견인 대상 차임을 알 수 있도록 하여야 한다.
② 경찰서장, 도지사 또는 시장 등은 법 제35조제2항에 따라 차를 견인한 경우에는 행정안전부령으로 정하는 바에 따라 그 차의 사용자(소유자나 소유자로부터 차의 관리를 위탁받은 사람을 말한다. 이하 같다) 또는 운전자가 그 차의 소재를 쉽게 알 수 있도록 조치하여야 한다.
③ 경찰서장, 도지사 또는 시장 등은 차를 견인하였을 때부터 24시간이 경과되어도 이를 인수하지 아니하는 때에는 해당 차의 보관장소 등 행정안전부령이 정하는 사항을 해당 차의 사용자 또는 운전자에게 등기우편으로 통지하여야 한다.
④ 경찰서장, 도지사 또는 시장 등은 견인하여 보관하고 있는 차의 사용자나 운전자를 알 수 없는 경우에는 법 제35조제4항에 따라 차를 견인한 날부터 14일간 해당 기관의 게시판에 다음 각 호의 사항을 공고하고, 행정안전부령으로 정하는 바에 따라 열람부를 작성·비치하여 관계자가 열람할 수 있도록 하여야 한다.
 1. 보관하고 있는 차의 종류 및 형상
 2. 보관하고 있는 차가 있던 장소 및 그 차를 견인한 일시
 3. 차를 보관하고 있는 장소
 4. 그 밖에 차를 보관하기 위하여 필요하다고 인정되는 사항
⑤ 경찰서장, 도지사 또는 시장등은 제4항에 따른 공고기간이 지나도 차의 사용자나 운전자를 알 수 없는 경우에는 제4항 각 호의 내용을 일간신문, 관보, 공보 중 하나 이상에 공고하고, 인터넷 홈페이지에도 공고해야 한다. 다만, 일간신문 등에 공고할 만한 재산적 가치가 없다고 인정되는 경우에는 그렇지 않다.

35 ③

해설 ③ 「집회 및 시위에 관한 법률」 제10조, 제18조, 제21조, 같은 법 시행령 제9조의2의 각 규정에 의하면 집회신고시간을 넘어 일몰시간 후에 집회 및 시위를 한 경우에는 관할경찰관서장 또는 관할경찰관서장으로부터 권한을 부여받은 경찰관은 참가자들에 대하여 상당한 시간 내에 자진해산할 것을 요청한 다음, 그 자진해산요청에도 응하지 아니할 경우 자진해산 할 것을 명령할 수 있다고 할 것이며, 여기서 해산명령 이전에 자진해산할 것을 요청하도록

한 입법 취지에 비추어 볼 때, 반드시 '자진 해산을 명령한다'는 용어가 사용되거나 말로 해산명령임을 표시해야 할 필요는 없고 해산을 요청하는 언행 중에 스스로 해산하도록 요청하는 취지가 포함되어 있으면 충분하다고 한다. [대법원 2000도2172]
① [대법원 2011도7193]
② [대법원 2009도13846]
④ [대법원 2017도19737]

36 ①

[해설] ① [X] 판례는 시위의 개념에 반드시 '공중이 자유로이 통행할 수 있는 장소'가 충족되어야 하는 것은 아니라고 한다. 즉 집회·시위에 관한 법률상의 "시위"는 여러 사람이 공동의 목적을 가지고 도로, 광장, 공원 등 일반인이 자유로이 통행할 수 있는 장소를 행진하거나 위력(威力) 또는 기세(氣勢)를 보여, 불특정한 여러 사람의 의견에 영향을 주거나 제압(制壓)을 가하는 행위를 말하므로, 위력이나 기세를 보이는 형태의 시위는 반드시 '일반인이 자유로이 통행할 수 있는 장소'에서 이루어져야 한다거나 '행진'등 장소 이동을 동반해야만 성립하는 것은 아니라고 한다. [헌재 91헌바 4]
② 외형상 기자회견을 띠었지만, 공동 의견을 형성, 공동의 목적 아래 일시적으로 일정한 장소에 모인 것은 집회·시위에 관한 법률상 집회에 해당한다. [대법원 2011도6301]
③ 1인 시위는 다수인을 전제로 한 집회 및 시위에 관한 법률 제2조 제2호의 '시위' 개념에는 포함된다고 볼 수 없다. 또한 시위는 옥외집회의 한 형태이긴 하나 집회와 시위가 동일한 개념은 아니며, 집회·시위에 관한 법률에서는 두 개념을 구분하고 있다.
④ 옛 집회 및 시위에 관한 법률(2007. 5. 11. 법률 제8424호로 전부 개정되기 전의 것)에 의하여 보장 및 규제의 대상이 되는 집회란 '특정 또는 불특정 다수인이 공동의 의견을 형성하여 이를 대외적으로 표명할 목적 아래 일시적으로 일정한 장소에 모이는 것'을 말하고, 모이는 장소나 사람의 다과에 제한이 있을 수 없으므로, 2인이 모인 집회도 위 법의 규제 대상이 된다고 보아야 한다. [대법원 2010도11381]

37 ④

[해설] 간첩의 임무(사명)에 따른 분류는 일반간첩, 보급간첩, 무장간첩, 증원간첩(이미 구성된 간첩망의 보강을 위해 파견된 간첩, 또는 간첩으로 이용할 양민 등의 납치/월북 등을 주된 임무로 하는 간첩)이다. 그리고 활동방법에 따라 고정간첩(일정한 공작기간이 없고 합법적으로 보장된 신분이나 보장될 수 있는 조건을 구비), 배회간첩(일정한 주거없이 전국을 배회하면서 임무를 수행), 공행간첩(합법적인 신분을 갖고 상대국의 각종 정보를 수집)으로 분류하고, 활동범위에 따라 대량형 간첩(주로 전시)과 지명형 간첩(평시 또는 전시)으로 구분한다.
① [X] 일반간첩 – 기밀탐지·수집 등 가장 전형적인 형태
② [X] 보급간첩 – 간첩을 침투시키거나 이미 침투한 간첩에게 필요한 활동자재를 보급·지원하는 간첩을 말한다. 동원간첩이란 구분은 없다.
③ [X] 무장간첩에 대한 설명이다.

38 ③

[해설] ③ 국제법상 국가는 법인이며, 외교사절은 법인인 국가의 기관으로서 국가기관인 외교사절의 사실적·법률적 행위의 모든 효과는 법인인 국가에 귀속하게 된다.
② 이에 반하여 국가원수·외교부장관은 모든 국가나 국제조직과의 관계에서 그가 속하는 국가를 포괄적으로 대표한다.

39 ③

해설 외국군함은 해군에 복종하는 승무원이 승선하고 장교의 지휘 하에 있는 선박으로서 군대의 일부이다. 국제법상 국가기관이므로 군함의 법률상·사실상 행위의 효과는 국가에 귀속된다.
외국군함은 불가침의 대상이 됨으로 연안국 관헌은 함장의 동의 없이 군함 내부로 들어갈 수 없으며, 함장이 출입을 거부하면 외교경로를 통해 범인의 인도요구가 가능하고 함장에 대하여 임의적 요청은 할 수 있다. 한편 원칙적으로 범죄인 비호권이 없으므로 일반범죄인의 인도의무가 있으며, 인도불응시 연안국은 군함에 대하여 퇴거요구를 할 수 있다.

외/국/군/함/에/의/출/입(「범죄수사규칙」 제211조)
① 경찰관은 외국군함에 관하여는 해당 군함의 함장의 청구가 있는 경우 외에는 이에 출입해서는 아니 된다.
② 경찰관은 중대한 범죄를 범한 사람이 도주하여 대한민국의 영해에 있는 외국군함으로 들어갔을 때에는 신속히 국가수사본부장에게 보고하여 그 지시를 받아야 한다. 다만, 급속을 요할 때에는 해당 군함의 함장에게 범죄자의 임의의 인도를 요구할 수 있다.

40 ①

해설 범죄인인도에 관하여 인도조약에 「범죄인인도법」과 다른 규정이 있는 경우, 범죄인인도조약의 규정에 따른다(제3조의2).

1] 범죄인 인도사건의 전속관할(제3조)
  이 법에 규정된 범죄인의 인도심사 및 그 청구와 관련된 사건은 서울고등법원과 서울고등검찰청의 전속관할로 한다.

2] 인도조약과의 관계(제3조의2)
  범죄인 인도에 관하여 인도조약에 이 법과 다른 규정이 있는 경우에는 그 규정에 따른다.

3] 상호주의(제4조)
  인도조약이 체결되어 있지 아니한 경우에도 범죄인의 인도를 청구하는 국가가 같은 종류 또는 유사한 인도범죄에 대한 대한민국의 범죄인 인도청구에 응한다는 보증을 하는 경우에는 이 법을 적용한다.

4] 인도에 관한 원칙(제5조)
  대한민국 영역에 있는 범죄인은 이 법에서 정하는 바에 따라 청구국의 인도청구에 의하여 소추(訴追), 재판 또는 형의 집행을 위하여 청구국에 인도할 수 있다.

5] 인도범죄(제6조)
  대한민국과 청구국의 법률에 따라 인도범죄가 사형, 무기징역, 무기금고, 장기(長期) 1년 이상의 징역 또는 금고에 해당하는 경우에만 범죄인을 인도할 수 있다.

6] 절대적 인도거절 사유(제7조)
  다음 각호의 어느 하나에 해당하는 경우에는 범죄인을 인도하여서는 아니 된다.
  1. 대한민국 또는 청구국의 법률에 따라 인도범죄에 관한 공소시효 또는 형의 시효가 완성된 경우
  2. 인도범죄에 관하여 대한민국 법원에서 재판이 계속(係屬) 중이거나 재판이 확정된 경우
  3. 범죄인이 인도범죄를 범하였다고 의심할 만한 상당한 이유가 없는 경우. 다만, 인도범죄에 관하여 청구국에서 유죄의 재판이 있는 경우는 제외한다.
  4. 범죄인이 인종, 종교, 국적, 성별, 정치적 신념 또는 특정 사회단체에 속한 것 등을 이유로 처벌되거나 그 밖의 불리한 처분을 받을 염려가 있다고 인정되는 경우

7] 정치적 성격을 지닌 범죄 등의 인도거절(제8조)
① 인도범죄가 정치적 성격을 지닌 범죄이거나 그와 관련된 범죄인 경우에는 범죄인을 인도하여서는 아니 된다. 다만, 인도범죄가 다음 각호의 어느 하나에 해당하는 경우에는 그러하지 아니하다.

1. 국가원수(國家元首)·정부수반(政府首班) 또는 그 가족의 생명·신체를 침해하거나 위협하는 범죄
   2. 다자간 조약에 따라 대한민국이 범죄인에 대하여 재판권을 행사하거나 범죄인을 인도할 의무를 부담하고 있는 범죄
   3. 여러 사람의 생명·신체를 침해·위협하거나 이에 대한 위험을 발생시키는 범죄
② 인도청구가 범죄인이 범한 정치적 성격을 지닌 다른 범죄에 대하여 재판을 하거나 그러한 범죄에 대하여 이미 확정된 형을 집행할 목적으로 행하여진 것이라고 인정되는 경우에는 범죄인을 인도하여서는 아니 된다.

8] 임의적 인도거절 사유(제9조)
다음 각호의 어느 하나에 해당하는 경우에는 범죄인을 인도하지 아니할 수 있다.
   1. 범죄인이 대한민국 국민인 경우
   2. 인도범죄의 전부 또는 일부가 대한민국 영역에서 범한 것인 경우
   3. 범죄인의 인도범죄 외의 범죄에 관하여 대한민국 법원에 재판이 계속 중인 경우 또는 범죄인이 형을 선고받고 그 집행이 끝나지 아니하거나 면제되지 아니한 경우
   4. 범죄인이 인도범죄에 관하여 제3국(청구국이 아닌 외국을 말한다. 이하 같다)에서 재판을 받고 처벌되었거나 처벌받지 아니하기로 확정된 경우
   5. 인도범죄의 성격과 범죄인이 처한 환경 등에 비추어 범죄인을 인도하는 것이 비인도적(非人道的)이라고 인정되는 경우

제09회 정답 및 해설

01 ②
해설 [O] ㉠㉡
[X] ㉢㉣
㉢ 경찰법 즉「국가경찰과 자치경찰의 조직 및 운영에 관한 법률」제3조의 경찰의 임무는 법상 현재 경찰기관에서 행하는 모든 활동을 예시한 규정으로 이는 형식적 의미의 경찰에 해당한다.
㉣ 그 성질을 불문하고 현재 법에서 규정하고 있어 경찰이 수행하는 활동은 모두 형식적 의미의 경찰에 해당한다.

02 ①
해설 1] 다음 각호의 어느 하나에 해당하는 사람은 위원이 될 수 없으며, 위원이 다음 각호의 어느 하나에 해당하는 경우에는 당연퇴직한다(제8조 제5항).
  1. 정당의 당원이거나 당적을 이탈한 날부터 3년이 지나지 아니한 사람
  2. 선거에 의하여 취임하는 공직에 있거나 그 공직에서 퇴직한 날부터 3년이 지나지 아니한 사람
  3. 경찰, 검찰, 국가정보원 직원 또는 군인의 직에 있거나 그 직에서 퇴직한 날부터 3년이 지나지 아니한 사람
  4. 「국가공무원법」제33조 각호의 어느 하나에 해당하는 사람. 다만, 「국가공무원법」제33조제2호 및 제5호에 해당하는 경우에는 같은 법 제69조제1호 단서에 따른다.
⑥ 위원에 대해서는 「국가공무원법」제60조 및 제65조를 준용한다.
2] 국가경찰위원회 위원의 임기 및 신분보장(제9조)
① 위원의 임기는 3년으로 하며, 연임(連任)할 수 없다. 이 경우 보궐위원의 임기는 전임자 임기의 남은 기간으로 한다.
② 위원은 중대한 신체상 또는 정신상의 장애로 직무를 수행할 수 없게 된 경우를 제외하고는 그 의사에 반하여 면직되지 아니한다.

03 ④
해설
1] 시 · 도자치경찰위원회의 설치(제18조)
① 자치경찰사무를 관장하게 하기 위하여 특별시장 · 광역시장 · 특별자치시장 · 도지사 · 특별자치도지사 소속으로 시 · 도자치경찰위원회를 둔다. 다만, 제13조 후단에 따라 시 · 도에 2개의 시 · 도경찰청을 두는 경우 시 · 도지사 소속으로 2개의 시 · 도자치경찰위원회를 둘 수 있다.
② 시 · 도자치경찰위원회는 합의제 행정기관으로서 그 권한에 속하는 업무를 독립적으로 수행한다.
2] 시 · 도자치경찰위원회의 구성(제19조)
① 시 · 도자치경찰위원회는 위원장 1명을 포함한 7명의 위원으로 구성하되, 위원장과 1명의 위원은 상임으로 하고, 5명의 위원은 비상임으로 한다.
② 위원은 특정 성(性)이 10분의 6을 초과하지 아니하도록 노력하여야 한다.
③ 위원 중 1명은 인권문제에 관하여 전문적인 지식과 경험이 있는 사람이 임명될 수 있도록 노력하여야 한다.

04 ①

해설 ① [O]
② [X] 휴직 기간, 직위해제 기간, 징계처분 기간 등이 언제나 승진임용 제한 기간에 포함하지 않는 것은 아니다. 예외적인 경우에는 승진소요 최저근무연수에 포함한다(제5조 제1항).
③ [X] 강등되었던 사람이 강등되기 직전의 계급으로 승진한 경우 강등되기 직전의 계급에서 재직한 기간은 승진소요 최저근무연수의 기간에 포함한다.
④ [X] 강등된 경우 강등되기 직전의 계급에서 재직한 기간은 승진소요 최저근무연수의 기간에 포함한다.

05 ①

해설 ① [O]
② [X] 경구관 이상의 경찰공무원에 대한 징계의결은 「국가공무원법」에 따라 국무총리 소속으로 설치된 징계위원회에서 한다.
③ [X] 징계 등 의결을 요구한 자는 경징계의 징계 등 의결을 통지 받았을 때에는 통지받은 날부터 15일 이내에 징계 등을 집행하여야 한다.
④ [X] 징계의결 등의 요구는 징계 등의 사유가 발생한 날부터 3년(금품 및 향응 수수ㆍ공금의 횡령ㆍ유용의 경우에는 5년, 성폭력ㆍ성희롱ㆍ성매매ㆍ아동청소년 대상 성범죄는 10년)이 지나면 하지 못한다.

06 ④

해설 1] 규칙 제9조(조사 신청)
① 성희롱ㆍ성폭력 및 2차 피해 조사를 원하는 피해자등은 별지 제2호 서식의 성희롱ㆍ성폭력 및 2차 피해 조사 신청서를 상담원 또는 조사관에게 제출해야 하며, 상담원 또는 조사관은 지체 없이 이를 접수해야 한다.
② 제1항에도 불구하고 피해자가 아닌 사람이 조사를 신청하는 경우에는 피해자 본인의 의사를 확인한 후 조사를 진행해야 한다.
③ 상담원은 제1항에 따른 조사신청을 접수한 경우 사건 개요를 파악한 후 즉시 신고센터장에게 보고하고, 신고센터 소속 심리전문가 또는 외부전문가와 논의해 피해자가 조사관과 접촉할 때까지 피해자의 심적 안정 유지를 위해 노력한다.

2] 규칙 제10조(조사)
① 조사관은 제9조의 신청을 접수한 날로부터 20일 이내에 조사를 완료해야 한다. 다만, 특별한 사정이 있는 경우 신고센터장에게 보고 후 20일 범위 내에서 조사 기간을 연장할 수 있다.
② 조사관은 조사과정 중에 2차 피해를 접수한 경우 성희롱ㆍ성폭력과 2차 피해 조사를 병합하여 실시할 수 있다.
③ 신고센터장은 조사과정에서 관련 부서의 장에게 협조를 요청할 수 있으며 해당 부서의 장은 정당한 사유가 없는 한 이게 따라야 한다.
④ 조사관은 조사과정에서 피해자의 인격 또는 명예가 손상되거나 사적인 비밀이 침해되지 않도록 해야 하고, 다음 각호의 2차 피해 행위를 해서는 안 된다.
  1. 피해자를 비난하거나 피해자에게 책임을 전가하려는 행위
  2. 피해자의 조사 신청의 의도를 의심하는 행위
  3. 피해 사실을 인정하지 않으려는 예단을 가지거나 사소한 것으로 취급하는 행위
  4. 피해자의 과거 언행을 부적절하게 질문하는 행위
  5. 성희롱ㆍ성폭력 및 2차 피해 행위자를 옹호하거나 두둔하는 행위
  6. 피해자의 의사에 반하여 성희롱ㆍ성폭력 및 2차 피해 행위자를 동석시키는 행위
  7. 목격자를 회유하거나 피해자 입장에서의 진술을 방해하는 행위

8. 그 밖에 제1호부터 제7호까지에 준하는 행위
⑤ 조사관은 공정하고 전문적인 조사를 위해 외부전문가를 참여시키거나 외부전문가에게 자문할 수 있다.
⑥ 조사관은 법령에 따라 다른 기관에서 조사·수사 중이거나, 피해자가 조사 신청을 취소 또는 조사에 협조하지 않는 경우에는 조사를 중지할 수 있다.
⑦ 조사관은 별지 제3호서식의 사건처리 중간(결과)통지에 따라 서면, 팩스, 전자우편, 전화, 문자메시지 등의 방법을 통해 조사 진행 상황을 피해자에게 통지해야 한다.
⑧ 조사관은 조사처리 과정 중에 2차 피해 발생 여부를 지속적으로 확인하여 2차 피해 방지 조치를 해야 한다.
⑨ 조사관은 조사에 지장을 줄 우려가 있는 등의 부득이한 경우를 제외하고는 피해자의 신청이 있으면 피해자가 원하는 사람을 동석하게 할 수 있다.
⑩ 조사관은 피해자를 조사하는 경우 제11조에 규정된 피해자 보호조치를 하였는지 확인해야 한다.

3] 규칙 제11조(피해자등 보호 및 비밀유지)
① 경찰기관의 장은 조사기간 동안 피해자의 의사를 고려해 성희롱·성폭력 및 2차 피해 행위자와의 업무·공간 분리, 휴가 부여 등 적절한 조치를 취해야 한다.
② 경찰기관의 장은 조사 완료 후 행위자의 혐의가 인정되는 경우에는 피해자의 의사를 고려해 제1항의 조치를 해야 한다.
③ 제1항 및 제2항에 따른 분리 조치는 사안의 경중에 따라 다른 시·도경찰청 또는 경찰서로도 할 수 있다.
④ 경찰기관의 장은 특별한 사유가 없는 한 행위자가 견책 이상의 징계처분을 받은 때에는 2차 피해 방지를 위해 징계 처분일로부터 10년 동안 피해자와 동일한 관서에 근무하지 않도록 해야 하며, 피해자와 직무상 연관된 보직에 배치해서는 안 된다.
⑤ 경찰기관의 장은 피해자등에게 상담, 조사 신청, 협력 등을 이유로 다음 각호의 어느 하나에 해당하는 불리한 처우를 해서는 안 된다.
  1. 파면, 해임, 그 밖에 신분 상실에 해당하는 불이익 조치
  2. 징계, 승진 제한 등 부당한 인사조치
  3. 직무 미부여, 직무 재배치, 그 밖에 본인의 의사에 반하는 인사조치
  4. 성과평가 또는 동료평가 등에서 차별이나 그에 따른 임금 또는 상여금 등의 차별 지급
  5. 직업능력 개발 및 향상을 위한 교육훈련 기회의 제한
  6. 집단 따돌림, 폭행 또는 폭언 등 정신적·신체적 손상을 가져오는 행위를 하거나 이를 방치하는 행위
  7. 그 밖에 피해자등 의사에 반하는 불리한 처우
⑥ 성희롱·성폭력과 관계된 사안을 직무상 알게 된 사람은 사안의 조사 및 처리를 위해 필요한 경우를 제외하고는 동 사안 관계자의 신원은 물론 그 내용 등에 대하여 이를 누설해서는 안 된다.

07 ②

[해설] ② 징계처분 등 그 밖에 본인의 의사에 반한 불리한 처분이나 부작위(不作爲)에 관한 행정소송은 소청심사위원회의 심사·결정을 거치지 아니하면 제기할 수 없다(「국가공무원법」 제16조 제1항). 즉, 소청심사와 행정소송의 관계에 대하여 현행법은 필요적 전치주의를 원칙으로 하고 있다.

08 ④

[해설] ④ 동 규정은 「경찰관 직무집행법」이 아니라, 「경찰공무원 복무규정」에 두고 있는 내용이다.
경/찰/공/무/원/복/무/규/정
1] 지정장소외에서의 직무수행금지(제8조)
  경찰공무원은 상사의 허가를 받거나 그 명령에 의한 경우를 제외하고는 직무와 관계없는 장소에서 직무수행을

하여서는 아니된다.
  2] **근무시간중 음주금지(제9조)**
    경찰공무원은 근무시간중 음주를 하여서는 아니된다. 다만, 특별한 사정이 있는 경우에는 예외로 하되, 이 경우 주기가 있는 상태에서 직무를 수행하여서는 아니된다.
  3] **민사분쟁에의 부당개입금지(제10조)**
    경찰공무원은 직위 또는 직권을 이용하여 부당하게 타인의 민사분쟁에 개입하여서는 아니된다.
  4] **상관에 대한 신고(제11조)**
    경찰공무원은 신규채용·승진·전보·파견·출장·연가·교육훈련기관에의 입교 기타 신분관계 또는 근무관계 또는 근무관계의 변동이 있는 때에는 소속상관에게 신고를 하여야 한다.
  5] **보고 및 통보(제12조)** 경찰공무원은 치안상 필요한 상황의 보고 및 통보를 신속·정확·간결하게 하여야 한다.
  6] **여행의 제한(제13조)**
    경찰공무원은 휴무일 또는 근무시간외에 2시간 이내에 직무에 복귀하기 어려운 지역으로 여행을 하고자 할 때에는 소속 경찰기관의 장에게 신고를 하여야 한다. 다만, 치안상 특별한 사정이 있어 경찰청장, 해양경찰청장 또는 경찰기관의 장이 지정하는 기간중에는 소속경찰기관의 장의 허가를 받아야 한다.

09 ①

해설 ① [O] 「행정기본법」 제13조(부당결부금지원칙)
② [X] 「행정기본법」 제13조(부당결부금지원칙)
③ [대법원 1997.3.11. 96다49650]
  1] 수익적 행정행위에 있어서는 법령에 특별한 근거규정이 없다고 하더라도 그 부관으로서 부담을 붙일 수 있으나, 그러한 부담은 비례의 원칙, 부당결부금지의 원칙에 위반되지 않아야만 적법하다.
  2] 지방자치단체장이 사업자에게 주택사업계획승인을 하면서 그 주택사업과는 아무런 관련이 없는 토지를 기부채납하도록 하는 부관을 주택사업계획승인에 붙인 경우, 그 부관은 부당결부금지의 원칙에 위반되어 위법하지만, 지방자치단체장이 승인한 사업자의 주택사업계획은 상당히 큰 규모의 사업임에 반하여, 사업자가 기부채납한 토지 가액은 그 100분의 1 상당의 금액에 불과한 데다가, 사업자가 그 동안 그 부관에 대하여 아무런 이의를 제기하지 아니하다가 지방자치단체장이 업무착오로 기부채납한 토지에 대하여 보상협조요청서를 보내자 그 때서야 비로소 부관의 하자를 들고 나온 사정에 비추어 볼 때 부관의 하자가 중대하고 명백하여 당연무효라고는 볼 수 없다고 한 사례.
④ [대법원 2018.2.28. 2017두67476]
  1] 운전면허를 받은 사람이 음주운전을 한 경우에 운전면허의 취소 여부는 행정청의 재량행위이나, 음주운전으로 인한 교통사고의 증가와 그 결과의 참혹성 등에 비추어 보면 음주운전으로 인한 교통사고를 방지할 공익상의 필요는 더욱 중시되어야 하고, 운전면허의 취소에서는 일반의 수익적 행정행위의 취소와는 달리 취소로 인하여 입게 될 당사자의 불이익보다는 이를 방지하여야 하는 일반예방적 측면이 더욱 강조되어야 한다.
  2] 갑이 혈중알코올농도 0.140%의 주취상태로 배기량 125cc 이륜자동차를 운전하였다는 이유로 관할 지방경찰청장이 갑의 자동차운전면허[제1종 대형, 제1종 보통, 제1종 특수(대형견인·구난), 제2종 소형]를 취소하는 처분을 한 사안에서, 갑에 대하여 제1종 대형, 제1종 보통, 제1종 특수(대형견인·구난) 운전면허를 취소하지 않는다면, 갑이 각 운전면허로 배기량 125cc 이하 이륜자동차를 계속 운전할 수 있어 실질적으로는 아무런 불이익을 받지 않게 되는 점, 갑의 혈중알코올농도는 0.140%로서 도로교통법령에서 정하고 있는 운전면허 취소처분기준인 0.100%를 훨씬 초과하고 있고 갑에 대하여 특별히 감경해야 할 만한 사정을 찾아볼 수 없는 점, 갑이 음주상태에서 운전을 하지 않으면 안 되는 부득이한 사정이 있었다고 보이지 않는 점, 처분에 의하여 달성하려는 행정목적 등에 비추어 볼 때, 처분이 사회통념상 현저하게 타당성을 잃어 재량권을 남용하거나 한계를 일탈한 것이라고 단정하기에 충분하지 않음에도, 이와 달리 위 처분 중 제1종 대형, 제1종 보통, 제1종 특수(대형견

인·구난) 운전면허를 취소한 부분에 재량권을 일탈·남용한 위법이 있다고 본 원심판단에 재량권 일탈·남용에 관한 법리 등을 오해한 위법이 있다고 한 사례.

10 ③

해설 ③ 철회는 위법한 처분이 아니라 적법한 처분이 그 대상이다. 위법 또는 부당한 처분은 원시적인 하자가 있으나, 철회(적법하고 유효)는 원시적 하자는 없고 법령 등의 변경이나 사정변경으로 처분을 더 이상 존속시킬 필요가 없게 된 경우를 말한다.

1] 법 제18조(위법 또는 부당한 처분의 취소)
① 행정청은 위법 또는 부당한 처분의 전부나 일부를 소급하여 취소할 수 있다. 다만, 당사자의 신뢰를 보호할 가치가 있는 등 정당한 사유가 있는 경우에는 장래를 향하여 취소할 수 있다.
② 행정청은 제1항에 따라 당사자에게 권리나 이익을 부여하는 처분을 취소하려는 경우에는 취소로 인하여 당사자가 입게 될 불이익을 취소로 달성되는 공익과 비교·형량(衡量)하여야 한다. 다만, 다음 각호의 어느 하나에 해당하는 경우에는 그러하지 아니하다.
  1. 거짓이나 그 밖의 부정한 방법으로 처분을 받은 경우
  2. 당사자가 처분의 위법성을 알고 있었거나 중대한 과실로 알지 못한 경우

2] 법 제19조(적법한 처분의 철회)
① 행정청은 적법한 처분이 다음 각호의 어느 하나에 해당하는 경우에는 그 처분의 전부 또는 일부를 장래를 향하여 철회할 수 있다.
  1. 법률에서 정한 철회 사유에 해당하게 된 경우
  2. 법령등의 변경이나 사정변경으로 처분을 더 이상 존속시킬 필요가 없게 된 경우
  3. 중대한 공익을 위하여 필요한 경우
② 행정청은 제1항에 따라 처분을 철회하려는 경우에는 철회로 인하여 당사자가 입게 될 불이익을 철회로 달성되는 공익과 비교·형량하여야 한다.

11 ②

해설 1) [X] ⓒⓔ
2) [O] ⓐⓑⓓ

1] 대법원 2022. 7. 14. 선고, 2017다290538, 판결
1) 경찰관에게 부여된 권한의 불행사가 현저하게 불합리하다고 인정되는 경우, 직무상의 의무를 위반한 것으로서 위법한지 여부(적극)
2) 보호관찰관이 위치추적 전자장치 피부착자의 재범 방지에 유효한 실질적인 조치를 하지 아니한 것이 현저하게 불합리하다고 인정되는 경우, 직무상의 의무를 위반한 것으로서 위법한지 여부(적극)
3) 공무원의 부작위를 이유로 국가배상책임을 인정하기 위해서는 공무원의 작위로 국가배상책임을 인정하는 경우와 마찬가지로 '공무원이 직무를 집행하면서 고의 또는 과실로 법령을 위반하여 타인에게 손해를 입힌 때'라는 국가배상법 제2조 제1항의 요건이 충족되어야 한다. 여기서 '법령 위반'이란 엄격하게 형식적 의미의 법령에 명시적으로 공무원의 작위의무가 규정되어 있는데도 이를 위반하는 경우만을 의미하는 것은 아니고, 인권존중·권력남용금지·신의성실과 같이 공무원으로서 마땅히 지켜야 할 준칙이나 규범을 지키지 않고 위반한 경우를 포함하여 널리 객관적인 정당성이 없는 행위를 한 경우를 포함한다. 따라서 국민의 생명·신체·재산 등에 관하여 절박하고 중대한 위험상태가 발생하였거나 발생할 우려가 있어서 국민의 생명·신체·재산 등을 보호하는 것을 본래적 사명으로 하는 국가가 초법규적, 일차적으로 그 위험 배제에 나서지 않으면 국민의 생명·신체·재산 등을 보호할 수 없는 경우에는 형식적 의미의 법령에 근거가 없더라도 국가나 관련 공무원에 대하여 그러한 위험을 배제할 작위의무를 인정할 수 있다. 공무원의 부작위를 이유로 국가배상책임을 인정할 것인지가

문제 되는 경우에 관련 공무원에 대하여 작위의무를 명하는 법령 규정이 없다면 공무원의 부작위로 침해된 국민의 법익 또는 국민에게 발생한 손해가 어느 정도 심각하고 절박한 것인지, 관련 공무원이 그와 같은 결과를 예견하여 결과를 회피하기 위한 조치를 취할 가능성이 있는지 등을 종합적으로 고려하여 판단하여야 한다.

4) 경찰은 범죄의 예방, 진압 및 수사와 함께 국민의 생명, 신체 및 재산의 보호 기타 공공의 안녕과 질서유지를 직무로 하고 직무의 원활한 수행을 위하여 경찰관 직무집행법, 형사소송법 등 관계 법령에 의하여 여러 가지 권한이 부여되어 있다. 구체적인 직무를 수행하는 경찰관으로서는 여러 상황에 대응하여 자신에게 부여된 여러 가지 권한을 적절하게 행사하여 필요한 조치를 취할 수 있고, 그러한 권한은 일반적으로 경찰관의 전문적 판단에 기한 합리적인 재량에 위임되어 있는 것이다. 그러나 구체적인 사정에서 경찰관이 권한을 행사하여 필요한 조치를 하지 아니하는 것이 현저하게 불합리하다고 인정되는 경우 그러한 권한의 불행사는 직무상의 의무를 위반한 것으로 위법하다.

5) 보호관찰관의 위치추적 전자장치(전자장치) 피부착자에 대한 지도·감독과 원호 업무는 재범의 위험성이 매우 높은 전자장치 피부착자가 재범으로 나아가지 않게 함으로써 건전한 사회복귀를 촉진하고 일반 국민이 전자장치 피부착자의 재범에 따른 피해를 입지 않도록 하는 데 중요한 역할을 한다. 구체적인 상황에서 전자장치 피부착자에 대한 지도·감독이나 원호 업무를 어떻게 수행할 것인지는 원칙적으로 보호관찰관의 전문적, 합리적 재량에 위임되었지만, 전자장치 피부착자의 재범을 효과적으로 방지하기 위해서는 전자장치 피부착자의 성향이나 환경 및 개별 관찰 결과에 맞추어 재범 방지에 유효한 실질적인 조치를 선택하여 적극적으로 수행하여야 한다. 만약 보호관찰관이 이러한 조치를 하지 아니한 것이 현저하게 불합리하다면 직무상의 의무를 위반한 것이어서 위법하다고 보아야 한다.

2] 대법원 2020. 5. 14. 선고, 2020도398, 판결

1) 경찰관 직무집행법 제3조 제2항에 따라 행정경찰 목적의 경찰활동으로 행하여지는 임의동행 외에 형사소송법 제199조 제1항에 따라 범죄 수사를 위하여 이루어진 임의동행의 적법성이 인정되는 경우

2) 임의동행은 경찰관 직무집행법 제3조 제2항에 따른 행정경찰 목적의 경찰활동으로 행하여지는 것 외에도 형사소송법 제199조 제1항에 따라 범죄 수사를 위하여 수사관이 동행에 앞서 피의자에게 동행을 거부할 수 있음을 알려 주었거나 동행한 피의자가 언제든지 자유로이 동행과정에서 이탈 또는 동행장소로부터 퇴거할 수 있었음이 인정되는 등 오로지 피의자의 자발적인 의사에 의하여 이루어진 경우에도 가능하다.

3] 대법원 2014. 12. 11. 선고, 2014도7976, 판결

1) 경찰관이 신분증을 제시하지 않고 불심검문을 하였으나, 검문하는 사람이 경찰관이고 검문하는 이유가 범죄행위에 관한 것임을 피고인이 알고 있었던 경우, 그 불심검문이 위법한 공무집행인지 여부(소극)

2) 경찰관직무집행법(이하 '법'이라 한다) 제3조 제4항은 경찰관이 불심검문을 하고자 할 때에는 자신의 신분을 표시하는 증표를 제시하여야 한다고 규정하고, 경찰관직무집행법 시행령 제5조는 위 법에서 규정한 신분을 표시하는 증표는 경찰관의 공무원증이라고 규정하고 있는데, 불심검문을 하게 된 경위, 불심검문 당시의 현장상황과 검문을 하는 경찰관들의 복장, 피고인이 공무원증 제시나 신분 확인을 요구하였는지 여부 등을 종합적으로 고려하여, 검문하는 사람이 경찰관이고 검문하는 이유가 범죄행위에 관한 것임을 피고인이 충분히 알고 있었다고 보이는 경우에는 신분증을 제시하지 않았다고 하여 그 불심검문이 위법한 공무집행이라고 할 수 없다.

12 ②

해설 ② '술에 취한 상태'를 경찰공무원이 판단하기 때문에, 이 사건 조항에 따른 보호조치를 필요로 하는 피구호자에 해당하는지는 구체적인 상황을 고려하여 「경찰관 평균인」을 기준으로 판단한다.

[대법원 2012. 12. 13. 2012도11162 판결]

1) 경찰관직무집행법 제4조 제1항에서 정한 '술에 취한 상태'의 의미 및 위 조항에 따른 경찰관의 보호조치를 필요로 하는 피구호자에 해당하는지 판단하는 기준

2) 경찰관직무집행법 제4조 제1항에 따른 보호조치 요건이 갖추어지지 않았음에도 경찰관이 범죄수사를 목적으

로 피의자에 해당하는 사람을 위 조항의 피구호자로 삼아 의사에 반하여 경찰관서에 데려간 경우, 위법한 체포에 해당하는지 여부(적극)

3) 음주측정을 위하여 운전자를 강제로 연행할 때 준수하여야 하는 절차를 위반한 경우 위법한 체포에 해당하는지 여부(적극) 및 위법한 체포 상태에서 이루어진 음주측정요구에 불응한 행위를 음주측정거부에 관한 도로교통법 위반죄로 처벌할 수 있는지 여부(소극)

4) 경찰관직무집행법 제4조 제1항 제1호(이 사건 조항)에서 규정하는 술에 취한 상태로 인하여 자기 또는 타인의 생명·신체와 재산에 위해를 미칠 우려가 있는 피구호자에 대한 보호조치는 경찰 행정상 즉시강제에 해당하므로, 그 조치가 불가피한 최소한도 내에서만 행사되도록 발동·행사 요건을 신중하고 엄격하게 해석하여야 한다. 따라서 이 사건 조항의 '술에 취한 상태'란 피구호자가 술에 만취하여 정상적인 판단능력이나 의사능력을 상실할 정도에 이른 것을 말하고, 이 사건 조항에 따른 보호조치를 필요로 하는 피구호자에 해당하는지는 구체적인 상황을 고려하여 경찰관 평균인을 기준으로 판단하되, 그 판단은 보호조치의 취지와 목적에 비추어 현저하게 불합리하여서는 아니 되며, 피구호자의 가족 등에게 피구호자를 인계할 수 있다면 특별한 사정이 없는 한 경찰관서에서 피구호자를 보호하는 것은 허용되지 않는다.

5) 경찰관직무집행법 제4조 제1항 제1호(이 사건 조항)의 보호조치 요건이 갖추어지지 않았음에도, 경찰관이 실제로는 범죄수사를 목적으로 피의자에 해당하는 사람을 이 사건 조항의 피구호자로 삼아 그의 의사에 반하여 경찰관서에 데려간 행위는, 달리 현행범체포나 임의동행 등의 적법 요건을 갖추었다고 볼 사정이 없다면, 위법한 체포에 해당한다고 보아야 한다.

6) 교통안전과 위험방지를 위한 필요가 없음에도 주취운전을 하였다고 인정할 만한 상당한 이유가 있다는 이유만으로 이루어지는 음주측정은 이미 행하여진 주취운전이라는 범죄행위에 대한 증거 수집을 위한 수사절차로서 의미를 가지는데, 도로교통법상 규정들이 음주측정을 위한 강제처분의 근거가 될 수 없으므로 위와 같은 음주측정을 위하여 운전자를 강제로 연행하기 위해서는 수사상 강제처분에 관한 형사소송법상 절차에 따라야 하고, 이러한 절차를 무시한 채 이루어진 강제연행은 위법한 체포에 해당한다. 이와 같은 위법한 체포 상태에서 음주측정요구가 이루어진 경우, 음주측정요구를 위한 위법한 체포와 그에 이은 음주측정요구는 주취운전이라는 범죄행위에 대한 증거 수집을 위하여 연속하여 이루어진 것으로서 개별적으로 적법 여부를 평가하는 것은 적절하지 않으므로 일련의 과정을 전체적으로 보아 위법한 음주측정요구가 있었던 것으로 볼 수밖에 없고, 운전자가 주취운전을 하였다고 인정할 만한 상당한 이유가 있다 하더라도 운전자에게 경찰공무원의 이와 같은 위법한 음주측정요구까지 응할 의무가 있다고 보아 이를 강제하는 것은 부당하므로 그에 불응하였다고 하여 음주측정거부에 관한 도로교통법 위반죄로 처벌할 수 없다.

7) 화물차 운전자인 피고인이 경찰의 음주단속에 불응하고 도주하였다가 다른 차량에 막혀 더 이상 진행하지 못하게 되자 운전석에서 내려 다시 도주하려다 경찰관에게 검거되어 지구대로 보호조치된 후 2회에 걸쳐 음주측정요구를 거부하였다고 하여 도로교통법 위반(음주측정거부)으로 기소된 사안에서, 당시 피고인이 술에 취한 상태이기는 하였으나 술에 만취하여 정상적인 판단능력이나 의사능력을 상실할 정도에 있었다고 보기 어려운 점, 당시 상황에 비추어 평균적인 경찰관으로서는 피고인이 경찰관직무집행법 제4조 제1항 제1호(이하 이 사건 조항)의 보호조치를 필요로 하는 상태에 있었다고 판단하지 않았을 것으로 보이는 점, 경찰관이 피고인에 대하여 이 사건 조항에 따른 보호조치를 하고자 하였다면, 당시 옆에 있었던 피고인 처(妻)에게 피고인을 인계하였어야 하는데도, 피고인 처의 의사에 반하여 지구대로 데려간 점 등 제반 사정을 종합할 때, 경찰관이 피고인과 피고인 처의 의사에 반하여 피고인을 지구대로 데려간 행위를 적법한 보호조치라고 할 수 없고, 나아가 달리 적법 요건을 갖추었다고 볼 자료가 없는 이상 경찰관이 피고인을 지구대로 데려간 행위는 위법한 체포에 해당하므로, 그와 같이 위법한 체포 상태에서 이루어진 경찰관의 음주측정요구도 위법하다고 볼 수밖에 없어 그에 불응하였다고 하여 피고인을 음주측정거부에 관한 도로교통법 위반죄로 처벌할 수는 없는데도, 이와 달리 보아 유죄를 선고한 원심판결에 이 사건 조항의 보호조치에 관한 법리를 오해하여 위법한 체포상태에서의 도로교통법 위반(음주측정거부)죄 성립에 관한 판단을 그르친 위법이 있다고 한 사례.

13 ④

해설 ④ 범죄피해자 지원법인의 장 또는 보호시설의 장은 피해자나 피해자의 가족구성원을 긴급히 구조할 필요가 있을 때에는 경찰관서(지구대·파출소 및 출장소를 포함한다)의 장에게 그 소속 직원의 동행을 요청할 수 있으며, 요청을 받은 경찰관서의 장은 특별한 사유가 없으면 이에 따라야 한다(제46조의2).

14 ②

해설 1] 법 제4조(스토킹 실태조사)
① 여성가족부장관은 3년마다 스토킹에 대한 실태조사를 실시하여 그 결과를 발표하고, 이를 스토킹 방지를 위한 정책수립의 기초자료로 활용하여야 한다.
② 제1항에 따른 실태조사의 내용과 방법 등에 관하여 필요한 사항은 대통령령으로 정한다.

2] 법 제5조(스토킹 예방교육 등)
① 국가기관, 지방자치단체, 「초·중등교육법」에 따른 각급 학교 및 대통령령으로 정하는 공공단체의 장은 스토킹의 예방과 방지를 위하여 필요한 교육을 실시할 수 있다. 다만, 수사기관의 장은 사건 담당자 등 업무 관련자를 대상으로 필요한 교육을 실시하여야 한다.
② 제1항에 따라 스토킹 예방교육을 실시하는 경우 「가정폭력방지 및 피해자보호 등에 관한 법률」 제4조의3에 따른 가정폭력 예방교육, 「성매매방지 및 피해자보호 등에 관한 법률」 제5조에 따른 성매매 예방교육, 「성폭력방지 및 피해자보호 등에 관한 법률」 제5조에 따른 성교육 및 성폭력 예방교육, 「양성평등기본법」 제31조에 따른 성희롱 예방교육 등을 성평등 관점에서 통합하여 실시할 수 있다.
③ 국가기관, 지방자치단체의 장 및 대통령령으로 정하는 공공단체의 장은 스토킹 방지를 위한 자체 예방지침 마련, 사건 발생 시 재발방지대책 수립·시행 등 필요한 대책을 마련하여야 한다.
④ 「양성평등기본법」 제3조제3호에 따른 사용자는 스토킹 예방교육을 실시하는 등 직장 내 스토킹 예방을 위한 노력을 하여야 한다.
⑤ 여성가족부장관은 제1항에 따른 교육의 확산을 위하여 교육에 필요한 자료 또는 프로그램을 개발·보급하여야 한다
⑥ 제3항에 따른 재발방지대책에 포함되어야 할 사항은 대통령령으로 정한다.

15 ③

해설 내용이론은 사람을 움직이고 일하게 하는 구체적인 실체가 인간의 마음속에 있다는 것으로, Maslow의 욕구 5단계이론, Alderfer의 E.R.G이론, Herzberg의 욕구충족 2개요인(위생/동기)이론 등이 있다. 이에 비하여 과정이론은 인간의 욕구가 곧바로 인간행동을 유발하는 것이 아니라 자신의 행동이 가져오는 결과를 고려하며 행동한다는 것이다. Vroom의 기대이론, Porter & Lawler의 업적·만족이론, 아담스(Adams)의 공정성이론 등이 여기에 해당한다.

16 ①

해설 ㉠ [X] 3월 31일까지
㉡ [X]
1] 예산의 전용(제46조)
각 중앙관서의 장은 예산의 목적범위 안에서 재원의 효율적 활용을 위하여 대통령령으로 정하는 바에 따라 기획재정부장관의 승인을 얻어 각 세항 또는 목의 금액을 전용할 수 있다(제1항).
2] 예산의 이용·이체(제47조)
① 각 중앙관서의 장은 예산이 정한 각 기관 간 또는 각 장·관·항 간에 상호 이용(移用)할 수 없다. 다만, 다음 각호의 어느 하나에 해당하는 경우에 한정하여 미리 예산으로써 국회의 의결을 얻은 때에는 기획재정부장관의

승인을 얻어 이용하거나 기획재정부장관이 위임하는 범위 안에서 자체적으로 이용할 수 있다.
  1. 법령상 지출의무의 이행을 위한 경비 및 기관운영을 위한 필수적 경비의 부족액이 발생하는 경우
  2. 환율변동·유가변동 등 사전에 예측하기 어려운 불가피한 사정이 발생하는 경우
  3. 재해대책 재원 등으로 사용할 시급한 필요가 있는 경우
  4. 그 밖에 대통령령으로 정하는 경우
② 기획재정부장관은 정부조직 등에 관한 법령의 제정·개정 또는 폐지로 인하여 중앙관서의 직무와 권한에 변동이 있는 때에는 그 중앙관서의 장의 요구에 따라 그 예산을 상호 이용하거나 이체(移替)할 수 있다.
ⓒ [O]
ⓔ [X]

1] 중앙관서결산보고서의 작성 및 제출(제58조)
① 각 중앙관서의 장은 「국가회계법」에서 정하는 바에 따라 회계연도마다 작성한 결산보고서(중앙관서결산보고서)를 다음 연도 2월 말일까지 기획재정부장관에게 제출하여야 한다.
② 국회의 사무총장, 법원행정처장, 헌법재판소의 사무처장 및 중앙선거관리위원회의 사무총장은 회계연도마다 예비금사용명세서를 작성하여 다음 연도 2월말까지 기획재정부장관에게 제출하여야 한다.

2] 국가결산보고서의 작성 및 제출(제59조)
기획재정부장관은 「국가회계법」에서 정하는 바에 따라 회계연도마다 작성하여 대통령의 승인을 받은 국가결산보고서를 <u>다음 연도 4월 10일까지 감사원에 제출하여야 한다.</u>

3] 결산검사(제60조)
감사원은 제59조에 따라 제출된 국가결산보고서를 검사하고 그 보고서를 다음 연도 5월 20일까지 기획재정부장관에게 송부하여야 한다.

4] 국가결산보고서의 국회제출(제61조)
정부는 제60조에 따라 감사원의 검사를 거친 국가결산보고서를 다음 연도 5월 31일까지 국회에 제출하여야 한다.

17 ①

해설 ① 동 규칙의 개정으로 '형사사건의 수사 대상이 된 자'는 임의 회수사유로 바뀌었고, 또한 '직무상의 비위 등으로 인하여 징계 의결이 요구된 자'는 중징계의 경우(강제회수)와 경징계의 경우(임의회수)로 구분·처분하도록 하였다.

1] 무기고 및 탄약고 설치(제115조)
① 집중무기고는 다음 각호의 경찰기관에 설치한다.
   1. 경찰청
   2. 시·도경찰청
   3. 경찰대학, 경찰인재개발원, 중앙경찰학교 및 경찰수사연수원
   4. 경찰서
   5. 경찰기동대, 방범순찰대 및 경비대
   6. 의무경찰대
   7. 경찰특공대
   8. 기타 경찰청장이 지정하는 경찰관서
② 무기고와 탄약고는 견고하게 만들고 환기·방습장치와 방화시설 및 총가시설 등이 완비되어야 한다.
③ 탄약고는 무기고와 분리되어야 하며 가능한 본 청사와 격리된 독립 건물로 하여야 한다.
④ 무기고와 탄약고의 환기통 등에는 손이 들어가지 않도록 쇠창살 시설을 하고, 출입문은 2중으로 하여 각 1개소 이상씩 자물쇠를 설치하여야 한다.

⑤ 무기·탄약고 비상벨은 상황실과 숙직실 등 초동조치 가능장소와 연결하고, 외곽에는 철조망장치와 조명등 및 순찰함을 설치하여야 한다.
⑥ 간이무기고는 근무자가 24시간 상주하는 지구대, 파출소, 상황실 및 112타격대(지구대 및 상황실 등) 등 경찰기관의 장이 필요하다고 인정하는 상당한 이유가 있는 장소에 설치할 수 있다.
⑦ 탄약고 내에는 전기시설을 하여서는 아니되며, 조명은 건전지 등으로 하고 방화시설을 완비하여야 한다. 단, 방폭설비를 갖춘 경우 전기시설을 설치할 수 있다.

2] 무기·탄약의 회수 및 보관(제120조)
① 경찰기관의 장은 무기를 휴대한 자 중에서 다음 각호에 해당하는 자가 발생한 때에는 즉시 대여한 무기·탄약을 회수해야 한다. 다만, 대상자가 이의신청을 하거나 소속 부서장이 무기 소지 적격 여부에 대해 심의를 요청하는 경우에는 무기 소지 적격 심의위원회의 심의를 거쳐 대여한 무기·탄약의 회수여부를 결정한다.
  1. 직무상의 비위 등으로 인하여 중징계 의결 요구된 자
  2. 사의를 표명한 자
② 경찰기관의 장은 무기를 휴대한 자 중에서 다음 각호에 해당하는 자가 있을 때에는 심의위원회의 심의를 거쳐 대여한 무기·탄약을 회수할 수 있다. 다만, 심의위원회를 개최할 시간적 여유가 없거나 사고 방지 등을 위해 신속한 회수가 필요하다고 인정되는 경우에는 대여한 무기·탄약을 즉시 회수할 수 있으며, 회수한 날부터 7일 이내에 심의위원회를 개최하여 회수의 타당성을 심의하고 계속 회수 여부를 결정한다.
  1. 직무상의 비위 등으로 인하여 감찰조사의 대상이 되거나 경징계의결 요구 또는 경징계 처분 중인 자
  2. 형사사건의 수사 대상이 된 자
  3. 경찰공무원 직무적성검사 결과 고위험군에 해당되는 자
  4. 정신건강상 문제가 우려되어 치료가 필요한 자
  5. 정서적 불안 상태로 인하여 무기 소지가 적합하지 않은 자로서 소속 부서장의 요청이 있는 자
  6. 그 밖에 경찰기관의 장이 무기 소지 적격 여부에 대해 심의를 요청하는 자
③ 경찰기관의 장은 제1항과 제2항에 규정한 사유들이 소멸되면 직권 또는 당사자 신청에 따라 무기 소지 적격 심의위원회의 심의를 거쳐 무기 회수의 해제 조치를 할 수 있다.
④ 경찰기관의 장은 무기를 휴대한 자 중에서 다음 각호에 해당하는 경우에는 대여한 무기·탄약을 무기고에 보관하도록 해야 한다.
  1. 술자리 또는 연회장소에 출입할 경우
  2. 상사의 사무실을 출입할 경우
  3. 기타 정황을 판단하여 필요하다고 인정되는 경우

18 ③

[해설] 1] 공문서의 종류(제4조) 공문서의 종류는 다음 각호의 구분에 따른다.
1. 법규문서: 헌법·법률·대통령령·총리령·부령·조례·규칙(법령) 등에 관한 문서
2. 지시문서: 훈령·지시·예규·일일명령 등 행정기관이 그 하급기관이나 소속 공무원에 대하여 일정한 사항을 지시하는 문서
3. 공고문서: 고시·공고 등 행정기관이 일정한 사항을 일반에게 알리는 문서
4. 비치문서: 행정기관이 일정한 사항을 기록하여 행정기관 내부에 비치하면서 업무에 활용하는 대장, 카드 등의 문서
5. 민원문서: 민원인이 행정기관에 허가, 인가, 그 밖의 처분 등 특정한 행위를 요구하는 문서와 그에 대한 처리문서
6. 일반문서: 제1호부터 제5호까지의 문서에 속하지 아니하는 모든 문서

2] 문서의 성립 및 효력 발생(제6조)
① 문서는 결재권자가 해당 문서에 서명(전자이미지서명, 전자문자서명 및 행정전자서명을 포함한다. 이하 같다)의

방식으로 결재함으로써 성립한다.
② 문서는 수신자에게 도달(전자문서의 경우는 수신자가 관리하거나 지정한 전자적 시스템 등에 입력되는 것을 말한다)됨으로써 효력을 발생한다.
③ 제2항에도 불구하고 공고문서는 그 문서에서 효력발생 시기를 구체적으로 밝히고 있지 않으면 그 고시 또는 공고 등이 있은 날부터 5일이 경과한 때에 효력이 발생한다.

19 ①

해설) ㉠ [O] 국가배상법이 공법이냐 사법이냐에 대해서는 다툼이 있으나, 판례는 민사소송으로 다룬다.
㉡ [X] 국가 또는 지방자치단체, 「헌법」(제29조)상 국가 또는 공공단체
㉢ [O] 동법 제4조
㉣ [O] 동법 제2조 제2항
㉤ [O] 동법 제2조, 제5조
㉥ [O] 동법 7조

20 ③

해설) 1) [X] ⓧ(「행정조사기본법」), ⓧ(「행정기본법」), ⓔ(「행정기본법」)
2) [O] ㉠㉡㉢㉣㉤㉥㉦㉧㉨
법 개정으로 동법의 적용 범위에 확약, 위반사실 등의 공표, 행정계획 등에 관한 절차가 추가되었다. 하지만, 공법상 계약/행정조사/행정강제에 관한 절차는 다른 법령에서 규정하고 있다.

21 ②

해설) ② 경찰기관의 장은 소속 감찰관에 대하여 감찰관 보직 후 2년마다 적격심사를 실시하여 인사에 반영하여야 한다(제8조 제1항).
③ 특별감찰(제13조)

22 ④

해설) 1] 구성(제5조)
① 위원회는 위원장 1명을 포함하여 7명 이상 13명 이하의 위원으로 구성한다. 이때, 특정 성별이 전체 위원 수의 10분의 6을 초과하지 아니해야 한다.
② 위원장은 위원회에서 호선(互選)하며, 위원은 당연직 위원과 위촉 위원으로 구분한다.
③ 당연직 위원은 경찰청은 감사관, 시·도경찰청은 청문감사인권담당관으로 한다.
④ 위촉 위원은 인권 분야에 전문적인 지식과 경험이 있고 아래 각호의 어느 하나에 해당하는 사람 중에서 경찰청장 또는 시·도경찰청장이 위촉한다. 이때, 각호에 해당하는 사람이 반드시 1명 이상 포함되어야 한다.
  1. 판사·검사 또는 변호사로 3년 이상의 경력이 있는 사람
  2. 「초·중등교육법」제2조제1호부터 제4호, 「고등교육법」제2조제1호부터 제6호까지의 규정에 따른 학교에서 교원 또는 교직원으로 3년 이상 근무한 경력이 있는 사람
  3. 「비영리민간단체지원법」제2조제1호부터 제3호, 제5호부터 제6호까지의 규정에 따른 단체에서 인권 분야에 3년 이상 활동한 경력이 있거나 그러한 단체로부터 인권위원으로 위촉되기에 적합하다고 추천을 받은 사람
  4. 그 밖에 사회적 약자 등 다양한 사회 구성원의 목소리를 반영할 수 있는 사람
2] 위촉 위원의 결격사유(제6조)

① 다음 각호의 어느 하나에 해당하는 사람은 위원이 될 수 없다.
  1. 「공직선거법」에 따라 실시하는 선거에 후보자(예비후보자 포함)로 등록한 사람
  2. 「공직선거법」에 따라 실시하는 선거에 의하여 취임한 공무원이거나 그 직에서 퇴직한 날부터 3년이 지나지 아니한 사람
  3. 경찰의 직에 있거나 그 직에서 퇴직한 날부터 3년이 지나지 아니한 사람
  4. 「공직선거법」에 따른 선거사무관계자 및「정당법」에 따른 정당의 당원
② 위촉 위원이 제1항 각호의 어느 하나에 해당하게 된 때에는 당연히 퇴직한다.

3] 임기(제7조)
① 위원장과 위촉 위원의 임기는 위촉된 날로부터 2년으로 하며 위원장의 직은 연임할 수 없고, 위촉 위원은 두 차례만 연임할 수 있다.
② 위촉 위원에 결원이 생긴 경우 새로 위촉할 수 있고, 이 경우 새로 위촉된 위원의 임기는 위촉된 날부터 기산한다.

4] 위원장의 직무(제10조)
① 위원장은 위원회를 대표하며, 위원회의 업무를 총괄한다.
② 위원장이 일시적인 사유로 그 직무를 수행할 수 없을 경우에는 위원 중에서 위촉 일자가 빠른 순으로 그 직무를 대행한다. 다만, 위촉 일자가 같을 때에는 연장자 순으로 대행한다.
③ 위원장이 직무를 계속하여 수행할 수 없는 사유가 발생하거나 직무를 수행할 수 없다는 의사 표시를 한 경우에는 제2항의 대행자는 그 사유가 발생하거나 의사를 표시한 날로부터 30일 이내에 회의를 개최하여 위원장을 선출하여야 한다. 단, 위원장의 잔여 임기가 6개월 미만일 때에는 위원장을 선출하지 않을 수 있다.
④ 제3항에 따라 선출된 위원장의 임기는 전임 위원장의 잔여 임기로 한다.

5] 회의(제11조)
① 위원회의 회의는 정기회의와 임시회의로 구분하며, 재적위원 과반수의 출석으로 개의(開議)하고, 출석위원 과반수의 찬성으로 의결한다.
② 정기회의는 경찰청은 월 1회, 시·도경찰청은 분기 1회 개최한다.
③ 임시회의는 위원장이 필요하다고 인정하거나 청장 또는 재적위원 3분의 1 이상이 소집을 요구하는 경우 위원장이 소집한다.

23 ③

해설 ③ 무관용(Zero Tolerance)의 원칙은 사소한 규칙위반에도 관용을 베풀지 않겠다는 정책을 말한다. 유리창이 깨진 건물을 그대로 두면 사람들은 그 건물이 방치되어 있다고 여겨 다른 유리창을 부수면서까지 절도 등의 행위를 일삼게 된다는 것으로 범죄학자 죠지 켈링(G. Kelling)과 윌슨(J. Wilson)의 깨진 유리창 이론에 그 근거를 두고 있다. 1994년 루디 줄리아니 뉴욕시장과 브래튼 뉴욕 경찰국장은 가벼운 범죄라도 용납하지 않겠다며 무관용을 선포하였고, 이 정책은 일본 학원범죄의 대책으로 채택되기도 하였다. 우리나라에서도 불법시위 등에 무관용의 원칙을 도입·적용하고 있다. 이에 불법 집단행동사범에 대한 기소유예율이 대폭 감소하였다는 통계도 보여진다.
한편, 골드슈타인의 문제지향적 경찰활동(Problem Oriented Policing) 프로그램에서, Eck과 Spelman은 경찰기관의 문제해결과정을 제시하였는데 흔히 'SARA 모델'이라고 불린다. 이는 문제해결은 '조사(Scanning/탐색:Screening) → 분석(Analysis) → 대응(Response) → 평가(Assessment)'의 과정을 통해 궁극적인 방안을 모색하게 된다는 것이다.

24 ②

해설 1] 일일근무 지정(제29조)
① 지역경찰관서장은 지역경찰관서 및 치안센터의 설치목적, 근무인원, 치안수요, 기타 업무량 등을 고려하여 근무의 종류 및 실시 기준을 정한다.

② 순찰팀장은 제1항에 따라 지역경찰관서장이 정한 기준을 준수하여 당해 근무시간 내 관리팀원, 순찰팀원 및 치안센터 전담근무자의 개인별 근무 종류, 근무 장소, 중점 근무사항 등을 별지 제1호서식의 근무일지(갑지)에 구체적으로 지정하여야 한다.
③ 순찰팀장은 관리팀원에게 행정근무를 지정하고, 순찰팀원에게 상황 또는 순찰근무 지정하는 것을 원칙으로 하되, 필요한 경우에는 다른 근무를 지정하거나 병행하여 수행하도록 지정할 수 있다.
④ 순찰근무의 근무종류 및 근무구역은 지역 치안이 효율적으로 수행될 수 있도록 다음 각호의 사항을 고려하여 지정하여야 한다.
  1. 시간대별·장소별 치안수요
  2. 각종 사건사고 발생
  3. 순찰 인원 및 가용 장비
  4. 관할 면적 및 교통·지리적 여건
⑤ 삭제
⑥ 지역경찰관리자는 신고출동태세 유지 등을 위해 필요한 경우에는 휴게 및 식사시간도 대기 근무로 지정할 수 있다.

2] 근무내용의 변경(제30조)
관리팀원 및 순찰팀원이 물품구입, 등서 등 기타 사유로 지정된 근무종류 및 근무구역 등을 변경하고자 할 때에는 순찰팀장에게 보고하여야 한다.

3] 지역경찰의 동원(제31조)
① 시·도경찰청장 또는 경찰서장은 다음 각호에 정한 사유에 해당하는 경우로서 특히 필요하다고 인정되는 때에 한하여 지역경찰의 기본근무에 지장을 초래하지 않는 범위 내에서 지역경찰을 다른 근무에 동원할 수 있다.
  1. 다중범죄 진압, 대간첩작전 기타의 비상사태
  2. 경호경비 또는 각종 집회 및 행사의 경비
  3. 중요범인의 체포를 위한 긴급배치
  4. 화재, 폭발물, 풍수설해 등 중요사고의 발생
  5. 기타 다수 경찰관의 동원을 필요로 하는 행사 또는 업무
② 지역경찰 동원은 근무자 동원을 원칙으로 하되, 불가피한 경우에 한하여 비번자, 휴무자 순으로 동원할 수 있다.
③ 시·도경찰청장 또는 경찰서장은 비번자 또는 휴무자를 동원한 때에는 「경찰기관 상시근무 공무원의 근무시간 등에 관한 규칙」제5조가 정하는 바에 따라 초과근무수당을 지급하거나 추가 휴무를 부여하여야 한다.

25 ②

해설 ① [O] [대법원 2011도3934]
② [X] 「청소년성보호법」은 성매매의 대상이 된 아동·청소년을 보호·구제하려는 데 입법 취지가 있고, 「청소년성보호법」에서 '아동·청소년의 성매매 행위'가 아닌 '아동·청소년의 성을 사는 행위'라는 용어를 사용한 것은 아동·청소년은 보호대상에 해당하고 성매매의 주체가 될 수 없어 아동·청소년의 성을 사는 사람을 주체로 표현한 것이다. 그리고 아동·청소년의 성을 사는 행위를 알선하는 행위를 업으로 하는 사람이 그 알선의 대상이 아동·청소년임을 인식하면서 위와 같은 알선행위를 하였다면, 그 알선행위로 아동·청소년의 성을 사는 행위를 한 사람이 그 행위의 상대방이 아동·청소년임을 인식하고 있었는지 여부는 위와 같은 알선행위를 한 사람의 책임에 영향을 미칠 이유가 없다. 따라서 아동·청소년의 성을 사는 행위를 알선하는 행위를 업으로 하여 「청소년성보호법」제15조 제1항 제2호의 위반죄가 성립하기 위해서는 그러한 알선행위를 업으로 하는 사람이 아동·청소년을 알선의 대상으로 삼아 그 성을 사는 행위를 알선한다는 것을 인식하여야 하지만, 이에 더하여 위와 같은 알선행위로 아동·청소년의 성을 사는 행위를 한 사람이 그 행위의 상대방이 아동·청소년임을 인식하여야 한다고 볼 수는 없다. [대법원 2016. 2. 18. 선고, 2015도15664, 판결]

③ [O][대법원 2014도5173]
④ [O] 하지만, 영업으로 아동·청소년을 아동·청소년의 성을 사는 행위의 상대방이 되도록 유인·권유한 자에 대한 미수범 처벌규정은 있다.

26 ④

해설 ④ 사법경찰관리가 신분비공개수사를 진행하고자 할 때에는 사전에 상급 경찰관서 수사부서의 장의 승인을 받아야 한다. 이 경우 그 수사기간은 3개월을 초과할 수 없다. 한편 사법경찰관리는 신분위장수사를 하려는 경우에는 검사에게 신분위장수사에 대한 허가를 신청하고, 검사는 법원에 그 허가를 청구한다. 신분위장수사의 기간은 3개월을 초과할 수 없으며, 그 수사기간 중 수사의 목적이 달성되었을 경우에는 즉시 종료하여야 한다.

아동·청소년대상 디지털 성범죄의 수사 특례(제25조의2)

① 사법경찰관리는 다음 각호의 어느 하나에 해당하는 범죄(디지털 성범죄)에 대하여 신분을 비공개하고 범죄현장(정보통신망을 포함) 또는 범인으로 추정되는 자들에게 접근하여 범죄행위의 증거 및 자료 등을 수집(신분비공개수사)할 수 있다.
   1. 제11조(아동·청소년성착취물의 제작·배포 등) 및 제15조의2(아동·청소년에 대한 성착취 목적 대화 등)의 죄
   2. 아동·청소년에 대한「성폭력범죄의 처벌 등에 관한 특례법」제14조제2항 및 제3항의 죄

   > 「성폭력범죄의 처벌 등에 관한 특례법」제14조(카메라 등을 이용한 촬영)
   > ① 카메라나 그 밖에 이와 유사한 기능을 갖춘 기계장치를 이용하여 성적 욕망 또는 수치심을 유발할 수 있는 사람의 신체를 촬영대상자의 의사에 반하여 촬영한 자는 7년 이하의 징역 또는 5천만원 이하의 벌금에 처한다.
   > ② 제1항에 따른 촬영물 또는 복제물(복제물의 복제물을 포함)을 반포·판매·임대·제공 또는 공공연하게 전시·상영(반포등)한 자 또는 제1항의 촬영이 촬영 당시에는 촬영대상자의 의사에 반하지 아니한 경우(자신의 신체를 직접 촬영한 경우를 포함)에도 사후에 그 촬영물 또는 복제물을 촬영대상자의 의사에 반하여 반포등을 한 자는 7년 이하의 징역 또는 5천만원 이하의 벌금에 처한다.
   > ③ 영리를 목적으로 촬영대상자의 의사에 반하여「정보통신망 이용촉진 및 정보보호 등에 관한 법률」제2조제1항제1호의 정보통신망을 이용하여 제2항의 죄를 범한 자는 3년 이상의 유기징역에 처한다.
   > ④ 제1항 또는 제2항의 촬영물 또는 복제물을 소지·구입·저장 또는 시청한 자는 3년 이하의 징역 또는 3천만원 이하의 벌금에 처한다.
   > ⑤ 상습으로 제1항부터 제3항까지의 죄를 범한 때에는 그 죄에 정한 형의 2분의 1까지 가중한다.

② 사법경찰관리는 디지털 성범죄를 계획 또는 실행하고 있거나 실행하였다고 의심할 만한 충분한 이유가 있고, 다른 방법으로는 그 범죄의 실행을 저지하거나 범인의 체포 또는 증거의 수집이 어려운 경우에 한정하여 수사 목적을 달성하기 위하여 부득이한 때에는 다음 각 호의 행위(신분위장수사)를 할 수 있다.
   1. 신분을 위장하기 위한 문서, 도화 및 전자기록 등의 작성, 변경 또는 행사
   2. 위장 신분을 사용한 계약·거래
   3. 아동·청소년성착취물 또는「성폭력범죄의 처벌 등에 관한 특례법」제14조제2항의 촬영물 또는 복제물(복제물의 복제물을 포함)의 소지, 판매 또는 광고

③ 제1항에 따른 수사의 방법 등에 필요한 사항은 대통령령으로 정한다.

27 ①

해설 1] 정의(제2조) 이 법에서 사용하는 용어의 뜻은 다음과 같다.

1. "스토킹행위"란 상대방의 의사에 반(反)하여 정당한 이유 없이 다음 각 목의 어느 하나에 해당하는 행위를 하여 상대방에게 불안감 또는 공포심을 일으키는 것을 말한다.
   가. 상대방 또는 그의 동거인, 가족(상대방등)에게 접근하거나 따라다니거나 진로를 막아서는 행위
   나. 상대방등의 주거, 직장, 학교, 그 밖에 일상적으로 생활하는 장소(주거등) 또는 그 부근에서 기다리거나 지켜보는 행위
   다. 상대방등에게 우편·전화·팩스 또는 「정보통신망 이용촉진 및 정보보호 등에 관한 법률」 제2조제1항제1호의 정보통신망을 이용하여 물건이나 글·말·부호·음향·그림·영상·화상(물건등)을 도달하게 하거나 정보통신망을 이용하는 프로그램 또는 전화의 기능에 의하여 글·말·부호·음향·그림·영상·화상이 상대방등에게 나타나게 하는 행위
   라. 상대방등에게 직접 또는 제3자를 통하여 물건등을 도달하게 하거나 주거등 또는 그 부근에 물건등을 두는 행위
   마. 상대방등의 주거등 또는 그 부근에 놓여져 있는 물건등을 훼손하는 행위
   바. 다음의 어느 하나에 해당하는 상대방등의 정보를 정보통신망을 이용하여 제3자에게 제공하거나 배포 또는 게시하는 행위
      1) 「개인정보 보호법」 제2조제1호의 개인정보
      2) 「위치정보의 보호 및 이용 등에 관한 법률」 제2조제2호의 개인위치정보
      3) 1) 또는 2)의 정보를 편집·합성 또는 가공한 정보(해당 정보주체를 식별할 수 있는 경우로 한정한다)
   사. 정보통신망을 통하여 상대방등의 이름, 명칭, 사진, 영상 또는 신분에 관한 정보를 이용하여 자신이 상대방 등인 것처럼 가장하는 행위 *주거 등의 침입이나 건조물의 손괴 X
2. "스토킹범죄"란 지속적 또는 반복적으로 스토킹행위를 하는 것을 말한다.
3. "피해자"란 스토킹범죄로 직접적인 피해를 입은 사람을 말한다.
4. "피해자등"이란 피해자 및 스토킹행위의 상대방을 말한다.
2] 지속적 괴롭힘(「경범죄처벌법」 제3조)
   상대방의 명시적 의사에 반하여 지속적으로 접근을 시도하여 면회 또는 교제를 요구하거나 지켜보기, 따라다니기, 잠복하여 기다리기 등의 행위를 반복하여 하는 사람(제3조 제1항 41호)

28 ①

[해설] 1] 규정 제2조(적용 범위)
검사와 사법경찰관의 협력관계, 일반적인 수사의 절차와 방법에 관하여 다른 법령에 특별한 규정이 있는 경우를 제외하고는 이 영이 정하는 바에 따른다.
2] 규정 제5조(형사사건의 공개금지 등)
① 검사와 사법경찰관은 공소제기 전의 형사사건에 관한 내용을 공개해서는 안 된다.
② 검사와 사법경찰관은 수사의 전(全) 과정에서 피의자와 사건관계인의 사생활의 비밀을 보호하고 그들의 명예나 신용이 훼손되지 않도록 노력해야 한다.
③ 제1항에도 불구하고 법무부장관, 경찰청장 또는 해양경찰청장은 무죄추정의 원칙과 국민의 알권리 등을 종합적으로 고려하여 형사사건 공개에 관한 준칙을 정할 수 있다.
3] 규정 제7조(중요사건 협력절차)
검사와 사법경찰관은 공소시효가 임박한 사건이나 내란, 외환, 대공, 선거, 노동, 집단행동 등 중요한 사건의 경우에는 송치 전에 수사할 사항, 증거 수집의 대상, 법령의 적용, 범죄수익 환수를 위한 조치 등에 관하여 상호 의견을 제시·교환할 것을 요청할 수 있다. 이 경우 검사와 사법경찰관은 특별한 사정이 없으면 상대방의 요청에 응해야 한다.
4] 규정 제16조(수사의 개시)

① 검사 또는 사법경찰관이 다음 각호의 어느 하나에 해당하는 행위에 착수한 때에는 수사를 개시한 것으로 본다. 이 경우 검사 또는 사법경찰관은 해당 사건을 즉시 입건해야 한다.
  1. 피혐의자의 수사기관 출석조사
  2. 피의자신문조서의 작성
  3. 긴급체포
  4. 체포 · 구속영장의 청구 또는 신청
  5. 사람의 신체, 주거, 관리하는 건조물, 자동차, 선박, 항공기 또는 점유하는 방실에 대한 압수 · 수색 또는 검증영장(부검을 위한 검증영장은 제외한다)의 청구 또는 신청
② 검사 또는 사법경찰관은 수사 중인 사건의 범죄 혐의를 밝히기 위한 목적으로 관련 없는 사건의 수사를 개시하거나 수사기간을 부당하게 연장해서는 안 된다.
③ 검사 또는 사법경찰관은 입건 전에 범죄를 의심할 만한 정황이 있어 수사 개시 여부를 결정하기 위한 사실관계의 확인 등 필요한 조사를 할 때에는 적법절차를 준수하고 사건관계인의 인권을 존중하며, 조사가 부당하게 장기화되지 않도록 신속하게 진행해야 한다.
④ 검사 또는 사법경찰관은 제3항에 따른 조사 결과 입건하지 않는 결정을 한 때에는 피해자에 대한 보복범죄나 2차 피해가 우려되는 경우 등을 제외하고는 피혐의자 및 사건관계인에게 통지해야 한다.
⑤ 제4항에 따른 통지의 구체적인 방법 및 절차 등은 법무부장관, 경찰청장 또는 해양경찰청장이 정한다.
⑥ 제3항에 따른 조사와 관련한 서류 등의 열람 및 복사에 관하여는 제69조제1항, 제3항, 제5항(같은 조 제1항 및 제3항을 준용하는 부분으로 한정한다. 이하 이 항에서 같다) 및 제6항(같은 조 제1항, 제3항 및 제5항에 따른 신청을 받은 경우로 한정한다)을 준용한다.

5] 고소 · 고발 사건의 수리(제16조의2) *신설
① 검사 또는 사법경찰관은 고소 또는 고발을 받은 경우에는 이를 수리해야 한다.
② 검사 또는 사법경찰관은 고소 또는 고발에 따라 범죄를 수사하는 경우에는 고소 또는 고발을 수리한 날부터 3개월 이내에 수사를 마쳐야 한다.

6] 규정 제17조(변사자의 검시 등)
① 사법경찰관은 변사자 또는 변사한 것으로 의심되는 사체가 있으면 변사사건 발생사실을 검사에게 통보해야 한다.
② 검사는 법 제222조제1항에 따라 검시를 했을 경우에는 검시조서를, 검증영장이나 같은 조 제2항에 따라 검증을 했을 경우에는 검증조서를 각각 작성하여 사법경찰관에게 송부해야 한다.
③ 사법경찰관은 법 제222조제1항 및 제3항에 따라 검시를 했을 경우에는 검시조서를, 검증영장이나 같은 조 제2항 및 제3항에 따라 검증을 했을 경우에는 검증조서를 각각 작성하여 검사에게 송부해야 한다.
④ 검사와 사법경찰관은 법 제222조에 따라 변사자의 검시를 한 사건에 대해 사건 종결 전에 수사할 사항 등에 관하여 상호 의견을 제시 · 교환해야 한다.

7] 규정 제59조(보완수사요구의 대상과 범위)
검사는 사법경찰관으로부터 송치받은 사건에 대해 보완수사가 필요하다고 인정하는 경우에는 직접 보완수사를 하거나 법 제197조의2제1항제1호에 따라 사법경찰관에게 보완수사를 요구할 수 있다. 다만, 송치사건의 공소제기 여부 결정에 필요한 경우로서 다음 각호의 어느 하나에 해당하는 경우에는 특별히 사법경찰관에게 보완수사를 요구할 필요가 있다고 인정되는 경우를 제외하고는 검사가 직접 보완수사를 하는 것을 원칙으로 한다(제1항).

29 ④

해설 ④ 제106조에도 불구하고 행정기관 고발사건 중 법정형이 2년 이하의 징역에 해당하는 범죄로 수사중지된 자를 발견한 발견관서의 경찰관은 통보관서로부터 수사중지결정서를 팩스 등의 방법으로 송부받아 피의자를 조사한

후 조사서류만 통보관서로 보낼 수 있다. 다만, 피의자가 상습적인 법규위반자 또는 전과자이거나 위반사실을 부인하는 경우에는 그러하지 아니 하다(제107조).

30 ③

[해설] ③ [X] 수사를 위하여 통신사실확인자료 중 ㈎**실시간 추적자료** 또는 ㈏**특정한 기지국에 대한 통신사실확인자료**에 해당하는 자료가 필요한 경우에는 다른 방법으로는 범죄의 실행을 저지하기 어렵거나 범인의 발견·확보 또는 증거의 수집·보전이 어려운 경우에만 전기통신사업자에게 해당 자료의 열람이나 제출을 요청할 수 있다(「통신비밀보호법」 제13조 제2항).

① [O] 총 282개 범죄가 해당되나, 「형법」 제8장 공무방해에 관한 죄, 제25장 상해와 폭행의 죄, 제30장 협박의 죄 중 존속협박죄, 업무방해죄(제314조), 미성년자 등에 대한 간음죄(제302조) 등은 제외된다(동법 제5조 제1항).

② [O] 「전기통신사업법」 제83조 제3항

④ [O] 검열이란 우편물에 대하여 당사자의 동의없이 이를 개봉하거나 기타의 방법으로 그 내용을 지득 또는 채록하거나 유치하는 것을 말하고(통신비밀보호법 제2조 제6호), 감청은 전기통신에 대하여 당사자의 동의없이 전자장치·기계장치등을 사용하여 통신의 음향·문언·부호·영상을 청취·공독하여 그 내용을 지득 또는 채록하거나 전기통신의 송·수신을 방해하는 것을 말한다(동조 제7호).

1] 「통신비밀보호법」 제13조(범죄수사를 위한 통신사실 확인자료제공의 절차)
① 검사 또는 사법경찰관은 수사 또는 형의 집행을 위하여 필요한 경우 전기통신사업법에 의한 전기통신사업자에게 통신사실 확인자료의 열람이나 제출(통신사실 확인자료제공)을 요청할 수 있다.
② 검사 또는 사법경찰관은 제1항에도 불구하고 수사를 위하여 통신사실확인자료 중 다음 각 호의 어느 하나에 해당하는 자료가 필요한 경우에는 다른 방법으로는 범죄의 실행을 저지하기 어렵거나 범인의 발견·확보 또는 증거의 수집·보전이 어려운 경우에만 전기통신사업자에게 해당 자료의 열람이나 제출을 요청할 수 있다. 다만, 제5조제1항 각호의 어느 하나에 해당하는 범죄 또는 전기통신을 수단으로 하는 범죄에 대한 통신사실확인자료가 필요한 경우에는 제1항에 따라 열람이나 제출을 요청할 수 있다.
  1. 제2조제11호바목·사목 중 실시간 추적자료
  2. 특정한 기지국에 대한 통신사실확인자료
③ 제1항 및 제2항에 따라 통신사실 확인자료제공을 요청하는 경우에는 요청사유, 해당 가입자와의 연관성 및 필요한 자료의 범위를 기록한 서면으로 관할 지방법원(군사법원을 포함) 또는 지원의 허가를 받아야 한다. 다만, 관할 지방법원 또는 지원의 허가를 받을 수 없는 긴급한 사유가 있는 때에는 통신사실 확인자료제공을 요청한 후 지체 없이 그 허가를 받아 전기통신사업자에게 송부하여야 한다.
④ 제3항 단서에 따라 긴급한 사유로 통신사실확인자료를 제공받았으나 지방법원 또는 지원의 허가를 받지 못한 경우에는 지체 없이 제공받은 통신사실확인자료를 폐기하여야 한다.
⑤ 검사 또는 사법경찰관은 제3항에 따라 통신사실 확인자료제공을 받은 때에는 해당 통신사실 확인자료제공요청사실 등 필요한 사항을 기재한 대장과 통신사실 확인자료제공요청서 등 관련자료를 소속기관에 비치하여야 한다.
⑥ 지방법원 또는 지원은 제3항에 따라 통신사실 확인자료제공 요청허가청구를 받은 현황, 이를 허가한 현황 및 관련된 자료를 보존하여야 한다.
⑦ 전기통신사업자는 검사, 사법경찰관 또는 정보수사기관의 장에게 통신사실 확인자료를 제공한 때에는 자료제공현황 등을 연 2회 과학기술정보통신부장관에게 보고하고, 해당 통신사실 확인자료 제공사실등 필요한 사항을 기재한 대장과 통신사실 확인자료제공요청서등 관련자료를 통신사실확인자료를 제공한 날부터 7년간 비치하여야 한다.

2] 「전기통신사업법」 제83조(통신비밀의 보호)

① 누구든지 전기통신사업자가 취급 중에 있는 통신의 비밀을 침해하거나 누설하여서는 아니 된다.
② 전기통신업무에 종사하는 사람 또는 종사하였던 사람은 그 재직 중에 통신에 관하여 알게 된 타인의 비밀을 누설하여서는 아니 된다.
③ 전기통신사업자는 법원, 검사 또는 수사관서의 장(군 수사기관의 장, 국세청장 및 지방국세청장을 포함), 정보수사기관의 장이 재판, 수사(「조세범 처벌법」 제10조제1항·제3항·제4항의 범죄 중 전화, 인터넷 등을 이용한 범칙사건의 조사를 포함), 형의 집행 또는 국가안전보장에 대한 위해를 방지하기 위한 정보수집을 위하여 다음 각호의 자료의 열람이나 제출(통신자료제공)을 요청하면 그 요청에 따를 수 있다.
 1. 이용자의 성명
 2. 이용자의 주민등록번호
 3. 이용자의 주소
 4. 이용자의 전화번호
 5. 이용자의 아이디(컴퓨터시스템이나 통신망의 정당한 이용자임을 알아보기 위한 이용자 식별부호를 말한다)
 6. 이용자의 가입일 또는 해지일
④ 제3항에 따른 통신자료제공 요청은 요청사유, 해당 이용자와의 연관성, 필요한 자료의 범위를 기재한 서면(자료제공요청서)으로 하여야 한다. 다만, 서면으로 요청할 수 없는 긴급한 사유가 있을 때에는 서면에 의하지 아니하는 방법으로 요청할 수 있으며, 그 사유가 없어지면 지체 없이 전기통신사업자에게 자료제공요청서를 제출하여야 한다.
⑤ 전기통신사업자는 제3항과 제4항의 절차에 따라 통신자료제공을 한 경우에는 해당 통신자료제공 사실 등 필요한 사항을 기재한 대통령령으로 정하는 대장과 자료제공요청서 등 관련 자료를 갖추어 두어야 한다.
⑥ 전기통신사업자는 대통령령으로 정하는 방법에 따라 통신자료제공을 한 현황 등을 연 2회 과학기술정보통신부장관에게 보고하여야 하며, 과학기술정보통신부장관은 전기통신사업자가 보고한 내용의 사실 여부 및 제5항에 따른 관련 자료의 관리 상태를 점검할 수 있다.

31 ④

해설 배/치/의/폐/지(제10조의5)
① 청원주는 청원경찰이 배치된 시설이 폐쇄되거나 축소되어 청원경찰의 배치를 폐지하거나 배치인원을 감축할 필요가 있다고 인정하면 청원경찰의 배치를 폐지하거나 배치인원을 감축할 수 있다. 다만, 청원주는 다음 각 호의 어느 하나에 해당하는 경우에는 청원경찰의 배치를 폐지하거나 배치인원을 감축할 수 없다.
 1. 청원경찰을 대체할 목적으로 「경비업법」에 따른 특수경비원을 배치하는 경우
 2. 청원경찰이 배치된 기관·시설 또는 사업장 등이 배치인원의 변동사유 없이 다른 곳으로 이전하는 경우
② 제1항에 따라 청원주가 청원경찰을 폐지하거나 감축하였을 때에는 청원경찰 배치 결정을 한 경찰관서의 장에게 알려야 하며, 그 사업장이 제4조제3항에 따라 시·도경찰청장이 청원경찰의 배치를 요청한 사업장일 때에는 그 폐지 또는 감축 사유를 구체적으로 밝혀야 한다.
③ 제1항에 따라 청원경찰의 배치를 폐지하거나 배치인원을 감축하는 경우 해당 청원주는 배치폐지나 배치인원 감축으로 과원(過員)이 되는 청원경찰 인원을 그 기관·시설 또는 사업장 내의 유사 업무에 종사하게 하거나 다른 시설·사업장 등에 재배치하는 등 청원경찰의 고용이 보장될 수 있도록 노력하여야 한다.

32 ④

해설 ④ 시·도경찰청등의 장은 관할 지역 내에서 재난이 발생하였거나 발생할 우려가 있는 경우 재난상황실을 설치·운영할 수 있다. 다만, 시·도경찰청등에 재난대책본부가 설치되었거나, 법 제38조에 따라 '심각' 단계의 위기경보가 발령된 경우에는 재난상황실을 설치·운영하여야 한다(「경찰 재난관리규칙」 제9조).
1] 「테러 취약시설 안전활동에 관한 규칙」

1) 다중이용건축물등의 분류(제9조)
① 다중이용건축물등은 기능·역할의 중요성과 가치의 정도에 따라 "A"등급, "B"등급, "C"등급으로 구분하며, 그 기준은 다음 각호와 같다.
  1. A급 : 테러에 의하여 파괴되거나 기능 마비시 광범위한 지역의 대테러진압작전이 요구되고, 국민생활에 결정적인 영향을 미칠 수 있는 건축물 또는 시설
  2. B급 : 테러에 의하여 파괴되거나 기능 마비시 일부 지역의 대테러진압작전이 요구되고, 국민생활에 중대한 영향을 미칠 수 있는 건축물 또는 시설
  3. C급 : 테러에 의하여 파괴되거나 기능 마비시 제한된 지역에서 단기간 대테러진압작전이 요구되고, 국민생활에 상당한 영향을 미칠 수 있는 건축물 또는 시설
② 제2조제1호마목의 시설의 경우 제1항 각호의 기준에 따라 구분 및 관리한다.
2) 국가중요시설 지도·점검(제21조)
① 경찰서장은 관할 내에 있는 국가중요시설 전체에 대하여 연 1회 이상 지도·점검을 실시하여야 한다.
② 시·도경찰청장은 관할 내 국가중요시설 중 선별하여 연 1회 이상 지도·점검을 실시한다.
③ 경찰청장은 경찰관서장이 국가중요시설에 대해 적절한 지도·점검을 실시하는지 감독하고, 선별적으로 지도·점검을 실시한다.
④ 경찰관서장이「통합방위지침」에 의한 경·군 합동으로 지도·점검을 실시한 경우에는 해당 기간에 자체 지도·점검을 실시한 것으로 본다.
3) 다중이용건축물등 지도·점검(제22조)
① 경찰서장은 관할 내에 있는 다중이용건축물등 전체에 대해 해당 시설 관리자의 동의를 받아 다음 각 호와 같이 지도·점검을 실시하여야 한다.
  1. A급 : 분기 1회 이상
  2. B급, C급 : 반기 1회 이상
② 시·도경찰청장은 관할 내 다중이용건축물등 중 일부를 선별하여 해당 시설 관리자의 동의를 받아 반기 1회 이상 지도·점검을 실시하여야 한다.
③ 경찰청장은 경찰관서장이 다중이용건축물등에 대해 적절한 지도·점검을 실시하는지 감독하고, 해당 시설 관리자의 동의를 받아 선별적으로 지도·점검을 실시하여야 한다.
④ 테러경보 상향에 따른 다중이용건축물등 지도·점검 기준은 별표4와 같다.
4) 심의위원회 구성 및 운영(제14조)
① 심의위원회는 위기관리센터에 비상설로 두며, 다음 각호와 같이 구성한다.
  1. 위원장 : 경찰청 경비국장
  2. 부위원장 : 위기관리센터장
  3. 위원
    가. 경비국 경비과장, 경호과장 등등

2]「경찰 재난관리 규칙」
1) 치안상황관리관은 재난이 발생하였거나 재난이 발생할 우려가 있는 경우에는 위기관리센터 또는 치안종합상황실에 재난상황실을 설치·운영할 수 있다. 다만, 제11조의 재난대책본부가 설치되었거나「재난 및 안전관리 기본법」제38조에 따라 '심각' 단계의 위기경보가 발령된 경우에는 재난상황실을 설치·운영하여야 한다(제4조).
2) 재난상황실에는 재난상황실장(상황실장) 1명을 두며 상황실장은 위기관리센터장으로 한다. 다만, 일과시간 외 또는 토요일·공휴일에는 상황관리관(상황관리관의 임무를 수행하는 자를 포함)이 상황실장의 임무를 대행할 수 있다(동 규칙 제5조 제1항).
3) 시도경찰청등의 장은 관할 지역 내에서 재난이 발생하였거나 발생할 우려가 있는 경우 재난상황실을 설치·운영할 수 있다. 다만, 시도경찰청등에 재난대책본부가 설치되었거나, 법 제38조에 따라 '심각' 단계의 위기경보

가 발령된 경우에는 재난상황실을 설치·운영하여야 한다(동 규칙 제9조 제1항).
4) 시도경찰청등의 상황실장은 재난의 발생일시·장소 및 원인, 인적·물적 피해 현황, 초동 조치 사항, 대응 및 복구활동 사항, 그밖에 재난관리를 위해 필요한 사항을 경찰청 치안상황관리관에게 수시 보고하여야 한다(동 규칙 제10조 제1항).
5) 경찰청 재난대책본부의 설치(제11조)
경찰청장은 인명 또는 재산의 피해정도가 매우 큰 재난 또는 사회적, 경제적으로 광범위한 영향이 있는 재난이 발생하였거나 발생할 우려가 있어 이에 대한 전국적인 관리가 필요하다고 인정하는 경우 경찰청에 재난대책본부를 설치할 수 있다.
6) 재난대책본부의 구성(제12조)
재난대책본부는 치안상황관리관이 본부장이 되고 위기관리센터장, 혁신기획조정담당관, 경무담당관, 범죄예방정책과장, 교통기획과장, 경비과장, 정보관리과장, 외사기획정보과장, 수사운영지원담당관, 경제범죄수사과장, 강력범죄수사과장, 사이버수사기획과장, 안보기획관리과장, 홍보담당관, 감사담당관, 정보화장비기획담당관, 과학수사담당관 및 그 밖에 본부장이 지정하는 사람으로 구성한다(제1항).
7) 재난대책본부의 격상(제15조)
① 제12조에도 불구하고 재난에 대한 범정부적 차원의 통합대응이 필요하다고 인정되는 경우 본부장을 경찰청장 또는 경찰청 차장으로 격상하여 운영할 수 있다.
② 제1항의 경우 재난대책본부를 구성하는 사람은 제12조제1항에 해당하는 사람의 상급자인 국·관으로 한다. 이 경우, 총괄운영단장은 치안상황관리관이 되고 대책실행단장과 대책지원단장은 경찰청장 또는 경찰청 차장이 지정하는 사람으로 한다.
8) 시·도경찰청등 재난대책본부의 설치 및 운영(제16조)
① 시·도경찰청등의 장은 경찰청에 재난대책본부가 설치되었거나, 관할 지역 내 재난이 발생하였거나 발생할 우려가 있는 경우 시·도경찰청등에 재난대책본부를 설치할 수 있고 그 운영은 제12조부터 제14조의 규정을 준용한다. 이 경우, 시·도경찰청등의 장은 재난대책본부의 설치 사항을 바로 위 상급기관의 장에게 보고한다.
② 시·도경찰청의 본부장은 시·도경찰청장이 지정하는 차장 또는 부장으로 한다.
③ 경찰서의 본부장은 재난업무를 주관하는 부서의 장으로 한다.
④ 제2항 및 제3항에도 불구하고, 시·도경찰청등의 장은 재난의 규모가 광범위하여 효과적인 대응이 필요한 경우 본부장을 시·도경찰청등의 장으로 격상하여 운영할 수 있다.

33 ④

[해설] 위 사례는 모두 「교통사고처리 특례법」상 12개 특례에 해당한다.
1) 「도로교통법」 제5조에 따른 신호기가 표시하는 신호 또는 교통정리를 하는 경찰공무원등의 신호를 위반하거나 통행금지 또는 일시정지를 내용으로 하는 안전표지가 표시하는 지시를 위반하여 운전한 경우(제3조 제2항 제1호)
2) 「도로교통법」 제13조제3항을 위반하여 중앙선을 침범하거나 같은 법 제62조를 위반하여 횡단, 유턴 또는 후진한 경우(제2호)
3) 「도로교통법」 제17조제1항 또는 제2항에 따른 제한속도를 시속 20킬로미터 초과하여 운전한 경우(제3호)
4) 「도로교통법」 제21조제1항, 제22조, 제23조에 따른 앞지르기의 방법·금지시기·금지장소 또는 끼어들기의 금지를 위반하거나 같은 법 제60조제2항에 따른 고속도로에서의 앞지르기 방법을 위반하여 운전한 경우(제4호)
5) 「도로교통법」 제24조에 따른 철길건널목 통과방법을 위반하여 운전한 경우(제5호)
6) 「도로교통법」 제27조제1항에 따른 횡단보도에서의 보행자 보호의무를 위반하여 운전한 경우(제6호)
7) 「도로교통법」 제43조, 「건설기계관리법」 제26조 또는 「도로교통법」 제96조를 위반하여 운전면허 또는 건설기

계조종사면허를 받지 아니하거나 국제운전면허증을 소지하지 아니하고 운전한 경우(제7호) 이 경우 운전면허 또는 건설기계조종사면허의 효력이 정지 중이거나 운전의 금지 중인 때에는 운전면허 또는 건설기계조종사면허를 받지 아니하거나 국제운전면허증을 소지하지 아니한 것으로 본다.

8) 「도로교통법」 제44조제1항을 위반하여 술에 취한 상태에서 운전을 하거나 같은 법 제45조를 위반하여 약물의 영향으로 정상적으로 운전하지 못할 우려가 있는 상태에서 운전한 경우(제8호)

9) 「도로교통법」 제13조제1항을 위반하여 보도(步道)가 설치된 도로의 보도를 침범하거나 같은 법 제13조제2항에 따른 보도 횡단방법을 위반하여 운전한 경우(제9호)

10) 「도로교통법」 제39조제3항에 따른 승객의 추락 방지의무를 위반하여 운전한 경우(제10호)

11) 「도로교통법」 제12조제3항에 따른 어린이 보호구역에서 같은 조 제1항에 따른 조치를 준수하고 어린이의 안전에 유의하면서 운전하여야 할 의무를 위반하여 어린이의 신체를 상해(傷害)에 이르게 한 경우(제11호)

12) 「도로교통법」 제39조제4항을 위반하여 자동차의 화물이 떨어지지 아니하도록 필요한 조치를 하지 아니하고 운전한 경우(제12호)

34 ②

해설 [O] ㉠(대판 1990.3.27. 88다카3670), ㉡(대판 2002.10.25. 2002도4220), ㉣(대판 2010.12.23. 2010도11272)

[X] ㉢㉤㉥

㉢ [X] 판례는 고속도로를 운행하는 자동차 운전자는 고속도로를 무단횡단하는 보행자가 있을 것을 미리 예견하여 운전할 주의의무가 없다고 한다. 다만, 고속도로를 무단횡단하는 보행자를 충격하여 사고를 발생시킨 경우라도 운전자가 상당한 거리에서 보행자의 무단횡단을 미리 예상할 수 있는 사정이 있었고, 그에 따라 즉시 감속하거나 급제동하는 등의 조치를 취하였다면 보행자와의 충돌을 피할 수 있었다는 등의 특별한 사정이 인정되는 경우에만 자동차 운전자의 과실이 인정될 수 있다. [대판 2000.9.5. 2000도2671]

㉤ [X] 판례는 「도로교통법」 제2조 제19호는 '운전'이라 함은 도로에서 차를 그 본래의 사용 방법에 따라 사용하는 것을 말한다고 규정하고 있는 바, 여기에서 말하는 운전의 개념은 의식적인 고의의 운전행위만을 의미한다는 입장이라. 사람의 의지나 관여 없이 자동차가 움직인 경우에는 운전에 해당하지 않는다고 한다. 즉 어떤 사람이 자동차를 움직이게 할 의도 없이 다른 목적을 위하여 자동차의 원동기(모터)의 시동을 걸었는데, **실수로 기어 등 자동차의 발진에 필요한 장치를 건드려 원동기의 추진력에 의하여 자동차가 움직이거나 또는 불안전한 주차 상태나 도로여건 등으로 인하여 자동차가 움직이게 된 경우는 자동차의 운전에 해당하지 아니한다.** [대판 2004.4.23. 2004도1109]

㉥ [X] 판례의 입장은 위와 같은 경우 주의의무가 있다고 본다. 즉 횡단보도 보행신호등의 녹색신호에서 적색신호로 바뀌는 예비신호 점멸 중에도 그 횡단보도를 건너가는 보행자가 흔히 있고 또 횡단 도중에 녹색신호가 적색신호로 바뀐 경우에도 그 교통신호에 따라 정지함이 없이 나머지 횡단보도를 그대로 횡단하는 보행자도 있으므로 보행자 신호가 녹색신호에서 정지신호로 바뀔 무렵 전후에 횡단보도를 통과하는 자동차 운전자는 보행자가 교통신호를 철저히 준수할 것이라는 신뢰만으로 자동차를 운전할 것이 아니라 좌우에서 이미 횡단보도에 진입한 보행자가 있는지 여부를 살펴보고 또한 그의 동태를 두루 살피면서 서행하는 등하여 그와 같은 상황에 있는 보행자의 안전을 위해 어느 때라도 정지할 수 있는 태세를 갖추고 자동차를 운전하여야 할 업무상의 주의의무가 있다고 한다. [대판 1986.5.27. 86도549]

35 ①

해설 「집회 및 시위에 관한 법률 시행령」 별표2 제7호

다음 각 목에 해당하는 행사(중앙행정기관이 개최하는 행사만 해당한다)의 진행에 영향을 미치는 소음에 대해서는 그 행사의 개최시간에 한정하여 아래 표의 <u>주거지역의 소음기준을 적용한다.</u>

가. 「국경일에 관한 법률」 제2조에 따른 국경일의 행사
나. 「각종 기념일 등에 관한 규정」 별표에 따른 각종 기념일 중 주관 부처가 국가보훈부인 기념일의 행사

확성기등의 소음기준

[단위: dB(A)]

소음도 구분		대상 지역	시간대		
			주간 (07:00~해지기 전)	야간 (해진 후~24:00)	심야 (00:00~07:00)
대상 소음도	등가소음도 (Leq)	주거지역, 학교, 종합병원	65 이하	60 이하	55 이하
		공공도서관	65 이하	60 이하	
		그 밖의 지역	75 이하	65 이하	
	최고소음도 (Lmax)	주거지역, 학교, 종합병원	85 이하	80 이하	75 이하
		공공도서관	85 이하	80 이하	
		그 밖의 지역	95 이하		

1. 확성기등의 소음은 관할 경찰서장(현장 경찰공무원)이 측정한다.
2. 소음 측정 장소는 피해자가 위치한 건물의 외벽에서 소음원 방향으로 1~3.5m 떨어진 지점으로 하되, 소음도가 높을 것으로 예상되는 지점의 지면 위 1.2~1.5m 높이에서 측정한다. 다만, 주된 건물의 경비 등을 위하여 사용되는 부속 건물, 광장·공원이나 도로상의 영업시설물, 공원의 관리사무소 등은 소음 측정 장소에서 제외한다.
3. 제2호의 장소에서 확성기등의 대상소음이 있을 때 측정한 소음도를 측정소음도로 하고, 같은 장소에서 확성기등의 대상소음이 없을 때 5분간 측정한 소음도를 배경소음도로 한다.
4. 측정소음도가 배경소음도보다 10dB 이상 크면 배경소음의 보정 없이 측정소음도를 대상소음도로 하고, 측정소음도가 배경소음도보다 3.0~9.9dB 차이로 크면 아래 표의 보정치에 따라 측정소음도에서 배경소음을 보정한 소음도를 대상소음도로 하며, 측정소음도가 배경소음도보다 3dB 미만으로 크면 다시 한 번 측정소음도를 측정하고, 다시 측정하여도 3dB 미만으로 크면 확성기등의 소음으로 보지 아니한다.

36 ④

[해설] ① [X] 판례는 피고인들이 범국민대토론회에 참석하려고 2시간 가까이 노력하였으나 학교당국과 경찰의 정문 출입 봉쇄로 뜻을 이루지 못하게 되자, 심한 모멸감으로 격분하여 학교당국과 경찰에 항의하는 의미로 집회에 참석하려던 다른 사람들과 함께 즉석에서 즉흥적으로 약 20분간의 단시간 내에 구호와 노래를 제창하였을 뿐이라면, 시위가 사전에 피고인들에 의하여 계획되고 조직된 것이 아니고, 다만 피고인들이 우연히 대학교 정문 앞에 모이게 된 다른 사람들과 함께 즉석에서 즉흥적으로 학교당국과 경찰의 제지에 대한 항의의 의미로 위와 같이 시위를 하게 된 것인 만큼....시위의 주최자라고 볼 수 없다는 입장이다. [대법원 1991. 4. 9. 90도2435]
② [X] 판례는 건설업체 노조원들이 '임·단협 성실교섭 촉구 결의대회'를 개최하면서 차도의 통행방법으로 신고하지 아니한 삼보일배 행진을 하여 차량의 통행을 방해하였더라도, 그 시 위방법이 장소, 태양, 내용, 방법과 결과 등에 비추어 사회통념상 용인될 수 있는 다소의 피해를 발생시킨 경우에 불과하고, 집회 및 시위에 관한 법률에 정한 신고제도의 목적 달성을 심히 곤란하게 하는 정도에 이른다고 볼 수 없다는 입장이다. [대법원 2009.7.23. 2009도840]
③ [X] 위 사례에서 판례는 신고한 집회방법의 범위를 벗어난 것이 아니라는 입장이다. 피고인들은 이미 신고한 행진 경로를 따라 행진로인 하위 1개 차로에서 2회에 걸쳐 각 약 5분, 약 10분 등 총 약 15분에 걸쳐 연좌를

하였는바, 연좌하였다는 사실 외에는 이미 신고한 집회방법의 범위를 벗어난 사항은 없고, 약 3시간 30분 동안 이루어진 집회시간 동안 신고한 방법을 벗어나 이루어진 연좌시간도 불과 약 15분에 불과하며, 이와 같이 2회에 걸쳐 연좌를 한 이유 또한 교통에 방해를 초래할 행진을 빨리 끝내 시위를 조속하게 종료하고자 하였던 것이고, 2회에 걸쳐 하위 1개 차로에 연좌함으로 인하여 더 큰 교통혼잡이 야기되었다고 볼 만한 사정도 없으므로….[대법원 2010. 3. 11. 2009도10425]

37 ①

해설 ① [O] 동법 제2조 제1호
② [X] 법 개정으로, 〈체류국(滯留國)에 10년 이상 생활 근거지를 두고 있는 사람〉 삭제
③ [X] 보호금품이란 이 법에 따라 보호대상자에게 지급하거나 빌려주는 금전 또는 물품을 말한다(동법 제2조 제4호).
④ [X] 통일부장관은 제7조 제3항에 따른 통보를 받으면 협의회의 심의를 거쳐 보호 여부를 결정한다(동법 제8조 제1항).

1] 동법 제2조(정의)
　1. "북한이탈주민"이란 군사분계선 이북지역(북한)에 주소, 직계가족, 배우자, 직장 등을 두고 있는 사람으로서 북한을 벗어난 후 외국 국적을 취득하지 아니한 사람을 말한다.
　2. "보호대상자"란 이 법에 따라 보호 및 지원을 받는 북한이탈주민을 말한다.
　3. "정착지원시설"이란 보호대상자의 보호 및 정착지원을 위하여 제10조제1항에 따라 설치·운영하는 시설을 말한다.
　4. "보호금품"이란 이 법에 따라 보호대상자에게 지급하거나 빌려주는 금전 또는 물품을 말한다.

2] 동법 제4조(기본원칙)
① 대한민국은 보호대상자를 인도주의에 입각하여 특별히 보호한다.
② 대한민국은 외국에 체류하고 있는 북한이탈주민의 보호 및 지원 등을 위하여 외교적 노력을 다하여야 한다.
③ 보호대상자는 대한민국의 자유민주적 법질서에 적응하여 건강하고 문화적인 생활을 할 수 있도록 노력하여야 한다.
④ 통일부장관은 북한이탈주민에 대한 보호 및 지원 등을 위하여 북한이탈주민의 실태를 파악하고, 그 결과를 정책에 반영하여야 한다.

3] 동법 제4조의3(기본계획 및 시행계획)
　통일부장관은 제6조에 따른 북한이탈주민 보호 및 정착지원협의회의 심의를 거쳐 보호대상자의 보호 및 정착지원에 관한 기본계획을 3년마다 수립·시행하여야 한다(제1항).

4] 동법 제5조(보호기준 등)
① 보호대상자에 대한 보호 및 지원 기준은 나이, 성별, 세대 구성, 학력, 경력, 자활 능력, 건강 상태 및 재산 등을 고려하여 합리적으로 정하여야 한다.
② 이 법에 따른 보호 및 정착지원은 원칙적으로 개인을 단위로 하되, 필요하다고 인정하는 경우에는 대통령령으로 정하는 바에 따라 세대를 단위로 할 수 있다.
③ 보호대상자를 정착지원시설에서 보호하는 기간은 1년 이내로 하고, 거주지에서 보호하는 기간은 5년으로 한다. 다만, 특별한 사유가 있는 경우에는 제6조에 따른 북한이탈주민 보호 및 정착지원협의회의 심의를 거쳐 그 기간을 단축하거나 연장할 수 있다.

5] 동법 제7조(보호신청 등)
① 북한이탈주민으로서 이 법에 따른 보호를 받으려는 사람은 재외공관이나 그 밖의 행정기관의 장(각급 군부대의 장을 포함, 재외공관장 등)에게 보호를 직접 신청하여야 한다. 다만, 보호를 직접 신청하지 아니할 수 있는 대통령령으로 정하는 사유가 있는 경우에는 그러하지 아니하다.

② 제1항 본문에 따른 보호신청을 받은 재외공관장등은 지체 없이 그 사실을 소속 중앙행정기관의 장을 거쳐 통일부장관과 국가정보원장에게 통보하여야 한다.
③ 제2항에 따라 통보를 받은 국가정보원장은 보호신청자에 대하여 보호결정 등을 위하여 필요한 조사 및 일시적인 신변안전조치 등 임시보호조치를 한 후 지체 없이 그 결과를 통일부장관에게 통보하여야 한다.
④ 국가정보원장은 제3항에 따른 조사 및 임시보호조치를 하기 위한 시설을 설치·운영하여야 한다.
⑤ 제3항에 따른 조사 및 임시보호조치의 내용 및 방법과 제4항에 따른 임시보호시설의 설치·운영에 필요한 사항은 대통령령으로 정한다.

6] 동법 제8조(보호 결정 등)
① 통일부장관은 제7조제3항에 따른 통보를 받으면 협의회의 심의를 거쳐 보호 여부를 결정한다. 다만, 국가안전보장에 현저한 영향을 줄 우려가 있는 사람에 대하여는 국가정보원장이 그 보호 여부를 결정하고, 그 결과를 지체 없이 통일부장관과 보호신청자에게 통보하거나 알려야 한다.
② 제1항 본문에 따라 보호 여부를 결정한 통일부장관은 그 결과를 지체 없이 관련 중앙행정기관의 장을 거쳐 재외공관장등에게 통보하여야 하고, 통보를 받은 재외공관장등은 이를 보호신청자에게 즉시 알려야 한다.

7] 동법 제9조(보호 결정의 기준)
① 제8조제1항 본문에 따라 보호 여부를 결정할 때 다음 각호의 어느 하나에 해당하는 사람은 보호대상자로 결정하지 아니할 수 있다.
  1. 항공기 납치, 마약거래, 테러, 집단살해 등 국제형사범죄자
  2. 살인 등 중대한 비정치적 범죄자
  3. 위장탈출 혐의자
  4. 삭제 〈2020. 12. 8.〉 *체류국(滯留國)에 10년 이상 생활 근거지를 두고 있는 사람
  5. 국내 입국 후 3년이 지나서 보호신청한 사람
  6. 그 밖에 국가안전보장·질서유지·공공복리에 대한 중대한 위해 발생 우려, 보호신청자의 경제적 능력 및 해외체류 여건 등을 고려하여 보호대상자로 정하는 것이 부적당하거나 보호 필요성이 현저히 부족하다고 대통령령으로 정하는 사람
② 제1항제5호의 경우 북한이탈주민에게 대통령령으로 정하는 부득이한 사정이 있는 경우에는 그러하지 아니하다.

38 ④
해설 위 내용은 모두 올바른 내용이다. 특히, 「외교사절」이라 함은 외교교섭 기타의 직무를 수행하기 위하여 외국에 파견되는 국가의 대외적 대표기관을 말한다. 「외교사절」은 그가 속하고 있는 국가의 기관이다. 국제법상 국가는 법인이며 외교사절은 법인인 국가의 기관인 것이다. 따라서 국가기관인 외교사절의 사실적·법률적 행위의 효과는 법인인 국가에 귀속하게 된다.

39 ③
해설 ③ 경찰관은 총영사, 영사 또는 부영사나 명예영사의 사무소 안에 있는 기록문서에 관하여는 이를 열람하거나 압수하여서는 아니 된다(「범죄수사규칙」 제213조 제4항).
① 「경찰수사규칙」 제91조 제2항
② 동 협정 제7조 제1호(달리 입증되지 아니하는 한, 파견국 국민이라고 주장하는 자를 포함하는 파견국 국민이 접수국의 권한 있는 당국에 의하여 구속, 체포 또는 다른 어떤 방식으로 자유를 박탈당하였을 경우, 그 당국은 그 국민이 요구하든 그러하지 아니하든 간에 지체 없이 그러나 그 강제행동이 취해진 날부터 4일이 넘지 아니하는 기간 내에 파견국 영사기관에 그 국민의 이름, 신분확인 방식, 그 강제행동의 이유, 날짜와 장소 그리고

그 국민을 접촉할 수 있는 정확한 장소를 통보한다. 그러나 파견국 국민이 접수국의 출입국관리 법령 위반으로 접수국의 권한 있는 당국에 의하여 구속되는 경우, 접수국의 권한 있는 당국은 그 국민이 서면으로 그 통보를 명시적으로 반대하지 아니하는 한 영사기관에 통보한다)
④ 「경찰수사규칙」 제92조 제2항

영사 등에 관한 특칙(「범죄수사규칙」 제213조)
① 경찰관은 임명국의 국적을 가진 대한민국 주재의 총영사, 영사 또는 부영사에 대한 사건에 관하여 구속 또는 조사할 필요가 있다고 인정될 때에는 미리 국가수사본부장에게 보고하여 그 지시를 받아야 한다.
② 경찰관은 총영사, 영사 또는 부영사의 사무소는 해당 영사의 청구나 동의가 있는 경우 외에는 이에 출입해서는 아니 된다.
③ 경찰관은 총영사, 영사 또는 부영사의 사택이나 명예영사의 사무소 혹은 사택에서 수사할 필요가 있다고 인정될 때에는 미리 국가수사본부장에게 보고하여 그 지시를 받아야 한다.
④ 경찰관은 총영사, 영사 또는 부영사나 명예영사의 사무소 안에 있는 기록문서에 관하여는 이를 열람하거나 압수하여서는 아니 된다.

40 ③

해설

미합중국 군대 구성원	대한민국 영역 안에 주둔하고 있는 미국의 육·해·공군에 속하는 현역군인을 말한다. 다만, 주한미대사관에 부속된 합중국군대의 인원 및 주한미대사관에 근무하는 무관과 주한미군사 고문단원은 여기서 제외(준외교관으로서의 특권이 인정), 즉 주한미군사령부의 지휘감독을 받는 미군만 해당된다.
군속(軍屬)	미국의 국적을 가진 민간인으로서 대한민국에 있는 미군에 고용되거나 동 군대에 근무하거나 또는 동반하는 자 한미양국의 국적을 모두 가진 이중국적자인 군속의 경우에도 그가 주한 미군사령부의 지휘통제를 받는 자라면 한미행정협정의 적용대상이 된다. *한국국적만 가진 자는 처음부터 대상자에서 배제
가족	㉠ 미합중국 군대의 구성원 또는 군속의 가족 중 배우자 및 21세 미만의 자녀 ㉡ 부모 및 21세 이상의 자녀 또는 기타 친척으로서 그 생계비의 반액 이상을 미군의 구성원 또는 군속에 의존하는 자
초청 계약자	미국의 법률에 따라 조직된 법인이나 미합중국 내에 통상적으로 거주하는 자의 고용원 및 그의 가족으로서 주한미군 등의 군대를 위하여 특정한 조건하에 미국 정부의 지정에 의한 수의계약을 맺고 대한민국에서 근무하는 자

제10회 정답 및 해설

01 ①

해설 [O] ㉠㉢㉣

[X] ㉡ 실질적 의미의 경찰은 일반통치권에 근거하여 국민에게 명령·강제 하는 권력적 작용으로 독일의 행정법학에서 정립된 학문상 개념이다. 한편, 일반통치권과 비교되는 개념은 내부질서유지를 위한 특별권력(명령권+징계권)을 말한다.

02 ①

해설 [O] ㉠㉢㉣

[X] ㉡ 외관적 위험이란 경찰이 상황을 합리적으로 사려 깊게 판단하여 위험이 존재한다고 인식하여 개입하였으나 실제로는 위험이 없던 경우를 말한다. 이 경우 위법을 전제로 한 손해배상책임은 인정되지 않지만, 적법한 개입이라도 특별한 희생이 인정되는 경우에는 국가의 손실보상책임이 발생할 수 있다.

03 ㉠

해설 [O] ㉣

[X] ㉠㉡㉢

㉠ 위는 문형순 경감에 대한 내용으로 이 당시 계엄군의 예비검속자 총살 명령에 '부당함으로 불이행'한다고 거부한 일화가 있다.

㉡ 위 보기는 안맥결 총경에 대한 내용으로 1957년 국립경찰전문학교 교수로 발령받아 후배 경찰교육에 힘쓰다 1961년 5·16군사정변이 일어나자 군사정권에 협력할 수 없다며 사표를 제출하였다.

㉢ 안병하 치안감에 대한 내용으로 1980년 5·18 광주 민주화운동 당시 비례의 원칙에 입각한 경찰권 행사 및 시위대의 인권보호를 강조한 것으로 유명하다. 이때 이준규 총경은 안병하 치안감의 지침에 따라 경찰 총기 대부분을 군부대로 사전에 이동하는 등 시민들과의 유혈 충돌을 피하도록 조치하였다.

04 ④

해설 ① [O] 불법(위법)에서의 평등은 인정되지 않는다. 또한, 위법한 행정처분이 수차례 걸쳐 반복적으로 행해졌다 하더라도 그러한 행정처분이 위법한 것인 때에는 행정청에 대하여 자기구속력을 갖게 된다고 할 수 없다(대법 2008두13132 판결).

② [O] 법률종속명령인 법규명령을 위임여부에 따라 위임명령과 집행명령으로 나눌 수 있다.

③ [O] 대통령령, 총리령 및 부령은 특별한 규정이 없으면 공포한 날부터 20일이 경과함으로써 효력을 발생한다(법령 등 공포에 관한 법률 제13조). 또한, 국민의 권리 제한 또는 의무 부과와 직접 관련되는 법률, 대통령령, 총리령 및 부령은 긴급히 시행하여야 할 특별한 사유가 있는 경우를 제외하고는 공포일부터 적어도 30일이 경과한 날부터 시행되도록 하여야 한다(제13조의2).

④ [X] 위임명령은 개별적/구체적으로 위임된 사항에 관하여 법률의 내용을 보충하고 구체화할 수 있으므로 위임의 범위 내에서 새로운 사항을 규정할 수 있다. 상위법령의 집행시 필요한 절차나 형식을 정하는 데 그쳐야 하는 법규명령은 집행명령이다.

05 ②

해설 [O] ㉠㉡㉢㉥

[X] ㉣㉤

1] 국가수사본부장(제16조)
① 경찰청에 국가수사본부를 두며, 국가수사본부장은 치안정감으로 보한다.
② 국가수사본부장은 「형사소송법」에 따른 경찰의 수사에 관하여 각 시·도경찰청장과 경찰서장 및 수사부서 소속 공무원을 지휘·감독한다.
③ 국가수사본부장의 임기는 2년으로 하며, 중임할 수 없다.
④ 국가수사본부장은 임기가 끝나면 당연히 퇴직한다.
⑤ 국가수사본부장이 직무를 집행하면서 헌법이나 법률을 위배하였을 때에는 국회는 탄핵 소추를 의결할 수 있다.
⑥ 국가수사본부장을 경찰청 외부를 대상으로 모집하여 임용할 필요가 있는 때에는 다음 각 호의 자격을 갖춘 사람 중에서 임용한다.
  1. 10년 이상 수사업무에 종사한 사람 중에서 「국가공무원법」 제2조의2에 따른 고위공무원단에 속하는 공무원, 3급 이상 공무원 또는 총경 이상 경찰공무원으로 재직한 경력이 있는 사람
  2. 판사·검사 또는 변호사의 직에 10년 이상 있었던 사람
  3. 변호사 자격이 있는 사람으로서 국가기관, 지방자치단체, 「공공기관의 운영에 관한 법률」 제4조에 따른 공공기관(국가기관등)에서 법률에 관한 사무에 10년 이상 종사한 경력이 있는 사람
  4. 대학이나 공인된 연구기관에서 법률학·경찰학 분야에서 조교수 이상의 직이나 이에 상당하는 직에 10년 이상 있었던 사람
  5. 제1호부터 제4호까지의 경력 기간의 합산이 15년 이상인 사람
⑦ 국가수사본부장을 경찰청 외부를 대상으로 모집하여 임용하는 경우 다음 각호의 어느 하나에 해당하는 사람은 국가수사본부장이 될 수 없다.
  1. 「경찰공무원법」 제8조제2항 각호의 결격사유에 해당하는 사람
  2. 정당의 당원이거나 당적을 이탈한 날부터 3년이 지나지 아니한 사람
  3. 선거에 의하여 취임하는 공직에 있거나 그 공직에서 퇴직한 날부터 3년이 지나지 아니한 사람
  4. 제6항제1호에 해당하는 공무원 또는 제6항제2호의 판사·검사의 직에서 퇴직한 날로부터 1년이 지나지 아니한 사람
  5. 제6항제3호에 해당하는 사람으로서 국가기관등에서 퇴직한 날로부터 1년이 지나지 아니한 사람

2] 시·도자치경찰위원회의 설치(제18조)
① 자치경찰사무를 관장하게 하기 위하여 특별시장·광역시장·특별자치시장·도지사·특별자치도지사(시·도지사) 소속으로 시·도자치경찰위원회를 둔다. 다만, 제13조 후단에 따라 시·도에 2개의 시·도경찰청을 두는 경우 시·도지사 소속으로 2개의 시·도자치경찰위원회를 둘 수 있다.
② 시·도자치경찰위원회는 합의제 행정기관으로서 그 권한에 속하는 업무를 독립적으로 수행한다.
③ 제1항 단서에 따라 2개의 시·도자치경찰위원회를 두는 경우 해당 시·도자치경찰위원회의 명칭, 관할구역, 사무분장, 그 밖에 필요한 사항은 대통령령으로 정한다.

3] 시·도자치경찰위원회의 구성(제19조)
① 시·도자치경찰위원회는 위원장 1명을 포함한 7명의 위원으로 구성하되, 위원장과 1명의 위원은 상임으로 하고, 5명의 위원은 비상임으로 한다.
② 위원은 특정 성(性)이 10분의 6을 초과하지 아니하도록 노력하여야 한다.
③ 위원 중 1명은 인권문제에 관하여 전문적인 지식과 경험이 있는 사람이 임명될 수 있도록 노력하여야 한다.

4] 시·도자치경찰위원회 위원의 임명 및 결격사유(제20조)
① 시·도자치경찰위원회 위원은 다음 각호의 사람을 시·도지사가 임명한다.

1. 시·도의회가 추천하는 2명
2. 국가경찰위원회가 추천하는 1명
3. 해당 시·도 교육감이 추천하는 1명
4. 시·도자치경찰위원회 위원추천위원회가 추천하는 2명
5. 시·도지사가 지명하는 1명

② 시·도자치경찰위원회 위원은 다음 각 호의 어느 하나에 해당하는 자격을 갖추어야 한다.
1. 판사·검사·변호사 또는 경찰의 직에 5년 이상 있었던 사람
2. 변호사 자격이 있는 사람으로서 국가기관등에서 법률에 관한 사무에 5년 이상 종사한 경력이 있는 사람
3. 대학이나 공인된 연구기관에서 법률학·행정학 또는 경찰학 분야의 조교수 이상의 직이나 이에 상당하는 직에 5년 이상 있었던 사람
4. 그 밖에 관할 지역주민 중에서 지방자치행정 또는 경찰행정 등의 분야에 경험이 풍부하고 학식과 덕망을 갖춘 사람

③ 시·도자치경찰위원회 위원장은 위원 중에서 시·도지사가 임명하고, 상임위원은 시·도자치경찰위원회의 의결을 거쳐 위원 중에서 위원장의 제청으로 시·도지사가 임명한다. 이 경우 위원장과 상임위원은 지방자치단체의 공무원으로 한다.

5] 시·도자치경찰위원회 위원의 임기 및 신분보장(제23조)
① 시·도자치경찰위원회 위원장과 위원의 임기는 3년으로 하며, 연임할 수 없다.
② 보궐위원의 임기는 전임자 임기의 남은 기간으로 하되, 전임자의 남은 임기가 1년 미만인 경우 그 보궐위원은 제1항에도 불구하고 한 차례만 연임할 수 있다.
③ 위원은 중대한 신체상 또는 정신상의 장애로 직무를 수행할 수 없게 된 경우를 제외하고는 그 의사에 반하여 면직되지 아니한다.

6] 시·도자치경찰위원회의 심의·의결사항(제25조)
① 시·도자치경찰위원회는 제24조의 사무에 대하여 심의·의결한다.
② 시·도자치경찰위원회의 회의는 재적위원 과반수의 출석과 출석위원 과반수의 찬성으로 의결한다.
③ 시·도지사는 제1항에 관한 시·도자치경찰위원회의 의결이 적정하지 아니하다고 판단할 때에는 재의를 요구할 수 있다.
④ 위원회의 의결이 법령에 위반되거나 공익을 현저히 해친다고 판단되면 행정안전부장관은 미리 경찰청장의 의견을 들어 국가경찰위원회를 거쳐 시·도지사에게 제3항의 재의를 요구하게 할 수 있고, 경찰청장은 국가경찰위원회와 행정안전부장관을 거쳐 시·도지사에게 재의를 요구하게 할 수 있다.
⑤ 시·도자치경찰위원회의 위원장은 재의요구를 받은 날부터 7일 이내에 회의를 소집하여 재의결하여야 한다. 이 경우 재적위원 과반수의 출석과 출석위원 3분의 2 이상의 찬성으로 전과 같은 의결을 하면 그 의결사항은 확정된다.

7] 시·도자치경찰위원회의 운영(제26조)
① 시·도자치경찰위원회의 회의는 정기적으로 개최하여야 한다. 다만 위원장이 필요하다고 인정하는 경우, 위원 2명 이상이 요구하는 경우 및 시·도지사가 필요하다고 인정하는 경우에는 임시회의를 개최할 수 있다.
② 시·도자치경찰위원회는 회의 안건과 관련된 이해관계인이 있는 경우 그 의견을 듣거나 회의에 참석하게 할 수 있다.
③ 시·도자치경찰위원회의 위원 중 공무원이 아닌 위원에게는 예산의 범위에서 직무활동에 필요한 비용 등을 지급할 수 있다.
④ 그 밖에 시·도자치경찰위원회의 운영 등에 필요한 사항은 대통령령으로 정하는 기준에 따라 시·도조례로 정한다.

8] 사무기구(제27조)
① 시·도자치경찰위원회의 사무를 처리하기 위하여 시·도자치경찰위원회에 필요한 사무기구를 둔다.
② 사무기구에는 「지방자치단체에 두는 국가공무원의 정원에 관한 법률」에도 불구하고 대통령령으로 정하는 바에 따라 경찰공무원을 두어야 한다.

06 ④

해설 ① [X] 그 기간이 만료된 다음 날
② [X] 「행정안전부령」
③ [X] 객관적 사유로 직권면직이 되는 경우에는 징계위원회의 동의가 불필요
④ [O] 경찰인사에 관한 사항은 원칙적으로 경찰청장, 인사권이 위임된 경우에는 수임청

직/권/면/직(「경찰공무원법」 제28조)
㉠ 직제와 정원의 개폐 또는 예산의 감소 등에 의하여 폐직 또는 과원이 되었을 때(구조조정)
㉡ 휴직기간의 만료 또는 휴직사유가 소멸된 후에도 직무에 복귀하지 아니하거나 직무를 감당할 수 없을 때
㉢ 직위해제로 인하여 대기명령을 받은 자가 그 기간 중 능력의 향상 또는 근무성적의 향상을 기대하기 어렵다고 인정한 때(**징계위원회의 동의 필요**)
㉣ 경찰공무원으로서 부적합할 정도로 직무수행능력 또는 성실성이 현저히 결여된 자로서 다음에 해당할 때(**징계위원회의 동의 필요**)
  ㈎ 지능저하 또는 판단력의 부족으로 경찰업무를 감당할 수 없는 경우
  ㈏ 책임감의 결여로 직무수행에 성의가 없고 위험한 직무에 당하여 고의로 직무수행을 기피 또는 포기하는 경우
㉤ 직무수행에 있어서 위험을 일으킬 우려가 있을 정도의 성격 또는 도덕적 결함이 있는 자로서 다음에 해당할 때(**징계위원회의 동의 필요**)
  ㈎ 인격장애, 알코올·약물중독 그 밖에 정신장애로 인하여 경찰업무를 감당할 수 없는 경우
  ㈏ 사행행위 또는 재산의 낭비로 인한 채무과다. 부정한 이성관계 등 도덕적 결함이 현저하여 타인의 비난을 받는 경우
㉥ 당해 경과에서 직무를 수행하는데 필요한 자격증의 효력이 상실되거나 면허가 취소되어 담당직무를 수행할 수 없게 된 때

07 ③

해설 ㉠ 경찰공무원은 소속기관장의 허가없이 다른 직무를 겸하지 못한다. 이때의 겸직은 그 내용상 영리업무에 해당하지 않는 것으로서, 담당 직무수행에 지장이 없는 것이어야 한다.
㉡ 경찰공무원은 소속상관의 허가 또는 정당한 이유없이 직장을 이탈하지 못한다. 이 의무는 근무시간 중에 성립하는 것이 원칙이나 시간외 근무명령이 있는 경우에도 성립한다.
㉢ 경찰공무원은 대통령의 허가없이 외국정부로부터 영예 또는 증여를 받지 못한다. 이는 다른 정부의 영향력을 배제하기 위해서이다.
㉣ 경찰공무원은 취임할 때에 소속기관장 앞에서 대통령령이 정하는 바에 따라 선서를 해야 한다. 다만, 불가피한 사유가 있을 때에는 취임 후에 선서를 하게 할 수 있다.
㉤ 경찰공무원이나 경찰공무원이었던 자가 법원 기타 법률상 권한을 가진 관청의 증인이나 감정인이 되어 직무상 비밀에 대하여 심문을 받을 때에는 소속기관의 장의 허가를 받은 사항에 관하여서만 진술할 수 있도록 하고 있다(「형사소송법」 제147조 등).

08 ②

해설 징/계/위/원/회/의/회/의(제7조)
① 징계위원회의 회의는 위원장과 징계위원회가 설치된 경찰기관의 장이 회의마다 지정하는 4명 이상 6명 이하의 위원으로 성별을 고려하여 구성하되, 민간위원의 수는 위원장을 포함한 위원 수의 2분의 1 이상이어야 한다.
② 징계사유가 다음 각호의 어느 하나에 해당하는 징계 사건이 속한 징계위원회의 회의를 구성하는 경우에는 피해자와 같은 성별의 위원이 위원장을 제외한 위원 수의 3분의 1 이상 포함되어야 한다.
  1. 「성폭력범죄의 처벌 등에 관한 특례법」에 따른 성폭력범죄
  2. 「양성평등기본법」에 따른 성희롱
③ 징계위원회의 위원장은 위원회의 사무를 총괄하며 위원회를 대표한다
④ 징계위원회의 회의는 위원장이 소집한다.
⑤ 위원장은 표결권을 가진다.
⑥ 위원장이 부득이한 사유로 직무를 수행할 수 없거나 위원장이 필요하다고 인정하는 경우에는 출석한 위원 중 최상위 계급 또는 이에 상응하는 직급에 있거나 최상위 계급 또는 이에 상응하는 직급에 먼저 승진임용된 공무원이 위원장이 된다.

09 ③

해설 ③ 명예훼손이나 사생활 침해의 우려로 법적 근거가 필요하다.
「행정절차법」제40조의3(위반사실 등의 공표)
① 행정청은 법령에 따른 의무를 위반한 자의 성명·법인명, 위반사실, 의무 위반을 이유로 한 처분사실 등(위반사실등)을 법률로 정하는 바에 따라 일반에게 공표할 수 있다.
② 행정청은 위반사실등의 공표를 하기 전에 사실과 다른 공표로 인하여 당사자의 명예·신용 등이 훼손되지 아니하도록 객관적이고 타당한 증거와 근거가 있는지를 확인하여야 한다.
③ 행정청은 위반사실등의 공표를 할 때에는 미리 당사자에게 그 사실을 통지하고 의견제출의 기회를 주어야 한다. 다만, 다음 각호의 어느 하나에 해당하는 경우에는 그러하지 아니하다.
  1. 공공의 안전 또는 복리를 위하여 긴급히 공표를 할 필요가 있는 경우
  2. 해당 공표의 성질상 의견청취가 현저히 곤란하거나 명백히 불필요하다고 인정될 만한 타당한 이유가 있는 경우
  3. 당사자가 의견진술의 기회를 포기한다는 뜻을 명백히 밝힌 경우
④ 제3항에 따라 의견제출의 기회를 받은 당사자는 공표 전에 관할 행정청에 서면이나 말 또는 정보통신망을 이용하여 의견을 제출할 수 있다.
⑤ 제4항에 따른 의견제출의 방법과 제출 의견의 반영 등에 관하여는 제27조 및 제27조의2를 준용한다. 이 경우 "처분"은 "위반사실등의 공표"로 본다.
⑥ 위반사실등의 공표는 관보, 공보 또는 인터넷 홈페이지 등을 통하여 한다.
⑦ 행정청은 위반사실등의 공표를 하기 전에 당사자가 공표와 관련된 의무의 이행, 원상회복, 손해배상 등의 조치를 마친 경우에는 위반사실등의 공표를 하지 아니할 수 있다.
⑧ 행정청은 공표된 내용이 사실과 다른 것으로 밝혀지거나 공표에 포함된 처분이 취소된 경우에는 그 내용을 정정하여, 정정한 내용을 지체 없이 해당 공표와 같은 방법으로 공표된 기간 이상 공표하여야 한다. 다만, 당사자가 원하지 아니하면 공표하지 아니할 수 있다.

10 ②

해설 [대법원 2012.12.13. 2012도11162]

1] 경찰관직무집행법 제4조 제1항 제1호에서 규정하는 술에 취한 상태로 인하여 자기 또는 타인의 생명·신체와 재산에 위해를 미칠 우려가 있는 피구호자에 대한 보호조치는 경찰 행정상 즉시강제에 해당하므로, 그 조치가 불가피한 최소한도 내에서만 행사되도록 발동·행사 요건을 신중하고 엄격하게 해석하여야 한다. 따라서 이 사건 조항의 '술에 취한 상태'란 피구호자가 술에 만취하여 정상적인 판단능력이나 의사능력을 상실할 정도에 이른 것을 말하고, 이 사건 조항에 따른 보호조치를 필요로 하는 피구호자에 해당하는지는 구체적인 상황을 고려하여 경찰관 평균인을 기준으로 판단하되, 그 판단은 보호조치의 취지와 목적에 비추어 현저하게 불합리하여서는 아니 되며, 피구호자의 가족 등에게 피구호자를 인계할 수 있다면 특별한 사정이 없는 한 경찰관서에서 피구호자를 보호하는 것은 허용되지 않는다.

2] 경찰관직무집행법 제4조 제1항 제1호의 보호조치 요건이 갖추어지지 않았음에도, 경찰관이 실제로는 범죄수사를 목적으로 피의자에 해당하는 사람을 이 사건 조항의 피구호자로 삼아 그의 의사에 반하여 경찰관서에 데려간 행위는, 달리 현행범체포나 임의동행 등의 적법 요건을 갖추었다고 볼 사정이 없다면, 위법한 체포에 해당한다고 보아야 한다.

3] 교통안전과 위험방지를 위한 필요가 없음에도 주취운전을 하였다고 인정할 만한 상당한 이유가 있다는 이유만으로 이루어지는 음주측정은 이미 행하여진 주취운전이라는 범죄행위에 대한 증거 수집을 위한 수사절차로서 의미를 가지는데, 도로교통법상 규정들이 음주측정을 위한 강제처분의 근거가 될 수 없으므로 위와 같은 음주측정을 위하여 운전자를 강제로 연행하기 위해서는 수사상 강제처분에 관한 형사소송법상 절차에 따라야 하고, 이러한 절차를 무시한 채 이루어진 강제연행은 위법한 체포에 해당한다. 이와 같은 위법한 체포 상태에서 음주측정요구가 이루어진 경우, 음주측정요구를 위한 위법한 체포와 그에 이은 음주측정요구는 주취운전이라는 범죄행위에 대한 증거 수집을 위하여 연속하여 이루어진 것으로서 개별적으로 적법 여부를 평가하는 것은 적절하지 않으므로 일련의 과정을 전체적으로 보아 위법한 음주측정요구가 있었던 것으로 볼 수밖에 없고, 운전자가 주취운전을 하였다고 인정할 만한 상당한 이유가 있다 하더라도 운전자에게 경찰공무원의 이와 같은 위법한 음주측정요구까지 응할 의무가 있다고 보아 이를 강제하는 것은 부당하므로 그에 불응하였다고 하여 음주측정거부에 관한 도로교통법 위반죄로 처벌할 수 없다.

4] 화물차 운전자인 피고인이 경찰의 음주단속에 불응하고 도주하였다가 다른 차량에 막혀 더 이상 진행하지 못하게 되자 운전석에서 내려 다시 도주하려다 경찰관에게 검거되어 지구대로 보호조치된 후 2회에 걸쳐 음주측정요구를 거부하였다고 하여 도로교통법 위반(음주측정거부)으로 기소된 사안에서, 당시 피고인이 술에 취한 상태이기는 하였으나 술에 만취하여 정상적인 판단능력이나 의사능력을 상실할 정도에 있었다고 보기 어려운 점, 당시 상황에 비추어 평균적인 경찰관으로서는 피고인이 경찰관직무집행법 제4조 제1항 제1호의 보호조치를 필요로 하는 상태에 있었다고 판단하지 않았을 것으로 보이는 점, 경찰관이 피고인에 대하여 이 사건 조항에 따른 보호조치를 하고자 하였다면, 당시 옆에 있었던 피고인 처(妻)에게 피고인을 인계하였어야 하는데도, 피고인 처의 의사에 반하여 지구대로 데려간 점 등 제반 사정을 종합할 때, 경찰관이 피고인과 피고인 처의 의사에 반하여 피고인을 지구대로 데려간 행위를 적법한 보호조치라고 할 수 없고, 나아가 달리 적법 요건을 갖추었다고 볼 자료가 없는 이상 경찰관이 피고인을 지구대로 데려간 행위는 위법한 체포에 해당하므로, 그와 같이 위법한 체포 상태에서 이루어진 경찰관의 음주측정요구도 위법하다고 볼 수밖에 없어 그에 불응하였다고 하여 피고인을 음주측정거부에 관한 도로교통법 위반죄로 처벌할 수는 없는데, 이와 달리 보아 유죄를 선고한 원심판결에 이 사건 조항의 보호조치에 관한 법리를 오해하여 위법한 체포상태에서의 도로교통법 위반(음주측정거부)죄 성립에 관한 판단을 그르친 위법이 있다고 하였다.

[대법원 2012. 2. 9. 선고 2011도4328 판결]
경찰공무원은 교통의 안전과 위험방지를 위하여 필요하다고 인정하거나 운전자가 술에 취한 상태에서 자동차 등을 운전하였다고 인정할 만한 상당한 이유가 있고 운전자의 음주운전 여부를 확인하기 위하여 필요한 경우에는 사후의 음주측정에 의하여 음주운전 여부를 확인할 수 없음이 명백하지 않는 한 운전자에 대하여 구 도로교통법(2011. 6. 8. 법률 제10790호로 개정되기 전의 것) 제44조 제2항에 의하여 음주측정을 요구할 수 있고, 운전자가 이에 불응한 경우에는 같은 법 제148조의2 제2호의 음주측정불응죄가 성립한다. 이와 같은 법리는 운전자가 경찰

관직무집행법 제4조에 따라 보호조치된 사람이라고 하여 달리 볼 것이 아니므로, 경찰공무원이 보호조치된 운전자에 대하여 음주측정을 요구하였다는 이유만으로 음주측정 요구가 당연히 위법하다거나 보호조치가 당연히 종료된 것으로 볼 수는 없다.

11 ④

해설 ㉠ [O] [대법원 1999.6.22. 98다61470]

㉡ [O] [대법원 2004.5.13. 2003다57956]

1] 경찰관은 범인의 체포, 도주의 방지, 자기 또는 타인의 생명·신체에 대한 방호, 공무집행에 대한 항거의 억제를 위하여 무기를 사용할 수 있으나, 이 경우에도 무기는 목적 달성에 필요하다고 인정되는 상당한 이유가 있을 때 그 사태를 합리적으로 판단하여 필요한 한도 내에서 사용하여야 하는바[구 경찰관직무집행법(1999. 5. 24. 법률 제5988호로 개정되기 전의 것) 제11조], 경찰관의 무기 사용이 이러한 요건을 충족하는지 여부는 범죄의 종류, 죄질, 피해법익의 경중, 위해의 급박성, 저항의 강약, 범인과 경찰관의 수, 무기의 종류, 무기 사용의 태양, 주변의 상황 등을 고려하여 사회통념상 상당하다고 평가되는지 여부에 따라 판단하여야 하고, 특히 사람에게 위해를 가할 위험성이 큰 권총의 사용에 있어서는 그 요건을 더욱 엄격하게 판단하여야 한다.

2] 50cc 소형 오토바이 1대를 절취하여 운전중인 15~16세의 절도 혐의자 3인이 경찰관의 검문에 불응하며 도주하자, 경찰관이 체포 목적으로 오토바이의 바퀴를 조준하여 실탄을 발사하였으나 오토바이에 타고 있던 1인이 총상을 입게 된 경우, 제반 사정에 비추어 경찰관의 총기 사용이 사회통념상 허용범위를 벗어나 위법하다고 한 사례.

㉢ [O] 「경찰관직무집행법」 제10조의4 제2항, 제3항

㉣ [O] [대법원 1999.3.23. 98다63445]

12 ③

해설 손/실/보/상(제11조의2)

① 국가는 경찰관의 적법한 직무집행으로 인하여 다음 각호의 어느 하나에 해당하는 손실을 입은 자에 대하여 정당한 보상을 하여야 한다.

    1. 손실발생의 원인에 대하여 책임이 없는 자가 생명·신체 또는 재산상의 손실을 입은 경우(손실발생의 원인에 대하여 책임이 없는 자가 경찰관의 직무집행에 자발적으로 협조하거나 물건을 제공하여 생명·신체 또는 재산상의 손실을 입은 경우를 포함한다)

    2. 손실발생의 원인에 대하여 책임이 있는 자가 자신의 책임에 상응하는 정도를 초과하는 생명·신체 또는 재산상의 손실을 입은 경우

② 제1항에 따른 보상을 청구할 수 있는 권리는 손실이 있음을 안 날부터 3년, 손실이 발생한 날부터 5년간 행사하지 아니하면 시효의 완성으로 소멸한다.

③ 제1항에 따른 손실보상신청 사건을 심의하기 위하여 손실보상심의위원회를 둔다.

④ 경찰청장 또는 시·도경찰청장은 제3항의 손실보상심의위원회의 심의·의결에 따라 보상금을 지급하고, 거짓 또는 부정한 방법으로 보상금을 받은 사람에 대하여는 해당 보상금을 환수하여야 한다.

⑤ 보상금이 지급된 경우 손실보상심의위원회는 대통령령으로 정하는 바에 따라 국가경찰위원회에 심사자료와 결과를 보고하여야 한다. 이 경우 국가경찰위원회는 손실보상의 적법성 및 적정성 확인을 위하여 필요한 자료의 제출을 요구할 수 있다.

⑥ 경찰청장 또는 시·도경찰청장은 제4항에 따라 보상금을 반환하여야 할 사람이 대통령령으로 정한 기한까지 그 금액을 납부하지 아니한 때에는 국세 체납처분의 예에 따라 징수할 수 있다.

⑦ 제1항에 따른 손실보상의 기준, 보상금액, 지급 절차 및 방법, 제3항에 따른 손실보상심의위원회의 구성 및 운영, 제4항 및 제6항에 따른 환수절차, 그 밖에 손실보상에 관하여 필요한 사항은 대통령령으로 정한다.

13 ④

해설 ①③ 국가배상법 제2조 제1항 본문 및 제2항의 입법 취지는 공무원의 직무상 위법행위로 타인에게 손해를 끼친 경우에는 변제자력이 충분한 국가 등에게 선임감독상 과실 여부에 불구하고 손해배상책임을 부담시켜 국민의 재산권을 보장하되, 공무원이 직무를 수행함에 있어 경과실로 타인에게 손해를 입힌 경우에는 그 직무수행상 통상 예기할 수 있는 흠이 있는 것에 불과하므로, 이러한 공무원의 행위는 여전히 국가 등의 기관의 행위로 보아 그로 인하여 발생한 손해에 대한 배상책임도 전적으로 국가 등에만 귀속시키고 공무원 개인에게는 그로 인한 책임을 부담시키지 아니하여 공무원의 공무집행의 안정성을 확보하고, 반면에 공무원의 위법행위가 고의·중과실에 기한 경우에는 비록 그 행위가 그의 직무와 관련된 것이라고 하더라도 그와 같은 행위는 그 본질에 있어서 기관행위로서의 품격을 상실하여 국가 등에게 그 책임을 귀속시킬 수 없으므로 공무원 개인에게 불법행위로 인한 손해배상책임을 부담시키되, 다만 이러한 경우에도 그 행위의 외관을 객관적으로 관찰하여 공무원의 직무집행으로 보여질 때에는 피해자인 국민을 두텁게 보호하기 위하여 국가 등이 공무원 개인과 중첩적으로 배상책임을 부담하되 국가 등이 배상책임을 지는 경우에는 공무원 개인에게 구상할 수 있도록 함으로써 궁극적으로 그 책임이 공무원 개인에게 귀속되도록 하려는 것이라고 봄이 합당하다. [대법원 1996.2.15. 95다38677]

② 공무원이 직무수행 중 불법행위로 타인에게 손해를 입힌 경우에 국가나 지방자치단체가 국가배상책임을 부담하는 외에 공무원 개인도 고의 또는 중과실이 있는 경우에는 불법행위로 인한 손해배상책임을 지고, 공무원에게 경과실이 있을 뿐인 경우에는 공무원 개인은 불법행위로 인한 손해배상책임을 부담하지 아니하는데, 여기서 공무원의 중과실이란 공무원에게 통상 요구되는 정도의 상당한 주의를 하지 않더라도 약간의 주의를 한다면 손쉽게 위법·유해한 결과를 예견할 수 있는 경우임에도 만연히 이를 간과함과 같은 거의 고의에 가까운 현저한 주의를 결여한 상태를 의미한다. [대법원 2011.9.8. 2011다34521]

④ 공무원의 부작위를 이유로 국가배상책임을 인정하기 위해서는 공무원의 작위로 국가배상책임을 인정하는 경우와 마찬가지로 '공무원이 직무를 집행하면서 고의 또는 과실로 법령을 위반하여 타인에게 손해를 입힌 때'라는 국가배상법 제2조 제1항의 요건이 충족되어야 한다. 여기서 '법령 위반'이란 엄격하게 형식적 의미의 법령에 명시적으로 공무원의 작위의무가 규정되어 있는데도 이를 위반하는 경우만을 의미하는 것은 아니고, 인권존중·권력남용금지·신의성실과 같이 공무원으로서 마땅히 지켜야 할 준칙이나 규범을 지키지 않고 위반한 경우를 포함하여 널리 객관적인 정당성이 없는 행위를 한 경우를 포함한다. 따라서 국민의 생명·신체·재산 등에 관하여 절박하고 중대한 위험상태가 발생하였거나 발생할 우려가 있어서 국민의 생명·신체·재산 등을 보호하는 것을 본래적 사명으로 하는 국가가 초법규적, 일차적으로 그 위험 배제에 나서지 않으면 국민의 생명·신체·재산 등을 보호할 수 없는 경우에는 형식적 의미의 법령에 근거가 없더라도 국가나 관련 공무원에 대하여 그러한 위험을 배제할 작위의무를 인정할 수 있다. 공무원의 부작위를 이유로 국가배상책임을 인정할 것인지가 문제 되는 경우에 관련 공무원에 대하여 작위의무를 명하는 법령 규정이 없다면 공무원의 부작위로 침해된 국민의 법익 또는 국민에게 발생한 손해가 어느 정도 심각하고 절박한 것인지, 관련 공무원이 그와 같은 결과를 예견하여 결과를 회피하기 위한 조치를 취할 가능성이 있는지 등을 종합적으로 고려하여 판단하여야 한다. [대법원 2022.7.14. 2017다290538]

14 ②

해설 ① 공무원이 그 직무를 집행함에 당하여 고의 또는 과실로 법령에 위반하여 타인에게 손해를 가한 때에는 국가가 이를 배상할 책임을 진다. 범죄의 예방·진압 및 수사는 경찰관의 직무에 해당하며(경찰관직무집행법 제2조 제1호 참조), 그 직무행위의 구체적 내용이나 방법 등이 경찰관의 전문적 판단에 기한 합리적인 재량에 위임되어 있으므로, 경찰관이 구체적 상황하에서 그 인적·물적 능력의 범위 내에서의 적절한 조치라는 판단에 따라 범죄의 진압 및 수사에 관한 직무를 수행한 경우, 경찰관에게 그와 같은 권한을 부여한 취지와 목적, 경찰관이 다른 조치를 취하지 아니함으로 인하여 침해된 국민의 법익 또는 국민에게 발생한 손해의 심각성 내지 그 절박한 정도, 경찰관이 그와 같은 결과를 예견하여 그 결과를 회피하기 위한 조치를 취할 수 있는 가능성이 있는지 여부 등을 종합적으로 고려하여 볼 때 그것이 객관적 정당성을 상실하여 현저하게 불합리하다고 인정되지 않는다면 그와 다른 조치를 취하지 아니한 부작위를 내세워 국가배상책임의 요건인 법령 위반에 해당한다고 할 수 없다 [대법원 2017.10.25. 2005다23438]

② 1] 본래 범의를 가지지 아니한 자에 대하여 수사기관이 사술이나 계략 등을 써서 범의를 유발케 하여 범죄인을 검거하는 함정수사는 위법하다 할 것인바, 구체적인 사건에 있어서 위법한 함정수사에 해당하는지 여부는 해당 범죄의 종류와 성질, 유인자의 지위와 역할, 유인의 경위와 방법, 유인에 다른 피유인자의 반응, 피유인자의 처벌 전력 및 유인행위 자체의 위법성 등을 종합하여 판단하여야 한다.

2] 수사기관과 직접 관련이 있는 유인자가 피유인자와의 개인적인 친밀관계를 이용하여 피유인자의 동정심이나 감정에 호소하거나, 금전적·심리적 압박이나 위협 등을 가하거나, 거절하기 힘든 유혹을 하거나, 또는 범행방법을 구체적으로 제시하고 범행에 사용할 금전까지 제공하는 등으로 과도하게 개입함으로써 피유인자로 하여금 범의를 일으키게 하는 것은 위법한 함정수사에 해당하여 허용되지 아니하지만, 유인자가 수사기관과 직접적인 관련을 맺지 아니한 상태에서 피유인자를 상대로 단순히 수차례 반복적으로 범행을 부탁하였을 뿐 수사기관이 사술이나 계략 등을 사용하였다고 볼 수 없는 경우는, 설령 그로 인하여 피유인자의 범의가 유발되었다 하더라도 위법한 함정수사에 해당하지 아니한다. [대법원 2007.7.12. 2006도2339]

③④ [대법원 2016도19417]

1] 경찰관 직무집행법은 경찰관이 국민의 자유와 권리를 보호하고 사회공공의 질서를 유지하기 위하여 직무 수행에 필요한 사항을 정하면서 경찰관의 직권은 직무 수행에 필요한 최소한도에서 행사되어야 한다고 정하고 있다(제1조). 경찰관 직무집행법 제2조는 경찰관 직무의 범위로 국민의 생명·신체·재산의 보호(제1호), 범죄의 예방·진압·수사(제2호), 범죄피해자 보호(제2호의2), 공공의 안녕과 질서 유지(제7호)를 포함하고 있다. 경찰관 직무집행법 제6조는 "경찰관은 범죄행위가 목전에 행하여지려고 하고 있다고 인정될 때에는 이를 예방하기 위하여 관계인에게 필요한 경고를 하고, 그 행위로 인하여 사람의 생명·신체에 위해를 끼치거나 재산에 중대한 손해를 끼칠 우려가 있어 긴급한 경우에는 그 행위를 제지할 수 있다."라고 정하고 있다. 위 조항 중 경찰관의 제지에 관한 부분은 범죄 예방을 위한 경찰 행정상 즉시강제, 즉 눈앞의 급박한 경찰상 장해를 제거할 필요가 있고 의무를 명할 시간적 여유가 없거나 의무를 명하는 방법으로는 그 목적을 달성하기 어려운 상황에서 의무불이행을 전제로 하지 않고 경찰이 직접 실력을 행사하여 경찰상 필요한 상태를 실현하는 권력적 사실행위에 관한 근거조항이다. 경찰관 직무집행법 제6조에 따른 경찰관의 제지 조치가 적법한 직무집행으로 평가되기 위해서는, 형사처벌의 대상이 되는 행위가 눈앞에서 막 이루어지려고 하는 것이 객관적으로 인정될 수 있는 상황이고, 그 행위를 당장 제지하지 않으면 곧 인명·신체에 위해를 미치거나 재산에 중대한 손해를 끼칠 우려가 있는 상황이어서, 직접 제지하는 방법 외에는 위와 같은 결과를 막을 수 없는 절박한 사태이어야 한다. 다만 경찰관의 제지 조치가 적법한지는 제지 조치 당시의 구체적 상황을 기초로 판단하여야 하고 사후적으로 순수한 객관적 기준에서 판단할 것은 아니다.

2] 주거지에서 음악 소리를 크게 내거나 큰 소리로 떠들어 이웃을 시끄럽게 하는 행위는 경범죄 처벌법 제3조 제1항 제21호에서 경범죄로 정한 '인근소란 등'에 해당한다. 경찰관은 경찰관 직무집행법에 따라 경범죄에 해당하는 행위를 예방·진압·수사하고, 필요한 경우 제지할 수 있다.

3] 피고인은 평소 집에서 심한 고성과 욕설, 시끄러운 음악 소리 등으로 이웃 주민들로부터 수회에 걸쳐 112신고가 있어 왔던 사람인데, 피고인의 집이 소란스럽다는 112신고를 받고 출동한 경찰관 갑, 을이 인터폰으로 문을 열어달라고 하였으나 욕설을 하였고, 경찰관들이 피고인을 만나기 위해 전기차단기를 내리자 화가 나 식칼(전체 길이 약 37cm, 칼날 길이 약 24cm)을 들고 나와 욕설을 하면서 경찰관들을 향해 찌를 듯이 협박함으로써 갑, 을의 112신고 업무 처리에 관한 직무집행을 방해하였다고 하여 특수공무집행방해로 기소된 사안에서, 피고인이 자정에 가까운 한밤중에 음악을 크게 켜놓거나 소리를 지른 것은 경범죄 처벌법 제3조 제1항 제21호에서 금지하는 인근소란행위에 해당하고, 그로 인하여 인근 주민들이 잠을 이루지 못하게 될 수 있으며, 갑과 을이 112신고를 받고 출동하여 눈앞에서 벌어지고 있는 범죄행위를 막고 주민들의 피해를 예방하기 위해 피고인을 만나려 하였으나 피고인은 문조차 열어주지 않고 소란행위를 멈추지 않았던 상황이라면 피고인의 행위를 제지

하고 수사하는 것은 경찰관의 직무상 권한이자 의무라고 볼 수 있으므로, 위와 같은 상황에서 갑과 을이 피고인의 집으로 통하는 전기를 일시적으로 차단한 것은 피고인을 집 밖으로 나오도록 유도한 것으로서, 피고인의 범죄행위를 진압·예방하고 수사하기 위해 필요하고도 적절한 조치로 보이고, 경찰관 직무집행법 제1조의 목적에 맞게 제2조의 직무 범위 내에서 제6조에서 정한 즉시강제의 요건을 충족한 적법한 직무집행으로 볼 여지가 있다는 이유로, 이와 달리 보아 공소사실을 무죄로 판단한 원심판결에 필요한 심리를 다하지 않은 채 논리와 경험의 법칙에 반하여 자유심증주의의 한계를 벗어나거나 경찰관 직무집행법의 해석과 적용, 공무집행의 적법성 등에 관한 법리를 오해한 잘못이 있다.

15 ④

해설 피해자 등에 대한 불이익조치의 금지 등(제6조)

① 피해자 또는 스토킹 사실을 신고한 자를 고용하고 있는 자는 피해자 또는 스토킹 사실을 신고한 자에게 스토킹으로 피해를 입은 것 또는 신고를 한 것을 이유로 다음 각호의 어느 하나에 해당하는 불이익조치를 하여서는 아니 된다.
   1. 파면, 해임, 해고, 그 밖에 신분상실에 해당하는 신분상의 불이익조치
   2. 징계, 정직, 감봉, 강등, 승진 제한, 그 밖에 부당한 인사조치
   3. 전보, 전근, 직무 미부여, 직무 재배치, 그 밖에 본인의 의사에 반하는 인사조치
   4. 성과평가 또는 동료평가 등에서 차별이나 그에 따른 임금 또는 상여금 등의 차별 지급
   5. 직업능력 개발 및 향상을 위한 교육훈련 기회의 제한, 예산 또는 인력 등 가용자원의 제한 또는 제거, 보안정보 또는 비밀정보 사용의 정지 또는 취급자격의 취소, 그 밖에 근무조건 등에 부정적 영향을 미치는 차별 또는 조치
   6. 주의 대상자 명단 작성 또는 그 명단의 공개, 집단 따돌림, 폭행 또는 폭언 등 정신적·신체적 손상을 가져오는 행위 또는 그 행위의 발생을 방치하는 행위
   7. 직무에 대한 부당한 감사 또는 조사나 그 결과의 공개
   8. 그 밖에 본인의 의사에 반하는 불이익조치
② 피해자를 고용하고 있는 자는 피해자의 요청이 있으면 업무 연락처 및 근무 장소의 변경, 배치전환 등의 적절한 조치를 할 수 있다.

16 ②

해설 ㉠ 예산안 편성지침의 각 중앙관서장에 통보(3월 31일)
㉢ 예산안 편성지침의 국회통보
㉣ 각 중앙관서장의 기획재정부장관에게 예산요구서의 제출(5월 31일)
㉡ 국무회의의 심의 및 대통령의 승인

1] 중기사업계획서의 제출(제28조) 각 중앙관서의 장은 매년 1월 31일까지 해당 회계연도부터 5회계연도 이상의 기간 동안의 신규사업 및 기획재정부장관이 정하는 주요 계속사업에 대한 중기사업계획서를 기획재정부장관에게 제출하여야 한다.

2] 예산안편성지침의 통보(제29조)
① 기획재정부장관은 국무회의의 심의를 거쳐 대통령의 승인을 얻은 다음 연도의 예산안편성지침을 매년 3월 31일까지 각 중앙관서의 장에게 통보하여야 한다.
② 기획재정부장관은 제7조의 규정에 따른 국가재정운용계획과 예산편성을 연계하기 위하여 제1항의 규정에 따른 예산안편성지침에 중앙관서별 지출한도를 포함하여 통보할 수 있다.

3] 예산안편성지침의 국회보고(제30조)
　기획재정부장관은 제29조제1항의 규정에 따라 각 중앙관서의 장에게 통보한 예산안편성지침을 국회 예산결산

특별의원회에 보고하여야 한다.
4] 예산요구서의 제출(제31조)
① 각 중앙관서의 장은 제29조의 규정에 따른 예산안편성지침에 따라 그 소관에 속하는 다음 연도의 세입세출예산·계속비·명시이월비 및 국고채무부담행위 요구서(예산요구서)를 작성하여 매년 5월 31일까지 기획재정부장관에게 제출하여야 한다.
② 예산요구서에는 대통령령으로 정하는 바에 따라 예산의 편성 및 예산관리기법의 적용에 필요한 서류를 첨부하여야 한다.
③ 기획재정부장관은 제1항의 규정에 따라 제출된 예산요구서가 제29조의 규정에 따른 예산안편성지침에 부합하지 아니하는 때에는 기한을 정하여 이를 수정 또는 보완하도록 요구할 수 있다.
5] 예산안의 편성(제32조)
기획재정부장관은 제31조제1항의 규정에 따른 예산요구서에 따라 예산안을 편성하여 국무회의의 심의를 거친 후 대통령의 승인을 얻어야 한다.
6] 예산안의 국회제출(제33조)
정부는 제32조의 규정에 따라 대통령의 승인을 얻은 예산안을 회계연도 개시 120일 전까지 국회에 제출하여야 한다.

17 ②

[해설] 1] 즉시회수 : ㉠㉣
2] 임의회수 : ㉡㉢㉤

무기·탄약의 회수 및 보관(「경찰장비관리규칙」 제120조)
① 경찰기관의 장은 무기를 휴대한 자 중에서 다음 각호에 해당하는 자가 발생한 때에는 즉시 대여한 무기·탄약을 회수해야 한다. 다만, 대상자가 이의신청을 하거나 소속 부서장이 무기 소지 적격 여부에 대해 심의를 요청하는 경우에는 무기 소지 적격 심의위원회의 심의를 거쳐 대여한 무기·탄약의 회수여부를 결정한다.
  1. 직무상의 비위 등으로 인하여 중징계 의결 요구된 자
  2. 사의를 표명한 자
② 경찰기관의 장은 무기를 휴대한 자 중에서 다음 각호에 해당하는 자가 있을 때에는 심의위원회의 심의를 거쳐 대여한 무기·탄약을 회수할 수 있다. 다만, 심의위원회를 개최할 시간적 여유가 없거나 사고 방지 등을 위해 신속한 회수가 필요하다고 인정되는 경우에는 대여한 무기·탄약을 즉시 회수할 수 있으며, 회수한 날부터 7일 이내에 심의위원회를 개최하여 회수의 타당성을 심의하고 계속 회수 여부를 결정한다.
  1. 직무상의 비위 등으로 인하여 감찰조사의 대상이 되거나 경징계의결 요구 또는 경징계 처분 중인 자
  2. 형사사건의 수사 대상이 된 자
  3. 경찰공무원 직무적성검사 결과 고위험군에 해당되는 자
  4. 정신건강상 문제가 우려되어 치료가 필요한 자
  5. 정서적 불안 상태로 인하여 무기 소지가 적합하지 않은 자로서 소속 부서장의 요청이 있는 자
  6. 그 밖에 경찰기관의 장이 무기 소지 적격 여부에 대해 심의를 요청하는 자
③ 경찰기관의 장은 제1항과 제2항에 규정한 사유들이 소멸되면 직권 또는 당사자 신청에 따라 무기 소지 적격 심의위원회의 심의를 거쳐 무기 회수의 해제 조치를 할 수 있다.
④ 경찰기관의 장은 무기를 휴대한 자 중에서 다음 각호에 해당하는 경우에는 대여한 무기·탄약을 무기고에 보관하도록 해야 한다.
  1. 술자리 또는 연회장소에 출입할 경우
  2. 상사의 사무실을 출입할 경우
  3. 기타 정황을 판단하여 필요하다고 인정되는 경우

18 ①

해설 ㉠ [X] 권한을 위임받아 실제 운전면허 정지 처분권자인 경찰서장을 피고
㉡ [X] 이 법에 따른 처분으로서 해당 처분에 대한 행정소송은 행정심판의 재결(裁決)을 거치지 아니하면 제기할 수 없다(도로교통법 제142조).
㉢ [X] 도로 외의 곳에서의 음주운전·음주측정거부 등에 대해서는 형사처벌만 가능하고 운전면허 취소·정지처분은 부과할 수 없다. [대법원 2021.12.10. 2018두42771]
㉣ [O] 「정부조직법」에 의하면 중앙행정기관은 부/처/청을 말하므로 경찰청은 여기에 해당하게 된다. 이에 따라 대법원 소재지를 관할하는 행정법원에 제기할 수 있으므로, 대법원이 소재하는 서울 관할 서울행정법원이 1심 관할 법원이 된다.

「행정소송법」 제9조(재판관할)
① 취소소송의 제1심관할법원은 피고의 소재지를 관할하는 행정법원으로 한다.
② 제1항에도 불구하고 다음 각호의 어느 하나에 해당하는 피고에 대하여 취소소송을 제기하는 경우에는 대법원소재지를 관할하는 행정법원에 제기할 수 있다.
  1. 중앙행정기관, 중앙행정기관의 부속기관과 합의제행정기관 또는 그 장
  2. 국가의 사무를 위임 또는 위탁받은 공공단체 또는 그 장
③ 토지의 수용 기타 부동산 또는 특정의 장소에 관계되는 처분등에 대한 취소소송은 그 부동산 또는 장소의 소재지를 관할하는 행정법원에 이를 제기할 수 있다

19 ③

해설 1] 정보공개 여부의 결정(제11조)
① 공공기관은 제10조에 따라 정보공개의 청구를 받으면 그 청구를 받은 날부터 10일 이내에 공개 여부를 결정하여야 한다.
② 공공기관은 부득이한 사유로 제1항에 따른 기간 이내에 공개 여부를 결정할 수 없을 때에는 <u>그 기간이 끝나는 날의 다음 날부터</u> 기산(起算)하여 10일의 범위에서 공개 여부 결정기간을 연장할 수 있다. 이 경우 공공기관은 연장된 사실과 연장 사유를 청구인에게 지체 없이 문서로 통지하여야 한다.
③ 공공기관은 공개 청구된 공개 대상 정보의 전부 또는 일부가 제3자와 관련이 있다고 인정할 때에는 그 사실을 제3자에게 지체 없이 통지하여야 하며, 필요한 경우에는 그의 의견을 들을 수 있다.
④ 공공기관은 다른 공공기관이 보유·관리하는 정보의 공개 청구를 받았을 때에는 지체 없이 이를 소관 기관으로 이송하여야 하며, 이송한 후에는 지체 없이 소관 기관 및 이송 사유 등을 분명히 밝혀 청구인에게 문서로 통지하여야 한다.
⑤ 공공기관은 정보공개 청구가 다음 각호의 어느 하나에 해당하는 경우로서 「민원 처리에 관한 법률」에 따른 민원으로 처리할 수 있는 경우에는 민원으로 처리할 수 있다.
  1. 공개 청구된 정보가 공공기관이 보유·관리하지 아니하는 정보인 경우
  2. 공개 청구의 내용이 진정·질의 등으로 이 법에 따른 정보공개 청구로 보기 어려운 경우

2] 부분 공개(제14조)
공개 청구한 정보가 제9조제1항 각호의 어느 하나에 해당하는 부분과 공개 가능한 부분이 혼합되어 있는 경우로서 공개 청구의 취지에 어긋나지 아니하는 범위에서 두 부분을 분리할 수 있는 경우에는 제9조제1항 각호의 어느 하나에 해당하는 부분을 제외하고 공개하여야 한다.

20 ①

해설 1] 중재위원회는 40명 이상 90명 이내의 중재위원으로 구성하며, 중재위원은 다음 각호의 사람 중에서 문화

체육관광부장관이 위촉한다(동법 제7조 제3항).
2) 중재위원회에 위원장 1명과 2명 이내의 부위원장 및 2명 이내의 감사를 두며, 각각 중재위원 중에서 호선(互選)한다(동조 제4항).
3) 위원장·부위원장·감사 및 중재위원의 임기는 각각 3년으로 하며, 한 차례만 연임할 수 있다(동조 제5항).

4) **정정보도 청구의 요건(제14조)**
① 사실적 주장에 관한 언론보도등이 진실하지 아니함으로 인하여 피해를 입은 자(피해자)는 해당 언론보도등이 있음을 안 날부터 3개월 이내에 언론사, 인터넷뉴스서비스사업자 및 인터넷 멀티미디어 방송사업자(언론사등)에게 그 언론보도등의 내용에 관한 정정보도를 청구할 수 있다. 다만, 해당 언론보도등이 있은 후 6개월이 지났을 때에는 그러하지 아니하다.
② 제1항의 청구에는 언론사등의 고의·과실이나 위법성을 필요로 하지 아니한다.
③ 국가·지방자치단체, 기관 또는 단체의 장은 해당 업무에 대하여 그 기관 또는 단체를 대표하여 정정보도를 청구할 수 있다.
④ 「민사소송법」상 당사자능력이 없는 기관 또는 단체라도 하나의 생활단위를 구성하고 보도 내용과 직접적인 이해관계가 있을 때에는 그 대표자가 정정보도를 청구할 수 있다.

5) **정정보도청구권의 행사(제15조)**
① 정정보도 청구는 언론사등의 대표자에게 서면으로 하여야 하며, 청구서에는 피해자의 성명·주소·전화번호 등의 연락처를 적고, 정정의 대상인 언론보도등의 내용 및 정정을 청구하는 이유와 청구하는 정정보도문을 명시하여야 한다. 다만, 인터넷신문 및 인터넷뉴스서비스의 언론보도등의 내용이 해당 인터넷 홈페이지를 통하여 계속 보도 중이거나 매개 중인 경우에는 그 내용의 정정을 함께 청구할 수 있다.
② 제1항의 청구를 받은 언론사등의 대표자는 3일 이내에 그 수용 여부에 대한 통지를 청구인에게 발송하여야 한다. 이 경우 정정의 대상인 언론보도등의 내용이 방송이나 인터넷신문, 인터넷뉴스서비스 및 인터넷 멀티미디어 방송의 보도과정에서 성립한 경우에는 해당 언론사등이 그러한 사실이 없었음을 입증하지 아니하면 그 사실의 존재를 부인하지 못한다.
③ 언론사등이 제1항의 청구를 수용할 때에는 지체 없이 피해자 또는 그 대리인과 정정보도의 내용·크기 등에 관하여 협의한 후, 그 청구를 받은 날부터 7일 내에 정정보도문을 방송하거나 게재(인터넷신문 및 인터넷뉴스서비스의 경우 제1항 단서에 따른 해당 언론보도등 내용의 정정을 포함한다)하여야 한다. 다만, 신문 및 잡지 등 정기간행물의 경우 이미 편집 및 제작이 완료되어 부득이할 때에는 다음 발행 호에 이를 게재하여야 한다.
④ 다음 각호의 어느 하나에 해당하는 사유가 있는 경우에는 언론사등은 정정보도 청구를 거부할 수 있다.
  1. 피해자가 정정보도청구권을 행사할 정당한 이익이 없는 경우
  2. 청구된 정정보도의 내용이 명백히 사실과 다른 경우
  3. 청구된 정정보도의 내용이 명백히 위법한 내용인 경우
  4. 정정보도의 청구가 상업적인 광고만을 목적으로 하는 경우
  5. 청구된 정정보도의 내용이 국가·지방자치단체 또는 공공단체의 공개회의와 법원의 공개재판절차의 사실보도에 관한 것인 경우
⑤ 언론사등이 하는 정정보도에는 원래의 보도 내용을 정정하는 사실적 진술, 그 진술의 내용을 대표할 수 있는 제목과 이를 충분히 전달하는 데에 필요한 설명 또는 해명을 포함하되, 위법한 내용은 제외한다.

21 ③

해설 ㉠ 2년, 2년(제2조 제6호, 사목)
㉡ 4일(제6조 제3항)
㉢ 30일(제8조 제1항 : 고위공직자는 그 직위에 임용되거나 임기를 개시하기 전 3년 이내에 민간 부문에서 업무활동을 한 경우, 그 활동 내역을 그 직위에 임용되거나 임기를 개시한 날부터 30일 이내에 소속기관장에게 제출하

㉣ 30(시행령 제12조 제1항 제1호)
㉤ 3년(제14조 제1항)

22 ④

[해설] ① 비실명 대리신고(제13조의2)
② 구두신고는 비허용, 서면으로 신고(제9조)
③ 소속 기관장에게 신고하고 제공자에게 반환(제10조)

「부정청탁 및 금품등 수수의 금지에 관한 법률」

1] 외부강의등의 사례금 수수 제한(제10조)
① 공직자등은 자신의 직무와 관련되거나 그 지위·직책 등에서 유래되는 사실상의 영향력을 통하여 요청받은 교육·홍보·토론회·세미나·공청회 또는 그 밖의 회의 등에서 한 강의·강연·기고 등(외부강의등)의 대가로서 대통령령으로 정하는 금액을 초과하는 사례금을 받아서는 아니 된다.
② 공직자등은 사례금을 받는 외부강의등을 할 때에는 대통령령으로 정하는 바에 따라 외부강의등의 요청 명세 등을 소속기관장에게 그 외부강의등을 마친 날부터 10일 이내에 서면으로 신고하여야 한다. 다만, 외부강의등을 요청한 자가 국가나 지방자치단체인 경우에는 그러하지 아니하다.
③ 삭제 〈2019. 11. 26.〉
④ 소속기관장은 제2항에 따라 공직자등이 신고한 외부강의등이 공정한 직무수행을 저해할 수 있다고 판단하는 경우에는 그 공직자등의 외부강의등을 제한할 수 있다.
⑤ 공직자등은 제1항에 따른 금액을 초과하는 사례금을 받은 경우에는 대통령령으로 정하는 바에 따라 소속기관장에게 신고하고, 제공자에게 그 초과금액을 지체 없이 반환하여야 한다.

2] 위반행위의 신고(제13조)
① 누구든지 이 법의 위반행위가 발생하였거나 발생하고 있다는 사실을 알게 된 경우에는 다음 각호의 어느 하나에 해당하는 기관에 신고할 수 있다.
  1. 이 법의 위반행위가 발생한 공공기관 또는 그 감독기관
  2. 감사원 또는 수사기관
  3. 국민권익위원회
② 제1항에 따른 신고를 한 자가 다음 각호의 어느 하나에 해당하는 경우에는 이 법에 따른 보호 및 보상을 받지 못한다.
  1. 신고의 내용이 거짓이라는 사실을 알았거나 알 수 있었음에도 신고한 경우
  2. 신고와 관련하여 금품등이나 근무관계상의 특혜를 요구한 경우
  3. 그 밖에 부정한 목적으로 신고한 경우
③ 제1항에 따라 신고를 하려는 자는 자신의 인적사항과 신고의 취지·이유·내용을 적고 서명한 문서와 함께 신고 대상 및 증거 등을 제출하여야 한다.

3] 비실명 대리신고(제13조의2)
① 제13조제3항에도 불구하고 같은 조 제1항에 따라 신고를 하려는 자는 자신의 인적사항을 밝히지 아니하고 변호사를 선임하여 신고를 대리하게 할 수 있다. 이 경우 제13조제3항에 따른 신고자의 인적사항 및 신고자가 서명한 문서는 변호사의 인적사항 및 변호사가 서명한 문서로 갈음한다.
② 제1항에 따른 신고는 국민권익위원회에 하여야 하며, 신고자 또는 신고를 대리하는 변호사는 그 취지를 밝히고 신고자의 인적사항, 신고자임을 입증할 수 있는 자료 및 위임장을 국민권익위원회에 함께 제출하여야 한다.
③ 국민권익위원회는 제2항에 따라 제출된 자료를 봉인하여 보관하여야 하며, 신고자 본인의 동의 없이 이를 열람하여서는 아니 된다.

4] 신고의 처리(제14조)
① 제13조제1항제1호 또는 제2호의 기관(조사기관)은 같은 조 제1항에 따라 신고를 받거나 제2항에 따라 국민권익위원회로부터 신고를 이첩받은 경우에는 그 내용에 관하여 필요한 조사·감사 또는 수사를 하여야 한다.
② 국민권익위원회가 제13조제1항에 따른 신고를 받은 경우에는 그 내용에 관하여 신고자를 상대로 사실관계를 확인한 후 대통령령으로 정하는 바에 따라 조사기관에 이첩하고, 그 사실을 신고자에게 통보하여야 한다.
③ 조사기관은 제1항에 따라 조사·감사 또는 수사를 마친 날부터 10일 이내에 그 결과를 신고자와 국민권익위원회에 통보(국민권익위원회로부터 이첩받은 경우만 해당한다)하고, 조사·감사 또는 수사 결과에 따라 공소 제기, 과태료 부과 대상 위반행위의 통보, 징계 처분 등 필요한 조치를 하여야 한다.
④ 국민권익위원회는 제3항에 따라 조사기관으로부터 조사·감사 또는 수사 결과를 통보받은 경우에는 지체 없이 신고자에게 조사·감사 또는 수사 결과를 알려야 한다.
⑤ 제3항 또는 제4항에 따라 조사·감사 또는 수사 결과를 통보받은 신고자는 조사기관에 이의신청을 할 수 있으며, 제4항에 따라 조사·감사 또는 수사 결과를 통지받은 신고자는 국민권익위원회에도 이의신청을 할 수 있다.
⑥ 국민권익위원회는 조사기관의 조사·감사 또는 수사 결과가 충분하지 아니하다고 인정되는 경우에는 조사·감사 또는 수사 결과를 통보받은 날부터 30일 이내에 새로운 증거자료의 제출 등 합리적인 이유를 들어 조사기관에 재조사를 요구할 수 있다.
⑦ 제6항에 따른 재조사를 요구받은 조사기관은 재조사를 종료한 날부터 7일 이내에 그 결과를 국민권익위원회에 통보하여야 한다. 이 경우 국민권익위원회는 통보를 받은 즉시 신고자에게 재조사 결과의 요지를 알려야 한다.

23 ④

[해설] ① 지역경찰관서란 「국가경찰과 자치경찰의 조직 및 운영에 관한 법률」 제30조 제3항 및 「경찰청과 그 소속기관 직제」 제43조에 규정된 지구대 및 파출소를 말한다(제2조 제1호).
② 사건의 접수 및 처리업무는 상황근무에 해당되고, 문서의 접수 및 처리업무는 행정근무에 포함된다(제23조, 제24조).
③ 지역경찰은 근무 중 주요사항을 별지 제2호서식의 근무일지(을지)에 기재하여야 한다(제42조 제1항). 그리고 근무일지는 3년간 보관한다(동조 제3항).

24 ①

[해설] 1] 근무자 선발 원칙 및 근무기간(제6조)
① 시·도경찰청장 및 경찰서장은 112요원을 배치할 때에는 관할구역 내 지리감각, 언어 능력 및 상황 대처능력이 뛰어난 경찰공무원을 선발·배치하여야 한다.
② 112요원의 근무기간은 2년 이상으로 한다.
③ 시·도경찰청장 및 경찰서장은 보임·전출입 등 인사 시 112요원의 장기 근무를 유도하기 위해 노력하여야 한다.
2] 신고의 접수(제8조)
① 112신고는 현장출동이 필요한 지역의 관할과 관계없이 신고를 받은 112종합상황실에서 접수한다.
② 국민이 112신고 이외 경찰관서별 일반전화 또는 직접 방문 등으로 경찰관의 현장출동을 필요로 하는 사건의 신고를 한 경우 해당 신고를 받은 자가 접수한다. 이때 접수한 자는 112시스템에 신고내용을 입력하여야 한다.
③ 112신고자가 그 처리 결과를 통보받고자 희망하는 경우에는 신고처리 종료 후 그 결과를 통보하여야 한다.
3] 112신고의 분류(제9조)
① 112요원은 초기 신고내용을 최대한 합리적으로 판단하여 112신고를 분류하여 업무처리를 한다.
② 접수자는 신고내용을 토대로 사건의 긴급성과 출동필요성에 따라 다음 각호와 같이 112신고의 대응코드를 분류한다.

1. code 1 신고 : 다음 각 목의 사유로 인해 최우선 출동이 필요한 경우
    가. 범죄로부터 인명 · 신체 · 재산 보호
    나. 심각한 공공의 위험 제거 및 방지
    다. 신속한 범인검거
2. code 2 신고 : 경찰 출동요소에 의한 현장조치 필요성은 있으나 제1호의 code 1 신고에 속하지 않는 경우
3. code 3 신고 : 경찰 출동요소에 의한 현장조치 필요성이 없는 경우

③ 접수자는 불완전 신고로 인해 정확한 신고내용을 파악하기 힘든 경우라도 신속한 처리를 위해 우선 임의의 코드로 분류하여 하달할 수 있다.
④ 시 · 도경찰청 · 경찰서 지령자 및 현장 출동 경찰관은 접수자가 제2항 부터 제4항과 같이 코드를 분류한 경우라도 추가 사실을 확인하여 코드를 변경할 수 있다.

4] 지령(제10조)

① 112요원은 접수한 신고 내용이 code 1 및 code 2의 유형에 해당하는 경우에는 1개 이상의 출동요소에 출동장소, 신고내용, 신고유형 등을 고지하고 처리하도록 지령하여야 한다.
② 112요원은 접수한 신고의 내용이 code 3의 유형에 해당하는 경우에는 출동요소에 지령하지 않고 자체 종결하거나, 소관기관이나 담당 부서에 신고내용을 통보하여 처리하도록 조치하여야 한다.

25 ②

[해설] [O] ②⑩
[X] ⑦ⓛⓒ

⑦ '장기실종아동등'이라 함은 보호자로부터 신고를 접수한 지 48시간이 경과한 후에도 발견되지 않은 '찾는실종아동등'을 말한다.
ⓛ 경찰관서의 장은 실종아동등의 발생 신고를 접수하면 지체없이 수색 또는 수사의 실시여부를 결정하여야 한다.
ⓒ 발견된 18세 미만 아동 및 가출인의 경우는 실종아동등 프로파일링 시스템에 등록된 자료는 수배 해제 후로부터 5년간 보관한다.

「실종아동등 및 가출인 업무처리 규칙」

1] 정의(제2조)

1. "아동등"이란 「실종아동등의 보호 및 지원에 관한 법률」 제2조제1호에 따른 실종 당시 18세 미만 아동, 지적 · 자폐성 · 정신장애인, 치매환자를 말한다.
2. '실종아동등"이란 법 제2조제2호에 따른 사유로 인하여 보호자로부터 이탈된 아동등을 말한다.
3. '찾는실종아동등"이란 보호자가 찾고 있는 실종아동등을 말한다.
4. "보호실종아동등"이란 보호자가 확인되지 않아 경찰관이 보호하고 있는 실종아동등을 말한다.
5. "장기실종아동등"이란 보호자로부터 신고를 접수한 지 48시간이 경과한 후에도 발견되지 않은 찾는실종아동등을 말한다.
6. '가출인"이란 신고 당시 보호자로부터 이탈된 18세 이상의 사람을 말한다.
7. "발생지"란 실종아동등 및 가출인이 실종 · 가출 전 최종적으로 목격되었거나 목격되었을 것으로 추정하여 신고자 등이 진술한 장소를 말하며, 신고자 등이 최종 목격 장소를 진술하지 못하거나, 목격되었을 것으로 추정되는 장소가 대중교통시설 등일 경우 또는 실종 · 가출 발생 후 1개월이 경과한 때에는 실종아동등 및 가출인의 실종 전 최종 주거지를 말한다.
8. "발견지"란 실종아동등 또는 가출인을 발견하여 보호 중인 장소를 말하며, 발견한 장소와 보호 중인 장소가 서로 다른 경우에는 보호 중인 장소를 말한다.
9. "국가경찰 수사 범죄"란 「자치경찰사무와 시 · 도자치경찰위원회의 조직 및 운영 등에 관한 규정」 제3조제1호부터 제5호까지 또는 제6호나목의 범죄가 아닌 범죄를 말한다.

10. "실종·유괴경보 문자메시지"란 실종·유괴경보가 발령된 경우 「실종아동등의 보호 및 지원에 관한 법률 시행령」제4조의5제7항에 따른 공개정보를 시민들에게 널리 알리기 위하여 휴대폰에 전달하는 문자메시지를 말한다.

2] 정보시스템 입력 대상 및 정보 관리(제7조)
① 실종아동등 프로파일링시스템에 입력하는 대상은 다음 각호와 같다.
  1. 실종아동등
  2. 가출인
  3. 보호시설 입소자 중 보호자가 확인되지 않는 사람(보호시설 무연고자)
② 경찰관서의 장은 실종아동등 또는 가출인에 대한 신고를 접수한 후 신고대상자가 다음 각호의 어느 하나에 해당하는 경우에는 신고 내용을 실종아동등 프로파일링시스템에 입력하지 않을 수 있다.
  1. 채구관계 해결, 형사사건 당사자 소재 확인 등 실종아동등 및 가출인 발견 외 다른 목적으로 신고된 사람
  2. 수사기관으로부터 지명수배 또는 지명통보된 사람
  3. 허위로 신고된 사람
  4. 보호자가 가출 시 동행한 아동등
  5. 그 밖에 신고 내용을 종합하였을 때 명백히 제1항에 따른 입력 대상이 아니라고 판단되는 사람
③ 실종아동등 프로파일링시스템에 등록된 자료의 보존기간은 다음 각호와 같다. 다만, 대상자가 사망하거나 보호자가 삭제를 요구한 경우는 즉시 삭제하여야 한다.
  1. 발견된 18세 미만 아동 및 가출인 : 수배 해제 후로부터 5년간 보관
  2. 발견된 지적·자폐성·정신장애인 등 및 치매환자 : 수배 해제 후로부터 10년간 보관
  3. 미발견자 : 소재 발견 시까지 보관
  4. 보호시설 무연고자 : 본인 요청 시
④ 경찰관서의 장은 본인 또는 보호자의 동의를 받아 실종아동등 프로파일링시스템에서 데이터베이스로 관리하는 실종아동등 및 보호시설 무연고자 자료를 인터넷 안전드림에 공개할 수 있다.
⑤ 경찰관서의 장은 다음 각호의 어느 하나에 해당하는 때에는 지체 없이 인터넷 안전드림에 공개된 자료를 삭제하여야 한다.
  1. 찾는실종아동등을 발견한 때
  2. 보호실종아동등 또는 보호시설 무연고자의 보호자를 확인한 때
  3. 본인 또는 보호자가 공개된 자료의 삭제를 요청하는 때
⑥ 실종아동등 또는 가출인에 대한 신고를 접수하거나, 실종아동등 프로파일링시스템에 신고 내용이 입력되어 있는 것을 확인한 경찰관은 보호자가 요청하는 경우에는 별지 제1호서식의 신고접수증을 발급할 수 있다.

3] 실종아동등 프로파일링시스템 등록(제8조)
① 경찰관서의 장은 제7조제1항 각호의 대상에 대하여 별지 제2호서식의 실종아동등 프로파일링시스템 입력자료를 시스템에 등록한다.
② (삭제)
③ 경찰관서의 장은 다음 각호의 어느 하나에 해당하는 경우에는 별지 제3호서식에 따른 수정·해제자료를 작성하여 실종아동등 프로파일링시스템에 등록된 자료를 해제하여야 한다. 다만, 제6호에 해당하는 경우에는 해제 요청 사유의 진위(眞僞) 여부를 확인한 후 해제한다.
  1. 찾는실종아동등 및 가출인의 소재를 발견한 경우
  2. 보호실종아동등의 신원을 확인하거나 보호자를 확인한 경우
  3. (삭제)
  4. 허위 또는 오인신고인 경우
  5. 지명수배 또는 지명통보 대상자임을 확인한 경우

3. 보호자가 해제를 요청한 경우
④ 실종아동등에 대한 해제는 실종아동찾기센터에서 하며, 시·도경찰청장 및 경찰서장이 해제하려면 실종아동찾기센터로 요청하여야 한다.

4] 수색 또는 수사의 실시(제9조)
① 경찰관서의 장은 실종아동등의 발생신고를 접수하면 지체 없이 수색 또는 수사의 실시 여부를 결정하여야 한다.
② 경찰관서의 장은 실종아동등(범죄로 인한 경우를 제외)의 조속한 발견을 위하여 필요한 때에는 다음 각호의 어느 하나에 해당하는 자에게 실종아동등의 위치 확인에 필요한 「위치정보의 보호 및 이용 등에 관한 법률」 제2조제2호에 따른 개인위치정보, 「인터넷주소자원에 관한 법률」 제2조제1호에 따른 인터넷주소 및 「통신비밀보호법」 제2조제11호마목·사목에 따른 통신사실확인자료(개인위치정보등)의 제공을 요청할 수 있다. 이 경우 경찰관서의 장의 요청을 받은 자는 「통신비밀보호법」 제3조에도 불구하고 정당한 사유가 없으면 이에 따라야 한다.
  1. 「위치정보의 보호 및 이용 등에 관한 법률」 제5조제7항에 따른 개인위치정보사업자
  2. 「정보통신망 이용촉진 및 정보보호 등에 관한 법률」 제2조제1항제3호에 따른 정보통신서비스 제공자 중에서 대통령령으로 정하는 기준을 충족하는 제공자
  3. 「정보통신망 이용촉진 및 정보보호 등에 관한 법률」 제23조의3에 따른 본인확인기관
  4. 「개인정보 보호법」 제24조의2에 따른 주민등록번호 대체가입수단 제공기관
③ 제2항의 요청을 받은 자는 그 실종아동등의 동의 없이 개인위치정보등을 수집할 수 있으며, 실종아동등의 동의가 없음을 이유로 경찰관서의 장의 요청을 거부하여서는 아니 된다.
④ 경찰관서와 경찰관서에 종사하거나 종사하였던 자는 실종아동등을 찾기 위한 목적으로 제공받은 개인위치정보 등을 실종아동등을 찾기 위한 목적 외의 용도로 이용하여서는 아니 되며, 목적을 달성하였을 때에는 지체 없이 파기하여야 한다.

5] 신고접수(제10조)
① 실종아동등 신고는 관할에 관계 없이 실종아동찾기센터, 각 시·도경찰청 및 경찰서에서 전화, 서면, 구술 등의 방법으로 접수하며, 신고를 접수한 경찰관은 범죄와의 관련 여부 등을 확인해야 한다.
② 경찰청 실종아동찾기센터는 실종아동등에 대한 신고를 접수하거나, 신고 접수에 대한 보고를 받은 때에는 즉시 실종아동등 프로파일링시스템에 입력, 관할 경찰관서를 지정하는 등 필요한 조치를 하여야 한다. 이 경우 관할 경찰관서는 발생지 관할 경찰관서 등 실종아동등을 신속히 발견할 수 있는 관서로 지정해야 한다.

6] 신고에 대한 조치(제11조)
① 경찰관서의 장은 찾는실종아동등에 대한 신고를 접수한 때에는 정보시스템의 자료를 조회하는 등의 방법으로 실종아동등을 찾기 위한 조치를 취하고, 실종아동등을 발견한 경우에는 즉시 보호자에게 인계하는 등 필요한 조치를 하여야 한다.
② 경찰관서의 장은 보호실종아동등에 대한 신고를 접수한 때에는 제1항의 절차에 따라 보호자를 찾기 위한 조치를 취하고, 보호자가 확인된 경우에는 즉시 보호자에게 인계하는 등 필요한 조치를 하여야 한다.
③ 경찰관서의 장은 제2항에 따른 조치에도 불구하고 보호자를 발견하지 못한 경우에는 관할 지방자치단체의 장에게 보호실종아동등을 인계한다.
④ 경찰관서의 장은 정보시스템 검색, 다른 자료와의 대조, 주변인물과의 연락 등 실종아동등의 조속한 발견을 위하여 지속적인 추적을 하여야 한다.
⑤ 경찰관서의 장은 실종아동등에 대하여 제18조의 현장 탐문 및 수색 후 그 결과를 즉시 보호자에게 통보하여야 한다. 이후에는 실종아동등 프로파일링시스템에 등록한 날로부터 1개월까지는 15일에 1회, 1개월이 경과한 후부터는 분기별 1회 보호자에게 추적 진행사항을 통보한다.
⑥ 경찰관서의 장은 찾는실종아동등을 발견하거나, 보호실종아동등의 보호자를 발견한 경우에는 실종아동등 프로

파일링시스템에서 등록 해제하고, 해당 실종아동등에 대한 발견 관서와 관할 관서가 다른 경우에는 발견과 관련된 사실을 관할 경찰관서의 장에게 지체 없이 알려야 한다.

7] 가출인 신고접수(제15조)
① 가출인 신고는 관할에 관계없이 접수하여야 하며, 신고를 접수한 경찰관은 범죄와 관련 여부를 확인하여야 한다.
② 경찰서장은 가출인에 대한 신고를 접수한 때에는 정보시스템의 자료 조회, 신고자의 진술을 청취하는 방법 등으로 가출인을 발견하기 위한 조치를 하여야 하며, 가출인을 발견하지 못한 경우에는 즉시 실종아동등 프로파일링시스템에 가출인에 대한 사항을 입력한다.
③ 경찰서장은 접수한 가출인 신고가 다른 관할인 경우 제2항의 조치 후 지체 없이 가출인의 발생지를 관할하는 경찰서장에게 이첩하여야 한다.

8] 가출인 신고에 대한 조치(제16조)
① 가출인 사건을 관할하는 경찰서장은 정보시스템 자료의 조회, 다른 자료와의 대조, 주변인물과의 연락 등 가출인을 발견하기 위해 지속적으로 추적하고, 실종아동등 프로파일링시스템에 등록한 날로부터 반기별 1회 보호자에게 귀가 여부를 확인한다.
② 경찰서장은 가출인을 발견한 때에는 등록을 해제하고, 해당 가출인을 발견한 경찰서와 관할하는 경찰서가 다른 경우에는 발견 사실을 관할 경찰서장에게 지체 없이 알려야 한다.
③ (삭제)
④ 경찰서장은 가출인을 발견한 경우에는 가출신고가 되어 있음을 고지하고, 보호자에게 통보한다. 다만, 가출인이 거부하는 때에는 보호자에게 가출인의 소재(所在)를 알 수 있는 사항을 통보하여서는 아니 된다.

26 ②

해설 1] 시행령 제29조(보안지도점검)
시·도경찰청장은 법 제25조의 규정에 의하여 특수경비업자에 대하여 연 2회 이상의 보안지도·점검을 실시하여야 한다

2] 시행령 제30조(경비가 필요한 시설 등에 대한 경비의 요청)
  시·도경찰청장은 행사장 그밖에 많은 사람이 모이는 시설 또는 장소에서 혼잡 등으로 인한 위험의 발생을 방지하기 위하여 법 제2조제3호의 규정에 의한 경비원에 의한 경비가 필요하다고 인정되는 때에는 행사개최일 전에 당해 행사의 주최자에게 경비원에 의한 경비를 실시하거나 부득이한 사유로 그것을 실시할 수 없는 경우에는 행사개최 24시간 전까지 시·도경찰청장에게 그 사실을 통지하여 줄 것을 요청할 수 있다.

27 ③

해설 스토킹범죄의 피해자에 대한 전담조사제(제17조)
① 검찰총장은 각 지방검찰청 검사장에게 스토킹범죄 전담 검사를 지정하도록 하여 특별한 사정이 없으면 스토킹범죄 전담 검사가 피해자를 조사하게 하여야 한다.
② 경찰관서의 장(국가수사본부장, 시·도경찰청장 및 경찰서장을 의미)은 스토킹범죄 전담 사법경찰관을 지정하여 특별한 사정이 없으면 스토킹범죄 전담 사법경찰관이 피해자를 조사하게 하여야 한다.
③ 검찰총장 및 경찰관서의 장은 제1항의 스토킹범죄 전담 검사 및 제2항의 스토킹범죄 전담 사법경찰관에게 스토킹범죄의 수사에 필요한 전문지식과 피해자보호를 위한 수사방법 및 수사절차 등에 관한 교육을 실시하여야 한다.

28 ①

해설 ① 사법경찰관은 변사자 또는 변사한 것으로 의심되는 사체가 있으면 변사사건 발생사실을 검사에게 통보해

야 한다. 즉 수사권의 조정으로 상호 협력관계이다.

「검사와 사법경찰관의 상호협력 및 일반적 수사준칙에 관한 규정」(제17조)
1) 사법경찰관은 변사자 또는 변사한 것으로 의심되는 사체가 있으면 변사사건 발생사실을 검사에게 통보해야 한다(제1항).
2) 검사는 법 제222조제1항에 따라 검시를 했을 경우에는 검시조서를, 검증영장이나 같은 조 제2항에 따라 검증을 했을 경우에는 검증조서를 각각 작성하여 사법경찰관에게 송부해야 한다(제2항).
3) 사법경찰관은 법 제222조제1항 및 제3항에 따라 검시를 했을 경우에는 검시조서를, 검증영장이나 같은 조 제2항 및 제3항에 따라 검증을 했을 경우에는 검증조서를 각각 작성하여 검사에게 송부해야 한다(제3항).
4) 검사와 사법경찰관은 법 제222조에 따라 변사자의 검시를 한 사건에 대해 사건 종결 전에 수사할 사항 등에 관하여 상호 의견을 제시·교환해야 한다(제4항).

29 ④

[해설] **영치금품의 처리(「피의자 유치 및 호송 규칙」 제53조)** 피호송자의 영치금품은 다음 각호의 구분에 따라 처리한다.
1. 금전, 유가증권은 호송관서에서 인수관서에 직접 송부한다. 다만 소액의 금전, 유가증권 또는 당일로 호송을 마칠 수 있을 때에는 호송관에게 탁송할 수 있다.
2. 피호송자가 호송도중에 필요한 식량, 의류, 침구의 구입비용을 자비로 부담할 수 있는 때에는 그 청구가 있으며 필요한 금액을 호송관에게 탁송하여야 한다.
3. 물품은 호송관에게 탁송한다. 다만, 위험한 물품 또는 호송관이 휴대하기에 부적당한 발송관서에서 인수관서에 직접 송부할 수 있다.
4. 송치하는 금품을 호송관에게 탁송할 때에는 호송관서에 보관책임이 있고, 그렇지 아니한 때에는 송부한 관서에 그 책임이 있다.

30 ④

[해설] ④ 이 경우 요청을 받은 사법경찰관은 이에 협력해야 한다.라고 규정하고 있다(제64조 제3항).

재/수/사/결/과/의/처/리(제64조)
① 사법경찰관은 법 제245조의8제2항에 따라 재수사를 한 경우 다음 각호의 구분에 따라 처리한다.
  1. 범죄의 혐의가 있다고 인정되는 경우: 법 제245조의5제1호에 따라 검사에게 사건을 송치하고 관계 서류와 증거물을 송부
  2. 기존의 불송치 결정을 유지하는 경우: 재수사 결과서에 그 내용과 이유를 구체적으로 적어 검사에게 통보
② 검사는 사법경찰관이 제1항제2호에 따라 재수사 결과를 통보한 사건에 대해서 다시 재수사를 요청하거나 송치요구를 할 수 없다. 다만, 검사는 사법경찰관이 사건을 송치하지 않은 위법 또는 부당이 시정되지 않아 사건을 송치받아 수사할 필요가 있는 다음 각호의 경우에는 법 제197조의3(시정조치요구)에 따라 사건송치를 요구할 수 있다.
  1. 관련 법령 또는 법리에 위반된 경우
  2. 범죄 혐의의 유무를 명확히 하기 위해 재수사를 요청한 사항에 관하여 그 이행이 이루어지지 않은 경우. 다만, 불송치 결정의 유지에 영향을 미치지 않음이 명백한 경우는 제외한다.
  3. 송부받은 관계 서류 및 증거물과 재수사 결과만으로도 범죄의 혐의가 명백히 인정되는 경우
  4. 공소시효 또는 형사소추의 요건을 판단하는 데 오류가 있는 경우
③ 검사는 제2항 각호 외의 부분 단서에 따른 사건송치 요구 여부를 판단하기 위해 필요한 경우에는 사법경찰관에게 관계 서류와 증거물의 송부를 요청할 수 있다. 이 경우 요청을 받은 사법경찰관은 이에 협력해야 한다.

④ 검사는 재수사 결과를 통보받은 날(제3항에 따라 관계 서류와 증거물의 송부를 요청한 경우에는 관계 서류와 증거물을 송부받은 날을 말한다)부터 30일 이내에 제2항 각호 외의 부분 단서에 따른 사건송치 요구를 해야 하고, 그 기간 내에 사건송치 요구를 하지 않을 경우에는 송부받은 관계 서류와 증거물을 사법경찰관에게 반환해야 한다.

31 ②

[해설] ② [X] 병종사태에 대한 내용이다.
① 동법 제2조 제6호
③ 동법 제4조 제1항
④ 동법 제21조 제4항
1) "갑종사태"란 일정한 조직체계를 갖춘 적의 대규모 병력 침투 또는 대량살상무기(大量殺傷武器) 공격 등의 도발로 발생한 비상사태로서 통합방위본부장 또는 지역군사령관의 지휘·통제 하에 통합방위작전을 수행하여야 할 사태를 말한다.
2) "을종사태"란 일부 또는 여러 지역에서 적이 침투·도발하여 단기간 내에 치안이 회복되기 어려워 지역군사령관의 지휘·통제 하에 통합방위작전을 수행하여야 할 사태를 말한다.
3) "병종사태"란 적의 침투·도발 위협이 예상되거나 소규모의 적이 침투하였을 때에 시·도경찰청장, 지역군사령관 또는 함대사령관의 지휘·통제 하에 통합방위작전을 수행하여 단기간 내에 치안이 회복될 수 있는 사태를 말한다.

32 ③

[해설] 1) "비상상황"이라 함은 대간첩·테러, 대규모 재난 등의 긴급 상황이 발생하거나 발생할 우려가 있는 경우 또는 다수의 경력을 동원해야 할 치안수요가 발생하여 치안활동을 강화할 필요가 있는 때를 말한다(동규칙 제2조 제1호).
2) "지휘선상 위치 근무"라 함은 비상연락체계를 유지하며 유사시 1시간 이내에 현장지휘 및 현장근무가 가능한 장소에 위치하는 것을 말한다(동조 제2호).
3) "정위치 근무"라 함은 감독순시·현장근무 및 사무실 대기 등 관할구역 내에 위치하는 것을 말한다(동조 제3호).
4) "정착근무"라 함은 사무실 또는 상황과 관련된 현장에 위치하는 것을 말한다(동조 제4호).
5) "필수요원"이라 함은 전 경찰공무원 및 일반직공무원(경찰관 등) 중 경찰기관의 장이 지정한 자로 비상소집 시 1시간 이내에 응소하여야 할 자를 말한다(동조 제5호).
6) "일반요원"이라 함은 필수요원을 제외한 경찰관 등으로 비상소집 시 2시간 이내에 응소하여야 할 자를 말한다(동조 제6호).
7) "가용경력"이라 함은 총원에서 휴가·출장·교육·파견 등을 제외하고 실제 동원될 수 있는 모든 인원을 말한다(동조 제7호).
8) "소집관"이라 함은 비상근무발령권자로부터 권한을 위임받아 비상근무발령에 따른 비상소집을 지휘·감독하는 주무 참모 또는 상황관리관(상황관리관의 임무를 수행하는 자를 포함한다. 이하 같다)을 말한다(동조 제8호).
9) "작전준비태세"라 함은 '경계강화'단계를 발령하기 이전에 별도의 경력동원 없이 경찰작전부대의 출동태세 점검, 지휘관 및 참모의 비상연락망 구축 및 신속한 응소체제를 유지하며, 작전상황반을 운영하는 등 필요한 작전 사항을 미리 조치하는 것을 말한다(동조 제9호).

33 ①

[해설] ① 판례는 행정책임과 형사책임을 묻기 위한 것으로 각각 별개로 제재 목적이 다르므로 이중처벌이 되지 않는

다고 본다. 즉 신호위반으로 교통사고를 일으킨 사람이 통고처분을 받아 신호위반의 범칙금을 납부하였다고 하더라도, 「교통사고처리특례법」상 신호위반으로 인한 업무상 과실치상죄의 죄책을 물을 수 있다.

34 ④

[해설] ④ [X] 판례는 운전자가 경찰공무원으로부터 음주측정을 요구받고 호흡측정기에 숨을 내쉬는 시늉만 하는 등 형식적으로 음주측정에 응하였을 뿐 경찰공무원의 거듭된 요구에도 불구하고 **호흡 측정기에 음주측정수치가 나타날 정도로 숨을 제대로 불어넣지 아니하였다면 이는 실질적으로 음주측정에 불응한 것과 다를 바 없다** 할 것이고, 운전자가 정당한 사유 없이 호흡측정기에 의한 음주측정에 불응한 이상 그로써 음주측정불응의 죄는 성립하는 것이며, 그 후 경찰공무원이 혈액채취 등의 방법으로 음주여부를 조사하지 아니하였다고 하여 달리 볼 것은 아니라는 입장이다. [대법원 99도5210]

① [O] 「교통단속처리지침」 제31조 제5항 제3호
② [O] 「도로교통법」 제148조의2 제2항, 23년 4월 4일 시행
③ [O] 「도로교통법」(2005. 5. 31. 법률 제7545호로 전문 개정되기 전의 것) 제41조 제2항, 제3항의 해석상, 술에 취한 상태에서 자동차 등을 운전하였다고 인정할 만한 상당한 이유가 있는 경우에 경찰공무원은 운전자가 술에 취하였는지 여부를 호흡측정기에 의하여 측정할 수 있고 운전자는 그 측정에 응할 의무가 있으나, 운전자의 신체 이상 등의 사유로 호흡측정기에 의한 측정이 불가능 내지 심히 곤란한 경우에까지 그와 같은 방식의 측정을 요구할 수는 없으며(이와 같은 상황이라면 경찰공무원으로서는 호흡측정기에 의한 측정의 절차를 생략하고 운전자의 동의를 얻거나 판사로부터 영장을 발부받아 혈액채취에 의한 측정으로 나아가야 할 것이다). 이와 같은 경우 **경찰공무원이 운전자의 신체 이상에도 불구하고 호흡측정기에 의한 음주측정을 요구하여 운전자가 음주측정수치가 나타날 정도로 숨을 불어넣지 못한 결과 호흡측정기에 의한 음주측정이 제대로 되지 아니하였다고 하더라도 음주측정에 불응한 것으로 볼 수는 없다.** [대법원 2005도7125]

|보충|

벌칙(「도로교통법」 제148조의2)
① 제44조제1항 또는 제2항을 위반(자동차등 또는 노면전차를 운전한 경우로 한정한다. 다만, 개인형 이동장치를 운전한 경우는 제외한다. 이하 이 조에서 같다)하여 벌금 이상의 형을 선고받고 그 형이 확정된 날부터 10년 내에 다시 같은 조 제1항 또는 제2항(재측정거부)을 위반한 사람(형이 실효된 사람도 포함한다)은 다음 각호의 구분에 따라 처벌한다. 〈개정 2023. 1. 3.〉 *23년 4월 4일 시행
  1. 제44조제2항을 위반한 사람은 1년 이상 6년 이하의 징역이나 500만원 이상 3천만원 이하의 벌금에 처한다.
  2. 제44조제1항을 위반한 사람 중 혈중알코올농도가 0.2퍼센트 이상인 사람은 2년 이상 6년 이하의 징역이나 1천만원 이상 3천만원 이하의 벌금에 처한다.
  3. 제44조제1항을 위반한 사람 중 혈중알코올농도가 0.03퍼센트 이상 0.2퍼센트 미만인 사람은 1년 이상 5년 이하의 징역이나 500만원 이상 2천만원 이하의 벌금에 처한다.
② 술에 취한 상태에 있다고 인정할 만한 상당한 이유가 있는 사람으로서 제44조제2항에 따른 경찰공무원의 측정에 응하지 아니하는 사람(자동차등 또는 노면전차를 운전한 경우로 한정한다)은 1년 이상 5년 이하의 징역이나 500만원 이상 2천만원 이하의 벌금에 처한다. 〈개정 2023. 1. 3.〉
③ 제44조제1항을 위반하여 술에 취한 상태에서 자동차등 또는 노면전차를 운전한 사람은 다음 각호의 구분에 따라 처벌한다.
  1. 혈중알코올농도가 0.2퍼센트 이상인 사람은 2년 이상 5년 이하의 징역이나 1천만원 이상 2천만원 이하의 벌금
  2. 혈중알코올농도가 0.08퍼센트 이상 0.2퍼센트 미만인 사람은 1년 이상 2년 이하의 징역이나 500만원 이상 천만원 이하의 벌금

3. 혈중알코올농도가 0.03퍼센트 이상 0.08퍼센트 미만인 사람은 1년 이하의 징역이나 500만원 이하의 벌금
④ 제45조를 위반하여 약물로 인하여 정상적으로 운전하지 못할 우려가 있는 상태에서 자동차등 또는 노면전차를 운전한 사람은 3년 이하의 징역이나 1천만원 이하의 벌금에 처한다.

35 ③

해설 ③ 원칙적으로 질서유지선 설정 고지는 서면으로 해야 한다. 하지만, 집회 또는 시위 장소의 상황에 따라 질서유지선을 새로 설정하거나 변경하는 경우에는 집회 또는 시위의 장소에 있는 경찰공무원이 구두로 고지할 수 있다.

1] 법 제13조(질서유지선의 설정)
① 제6조제1항에 따른 신고를 받은 관할경찰관서장은 집회 및 시위의 보호와 공공의 질서 유지를 위하여 필요하다고 인정하면 최소한의 범위를 정하여 질서유지선을 설정할 수 있다.
② 제1항에 따라 경찰관서장이 질서유지선을 설정할 때에는 주최자 또는 연락책임자에게 이를 알려야 한다.

2] 동법 시행령 제13조(질서유지선의 설정·고지 등)
① 관할 경찰관서장은 집회 및 시위의 보호와 공공의 질서 유지를 위하여 다음 각호의 어느 하나에 해당하는 경우에는 법 제13조제1항에 따라 질서유지선을 설정할 수 있다.
  1. 집회·시위의 장소를 한정하거나 집회·시위의 참가자와 일반인을 구분할 필요가 있을 경우
  2. 집회·시위의 참가자를 일반인이나 차량으로부터 보호할 필요가 있을 경우
  3. 일반인의 통행 또는 교통 소통 등을 위하여 필요할 경우
  4. 다음 각 목의 어느 하나의 시설 등에 접근하거나 행진하는 것을 금지하거나 제한할 필요가 있을 경우
    가. 법 제11조에 따른 집회 또는 시위가 금지되는 장소
    나. 통신시설 등 중요시설
    다. 위험물시설
    라. 그 밖에 안전 유지 또는 보호가 필요한 재산·시설 등
  5. 집회·시위의 행진로를 확보하거나 이를 위한 임시횡단보도를 설치할 필요가 있을 경우
  6. 그 밖에 집회·시위의 보호와 공공의 질서 유지를 위하여 필요할 경우
② 법 제13조제2항에 따른 질서유지선의 설정 고지는 서면으로 하여야 한다. 다만, 집회 또는 시위 장소의 상황에 따라 질서유지선을 새로 설정하거나 변경하는 경우에는 집회 또는 시위의 장소에 있는 경찰공무원이 구두로 알릴 수 있다.

3] 벌칙(법 제24조 제3호)
설정한 질서유지선(법 제13조)을 경찰관의 경고에도 불구하고 정당한 사유 없이 상당 시간 침범하거나 손괴·은닉·이동 또는 제거하거나 그 밖의 방법으로 그 효용을 해친 자는 6개월 이하의 징역 또는 50만원 이하의 벌금·구류 또는 과료에 처한다.

36 ②

해설 ② [X] 위 사례에서 판례는 신고한 집회방법의 범위를 벗어난 것이 아니라는 입장이다. 피고인들은 이미 신고한 행진 경로를 따라 행진로인 하위 1개 차로에서 2회에 걸쳐 각 약 5분, 약 10분 등 총 약 15분에 걸쳐 연좌를 하였는바, 연좌하였다는 사실 외에는 이미 신고한 집회방법의 범위를 벗어난 사항은 없고, 약 3시간 30분 동안 이루어진 집회시간 동안 신고한 방법을 벗어나 이루어진 연좌시간도 불과 약 15분에 불과하며, 이와 같이 2회에 걸쳐 연좌를 한 이유 또한 교통에 방해를 초래할 행진을 빨리 끝내 시위를 조속하게 종료하고자 하였던 것이고, 2회에 걸쳐 하위 1개 차로에 연좌함으로 인하여 더 큰 교통혼잡이 야기되었다고 볼 만한 사정도 없으므로….[대법원 2010. 3.11.2009도1425]

37 ②

해설 ② [X] 「형법」상 내란죄, 일반이적죄, 전시군수계약불이행죄 제외, 「국가보안법」상 반국가단체구성·가입·권유(제3조), 찬양·고무죄(제7조), 회합·통신죄(제8조), 불고지죄(제10조) 제외, 군형법상 반란불보고죄(적을 이롭게 할 목적)는 포함되고 단순반란불고지죄 제외된다.

③ 「보안관찰법 시행규칙」(제2조 제1호)상 사안이란 보안관찰처분청구, 보안관찰처분취소청구, 보안관찰처분 기간갱신청구, 보안관찰처분면제결정청구, 보안관찰처분면제결정취소청구 및 보안관찰처분면제결정신청에 관한 사안을 말한다.

1] 동법 제3조(보안관찰처분대상자)
　이 법에서 "보안관찰처분대상자"라 함은 보안관찰해당범죄 또는 이와 경합된 범죄로 금고 이상의 형의 선고를 받고 그 형기합계가 3년 이상인 자로서 형의 전부 또는 일부의 집행을 받은 사실이 있는 자를 말한다.

2] 동법 제4조(보안관찰처분)
① 제3조에 해당하는 자중 보안관찰해당범죄를 다시 범할 위험성이 있다고 인정할 충분한 이유가 있어 재범의 방지를 위한 관찰이 필요한 자에 대하여는 보안관찰처분을 한다.
② 보안관찰처분을 받은 자는 이 법이 정하는 바에 따라 소정의 사항을 주거지 관할경찰서장에게 신고하고, 재범방지에 필요한 범위안에서 그 지시에 따라 보안관찰을 받아야 한다.

3] 동법 제5조(보안관찰처분의 기간)
① 보안관찰처분의 기간은 2년으로 한다.
② 법무부장관은 검사의 청구가 있는 때에는 보안관찰처분심의위원회의 의결을 거쳐 그 기간을 갱신할 수 있다.

4] 동법 제6조(보안관찰처분대상자의 신고)
① 보안관찰처분대상자는 대통령령이 정하는 바에 따라 그 형의 집행을 받고 있는 교도소, 소년교도소, 구치소, 유치장 또는 군교도소에서 출소전에 거주예정지 기타 대통령령으로 정하는 사항을 교도소등의 장을 경유하여 거주예정지 관할경찰서장에게 신고하고, 출소후 7일이내에 그 거주예정지 관할경찰서장에게 출소사실을 신고하여야 한다. 제20조제3항에 해당하는 경우에는 법무부장관이 제공하는 거주할 장소(거소)를 거주예정지로 신고하여야 한다.
② 보안관찰처분대상자는 교도소등에서 출소한 후 제1항의 <u>신고사항에 변동이 있을 때에는 변동이 있는 날부터 7일이내에 그 변동된 사항을 관할경찰서장에게 신고하여야 한다.</u> 다만, 제20조제3항에 의하여 거소제공을 받은 자가 주거지를 이전하고자 할 때에는 미리 관할경찰서장에게 제18조제4항 단서에 의한 신고를 하여야 한다.
③ 교도소등의 장은 제3조에 해당하는 자가 생길 때에는 지체없이 보안관찰처분심의위원회와 거주예정지를 관할하는 검사 및 경찰서장에게 통고하여야 한다.

5] 동법 제7조(보안관찰처분의 청구) 보안관찰처분청구는 검사가 행한다.
　[헌법불합치, 2017헌바479, 2021.6.24, 보안관찰법(1989. 6. 16. 법률 제4132호로 전부개정된 것) 제6조 제2항 전문 및 제27조 제2항 중 제6조 제2항 전문에 관한 부분은 각 헌법에 합치되지 아니한다. 위 법률조항들은 2023. 6. 30.을 시한으로 개정될 때까지 계속 적용한다.]

38 ②

해설 1] 여행경보단계(외교부에서 발령하는 여행경보는 다음의 4종으로 구분)

제1단계	여행유의(남색경보)	신변안전 위험요인 숙지·대비
제2단계	여행자제(황색경보)	여행예정자 : 불필요한 여행자제
		해외체류자 : 신변안전 특별 유의
제3단계	출국권고(적색경보)	여행예정자 : 여행취소·연기
		해외체류자 : 긴요한 용무가 아닌 한 출국

제4단계	여행금지(흑색경보)	여행예정자 : 여행금지준수
		해외체류자 : 즉시 대피·철수

2] **특별여행주의보**

이는 여행자들에 대한 중/장기적인 여행안전정보 제공에 초점을 둔 여행경보와는 달리 특별여행주의보는 단기적인 위험 상황이 발생하는 경우에 발령하고 있다(단기적으로 긴급한 우험이 있는 국가/지역에 대하여 발령).

발령기준	단기적으로 긴급한 위험이 있는 경우
행동요령	여행경보 2단계 이상 3단계 이하에 준함
기간	발령일로부터 최대 90일까지 유효(통상 1개월 단위로 발령)

39 ③

해설 ③ 우리나라의 경우 경찰청 국제협력관 아래 인터폴 국제공조담당관이 국가중앙사무국(NCB) 업무를 수행한다. 기존 경찰청 외사국은 현재 국제협력관으로 개편되었다(23년 10월 30일 시행).

「경찰청 직제 시행규칙」 제5조의2(국제협력관)

① 국제협력관 밑에 인터폴국제공조담당관 및 국제협력담당관 각 1명을 둔다.
② 각 담당관은 총경으로 보한다.
③ 인터폴국제공조담당관은 다음 사항에 관하여 국제협력관을 보좌한다.
　1. 국제형사경찰기구(인터폴) 및 외국 법집행기관과의 국제공조에 관한 기획·지도 및 조정
　2. 해외거점 범죄 및 불법수익 분석 및 대응 업무
　3. 한국경찰 연락사무소(코리안데스크) 관련 업무
　4. 해외 파견 경찰관의 선발·교육 및 관리 업무
　5. 재외국민보호 관련 경찰 업무의 총괄·조정
　6. 그 밖에 국제협력관 내 다른 담당관의 주관에 속하지 않는 사항
④ 국제협력담당관은 다음 사항을 분장한다.
　1. 치안 분야 국제협력 정책의 수립·총괄·조정
　2. 외국경찰 등과의 교류·협력 및 치안외교 총괄
　3. 국제 치안협력사업 및 치안장비 수출 지원

40 ③

해설 ③ [X] SOFA 협정대상자는 미국 군대의 구성원, 군속, 가족, 그리고 초청계약자이다. 우리나라 SOFA 협정에는 다른 나라들과는 달리 초청계약자가 포함되어 있어 적용대상 범위를 지나치게 넓힌다는 비판을 받고 있다.
① 「외사요원 관리규칙」 제2조
② 「출입국관리법」 제4조의6 제3항
④ 「범죄수사규칙」 제207조, 제208조

긴/급/출/국/금/지(「출입국관리법」 제4조의6)

① 수사기관은 범죄 피의자로서 사형·무기 또는 장기 3년 이상의 징역이나 금고에 해당하는 죄를 범하였다고 의심할 만한 상당한 이유가 있고, 다음 각호의 어느 하나에 해당하는 사유가 있으며, 긴급한 필요가 있는 때에는 제4조제3항에도 불구하고 출국심사를 하는 출입국관리공무원에게 출국금지를 요청할 수 있다.
　1. 피의자가 증거를 인멸할 염려가 있는 때
　2. 피의자가 도망하거나 도망할 우려가 있는 때

② 제1항에 따른 요청을 받은 출입국관리공무원은 출국심사를 할 때에 출국금지가 요청된 사람을 출국시켜서는 아니 된다.
③ 수사기관은 제1항에 따라 긴급출국금지를 요청한 때로부터 <u>6시간 이내</u>에 법무부장관에게 긴급출국금지 승인을 요청하여야 한다. 이 경우 검사의 검토의견서 및 범죄사실의 요지, 긴급출국금지의 사유 등을 기재한 긴급출국금지보고서를 첨부하여야 한다.
④ 법무부장관은 수사기관이 제3항에 따른 긴급출국금지 승인 요청을 하지 아니한 때에는 제1항의 수사기관 요청에 따른 출국금지를 해제하여야 한다. 수사기관이 긴급출국금지 승인을 요청한 때로부터 12시간 이내에 법무부장관으로부터 긴급출국금지 승인을 받지 못한 경우에도 또한 같다.
⑤ 제4항에 따라 출국금지가 해제된 경우에 수사기관은 동일한 범죄사실에 관하여 다시 긴급출국금지 요청을 할 수 없다.

신광은&정태정
경찰실무종합
실전동형모의고사

신광은&정태정 **경찰실무종합** 실전동형모의고사

저　　자	신광은&정태정
발 행 인	금병희
발 행 처	멘토링
펴 낸 날	2023년 11월 10일 초판 발행
주　　소	서울특별시 동작구 노량진로 16길 30
출 판 등 록	319-26-60호
주문및배본처	02-825-0606
F A X	02-6499-3195
I S B N	979-11-6049-292-7　13360
정　　가	**23,000원**

저자와의
협의하에
인지생략

저자와의 협의하에 인지를 생략합니다.
이 책의 무단 전재 또는 복제 행위는 저작권법 제136조 제1항에 의해 5년 이하의 징역 또는 5,000만원 이하의 벌금에 처하거나 이를 병과할 수 있습니다(파본은 교환해 드립니다.).